Ferdinand Weber

Jüdische Theologie auf Grund des Talmud und verwandter Schriften

Ferdinand Weber

Jüdische Theologie auf Grund des Talmud und verwandter Schriften

ISBN/EAN: 9783743659223

Hergestellt in Europa, USA, Kanada, Australien, Japan

Cover: Foto ©Lupo / pixelio.de

Weitere Bücher finden Sie auf **www.hansebooks.com**

Jüdische Theologie

auf Grund

des Talmud und verwandter Schriften

gemeinfasslich dargestellt

von

Dr. Ferdinand Weber,
Pfarrer in Polsingen, Mittelfranken.

Nach des Verfassers Tode herausgegeben

von

Franz Delitzsch und **Georg Schnedermann.**

Bisher unter dem Titel „System der altsynagogalen palästinischen Theologie" oder „Die Lehren des Talmud".

Zweite verbesserte Auflage.

Leipzig,
Dörffling & Franke.
1897.

Vorwort zur ersten Auflage.

Obgleich es bei dem an Einzelheiten und Citaten überaus reichen Inhalt des vorliegenden Werkes nicht an Anlaß zu Berichtigungen und Ergänzungen fehlen wird, so wird ihm wolwollende Kritik doch nicht die Anerkennung einer wesentlichen Bereicherung der Religionswissenschaft versagen können. Den Kern des Judentums bildet allerdings das als verpflichtende Gottesoffenbarung anerkannte mosaische Gesetz und die es für den Zweck der Praxis erläuternde rechtskräftige Tradition. Um dieses feste Centrum aber lagerte sich, ehe der mittelalterliche Einfluß der Philosophie begann, ein weiter Kreis dogmatischer und ethischer Vorstellungen, welchen es bei aller individuellen Buntscheckigkeit dennoch nicht an gemeinsamen Grundzügen fehlt, und das Werk Ferdinand Webers ist der erste Versuch, diese religiösen Vorstellungen der ersten Jahrhunderte, in denen Christentum und Judentum sich scheiden, in rein historischer Weise ohne die Einseitigkeit und Unbilligkeit, welche die Selbstfolge gehässiger polemischer Tendenz ist, zu objectiver, innerlich zusammenhängender Darstellung zu bringen. Der Verfasser ist nirgends abhängig von jenen älteren antijüdischen Werken, aus deren Rüstkammern die moderne Literatur der Antisemitenliga ihre Geschosse entlehnt — er schöpft überall unmittelbar aus den selbstdurchforschten Quellen. Denn von paulinischer Liebe zu dem jüdischen Volke beseelt, hat er es zwei Jahrzehnte lang als eine der liebsten Berufsaufgaben seines Lebens angesehen, sich in den ältesten Schriftwerken dieses Volkes heimisch zu machen.

In welchem Verhältnis der Erstunterzeichnete zu dem vor Beginn des Druckes langem Siechtum erlegenen Verfasser († 10. Juli 1879) stand und wie dieser ihm sterbend die Veröffentlichung seines Werkes auf Herz und Gewissen gelegt hat, kann, wer sich dafür interessirt, anderwärts lesen.* Und wie er sich mit dem zweitunterzeichneten jüngeren Freunde in die Arbeit der Herausgabe geteilt hat, das im Einzelnen zu wissen, ist für den Leser kaum Bedürfnis — genug, daß wir Beiden es als eine pflichtmäßige Leistung ansahen, den heimgegangenen Verfasser selbst in Verificirung der Citate und Anlegung der letzten Feile zu vertreten, und daß diese Leistung uns nach und nach immer lieber und angenehmer wurde, da wir uns im Fortgang unserer Arbeit mehr und mehr von der Gediegenheit des Werkes überzeugten. An dem Inhalte des nun ans Licht Tretenden ist nichts, was wir für uns in Anspruch nehmen können; wir hielten es nicht für unsere Aufgabe, es zu ergänzen und über den *status quo* der einschlägigen Literatur zur Zeit der Abberufung des Verfassers hinauszuführen. Möge denn das Gute an dem Werke dem zur Ehre gereichen, dessen geistige Schöpfung es ist, und das Mangelhafte auf unsere Rechnung kommen, die wir die letzte Hand des seinen Kindern und auch diesem Kinde seines Geistes früh Entrissenen nicht zu ersetzen vermochten.

Leipzig, Anfang September 1880.

Franz Delitzsch.   Georg Schnedermann.

Vorbericht zur zweiten Auflage.

Sechzehn Jahre nach dem erstmaligen Erscheinen des vorliegenden Buches ist eine zweite Auflage davon nötig geworden. Diese erfreuliche Notwendigkeit ist viel später eingetreten, als man hätte erwarten sollen, nachdem die namhaftesten und sachkundigsten Gelehrten in einer Reihe von ungemein rühmenden Besprechungen seine

---

*) Siehe die Zeitschrift „Saat auf Hoffnung" (Erlangen, bei Deichert) Jahrg. XVI (1879) S. 228—239.

Bedeutung als eines ungewöhnlich hervorragenden und wichtigen Werkes festgestellt hatten. Wahrscheinlich hat, abgesehen von tieferliegenden Gründen, wie sie der Stand der gegenwärtigen Theologie mit sich bringt, den Lauf des Buches eine gewisse Schwerfälligkeit seiner äußeren Erscheinung und nicht zuletzt sein fremdartiger Titel gehindert. In der That ist es bereits sehr viel lebhafter verlangt worden, seitdem das Leipziger *Institutum Judaicum* durch eine neue Titelausgabe (unter dem freilich wiederum ungenügenden Titel „Die Lehren des Talmud") dem Mangel abzuhelfen versucht hatte. Jetzt wird man sagen dürfen, daß es sich vermöge seiner unleugbaren Gediegenheit und seiner ungeschminkten Sachlichkeit unter christlichen wie jüdischen Theologen eine feste Stellung als ein unentbehrliches Hilfsmittel zur Kenntnis jüdischen Wesens und demgemäß mittelbar auch zur rechten Würdigung der christlichen Lehre erworben hat, welche Stellung es auch wol geraume Zeit bewahren und in gewissem Sinne überhaupt nicht wieder verlieren dürfte.

Durch die Erwägung dieser Umstände war mir vorgeschrieben, wie ich, nachdem dem Verfasser sein und mein väterlicher Freund und Förderer Franz Delitzsch in die Ewigkeit nachgefolgt war, als vereinsamter Dritter mich bei der Besorgung einer nötig werdenden zweiten Auflage zu verhalten hätte, welche von den Hinterlassenen Ferdinand Webers wie von der Verlagshandlung mit freundlichem, mich verpflichtendem Vertrauen ganz in meine Hände gelegt wurde.

Zuerst galt es die Frage zu beantworten, ob nicht das vorliegende Buch noch wesentlich verbessert werden könnte, z. B. in der Lehre von den göttlichen Mittelwesen oder vom Messias oder durch eine tiefergreifende Aufweisung des geschichtlichen Werdens bei den einzelnen Lehrstücken, sowie durch eingehende Berücksichtigung der einschlagenden neueren Literatur. Allein das in dieser oder jener Richtung Mögliche und in gewissem Betracht auch Wünschenswerte stellte sich als — zur Zeit wenigstens — nicht zu verwirklichen und auch als nicht unbedingt notwendig heraus, teils weil die dazu nötigen Kräfte unter den gegebenen Umständen nicht zu finden waren, teils und vor allem, weil durch eine solche Aenderung das Buch ein anderes hätte werden müssen, was es doch nicht werden durfte, wollte man nicht das Recht des heimgegangenen Verfassers verletzen und sein Andenken ebenso wie das Vertrauen und die Liebe gefährden, welche sein Werk nun einmal gerade in der vorliegenden Gestalt ohne Zweifel gewonnen hat. Unter diesen Umständen schien es notwendig, sogar Ausführungen wie die von S. 4 f. trotz der neueren bezüglichen Verhandlungen unverändert zu lassen, weil sich nicht behaupten ließ, daß der Verfasser selbst an ihnen eine Aenderung vorgenommen haben würde. Uebrigens ließ sich an den betreffenden Stellen durch einfache Anzeigung ergänzender Schriften oder Gedanken jedem Schaden vorbeugen.

So ist denn das Buch Webers in der zweiten Auflage in allem Wesentlichen **dasselbe geblieben** wie in der ersten. Nur dasjenige war zu thun, was geeignet war, es noch mehr zu dem zu machen, was es schon in der ersten Auflage sein wollte, vielleicht auch geworden wäre, wenn nicht sein Verfasser vor der abschließenden Vollendung seines Werkes abgerufen worden wäre. Zuvörderst galt es, einen gewissen Ersatz für den abgeschiedenen Franz Delitzsch zu gewinnen. Zu meiner Freude ließ sich ein solcher in dem Leipziger Privatgelehrten Herrn J. J. Kahan finden, dessen gründliche Kenntnis der einschlagenden Literatur unter Fachmännern anerkannt und welcher gleich mir der Arbeit Webers mit pietätvoller Freude gegenüber steht. Derselbe hat nun meines und seines Wissens sämtliche rabbinische Stellen verglichen und nach Möglichkeit zurechtgestellt, — mit welch großem Erfolge, wird sowol eine Vergleichung der zweiten Auflage mit der ersten, als auch die verhältnismäßig kleine Zahl von Stellenangaben zeigen, bei welchen ein Fragezeichen ausdrücklich angibt, daß sie jetzt nicht haben neu bestätigt werden können. Wenn das Werk Webers nunmehr den Anspruch auf hohe Zuverlässigkeit seiner Anführungen wird erheben dürfen, so verdanken dies die Freunde des Buches mit mir dem liebenswürdigen Fleiße und Eifer des Herrn Kahan, der auch vielfach durch geeignetere Belegstellen frühere unzureichende ersetzt hat. Man wird bitten dürfen, in Zukunft bei Benutzung und Anführung des Werkes das Zutrauen in dieser Beziehung der zweiten Auflage **vor der ersten zu schenken.**

Selbstverständlich hat diese Nachprüfung der Stellen vielfache

Aenderung im Einzelnen nach sich gezogen. Ich war zu einer solchen um so mehr berechtigt und verpflichtet, als schon die erste Auflage auf Schritt und Tritt von mir hatte abgerundet und ausgefeilt werden müssen. Ich habe mich jedoch bei allen kleinen Aenderungen durchweg von der Regel leiten lassen, den Gedanken Webers festzuhalten und nur eben so zu gestalten, wie er ihn meines Dafürhaltens selbst bei einer zweiten Auflage gestalten würde. Wo mir in dieser Richtung Zweifel kamen (oder wo sich Bedenken noch während des Druckes einstellten), habe ich die betreffende Aeußerung in einen Nachtrag am Ende des Buches verwiesen, im Texte selbst aber an diesen Stellen möglichst auf den Nachtrag aufmerksam gemacht. Jedem einzelnen Paragraphen habe ich mit größerer Schrift Leitsätze vorausgeschickt, wie das vermutlich von Weber selbst beabsichtigt, aber nicht durchgeführt worden war. Diese Leitsätze sind in den meisten Fällen von Weber verfaßt, nur hie und da von mir nunmehr aus dem Zusammenhange seiner Ausführungen herausgenommen und, wo nötig, formulirt worden. Außerdem habe ich durch äußere Mittel, wie durchgängige Bezifferung der einzelnen Sinngruppen und Sperrung der Stichworte, dem Auge des Lesers einen Stützpunkt zu bieten, auch durch Vermehrung der Verweisungen auf andere Abschnitte des Buches wie auf die heiligen Schriften Alten und Neuen Testaments, sowie durch regelmäßige Verdeutschung hebräischer Worte die Verständlichkeit des Inhaltes zu mehren gesucht. Einige Hinweise auf neuere Arbeiten (insbesondere von Strack und Schürer) haben denselben Sinn: sie sollen nicht etwa einen schüchternen Versuch bedeuten, vollständigere Literaturnachweise zu geben, sondern vielmehr an die Grenzen der Aufgabe des vorliegenden Buches erinnern. Denn dessen Bedeutung liegt nun einmal durchaus in der liebevollen, selbständigen, ja großartigen Aufrollung eines einheitlichen und eigenartigen Gesamtbildes jüdischer Denkweise. Demgemäß habe ich auch darauf verzichtet, das Gesicht des Buches durch eine durchgeführte grammatisch regelrechte Transscription der hebräischen Worte noch mehr zu ändern, eine Umgestaltung des Titels dagegen um so getroster für angezeigt gehalten, als der vorige nicht ganz von Weber selbst herrührte, welcher vielmehr einen ähnlichen wie den nun gewählten im Sinne gehabt hat.

Die sorgfältige Neubearbeitung des Registers und die Anfertigung eines solchen neutestamentlicher Stellen — für die alttestamentlichen dürfte kein eigentliches Bedürfnis vorliegen — hat ein mir befreundeter Student der Theologie, Herr Curt Thalwitzer in Leipzig, besorgt.

Es erübrigt noch, im Sinne und Namen Webers und der Freunde seiner Arbeit den Herren Professoren Schürer und Strack, Buhl und Dalman für ihre freundliche Unterstützung mit Rath und That, den beiden Erstgenannten überdies wie auch den Herren Professoren Siegfried, Ryssel und Anderen für ihre wohlwollenden, eingehenden und förderlichen Besprechungen der ersten Auflage Dank zu sagen, für die gegenwärtige zweite Auflage aber freundliche Nachsicht im Urteile zu erbitten, um so mehr, als bei einem Werke wie dem vorliegenden, das von Wenigen auf seinen Werth geprüft werden kann, eine mißverständlich starke Hervorkehrung etwaiger kleiner Mängel manchen zukünftigen Leser um den Genuß und die Förderung bringen könnte, welche das Buch nun auch und erst recht in seiner zweiten Auflage Vielen bringen möchte.

Solche Leser aber, welche etwa nach Verbindungslinien zwischen der hier aufgewiesenen jüdischen Theologie und dem christlichen Glauben suchen, seien der Kürze halber auf meine Vorlesung „Ueber den jüdischen Hintergrund im Neuen Testament" (1890) und auf meine kleine Schrift: „Von rechter Verdeutschung des Evangeliums" (1896) verwiesen.

Leipzig, im Oktober 1896.

Georg Schnedermann.

Inhaltsübersicht.

Einleitung.

	1. Aufl. Seite	2. Aufl.
§ 1. Aufgabe	IX	XIII
§ 2. Quellen	XI	XV
I. Die Targume	XI	XVI
II. Die Midraschim	XIX	XXIV
III. Haggadisches in der halachischen Literatur	XXV	XXX
1. Mischna und Tosefta	XXV	XXX
2. Die Talmude	XXVII	XXXII
§ 3. Benützung der Quellen	XXVIII	XXXIV
§ 4. Gang der Darstellung	XXX	XXXV
§ 5. Literatur	XXXI	XXXVI

Erster Teil.
Principienlehre.

Erste Abteilung.
Das Materialprincip des Nomismus.

Kap. I. Die geschichtliche Einpflanzung der Nomokratie in das neujüdische Gemeinwesen.

§ 1. Esra's grundlegende Thätigkeit für die Nomokratie	1	1
§ 2. Wachstum des jüdischen Nomismus gegenüber dem Hellenismus	5	5
§ 3. Der endgiltige Sieg der Nomokratie	9	9

Kap. II. Die Thora die Offenbarung Gottes.

§ 4. Das ewige Sein der Thora vor Gott als Abbild seines Wesens	14	14
§ 5. Die Thora die einzige Heilsoffenbarung Gottes	18	18
§ 6. Die Thora Quelle alles Heils und höchstes Gut	20	20

Kap. III. Gesetzlichkeit das Wesen der Religion.

§ 7. Frömmigkeit ist Liebe zur Thora	25	25
§ 8. Die Bethätigung der Liebe zur Thora	28	28
§ 9. Gesetzlichkeit die einzige Form der Religion für alle Zeiten	34	34
§ 10. Das Verhältnis des religiösen Bewußtseins zum Opferdienst	38	38
§ 11. Der esoterische Charakter der jüdischen Religiosität	42	42

Kap. IV. Jehova's Gemeinschaft mit Israel allein durch die Thora bedingt.

§ 12. Jehova's Gegenwart in Israel ist verknüpft mit dem Studium und der Uebung der Thora	46	46

	1. Aufl. Seite	2. Aufl.
§ 13. Die Bethätigung Gottes an dem Menschen ist allein bedingt durch dessen Verhalten zur Thora	47	48

Kap. V. Israel das Volk der Thora unter den Völkern.

§ 14. Israel als Volk der Thora Gottes Volk	50	51
§ 15. Das Volk Gottes im Unterschied von der Heidenwelt	56	57
§ 16. Israel in der Verbannung	59	60

Kap. VI. Der religiöse Charakter und die Bestimmung der Heidenwelt.

§ 17. Die Heidenwelt außerhalb des Reiches Gottes	64	65
§ 18. Der Unwerth der Heidenwelt vor Gott und Israel	69	70
§ 19. Der Fortbestand der Heidenwelt und ihre Macht über Israel	72	73

Zweite Abteilung.
Das Formalprincip des Nomismus.

Kap. VII. Das geschriebene Wort.

§ 20. Die Inspiration der heiligen Schriften	78	80
§ 21. Die Eigenschaften der heiligen Schriften	81	83
§ 22. Die heiligen Schriften und die Gemeinde	86	88

Kap. VIII. Die mündliche Ueberlieferung.

§ 23. Die authentische Auslegung der heiligen Schrift	88	91
§ 24. Das Verhältnis der Ueberlieferung zur Schrift	96	100
§ 25. Schrift und Ueberlieferung in der Praxis	102	105

Kap. IX. Der Schriftbeweis.

§ 26. Die dreizehn Regeln	106	109
§ 27. Der Beweis durch Andeutung	115	118

Kap. X. Die rabbinische Autorität.

§ 28. Der Stand der Weisen	121	125
§ 29. Die dreifache Gewalt der Weisen	130	134

Zweiter Teil.
Die besonderen Lehren.

Erste Abteilung.
Der theologische Lehrkreis.

Kap. XI. Der jüdische Gottesbegriff.

§ 30. Die Folgen des Nomismus für die Fassung des Gottesbegriffs	144	148
§ 31. Die Einheit und Erhabenheit Gottes	146	151
§ 32. Die Judaisirung des Gottesbegriffs	153	157

Kap. XII. Die himmlische Welt.

§ 33. Die Wohnung Gottes und seine Herrlichkeit	157	162
§ 34. Die himmlische Geisterwelt	161	166
§ 35. Das Verhältnis der Geisterwelt zu Gott	168	174

Inhaltsübersicht.

	1. Aufl. Seite	2. Aufl.

Kap. XIII. Mittlerische Hypostasen.

§ 36. Vorbemerkung und Uebersicht	172	177
§ 37. Der Metatron	172	178
§ 38. Das Memra Jehova's	174	180
§ 39. Die Schechina Gottes	179	185
§ 40. Der heilige Geist und die Bath Kôl	184	190

Zweite Abteilung.
Der kosmologische und anthropologische Lehrkreis.

Kap. XIV. Die Schöpfung und Erhaltung der Welt.

§ 41. Vorbemerkung	189	196
§ 42. Der göttliche Schöpfungsrathschluß	190	196
§ 43. Die Schöpfung der Welt	193	200
§ 44. Das Verhältnis des Himmels zu der Erde	196	203
§ 45. Die Erhaltung der Welt	198	205

Kap. XV. Die Schöpfung und der Fall des Menschen.

§ 46. Schöpfung und Urstand des Menschen	202	209
§ 47. Die sittliche Anlage des Menschen	208	215
§ 48. Der Sündenfall	210	218

Kap. XVI. Der Zustand des sündigen Menschen.

§ 49. Entstehung und Wesen des sündigen Menschen	217	225
§ 50. Die Wahlfreiheit und die allgemeine Sündhaftigkeit	223	231
§ 51. Sünde und Schuld	231	239

Kap. XVII. Die Straffolgen der Sünde.

§ 52. Sünde und Uebel	235	243
§ 53. Sünde und Tod	238	246
§ 54. Die Sünde und die Dämonen	242	251

Dritte Abteilung.
Der soteriologische Lehrkreis.

Kap. XVIII. Die Offenbarung und Geschichte des Heils.

§ 55. Gottes Heilsrathschluß	250	259
§ 56. Die Vorgeschichte der sinaitischen Offenbarung	253	262
§ 57. Die Gesetzgebung auf dem Sinai	259	268
§ 58. Israels Abfall und seine Folgen	264	274

Kap. XIX. Die Gerechtigkeit vor Gott und das Verdienst.

§ 59. Der Begriff der Sechûth	267	277
§ 60. Die Gerechtigkeit aus der Erfüllung des Gesetzes	269	279
§ 61. Die Gerechtigkeit aus den guten Werken	273	284
§ 62. Das verschiedene Verhältnis der Einzelnen zu Gott	277	288
§ 63. Die stellvertretende Gerechtigkeit der verstorbenen Väter	280	292
§ 64. Das Verdienst der lebenden Gerechten	285	297
§ 65. Der Lohn der Werke	290	302
§ 66. Das Verdienst als heilsgeschichtliches Motiv	294	307

Inhaltsübersicht.

1. Aufl. 2. Aufl.
Seite

Kap. XX. Die Versöhnung.

§ 67. Der Begriff der Sühne 300 313
§ 68. Die Buße und der Versöhnungstag 303 316
§ 69. Leiden und Tod als Mittel der Sühne 308 321
§ 70. Das stellvertretende Leiden der Gerechten 313 326
§ 71. Die Sühnung durch gute Werke 316 330
§ 72. Ergebnisse der Lehre von der Rechtfertigung und Versöhnung 320 334

Vierte Abteilung.
Der eschatologische Lehrkreis.

Kap. XXI. Die Vollendung der Einzelnen.

§ 73. Tod und Todeszustand 322 336
§ 74. Der Aufenthalt der Seelen im Gehinnom 326 341
§ 75. Das Loos der Seligen im Gan Eden 330 344

Kap. XXII. Die Erlösung Israels durch den Messias.

§ 76. Die Erwartung des Messias 333 348
§ 77. Elia, der Vorläufer des Messias 337 352
§ 78. Der Eintritt des Messias in die Welt 339 354
§ 79. Das verborgene Werden und Wirken des Messias . . 342 358
§ 80. Der Messias Sohn Josephs 346 362
§ 81. Die Erlösung Israels und die erste Auferstehung . . . 347 364

Kap. XXIII. Das Reich des Messias.

§ 82. Das messianische Zeitalter 354 371
§ 83. Der Bau Jerusalems und des Heiligtums 356 374
§ 84. Tempeldienst und Gesetz im messianischen Zeitalter . . 359 376
§ 85. Die Gerechtigkeit und der Segensstand der Gemeinde . 362 379
§ 86. Die Herrschaft des Messias über die Völkerwelt . . . 364 382
§ 87. Gog und Magog und das Ende des messianischen Zeitalters 369 387

Kap. XXIV. Die schließliche Vollendung.

§ 88. Auferstehung und Weltgericht 371 390
§ 89. Der neue Himmel und die neue Erde und die neue Menschheit 380 398
§ 90. Der Olâm habbâ 382 401

Nachträge und Berichtigungen .... — 406

Register I 387 411

Register II .... — 426

EINLEITUNG.

§ 1. Aufgabe.

Mit der Rückkehr Esra's hob in der jüdischen Gemeinde ein Neues an. Das Gesetz des Mose wurde durch ihn der ausschließliche Mittelpunkt des religiösen Denkens und Lebens aller Frommen des Volkes. Der Einfluß des prophetischen Wortes trat gegen den des Gesetzes zurück, ja das Gesetz wurde das alleinige religiöse Princip. Dieses Princip hat eine neue religiöse Denkweise und im Verlaufe der Zeit eine eigenartig jüdische Theologie erzeugt, welche von der Lehre des Alten Testamentes, in der sie wurzelt, unterschieden ist, ja sich zu ihr gegensätzlich verhält, insofern hier das gesetzliche (nomistische) Princip als das alleinberechtigte erscheint, während es im Alten Testamente nur die Grundlage der prophetischen Heilslehre bildet. (Vgl. S. 406.) Mit Recht hat Gust. Friedr. Oehler die Biblische Theologie des Alten Testamentes von dieser jüdischen Theologie abgegrenzt. Esra hat zu ihr nur den Anstoß gegeben. Aber wie bald der Nomismus im religiösen Schrifttum der Juden nach Ausgestaltung rang, zeigt das Buch des Siraciden, das wir aus gewichtigen Gründen um 300 vor Chr. entstanden denken. Noch bestimmtere Gestalt fand die nomistische Denk- und Lehrweise, nachdem sie in den schweren maccabäischen Kämpfen den Hellenismus überwunden hatte, und ihre Vertreter als Pharisäer (Peruschim, § 2 f. 11) die geistige Leitung des jüdischen Volkes überkamen. Daher sagt Reuß (Herzogs R.-E. 1. A. XII, 508): „Der Pharisäismus ist (nur) die schärfere Ausprägung derjenigen Ideen und Bestrebungen, welche von Anfang an den Lebenskern des neujüdischen Gemeinwesens gebildet hatten". Gehört die Entstehung der neujüdischen Theologie der Zeit der alten Schriftgelehrten (Sopherim) von Esra bis zum maccabäischen Zeitalter an, so ist das Zeitalter der großen Schulen, besonders des Hillel und Schammai, ihrer Ausgestaltung gewidmet. Die nachfolgenden Geschlechter aber von der Zerstörung des zweiten Tempels an bis zum Abschlusse des Talmud haben den früheren Erwerb gesammelt, im Einzelnen weiter entwickelt und in Schrift festgehalten.

So ist es im Laufe der Zeit zu einer jüdischen Theologie gekommen. Wenn wir daher von einer solchen, genauer etwa von einer altsynagogalen Theologie reden, so haben wir **nicht ein System im schulmäßigen Sinne** vor Augen, keine förmliche Glaubenslehre oder Dogmatik. Zu einer solchen ist es innerhalb der Synagoge nicht gekommen, wenn auch im Mittelalter einzelne Glaubens- und Sittenlehren bald mehr in überlieferungsmäßiger, bald mehr in religionsphilosophischer Weise behandelt wurden. Aber ebenso wahr ist es, daß wir in Religionsschriften, die allgemeines Ansehen genießen, auf religiöse Anschauungen stoßen, die immer wiederkehren, deren Ursprung aus einem einheitlichen religiösen Principe unverkennbar ist. Ohne daß es zu einer förmlichen Dogmatik kam, hat sich also doch das nomistische Princip nach allen Richtungen jüdisch-religiösen Denkens zur Geltung gebracht. Indem wir nun die wesentlichen Züge jüdisch-religiöser Denkweise sammeln und zu einem Ganzen ordnen, überall aber den Zusammenhang des Einzelnen mit dem Principe nachweisen, bringen wir die jüdische Theologie zur Darstellung.

Die ganze religiöse Literatur des Judentums zerfällt in eine **midrasische** und eine **halachische** (§ 23, 2). Jene ist der Schriftauslegung gewidmet; sie ist entstanden aus den Lehrvorträgen über die Schrift, welche im Lehrhause oder der Synagoge von den Theologen und den Darschanim vor den Schülern oder vor der Gemeinde gehalten wurden. Die halachische Literatur umfaßt dagegen jene Schriften, welche die gesetzlichen Vorschriften, wie sie sich im Laufe der Zeit gestaltet, in Form eines *Corpus juris* und der nötigen Kommentare zu demselben zur Darstellung bringen. Zwar enthalten halachische Schriften auch Midrasch, und der Midrasch hat auch halachische Bestandteile, im Ganzen aber sind Halacha und Midrasch von einander geschieden. Den Midrasch hat Zunz in seinem für die Darstellung der jüdischen Theologie in literaturgeschichtlicher Hinsicht grundlegenden Werke: Die gottesdienstlichen Vorträge der Juden (Berlin 1832; 2. A. 1892) in seinen einzelnen Erzeugnissen dargestellt, wobei er neben dem midrasischen Schrifttum auch das halachische so weit herbeizog, als es Midrasch enthält. Die **eigentliche Quelle für unsere Darstellung bildet das midrasische Schrift-**

tum. Denn wenn auch die Haggada d. i. die erbauliche Auslegung vor der Gemeinde, wie sie die Midrasche darbieten, subjectiven und häufig rein individuellen Charakter hat, so gibt es doch wie eine halachische, so auch eine haggadische Tradition, die jeder Ausleger vor Allem innehaben mußte, wenn er an die Schriftauslegung herantreten wollte, und die jeder wiederholt hat, die somit religiöses Gemeingut war und deshalb allerdings geeignet ist, der Darstellung jüdisch-religiöser Anschauungen oder einer jüdischen Theologie im obigen Sinne zur Grundlage zu dienen. Dagegen schließen wir die pseudepigraphische Literatur zum Alten Testament, wie das Buch der Jubiläen oder das Buch Henoch, von unserer Darstellung aus, während wir oft in apokryphischen Schriften Elemente späterer jüdischer Theologie zu suchen haben. Jost urteilt (Geschichte des Judentums und seiner Secten II, 217. 218 Anm.) sogar, daß jene (durch die äthiopische Kirche erhaltenen) Schriften „ohne Bedeutung für die jüdische Religionsgeschichte" seien; jedenfalls können sie uns nicht als Quelle der Darstellung jüdischer Theologie dienen, da sie gemischten Ursprungs sind und keinerlei Anerkennung innerhalb der jüdischen Gemeinde gefunden haben. Vgl. den Nachtrag.

§ 2. Quellen.

Der Midrasch, welcher die Quelle für unsere Darstellung bildet, liegt nun in dreierlei Schriftwerken vor. Es kommen in Betracht: 1. die Targume, sofern sie als Paraphrasen nicht bloß Uebersetzungen sind, sondern an vielen Stellen erklären und so religiöse Auffassungen und Anschauungen zu Tage treten lassen. „Durch die Paraphrasen — schreibt Fürst in seinem Lehrgebäude der Aramäischen Idiome S. 15 — weht der Geist des traditionellen Glaubens aus der bunten Vergangenheit der jüdischen Geschichte, der durch lebendiges Auffassen der alten geheiligten jüdischen Sagen (Haggada) genährte reinere pharisäische Sinn mit der innigen, heiß dürstenden Sehnsucht nach dem zukünftigen Messiasreiche." So sind sie eine Quelle altjüdisch religiöser Denkweise, und zwar die älteste Quelle. Sodann kommen für uns in Betracht 2. die Midraschim im engeren Sinne, in denen die traditionelle Haggada niedergelegt ist, und endlich 3. die mischnisch-talmudische Halacha-Literatur, sofern sie vom Midrasch durchwoben ist, d. h. neben Halacha auch Haggada bietet.

I. Die Targume.

1. Das älteste der uns erhaltenen Targume ist das des Onkelos, eine in fast rein biblischem Chaldaismus verfaßte wortgetreue Uebersetzung, die nur an wenigen Stellen zur Paraphrase wird, jedoch gewisse biblische Begriffe in eigentümlicher und selbständiger Weise reproducirt. In *Megilla* 3ᵃ wird ein Targum des Onkelos des Proselyten erwähnt; in *jer. Megilla* I, 9 heißt eben dasselbe Schriftwerk Targum des Akylas des Proselyten. An beiden Stellen heißt es, der Targumist habe sein Targum aus Ueberlieferung des R. Elieser und des R. Josua verfaßt, welche noch dem ersten Jahrhunderte n. Chr. angehören. Nach *jer. Megilla* a. a. O. hat er diesen sein Targum vorgelegt, und sie haben es gelobt. Daß Akylas und Onkelos derselbe Name ist, ist anerkannt (vgl. S. XXIII); es ist mundartliche Differenz, daß man in Babylonien den Nasal einschaltete und dann statt Ankylas die dunklere Aussprache Onkelos wählte; die Identität der Namen ist überdies durch den Beisatz „der Proselyt" (*Gēr*) nahe gelegt. In der Tosefta *Schabbath* c. 8 (vgl. *Aboda sara* 11ᵃ und *Kelim, Baba bathra* c. 2) erscheint Onkelos als Schüler des Rabban Gamliel des Alten, der kurz vor der Zerstörung des zweiten Tempels starb; er lebte also in der zweiten Hälfte des ersten Jahrhunderts. Da sein Targum auf Ueberlieferung beruht, so haben wir in demselben das älteste Denkmal midrasischer Ueberlieferung vor uns. Das Ansehen des Targum des Onkelos ist demgemäß so groß, daß es im Talmud als maßgebende Autorität erscheint (vgl. Frankel, Zu dem Targum der Propheten, Breslau 1872). Dieses hohe Ansehen prägt sich auch darin aus, daß in *Megilla* 3ᵃ die Uebersetzung des Onkelos mit dem פירוש (S. 86) in Neh. 8, 8 identificirt wird, so zwar, daß dieser in den Zeiten nach Nehemia verloren gegangen und im Targum des Onkelos erneuert worden sei. Dieser altjüdischen Ueberlieferung blieben Zunz (Gottesdienstliche Vorträge 1832) und Frankel (Ueber den Einfluß der palästinischen Exegese auf die alexandrinische Hermeneutik 1851) treu, nachdem früher Winer (*Dissertatio de Onceloso* p. 10) sich in gleichem Sinne ausgesprochen hatte. Aber wie früher Eichhorn unser Targum in die talmudische, Luzzato (*Philoxenus, sive de Oncelosi paraphrasi chald.*, Wien 1830) gar in die nachtalmudische Zeit verlegt haben, so hat später auch Frankel, um von Geigers und Grätz's Hypothesen ganz abzusehen, die Entstehung unseres Targums aus dem

ersten in das dritte Jahrhundert verlegt und als Redactor einen Schüler des Rab (Abba Aricha), der zu Anfang des 3. Jahrhunderts zu Sura eine Schule gründete, aufgestellt, ihm also Babylonien als Vaterland zugewiesen; der Anonymus habe dennoch seiner Uebersetzung den Namen „Targum des Akylas" gegeben, den er in „Onkelos" umwandelte, indem er die Ueberlieferung von dem palästinischen Uebersetzer Akylas dem Proselyten, dem Verfasser der wortgetreuen griechischen Uebersetzung, benützte, um sein Targum als ein wortgetreues zu bezeichnen. Aber wie ist es möglich, daß R. Chija bar Abba in der zweiten Hälfte des 3. Jahrhunderts das Targum des Onkelos auf Ueberlieferung des R. Elieser und des R. Josua zurückführte, also aus dem 1. Jahrhundert herleitete, wenn es doch in Wirklichkeit erst wenige Jahrzehnte vorher verfaßt wurde? Und wie ist es denkbar, daß ein Werk so jungen und namenlosen Ursprungs so hohes Ansehen erlangte? Was Frankel bewog, die Ueberlieferung zu verlassen und dafür Vermuthungen aufzustellen, ist hauptsächlich das Idiom des Onkelos, das dem chaldäischen Idiom des babylonischen Talmud gleich sein soll. Allerdings steht das Chaldäisch des Onkelos dem babylonischen Talmud näher als dem jerusalemischen. Aber Onkelos schreibt dennoch nicht das Chaldäisch des babylonischen Talmud. Dieses talmudische Chaldäisch war eine Vulgärsprache und wurde so gesprochen, ebenso wie das Idiom des jerusalemischen Talmud; die Sprache des Onkelos wie des Jonathan ben Usiel aber ist, wie auch Fürst (Lehrgebäude S. 4) erkennen läßt, nichts weniger, als die Vulgärsprache, sei es der Babylonier, sei es der Palästinenser, sondern es ist das fortgebildete biblische Chaldäisch, damals Kunstsprache, die sich nur in der Bibel und in dem zunächst mündlichen Targum fortgepflanzt hatte. Das Idiom des Targum Onkelos ist ebenso Kunstsprache, wie das der Mischna, der Tosefta und der verwandten neuhebräischen Literatur. Wie dieses Idiom Sprache der Schule, so war das biblische Chaldäisch Sprache der Synagoge. Der Schluß aus der Sprache und ihrem Unterschiede von der jerusalemischen Vulgärsprache ist somit nichtig. Wir vermögen uns nicht zu überzeugen, daß bezüglich des Onkelos die Tradition aufzugeben sei, sondern halten an ihr fest, da nur ein so hohes Alter, wie es die Tradition dem Targum des Onkelos beilegt, das große Ansehen dieses Targums erklärlich macht.

Seiner Anlage nach ist das Targum des Onkelos Uebersetzung,

nicht Paraphrase. Aber Winer sagt mit Recht (a. a. O. S. 40), es füge doch an nicht wenigen Stellen zum biblischen Text hinzu, *quae ad perficiendam illustrandamque sententiam pertinere viderentur, sive e locis parallelis, sive e disciplina Judaeorum.* Am meisten paraphrasirt Onkelos nach Art des Midrasch die Weissagungen 1 Mos. 49. 4 Mos. 24. 5 Mos. 32. 33, dem entsprechend, daß man dem prophetischen Worte im Unterschiede vom Gesetzesworte mit weit größerer Freiheit gegenüberstand, während die Kürze und Dunkelheit des Ausdruckes bestimmend mitwirkte. Sonst betreffen die umschreibenden Ausdrücke des Onkelos überall die Anthropomorphismen und Anthropopathien, in denen die Schrift von Gott spricht (unten S. 155 f.). Mit Bezug hierauf und auf einiges Andere sagt Hävernick (Einl. I, 2,79) mit Recht, daß sich auch bei Onkelos der „Einfluß dogmatischer Zeitideen" zeige. Deshalb ist er eine wichtige Quelle für unsere Darstellung.

2. Das Targum des Jonathan ben Usiel zu den prophetischen Geschichts- und Weissagungsbüchern ist dem Targum des Onkelos in Sprache und Anlage so sehr verwandt, daß Frankel S. 4 sagt, man sei versucht, beide als das Werk desselben Autors zu bezeichnen. *Baba bathra* 134ᵃ und *Succa* 28ᵃ berichten von einem Schüler Hillels des Alten, welcher alle anderen in Hingebung an das Studium übertraf. „Wenn er saß und mit der Thora sich beschäftigte, so verbrannte jeder Vogel, der über seinem Haupte flog", denn es waren die Engel rings um ihn versammelt, um Worte der Thora aus seinem Munde zu hören. Dieser Schüler Hillels war Jonathan ben Usiel. Derselbe R. Chija bar Abba, welcher in der zweiten Hälfte des dritten Jahrhunderts über das Targum des Onkelos Zeugnis ablegt, schreibt *Megilla* 3ᵃ von dem Targum des Jonathan ben Usiel wie folgt: „Das Targum zu den Propheten hat Jonathan ben Usiel verfasst nach Ueberlieferung (מִפִּי) des Haggai, Sacharja und Maleachi. Und es bewegte sich das Land Israel 400 Parasangen nach allen Richtungen weit (in seinem ganzen Umfange), und es ging eine Offenbarungsstimme aus und sprach: „Wer ist der, welcher meine Geheimnisse den Menschen offenbart hat?" Da erhob sich Jonathan ben Usiel und sprach: „Ich bin es, aber es ist kund und offenbar vor dir, daß ich es nicht zu meiner Ehre, auch nicht zur Ehre des Hauses meines Vaters, sondern zu deiner Ehre gethan habe, damit des Streitens in Israel nicht so viel werde". Er wollte auch noch das Targum zu den Kethubim offen-

baren, aber es ging eine Offenbarungsstimme aus und sprach zu ihm: „Es ist genug für dich". Und warum? „Weil (in den Kethubim) die Ankunftszeit des Messias (קץ, S. 372) enthalten ist." Entkleidet man diese Aussage ihrer mystischen Umhüllung, so besagt sie, daß Jonathan ben Usiel, Schüler Hillels, im dritten Jahrhunderte als Verfasser des Targums zu den Propheten galt, und daß man annahm, es enthalte die von den letzten Propheten ausgegangene, durch viele Geschlechter hindurch überlieferte, authentische Auslegung der Propheten. Jonathan hatte das Targum des Onkelos vor sich; denn er trägt, wie Zunz (a. a. O. S. 63) und Frankel (a. a. O. S. 13) nachweisen, „ganze Stellen aus Onkelos unverändert in seine Uebersetzung hinein". Wir müssen ihn also betrachten als ein Mitglied der Schule Hillels, welche der Zeit des ersten Jahrhunderts christlicher Zeitrechnung bis zum Untergange des Heiligtums angehört. Sein Targum entstand nach dem des Onkelos in den letzten Jahrzehnten des ersten Jahrhunderts n. Chr. Die nahe Beziehung zu dem des Onkelos erkennt auch Frankel an.

Frankel hat jedoch in seiner dem Targum des Jonathan gewidmeten Untersuchung, nachdem er das Targum des Onkelos in Babylonien hat entstehen lassen, aus gleichem Grunde auch das Targum des Jonathan nach Babylonien versetzt. „Daß nicht Jonathan, der Schüler Hillels, Verfasser des heutigen Targums sei, besagt schon der ostaramäische Dialekt. Der alte Jonathan, in Palästina lebend, würde eine westaramäische Uebersetzung geliefert haben." Dagegen gilt das oben bezüglich der Sprache des Targums von Onkelos Gesagte. Frankel macht aber noch einen anderen Grund geltend. Im babylonischen Talmud finden sich Stellen, die mit der Uebersetzung Jonathans zusammenfallen, unter dem Namen des R. Joseph. In ihm, einem Schulhaupte zu Pumbaditha im Anfang des vierten Jahrhunderts, wäre also der Verfasser des nach Jonathan benannten Targums entdeckt. Aber wie konnte denn R. Chija bar Abba im dritten Jahrhundert schon behaupten, daß Jonathan ben Usiel Verfasser des Targums zu den Propheten sei? Dem R. Chija lagen doch nicht bloß einzelne targumische Fragmente vor, welche R. Joseph etwa dann zu einem Ganzen verbunden hätte, indem er die Lücken ausfüllte und das Ganze nach Jonathan benannte, wie Frankel es darstellt; ihm lag vielmehr das Targum des Jonathan als Ganzes vor, da er es als „Targum der Propheten" bezeichnet. Gewiß hat R. Joseph ein Targum verfaßt, welches in den Stellen, die im Talmud vorliegen, mit Jonathans Uebersetzung zusammenfällt; aber daraus allein folgt noch nicht, daß sein Targum und das des Jonathan überhaupt dasselbe seien. So vermag Frankels Beweisführung die Ueberlieferung, die *Megilla* 3ᵃ aufbewahrt hat, nicht umzustoßen, und wir halten daran fest, daß das Targum der Propheten seiner Grundlage nach Jonathan ben Usiel zum Verfasser habe und dem ersten Jahrhunderte angehöre.

Innerhalb des Targum des Jonathan besteht ein großer Unterschied zwischen der Bearbeitung der sogenannten früheren Propheten (Josua, Richter, Samuel, Könige) und derjenigen der späteren Propheten (Jesaja u. s. w.). Dort ist Jonathan fast durchweg Uebersetzer; nur in Stellen wie dem Liede der Debora wird der Uebersetzer zum Paraphrasten; ja er gibt hier Midrasch oder Haggada. Anders bei den eigentlichen Propheten. Aus dem früher angegebenen Grunde wird der Uebersetzer hier Erklärer, und das Targum schreitet an vielen Stellen zum Midrasch oder zur Haggada fort. Eichhorn hat wegen dieser Verschiedenheit zweierlei Verfasser angenommen (Einl. II, 66 ff.), ist aber von Gesenius (Jesaja 69 ff.) widerlegt worden. Man darf nur Jes. 36—39 mit 2 Kön. 18, 3 ff.; Richt. 5, 8 mit Jes. 10, 4; oder 2 Sam. 23, 4 mit Jes. 30, 26 u. a. St. vergleichen, um die Einheit des Targums zu sämtlichen Propheten zu erkennen. Für uns ist jedenfalls das Targum des Jonathan von besonders hohem Werthe, da es neben Onkelos das älteste uns vorliegende midrasische Schriftwerk, die älteste Quelle der Haggada bildet. Noch sei bemerkt, daß Hävernick (Einl. II, 81) auf Parallelen zwischen dem Jonathan-Targum und dem Buche des Sohnes Sirachs hinweist.

3. Unter dem Namen des Jonathan ben Usiel existirt noch ein zweites, vollständiges, sowie unter dem Namen Targum Jeruschalmi ein drittes, nur aus Bruchstücken bestehendes Targum zum Pentateuch. Das letztgenannte ist dem ersteren so sichtlich verwandt, daß eine Abhängigkeit des einen vom anderen sofort in die Augen springt, weshalb sie zusammen besprochen werden müssen und im Folgenden auch als Jeruschalmi I und Jeruschalmi II unterschieden und bezeichnet werden.

Das Targum Jeruschalmi I (Pseudojonathan) ist, verschieden von den älteren Targumen, in der Sprache des jerusalemischen Talmud verfaßt, nicht also in der reinen, dem biblischen

Chaldäisch nachgebildeten, altklassischen Sprache der älteren Targume, sondern in der Volkssprache Palästinas, noch dazu vermischt mit vielen fremdsprachlichen Ausdrücken. Petermann hat letztere in seiner Abhandlung *de duabus Pentateuchi paraphrasibus chaldaicis* I, 64 f. zusammengestellt. Dies, sowie die Erwähnung von Konstantinopel (4 Mos. 24, 19. 24) und der Lombardei, sowie die Anführung der Namen Chadidja und Fatima (1 Mos. 21, 21), ist ein deutlicher Fingerzeig dafür, daß dieses Targum nicht vor der Mitte des 7. Jahrhunderts zum Abschluss gekommen ist; vgl. Volck in Herzogs Real-Encyklopädie 1. A. XV, 681. 2. A. XV, 372. Hiernach könnte es zweifelhaft erscheinen, ob wir dieses Targum in den Kreis unserer Quellenschriften zu ziehen haben. Allein Frankel bemerkt in seiner Abhandlung über den Geist der Uebersetzung des Jonathan ben Usiel zum Pentateuch und die Abfassung des in den Editionen dieser Uebersetzung beigedruckten Targum Jeruschalmi (Monatsschrift für Judentum 1857) richtig, daß unser Targum „zugleich ein Kompendium aller an den biblischen Text sich anlehnenden Haggada und prägnanten Halacha" sein will. Diese Haggada ist aber nicht durchgängig jüngeren Ursprungs, sondern zumeist altüberlieferte, die sich im Wesentlichen auch in der älteren Literatur vorfindet, vgl. Frankel a. a. O. 103 f. Daß es dem Verfasser des Targum Pseudojonathan um eine förmliche Sammlung haggadischer Ueberlieferungen zu thun war, geht daraus mit Bestimmtheit hervor, daß er zu einer Stelle oft mehrere solcher Ueberlieferungen anführt, wodurch sich Winer hätte abhalten lassen sollen, sein schiefes Urteil über Pseudojonathan (*de Jonathanis in Pentateuchum paraphrasi chaldaica* I, Erlangen 1823, S. 8) zu fällen. Das Targum Jeruschalmi I ist eines jener späteren Sammelwerke, in denen die ältere und die jüngere haggadische Tradition aufgespeichert ist, und bildet, mit Kritik verwendet, eine sehr ergiebige Quelle für die Darstellung der religiösen Anschauungen des altpalästinischen Judentums.

Dazu steht in engster Beziehung das Targum Jeruschalmi II. Das Verhältnis beider Targume wurde näher erörtert von Seligsohn in seiner Abhandlung *De duabus Hierosolymitani Pentateuchi paraphrasibus*, *Vratislaviae* 1858 (vgl. Volck, Prot. Real-Encykl. XV, a. d. oben a. Stellen). Hiernach enthält das Targum Jeruschalmi II nicht etwa bloß einzelne Aenderungen an einem alten uns nicht mehr zugänglichen palästinischen Targum, die diesem als Randglossen beigesetzt worden wären; es ist auch nicht das Bruchstück einer früher vollständigen Paraphrase, sondern eine haggadische Ergänzung zu dem Targum des Onkelos und eine Sammlung von Randglossen dazu, welche letzteren nach Frankel S. 145 ff. eine Art kritischen Kommentars zum Targum des Onkelos bilden. Es liegt uns also im Jeruschalmi II der Anfang zu einem erweiterten Targum zum Pentateuch vor, hervorgerufen durch die Einfachheit des Onkelos und das Bedürfnis einer Aufzeichnung der haggadischen Ueberlieferung, die sich am natürlichsten an das Targum anschloß. Jeruschalmi I ist auf diesem Wege weiter gegangen. Das Targum Jeruschalmi II bildete für sein Werk eine Vorstufe. Pseudojonathan (Jer. I) schließt sich als Uebersetzer von Onkelos abweichend an das Jer. II an (Frankel a. a. O. S. 142); er benutzt dessen Paraphrasen und die Haggadoth, aber so, daß er sie vereinfacht und echt kompilatorisch abkürzt; zugleich aber verflicht er sie mit mehr Geschick in die Uebersetzung und bringt sie an geeigneterem Orte unter. So ist das Targum des Pseudojonathan unter Benützung des Jeruschalmi entstanden, aber indem Pseudojonathan den ganzen Pentateuch übersetzte und die haggadische Ueberlieferung vollständig anzuführen suchte, wurde sein Werk, so abhängig es vom Jeruschalmi ist, doch ein neues selbständiges Targum.

Um wie viel jünger das Targum des Pseudojonathan ist und wie sehr es schon talmudischen, ja nachtalmudischen Charakter trägt, zeigt besonders eine Vergleichung auf dem Gebiete der Engellehre. Pseudojonathan hat Engelnamen, die der talmudischen Zeit angehören; Jeruschalmi kennt nur Michael (1 Mos. 38, 25). Auch die Sprache des Pseudojonathan ist ganz talmudisch; die des Jeruschalmi erinnert an die Mischna (vgl. Frankel a. a. O. S. 140 f.). Gehört das Jeruschalmi II der Zeit an, wo man anfing, die Ueberlieferungen festzusetzen, dem 3. Jahrhundert, so ist das Werk des Pseudojonathan ein kompilatorisches Sammelwerk der nachtalmudischen Zeit. Was die Benützung des Jeruschalmi anlangt, so stellt seine Recension, wo sie von der des Pseudojonathan abweicht, die ältere Gestalt der haggadischen Tradition dar, und genießt für uns den Vorzug.

4. Unter den Targumen zu den **Hagiographen** haben wir mehrere Klassen von Targumen zu unterscheiden.

Die Targume zu den **Psalmen**, den **Sprüchen** und dem Buche **Hiob** haben einen und denselben fast rein syrischen Charakter und werden deshalb einem und demselben Verfasser beigelegt. Die Zeit der Entstehung liegt hinter der zweiten Hälfte des siebenten Jahrhunderts. Das Targum zu Ps. 108, 11 (handschr.) spricht von Konstantinopel und übersetzt, wie auch das Targum zu Hiob, das Wort Engel mit אבגל (ἄγγελοι), was auf ein sehr spätes Zeitalter hinweist (vgl. Zunz a. a. O. 64, Anm. c). Das Targum zu den Sprüchen ist fast bloße Uebersetzung und wird selten haggadisch; das zu den Psalmen ist ebenso Abklatsch der Peschitta und wird selten zu haggadischer Auslegung; das Targum zu Hiob ist verhältnismässig mehr mit Haggada durchwebt. Da die Haggada auch in diesen Targumen die überlieferte ist, bilden sie gleichfalls, obwol sie später Zeit angehören, eine Quelle für uns.

Die Targume zu den fünf Megilloth, d. i. den kleinen Hagiographen (Hoheslied, Ruth, Klagelieder, Prediger, Esther), sind wieder eine Klasse für sich. Sie erwähnen den Talmud, kennen die Muhammedaner (vgl. Hävernick S. 88) und sind sind also ebenfalls nachtalmudisch. Das Buch Esther hat mehrere Targume. Ein kurzes findet sich in der Antwerpener Polyglotte; dasselbe in erweiterter Gestalt gab Franc. Tailer heraus (London 1655), nebst einem zweiten, weitläufigeren, das die Legenden des erstgenannten weiter ausspinnt. Die Londoner Polyglotte nahm nur das erste Targum aus der Tailerschen Edition auf. Die Targume zu den Megilloth sind übrigens alle weniger Uebersetzung, als fortlaufender haggadischer Midrasch, und zwar nach der Reihenfolge der Megilloth in immer stärkerem Grade (vgl. Zunz a. a. O. 65). Hier haben wir es freilich schon mit jüngerer Haggada zu thun, was den Gebrauch derselben für uns einschränkt und nur unter Vergleichung der älteren Tradition möglich macht.

Endlich haben wir noch ein Targum zur Chronik in einer lückenhaften Ausgabe von Beck (*August. Vindel.* 1680. 83) und in einer correcten und selbständigen von Wilkins (*Paraphrasis chaldaica in librum I et II Chronicorum, Amstelodam.* 1715). Es ist jüngeren Ursprungs als die vorigen und war im Mittelalter wenig bekannt. Seine Tendenz ist haggadisch; für uns kommt es wenig in Betracht.

Ueber die Targume insgesamt vgl. noch Volck in der Prot. Real-Encykl. XV, 2. A. S. 365—377; F. Buhl, Kanon und Text des Alten Testaments, 1891, S. 168—186; Schürer, Geschichte des jüdischen Volkes im Zeitalter Jesu Christi, I, S. 115—121; Strack,

Einleitung in das Alte Testament, 4. A. 1895, S. 176—180; G. Dalman, Grammatik des jüdisch-palästinischen Aramäisch, 1894, Einleitung. Wegen der Sprache s. besonders Dalman a. a. O. S. 5—31. Zu der S. XVI, oben, besprochenen Frage vgl. namentlich Friedmann, Akylas und Onkelos, in dem Jahresbericht der jüdisch-theologischen Lehranstalt zu Wien, 1895—96.

II. Die Midraschim.

Der Midrasch ist Auslegung der Schrift, Erforschung und Darlegung ihres Sinnes, der Geheimnisse, die sie birgt, der Erinnerungen aus der Geschichte, wie der Hoffnungen für die Zukunft, die sich an ihren Wortlaut knüpfen. Vgl. S. XIV. Es gab eine zwiefache Art der Auslegung: eine im Lehrhause, und eine in der Synagoge vor versammelter Gemeinde; jene hat vorwiegend halachischen, diese haggadischen Charakter. Da jene die gesetzlichen Traditionen, wie sie in der Mischna als wolgeordnetes Ganzes vorliegen, auf exegetischem Wege aus der heiligen Schrift ableiten sollte, beschäftigte sie sich mit der Thora und wurde geflissentlich haggadisch nur bei den geschichtlichen und prophetischen Abschnitten der Thora, die sie dann durch die heilige Sage oder Gleichnisse oder Sittensprüche erläuterte, wenn sie nicht etwa dergleichen Haggadisches in mehr zufälliger Weise bei gewissen Schriftworten lose an einander reihete. Diese, die eigentlich erbauliche Auslegung, enthält wol auch Halachisches, aber sie erwählt sich doch vorwiegend solche Partien der synagogalen Vorlesung der Thora, welche für praktische Behandlung geeignet sind. Hier wiegt die Haggada vor. Wir besitzen mehrere theologisch gehaltene halachisch-haggadische Midrasche aus dem 3. Jahrhundert und eine alte haggadische Pesikta, während die späteren midrasischen Sammelwerke zumeist der Haggada gewidmet sind, indem sie zu den Partien der Thora, die sie behandeln, Alles beibringen, was nach der Ueberlieferung an Sagen, Gleichnissen und Sentenzen zu den einzelnen Schriftversen angeführt zu werden pflegte.

1. Der erste unter den alten halachisch-haggadischen Kommentaren heißt Mechilta. Er umfaßt eine Anzahl von Abschnitten des zweiten Buches Mose's. Das Buch wird in den beiden Talmuden nicht erwähnt, auch *Sanhedrin* 86ᵃ nicht, wo Tosefta, Sifra und Sifre erwähnt werden, denen es verwandt und gleichzeitig ist. Der Erste, der es mit Namen nennt, ist der Verfasser der *Halachoth*

gedoloth. R. Samuel Hannagid nennt es in seiner Einleitung zum Talmud die Mechilta des R. Ismael. Maimonides schreibt in der Vorrede zu seinem Werke *Jad chazaka:* „R. Ismael hat die Thora vom zweiten Buche an bis ans Ende erklärt, und dieser Kommentar ist die sogenannte Mechilta". R. Samuel und Maimonides nennen also den R. Ismael als Verfasser der Mechilta. Dem entspricht, daß der jerusalemische Talmud bei mehreren der Mechilta entnommenen Aussprüchen R. Ismael als Autor bezeichnet (vgl. Frankel, Einleitung zur Mischna, S. 308; Weiß, Mechilta, Vorrede XVI—XIX). Der Zweck der Mechilta ist, unter Anwendung der hermeneutischen Methode des R. Akiba zu zeigen, wie die Halacha aus dem Wortlaute der Thora abzuleiten sei. Da das zweite Buch der Thora viel Geschichtliches enthält, so führt sie auch viele haggadische Ueberlieferungen an, und zwar in der einfacheren älteren Gestalt. Die Mechilta, aus der ersten Hälfte des dritten Jahrhunderts, ist also eine uralte Quelle altpalästinischer haggadischer Tradition, wie sie in der Schule von Tiberias fortgepflanzt wurde, und reiht sich an Werth für unsere Darstellung an die alten Targume an. Wir haben die Ausgabe von Weiß, Wien 1864 (Selbstverlag des Verfassers) zu Grunde gelegt, der seinem Buche auch eine Einleitung über die historische Entwickelung der Halacha und Haggada in den ältesten Zeiten beigegeben hat. Später (1870) erschien, gleichfalls in Wien, die Ausgabe M. Friedmanns.

2. Der zweite jener Kommentare ist Sifra, auch *Thorath Kohanim* genannt, ein halachischer Kommentar zum dritten Buche Mose's. Nach *Sanhedrin* 86ᵃ ist überall, wo ein Ausspruch auf das Buch Sifra zurückgeführt wird, ohne daß sich ein Autor angegeben findet, R. Jehuda als der zu verstehen, der den Ausspruch gethan, woraus hervorgeht, daß der Talmud den R. Jehuda als Verfasser des Sifra betrachtet (vgl. Frankel, a. a. O. 308 f.). Dagegen hat Malbim in seiner Ausgabe des Sifra (Bukarest 1860) in der Vorrede zu erweisen gesucht, daß R. Chija (nicht zu verwechseln mit dem R. Chija bar Abba, der S. XVII f. erwähnt ist) den Sifra verfaßte. Dieser war Oheim und Lehrer des Rab, welcher aus Sepphoris im dritten Jahrhundert nach Babylonien zurückwanderte und hierher die altpalästinische Tradition verpflanzte. Jedenfalls ist Sifra nicht in Palästina, sondern in Sura im Lehrhause des Rab entstanden; denn die uralte Aufschrift des Buches ist ספרא דבי רב d. i. das Buch des Lehrhauses des Rab. (Vgl. jedoch Joel, Etwas

über die Bücher Sifra und Sifre, 1873.) Aber wie Rab selbst Schüler des Lehrhauses Juda's ist, so ist auch in Sifra altpalästinische Tradition aufbewahrt. Das Buch ist ganz überwiegend der Halacha gewidmet, die es schon in ausführlicherer Weise als die Mechilta behandelt. Es begnügt sich nicht, die Halacha aus dem Wortlaute der Thora abzuleiten, sondern es zeigt auch schon, was aus dem Wortlaute nicht gefolgert werden dürfe. In dem Maße, als das 3. Buch Mose's halachisch ist, ist es auch Sifra; da, wo Geschichtliches auftritt, findet sich mehr Haggada, die auch sonst eingestreut ist. Im Ganzen ist die haggadische Ausbeute hier dürftig; was sich aber findet, ist uralte reine Tradition wie in der Mechilta und ihr an Werth gleich. Wir citiren (in der 2. Aufl.) nach den Kapiteln und Versen des 3. Buches Mose.

3. Ein dritter Kommentar dieser Art trägt den Namen ספרי דבי רב, kurz Sifre. Er umfaßt das vierte und fünfte Buche Mose's. Die talmudische Tradition in *Sanhedrin* 86ᵃ nennt den R. Schimeon als Redactor; eine andere Ueberlieferung, der Maimonides folgte, nannte R. Ismael. Wir glauben, daß Frankel (a. a. O. 309 f.) das Richtige getroffen hat, indem er zwei Verfasser annimmt. Das vierte Buch Mose's ist in derselben Weise behandelt, wie in Sifra das dritte: nicht bloß wird die Halacha aus dem Wortlaute der Schrift erwiesen, sondern es wird eine förmliche halachische Verhandlung angeknüpft; da hören wir den R. Schimeon vom Lehrhause des Rab in Sura, da beginnen schon jene weitläufigen Erörterungen, die in dem babylonischen Talmud endlos werden. Dagegen ist der Kommentar zum fünften Buche Mose's in der Art des R. Ismael, der angeblich die Mechilta verfaßte, gehalten. Den Galiläer Ismael hat die kommentatorische Arbeit der Schule in Sura ergänzt; von der ausführlicheren und bedeutenderen Arbeit des R. Schimeon aber hieß man dann das Werk „Kommentare des Hauses Rab", welches offenbar das Werk des R. Ismael aufnahm und mit dem des R. Schimeon zu einem Ganzen verband. Das Buch Sifre gehört also ebenfalls dem dritten Jahrhunderte an, und seine Ueberlieferungen sind die altpalästinischen wie in Mechilta und Sifra. Haggada enthält Sifre viel mehr als Sifra, wenn auch nicht so viel als Mechilta. Sifre bildet darum eine reiche Quelle für unsere Darstellung. Und zwar benutzen wir die Ausgabe von M. Friedmann (Wien 1864, Selbstverlag des Verfassers), welcher ebenfalls eine gute Einleitung beigegeben ist.

4. An diese halachisch-haggadischen Kommentare reihen wir die **Pesikta des Rab Kahana** (in dem vorliegenden Werke immer einfach als *Pesikta* angeführt), weil sie gleich diesen drei Kommentaren zu den ältesten Midraschim gehört, die wir besitzen. Es gibt verschiedene Midrasche, welche den Namen Pesikta d. i. Abschnitt führen. In den Werken dieses Namens werden nämlich nicht ganze Bücher der heiligen Schrift, sondern einzelne Abschnitte der Thora und der Propheten behandelt; und zwar hat man darauf hingewiesen, daß diese Abschnitte meist den Schluß der Thoralection (Parascha) oder der prophetischen Lection (Haftara) bilden. Es sind also in der Pesikta Ansprachen haggadischen Inhalts enthalten, welche sich an die sabbatlichen Lectionen, und zwar gewöhnlich an deren Schluß, anreihten. Buber in der Vorrede zu seiner trefflichen kritischen Ausgabe der Pesikta S. 3 nennt diese die „älteste Haggada" und fügt bei, sie sei „redigirt in Palästina". (Die in der ersten Auflage herangezogenen Stellen *Schabbath* 152ᵃ und *Baba kamma* 117ᵃ handeln von Rab Kahana, geben aber keine brauchbare Auskunft über die Entstehung der Pesikta.) Wir haben (so der Verf.) jedenfalls in dieser Pesikta altpalästinische Haggada wie in Mechilta, Sifra und Sifre; und da die Pesikta ausschließlich Haggada enthält, so bildet sie eine Hauptquelle. Wir citiren nach der Ausgabe von Buber, Lyk 1868, Selbstverlag des Vereins Mekize Nirdamim.

Von unserer Pesikta ist zu unterscheiden die *Pesikta rabbathi*, die jedoch nach ihrem Selbstzeugnis im ersten Abschnitt erst aus dem neunten Jahrhundert stammt; denn als der Verfasser schrieb, waren seit der Zerstörung Jerusalems bereits 777 Jahre verflossen. Noch späteren Ursprungs ist die *Pesikta sutartha* von R. Tobija, welche die älteren Midrasche excerpirt (ed. Buber, Wilna 1880).

5. Unter den midrasischen Catenen des talmudischen und des nachtalmudischen Zeitalters steht voran der **Midrasch rabba** oder die **Rabboth**. Man versteht darunter die im talmudischen und nachtalmudischen Zeitalter allmählich entstandenen großen Midraschim zum **Pentateuch und den fünf Megilloth**. Der Midrasch zur Genesis heißt kurzweg *Bereschith rabba*, zum Exodus *Schemoth rabba*, zum Leviticus *Wajjikra rabba*, zu Numeri *Bammidbar rabba*, zum Deuteronomium *Debarim rabba*, zum Hohenlied *Schir rabba*, zu Ruth *Midrasch Ruth*, zu Esther *Midrasch Esther*, zu Koheleth *Midrasch Koheleth*, der zu den Klageliedern *Echa rabbathi*; mit

diesen Namen citiren wir im Folgenden die einzelnen Midraschim dieser großen Sammlung. Obwol diese Midraschim in einen Thesaurus vereinigt sind, so sind sie doch zu sehr verschiedenen Zeiten entstanden. Der älteste und weitaus werthvollste ist Bereschith rabba, bestehend in 100 Paraschen, welche die Genesis Vers um Vers nach allen Seiten hin beleuchten. Nach Zunz (a. a. O. 175 f.) fällt seine Entstehung in das sechste Jahrhundert und ist Palästina die Heimath dieses Midrasch: er teilt Nichts aus dem babylonischen Talmud mit und Nichts von Aussprüchen babylonischer Lehrer vom vierten Jahrhunderte ab und stimmt in Bezug auf die Autoritäten, die er anführt, hinsichtlich der Sprache und des Inhalts mit dem jerusalemischen Talmud. Er steht deshalb an Werth den alten Midraschen am nächsten; denn er bemüht sich, die altpalästinische Ueberlieferung zu sammeln. — Echa rabba excerpirt den jerusalemischen Talmud und Bereschith rabba, ist palästinischen Ursprungs und stammt aus der zweiten Hälfte des siebenten Jahrhunderts. — Ebenso Wajjikra rabba, der den jerusalemischen Talmud, Bereschith rabba, Sifra und andere ältere Quellen benützt, immer nur einen bestimmten Text ausführend. — Dann folgen die Midrasche zum Hohenlied, Esther und Ruth. Ersterer hat neben Excerpten aus Bereschith rabba, den Talmuden und Wajjikra rabba auch viel Eigenes; der zweite enthält neben Excerpten aus älteren Quellen schon Jüngeres; der dritte besteht fast nur aus Excerpten aus den Talmuden, Bereschith rabba, Echa rabba und Wajjikra rabba. — Hieran schließt sich der Entstehung nach Debarim rabba, in 27 (in den Drucken nur in 11) Abschnitte eingeteilt, jedesmal über einen bestimmten Text, meist Excerpte aus dem neunten Jahrhundert; Schemoth rabba, 52 Abschnitte umfassend, von denen die ersten fünfzehn 2 Mos. c. 1—11 Vers für Vers paraphrasiren, während die übrigen bloß einen bestimmten Text ausführen; an Variationen und Parabeln ist dieser fast alle älteren Haggadoth excerpirende Midrasch besonders reich; Ton und Schreibart weisen auf das 11. und 12. Jahrhundert hin. Der Midrasch Bammidbar rabba, in 23 Kapiteln, enthält neben Excerpten aus älteren Werken schon viel Jüngeres; er gehört dem 12. Jahrhunderte an. Und der Midrasch Koheleth, eine Sammlung von Excerpten, mit vielen Wiederholungen, ist der jüngste der Rabboth, enthält aber viel altes Gut.

Es gehörten also mehr als sechs Jahrhunderte dazu, bis dieser

Thesaurus entstand. Sein Zweck ist, die gesamte alte, durch Ueberlieferung geheiligte Haggada möglichst vollständig zu sammeln. In der Regel bildet der babylonische Talmud mit seinen Autoritäten die Grenze für die Sammler. Jüngere Haggada ist im Ganzen seltener; aber die ältere Haggada wird oft weiter ausgeführt und ausgeschmückt. Wir haben diese Catenen zu schätzen, sofern wir hier oft die haggadische Entwickelung aus den Keimen zu vollständigeren Gebilden verfolgen können, aber auch deshalb, weil die Sammler manche alte haggadische Werke vor sich hatten, die für uns jetzt verloren sind. Die Zusammenfassung der Rabboth zu dem sogenannten Midrasch rabba geschah nicht vor dem 13. Jahrhundert. — Wir citiren die Rabboth über die fünf Bücher Mose nach den Kapiteln, unter welche sie überall in den Druckausgaben gleichmäßig eingeteilt sind, die über die Megilloth aber nach den Kapiteln und Versen der gegenwärtigen Bibelausgaben.

6. Tanchuma ist der älteste uns bekannte zusammenhängende Midrasch über den Pentateuch. Da er 82 Paraschen mit der Formel ילמדנו רבי (es belehre uns unser Lehrer) beginnt, so trägt er auch den Namen *Jelamdenu*. Dieser Midrasch zerfällt in 140 Abschnitte. Wie Wajjikra rabba teilt er den Text in bestimmte Themata, die er haggadisch ausführt; diese thematischen Ausführungen bilden innerhalb der Paraschen kleinere Absätze. Wie Wajjikra rabba schließt auch er seine Betrachtungen meist mit einem Ausblicke in die messianische Zeit. Entstanden ist das Werk nach Zunz etwa um 850, und zwar in Süditalien. Der Charakter dieses Midrasch ist verwandt mit dem der Rabboth, sofern er sich streng an die Ueberlieferung hält. Und zwar gibt er die palästinische Haggada wieder, wie denn seine Verwandtschaft mit dem jerusalemischen Talmud und die Anführung palästinischer Autoritäten von Zunz hervorgehoben wird. Aber es sind nicht bloße Excerpte, die wir hier vor uns haben: Tanchuma gibt die älteren Traditionen in freier Weise, wobei er sich fließend auszudrücken weiß, so daß dieser Midrasch eine leichte und angenehme Art zum Lesen hat. Um seines überlieferungsgemäßen palästinischen Charakters willen ist er für uns eine werthvolle Quelle. Wir citiren die pentateuchische Parasche und dazu die Ziffer des betreffenden kleineren Absatzes. Die jetzt gewöhnlich gebrauchten Ausgaben sind die Wiener vom Jahre 1863 und die Warschauer vom Jahre 1873.

7. Erwähnen müssen wir endlich noch jenes große midrasische

Sammelwerk, das den Namen Jalkut Schimeoni trägt. Nach Art der patristischen Catenen erklärt es nicht bloß den Pentateuch, wie der Midrasch rabba und Tanchuma, sondern die biblischen Bücher überhaupt, indem es fortwährend Auszüge aus der gesamten älteren Midrasch- und Talmudliteratur zu ihrer Erläuterung gibt. Der eigentliche Werth dieses großartigen Werkes besteht darin, daß es Vieles aufbewahrt hat, was sonst verloren wäre. Für uns dient es als Quelle, weil es rein überlieferungsmäßigen Charakters ist und nur altüberlieferte Haggada geben will. Redigirt wurde der Jalkut Schimeoni von R. Schimeon haddarschan, nach Zunz zu Anfang des 13. Jahrhunderts. Wir citiren nach der Ausgabe, die in Zolkiew 1858 erschien. Der Jalkut zerfällt übrigens in fortlaufende kleine Abschnitte (§§), die für seinen ersten, den Pentateuch behandelnden Teil in allen Ausgaben gleich numerirt sind, während der die Propheten und Hagiographen umfassende Teil wegen verschiedener Reihenfolge der Bücher Jes., Jer., Ez. verschieden paragraphirt ist und daher am besten nach den biblischen Kapiteln und Versen angeführt wird.

Viel jüngeren Ursprungs ist der *Jalkut chadasch*, der für uns nicht in Betracht kommt, da er aus der mittelalterlichen Soharliteratur kompilirt ist.

Ueber die gesamten Midraschim vgl. Genaueres bei H. L. Strack, Artikel „Midrasch" in der Prot. Real-Encykl. 2. A. IX, S. 748—61, und Einleitung in den Thalmud 2. A. S. 56 ff., sowie bei Schürer a. a. O. I, S. 108—115; an diesen Orten weitere Literatur.

III. Haggadisches in der halachischen Literatur.

1. **Mischna und Tosefta.** Neben der Thora Mose's hatte sich seit Esra ein mündliches Gesetz ausgebildet, welches das allgemein gehaltene schriftliche Gesetz für die einzelnen Fälle des Lebens in kasuistischer Weise durch Regeln (Halachoth) näher bestimmte. Vgl. S. XIV. Die Halachoth wurden bis zur Zerstörung des Tempels nur mündlich überliefert; von da an aber fing man an, sie aufzuschreiben und nach gewissen Gesichtspunkten zu ordnen. Von R. Akiba stammte die erste Sammlung, welche sein Schüler R. Meir ergänzte und verbesserte. Aber dieses Werk erlangte noch nicht allgemeine Geltung. Erst die Sammlung, welche R. Jehuda Hannasi in Tiberias auf Grund der vorausgegangenen Sammlungen veranstaltete, erlangte allgemeine

Geltung und wurde das *Corpus* des traditionellen Gesetzes, welches fortan in allen Schulen Palästina's und Babylons (und später der gesamten jüdischen Diaspora) der halachischen Belehrung zu Grunde gelegt wurde. Es behandelt den halachischen Lehrstoff in 6 Hauptordnungen (Sedarim), genauer in 63 Tractaten (Massichtoth).

Dieses halachische Hauptwerk scheint für Midrasch und Haggada keinen Raum zu bieten, enthält aber gleichwol Beides. Z. B. der Tractat *Pirke aboth* (Sprüche der Väter) enthält Sentenzen religiössittlicher Art aus dem Munde großer rabbinischer Autoritäten, ist also haggadisch. Mehrere Tractate schließen mit Haggada in der Form von Tröstungen und Belehrungen. An manche Halacha reiht sich zu besserer Erläuterung eine Erzählung oder Auslegung; so bei etwa 35 Abschnitten (Mischnajoth) in 14 Tractaten. Uebrigens ist auch manche Halacha selbst nicht bloß in Beziehung auf das Recht, sondern auch in Rücksicht auf die jüdische Theologie von Bedeutung. Zu Grunde legen wir die Ausgabe von Jost, Berlin, Lewent 1832—34, welche eine gute deutsche Uebersetzung in jüdischer Schrift und gute Erläuterungen hat, und die Ausgabe von Sittenfeld, Berlin 1863—66, welche sämmtliche rabbinische Kommentare enthält, die der Mischna beigegeben zu werden pflegen. Zur Einleitung in die Mischna dient das wichtige (hebräisch geschriebene) Werk von Frankel, *Darche hammischna*, Leipzig, Hunger 1859, und das Werk von Weiß, „Zur Geschichte der jüdischen Tradition", ebenfalls hebräisch geschrieben, 2 Bände, Wien 1876—77. Eine treffliche Uebersicht über Mischna und Talmud bietet H. L. Strack, Einleitung in den Thalmud, 2. A. 1894, nebst Schürer, a. a. O. I, S. 87—108.

Eng an die Mischna schließt sich die sogenannte Tosefta (Strack a. a. O. S. 58 f. Schürer I, S. 97 f.). Juda der Heilige nahm aus den früheren Halachasammlungen viele Halachoth nicht auf. Auch sonst gab es halachische Ueberlieferungen außerhalb der Mischna, die sogenannte *Barajtha* d. i. *traditio extranea*. Indem noch im mischnischen Zeitalter aus den älteren Sammlungen, besonders der des R. Meir und der Barajtha, das Wichtigste gesammelt wurde, entstand ein Ergänzungswerk zur Mischna, eine „Tosefta". Zum Abschluß kam diese erst gegen Ende des vierten Jahrhunderts. Alles Andere bezüglich ihrer Redaction liegt noch im Dunkeln. Gewiß ist, daß der Grundstock und weit überwiegende Inhalt der Tosefta halachische Ueberlieferungen der Thannaitenperiode (S. XXXII) enthält, wie die Mischna, also mit ihr gleichen historischen Werth beanspruchen darf. Sie erstreckt sich über 52 Tractate der Mischna und ist verhältnismäßig reicher an Haggada als diese. Von den im Ganzen 383 Kapiteln sind manche ganz haggadisch; nicht wenige andere sind mit haggadischem Inhalt versetzt oder schließen mit solchem. Zunz hat a. a. O. S. 87 f. die haggadischen Kapitel der Tosefta namhaft gemacht. Die hier zu findende Haggada hat ebenso wie in der Mischna, in Sifra, Sifre, Mechilta und der Pesikta ihre älteste, reinste Gestalt. Ihre Benutzung war bisher erschwert, da man sie in dem großen dreibändigen *Sefer Halachoth* von Alfasi (vgl. Fürst, *Bibl. jud.* I, 173), wo sie immer als Nachtrag zu den einzelnen Tractaten beigegeben ist, suchen mußte. Nun hat Zuckermandel eine neue kritische Tosefta-Ausgabe veranstaltet, von der die ersten Lieferungen 1877 erschienen. Schwarz aber hat begonnen, das Verhältnis der Tosefta zur Mischna eingehend zu untersuchen, und von dieser Arbeit bereits „die Tosefta des Tractates Sabbat", Karlsruhe 1879, als erste Probe erscheinen lassen. Ueber die Entstehung der Tosefta vgl. Weiß a. a. O. II, 221 ff.; Frankel, *Mebo* p. 23. 25[a,b]; Schwarz a. a. O. 2. 3; Frankel u. Grätz' Monatsschrift 1874—75 u.s.w.

2. Die Talmude. Die lapidarische Kürze des Ausdrucks, die änigmatische Fassung, in welcher die Mischna die Halachoth codificirt hat, machte eine authentische Auslegung derselben nötig; die kasuistische Anlage jenes Halachawerkes aber reizte zu weiterer kasuistischer Entwicklung seines Inhalts. So folgten denn auf die Thannaim, welche das Gesetz der Väter überliefert hatten, die Amoraim, welche es auslegten und weiter entwickelten. Vgl. S. 94. Diese Auslegung und Entwickelung heißt *Thalmud,* wörtlich Lehre. Mittelalterliche Schriftsteller nennen sie auch *Gemara* d. i. Tradition. Die letztere Bezeichnung wurde in der Folge wegen der Censur, bei welcher das Wort Talmud mißliebig war, sehr gebräuchlich. Der Talmud liegt uns in doppelter Gestalt vor, als Talmud Jeruschalmi und als Talmud Babli. Jener stammt aus den palästinischen, dieser aus den babylonischen Schulen; jener wurde zu Tiberias, dieser zu Sura redigirt. Begründet wurde der jerusalemische oder palästinische Talmud durch R. Jochanan (gest. 270) in der Mitte des dritten; zum Abschluß kam er aber erst gegen das Ende des vierten Jahrhunderts. Der babylonische Talmud wurde begonnen von R. Asche (gest. 430) und vollendet zu Anfang des sechsten Jahrhunderts. Wie die Schulen Palästina's und Babylons, so verhalten sich auch ihre Talmude zu einander. In Palästina

entwickelte man größere Neigung, das Altüberlieferte zu erhalten und fortzupflanzen, als es weiter zu entwickeln; in diesem Traditionalismus erstarben die palästinischen Schulen. Die babylonischen Schulen nahmen dagegen die Geistesarbeit der großen Meister Israels wieder auf und bauten die Gesetzeslehre nach allen Seiten aus. So blieb der palästinische Talmud ein Werk geringen Umfanges und bot dem Verlangen nach Gesetzeserkenntnis wenig Genüge, während der babylonische seine Aufgabe überreich erfüllte und zu einem großartigen Umfange anwuchs. Der palästinische Talmud gewann daher geringere Bedeutung für das Judentum.

Auch diese großen halachischen Werke scheinen keinen Raum für die Haggada zu haben. Gleichwol finden wir diese in beiden. Im Talmud Jeruschalmi haben die Tractate *Chagiga, Tuanith* und *Aboda sara* sehr viel Haggada; aber auch in *Baba kamma, Baba mezia, Schebuoth* u. a. Tractaten finden sich haggadische Partien. Die Haggada des Jeruschalmi findet sich gesammelt hinter dem *Jalkut Schimeoni* in der Ausgabe von Salonichi 1521, zugleich ausführlich kommentirt in dem *Jefëh Mar'eh* von Samuel Jafeh Aschkenasi (Venedig 1590 u. ö.) und anderwärts. Noch viel reicher ist der babylonische Talmud an Haggada. Fast alle Tractate sind mit Haggada durchwoben. Haggada und Halacha sind beide im Jeruschalmi scharf unterschieden, ohne allen Zusammenhang. Im Babli ist gewöhnlich ein ganz loser Zusammenhang vorhanden; viel Haggadisches reiht sich nur durch Ideenverbindung an die Halacha. Daraus gewinnt man den Eindruck, daß es den Redactoren beider Talmude darum zu thun war, die Talmude zu Quellen nicht bloß halachischer, sondern auch haggadischer Belehrung zu machen: die Talmude erscheinen als die Schatzkammern, in welchen ebenso die halachische, wie die haggadische Ueberlieferung aufbewahrt werden sollte. Im Jeruschalmi haben wir gegenüber dem Babli die einfachere, weil ursprüngliche Form der Tradition vor uns. — Die Haggada des babylonischen Talmud ist gesammelt worden im sogenannten *En Israel* oder *En Jaakob*, einem Sammelwerke des R. Jakob, welches im Jahre 1511 in Konstantinopel und bald darauf in Salonichi gedruckt wurde. Wir benutzten eine Berliner Ausgabe vom J. 469 = 1709, in welcher sich auch ein kleiner Teil der Haggada des Jeruschalmi abgedruckt findet.

Andere haggadisch-midrasische Schriftwerke untergeordneter Bedeutung werden bei Zunz in dem oft angeführten Werke „Gottes-

dienstliche Vorträge" ihrem Inhalte und ihrer Entstehungszeit nach
besprochen. Vgl. auch ihretwegen wie zum Talmud überhaupt die
auf S. XXXI angeführten Schriften.

§ 3. Benützung der Quellen.

Das Unternehmen, eine jüdische Theologie aufzubauen, beruht
sonach wesentlich darauf, daß Midrasch und Haggada in den klassischen national-jüdischen Schriftwerken ebenso wie die Halacha als
geheiligte Ueberlieferungen angesehen und behandelt werden und
ebenso wie jene zum Zwecke der Belehrung der jüdischen Gemeinde
fortgepflanzt wurden: die midrasisch-haggadischen Nationalwerke sind
ebenso normative Lehrschriften als die halachischen. Dies schließt
aber gewisse kritische Grundsätze für die Benützung unserer Quellen
nicht aus.

1. Denn erstens gilt es, aus dem reichen midrasisch-haggadischen
Material die rechte Auswahl zu treffen. Ob eine Ueberlieferung
geeignet sei, aus ihr eine allgemeine religiöse jüdische Vorstellung
abzuleiten, bestimmt sich in formeller Beziehung danach, ob sich in
der älteren Literatur der primären palästinischen Tradition wenigstens
die Stamina dieser Ueberlieferung finden. Das Material der Catenen
ist, wie Delitzsch (Kommentar zu Iob S. 30) sagt, allerdings ein
„wüstes"; alte und neue Haggada stehen ungesichtet neben einander,
und es bedarf, was aus den Catenen benutzt werden will, der
Prüfung, in welchem Verhältnis es zur älteren normativen Literatur
stehe. Daß diese kritische Sichtung in den älteren polemischen
Werken, wie in den Werken eines Wettstein, Schöttgen und Lightfoot,
mangelt, ist zu beklagen und verringert ihren Werth. In materieller
Hinsicht aber haben wir an eine Stelle, die wir für unsre Darstellung verwerthen sollen, die Anforderung zu stellen, daß sie in
deutlich erkennbarem Zusammenhange mit den religiösen Principien der alten Synagoge stehe. Wo ein solcher Zusammenhang
nicht zu erkennen ist, haben wir es mehr mit individuellen Aeuserungen zufälliger Art zu thun, die für uns nicht in Betracht
kommen. Es ist auch zu erwägen, wie viele fremde Elemente sich
der jüdische Geist assimilirt hat, seitdem das jüdische Volk mit immer
neuen Völkern und Anschauungsweisen in Berührung kam. Um so
nöthiger ist es, das eigenartig Jüdische an seinem Zusammenhange
mit den Principien zu prüfen.

2. Aus dem Bisherigen ergibt sich die zweite Forderung, daß bei
Benützung der Quellen die historische Aufeinanderfolge derselben im
Auge zu behalten ist. Um das zu können, unterschieden wir in § 2
die einzelnen Schriften nach ihrer Entstehungszeit. Es ergab sich
für uns eine ältere Literatur primär palästinischer Tradition, und
eine jüngere secundär palästinischer Tradition. Jene muß überall,
so viel es sein kann, für unsere Darstellung die Grundlage bilden.
Zu ihr rechnen wir die Targume des Onkelos und des Jonathan ben
Usiel, sowie Mischna und Tosefta, Mechilta, Sifra, Sifre, Pesikta des
Rab Kahana und Targum Jeruschalmi. Allein wir haben, so reich-
haltig das Material in diesen genannten Schriften schon ist, doch
in ihnen nicht für alle jüdisch-religiösen Vorstellungen genügende
Grundlagen. Wir sind daher genötigt, zur secundären Tradition
hinabzusteigen. Sie liegt uns vor in dem Targum des Pseudojonathan und den späteren Targumen, den Talmuden und Catenen.
Wir nennen die Tradition dieser Werke secundär, weil sie selbst aus
älteren Schriften gesammelt oder durch eine bereits vielgliederige
Ueberlieferungskette vermittelt ist, während jene primäre Tradition
unmittelbar oder doch durch wenige Glieder vermittelt aus der
schöpferischen Urzeit vor und nach der Zerstörung des Tempels
stammt. Allerdings hat auch die secundäre Tradition der Talmude
und Catenen im Allgemeinen geschichtlichen Werth, da ja die Tendenz
dieser Werke die Aufbewahrung des glaubwürdig Ueberlieferten ist;
aber sie erfordert doch kritische Sichtung. Unter dieser Voraussetzung können und müssen diese Quellen eintreten, wo die primären
versiegen. Uebrigens findet die von uns so genannte altpalästinische
primäre Tradition eine Ergänzung auch nach rückwärts. In den
apokryphischen Schriften, wie dem Buche des Ben Sira, dem ersten
Maccabäerbuche, dem Buche Tobit, dem Buch der Weisheit finden
sich für die Lehren des späteren Judentums häufig genug An-
knüpfungspunkte.

§ 4. Gang der Darstellung.

Obwol es sich nicht darum handeln kann, eine Dogmatik des
Judentums im strengen Sinne des Wortes zu schreiben, so haben
wir doch für unsere Darstellung auch nicht auf die Einheitlichkeit
zu verzichten, welche sich aus dem Nachweise ergibt, daß die einzelnen religiösen Anschauungen des Judentums in gewissen Grund-

anschauungen wurzeln. Hieraus folgt, daß wir vor allem diese
Grundanschauungen oder Principien selbst darzustellen haben. Die
gesamte jüdische Theologie wird getragen von dem Nomismus.
Dieser hat eine materiale und eine formale Seite. Nach der materialen
Seite stellt er den Grundsatz auf, daß das Gesetz des Mose die Offenbarung Gottes κατ' ἐξοχήν, und gesetzliches Verhalten die Religiosität
κατ' ἐξοχήν, also das Gesetz das Mittel der Gemeinschaft zwischen Gott
und dem Menschen, das die Religion Begründende sei. Nach der
formalen Seite aber fordert der Nomismus einen autoritativen Ausleger des Gesetzes und erzeugt somit das Traditionsprincip. Ist
das Gesetz material das Mittel der Gottesgemeinschaft, so ist die
Tradition formal Mittel der Gotteserkenntnis. Diese beiden Principien
des Nomismus haben wir in einem ersten Teile, in der Principien-
lehre, vor Allem zur Darstellung zu bringen.

Ein zweiter Teil hat zu zeigen, wie das nomistische Princip in
den einzelnen religiösen Lehren sich entfaltet. Wir werden eine
durch den Nomismus bestimmte Theologie, Anthropologie, Soteriologie und Eschatologie aufzustellen im Stande sein. Hierbei wird
man die Christologie vermissen. Aber wir müssen dem jüdischen
Dogmatiker des Mittelalters Joseph Albo beipflichten, wenn er in
seiner Glaubenslehre sagt, die Messiaslehre sei kein jüdisches Dogma;
die Lehre vom Messias gehöre der Hoffnungslehre an. Der Glaube
an den Messias, sagt Albo, würde der fundamentalen Heilsbedeutung
des Gesetzes Eintrag thun. Dies ist völlig correct vom jüdischen
Standpunkte aus. Je weniger nun eine Christologie sich ausbilden
konnte, desto mehr hat sich auf anthropologischem und soterio-
logischem Gebiete das nomistische Princip zur Geltung gebracht und
hier bestimmte und einheitliche Lehrweisen erzeugt. Auch der Gegensatz zwischen dem Neuen Testamente und der jüdischen Theologie
bewegt sich vornehmlich auf diesem Gebiet. Die entgegengesetzten
Principien mußten hier scharfe Differenzen erzeugen, für welche denen
allerdings alles Verständnis abgeht, welche meinen, die Lehrweise
Jesu und der Apostel in ihren Grundzügen aus Talmud und Midrasch
ableiten zu können. Vgl. den Nachtrag.

§ 5. Literatur.

Vorarbeiten für eine Darstellung, wie wir sie beabsichtigen, gibt
es genau genommen nicht. Zwar sind einzelne Partien jüdischer
Glaubens- und Sittenlehre sowol von jüdischer als von christlicher Seite

behandelt worden, fast immer aber nicht in streng historischer Weise, sondern unter dem Einflusse philosophischer und polemischer Tendenzen, so daß man jene Darstellungen nur mit großer Vorsicht unter beständiger Kritik verwerthen kann.

1. Der Erste, der die jüdische Glaubenslehre wenigstens teilweise darstellte, ist R. Saadia Gaon aus dem ägyptischen Fajûm. Sein Werk stammt aus dem Jahre 933 und führt den Namen *Emunoth wedeoth* (האמונית והדעית) d. i. „Buch der Glaubenssätze und philosophischen Lehren" (vgl. V. Ryssel, Artikel Karäer in der Prot. Real-Encykl. 2. A. XVIII, S. 114). Es ist ursprünglich arabisch geschrieben, dann zweimal, nämlich von Berechja Hannakdan und von Juda ibn Tibbon, ins Hebräische übersetzt worden. Wir besitzen eine bei Weigand in Leipzig 1845 erschienene deutsche Uebersetzung von Julius Fürst. In seiner Geschichte des Judentums, II, 279 ff., hat Jost Saadia's Werk charakterisirt und die leitenden Ideen desselben angegeben. Dieses Werk steht, wenngleich die arabische Schule ihren Einfluß auf Saadia geltend gemacht hat, auf dem Boden der geschichtlichen Ueberlieferung und genießt deshalb hohes Ansehen innerhalb des orthodoxen Judentums.

Eine zweite Darstellung jüdischer Religionslehre aus dem Mittelalter besitzen wir in dem *More Nebochim* von Maimonides. Auch dieses Werk ist ursprünglich arabisch verfaßt, wenn auch mit hebräischen Schriftzügen geschrieben, und wurde von Samuel Tibbon ums Jahr 1200 ins Hebräische übersetzt. Im Jahre 1856—66 gab Salomon Munk in Paris den Urtext mit französischer Uebersetzung heraus. Hebräisch und zugleich deutsch übersetzt erschien der erste Teil von Fürstenthal, Krotoschin 1839, der zweite von Stern, Wien 1864; den dritten hat Scheyer, Frankfurt 1838, aus dem Arabischen übersetzt. Maimonides steht nicht wie Saadia auf dem Boden der Ueberlieferung, sondern, beherrscht von der aristotelischen Weltanschauung, sucht er in alexandrinisch-allegorisirender Weise die Geheimnisse der Schrift zu „vergeistigen". Der More Nebochim zersetzt den alten überlieferten Rabbinismus. So willkommen er dem Reformjudentum der neuen Zeit deshalb sein mußte, ebenso ablehnend verhielt sich alle Zeit das traditionelle Judentum gegen ihn. Näheres darüber bei Jost, a. a. O. II, 452 ff. III, 7 ff. Er kann auf unsere Darstellung keinen Einfluß üben, da er den geschichtlich gegebenen Boden verlassen hat.

Ein drittes mittelalterliches Werk, das jüdische Glaubenslehren behandelt, ist das Buch Kusari von Juda Hallevi, um 1140 entstanden, ursprünglich arabisch geschrieben, von Juda ibn Tibbon ins Hebräische übersetzt; nach dieser Uebersetzung hat es David Cassel 1853 deutsch und hebräisch herausgegeben, Leipzig, Voigt 1869. Das Buch Kusari ist eine Apologie des Judentums. Es führt den Titel: „Buch des Beweises und der Argumentation zur Vertheidigung der geschmäheten (jüdischen) Religion". Kusari ist es benannt, weil die Apologie für einen König des Chazarenreichs bestimmt ist. Der Verfasser vertheidigt das Judentum gegenüber der Philosophie, dem Christentum und dem Islam. Der „denkgläubige Dichter" behandelt die jüdischen Lehrsätze philosophisch, wie er sich denn mit der Zeitphilosophie auseinandersetzt. Uebrigens ist er stark berührt von der jüdischen Mystik seiner Zeit; vgl. Jost III, 69 und Cassels Einleitung. Das Buch Kusari ist innerhalb des orthodoxen Judentums gern gelesen worden und hat sich weit verbreitet. Für uns ist es lehrreich, sofern es zeigt, was zur Zeit des Verfassers als jüdische Glaubenslehre galt. Es finden sich auch in diesem Buche übrigens nur einzelne Lehrpunkte; ein System der Lehre erwarte man hier nicht.

An diese drei dogmatisirenden Werke reihen wir ein Werk ethischen Inhalts, das vielgelesene, ebenfalls ursprünglich arabische, *Choboth hallebaboth* des R. Bachja von 1040, ins Hebräische übersetzt von Juda ibn Tibbon, hebräisch und deutsch von Fürstenthal (Breslau 1835) und Stern (Wien 1854). Diese der Selbsterforschung gewidmete (ascetische) Schrift läßt die jüdische Weise erkennen, die menschliche Natur und die göttliche Gnade aufzufassen, und ist insofern nicht ohne Werth für uns. Freilich steht auch R. Bachja unter dem Einflusse der arabischen Philosophie seiner Zeit.

2. Aus dem späteren Mittelalter besitzen wir ein Werk, welches weit reiner den überlieferten Standpunkt wahrt, als alle bisher genannten: das aus den schweren Kämpfen der Juden mit der spanischen Intoleranz erwachsene und zur Befestigung der jüdischen Glaubensgenossen bestimmte *Sepher Ikkarim* (ספר עיקרים) oder Buch der Glaubensgrundsätze, die jüdischen Fundamentartikel von Joseph Albo. Das Buch ist 1425 geschrieben; deutsch übersetzt haben es 1844 W. und L. Schlesinger. In rein jüdischem Geiste sind auch die beiden Werke *Menorath hammaor* (מנורת המאור, Leuchter, s. 4 Mos. 4, 9. 16) von Isaac Aboab (deutsch von Fürstenthal und Behrend, Krotoschin 1848) und *Reschith chochma* (Anfang der Weisheit, ראשית חכמה) von Elia de Vidas (zuerst

Venedig 1578) gehalten, welche beide reichen traditionell-dogmatischen Stoff bergen.

3. Aus neuerer Zeit sind einige Versuche jüdischer Gelehrter zu nennen, die Glaubenslehre des Judentums zu behandeln. Dahin gehören die „Abhandlungen über den Geist der pharisäischen Lehre" in der Zeitschrift von Kreuznach und Derenburg (1820—1825), ferner die Schriften von J. Fürst über die Karäer, von Weiß „Zur Geschichte der jüdischen Tradition" (5 Bände, Wien bei Herzfeld und Bauer, besonders der Abschnitt I, 216—232, der die Ueberschrift אמונית ודעית היהודים trägt).

4. Endlich sei noch aus der Literatur, welche in Folge der Polemik gelehrter Christen mit den Juden im Verlaufe des Mittelalters entstanden ist, das Hervorragendste mitgeteilt. Das älteste Werk dieser Art ist der *Pugio fidei* von Raymund Martini (1278), welcher mit den Anmerkungen von J. de Voisin und einer eigenen Einleitung in die jüdische Theologie von Benedict Carpzov in Leipzig 1687 herausgegeben wurde. Von Helvicus besitzen wir ein *Systema controversiarum theologicarum, quae Christianis cum Judaeis intercedunt, octo elenchis comprehensum,* Gießen 1612, deutsch von Seltzer, Darmstadt 1633. Joseph de Voisin verfaßte in Paris 1647 eine *Theologia judaica,* A. Pfeiffer in Leipzig 1687 eine Streitschrift unter dem Titel *Theologiae sive potius* ματαιολογίας *judaicae principia sublesta et fructus pestilentes.* Wagenseil gab 1681 in Altdorf heraus die *Tela ignea Satanae i. e. arcani et horribiles Judaeorum adversus Christum et christianam religionem libri anecdoti cum interpretatione et confutatione* (worin auch das *Sepher Nizzachon* von Rabbi Lipmann 1399, und das *Chizzuk Emuna* von Isaak Troki 1593 aufgenommen waren). Das umfangreichste und bedeutendste der polemischen Werke gegen das Judentum aber ist Eisenmengers „Entdecktes Judentum", ein „gründlicher und wahrhaftiger Bericht" von den „Lästerungen, Irrtümern und Fabeln der Juden" u. s. w. Das Werk ward 1700 in Frankfurt a. M. gedruckt; da dieser Druck auf Betrieb der Juden confiscirt wurde, trat es später 1711 in Königsberg ans Licht, zwei starke Bände in Quart. Noch ist zu erwähnen des Majus († 1719) *Synopsis theologiae judaicae veteris et novae, in qua illius veritas hujusque falsitas ex s. hebr. codicibus et ipsis jud. gentis scriptoribus antiquis et novisper omnes locos theologiae solide juxta et perspicue ostenditur.* Hiermit haben wir die wichtigste antijüdische Literatur der älteren und jüngeren Zeit verzeichnet.

5. Von der Mitte des 18. Jahrhunderts an hörte die Polemik auf, und Bodenschatz (Pfarrer in Uttenreuth bei Erlangen) gab in seiner „Kirchlichen Verfassung der heutigen Juden" (Frankfurt und Leipzig 1748—49, 4 Tle.), im III. Teil eine „Darstellung ihrer vornehmsten Glaubenssätze und Lehrsätze", welche wenigstens unbefangener und minder tendentiös ist als frühere.

Denn was dieses anlangt, so sind die älteren polemischen Werke samt und sonders als Darstellungen jüdischer Glaubenslehren ohne wissenschaftlichen Werth. Es sind weit mehr Sammlungen aller möglichen Absurditäten und Frivolitäten, als religionsgeschichtliche Darstellungen. Und auch wo dies nicht der Fall ist, sind die Quellen ohne alle Kritik benützt, und ist nirgends der Versuch gemacht worden, die Einzellehren aus den Principien heraus zu verstehen. Es ist daher zu beklagen, daß, abgesehen von Männern wie Delitzsch, Wünsche, Schürer, Strack, Dalman und wenigen Anderen, der jüdischen Theologie von christlicher wissenschaftlicher Seite in unserer Zeit nicht mehr Beachtung und Quellenstudium zugewendet wurde. Möchte mit der nachfolgenden Arbeit wenigstens ein Anfang zur Lösung der schwierigen Aufgabe gemacht sein, die palästinisch jüdische Theologie in objectiv geschichtlicher Weise zur Darstellung zu bringen!

Erster Teil.
Principienlehre.

Erste Abteilung.
Das Materialprincip des Nomismus.

Kap. I. Die geschichtliche Einpflanzung der Nomokratie in das neujüdische Gemeinwesen.

§ 1. **Esra's grundlegende Thätigkeit für die Nomokratie.**

Unter den Exulanten in Babylon erwachte in vielen Kreisen durch den Gegensatz des fremdländischen heidnischen Wesens ein Zug zum väterlichen Gesetze. Dieser Zug verstärkte sich, seit Cyrus die Erlaubnis zum Wiederaufbau Jerusalems und des Heiligtums gegeben hatte und ein neues, wenigstens religiös selbständiges, Gemeinwesen in Judäa wieder erstanden war. Es gab Männer, welche die Thora, d. i. das Gesetz, wie es in den fünf Büchern Mosis vorliegt, zum Gegenstand ausschließlicher Beschäftigung machten und fromme Volksgenossen um sich sammelten, um sie die Thora zu lehren. Der hervorragendste derselben war Esra. Er trug unter den Exulanten den Ehrennamen „der Sofer" (Esra 7, 6); er war ein „Schriftgelehrter, wol bewandert in der Thora Mose's", ja er heißt sogar der „vollkommene Schriftgelehrte" (?) Esr. 7, 12. Er belebte offenbar in vielen der Exulanten den Sinn für die Thora; aber er wollte die Thora nicht bloß in der Diaspora seines Volkes, sondern vor allem in der Heimat selber zur Anerkennung und zur Herrschaft bringen. Deshalb begab er sich nach Jerusalem, begleitet von vielen gleichgesinnten Volksgenossen, geschützt und gefördert durch die persische Regierung, welche wol erkannte, daß Esra rein religiöse, völlig unpolitische Absichten hatte.

In Jerusalem, wo der Gegensatz heidnischen Wesens nicht

mehr wirksam war, hatte die Liebe gegen das Gesetz wieder sehr
nachgelassen. Im jüdischen Volke lebt noch jetzt das Bewußtsein,
daß Esra die Thora wieder aufgerichtet hat. In *Succa* 20ᵃ lesen
wir deshalb: Als die Thora von Israel vergessen war, kam Esra aus
Babel und gründete sie wieder. Sein hohes Verdienst wird *Sanhedrin* 21ᵇ und *jer. Megilla* I, 9 mit den Worten gepriesen: Esra
wäre würdig gewesen, daß durch ihn das Gesetz gegeben wurde,
wenn ihm nicht Mose zuvorgekommen wäre. An ersterer Stelle wird
auch eine Parallele gezogen zwischen Mose und Esra. Der höchste
Nachruhm Hillel's aber nach seinem Tode bestand darin, daß man
ihn einen Schüler Esra's nannte, vgl. *Sanhedr.* 11ᵃ. So tief gewurzelt ist in der jüdischen Gemeinde das Bewußtsein, daß Esra es
war, der in das neujüdische Gemeinwesen die Thora einpflanzte.

Dies geschah vor allem durch die große reformatorische That
der Auflösung der Mischehen (Esr. 9 f.). 113 jüdische Männer
hatten heidnische Frauen genommen. Selbst Volksobere, 4 Glieder
der hohenpriesterlichen Familie, 18 Priester standen in solchen Ehen.
Die Nachricht davon wirkte betäubend auf den gesetzeseifrigen Esra.
Auf den Knieen mit ausgebreiteten Händen bekannte er laut und
öffentlich die Schuld des Volkes vor Gott. Dieser Mark und Bein
erschütternde Ernst der Buße verfehlte seinen Eindruck nicht auf
das Volk. Es mischte seine Thränen mit den Thränen Esra's. Es
forderte durch den Mund Schechanja's, daß Esra die gesetzwidrigen
Ehen löse, damit „nach dem Gesetz geschähe". Esra nahm dem
Volke einen Schwur ab, daß nach dem Gesetz geschehen solle. Und
es geschah: innerhalb dreier Monate waren sämmtliche Mischehen
aufgelöst. Zwar war das Uebel damit nicht für immer ausgerottet,
wie Neh. 13, 23 ff. ersehen läßt. Aber Eines war gewonnen: das
Gesetz war als die Macht anerkannt worden, welcher die ganze Gemeinde sich zu beugen habe. Die Herrschaft des Gesetzes war aufgerichtet. Und nicht ein König war es, der mit äußerer Macht und
Gewalt, nicht ein Prophet, der durch die Macht göttlicher Sendung,
durch Wunder und Zeichen, nicht ein Hoherpriester, der durch die
Hoheit seines Ehrfurcht gebietenden Amtes dies erreicht, sondern der
Schriftgelehrte hatte es gethan, der seinen glühenden Eifer für das
Gesetz auf die ganze Gemeinde übertrug. Hiermit war die Autorität
der Schriftgelehrten festgestellt. —

Hatte Esra so die Herrschaft des Gesetzes festgestellt, so lag es
ihm nun ob, durch Institutionen, die er schuf, das Volk für ein

§ 1. Einpflanzung der Nomokratie in das neujüdische Gemeinwesen. 3

allseitig folgerichtig gesetzliches Leben zu erziehen.[1] Wir werden hier ein Zwiefaches zu beachten haben. Erstlich stellte er in allen Gemeinden gesetzeskundige Männer auf, welche das Volk über das Gesetz zu unterweisen und nach dem Gesetz zu richten hatten. In Jerusalem aber bestellte er ein oberstes geistliches Gericht, welches Gesetzesfragen entschied und die oberste einheimische Gerichtsbarkeit ausübte (Esr. 7, 25 f. 10, 7. 8; § 29, 2). Esra stand an der Spitze des ersten Kollegiums. Wir sehen ihn auch neben Nehemia bei der Mauerweihe die erste Stelle einnehmen. — Ein Andres, worauf wir hinzuweisen haben, ist die Einführung der Thoralesung in den Kultus (§ 20). Die Herrschaft der Thora wurde der Ausgangspunkt für eine Einrichtung von größter Tragweite, die Gründung der Synagogen. Es waren Versammlungsorte der Gemeinden, wo an den Sabbaten und bald auch an den Montagen und Donnerstagen Abschnitte aus der Thora gelesen wurden. Hier fand die Unterweisung in der Thora statt, hier hielt man Gericht, hier verrichtete die Gemeinde den Gebetsdienst (*Baba Kamma* 82ª; *Ketub.* 3ª). Wie tief die Thora mit dem Kultusleben der Gemeinden verwuchs, lehrt der Bericht Neh. 8—10. Als das Volk im 7. Monat des Jahres, wo Nehemia die Mauern weihete, zum Fest nach Jerusalem kam, begehrte es von Esra die Vorlesung der Thora. „Und Esra las aus dem Gesetze vom frühen Morgen bis zum Mittag, und die Ohren des ganzen Volkes waren auf das Gesetz gerichtet." Als Esra auf einer Bühne stehend vor Aller Augen die Thorarolle öffnete, erhob sich das ganze Volk; so groß war die Ehrfurcht vor der Thora. Jeder Abschnitt, der vorgelesen worden war, wurde alsbald dem Volke durch Esra's Gehülfen erläutert. Der Eindruck, den die Thoravorlesung machte, war ein so tiefer, daß das Volk laut weinte. Die Thoralesung war offenbar der Mittelpunkt der Festfeier. Wir haben auch andere Spuren davon, daß die Thoralesung als wesentlicher Bestandtheil jeder Feier betrachtet wurde. Der Beichtact, welcher sich nach Neh. 9 an die Feier des Laubhüttenfestes anschloß, wurde, wie 9, 3 zeigt, mit Thoralesung eingeleitet.

So trat denn das Gesetz in den Mittelpunkt des religiösen Bewußtseins der jüdischen Gemeinde. In welcher Weise aber gestaltete sich die auf das Gesetz begründete Religiosität? Es ist charakteristisch für die neuerwachte Gesetzlichkeit, daß sie die entschiedene

---

1) Vgl. Schürer, Geschichte des jüdischen Volkes im Zeitalter Jesu Christi. II. 1886. § 27.

Richtung zur **Buchstäblichkeit** verfolgte. Bei jener Festfeier, von der Neh. 8 ff. erzählt, traf man bei der Thoralesung auf die Vorschrift, das Laubhüttenfest in Hütten zu feiern, d. h. während der Festzeit in Laubhütten zu wohnen. Man ließ nun einen Befehl durch das Land gehen, alle sollten für das Fest sich Laubhütten machen, um das Fest zu begehen בכתוב d. i. nach dem Wortlaut der Thora. Bisher war das Wohnen in Hütten vielfach außer Acht gelassen worden. Nun sollte die 3. Mos. 23, 42 enthaltene Bestimmung nach ihrem Wortlaut erfüllt werden, obwol es gegen das Herkommen und überaus beschwerlich war. Aber wie das Gesetz sich bei den Mischehen trotz seiner Härte durchgesetzt hatte, so auch hier. Wo aber wie z. B. Esr. 9, 1 ff. über den Wortlaut des Gesetzes (2. Mos. 34, 16 u. 5. Mos. 7, 3) hinausgegangen wird, da geschieht es, um die Meinung des Gesetzes um so gewisser zum Vollzug zu bringen. Es ist das Streben da, dem Gesetze schlechthin gerecht zu werden. — Ein Zweites das beachtet sein will ist, daß überall die Gelobung der Erfüllung der gesetzlichen Bestimmungen als **Bundesschließung** mit Gott bezeichnet wird, Esr. 10, 2 f. Neh. 10, 1 ff. An letzterer Stelle heißt es: Ob allem diesem (was am Bußtag bekannt und erfleht worden war) schlossen und schrieben wir einen festen Vertrag (אֲמָנָה). Durch solchen Vertrag oder Bund begründeten sie ihr Verhältnis zu Gott aufs Neue. Die Bußgebete Esr. 9 und Neh. 9 schließen nicht mit der Bitte um Vergebung, sondern die Buß- und Betacte enden in dem Versprechen der Gesetzeserfüllung, und darauf wird die Zuversicht gegründet, daß nun Gott wieder in das alte Verhältnis zu dem Volke treten werde. Es ist also nicht die uralte Bundeszusage Gottes, die dem religiösen Bewußtsein des Volkes seinen Halt gibt, sondern ihr Entschluß der Gesetzeserfüllung. Und wie das Volk im Ganzen, so die Einzelnen für sich. Nehemia schließt seinen Bericht über sein Wirken mit der Bitte, Gott wolle ihm desselben zum Guten gedenken (Neh. 13, 31 vgl. v. 14. 22 u. 5, 19). Zu dieser Bitte (welche schon *Sanhedr.* 93[b] tadelt) bemerkt zwar Rambach richtig: *magnam Nehemiae pietatem spirat*, aber diese Frömmigkeit ist doch von dem gesetzlichen Geiste des nachexilischen Judentums schon stark durchzogen (Keil, Komm. S. 590).

Fragen wir noch, in welchem Verhältnis der gesetzliche Geist des nachexilischen durch Esra und Nehemia geistig erneuerten Judentums zur Prophetie steht, so läßt das Bisherige schon erkennen, daß der Geist der Prophetie, welche das Heil von göttlichen Gnaden-

thaten erwarten läßt, diesem Judentum fremd wird. Die Bücher Esra
und Nehemia gründen in einseitiger Weise die Frömmigkeit auf die
Thora. Sie schweigen von der Prophetie. Noch einmal erhebt diese
ihre Stimme in Maleachi. Er hält über das gesetzliche Wesen seiner
Zeitgenossen strenges Gericht, indem er das Scheinwesen derselben
aufdeckt. Gesetzeserfüllung ohne Wiedergeburt muß in Scheinwesen
und Heuchelei ausarten. Maleachi richtet dieses Wesen; seine Hoffnung
geht auf das Kommen des Herrn, wie auch Ezechiel die Erfüllung
des Gesetzes von der geistlichen Wiedergeburt Israels abhängen läßt.
Aber das Wort Maleachi's verhallte ohne Erfolg; mit ihm erlosch
die Prophetie, die Religion Israels war und blieb von Esra's Tagen
an die Religion des Gesetzes. Israel ist in seinen eigenen Augen
das Heilsvolk vermöge des Gesetzes, das es empfing; die Gesetzgebung ist die Heilsoffenbarung (Neh. 9, 13. 14); das prophetische
Zeugnis zielt auf Wiederherstellung des Gesetzes ab (Esr. 9, 29 f.),
alles Unheil rührt von der Gesetzesübertretung (Neh. 9, 34 f.). Daß
Jehova das Gemeinschaftsverhältnis mit Israel erneuert, wird als
Erbarmung bezeichnet (Neh. 9, 19. 27. 28. 32), aber diese ist bedingt
nicht durch Sündenvergebung, sondern durch die Zusage des Volkes,
in welche die Buß- und Betacte Esr. 9 und Neh. 9 ausgehen, daß
künftig sein Leben durchaus nach dem Gesetze sich richten werde.
Die prophetische Heilsverkündigung, die Glauben fordert, tritt im
religiösen Bewußtsein des Volks zurück hinter der gesetzlichen
Leistung, welche Gottes Erbarmen erwirkt. Die אֲמָנָה ist zur אֲמָנָה
geworden, auf welcher die Gottesgemeinschaft nunmehr beruht. Vgl.
übrigens zu diesem Absatze das Vorwort zur 2. Auflage.

§ 2. Wachstum des jüdischen Nomismus gegenüber dem Hellenismus.

Wie Esra der Sofer ohne Gleichen war, so wurden schon zu
seiner Zeit und weiter nach ihm immer mehr die Frommen des
Volkes Soferim oder Schriftgelehrte. Aus 1 Macc. 1, 56 f. sieht
man, daß sich Thorarollen nicht bloß in den Synagogen für die
öffentliche Vorlesung, sondern überall in den Häusern der Frommen
fanden, daß also die Beschäftigung mit der Thora Sache aller frommen
Israeliten geworden war. Aus 1 Chr. 2, 55 entnehmen wir, daß es
in dem Zeitalter, das auf Esra folgte, „Gilden der Soferim" gab;
1 Macc. 7, 12 finden wir eine συναγωγὴ γραμματέων, „eine wahrhafte

ecclesiola in ecclesia", wie sie Wellhausen (Pharisäer und Sadducäer S. 12) nennt. Wir haben uns unter den „Schriftgelehrten" nicht bloß berufsmäßige Gelehrte zu denken, sondern alle Frommen waren seit Esra's Tagen mehr oder weniger schriftgelehrt. Die Blüthe der Schriftgelehrsamkeit aber finden wir in dem Kollegium, welches unter dem Namen der אַנְשֵׁי כְּנֶסֶת הַגְּדוֹלָה in der jüdischen Tradition ein so hohes Ansehen hat. Von ihm her sind folgende drei Sätze überliefert (*Pirke aboth* I, 1): Seid behutsam im Urtheile, stellt viele Schüler auf und machet einen Zaun um die Thora. Diese Worte sind charakteristisch für die herrschende Geistesrichtung jener Zeit. Die Behutsamkeit im Urtheil sollte der jüdischen Kolonie das Recht eigener Gerichtsbarkeit sichern, worauf man seit Esra das höchste Gewicht legte; denn Klagen über die Richter waren für die persische Herrschaft ein Anlaß geworden, jenes Recht wieder aufzuheben. Auf Bewahrung dieses so kostbaren Rechtes zielt auch die Mahnung, es nicht an Schülern oder gesetzesbeflissenen Männern fehlen zu lassen, damit man aller Orten Männer habe, die nach der Thora Recht sprechen und über die Beobachtung des Gesetzes wachen könnten. Und damit die Erfüllung desselben desto besser gesichert werde, sollte ein Zaun uns Gesetz gemacht werden, bestehend aus Verordnungen, welche der Gesetzesübertretung vorbeugen sollen. Man ersieht aus diesen Worten die Losung der Zeit. Die jüdische Gemeinde beugte sich völlig unter die persische Herrschaft und verzichtete auf politische Selbständigkeit, wenn nur die Thora sich ungehindert als religiöses Lebensprincip erweisen konnte. Ihren Schwerpunkt hatte die Gemeinde in der Autorität, welche die gesetzliche Praxis für sie feststellte. Sie beugte sich unter dieselbe und nahm ihre Verordnungen willig auf sich. Man erließ eine Reihe von Verordnungen seitens der geistlichen Obrigkeit, welche unter dem Namen der א' כ' הג' bis heute gelten (Schürer, Gesch. des jüd. V. II, 291; Frankel, Mischna S. 3; s. Einl. § 2, 2). Damals entstand der Gebetsdienst mit seinen Benedictionen, stehenden Orationen, dem Kiddusch, der Habdala (*Berach.* 33ᵃ), damals das Verbot am Sabbat Gefäße zu tragen (*Schabbath* 123ᵇ); damals müssen die Bestimmungen über Rein und Unrein sich entwickelt haben (*Baba kamma* 82ᵃ), für welche die Maccabäerzeit ebenso wie für die strenge Sabbatfeier bereits so großen Eifer zeigt. Jenem Zeitalter mögen zum grossen Teil auch die Satzungen angehören, welche ohne bestimmten Namen eines Urhebers zu tragen als דברי סופרים bezeichnet werden (*Kelim*

§ 2. Wachstum des Nomismus gegen den Hellenismus. 7

XIII, 7). Schwerlich wird man irre gehen, wenn man alle jene Satzungen, welche als sinaitische Halachoth מסיני למשה הלכה bezeichnet werden, auf jenes Zeitalter zurückführt. Frankel a. a. O. 5 ff. und nach ihm Weiß (משנה לשון משפט, Wien 1867) haben zu zeigen versucht, daß in der Mischna eine doppelte Vortragsweise zu unterscheiden ist, eine ältere und eine jüngere. Die ältere, wie sie beispielsweise im Traktat *Negaîm*, *Sota* VIII, 1. 2; *Maaser scheni* VIII, 7 sich findet, lehre במדרש. Sie lehne die Satzung an das Schriftwort an, als dessen nähere Explication für die gesetzliche Praxis sie erscheine, während die spätere Weise die Satzungen als selbständige Sätze aufstelle, ohne ihren Zusammenhang mit der Thora Mose's nachzuweisen. Was sich nun als älteres Ueberlieferungsgut erweise, gehöre der Zeit der Soferim an. Wie weit dies geht, ist zur Zeit nicht festgestellt; diese Art die Mischna zu erforschen gehört noch zu sehr der Neuzeit (und noch mehr der Zukunft) an. Aber so viel dürfte Frankel und Weiß zugestanden werden, daß nicht wenige alte Ueberlieferungen in der Mischna sich finden, welche im Zeitalter der Soferim entstanden sind; man erkennt dies an der älteren Form des פירוש, der so sehr an Esra's Vortrag erinnert. Vgl. §§ 8. 23. 25.

Was das Verhältnis des gesetzlichen Bewußtseins zum Tempeldienste betrifft, so ist dafür charakteristisch das Wort Simons des Gerechten, *Pirke aboth* I, 2: Auf drei Dingen steht die Welt: auf der Thora, auf dem Gottesdienst und auf der Wohlthätigkeit. Der zweite Ausdruck (עבודה) bezeichnet den Tempeldienst. Er ist also im religiösen Bewußtsein der Zeit an Wichtigkeit hinter die Thora zurückgetreten. Der Bestand der Welt beruht vor allem darauf, daß die Thora erfüllt werde. In welchem activen Verhältnis zur Thora der Tempeldienst und die Uebung der Wohlthätigkeit stehe, wird später zu zeigen sein. Hier genügt es, festzustellen, daß die Thora, die Beschäftigung mit derselben und ihre Erfüllung als das Wichtigste n der Religion erscheint. Vgl. §§ 10. 16. 61.

Die Thora ist aber nach der damaligen Anschauung nicht nur der Zweck Gottes bei der Schöpfung und Erhaltung der Welt, sondern auch der specifische Heilsbesitz Israels, welcher seinem Dasein für die Gegenwart und Zukunft Werth verleiht. Darum hielt die Gemeinde im Kampf mit anderen fremden geistigen Mächten unerschütterlich an ihr und ihrer Uebung fest. Der Kampf, der zwischen den Juden und Seleuciden geführt wurde und 165 endete, war nicht ein Kampf um die politische Selbständigkeit, an welcher der jüdischen

Kolonie der Mehrheit nach nichts mehr lag, sondern ein Kampf um das Gesetz Gottes. Als Mattathias sich wider Antiochus erhob und sein Volk zum Kampf aufrief, sprach er 1 Macc. 2, 27: „Jeder, der für das Gesetz eifert und den Bund aufrecht erhält, ziehe aus, mir nach!" In der Rede, welche Judas der Maccabäer hielt, um die Seinigen zum tapferen Streit wider das griechische Heer anzufeuern, sprach er: „Wir kämpfen für unser Leben und für unser Gesetz" (1 Macc. 3, 21). Und als der syrische Feldhauptmann Lysias seinem Könige zum Frieden mit den Juden rieth, sprach er: Wir wollen ihnen zusagen, daß sie nach ihren Satzungen wandeln dürfen, wie zuvor, denn wegen dieser Satzungen, die wir abgeschafft haben, sind sie ergrimmt (1 Macc. 6, 59, vgl. 2 Macc. 7, 2. 23. 30. 37). Wenn der priesterliche Held Simon in seiner Ansprache an das Volk auch das Heiligtum nennt, als für welches er und die Seinigen das Leben eingesetzt hätten, so steht es doch an zweiter Stelle (1 Macc. 13, 3 f., vgl. aber 14, 29). An erster Stelle nennt auch er das Gesetz als Ursache des Kampfes, wodurch wieder der obige Ausspruch Simons des Gerechten Licht empfängt. — Später gehen die Interessen auseinander, wie wir sehen werden. Aber ursprünglich ist in den Maccabäerkämpfen das Gesetz das Treibende, weil nur dieses jetzt dem religiösen Sinne als das wesentliche Gut, wie seine Erfüllung als wesentlicher Beruf des Volkes Gottes erscheint. Deshalb greifen auch die Schriftgelehrten und Chasidim (S. 9) gegen die Syrer zum Schwert. Auf des Mattathias Ruf folgten πολλοὶ ζητοῦντες δικαιοσύνην καὶ κρίμα, viele solche, „die sich der im Gesetz vorgezeichneten Lebensgerechtigkeit im Wandel befleißigten", 1 Macc. 2, 29. Und v. 42 heißen diese die συναγωγὴ Ἀσιδέων [Tdf. ed. V. Ἰουδαίων]. Diese sind aber von der συναγωγὴ γραμματέων 1 Macc. 7, 12 nicht verschieden, wie man aus 7, 13. 17 deutlich erkennt. Auf der anderen Seite stehen die פרשעים, d. i. „die Abtrünnigen vom Gesetz" 1 Macc. 14, 14. 2 Macc. 6, 21. Daß die Gesetzestreuen den Kern derer bildeten, welche den Kampf gegen die Syrer führten, ersieht man auch aus der Art der Kriegführung. Man kämpfte nicht am Sabbat, so schwer auch die Folgen dieses gesetzlichen Eifers waren 1 Macc. 2, 34 f. 2 Macc. 5, 25 ff. 15, 1. Vgl. *Jos. ant.* XIV, 4, 2. XVIII, 9, 2. Selbst im Kriegsgetümmel feierte man den Tag des Herrn 2 Macc. 8, 27. 12, 38. — Die Zeit dieses Kampfes für das Gesetz war auch die Zeit des Martyriums für dasselbe (1 Macc. 1, 56—58). Die Schergen des Antiochus durchsuchten die Häuser

§ 3. Der Sieg der Nomokratie.

nach den βιβλία τοῦ νόμου, und die gefundenen Bücher verbrannten und zerrissen sie. Und jeden strafte man am Leben, bei dem man ein Gesetzbuch fand, oder der Wolgefallen am Gesetz bezeugte. An einem bestimmten Monatstage wurden die Executionen an denen, die (mit einer Gesetzesrolle) betroffen worden waren, in den Städten vollzogen, um damit abschreckendes Aufsehen zu machen (s. Grimm z. a. St.). Unter schwerer Verfolgung, ja unter Todesgefahr vollzog man die Beschneidung (1 Macc. 1, 61 f. vgl. 2, 46). Man ließ sich eher tödten, als daß man den Sabbat gebrochen hätte (was immerhin viele thaten, 1 Macc. 1, 45) und wollte auch eher sterben, als Unreines essen (1 Macc. 1, 63. 2 Macc. 6, 18 ff. c. 7. 11, 31; vgl. Tob. 1. Judith 10, 6. 12, 2. 20). Vgl. übrigens G. Schnedermann, Das Judentum der beiden ersten Maccabäerbücher, in der Zeitschr. f. kirchl. Wiss. u. kirchl. Leben. 1884, S. 78 ff.

So erweist sich das Gesetz als eine Macht, welche dem Andringen des heidnischen Hellenismus Stand hielt. Fassen wir hier nochmals zusammen, so hatte die Thora zwei Wirkungen ausgeübt auf das Volk. Sie hatte die frommen Israeliten zu Schriftgelehrten, ihre Synagogen zu Schulen gemacht; andererseits waren diese gesetzestreuen Israeliten Chasidim oder Asidäer geworden, ihr Wandel überall bestimmt durch die gesetzlichen Satzungen. Wer nicht zu ihnen hielt, galt als Abtrünniger. Solche gab es in Menge, der Kern des Volkes aber war gesetzestreu. Dieses religiöse Princip wirkte lähmend auf die patriotische Gesinnung. Die Schriftgelehrten und Asidäer fügten sich willig der Fremdherrschaft, wenn sie nach ihrem Gesetze leben durften. Sie hatten keinen Sinn mehr für nationale Selbständigkeit, ihr einziges Interesse bildete die Thora. Aus einer Nation ward das Judentum eine „internationale Secte", und man begreift schon von hier aus, weshalb der Sturz des zweiten Heiligtums nicht auch der Zusammensturz des Judentums war. Aus den Trümmern Jerusalems entstieg das Judentum, das in den Tagen Esra's geboren war, in seiner vollen und reinen Gestalt: eine Gemeinde, für deren Bewußtsein nichts centrale Bedeutung hat, als die Thora.

§ 3. Der endgiltige Sieg der Nomokratie.

Die Hasmonäer hatten im Kampfe mit der seleucidischen Herrschaft den Sieg behalten, und die Religionsfreiheit der Juden war errungen. Nicht zufrieden aber mit dieser Freiheit gingen die

Hasmonäer weiter und kämpften nun auch um die politische Freiheit, oder, was dasselbe, um die nationale Selbständigkeit ihres Volkes. Das Ende war — ein neujüdisches Königtum.

Mit diesem Gange der Dinge waren die Schriftgelehrten und Asidäer des Volks nicht zufrieden. Sie fürchteten mit Recht, daß an die Stelle der Religion die Politik, an die Stelle der Thora eine Konstitution nach aller Welt Art treten werde. Die Frommen des Volkes hielten an dem Princip fest, daß die Thora das besondere Gut und der einzige Beruf Israels, somit auch seine einzige Norm sei. Und an diesem Principe hielten sie fest gegenüber den Hasmonäern, den Herodäern und Römern, endlich auch den Zeloten. Dieses Princip gewann durch sie am Ende die Alleinherrschaft im orthodoxen Judentum.

Ehe wir aber dies alles mit einigen Strichen näher schildern, liegt uns ob, die Frage zu beantworten, welchen Einfluß auf die religiöse Entwickelung des jüdischen Volkes die seit der Hasmonäerherrschaft hervortretende Parteispaltung in Pharisäer und Sadducäer hatte. Es ist ein Verdienst Wellhausen's, dass er durch seine Abhandlung „Pharisäer und Sadducäer" (Greifswald 1874) über diesen Gegensatz neues Licht gebracht hat (vgl. Schürer, a. a. O. § 26). Nach Wellhausen vertreten jene Parteien von Haus aus keine specifisch religiösen Gegensätze, sondern die Differenzen gehen aus der verschiedenen Lebensstellung hervor. Die Sadducäer oder „Zadokiten" sind die erzpriesterliche Partei, genannt nach Zadok, dem Haupte des hohenpriesterlichen Hauses. Sie bilden den Adel, der seit dem Siege der Hasmonäer und der Aufrichtung des Königtums die Stütze des letzteren bildet, die Hof- und Regierungsämter inne hat und die politisch und administrativ thätige Richtung des Volks vertritt. Die Pharisäer aber sind nichts anderes als die Schriftgelehrten und Asidäer der alten Zeit. Sie erscheinen jetzt als Partei, gegenüber den Sadducäern, welche sich lieber mit Politik als mit der Thora beschäftigen und infolge dieser auf das Weltleben gerichteten Sinnesweise auch freieren Ansichten huldigen. Während die Sadducäer den politischen Einfluß haben, bleibt den Pharisäern die religiöse Leitung des Volks. Den Namen Peruschim aber führen sie, weil die streng gesetzliche Richtung sich jetzt namentlich als „Absonderung" zu erkennen gibt. Absonderung war schon in Esra's Zeit die wichtigste Konsequenz der Gesetzestreue; sie wurde es jetzt wieder, und mehr als bisher, seit durch die Seleuciden und die Abtrünnigen in Israel das fremde

§ 3. Der Sieg der Nomokratie. 11

heidnische Wesen eingedrungen war und sich in gewissen Kreisen mehr oder weniger frei zur Geltung brachte, seit auch unter den Hasmonäern durch sadducäischen Einfluß manche strengere Vorschriften weniger allgemein beobachtet wurden. Von dem freisinnigeren und laxeren Theile der jüdischen Bevölkerung sonderten sich die Gesetzestreuen ab und schlossen sich unter einander enger zusammen. Sie beschränkten sich im Verkehr, ja selbst in Bezug auf das Connubium auf ihre engere Gemeinschaft. Es tritt jetzt das Losungswort auf: Schaffe dir einen Lehrer (רב), erwirb dir einen Genossen (חבר) und beurtheile Jeden nach der besseren Seite (לכף זכות) *Pirke aboth* I, 6. Daß Jeder in die Thora eindringen solle, ist ein alter Grundsatz. Jetzt aber handelt es sich um die engere Gemeinschaft, innerhalb deren die Thora streng und konsequent gehalten wird. Doch soll man den Zusammenhang mit dem Volksganzen nicht zerreißen. So lange das Gegentheil nicht erwiesen ist, soll man einen jüdischen Volksgenossen für gesetzestreu halten und darnach handeln. Dieses Dictum hat freilich das andere zum Korrelat, *Pirke aboth* I, 7: Entferne dich von einem bösen Nachbar, geselle dich nicht zu einem Gottlosen, und glaube nicht, daß die Vergeltung ausbleibe. Es ist aber hier die Spitze gerichtet gegen den offenkundigen Sadducäismus, der in seiner weltlichen Art anstatt auf das zukünftige messianische Reich zu hoffen und seine Vergeltung zu warten an der Herrschaft der Gegenwart sich erfreute und ihre Vortheile zu genießen trachtete. Ein Mensch dieser Gesinnung heißt רשע, von ihm soll der fromme Israelit sich fern halten. Und weil diese frivole Gesinnung in den oberen Regionen besonders blüht, so gibt Schemaja das. I, 10 den Rath: Liebe die Arbeit, hasse das Herrschen, und sei nicht zu vertraulich mit der Herrschaft (רשות = ἐξουσία, obrigkeitliche Gewalt, überhaupt die regierenden Kreise). Die Stellung der Pharisäer ist damit gekennzeichnet. Sie sind die unpolitische Partei gegenüber der politischen der Sadducäer, die gesetzesstrenge gegenüber der freier denkenden und handelnden der vornehmen sadducäischen Kreise. Sie sind nicht die Stillen im Lande, nichts weniger als das. Sie fühlen sich als das wahre Israel und bringen ihr religiöses Princip zur Geltung, wo sie durch die herrschenden Kreise provocirt werden. Sie dringen mit aller Macht auf die Respectirung des Gesetzes im öffentlichen Leben und erheben sich wol auch zu diesem Zwecke; aber sie kennen kein anderes Interesse als die Thora. Vgl. unten § 11, 2.

Fragen wir also, welchen Einfluß die im hasmonäischen Zeitalter geschehene Parteibildung auf die religiöse Entwicklung der jüdischen Volksgemeinde übte, so ist die Antwort diese. Nach wie vor ist der Kern des Volkes der Thora ergeben und setzt alles an ihre Erkenntnis und konsequente Durchführung im Leben. Aber die Gesetzestreuen erscheinen zeitweise nur als Partei. Damit wird jedoch ihr Streben nur um so bewußter und energischer. Das Princip zieht immer mehr seine Konsequenzen; die Schule schreitet zur Systembildung fort, und im System der pharisäischen Satzungen kommt das gesetzliche Streben zu seinem Abschluß.

Diesen Standpunkt machten die Pharisäer geltend gegenüber den Hasmonäern. Nachdem das Gesetz gesichert war, hatten sie — damals noch als Schriftgelehrte und Asidäer bezeichnet — die Maccabäer verlassen und ihrem gesetzlichen Standpunkt gemäß den Alcimus als rechtmäßigen Hohenpriester aus dem Hause Ahrons anerkannt. Als nach Alcimus' Tode Jonathan aus der Hand der Syrer das Hohepriestertum erhalten hatte und somit anerkannter Fürst der Juden geworden war, traten ihm die Asidäer noch ferner, denn in ihren Augen war diese Stellung eine illegitime. Die Vornehmen schlossen sich der neuen Herrschaft an, die Asidäer zogen sich zurück und schlossen sich in sich selber ab, nunmehr als Pharisäer jenen gegenüberstehend, die den Namen Sadducäer bekamen. Die Hasmonäer Jonathan, Simon und Johannes Hyrcanus suchten durch ihre Haltung den offenen Ausbruch der Feindschaft der mächtigen Pharisäer hintanzuhalten. Aber es gelang nicht. Eleazar der Pharisäer erklärte bei einem Gastmahl dem Johannes, wenn er dem Gesetze genügen wolle, müsse er das Hohepriestertum niederlegen und sich mit der Herrschaft begnügen; seine Mutter sei einmal in Kriegsgefangenschaft gerathen, seine Geburt also und somit auch seine Fähigkeit zum Hohepriestertum zweifelhaft *Jos. ant.* XIII, 10, 5. Die Behauptung, das Hohepriestertum der Hasmonäer sei nicht legitim, blieb die Losung für den nun folgenden langen und erbitterten Kampf und erneuerte sich auch gegen Alexander Jannäus *ant.* XIII, 13, 5. Der Gegensatz lag aber tiefer. Die Pharisäer wollten keinen weltlichen Staat, sondern eine Gemeinde des Gesetzes. Die Herrschaft erwarteten sie von der messianischen Zukunft. In Alexander Jannäus aber trat der Kontrast zwischen dem Hohenpriester und dem weltlichen Fürsten am grellsten hervor. Die Pharisäer beschimpften ihn deshalb, und er kehrte sein Schwert gegen sie. Er unterlag, doch nahmen später die Nationalen

§ 3. Der Sieg der Nomokratie.

für den Flüchtigen Partei, und nun wanderten die Pharisäer ins Elend. Unter Salome hatten die Schriftgelehrten maßgebenden Einfluß, sie gewannen auch Stellen im Synedrium. Die Sadducäer verbanden sich nach Salome's Tod mit Aristobul gegen Hyrcan, die Pharisäer hielten es im Gegensatz gegen die Sadducäer mit Hyrcan. Aber es zeigte sich auch jetzt wieder, daß das nationale Princip nicht das ihre war. Denn als nun Pompejus als Schiedsrichter auftrat, da wünschten sie die Abschaffung des Königtums Jos. ant. XIV, 3, 2. Sie waren es zufrieden, daß Aristobul entfernt und Hyrcan als Hoherpriester anerkannt wurde. Sie waren den Römern feind, weil sie den Tempel entweiht hatten, aber sie fügten sich in die Fremdherrschaft. Sie wollten keinen weltlichen Staat, sie wollten nur nach dem Gesetze leben.

Dies war auch ihre Stellung unter den Herodäern. An dem Todeskampfe des nationalen Staates gegen das Königtum des Herodes nahmen sie keinen Theil. Nach Jos. ant. XV, 1, 1 gaben die Häupter der Pharisäer den fanatischen Vertheidigern Jerusalems den Rath, dem Herodes die Thore zu öffnen. Dafür ehrte sie dann Herodes auf das Höchste. Die Sadducäer dagegen hatten mit dem Ende des hasmonäischen Staates und Herodes' Siege ihre politische Bedeutung fürs Erste eingebüßt. Ihren alten Streit mit den Pharisäern setzten sie jedoch auf theoretischem Gebiete fort, wo sie den Pharisäern nicht gewachsen waren. Diese dagegen hatten unter Herodes für ihre religiösen Bestrebungen die freieste Hand; ihre Häupter Polio und Sameas standen bei Herodes in Ehren, und allen erzeigte Herodes die Rücksicht, daß er ihnen den aus religiösen Gründen abgelehnten Huldigungseid (unter Verhängung einer Geldstrafe) erließ, Jos. ant. XVII, 2, 4. Das Gesetzeswesen der Pharisäer blühte unter Herodes mehr als je. Damals lebten ihre berühmtesten Meister, Schemaja (Sameas?) und Abtalion (Polio?), Hillel und Schammai. Auch im Synedrium wuchsen sie an Einfluß wie an Zahl. Das Volk aber folgte willig ihrer Leitung.

Als das Volk unter die unmittelbare römische Herrschaft kam, änderte sich die Lage insofern, als die Sadducäer wieder mehr an Macht gewannen. Sie bequemten sich der Römerherrschaft an und traten dafür in die Mittelstellung der Herodäer ein. Sie wurden wieder die Regierenden. Aber den religiösen Einfluß der Pharisäer auf das Volk vermochten sie nicht mehr zu brechen. Indes trat jetzt eine andere Partei auf, welche den Einfluß der Pharisäer einige Zeit gemindert hat, die Zeloten. Diese beseitigten im Aufstand gegen die Römer die Aristokratie mit ihrem Haupte Ananus und nahmen die Zügel der Herrschaft in die Hände. Aber der Aufstand scheiterte. Wie die Sadducäer von den Zeloten, so wurden diese von den Römern abgethan. Die Pharisäer aber, die sich, ihrem Principe treu, von dem revolutionären Wesen der Zeloten fern gehalten hatten, traten nun in das Erbe ein.

„Fortab ist die nicht bloß moralische, sondern auch officielle Herrschaft der Schriftgelehrten und Pharisäer über Israel unbestritten. Die doch noch immer bis auf einen gewissen Grad nationale Hierokratie war dahin, die internationale Nomokratie trat völlig an ihre Stelle. Der endliche Sieg konnte denen nicht ausbleiben, welche die Consequenz der zweiten Theokratie für sich hatten."

Nachdem wir so die geschichtliche Einpflanzung des Princips dargelegt, gehen wir nun zu seiner Entfaltung selbst über.

Kap. II. Die Thora die Offenbarung Gottes.

§ 4. Das ewige Sein der Thora vor Gott als Abbild seines geistigen Wesens.

Aus der Tiefe des göttlichen Wesens ist vor der Zeit die Weisheit Gottes ins Dasein vor Gott getreten, und diese Uroffenbarung Gottes ist identisch mit der Thora. Diese ist also das ewige Abbild des geistigen Wesens Gottes. Deshalb ist sie auch Gegenstand der Liebe Gottes, wie er sich denn auch selbst ihr in solcher Liebe willig hingibt und untergibt.

1. Wie Jesus Sirach schon im 24. Capitel die Thora mit der ewigen himmlischen Weisheit identificirt, womit Bar. 4, 1 zu vergleichen ist, so erscheint überall in der rabbinischen Literatur die Thora als eins mit der himmlischen Weisheit. In *Bereschith rabba* c. 17 wird die Thora mit der himmlischen Weisheit verglichen. Der Midrasch Tanchuma beginnt mit den Worten: בְּרֵאשִׁית בָּרָא אֱלֹהִים — das ist es, was die Schrift sagt: Jehova hat durch die Weisheit die Erde gegründet (Spr. 3, 19). Als der Heilige, gebenedeit sei Er, seine Welt schuf, berieth er sich mit der Thora, und also schuf er die Welt. In *Bereschith rabba* c. 1 wird Gott verglichen mit dem Werkmeister, der einen königlichen Palast zu bauen hat. Er baut nicht nach seiner Willkür, sondern sieht in die Baupläne hinein, und danach arbeitet

§ 4. Die Thora das Abbild des Wesens Gottes.

er. So, heißt es, blickte der Heilige, gebenedeit sei Er, in die Thora, und also schuf er die Welt. Das Wort ראשית ist also Bezeichnung der Thora. Sie ist das erste, was aus Gott hervorging, die Uroffenbarung Gottes. *Jalkut* hat zu 1. Mos. 1, 26 die Ueberlieferung aufbewahrt: Zur Thora sprach Gott: „Wir wollen Menschen machen". Die Thora ist somit identisch mit der ewigen Weisheit Gottes, welche in der Weltschöpfung waltet.

2. Demgemäß wird durchweg die Präexistenz der Thora, ihr ewiges Sein vor Gott gelehrt. Bereits *Pirke aboth* VI, 10 heißt es: Die Thora spricht (nach Spr. 8, 22): Gott hat mich erworben als Erstling seines Weges, als Uranfang seiner Werke von Ewigkeit. In *Mechilta* heißt es weiter, 64^b: In der Stunde, als die Thora Israel gegeben wurde, erbebten alle Könige der Erde in ihren Palästen . . . Da versammelten sich alle Könige der Völker der Welt bei Bileam dem Frevler und sprachen zu ihm: Vielleicht will Gott uns jetzt thun, wie er einst dem Geschlechte der Fluth gethan hat . . . Da sprach er zu ihnen: O ihr großen Thoren, der Heilige schwur ja bereits dem Noah, daß er keine Fluth mehr über die Welt kommen lassen wolle (Jes. 54, 9). Sie erwiderten ihm: Vielleicht läßt er nicht eine Wasserfluth kommen, eine Feuerfluth wird er bringen. Er aber erwiderte ihnen: Weder diese noch jene, sondern der Heilige g. s. E. gibt seinem Volke und seinen Geliebten die Thora u. s. w. Diese uralte Sage ist im Tractat *Sebachim* 116^a dahin erweitert, daß Bileam den Königen erklärt habe: Jehova hat ein köstliches Kleinod in seinem Schatzhause, welches bei ihm verborgen war 974 Geschlechter vor der Erschaffung der Welt, und er will es seinen Söhnen geben. Dieselbe Ueberlieferung finden wir im Tractate *Schabbath* 88^b, wo die Thora ebenfalls genannt wird: die begehrenswürdige, als ein Schatz bewahrte, welche bei Gott bewahrt worden ist 974 Geschlechter, ehe die Welt geschaffen worden. Nach den Kommentaren hat man zu der Zahl 974 noch die Zahl 26 hinzuzufügen, denn von Adam bis Mose leben 26 Geschlechter. So ergibt sich die Vorstellung, daß die Thora 1000 Geschlechter (דורות) vor ihrer Promulgation von Gott geschaffen worden ist, worauf Ps. 105, 8 hinweisen und was ein Ausdruck für ihre in die Ewigkeit sich verlierende Präexistenz sein soll. Aehnlich auch im Midrasch zu Koheleth 1, 15. An anderen Stellen heißt es, z. B. in *Bereschith rabba* c. 8 und *Pesikta* 109^a (vgl. Bubers Anm.) sowie *Schir haschschirim rabba* zu 5, 11, die Thora sei (nach Spr. 8, 30 und Ps. 90, 2) 2000 Jahre

älter als die Schöpfung; doch ist jene Form der Ueberlieferung die gewöhnlichere. Von Wichtigkeit für uns ist noch die Bemerkung *Bereschith rabba* c. 1: „Sechs Dinge sind der Weltschöpfung vorausgegangen; darunter sind solche, welche wirklich geschaffen worden sind und solche, welche vor der Schöpfung beschlossen worden sind; die Thora und der Thron der Herrlichkeit (§ 33) sind wirklich geschaffen worden". Die Zusammenstellung dieser beiden läßt uns wieder die Neigung erkennen, die Präexistenz der Thora als eine ewige aufzufassen.

3. Das Verhältnis Gottes zur Thora entspricht nun ganz der Auffassung, wonach sie als Abbild seines geistigen Wesens aus ihm hervorgegangen ist. Es ist das Verhältnis der Liebesgemeinschaft, welches seinen Ausdruck darin findet, daß die Thora die Tochter Gottes genannt wird. Gott liebt sich selbst in ihr als in seinem Bilde. In *Wajjikra rabba* c. 20 heißt es ausdrücklich: „Meine Tochter — das ist die Thora". So finden wir im Midrasch zum Hohenlied 8, 11, daß zur Zeit, als der Heilige, gebenedeit sei Er, Israel die Thora zu geben gedachte, die Engel ihm Vorstellungen machten, damit die Thora im Himmel bleibe. Da sprach er zu ihnen: Was bekümmert es euch? Sie antworteten ihm: Vielleicht wirst du morgen deine Herrlichkeit in der unteren Welt wohnen lassen. Sie meinten, daß er der Thora nachziehen werde, wie in dem vorausgehenden Gleichnis der König seiner Tochter nachzieht, die er in die Fremde verheirathet hat. Es erwiderte ihnen der Heilige: Meine Thora werde ich geben in die untere Welt, aber ich will wohnen in der oberen. Ich will geben meine Tochter mit ihrer Verschreibung in eine Stadt, daß sie geehret werde bei ihrem Manne wegen ihrer Schönheit und Liebenswürdigkeit, denn sie ist eines Königs Tochter und man wird sie ehren; aber ich bleibe bei euch in der oberen Welt. Und so öfter in der midrasischen Literatur. Ob die Deutung des בר נשקו aus Ps. 2 im Tractat *Sanhedrin* 92ª, wo בר = Thora gefaßt wird, hieher gehört, mag auf sich beruhen. Es werden uns nun auch diejenigen Stellen im Midrasch nichts Befremdliches mehr haben, in denen Jehova mit der Thora so innig verbunden erscheint, daß er von ihr nicht lassen kann. In kürzerer Fassung finden wir dies im Midrasch *Tanchuma, Seder Teruma*, Abschnitt 3: Es sprach der Heilige zu Israel: „Die Thora ist mein, und ihr habt sie genommen, nehmet mich mit ihr!" Diese Ueberlieferung finden wir gleich zu Beginn des *Seder Teruma* im *Schemoth*

§ 4. Die Thora das Abbild des Wesens Gottes.

rabba, Abschnitt 33 zu den Worten ויקחו לי תרומה (2 Mos. 25, 2) in folgender Weise ausgeführt. Es sprach der Heilige: „Ich habe euch verkauft meine Thora, ich bin gleichsam mit ihr gekauft worden", denn es heißt: „Und sie sollen nehmen für mich eine Teruma". Ein Gleichnis: Es ist, wie wenn ein König eine einzige Tochter hat und es kommt Einer von den Königen und heirathet sie. Er verlangt nun in sein Land zu ziehen und sein Weib mitzunehmen. Da spricht der König zu ihm: Meine Tochter, welche ich dir gegeben habe, ist meine einzige. Ich vermag mich nicht von ihr zu trennen; zu dir zu sagen: Nimm sie nicht mit, vermag ich auch nicht, denn sie ist dein Weib. Aber thue mir die Güte und mache überall wo du hinziehst ein Gemach (קיטון) für mich, daß ich bei euch wohne, denn ich kann meine Tochter nicht lassen. So sprach der Heilige zu Israel: Ich habe euch die Thora gegeben; von ihr mich zu trennen vermag ich nicht, zu euch sagen: Nehmt sie nicht! — das kann ich auch nicht. Aber überall, wohin ihr ziehet, machet mir ein Haus, daß ich darin wohne, denn es heißt (das. v. 8): „Und machet mir ein Heiligtum!"

4. Im Zusammenhang mit dieser Gedankenreihe werden wir jene Stellen verständlich finden, die uns sagen, daß **Gott selbst sich mit der Thora beschäftige,** ja sein eigenes göttliches Leben durch sie bestimmen lasse. Im Tractat *Aboda sara* heißt es fol. 3ᵇ: Rabbi Jehuda sagte im Namen des Rab: Zwölf Stunden hat der Tag; in den drei ersten sitzt der Heilige und beschäftigt sich (עוסק) mit der Thora. Aehnlich *Targ. Jerusch.* zu 5 Mos. 32, 4: „drei Stunden beschäftigt er sich (täglich) mit dem Gesetze". Die *Pesikta* fol. 40ᵃ gibt über diese Beschäftigung Gottes noch Genaueres. Als Mose in die Höhen des Himmels hinaufstieg, hörte er die Stimme des Heiligen, welcher saß und sich mit der (Parasche von der) rothen Kuh beschäftigte, und er sagte die Halacha im Namen des (Rabbi) der sie gesagt, des R. Elieser u. s. w. Diese Stelle wird wiederholt *Bammidbar rabba* c. 19. In *Bereschith rabba* c. 49 lesen wir als Ueberlieferung des R. Jehuda: Es ist kein Tag, an welchem der Heilige nicht eine neue Halacha verkündigte im oberen Synedrium. Und wie der Allerhöchste selbst sich sinnend vertieft in die Tiefen seiner Thora, so erfüllt er auch ihre Satzungen. In *Schemoth rabba* c. 30 heißt es: Nicht ist die Weise des Heiligen, gebenedeit sei er, wie die Weise dessen der Fleisch und Blut ist. Dieser lehrt andere, wie sie thun sollen, und er selber thut es ganz

und gar nicht; aber der Heilige nicht also, sondern was er selbst thut, das gebietet er Israel, es zu thun und zu bewahren. An derselben Stelle wird dann — freilich durch ein Sophisma — bewiesen, daß Gott den Sabbat hält. Ja in der 43. Parasche von *Schemoth rabba* finden wir, daß Gott dem Mose, der für Israel bittet, seinen Schwur entgegenhält und Mose sich darauf beruft, daß Gott ihm die Lösung der Gelübde empfohlen habe. Da stellt sich Gott vor Mose, gerade so wie Einer, der (nach talmudischer Auffassung von 4 Mos. 30, 2 ff.) vor dem Aeltesten (זקן) steht und ihn um Lösung des Gelübdes bittet, Mose aber hüllt sich in seine Tallith und löst Gott als זקן das Gelübde. Aehnlich heißt es *Wajjikra rabba* c. 19: „Es fragte der Heilige das obere Synedrium und es löste ihm seine Gelübde". Ebenso wird c. 35 von Gott gelehrt, daß er selbst das Gebot erfülle: „Vor einem grauen Haupte sollst du aufstehen".

Wie er sich liebend und sinnend in seine Thora vertieft, so erfüllt er ihre Satzungen. Denn die Thora ist die der Tiefe seines Wesens entstiegene Weisheit, sein Abbild, mit dem er in ewiger Liebesgemeinschaft lebt, welches darum auch sein eigenes göttliches Leben normirt.

§ 5. Die Thora die einzige Heilsoffenbarung Gottes.

Die Thora ist diejenige Offenbarung, in welcher Gott Alles beschlossen hat, was zum Heile nothwendig ist. Sie ist deshalb die einzige und ausschließliche, die keiner Ergänzung bedarf, giltig für alle Zeiten, ja für die Ewigkeit, ursprünglich bestimmt für die ganze Menschheit.

1. Hier kommt vor allem in Betracht, was wir in *Debarim rabba* c. 8 zu den Worten 5 Mos. 30, 12: Nicht im Himmel ist sie u. s. w. lesen. Es sprach Mose zu ihnen: Daß ihr nicht saget, ein anderer Mose wird aufstehen und uns eine andere Thora vom Himmel bringen, will ich euch kund thun: „Nicht im Himmel ist sie, nichts ist von ihr im Himmel übrig geblieben". Es ist also eine weitere Offenbarung Gottes außer der Thora nicht rückständig, sondern bei dieser Offenbarung wird es sein Verbleiben haben. Vgl. dagegen Röm. 10, 6 ff.

2. Daher ist die Thora auch nicht bloß bestimmt für eine Zeit, sondern für alle Zeiten, ja für die Ewigkeit. Schon die Apokryphen reden von einem ewigen Bestande der Thora, s. Bar. 4, 1. Weisheit Sal. 18, 4. In *Mechilta* 68ᵇ finden wir, daß das Land

§ 5. Die Thora die einzige Offenbarung Gottes.

Israel, das Heiligtum, das Reich Davids Israel bedingungsweise gegeben worden sind, die Thora aber ohne Bedingung. Daraus folgt, daß Israel zeitweilig ohne jene Güter sein kann, nicht aber ohne die Thora. Diese ist das absolut nöthige und darum bleibende Gut Israels. *Schemoth rabba* c. 33 nennt die Thora einen Besitz für die Ewigkeit. So erklärt sich auch die Stelle in *jer. Megilla* I, 7: Jochanan und Resch Lakisch — Einer sagt: die Nebiim und Kethubim werden künftig außer Kraft und Brauch treten, aber die fünf Theile der Thora werden nicht aufgehoben werden; Resch Lakisch sagt: auch die Megillath Esther und die Halachoth werden nicht außer Kraft und Brauch treten (בטל). Auch sonst liest man, daß von den heiligen Schriften die Thora allein in Ewigkeit fortdauern soll. Die Thora bildet für sich selbst ein vollendetes Ganzes, zu der alle anderen Offenbarungen secundäres Verhältnis haben; sie sind nur zwischeneingekommen durch die Sünde, wie es *Nedarim* 22[b] heißt: Wenn Israel nicht gesündigt hätte, so wären ihnen nur die 5 Fünftheile der Thora gegeben worden und das Buch Josua (vgl. Röm. 5, 20). Die übrigen Schriften verschwinden wieder, wie später an seinem Orte weiter gezeigt werden wird. Die מקרא (§ 21, 2), welche nach einer alten Ueberlieferung der Vater seinen Kindern schuldet, wird daher *Kiduschin* 30[a] nur auf die Thora bezogen (מקרא זו תורה).

3. Als die in sich vollendete Heilsoffenbarung Gottes ist die Thora **ursprünglich für die ganze Menschheit** bestimmt. Dies finden wir bereits in der *Pesikta* ausgesprochen. Hier heißt es fol. 107[a], die Thora sei im 3. Monat (*Siwan*) gegeben worden, dessen Planet der Zwilling ist, um anzudeuten, daß die Thora beiden, sowol dem Jakob als auch dem Esau (der Völkerwelt), sofern er Buße thut, gegeben sei. Deshalb geschah auch ihre Offenbarung in einer für alle Menschen wahrnehmbaren Weise. In jener Stelle *Mechilta* 64[b] ließ es deshalb auch: „Zur Zeit als die Thora Israel gegeben wurde, erzitterten alle Könige der Erde in ihren Palästen". In Folge dessen kamen denn auch, als die Thora gegeben war, die ersten Proselyten aus den Heiden, vgl. *Mechilta* 66[a.b]. 68[b]. Ausführlich ist die allgemeine Wahrnehmbarkeit der Promulgation der Thora geschildert *Mechilta* 70[a]. Hier heißt es in Ausführung von 2 Mos. 19 f.: In der Wüste ist die Thora gegeben worden, öffentlich frei, an einem allen zugänglichen Orte. Wenn sie im Lande Israel gegeben worden wäre, so würden die Völker der Welt sagen, sie haben keinen Theil an ihr; deshalb ist sie öffentlich, frei, an einem allen zugänglichen

Orte gegeben worden, und jeder, der sie annehmen will, mag kommen und sie annehmen. Man könnte meinen, sie sei in der Nacht gegeben worden, deshalb belehrt uns die Schrift und sagt: Und es geschah am dritten Tage am Morgen. Man könnte meinen, sie sei in der Stille gegeben worden, aber die Schrift sagt, es geschah Donner und Blitz. Und wenn man sagen wollte, sie hätten die Donnerstimme nicht gehört, so lehrt die Schrift: Alles Volk hörte den Donner und sagte: „Stimme Jehova's". Weiter wird der Gedanke ausgeführt *Sifre* 142[b]. Als der Heilige sich offenbarte, um Israel die Thora zu geben, offenbarte er sich nicht in **einer** Sprache, sondern in **vier** Sprachen, nämlich, wie dann weiter bewiesen wird, in der hebräischen, römischen, arabischen und aramäischen. Die spätere Gestalt der Haggada, wie wir sie im Tractat *Schabbath* 88[b] finden, lautet: Jedes Wort, welches aus dem Munde der Macht (Gottes) hervorgegangen ist, hat sich in 70 Sprachen zertheilt. Und *Schemoth rabba* c. 5 heißt es, der eine קול sei in 70 קולות (= 70 Sprachen) zertheilt worden, damit alle Völker es hörten, und jedes Volk hörte die Stimme Gottes in seiner Sprache. Ebenso heißt es *Tanchuma* zu *Schemoth* Abschn. 25 zu dem Worte קולות, der eine קול habe sich erst in sieben, dann in siebzig קולות zertheilt, damit alle Nationen hörten, und jede hörte seine Stimme in ihrer Sprache. Freilich war nur Israel bereit, die Thora anzunehmen. Doch davon wird später die Rede sein (§ 14 f.). Hier betonen wir, daß die Thora als die schlechthin heilige Offenbarung Gottes angesehen wurde, außer der es keine andere gibt und geben wird, in welcher deshalb die ganze Menschheit nach Gottes Willen ihr Heil suchen und finden sollte.

§ 6. Die Thora Quelle alles Heils und höchstes Gut.

Die Thora wird im Allgemeinen bezeichnet als Quelle des Lebens. Im Einzelnen wird ihr beigelegt die Kraft zu erleuchten, zu heiligen, zu beseligen und vor dem Tode zu bewahren. Weil sie somit alles Heil und Leben in sich schließt, so ist sie das höchste Gut.

1. Die allgemeinste Bezeichnung dafür, daß die Thora Quell alles Heils ist, findet sich darin, daß sie als Lebensquell gepriesen wird. Die Worte 2 Mos. 15, 26: „Ich der Herr bin dein Arzt" werden in der *Mechilta* 54[a] so erklärt: „Es sprach der Heilige zu Mose: Sage zu Israel: Die Worte der Thora, welche ich euch

§ 6. Die Thora höchstes Gut.

gegeben habe, sind eine Arznei, Leben sind sie für euch". *Mechilta* 53ᵃ wird der Baum, durch dessen Holz Mose das Wasser in Mara trinkbar machte, von Einem als ein Wort der Thora erklärt, welches Mose auf den Baum hinwies. Solche Aussprüche haben einen Sinn nur bei der Grundanschauung, daß die Thora das Leben ist. Uebrigens ist es nicht bloß Einer, der so auslegt, sondern die Allegoriker (דורשי רשומות) haben überhaupt so ausgelegt. *Sifre* 84ᵃ lesen wir: „Die Worte der Thora werden verglichen mit dem Wasser. Wie das Wasser Leben ist für die Welt, so sind auch die Worte der Thora Leben für die Welt". Dieses Leben ist aber ein ewiges Leben. *Schabbath* 10ᵃ werden Gebet und Thorastudium mit einander verglichen. Da heißt es von jenem, es verleihe zeitliches Leben, von diesem, es verleihe ewiges Leben. Damit verwandt ist, wenn es *Baba mezia* 33ᵃ heißt, der Lehrer gehe dem Vater vor. Dieser habe den Sohn in dieses, jener aber in jenes Leben gezeugt. Wenn *Taanith* 21ᵇ gesagt wird, daß wer das ewige Leben mit dem zeitlichen vertausche des Todes werth sei, so ist der gemeint, welcher zuerst die Thora studirt und dann einem bürgerlichen Berufe sich ergibt. Die Thora ist der einzige Weg zum Leben, wie es denn *Wajjikra rabba* 29 heißt: אין אורח חיים אלא תורה. Deshalb ist das Studium der Thora besser als selbst das Gebet, ja selbst als alle Opfer *Schabbath* 30ᵃ. Denn Gebet und Opfer verleihen nur zeitliches Leben, die Thora aber gibt das ewige Leben. *Schabbath* 88ᵇ heißt es ferner: „Warum werden die Worte der Thora Spr. 8 verglichen mit einem Fürsten? Um dir zu sagen, daß, wie dem Fürsten die Macht eignet zu tödten und das Leben zu schenken, so auch die Worte der Thora die Kraft haben zu tödten und lebendig zu machen. Das ist es, was Raba sagte: Denen, welche auf sie (die Thora) vertrauen, ist sie ein Mittel des Lebens, denen aber, die sich von ihr abwenden, ist sie ein Mittel des Todes". Vgl. hierzu die ganz ähnliche Stelle *Joma* 72ᵇ.

Eine nähere Erklärung dieses allgemeinen Ausdrucks, daß die Thora das Leben sei und dem Menschen ewiges Leben verleihe, finden wir darin, daß die Thora auch betrachtet wird als die Nahrung für das geistliche Leben, *Berachoth* 48ᵇ. Das Brod in Jes. 3 wird *Schabbath* 120ᵃ gedeutet als die Thora, und zwar als schriftliche und mündliche. In *Bammidbar rabba* 8 werden die Proselyten gepriesen; denn sie finden als Speise die Gesetzeslehre, als Wein die Haggada. So heißt es auch *Bereschith rabba* 70, der Proselyt finde in Israel das Brod der Thora. Am öftesten aber heißt die Thora Baum des Lebens, z. B. *Pirke aboth* VI, 7; *jer. Sota* VII, 4 u. ö.

Im Einzelnen betrachtet wird der Thora beigelegt die Kraft zu erleuchten. Der ahronitische Segen 4 Mos. 6 lautet ja im zweiten Gliede: Es lasse leuchten Jehova sein Angesicht über dir. Eine Erklärung zu יאר aber sagt: „Das ist das Licht der Thora, denn eine Leuchte ist das Gebot und die Thora ein Licht" (Spr. 6, 23). So *Sifre* fol. 12ª. Im Midrasch *Bereschith rabba* c. 3 heißt es: Es sprach Rabbi Simon: „Fünfmal heißt es hier (1 Mos. 1) Licht", entsprechend den 5 Büchern der Thora. Und es sprach Gott: „Es werde Licht". Dies entspricht dem 1. Buche, denn mit diesem beschäftigte sich der Heilige, als er seine Welt schuf. „Und es ward Licht." Dies entspricht dem 2. Buche, denn durch dieses zog Israel von der Finsternis zu dem Lichte. „Und es sahe Gott, daß das Licht gut war." Dies entspricht dem 3. Buche; denn es ist voll großer Halachoth. „Und es schied Gott zwischen dem Lichte und der Finsternis." Dies entspricht dem 4. Buche; denn es macht eine Scheidung zwischen denen, die aus Aegypten ausgezogen sind, und denen die in das Land Kanaan einziehen. „Und es nannte Gott das Licht Tag." Dies entspricht dem 5. Buche, denn es ist voll großer Halachoth. In *Debarim rabba* c. 7 lesen wir: Unsere Rabbinen sagen: Mit 5 Dingen ist die Thora verglichen worden: mit dem Wasser, mit dem Wein, mit dem Honig, mit der Milch und mit dem Oel . . . Wie dieses Oel Leben gibt der Welt, so geben auch die Worte der Thora Leben der Welt; wie dieses Oel Licht gibt der Welt, so geben auch die Worte der Thora Licht der Welt. Im Midrasch des hohen Liedes und sehr oft im Talmud lesen wir, daß die Thora für Israel auch den Brauch in solchen Dingen des Lebens lehrt, für welche keine gesetzliche Bestimmung besteht, was man דרך ארץ nennt (§ 22, 2), vgl. z. B. *Schabb.* 114ª. *Joma* 4ᵇ. *Chullin* 84ª. Aus alle dem ersieht man, daß die Thora die Quelle aller Erkenntnis ist.

Die Thora hat ferner die Kraft der Heiligung in sich. Wir werden diesen Satz später (§ 55 ff.) genauer zu besprechen und zu belegen haben. Hier genügt es auf einige Hauptstellen hin zu weisen. So lesen wir *Kidduschin* 30ᵇ: „So sprach der Heilige zu Israel: Meine Söhne, ich habe geschaffen den Anreiz zum Bösen und ich habe geschaffen die Thora als Heilmittel gegen ihn. Und wenn ihr euch beschäftigt mit der Thora, so seid ihr nicht in seine Hand hingegeben, denn es heißt in der Schrift (1 Mos. 4, 7): Ist es nicht

§ 6. Die Thora höchstes Gut.

also, wenn du recht handeln wirst, so darfst du das Angesicht erheben? Wenn ihr euch aber nicht beschäftiget mit der Thora, so seid ihr in seine Hand gegeben, denn es heißt in der Schrift: Vor der Thüre lagert die Sünde. Und nicht allein dies, sondern all sein Thun und Treiben ist gegen dich gerichtet; denn es heißt in der Schrift: Und nach dir geht sein Verlangen. Und wenn du willst, so wirst du über ihn herrschen, denn es heißt in der Schrift: Und du sollst über ihn herrschen". Die Thora ist also das Mittel, durch welches die Sinnenlust, die nach altjüdischer Anschauung, wie wir sehen werden (§ 46 ff.), das Princip alles Sündigens ist, überwunden wird. Daher die Regel, die ebenda ausgesprochen ist: Wenn dieser Schändliche auf dich eindringt, so schleppe ihn in das Lehrhaus; ist er ein Stein, so wird er zerrieben werden; ist er Eisen, so wird er zerbrochen werden, — und die Bezeichnung der Thora als הַמַּקְרָא (§ 67) gegen die Zungensünden *Erachin* 15^b: Was ist das Mittel, damit man nicht in das Verleumden gerathe? Ist man gelehrt, so beschäftige man sich mit der Thora, ist man ein Ungelehrter, so kasteie man sich. *Schir rabba* fol. 4^a lesen wir: „Wie das Wasser den Menschen von seiner Unreinheit reinigt — denn es heißt in der Schrift (Ez. 36, 25): Ich will reines Wasser auf euch sprengen und ihr sollt rein werden, — so reinigt die Thora den Unreinen von seiner Unreinheit" u. s. w. Auch die leibliche Unreinheit nimmt die Thora, wie es weiter heißt, weg. Also wird jene erste Reinigung im ethischen Sinne gemeint sein. Insbesondere erscheint die Thora als das Mittel, den gefallenen Menschen, ja das von Gott abgefallene Volk zu Gott zurückzuführen. In der *Pesikta* (121^a) und *jer. Chag.* I, 7 lautet eine allerdings etwas dunkle Stelle: „Es steht geschrieben: Mich haben sie verlassen und meine Thora nicht bewahrt (Jer. 16, 11). Hätten sie doch meine Thora bewahrt; wenn sie auch mich verlassen wollten, hätten sie nur meine Thora bewahrt. Da fragt man: Wie sollte das möglich sein: mich haben sie verlassen und meine Thora haben sie bewahrt? Man antwortet: In Folge dessen, daß sie sich mit der Thora beschäftigt hätten, würde die ihr innewohnende besondere Kraft sie zu mir zurück führen". *Nasir* 23^b sagt: „Lerne die Thora, wenn auch nicht um ihretwillen, denn von dieser Beschäftigung ohne Absicht wirst du dazu kommen, dich mit ihr um ihretwillen zu beschäftigen". Es wohnt also, das ist die zu Grunde liegende Anschauung, der Thora eine Kraft ein, die Liebe zu Gott in dem Herzen zu wecken und auch den Abgefallenen zu Gott zurückzuführen.

Das Materialprincip des Nomismus.

Endlich hat die Thora die Kraft, den Menschen zu erquicken, zu beseligen und zuletzt vor dem Tode zu bewahren. In *Schir rabba* zu 1, 2 wird die Thora verglichen mit dem Wasser. Wie dieses die Seele erquickt, so auch die Thora. Weiter unten wird sie mit dem Wein verglichen. Wie der Wein das Herz erfreut, so erfreuen die Worte der Thora auch das Herz. In der *Pesikta* 102^b wird die Thora genauer dem Würzwein (*vinum conditum*) verglichen. Wie nämlich in diesem Wein Honig und Pfeffer, so sei auch in den Worten der Thora Wein, Honig und Pfeffer; denn sie seien belebend wie der Wein, süß wie der Honig und scharf wie der Pfeffer. Die Thora wird auch mit dem Oel verglichen, welches wolthut, und mit der Milch, welche rein ist. *Erubin* 54^b heißt es: So lange der Mensch über die Thora nachdenkt, empfängt er von ihr einen süßen Geschmack. Wenn man auch hier sagen muß, daß dieses Lob der Thora, wie wir es im Midrasch zum hohen Liede finden, ganz und gar zusammenklingt mit dem Lobe der Thora, wie es in den Psalmen ertönt, so ist doch nicht zu vergessen, daß hier die Thora als Gesetz gepriesen ist, während in der h. Schrift der Begriff der Thora ein weiterer ist, indem darunter alle Offenbarung, die des Gesetzes wie der Heilsverheißung, verstanden wird. Was endlich die todesüberwindende Macht des Gesetzes anlangt, so heißt es *Schemoth rabba* c. 51 und sonst an vielen Orten geradezu, der Tod könne über den keine Macht gewinnen, welcher sich mit der Thora beschäftige; vgl. *Mechilta* 24^a: die Thora, in welcher ist die zukünftige Welt, und *Sifre* 40^a: die Thora bringt den Menschen zu dem Leben der zukünftigen Welt.

So ist die Thora der Quell alles Heils, wie sie gelegentlich wirklich Brunnen des Heils genannt wird. Darum ist sie das höchste Gut, welches Gott gegeben hat und der Mensch erlangen kann, „die Geliebte" nach *Sifra* 39^b. Wenn der König David betete, da betete er nur um die Thora, und wenn die Güter aufgezählt werden, welche Gott Israel vor den Heiden gegeben hat (vgl. Röm. 9, 4 f.), so steht sie voran, z. B. *Mechilta* 80^a. Ein schönes Sprichwort findet sich *Nedarim* 41^a: Es ist keiner arm, als wer arm ist an (der aus der Thora erworbenen) Erkenntnis (דעה). Im Westen (Palästina) sagt man: Wer sie besitzt, hat Alles. Wer sie erworben, was fehlt ihm? Eine unbarmherzige Folgerung daraus wird *Sanhedrin* 92^a gezogen: „Ueber einen Menschen, in welchem keine דעה ist, soll man sich nicht erbarmen". Ferner: „Wenn Jemand sein Brod einem solchen

§ 7. Frömmigkeit ist Liebe zur Thora.

gibt, in welchem keine דעה ist, so kommen Züchtigungen über ihn". Hingegen lesen wir weitere Bekenntnisse zu der Thora als dem höchsten Gut in *Schemoth rabba* c. 17: „Israel sprach: Wir kennen die Kraft der Thora, deshalb weichen wir nicht von Jehova und seiner Thora", sowie in *jer. Peah* I, 1: Selbst die ganze Welt ist nicht gleich an Werth einem einzigen Worte der Thora. Alle Kostbarkeiten sind nicht mit ihr zu vergleichen. Artaban sandte Juda dem Heiligen eine schätzbare Perle; aber dieser achtete ein gutes Wort aus der Thora für köstlicher als diese Perle. *Sota* 21^a heißt es, man müsse alles zeitliche Gut hingeben für ein einziges Wort der Thora, und *Schemoth rabba* c. 33: sie ist das Erbe, zu welchem es den frommen Israeliten mit nie zu stillender Sehnsucht hinzieht, wie den Gefangenen bis in sein hohes Alter das Verlangen nach dem Erbe seiner Väter nicht verläßt. Die Thora ist deshalb ein Besitz, welcher selbst den Neid der Engel erweckt hat, *Debarim rabba* zu 1,2: „die Engel des Dienstes gelüstete nach ihr, und sie wurde vor ihnen verborgen" (§ 34). *Schabbath* 89^a: Satan fragte den Herrn: „Wo ist die Thora?" Er suchte sie dann überall auf der Erde. Er kommt zu Mose, dieser verbirgt sie vor ihm, und dafür, daß er das köstliche Geheimnis bewahrt hat, wird sie nach seinem Namen die Thora Mose's genannt.

Wie wir sie zusammenfassend bezeichnet haben als das höchste Gut, als das Gut aller Güter, so finden wir denn auch *Schemoth rabba* c. 3 für sie den Namen: חמדה מתוך חמדה d. h. das Kleinod der Kleinode.

Kap. III. Gesetzlichkeit das Wesen der Religion.

§ 7. Frömmigkeit ist Liebe zur Thora.

Der fromme Israelit liebt die Thora als das höchste Gut über Alles, gibt darum Alles, selbst das Leben, für sie hin und will stets an sie erinnert sein.

1. Das Wesen jüdischer Religiosität ist Liebe zur Thora. Wie die Thora dem jüdischen Frommen das höchste Gut ist, so gibt er auch Alles für sie hin. Rabbi Jochanan, heißt es *Pesikta* 178^b, begab sich von Tiberias nach Sepphoris; ihn begleitete Rabbi Chija, Sohn des Abba. Sie kamen an einen Acker; da sagte Rabbi Jochanan: Dieser Acker gehörte mir und ich habe ihn verkauft,

damit ich mich mit der Thora beschäftigen könnte. Sie kamen an einen Oelgarten. Da sprach er: Dieser Oelgarten gehörte mir, und ich habe ihn verkauft, um mich mit der Thora beschäftigen zu können. Da fing Rabbi Chija, Sohn des Abba, an zu weinen und sprach zu ihm: Ich weine, weil du gar nichts für dein Alter zurückbehalten hast. Er aber sprach zu ihm: Mein Sohn Chija, mein Sohn Chija, ist es denn etwas Geringes in deinen Augen, daß ich etwas verkauft habe, das in 6 Tagen geschaffen wurde, und habe dafür etwas erworben, was in 40 Tagen und in 40 Nächten gegeben wurde? So ist die ganze Welt nur in 6 Tagen geschaffen worden, denn es steht geschrieben (2 Mos. 31, 17): In 6 Tagen hat Jehova den Himmel und die Erde gemacht; aber die Thora ist in 40 Tagen gegeben worden, denn es steht geschrieben: Und er war daselbst bei Jehova 40 Tage und 40 Nächte (2 Mos. 34, 28). Als Rabbi Jochanan starb, riefen seine Zeitgenossen über ihn die Worte aus: „Wenn ein Mann hingeben wollte alle Habe seines Hauses um die Liebe, mit der R. Jochanan die Thora liebte — man würde ihn höhnen". — Und wie der fromme Israelit alle seine Habe für die Thora hingibt, so auch sein Leben. Die Maccabäerbücher enthalten Märtyrergeschichten, welche alle Zeit zur Nacheiferung angereizt haben. Die *Tosefta Schabbath* c. 16 (15) stellt geradezu in Bezug auf das Martyrium als Grundsatz fest: In Zeiten der Religionsverfolgung muß man auch für das leichteste Gebot (קלה שבקלות) sein Leben lassen, „denn du sollst meinen heiligen Namen nicht entweihen". Der Ausdruck für das Martyrium ist nach *Pesachim* 53ᵇ מסר עצמו על קדושת השם, nach der *Tosefta* zu *Taanith* c. 4 (3) מסר עצמו על התורה ועל המצוות. Die Märtyrer heißen *Pesachim* 50ᵃ auch die חרוגי מלכית; sie werden an dieser Stelle selig gepriesen; niemand, heißt es, kann in ihrer מחיצה, in der ihnen zugewiesenen himmlischen Wohnung, stehen; es wird ihnen also ein besonderer Grad von Herrlichkeit zu Teil, die niemand schauen kann. *Aboda sara* 18ᵃ wird uns erzählt, wie R. Chanina, Sohn des Teradjon, um der Thora willen sammt dem Gesetzbuch verbrannt wurde und eine בת קול (§ 40, 2) vom Himmel ihm und dem Henker, der seine Pein abgekürzt und darum auch den Tod erlitten hatte, das ewige Leben verkündigt habe. Solcher Märtyrergeschichten finden wir im Talmud nicht wenige. Wenn nun Religiosität darin besteht, daß man die Thora über Alles liebe und Alles für sie gebe, so ist die Thora verlassen dasselbe wie Gott verlassen; die jüdische Religion aufgeben heißt *Sanhedrin* 106ᵃ (vgl. *Rosch*

§ 7. Frömmigkeit ist Liebe zur Thora.

hasch. 17ª) משה רבו בתורת כפר; und die Ursache aller Züchtigungen ist die Vernachlässigung der Thora *Berachoth* 5ª.

2. Weil der fromme Israelit die Thora über Alles liebt, so will er auch alle Zeit an sie erinnert sein. Dazu dienen ihm die *Zizith*, die *Tefillin* und die *Mesusa*. In archäologischer Beziehung wird man das Nöthige über diese Denkzeichen bei Bodenschatz, Verfassung der Juden IV, 1—24, Winer, Realwörterbuch (unter Phylakterien), Riehm, Handwörterbuch (unter Denkzettel), Schürer, Geschichte des jüdischen Volkes, II, § 28, IV und sonst leicht finden; vgl. übrigens 4 Mos. 15, 37 ff. 5 Mos. 6, 8 f. 11, 18 ff. 22, 12. Uns kommt es darauf an, die religiöse Bedeutung der genannten Gegenstände anzugeben. Die Rabbinen nennen die *Zizith* Mittel zur Beobachtung der Gebote Gottes (vgl. 4 Mos. 15, 39). *Schabath* 118ᵇ finden wir, daß das Tragen der Zizith besonders sorgfältig beobachtet wird. Spätere Ausleger (s. *Bammidbar rabba* c. 18) fanden in der Zahl der 8 Fäden und der 5 doppelten Knoten und in dem Zahlenwerth von ציצית = 600 den Gesammtwerth von 613, hierin aber eine Andeutung der 613 Gebote der Thora, an die der Mensch durch die Zizith stetig erinnert werden sollte. In der *Pesikta* fol. 2ᵇ u. 125ª werden die Zizith infolge dessen unter den Zeichen genannt, durch welche Israeliten als Söhne oder Auserwählte Gottes charakterisirt (מצויינים) werden. Es fehlt nicht an Ueberlieferungen, nach welchen der Anblick der Zizith solche, die im Begriffe standen Sünden zu begehen, davor bewahrte, z. B. *Menachoth* 44ª. Die *Tefillin* oder Phylakterien, welche auch Matth. 23, 5 genannt werden, werden am Kopf und an der Hand angebunden. Sie werden *Menachoth* 35ᵇ auf göttliche Vorschrift zurückgeführt, denn sie stammen von einer mündlichen Weisung oder Halacha, die Gott dem Mose am Sinai gab. Ebenso *Berachoth* 7ª. Man trug sie, um desto kräftiger an die Pflicht erinnert zu werden, das Gesetz mit Kopf und Herz, also mit allen Kräften zu erfüllen. Für gewöhnlich wurden sie nur beim Gebet angelegt; besonders Eifrige aber trugen sie beständig, wie aus dem jerusalemischen Tractat *Berachoth* (II, 3) und aus *Schabbath* 49ª hervorgeht. Sie legten ihnen dann die Bedeutung bei, daß sie die Bewahrung des Gesetzes in stetem Andenken erhalten sollten, woher der Name φυλακτήρια, und machten sie zu Erkennungszeichen der Juden *Schabbath* 49ª. Andere erklärten den Namen daher, daß die Phylakterien als Schutzmittel gegen die Dämonen getragen würden, vgl. das Targum zum hohen Lied 8, 3.

Aber diese Zweckbestimmung ist eine spätere; der ursprüngliche Zweck ist die Erinnerung an die Gebote Gottes. So allein erklärt es sich, daß Gott selbst als mit Tefillin angethan dargestellt wird *Berachoth* 6ª, indem Gott selbst allezeit liebend der Thora gedenkt, ja in die Thora sich versenkt. Aehnlich verhält es sich mit der sog. *Mesusa*. An den Haus- und Stubenthüren wird ein Pergamentröllchen befestigt, auf welchem die Abschnitte 5 Mos. 6, 4—9 und 11, 13—21 geschrieben stehen. Die Mesusa wird beim Ein- und Ausgehen ehrfurchtsvoll angesehen und berührt, ursprünglich damit man sich dabei erinnere an Gott und sein Gesetz. Nach *Menachoth* 33ᵇ und *Bereschith rabba* c. 35 dient jedoch die Mesusa auch zur Bewahrung des Hauses. An ersterer Stelle heißt es mit Bezug auf die Mesusa, Gott sei ein König, der, anders als die irdischen Könige, seine Unterthanen innen (im Hause) sitzen lasse und selber draußen stehe und Wacht halte. Immerhin ist dieser Zweck der secundäre; der erste ist durchaus die stete Erinnerung an die Gebote. Schön sagt R. Elieser ben Jakob in *Menachoth* 33ᵇ: Wer die Tefillin an seinem Haupte, die Mesusa an seiner Thüre und die Zizith an seinem Kleide hat, darf gewiß sein, daß er nicht sündiget, denn Pred. Sal. 4, 12 heißt es: „Eine dreifache Schnur reißet nicht". Zizith, Tefillin und Mesusa haben also wesentlich einen religiösen Zweck, den der steten Erinnerung an die Verpflichtung zur Erfüllung der Thora. Sie gelten deshalb als besondere Heiligtümer, die man, wenn Fremde sie geraubt haben, zuerst auslöst, *Gittin* IV, 6.

§ 8. Die Bethätigung der Liebe zur Thora.

Gesetzlichkeit oder Liebe zur Thora bethätigt sich in zwiefacher Richtung: als Studium und als praktische Erfüllung der Thora. Jenes hat im rabbinischen Sprachgebrauch den Namen תַּלְמוּד תּוֹרָה d. i. das Erlernen der Thora, kurzweg das „Lernen", diese heißt מַעֲשֶׂה d. h. das Thun. Die Thora lernen und die Thora erfüllen sind die beiden Lebenszwecke des frommen Israeliten, wie wir denn *Bammidbar rabba* c. 14 finden, Israel habe am Sinai auf sich genommen תלמוד תורה und מעשה.

1. Schon Sirach preist 38, 24 den Sofer (S. 1 f.), der Muße hat um Weisheit zu gewinnen. Er stellt ihn 38, 25 ff. den Handwerkern gegenüber: so nöthig und verdienstlich auch die Arbeit ihrer Hände

§ 8. Die Bethätigung der Liebe zur Thora. 29

sei v. 32 (vgl. Delitzsch, Handwerkerleben zur Zeit Jesu, 1868), „doch im berathschlagenden Kreise des Volkes werden sie nicht verlangt, und in der Versammlung thun sie sich nicht hervor, auf dem Stuhle des Richters sitzen sie nicht u. s. w." (v. 33). Damit gibt Sirach deutlich zu verstehen, daß die edelste und dem Gemeinwesen nützlichste Beschäftigung das Studium der Thora sei. Es versteht sich von selbst, daß diese Anschauung in Stellen wie 5 Mos. 6, 7. Jos. 1, 8. Ps. 1, 2 ihre biblische Begründung hat. Aber die Ausführung ist eigenartig. So lesen wir *Mechilta* 28^b, der Zweck des vierzigjährigen Wüstenaufenthalts sei der gewesen, daß Israel nicht, wenn es alsbald nach Kanaan käme, sich sofort mit seinen Feldern und Weinbergen beschäftigte, sondern erst lernte auch ohne jene zu leben und sich allein mit der Thora zu beschäftigen. In *Berachoth* 35^b finden wir die Frage nach dem Verhältnisse von ח״ח und מְלָאכָה, Studium und Handarbeit erörtert. Der Idee nach, wie sie Simeon b. Jochai festhält, sollten die Fremden die Arbeit thun, und es ist nur Folge der Sünde, wenn Israel selbst sie verrichten muß, ein Satz, der sich auch *Mechilta* 110^b findet. Israels Bestimmung dagegen ist das Studium der Thora. R. Ismael vertritt dagegen eine mildere Ansicht. Abaja sagt: „Vielen, die nach der Ansicht des Simeon gethan, ist es nicht gelungen, und vielen, die nach der milderen des Ismael thaten, ist es gelungen". Rabba sagt: „Die früheren Geschlechter haben die Thora zu קבע, d. i. zur Hauptsache, ihr Geschäft zur עראי Nebensache gemacht; die späteren haben das Verhältnis umgekehrt. Daher sind jene gesegnet worden, diese nicht". Ebenso eingehend behandelt auch *Kidduschin* IV, 14 die Frage, ob Studium, ob Handwerk Lebensberuf eines Israeliten sei, wozu die *Tosefta* zu *Kidduschin* c. 5 zu vergleichen ist. R. Meïr sagt: Man lehre seinen Sohn ein reines und leichtes Handwerk und rufe Gott an, dem Reichtum und Güter gehören! Nachdem der Satz durchgeführt ist, daß es nicht auf das Handwerk ankomme, sondern auf die זכות (§ 59), wenn einer reich werden soll, und alle Noth auf die Sünde zurückgeführt worden ist, heißt es weiter: „R. Nahorai sagt: Ich lasse alle Geschäfte in der Welt liegen und lehre meinen Sohn nur Thora, denn der Mensch genießt von ihrem Lohne in dieser Welt und das Kapital (קרן) bleibt (den שעמלו die sich angestrengt, *Tos.*) für die zukünftige Welt. Das ist bei anderen Gewerben nicht der Fall. Wenn einer an Krankheit, Alter oder Schmerzen leidet, und sich mit seinem Gewerbe nicht mehr beschäftigen kann, so muß er Hungers sterben; aber mit dem Gesetze ist es nicht so, vielmehr bewahrt es Einen in der Jugend vor allem Bösen und gibt ihm für sein Alter Aussicht und Hoffnung". Dies ist die ideale Auffassung, welche *Kohel. rabba* zu 9, 9 dahin ermäßigt, daß man im Sommer der Arbeit, im Winter dem Thorastudium obliegen soll. Eigentlicher und höchster Lebenszweck ist das Studium der Thora. Es soll ein Jude immer im Studium der Thora leben. Wer darum auf dem Wege keine Begleitung hat, beschäftige sich mit der Thora *Erub.* 54ᵃ. Wenn zwei Freunde sich von einander verabschieden, so geschehe es unter Gesprächen über die Halacha (מתוך דבר הלכה) *Berach.* 31ᵃ. Denn ein Israelit kann sich nichts Höheres vornehmen, nichts Besseres Gott geloben als Thorastudium. *Nedarim* 8ᵃ: Wer sagt, ich will diesen Abschnitt in der Mischna oder diesen Tractat studiren, der hat ein großes Gelübde dem Gott Israels gethan. Dabei ist aber wol zu beachten, daß nur diejenige Beschäftigung mit der Thora vor Gott Werth hat, welche sich um die Thora bemüht, wobei man arbeitet, um ihren Sinn zu erforschen und sie sich einzuprägen, *Tosefta Para* c. 3: wer bloß lernt (שונה) aber sich nicht müht (עמל) um die Thora, gleicht dem, der säet, aber nicht erntet. Solches Studium im Schweiß des Angesichts ist Aufopferung des Geistes und Leibes, ist höchste Leistung, vgl. *Tos. Kidduschin* 5.

In der That wird das Thorastudium allen andern Verpflichtungen vorangestellt. So ersieht man aus *Kethuboth* 62ᵇ, daß die jungen Gesetzesgelehrten, wenn sie heiratheten, die Bedingung stellten, vor dem Vollzug der Ehe noch auf eine Reihe von Jahren sich zu einem Rabbi begeben zu dürfen, um bei ihm Thora zu studiren. Ja, es kam vor, daß Verheirathete ihre Familie verließen, um dem Thorastudium nachzugehen, und zwar für eine Dauer von zwölf Jahren, welcher Zeitraum zu einem vollständigen Thorastudium erforderlich erschien. Daß das Thorastudium der ehelichen Pflicht vorgehe, lehrt auch die Mischna *Kethuboth* V, 6. Die *Tosefta Jebamoth* c. 8 sagt von Ben Asai: Er nahm kein Weib, indem er sagte: „Was soll ich thun? Meine Seele hängt (חשקה) an der Thora; möge die Welt durch Andere erbaut werden!" Es geht der Pflicht des Vaters gegen seine Kinder und der Kinder gegen Vater und Mutter vor *Megilla* 16ᵇ (vgl. Marc. 7, 11). *Erubin* 22ᵃ lehrt, daß man lieber seine Kinder hungern lassen soll als das Lehrhaus oder das Haus des Rabbi versäumen. Der *En Jacob* (s. Einl. § 3) zu *Gittin* I führt aus dem jerusalemischen Talmud eine Stelle an, wonach jemand

§ 8. Die Bethätigung der Liebe zur Thora.

seine Tochter verkaufte, um die Mittel zum Thorastudium zu gewinnen. Selbstverständlich ist es hiernach, daß man, um die Mittel zum Studium der Thora zu erlangen, die äußersten persönlichen Opfer bringen muß. *Wajjikra rabba* c. 30 zählt Beispiele auf, daß Rabbinen Alles verkauft und weggegeben haben, um sich dem Studium der Thora zu widmen. *Pirke aboth* VI, 4 heißt es: So ist es die Weise der Thora: Brod und Salz essen, Wasser spärlich trinken, auf der Erde schlafen und kümmerlich leben, und mit der Thora sich abmühen. Thust du dies, wol dir, du hast es gut!

Während jedoch dieses Ideal lebenslänglichen unausgesetzten Thorastudiums nicht bei Jedem zu erreichen ist, so bleibt es für Jeden ohne Ausnahme Gebot, etwas in der Thora zu studiren. Wenn der Sohn anfängt zu sprechen *Sifre* 83ᵃ, so rede sein Vater mit ihm in der heiligen Sprache und lehre ihn die Thora; wo nicht, so ist es gerade so, als wenn er das Kind begrübe. *Joma* 35ᵇ lehrt uns: weder der Arme noch der Reiche darf sich entschuldigen, wenn er sich nicht mit der Thora beschäftigt. Dem Armen hält man den Hillel vor, der von seiner Hände Arbeit lebte und doch so viel studirte. Den Reichen weist man auf Rabbi Elieser hin, welcher tausend Städte und tausend Schiffe besaß und doch die Thora studirte, den Frevler aber auf Joseph, der von seiner Sinneslust gereizt wurde und doch mit der Thora sich beschäftigte. Kann einer nicht viel studiren, so hat er doch die Verpflichtung wenigstens etwas täglich zu lernen. *Menachoth* 99ᵇ wird hierüber eine strengere und eine mildere Ansicht aufgestellt. Das Gebot Jos. 1, 8 wird nach strenger Ansicht erfüllt, wenn man wenigstens jeden Morgen und Abend einen Abschnitt in der Mischna lernt, nach milderer Ansicht, die man aber vor einem עם הארץ (§ 11, 1) nicht aussprechen soll, hätte man der Pflicht genügt, wenn man nur die so genannte קריאת שמע (§ 10, 2) gesprochen. Wer nun aber weder in der Schrift noch in der Mischna, noch im דרך ארץ (S. 22) etwas gelernt, der gilt nach *Kidduschin* 40ᵇ wie ein Wilder (אינו מן הישוב) und kann kein Zeugnis ablegen; man soll sich selbst jeden Genuß von seiner Seite durch ein Gelübde verbieten.

Es ist indeß ein Ersatz für das eigene Studium der Thora, wenn derjenige, der es nicht selbst treiben kann, als Gemeindevorsteher oder Almoseneinnehmer für ihre Aufrechthaltung wirkt. *Bammidbar rabba* c. 22 ertheilt den Rath, daß ein solcher seine Tochter einem Gesetzesgelehrten gebe, und diesem das Studium des

Gesetzes ermögliche, indem er ihn von seinem Vermögen genießen läßt. Einen Schüler der Thora aufnehmen ist so gut als ein Ganzopfer bringen *Berachoth* 10ᵇ, und *Debarim rabba* c. 4 wird die Einsammlung von milden Gaben für die Gesetzesschulen dringend empfohlen. Nach *Joma* 72 gilt der Grundsatz, daß die Bürger denen, die dem Gesetzesstudium obliegen, die Arbeit thun sollen. Zum Lohne dafür, daß man Schulen und Lehrer unterstützt, lehrt die *Pesikta* 75ᵇ, erhalten Kinderlose Kinder, wie umgekehrt nach 120ᵇ Städte zerstört wurden, weil sie die Schulen und ihre Lehrer nicht unterstützten.

2. Die Uebung des Gesetzes im täglichen Leben ist die zweite nothwendige Bethätigung der frommen Gesinnung. Sie wird dem Studium als Praxis (מַעֲשֶׂה) gegenüber gestellt. Es ist das Normale, daß dem Studium das gesetzmäßige Verhalten folge. „Wer Thora lernt, ohne sie zu thun, dem wäre besser, daß er gar nicht geschaffen wäre", *Sifra* zu 3 Mos. 26, 3; und *Berachoth* 17ᵃ: der Zweck des Wissens ist Buße und gute Werke, daß nicht etwa Jemand in der Schrift lese und Mischna lerne und sei doch widerspenstig gegen Vater und Mutter, gegen seinen Lehrer und gegen den, der größer ist in der Weisheit als er. Das Thorastudium verleiht nach *Aboda sara* 17ᵇ mit Bezug auf 2 Chr. 15, 3 nur dann Verdienst, wenn die Uebung der Wolthätigkeit damit verbunden ist. *Schabbath* 31ᵃ u. 31ᵇ wird der Satz ausgeführt, daß die Furcht Gottes der wahre Schatz des Menschen ist. Wenn man den Menschen vor Gericht führe, und man finde Alles an ihm, auch dies, daß er Zeiten für das Thorastudium bestimmt habe, so sei immer die Gottesfurcht sein Schatz. Es sprach Raba, Sohn des Rab Huna: „Jeder Mensch, in welchem Thora (-Kenntnis) ist, aber keine Gottesfurcht, der gleicht dem Schatzmeister, dem man die inneren Schlüssel übergab, die äußeren aber nicht". Jene helfen ihm ohne diese nichts. Es sprach Rab Jehuda: „Der Heilige hat seine Welt zu keinem anderen Zweck geschaffen, als damit man ihn fürchte". Es sprach Rabbi Jochanan im Namen des R. Elieser: „Der Heilige hat nichts in dieser Welt, als die Furcht Gottes allein". — Die Gesetzeserfüllung ist also die wesentliche andere Seite der Religiosität. Die Gesetzeserfüllung ist aber die Ausübung eines Gebots besonders dann, wenn sie mit der Absicht (כינה = Intention) geschieht, das Gebot Gottes zu erfüllen. Wer Passa ißt, erfüllt dann vorzüglich das Gebot, wenn er es mit dem bestimmten Bewußtsein und Willen thut, damit das Passa-Gebot zu

§ 8. Die Bethätigung der Liebe zur Thora.

erfüllen (לשם מצוה) vgl. *Nasir* 23ᵃ. So lesen wir *Sifre* 57ᵃ: Wenn Jemand Schweinefleisch zu essen beabsichtigt, dafür aber Lammfleisch bekommt, dieses jedoch in der Meinung verzehrt, er esse Schweinefleisch, auch ein solcher bedarf der Vergebung. Dabei soll die Gesetzeserfüllung geschehen, ohne daß man sich darauf einläßt, erst die Berechtigung der Gebote zu ergründen. Wenn ein Mensch an Geboten Anstoß nimmt, so ruft Gott ihm zu: Ich, ich habe sie festgestellt und du hast kein Recht dir über sie Gedanken zu machen (להרהר בהן), *Joma* 67ᵇ. Die Gesetzeserfüllung ist überhaupt durchaus zu denken als eine schwere Last; Israel hat, wie der stetige Ausdruck lautet, am Sinai עול תורה das Joch der Thora auf sich genommen. Ein Gebot erfüllen heißt יצא ידי חובתו, ein Ausdruck, der anderweit genauer zu erörtern ist. Solange das Gebot nicht erfüllt ist, so viel entnehmen wir den Worten hier, ist der Mensch der Pflicht verhaftet, und sie wird ihr Anrecht an ihn geltend machen. Und doch ist es so schwer auch nur ein Gebot zu erfüllen, wie besonders am Sabbatgebot gezeigt wird (?) *Mechilta* 110ᵃ u. ö. Dabei haftet, wie *Sifra* zu 3 Mos. 8, 25 sagt, an Allem, ja an Allem מצוה למקום eine Vorschrift, die Gott (zu *Makom* s. § 30) gegenüber zu erfüllen ist. Und wie an jedem Gegenstand, den man hat (כל דבר), eine Mizwa haftet, so wird, wie *Bammidbar rabba* c. 17 sagt, alles Thun, alle Arbeit durch eine Mizwa geregelt. Man kann nicht säen, wie man will, sondern man hat dabei ein Gebot zu beachten. Darum עול תורה die Last der Thora (vgl. Gal. 5, 1). Die Gesetzeserfüllung hat aber ihre Grenzen. Von dem Satze aus: der Mensch soll durch das Gesetz leben (3 Mos. 18, 5), die Gesetzeserfüllung darf also nicht dazu führen, daß er dadurch an seinem Leben Schaden nimmt, wird viel gestattet, was an sich verboten ist. Man darf z. B. vom מין (§ 31, 1) sich heilen lassen, nur nicht mit Wissen Anderer (בפרהסיא ἐν παρρησίᾳ), sondern heimlich. Heimlich darf man (nach R. Ismael im Gegensatz zu den übrigen Rabbinen) selbst einen Götzen anbeten, wenn man dadurch sein Leben retten kann *Aboda sara* 27ᵃ. R. Jochanan hat von einem heidnischen Arzt sich heilen lassen, vgl. a. a. O. Man darf auch einen Ausweg aus einer gelobten schweren Pflicht suchen. Man nennt einen solchen פֶּתַח eine Thür. Jedenfalls soll (vgl. § 29, 3) die rabbinische Gesetzgebung sich durch die Rücksicht auf die Gemeinde und deren Können bestimmen lassen, sie schonen und nicht da erschweren, wo man auch erleichtern kann. Zu diesem Grundsatz und der aus ihr sich ergebenden ausgedehnten Kasuistik, die nicht

34 Das Materialprincip des Nomismus.

hier zu betrachten ist (vgl. den schönen Abschnitt bei Schürer a. a. O. § 28), finden sich die Parallelen überall, wo nomistische Grundanschauungen herrschen.

3. Ist sonach die Gesetzeserfüllung das andere wesentliche Stück der Religiosität neben dem Studium des Gesetzes, so ist, wenn wir endlich das Verhältnis beider Bethätigungen zu einander in Betracht ziehen, das Studium nach vielfach sich äußernder Ansicht das größere und wichtigere (unbeschadet *Pirke aboth* 1, 17; 3, 9. 15. 17). So erzählt *Kiddusсhin* 40^b: R. Tarphon und die Aeltesten saßen in Lud beim Mahl. Da kam die Frage vor sie: Ist das Lernen groß, oder ist das Thun groß? R. Tarphon antwortete und sagte: das Thun ist groß. R. Akiba dagegen sagte: das Lernen ist groß. Da hoben sie Alle an und sagten: תלמוד גדול שהתלמוד מביא לידי מעשה d. i. das Lernen ist groß, denn das Lernen führt zum Thun. Dies ist anerkannter Grundsatz. Dort heißt es weiter: das Lernen ist groß, denn es ist der Uebung des Gebots von der Teighebe um 40 Jahre vorausgegangen, der Ausübung des Hebe- und Zehntgesetzes um 54 Jahre, dem Erlaßjahr um 61 Jahre, dem Jobeljahr um 103 Jahre. Und wie das Lernen dem Thun vorausgeht, so wird auch im Gericht zuerst nach dem Lernen gefragt, so geht auch der Lohn für das Lernen dem fürs Thun voraus. Daher soll man nach allgemeiner Ueberzeugung die Vorschriften (Halachoth) über den Tempeldienst, besonders die Opfer, auch jetzt noch behandeln, wo sie nicht mehr ausgeübt werden können, wie im Hinblick auf die Tage des Messias, der Tempel und Opfer wieder herstellen wird, so auch um ihrer selbst willen, abgesehen von allem praktischen Nutzen.

§ 9. Gesetzlichkeit die einzige Form der Religion für alle Zeiten.

Diese Gesetzlichkeit ist nun die Religiosität im absoluten Sinne; sie war die einzige Form derselben zu allen Zeiten und wird es immer bleiben.

1. Aus diesem Satze erklären sich die Anachronismen der talmudischen und targumischen Literatur in Bezug auf Thorastudium und Thoraerfüllung, die sonst so sehr befremden. Hören wir zuerst über das Studium. *Jalkut*, Abschnitt 43 zum 1. Buch Mose, überliefert, daß Methuschelach ein Lehrer der Mischna war. Wir finden

§ 9. Gesetzlichkeit die einzige Form der Religion für alle Zeit.

oft erzählt, daß Sem und Eber ein Lehrhaus hatten, wo die Halacha vorgetragen wurde. So wird *Maccoth* 23ᵇ das בית דין des Sem erwähnt, dessen Entscheidung durch eine hörbare Offenbarung des heiligen Geistes bestätigt wurde. Es wird als nach dem Tode Sems auch in der ganzen Patriarchenzeit fortbestehend gedacht. *Targ. Jon.* zu 1 Mos. 22, 19 finden wir Isaak im Lehrhause Sems, vgl. zu 24, 62 und *Jerusch.*, und zu 25, 22 sucht Rebekka in ihrer Leibesnoth Hülfe durch Gebet im Lehrhause des Sem. Ein Lehrhaus des Sem und Eber findet sich *Schir rabba* zu 6, 2 u. ö. Sem und Eber überlieferten die Halachoth dem Jakob *Bereschith rabba* c. 84. Melchisedek hat Abraham die hohepriesterlichen Rechte הלכת כהונה גדולה gelehrt, war also selber im Gesetz gelehrt, ebenda c. 43. Abraham studirte schon seit seinem dritten Lebensjahre die Thora, *Bereschith rabba* c. 95. Nach *Schemoth rabba* c. 1 lehrte wiederum Abraham den Isaak die Thora, und dieser überlieferte sie dem Jakob, der aber dann im Lehrhause Ebers weiter studirte. Jakob hatte nach *Bereschith rabba* 63 schon im Mutterleibe mit Esau einen halachischen Streit. Er gründete nach *Targ. Jon.* zu 1 Mos. 33, 17 ein Lehrhaus in Succoth und war nach *Beresch. rabba* c. 79 vollkommen בתלמודו in seiner Thorakenntnis. *Beresch. rabba* 94 hat eine Ueberlieferung, daß Jakob eben mit dem Abschnitt עגלה ערופה beschäftigt war, als Joseph von ihm wegging. Er war, heißt es, wie seine Väter immer mit *Talmud Thora* beschäftigt. Das war auch der Unterschied zwischen Jakob und Esau gewesen, *Beresch. rabba* c. 63, daß Esau in den Götzentempel ging, während Jakob das Lehrhaus besuchte. Nach *Targ. Jon.* zu 1 Mos. 37, 2 besuchte auch Joseph das Lehrhaus seines Vaters. Er ist es, auf welchen Jakob die halachische Ueberlieferung verpflanzte, wie er selber sie von Sem und Eber überkommen hatte zufolge *Beresch rabba* 84. Im Lehrhause waren auch die Söhne Jakob's. Nach *Kohel. rabba* zu 10, 8 ging Dina lustwandeln, während der Vater und die Brüder im Lehrhause saßen. Besonders aber beschäftigte sich Joseph mit der Thora, *Tanchuma*, Parascha *Wajjiggasch*. Als Jakob seine Söhne segnete, weissagte er nach *Targ. Jon.* zu 1 Mos. 49, 10, daß neben den Königen und Herrschern auch Soferim nicht fehlen würden ספרין מאלפי אורייתא. Unter den Stämmen wird Isaschar nach das. v. 14 חמיר באורייתא sein. Das wird *Bereschith rabba* c. 72 weiter ausgeführt. Hiernach lag Isaschar dem Studium ob, während Sebulon den Handelsgeschäften nachging. Isaschar ist בן תורה,

200 Häupter des Synedriums stammen von ihm, er ist berühmt in der Halacha, während Sebulon für Isaschars Unterhalt sorgt. Nach dem Zeitalter der Patriarchen finden wir *Mechilta* 66ᵇ Mose's Lehrhaus, in welchem Jethro als Konvertit den Thora-Unterricht empfing, wie er denn unter allen Proselyten durch die Liebe zur Thora sich auszeichnete *Sifre* 20ᵃ. Mose ist der חכם, der Weise der Weisen *Sifre* 132ᵇ. *Targ. Jon.* zu 2 Mos. 39, 33 zeigt uns Mose in seinem Lehrhause, wie er den Priestern und Aeltesten den Abschnitt vom Priesterthum (סדר כחניגא) erklärt. Mose heißt ספרא der Sofer Israels (vgl. § 29, 1). Josua ist sein Schüler, der zu seinen Füßen sitzt, wie der Schüler zu den Füssen des Rabbi, *Targ. Jer.* zu 4 Mos. 11, 26. Der Grund, weshalb die Führerwürde von Mose nicht auf dessen Söhne, sondern auf Josua überging, war nach *Bammidbar rabba* c. 21 der Eifer, mit welchem Josua im Lehrhause Mose's diente, d. i. dem Gesetzesunterrichte des Mose oblag. Josua heißt *Sifre* 52ᵇ *More horaoth* und hat seinen Dollmetscher (Turgeman). Eine Folge der Befreiung Israels aus der Hand Sisera's durch Debora und Barak war, dass die Weisen wieder in die Synagogen zurückkehrten und das Volk wieder in der Thora unterrichteten *Targ. Jon.* zu Richt. 5, 2. Debora preist das. v. 9 die Schriftgelehrten Israels, die auch in den Tagen der Drangsal nicht aufhörten מלבד־ש באורייתא zu forschen in der Thora und die nun wieder das Volk lehren. Samuel ist das Haupt einer Schule, seine Schüler heißen Schriftgelehrte, die sich im Lehrhause um ihn versammeln *Targ. Jon.* zu 1 Sam. 19, 19 ff. Samuel hat ein בית דין, wo Lehrentscheidungen getroffen werden. Auch dieses ב״ד׳ ist einer himmlischen Bestätigung einer seiner Entscheidungen gewürdigt worden, wie *Maccoth* 23ᵇ ersehen läßt. Aehnliches berichtet über Sauls Zeit *jer. Nedarim* IX, 9. Auch David hat seinen Sanhedrin gehabt. Er läßt sich nach *Bereschith rabba* c. 74 die Erlaubnis geben, Etwas vorzutragen. David selbst ist dem Studium der Thora eifrig ergeben. Um Mitternacht, erzählt *Berachoth* 3ᵇ, ertönt seine Harfe von selbst und weckt ihn auf zum Studium der Thora. *Pesikta* 62ᵇ sagt, daß er selbst dann zu mitternächtlicher Zeit die Harfe rührte, damit die Weisen aufstünden zum Studium der Thora, vgl. *Bammidbar rabba* c. 15. Auch Salomo hatte sein בית דין, auch dieses wurde laut *Maccoth* 23ᵇ himmlischer Offenbarung gewürdigt. Die Weisheit Salomo's aber war eine halachische. Er wendete nach *Erub.* 22ᵇ allen Fleiß an die Halacha. Er that sich

§ 9. Gesetzlichkeit die einzige Form der Religion für alle Zeit.

durch Entscheidungen in Fragen der Reinheit und Unreinheit, der Sabbatsarbeit, des Schlachtens der Thiere u. s. w. hervor *Pesikta* 35ᵃ und hat die Erubin und das Händewaschen verordnet *Erub.* 21ᵇ. *Schir rabba* 1ᶜ zeigt, wie er die Worte der Thora durch seine Gleichnisse und Beispiele verstehen lehrte. *Kohel. rabba* zu 2, 8 wird er gepriesen, weil er Synagogen und Bethäuser gebaut und viele Gesetzesgelehrte erhalten habe, vgl. zu 5, 10. Die Propheten werden Soferim סופרים genannt *Targ. Jon.* zu 1 Sam. 10, 10. 11; 19, 20. 24; 28, 15. Jer. 8, 10. 23, 11. 26, 7 f. 16; 29, 1. Wie sich nach rabbinischer Auffassung auch die Propheten in solchen gesetzlichen Anschauungen bewegen, zeigt *Targ. Jonathan* an zahlreichen Stellen; vgl. unten S. 39. Dem entspricht es, dass auch in den Tagen des Messias Beschäftigung mit der Thora das Zeichen der Frömmigkeit sein wird, wie später näher gezeigt werden soll (vgl. bes. § 84). Wird doch Jehova selbst dann nach *Pesikta* 107ᵃ sein gesammtes Volk die Thora lehren, und was er sie lehren wird, werden sie nimmermehr vergessen. Wird man doch auch in der zukünftigen Welt nach *Sanhedrin* 92ᵇ die Thora lehren (vgl. § 90).

2. Wie das Gesetzesstudium, so wird auch die Gesetzeserfüllung als wesentliches Moment israelitischer Frömmigkeit an Allen nachgewiesen, die vor Alters Gotte dienten, und von denen geweissagt wird, daß sie ihm künftig dienen werden. Wenn Adam als beschnitten geboren gedacht wird, *Tanchuma*, Parascha *Noach*, Abs. 5, so liegt die Idee zu Grunde, daß er sein Leben in gesetzlicher Form führen soll: der Mensch ist da von vornherein als Jude gedacht. Deshalb ist Adam am Abend vor Anbruch des Sabbats geschaffen, damit er sofort in die Ausübung des Sabbatsgebotes einträte *Sanhedrin* 38ᵃ. Auch Seth und Noah werden als beschnitten geboren dargestellt *Jalkut* zum 1. Buch Mose, Abschn. 42. Von Abraham aber sagt die Mischna *Kidduschin* IV, 14, dass er die ganze Thora erfüllt habe. *Mechilla* 66ᵃ preist ihn als den, der die Gebote erfüllte und durch die Beschneidung vollkommen wurde. Abraham, Isaak und Jakob haben so viele *Mizwoth* gethan, als Wellen im Meere sind *Sanhedrin* 94ᵇ. Ja Abraham that ein Uebriges: er aß auch die *Chullin*, gemeine Speisen, in Reinheit wie Geheiligtes *Baba mezia* 87ᵃ. Abraham und Isaak haben bereits den Priestern Hebe und Zehnten gegeben *Pesikta* 98ᵃ. Josephs Sarg wurde in der Wüste mit der Lade Gottes getragen, weil Joseph Alles erfüllt hatte, was in der in der Lade aufbewahrten Thora ge-

schrieben ist *Pesikta* 86ª. Jakob hat es mit der Erfüllung des Sabbatsgebotes so genau genommen, daß er die Sabbatgrenze (תְּחוּמִין) einhielt *Bereschith rabba* c. 11 (vgl. Schürer II, 398). Daß sich endlich von Mose an die Frömmigkeit in Form genauer Gesetzeserfüllung erwies, versteht sich von selbst. Aber auch künftig in den Tagen des Messias wird dieser das Volk zu Gerechten machen בחכמתיה durch seine Gelehrsamkeit, wie *Targ. Jonathan* zu Jes. 53, 11 sagt, also dadurch, daß er sie in der Thora unterweist. Wird doch auch im neuen Jerusalem die Thora gelehrt, wie wir oben sahen, gewiß, damit sie dann in vollkommener Weise zur Erfüllung komme.

§ 10. Das Verhältnis des religiösen Bewußtseins zum Opferdienst.

Nach jüdischer Lehre wird die *Aboda* oder der Opferdienst im Tempel nach Zerstörung des Tempels ersetzt durch das Studium der Thora im Allgemeinen und der die Aboda betreffenden Gesetzesvorschriften insbesondere, sowie durch den dem Opferdienst genau entsprechenden Gebetsdienst.

1. Simon der Gerechte, einer von den letzten jener geistlichen Körperschaft, die in den Tagen Esra's ihren Anfang genommen und dann Jahrhunderte lang unter dem Namen „Große Versammlung" fortbestanden haben soll (S. 6), that den Ausspruch, die Welt ruhe auf der Thora, der Aboda und der Uebung der Barmherzigkeit, vgl. oben S. 7. Obwol da die Thora schon die erste Stellung einnimmt, sind ihr doch Aboda und Barmherzigkeitsübung noch zugeordnet. Allein je länger je mehr gewann die Thora im religiösen Bewußtsein die Alleinherrschaft. Bereits zur Zeit des Tempels gab es nach einer Ueberlieferung *Schir rabba* zu 5, 12 in Jerusalem 480 Synagogen. Nach einer andern Ueberlieferung *Echa rabba* zu 2, 2 hatte jede dieser Synagogen eine Schule für die Auslegung der heiligen Schrift und für die Mischna. Schon zur Zeit des Tempels, als die Priester noch fungirten, stand der Gesetzesgelehrte im Ansehen des Volkes über dem Priester nach *Tosefta Horajoth* c. 2: wenn der Weise (חכם) ein Bastard ist, und der Hohepriester עם הארץ ein Unwissender, so geht der חכם dem Hohenpriester vor; vgl. auch *Mischna* 3, 8. Dies war gewiß schon darin begründet, daß nach *Tosefta Sanhedrin* c. 7 der Sanhedrin, in welchem die Chachamim das Wort

§ 10. Opferdienst und Gebet.

führten, jeden Kandidaten des Priestertums wegen der kanonischen Eigenschaften prüfte, ihn nach Umständen für פסול (unfähig wegen Mangels an Nachweis der Abstammung u. s. w.) erklärte und vom Priesterdienst ausschloß, ferner auch darin, daß der Priester von dem Gesetzesgelehrten den Unterricht über den Vollzug des Priestertums empfing *Bammidbar rabba* c. 11. Selbst der Hohepriester war nicht selten unwissend und mußte für seinen Dienst von Gesetzesgelehrten erst unterwiesen und in seinen Functionen eingeübt werden *Joma* 18ᵃ.

Als Typus für die Abhängigkeit des Priesters vom Gesetzesgelehrten galt das Verhältnis des Ahron und seiner Söhne zu Mose. Mose hat Ahron und dessen Söhne in dem Vollzug der priesterlichen Geschäfte unterrichtet und inzwischen selbst als Stellvertreter (סגן) die priesterlichen Functionen verrichtet, *Sifra* zu 3 Mos. 8, 7. Auch von den Propheten, die man, wie S. 37 gezeigt wurde, wozu *Schabbath* 119ᵇ zu vergleichen, als Schriftgelehrte oder Chachamim betrachtete, nahm man an, daß sie die Aufsicht über die Priester führten. Haggai untersuchte nach *Pesachim* 17ᵃ die Priester, die am Heiligtum mit bauten, ob sie es genau nähmen mit den Regeln der Unreinheit. So hat sich der Lehrsatz herausgebildet, den wir z. B. *jer. Schabbath* 12ᶜ finden, daß derjenige, welcher sich mit der Thora beschäftigt, an Größe und Würde vorangeht, selbst dann, wenn er ein Bastard ist, vorausgesetzt daß der Priester im Gesetze unwissend ist. *Sifre* 40ᵃ wird dargelegt, daß es drei Kronen in Israel gebe, die des Königtums, des Priestertums und der Thora; die beiden ersten sind Privilegien des Hauses David und Ahrons; die dritte ist für alle übrig gelassen; sie ist werthvoller als jene beiden; wer sie hat, ist so gut, wie wenn er alle drei hätte. Das Königtum und Priestertum kommen nur aus Kraft der Thora. Aehnlich *Schemoth rabba* c. 34. Darum kann es *Sifre* 13ᵇ heißen: Warum sagt die Schrift: Ich will euch segnen? Damit nicht Israel sage, seine Segnungen seien an die Priester gebunden. So sehr löste sich das religiöse Bewußtsein von dem absoluten Bedürfnis eines Priestertums und Heiligtums ab, wie es denn in *jer. Berachoth* 8ᵈ heißt: Wer in der Synagoge betet, wird angesehen, als wenn er eine reine Mincha dargebracht hätte.

2. Die Aboda ist nun durch andere Leistungen ersetzt. *Sifre* 80ᵃ lesen wir: Gleichwie der Dienst am Altar eine Aboda genannt wird, so auch das Studium der Thora, ja *Megilla* 3ᵇ heißt

es ausdrücklich: das Studium der Thora ist größer (werthvoller) als die Darbringung der Tamidopfer, und in demselben Tractat fol. 16ᵇ: größer ist das Studium des Gesetzes als der Bau des Heiligtums. Noch specieller hat sich die Substitutionstheorie entwickelt, indem für die Leistungen im Heiligtum als Aequivalent das Studium der diese Leistungen betreffenden Vorschriften des Gesetzes empfohlen wird. So in der *Pesikta* 60ᵇ (vgl. *Menachoth* 110ᵃ): das Studium der Opfergesetze wiegt so schwer, als wenn man die Opfer selbst darbrächte; und: derjenige, der den Tempelbau studirt, ist ebenso zu achten, als wenn er den Tempel selbst gebaut hätte. Neben dem Studium der Thora aber wird als Aequivalent für die Aboda auch das Gebet genannt. So schon *Sifra* 80ᵃ: Gleichwie der Dienst am Altar eine Aboda genannt wird, so heißt auch das Gebet eine Aboda. In der *Pesikta* 181ᵃ verlangt David, daß für die Zeit, wo weder König noch Prophet, noch Urim und Thummim da sein wird, das Gebet Alles ersetze. Nach 165ᵇ soll man die Opfer mit den Lippen, d. h. mit dem Gebet bezahlen. *Schemoth rabba* c. 38 faßt dann Studium und Gebet zusammen als die Mittel, mit denen man Gott versöhne. Auch bezüglich des Gebets als eines Ersatzes für die Opfer hat sich dann eine genaue Theorie ausgebildet. *Berachoth* 26ᵇ lehrt, daß die täglichen gesetzlich verordneten Gebete an die Stelle der früheren täglichen Opfer treten, während nach *Schemoth rabba* c. 51 und *Wajjikra rabba* c. 7 (vgl. *Jalkut* zu 1 Mos. 21) die Sünd- und Schuldopfer durch Buße und Kasteiung, auch durch Leiden, ersetzt werden. Eine andere Theorie war die Zurückführung des täglichen Gebetsdienstes auf patriarchalische Institution, welche diesem Dienste eine besondere Weihe gab. In diesem Sinne heißt es: תפלות אבות תקנים die Gebete sind von den Erzvätern verordnet. Das Morgengebet habe Abraham verordnet (1 Mos. 19, 27), das Minchagebet Isaak (das. 24, 63), das Abendgebet Jakob (das. 28, 11). Die Rabbinen haben jedoch die Gebete in Einklang gebracht mit den Opfern, deren Stelle sie jetzt ersetzen. Der betr. Satz lautet: תפלות כנגד תמידין תקנו die Gebete sind den täglichen Opfern entsprechend verordnet. Das Morgengebet entspricht demnach dem Morgenopfer, deshalb kann es wie dieses bis Mittag verrichtet werden; das Minchagebet entspricht dem Abendopfer, deshalb kann man es aufschieben bis zum Abend; das Abendgebet entspricht der Verbrennung der Opferstücke, deshalb darf es während der ganzen Nacht gebetet werden; an der Stelle

§ 10. Opferdienst und Gebet.

der Musafopfer stehen die Musafgebete, deshalb können diese den ganzen Tag über verrichtet werden. Dieser Gebetsdienst als überwiegender (*Berach.* 32^b) Ersatz der gesetzlich vorgeschriebenen täglichen Opfer kann als solcher nicht der Freiheit des Einzelnen überlassen sein, sondern beruht auf altüberlieferten הקבעה Einrichtungen und hat seine הלכות gesetzlichen Regeln. Hier folgen die wichtigsten. Was den Ort betrifft, so hat nach *Berach.* 6^a das Gebet nur in der Synagoge Gewißheit der Erhörung, denn hier ist Gott unter den Betenden gegenwärtig. Zu einer Versammlung, welche sich der Gegenwart Gottes getrösten will, gehören aber wenigstens Zehn (das sogen. *Minjan* S. 47) *Berach.* 6^b. Täglich eile der Israelit zur Synagoge; fehlt er einmal, so fragt Gott nach ihm. Man bete nicht draußen vor der Synagoge, mindestens richte man das Angesicht zu ihr. Indeß sagt doch *Pesikta* 158^b, man könne die Tefilla verrichten in der Synagoge, auf dem Felde, zu Hause, oder auch im Bette, man könne auch bloß im Herzen, ohne Worte beten (הרהר בלב). Doch die Intention gehe zur Gemeinde, denn das Gebet mit der Gemeinde ist verdienstlicher und der Erhörung gewiß. Neben der Beschäftigung mit der Thora und der Uebung der Wolthätigkeit *Berach.* 8^a bewirkt sie Erlösung von der heidnischen Macht. Darüber ferner, wie viel und was jedenfalls zu beten ist, wird verordnet, daß das *Schemone Esre* (Gebet der achtzehn Benedictionen) so, wie es festgestellt ist, zu beten sei. Dabei darf aber jeweilen vom Beter Eigenes hinzugesetzt werden; auch gibt es abgekürzte summarische Formeln für gewisse Fälle, s. *Berach.* 29^a. Was die Andacht und das laute Sprechen beim Gebet betrifft, so wird davon gelten was vom *Schemá* (5 Mos. 6, 4 f.) gilt: wenn man das ganze nicht mit Andacht beten kann, so doch den ersten Theil, während für den zweiten nur קריאה das Aussprechen nöthig ist *Berach.* 13^b. Das Schema-Gebet ist gültig, auch ohne daß man sich dabei vernehmlich macht und jedes Wort bestimmt und deutlich ausspricht (דקדוק) *Berach.* 15^{a.b}. Doch hat der, welcher das Schema Wort für Wort und Silbe für Silbe deutlich ausspricht, besondere Verheißung; käme er in die Hölle, man würde ihm die Hölle kühlen *Berach.* 15^b. Auch die körperliche Haltung wird bestimmt. Wer betet, bete in gebeugter Stellung, er neige wenigstens das Haupt tief; je tiefer er sich beugt, desto verdienstlicher ist es *Berach.* 28^b; doch soll es nicht bei jeder Bitte geschehen, weil das die Weisen nicht befohlen haben. Nur ein Hoherpriester bückt sich bei jeder Beracha, ein König bleibt auf den Knieen beim ganzen Gebet wie Salomo, beim gewöhnlichen Israeliten wäre dies Anmaßung *Berach.* 34ᵃ. Nach R. Eliesers von den Rabbinen viel erörterter Mahnung soll das Gebet „nicht zu einer קבע gemacht werden", zu einer Sache, die man nur abthun will als Last, ohne im Bittton zu sprechen; man soll womöglich etwas frei einfügen, nicht eine Zeit wählen, wo man anderweit beschäftigt ist u. dgl. mehr *Berach.* 29ᵇ. Endlich ist es Pflicht sich zum Gebet würdig vorzubereiten und zu sammeln *Berach.* 30ᵇ. Die alten Chasidim warteten eine Stunde lang an der Stelle, wo sie beten wollten, um sich zur Andacht zu sammeln, ehe sie anfingen, daselbst 32ᵇ. Man bete daher nicht unmittelbar nach einer Gerichtsverhandlung oder einer halachischen Discussion 31ᵃ. — Wie viel ist also bei dem Gebetsdienst zu beachten, und wir haben doch nur Einiges hervorgehoben! Die ganzen ersten fünf Abschnitte des Tractats *Berachoth* sind den Halachoth über den Gebetsdienst gewidmet. Es ist eine gesetzlich bis ins Einzelnste, bis zu Worten und Geberden regulirte Gotte darzubringende Leistung, die ihren Lohn hat. Lohnt doch Gott nach *Baba mezia* 107ᵃ die Schritte, die Einer zur Synagoge macht. So ist denn wie das Studium des Gesetzes, so auch die Aboda des Gebets Aequivalent für die nun nicht mehr zu vollbringende Darbringung der gesetzlichen Opfer. Trotz der Zerstörung des Heiligtums erleidet daher die Aboda keine wesentliche Einbuße: Studium und Tefilla ersetzen sie.

§ 11. Der esoterische Charakter der jüdischen Religiosität.

Aus dem Wesen der gesetzlichen Religiosität als völliger Hingabe an das Thorastudium und Erfüllung der Thora folgt, daß sie nur in einem beschränkten Kreise der Gemeinde zur vollen Erscheinung kommen kann. Das Leben stellt dem Studium und der exacten Gesetzeserfüllung Hindernisse in den Weg. Der *homo religiosus* im vollen Sinne des Worts ist nur der Schüler eines Schriftgelehrten, der *Talmid chacham* oder *Chaber*. Er allein hat volle Existenzberechtigung in der Gemeinde. Dagegen ist derjenige, welcher des Gesetzes sich nicht befleißigt, der ʿ*Am haárez*, kein vollberechtigtes Glied der Gemeinde (Ueber den *Chaber* vgl. Chwolson, Das letzte Passahmahl Christi und der Tag seines Todes, 1892, S. 79 ff.)

§ 11. Der esoterische Charakter der jüdischen Religion.

1. Wer ist ein ʿ*Am haárez?* fragt *Sota* 22ᵃ. Die Antwort heißt: Jeder, der nicht das Schema recitirt des Morgens und des Abends mit den angehängten Berachoth; dies ist die Meinung des R. Elieser. R. Josua und die Weisen sagen: Jeder, der nicht Tefillin legt. Ben Asai sagt: Jeder, der die Zizith nicht an seinem Kleide hat. R. Jonathan Sohn Josephs sagt: Jeder, der Söhne hat und sie nicht zur Erlernung der Thora aufzieht. Andere sagen: Wenn einer auch die Schrift und die Mischna lernt, bedient sich aber nicht des Unterrichtes eines Weisen, der ist für einen ʿAm haárez zu halten. Wer übrigens bloß die Schrift ohne die Mischna gelernt hat, ist für einen Unkundigen (*Bor,* S. 46) zu achten. Wer aber weder Schrift noch Mischna gelernt hat, auf den ist Jer. 31, 37 und Spr. 24, 20 anzuwenden. Es ist hiernach klar, daß Jeder ein ʿAm haárez ist, der nicht das Gesetz in seinem ganzen Umfang mit allen rabbinischen Satzungen studirt und im Leben beobachtet. Vgl. Ev. Joh. 7, 49.

Ein solcher gilt nicht als berechtigt in der Gemeinde, steht wenigstens auf niedrigerer Stufe, als der Gesetzeskundige und Gesetzesbeflissene, selbst wenn er Schrift und Mischna liest und keinen gottlosen Wandel führt. Ja die *Tosefta* zu *Para* c. 3 sagt: wenn Geräthe nur eine Stunde im Bereiche (רְשׁוּת Gebiet) des עם הארץ waren, sind sie unrein. Der ע״ה und sein Haus gelten also dem חבר für unrein. Man hat mit ihm möglichst wenig Gemeinschaft. Nach *Pesachim* 49ᵇ sagte R. Eleasar, es sei nicht recht, einen ʿAm haárez zum Reisegefährten zu haben. R. Meir sagt a. a. O.: Wer seine Tochter dem ʿAm haárez zum Weibe gibt, erscheint wie Einer, der seine Tochter gebunden einem Löwen vorwirft. Denn wie der Löwe Alles zermalmt und frißt und nichts schont, so schlägt ein ʿAm haárez sein Weib und pflegt Umgang mit ihr ohne Scham und Scheu. R. Chaja sagt: Wer vor einem ʿAm haárez sich mit der Thora beschäftigt, thut dasselbe, als wenn er der Verlobten desselben in seiner Gegenwart ehelich beiwohnte. — Der Tradition zufolge sind bezüglich eines ʿAm haárez folgende sechs Punkte zu beachten. Man gibt ihm kein Zeugnis und nimmt keines von ihm an; man offenbart ihm kein Geheimnis, man überträgt ihm keine Vormundschaft, man macht ihn nicht zum Aufseher über die Armenkasse; man gesellt sich nicht zu ihm auf der Reise. Der ʿAm haárez ist nach strengster Meinung selbst von der Auferstehung ausgeschlossen, *Kethuboth* 111ᵇ: „Es sprach R. Eleasar: die ʿ*Ammê arazoth* werden nicht auferstehen, denn es heißt Jes. 26, 14: die Todten werden nicht leben, die רפאים werden nicht auferstehen. Beweis: da gelehrt ist, daß die Todten nicht leben, so könnte man denken, das gelte von allen Todten. Deshalb sagt die Schrift weiter zu Belehrung: die רפאים werden nicht auferstehen, d. i. Jeder, der sich selbst entzieht (מרפה) von den Worten der Thora. Der ʿAm haárez soll aber, wie er von dem ewigen Heil ausgeschlossen ist, auch hienieden keine Wolthat empfangen. *Baba bathra* 8ᵃ erzählt: „Rabbi (Jehuda der Heilige) öffnete zur Zeit der Theuerung seine Speicher und sprach: Es mögen eintreten, die da Schrift oder Mischna oder Talmud, Halachoth oder Haggadoth innehaben, aber die ʿAmmé Haarazoth sollen nicht hereinkommen. Da drängte sich (Rabbi) Jonathan, der Sohn Amrams, durch (den Jehuda nicht kannte) und sprach: Rabbi, speise mich! Dieser sagte zu ihm: Hast du die Schrift gelernt? (Jonathan antwortete in edler Zurückhaltung:) Nein. Die Mischna? Nein. Wie soll ich dich dann speisen? Da sprach Jonathan: Speise mich wie einen Hund, speise mich wie einen Raben (nach Hiob 38, 41)! Da speiste ihn der Rabbi. Aber als Jonathan hinausgegangen war, bereute er es und sprach: Wehe mir, daß ich mein Brod einem ʿAm haárez gegeben habe!" (Das Mißverständnis klärte sich aber nachher auf und führte zur Oeffnung der Speicher für Jedermann.) So wurden die Unwissenden und Ungesetzlichen von den Gesetzesgelehrten und gesetzeseifrigen Gliedern der Gemeinde möglichst von aller Gemeinschaft und dem Bürgerrecht in Israel ausgeschlossen. Dagegen waren sie ihrerseits dem exclusiven Teile der Gemeinde sehr feindselig gesinnt. Nach *Pesachim* 49ᵇ sagte Rabbi Akiba einmal: Als ich noch ein ʿAm haárez war, dachte ich: Wenn ich doch einen Gelehrten (תלמיד חכם) hätte, daß ich ihn bisse, wie ein Esel! Seine Schüler sprachen: Rabbi, sage doch: wie ein Hund! Er aber erwiderte ihnen: Dieser beißt, zerbricht aber die Knochen nicht, jener aber beißt und zerbricht die Knochen. Eben dort lesen wir: Wenn sie uns nicht beim Handel brauchten (zu Kontrakten u. dgl.), sie würden uns alle tödten. Und wiederum: Der Haß des ʿAm haárez gegen den Gelehrten ist größer, als der des Heiden, und zwar der Haß ihrer Frauen größer als der ihrer Männer.

2. Ebendeshalb nannten sich die gesetzeskundigen und gesetzestreuen Juden *Peruschim* Abgesonderte und *Chaberim* Genossen. Das Genauere über sie ist bei Jost, Geschihcte der Juden I, 201 ff. nachzulesen, vgl. oben § 2. 3. S. 42. Hier genüge Folgendes. Die Bezeichnung

§ 11. Der esoterische Charakter der jüdischen Religion. 45

Parusch ist die ältere und umfassendere; so hieß seit dem maccabäischen Zeitalter jeder *Chasid* oder gesetzestreue Jude, der die Reinheitsgesetze streng beachtete und von den ʿAmmê Haarazoth sich sonderte, die sie nicht beachteten. Die Peruschim hielten aber nicht bloß die Reinheitssatzungen, sondern auch die Zehntpflicht mit besonderer Strenge. Sie hielten streng darauf nichts Unverzehntetes zu genießen, um nicht etwa auch unbewußt mit dem Gemeinen das Geweihete (*Teruma* Hebe und *Maaser* Zehent) zu genießen und so sich zu versündigen. Diese Sorgfalt beim Genuß nöthigte zu besonderer Vorsicht im Kauf und Verkauf von Früchten und Getreide, Oel und Wein. Um sicher zu sein, daß sie nicht etwa Unverzehntetes kauften, bildeten die Peruschim Genossenschaften, deren Mitglieder den Namen Chaberim trugen. Diese beobachteten die Gebote über die Abgabe von Hebe und Zehnt streng und waren in dieser Hinsicht einander beglaubigt (נֶאֱמָן), so daß sie unter sich kaufen und verkaufen, auch bei einander speisen konnten, ohne Gesetzesverletzung zu befürchten. Während nun die Peruschim im Laufe der Zeit verschwanden, nachdem Gesetzestreue nicht mehr das Merkmal Einzelner war, blieb der Name Chaber mit der betreffenden Einrichtung noch länger bestehen, nahm aber dann die Bedeutung eines so zu sagen exact gesetzlichen Juden überhaupt an, d. h. eines solchen, der völlig gesetzeskundig und gesetzesstreng ist. In diesem Sinne gebraucht auch das Targum zu Hiob 12, 2 das Wort חַבְרָא. Gesetzeskunde ist aber nur das eine Merkmal des Chaber. Nach *Demai* II, 3 darf derselbe einem ʿAm haárez nichts, weder Trockenes noch Flüssiges, verkaufen, auch selbst von ihm nichts Flüssiges kaufen; er herbergt nicht bei einem ʿAm haárez und beherbergt diesen nicht in dem eigenen Gewande desselben, an welchem Unreinheit vermuthet wird. So weit stimmt Alles mit dem älteren Begriff des Chaber und geht nicht über diesen hinaus. Nun fügt aber Rabbi Jehuda noch andere Züge peinlicher Gesetzessorgfalt hinzu. Der Chaber zieht kein Kleinvieh auf, er ist in Gelübden und Scherzreden vorsichtig, verunreinigt sich nicht an Todten und studirt im Lehrhause. Er zeigt also im Leben eine streng gesetzliche Haltung in allen Stücken. Die Zehntpflicht aber dehnt er nach *Demai* II, 2 so weit aus, daß er Alles verzehntet, was er ißt und verkauft (Matth. 23, 23). Deshalb kauft auch Jedermann bei ihm, ohne weiter zu fragen. Uebrigens mußte Einer, der als Chaber und somit als ein in gesetzlichen Dingen schlechthin verlässiger Mann gelten wollte, nach *Bechoroth* 30[b] die Pflichten des

Chaber vor drei Zeugen förmlich auf sich nehmen. Diesem Acte unterzog sich selbst der Gelehrte.

Es ist somit klar, daß das Wesen jüdischer Religiosität eine Abstufung innerhalb der Gemeinde mit sich brachte und daß zur vollen Darstellung desselben nur ein engerer Kreis innerhalb der Gemeinde fähig und willig war. *Wajjikra rabba* c. 36 heißt es, der Talmid Chacham und der ʿAm haárez verhalten sich zu einander, wie Früchte und Blätter am Weinstock. Nur der Talmid Chacham also gilt als Frucht, als werthgeachtet vor dem Herrn, für immer Glied der Gemeinde zu sein; der ʿAm haárez ist Laub, das der Wind verwehet, das nicht bleibt in der zukünftigen Gemeinde. Uebrigens stehen in der Mitte zwischen den ʿAmmê Haarazoth und den Talmidê Chachamim noch viele, die weder das Eine noch das Andere sind, nicht gelehrt wie diese, nicht so unwissend wie jene, im Leben aber gesetzestreu. Die *Tosefta Berachoth* c. 7 setzt namentlich in Bezug auf die Thorakenntnis drei Stufen fest, den Weisen חכם, den בינים Mittelmäßigen und בור den Unkundigen (S. 43). Doch kann der ʿAm haárez den Mangel eigenen Studiums durch Förderung des Studiums Anderer ersetzen, genießt dann deren Verdienst mit und schließt sich ihnen an: er verdient dann das Bürgerrecht in der Gemeinde als Förderer ihrer geistlichen Interessen *Kethuboth* 111[b]. Es bleibt also doch wesentlich bei dem Gegensatz zwischen dem ʿAm haárez, dem Gesetzesunkundigen und Gesetzesübertreter, und dem Talmid Chacham, dem Gesetzeskundigen und Eiferer in der Erfüllung des Gesetzes.

Kap. IV. Jehova's Gemeinschaft mit Israel allein durch die Thora bedingt.

§ 12. Jehova's Gegenwart in Israel ist verknüpft mit dem Studium und der Uebung der Thora.

Nicht an das Land Israel, nicht an das Heiligtum knüpft sich die Gegenwart Gottes; vielmehr ist sie überall da vorhanden, wo Israeliten sich mit der Thora beschäftigen. Die Thora ist das Band der Gemeinschaft zwischen Gott und Israel.

Wir haben uns hier zuvörderst an das Verhältnis Gottes zur Thora zu erinnern, wie es oben (S. 14 ff.) dargelegt wurde. Hiernach wissen wir, daß Gott mit der Thora untrennbar verbunden ist.

§ 12. Jehova's Gemeinschaft mit Israel allein durch die Thora bedingt. 47

Nach alttestamentlicher Anschauung ist Gottes Gemeinschaft geknüpft
an das Land Israel und das Heiligtum in demselben. Indem Gott
sein Volk aus dem Lande Israel verstößt und das Heiligtum verläßt,
ist danach die Gemeinschaft Gottes mit Israel suspendirt. Nach
späterer jüdisch religiöser Vorstellung kommt aber die Sache anders
zu stehen. In der *Mechilta* 68[b] lesen wir, daß das Land Israel, das
Heiligtum und das Königreich des Hauses David auf Bedingung hin
gegeben seien, die Thora aber nicht. Sie ist das Erbe, das unter
allen Umständen bleibt, während jene zeitweilig hinfallen können.
Nicht das Heiligtum, nicht das Land Israel, nicht das Reich Davids
ist das Wesentliche, damit Israel für Gott bleibe, was es ist, sondern
die Thora ist es; vgl. 2 Macc. 5, 19 mit Ev. Marc. 2, 27 f. und Apg.
6, 13 f.; 7, 48 ff. So lange Israel die Thora erfüllt, ist deshalb Gott
mit ihm verbunden. Wo die Thora gelernt und geübt wird, da ist
Gott. Er zieht der Thora nach, wie jener König (S. 16 f.) seiner Tochter
und will nun, daß man überall ein Haus baue, darin man die Thora
pflege, damit er daselbst wohnen könne. Hören wir darüber drei
Aussprüche. Gott hat in seiner Welt nichts als die vier Ellen der
Halacha, d. i. nichts als den Raum, wo man Halacha treibt, d. h.
das Gesetz studirt, *Berachoth* 8[a]. Nach *Mechilta* 80[b] und *Pirke
aboth* III, 3 ist die Gegenwart Gottes in jeder Synagoge, die eine
Versammlung von Zehn (das *Minjan* S. 40 f.) aufweist, ja schon bei
Dreien, die über eine Streitsache urteilen, und endlich schon bei
Zweien, die sich zusammensetzen und über die Thora besprechen,
wofür Mal. 3, 16 als Beleg angeführt wird. Ja auch der Einzelne,
der sich mit der Thora beschäftigt, genießt Gottes Gegenwart, denn
es heißt Klagel. 3, 28: Mag er einsam wohnen und sinnen (über die
Thora), es wird ihm vergolten. Vgl. *Pirke aboth* III, 6. R. Meir
preist daselbst VI, 1—3 den, der sich mit der Thora um ihrer selbst
willen beschäftigt, denn er gewinnt die ganze Welt; er ist Gottes
und der Menschen Freude. Wer sich mit der Thora beschäftigt, ist
weit größer vor Gott als der Priester und der König.

Das Studium der Thora wird vor Gott auch dann gewürdigt,
wenn Einer seine Thora wieder vergißt *Schir rabba* zu 5, 11 ferner
auch dann, wenn einer die Thora nicht um ihrer selbst willen studirt
Pesachim 50[b], und selbst dann, wenn ein Thoragelehrter in Sünde
fällt. Rabbi Elischa ben-Abuja fiel vom Glauben (daher Acher d. i.
Apostat genannt) und machte auch Andere abwendig; da er aber
ein Thoragelehrter war, so wagte man es nicht, ihn zu verdammen,

als er starb. Als seine Tochter, so erzählt *Chagiga* 15, vor Rabbi trat und um Versorgung bat, sprach sie: Rabbi, gedenke seiner Thora und gedenke nicht seiner Werke! Und nach *Sanhedrin* 106^b verfällt keiner der Verdammnis, ehe er nicht die Thorakenntnis, die er im Leben sich erwarb, im Tode wieder von sich gegeben hat. Wir sehen also, daß Gott mit dem Menschen insoweit in Verbindung steht, als der Mensch in Verbindung mit der Thora. Diese bildet das Band der Gemeinschaft zwischen Gott und dem Menschen.

§ 13. Die Bethätigung Gottes an dem Menschen ist allein bedingt durch dessen Verhalten zur Thora.

Gottes Verhalten zum Menschen hat keinen anderen Beweggrund, als das menschliche Verhalten zum Gesetze, und es gibt keine andere Form, in welcher sich Gottes Verhältnis zum Menschen vollzieht, als den Lohn für die Erfüllung und die Strafe für die Uebertretung des Gesetzes. Jede göttliche Wolthat hat ein durch Gesetzeserfüllung erworbenes Verdienst zur Voraussetzung. Der Grad göttlichen Wolgefallens am Menschen beruht auf dem Maße seines gesetzlichen Verdienstes. Da das gesetzliche Verhalten des Menschen Schwankungen unterliegt, so entscheidet sich Gottes Verhältnis zum Menschen noch nicht in dieser, sondern erst in jener Welt, wo das Verhalten des Menschen zum Gesetze zum Abschluß kommt.

Es handelt sich hier nur um die allgemeinen Grundsätze, noch nicht um ihre Ausführung. Wenn wir sagen, daß das Verhalten Gottes zum Menschen bedingt ist durch das menschliche Verhalten zum Gesetz, so ist der erste und wichtigste Beweis dafür die Lehre, daß Gott die Thora selber mit der Absicht gegeben hat, durch sie eine Norm für sein Verhalten gegen die Menschen zu gewinnen. *Mechilta* 70^a sagt: Schon ehe ich, spricht Gott, die Gebote gab, habe ich zuvor bestimmt, welchen Lohn ich euch für dieselben geben würde. *Sifre* 35^a wird der Gedanke bei Israel für möglich gehalten, es könnte unter Verzicht auf den Lohn auch auf die Erfüllung der Thora verzichten. Lohn und Strafe ist die Form, in welcher Gottes Verhältnis zum Menschen sich vollzieht. *Sifre* 35^b spricht Rabbi Nathan den Grundsatz aus: Es gibt nicht ein einziges Gebot, auf dessen Erfüllung nicht alsbald der entsprechende Lohn folgte.

§ 13. Jehova's Gemeinschaft mit dem Menschen durch die Thora bedingt. 49

Er erzählt dann eine Geschichte, in welcher ausgeführt wird, daß die Wiederholung des Spruches: „Ich Jehova bin euer Gott" in 4 Mos. 15, 41 bedeute: Ich Jehova euer Gott werde künftig den Lohn geben, ich Jehova euer Gott werde künftig (die Strafe) bezahlen. Im Midrasch *Tanchuma* heißt es in der Auslegung der Parascha *Behaalothecha,* Abschn. 2, zu 4 Mos. 8, 2: Nicht weil ich der Lichter bedarf, die Fleisch und Blut mir anzündet, habe ich ihretwegen Befehl gethan, sondern um ihnen Gerechtigkeit zu verleihen. Und warum, heißt es später nochmals, hat er euch den Befehl gegeben? Antwort: um euch Verdienst zu verleihen לִזְכּוֹת אֶתְכֶם. Aehnlich *Maccoth* III, 16: Gott wollte Israel Verdienst verleihen: darum gab er ihm die Gebote. (Doch mahnt *Pirke aboth* I, 3 daß man nicht um Lohnes willen etwas thue.) Die Thora ist auf solche Weise die Mittlerin der Liebeserweisung Gottes gegen den Menschen. Umgekehrt wirkt sie aber auch strafende Bethätigung Gottes an dem Uebertreter. *Schabbath* 32^b. 33^a enthält eine ausführliche Erörterung darüber, wie Gott für jede Uebertretung eine entsprechende Strafe hat, und *Schabbath* 55^a wird der Satz ausgesprochen: Kein Tod ohne Sünde, keine Züchtigung ohne entsprechendes Vergehen. Wie im Lohn, den sie wirkt, Gottes Liebe, so bringt die Thora in der Strafe für jede Uebertretung Gottes Zorn und Mißfallen zur Bethätigung.

Es gibt kaum eine Art der Gemeinschaft zwischen Gott und dem Menschen, die sich nicht in der Form vollzöge, daß der Mensch Gotte etwas der Thora Gemäßes leiste und von Gott dafür etwas Entsprechendes empfange. Deshalb kann sich ein Mensch בְּזָרוֹעַ mit Macht d. i. mit besonderer Aussicht auf Erhörung zu Gott nahen, wenn er von sich oder von seinen Vätern her etwas in seiner Hand hat als Gegenleistung für das, was er erbittet *Berach.* 17^b. *Sifre* 12^b; er braucht dann Gottes Gaben nicht בצדקה als Almosen (vgl. § 61, 1a) zu erbitten. Vgl. auch die Ausführungen über das Verdienst in der Heilsgeschichte in § 66: kein Glied findet sich in der Kette heilsgeschichtlicher Offenbarungen, das nicht gern durch ein Verdienst auf Seiten Israels motivirt würde.

Indem das Verhältnis des Menschen zum Gesetz Gottes Verhalten gegen den Menschen bestimmt, ist von selbst eine Abstufung des Grades von Gemeinschaft gegeben, welche der Mensch mit Gott hat. Denn das Verhältnis des Einzelnen zu dem Gesetze ist auch innerhalb des Kreises der Gerechten ein verschiedenes. Es gibt Vollkommene, Mittelmäßige und Geringe (vgl. § 62). Gott läßt durch die Vollkommenen sich bestimmen; ihr Verdienst erhält die Anderen, wie denn nach Midrasch *Tanchuma* zur Parascha *Wajjêra* § 13 immer wenigstens dreißig Gerechte in der Welt sein müssen, welche die Andern erhalten. Gott gibt den Vollkommenen Anteil an seiner Macht und Herrlichkeit, so daß sie selbst Wunder wirken. Die Mittelmäßigen und Geringen sind an die Mittlerschaft der Vollkommenen gewiesen, da ihr eigenes Verdienst nicht hinreicht, daß Gott ihnen seine Gemeinschaft zu Teil werden lasse. Das Verhältnis Gottes zu den Menschen stuft sich also ab nach dem Grade ihrer durch ihr Verhalten zum Gesetz begründeten Würdigkeit. Haggada-Erzählungen wie die von einem Kerkermeister (z. B. *Taanith* 22 ª), dem menschenfreundliche Behandlung seiner Gefangenen noch über Gesetzeserfüllung ging, beleben und mildern diese Grundanschauung, stoßen sie aber keineswegs um.

Das Gemeinschaftsverhältnis Gottes zum Menschen kann hiernach so lange nicht ein abgeschlossenes sein, dessen der Mensch gewiß und froh werden dürfte, als dieser in seinem gesetzlichen Verhalten selbst Schwankungen unterliegt, und die Erfüllung der Gebote mit der Uebertretung derselben wechselt. So lange, lehrt die talmudische Theologie, ist seine Rechnung bei Gott noch eine offene. Es ist noch nicht einmal gewiß, ob schließlich Schuld oder Verdienst, Strafe oder Lohn überwiegt. Deshalb behält Gott sich vor, den eigentlichen Lohn für die Gesetzeserfüllung, gleichsam das Kapital קרן, das der Mensch sich dadurch erworben hat, erst in jener Welt auszuzahlen, während der Mensch hier nur die Früchte פירות d. h. die Zinsen seines Lohnkapitals empfängt (vgl. § 65, 2). Erst wenn der Erwerb im künftigen Leben feststehen wird, kann das Verhältnis Gottes zum Menschen, d. h. der Grad seiner Nähe und Gemeinschaft und der darin begründeten Seligkeit und Herrlichkeit für immer festgestellt werden. Bis dahin steht er trotz aller einzelnen jeweiligen Lohnspenden Gottes doch stets unter der Furcht des Todes und Gerichtes (vgl. § 72).

Es erhellt aus alle dem, welche wesentlichen Glieder im jüdischen (pharisäischen) Lehrsystem die Lehren von der zukünftigen Welt, der Auferstehung und dem Gerichte sein müssen. Erst im Licht dieser Hoffnung gewinnt die ganze Gesetzesarbeit Sinn und Werth; ohne sie verlöre sie sich im Dunkel harter, vergeblicher Knechtschaft.

Die Ausführung und die Belege für das Gesagte folgen bei den einzelnen besonderen Lehren.

§ 14. Israel als Volk der Thora Gottes Volk.

Kap. V. Israel das Volk der Thora unter den Völkern.

§ 14. Israel als Volk der Thora Gottes Volk.

Durch die Annahme der Thora ist Israel Gottes Volk geworden. Besitz und Uebung der Thora verleiht ihm den unauslöschlichen Charakter der Heiligkeit und macht es unter den Völkern zur Gemeinde der Heiligen. Auch sein Ursprung ist ein absolut reiner.

1. Am Sinai ist zwischen Jehova und Israel ein Verhältnis begründet worden, vermöge dessen Israel Gottes Volk im einzigen und ausschließlichen Sinne und für immer geworden ist. Die *Pesikta* gibt 108[b] zu den Worten Ps. 50, 7: „Höre mein Volk" folgende Erklärung. Früher, heißt es, war euer Name Israel; ehe ihr die Thora empfingt, war dieser Name wie der Name der Völker (ein *nomen gentilicium* wie ein anderer); nachdem ihr aber die Thora empfangen habt, heißet ihr עַמִּי mein Volk. Nun hat Gott, wie *Bammidbar rabba* c. 5 aussagt, seinen Namen mit dem Namen Israels zu unauflöslicher Verbindung verknüpft (שְׁמוֹ בְּשְׁמֵם). Israel hat sich Gott durch das נַעֲשֶׂה וְנִשְׁמָע, das es aussprach (vgl. § 57, 2), verpflichtet; Gott aber hat auf Grund dieses Gelöbnisses nach *Debarim rabba* c. 3 Israel sich angetraut קָדְשׁוּ. In *Schemoth rabba* c. 51 wird daher die Gesetzgebung im Bilde einer Hochzeit Gottes mit Israel dargestellt. Von nun an ist Gott an Israel und Israel an Gott unauflöslich gebunden. Jehova und Israel haben nach *Wajjikra rabba* c. 6 am Sinai einen Vertrag miteinander geschlossen (vgl. Gal. 3, 20[a]), daß er sie und sie ihn nicht verleugnen wollen. „Und wenn alle Völker — sagt zuversichtlich *Schemoth rabba* c. 49 — sich vereinigten, um das Liebesverhältnis zwischen Jehova und Israel zu nichte zu machen, so wären sie es nicht im Stande." So sagt *Mechilta* 46[a]. 47[a]: Wer sich gegen Israel erhebt, dem wird es angerechnet, als erhöbe er sich gegen Gott; wer Israel hilft, dem wird es angerechnet, als hülfe er Gott. Und *Sanhedrin* 58[b]: Wer einem Israeliten einen Backenstreich gibt, beleidigt die Schechina; wer nur die Hand dazu aufhebt, heißt ein Frevler (רָשָׁע). Dieses unauflösliche Verhältnis ruht auf der Thora. Israel hat sie seinerseits angenommen; Gott aber hat, wie *Schemoth rabba* c. 51 lehrt, die Thora ihm als Eheverschreibung durch Mose ausfertigen lassen.

Ihr Besitz ist Israels Eigenthümliches vor allen Völkern und legitimirt es als Volk Gottes. Hinwiederum heiligt es sich Gotte durch die Erfüllung der Gebote. Es kleidet sich nach *Sifre* 75[b] in lauter Gebote, als da sind Tefillin, Zizith, Mesusa, Mila, vgl. *Tosefta Berach.* 6. Im Schmucke dieser Gebote steht Israel vor Gott, und in diesem Schmucke liebt er es, vgl. *Schir rabba* zu 3, 11 und 4, 1. Israels Schönheit vor Gott ist die Fülle der Gebote, in welche sein ganzes Leben eingefaßt ist. Der Gehorsam Israels ist nach *Pesikta* 108[b] Gottes Rechtfertigung vor den Heiden. Darum bittet der Herr Israel, es möge ihm gehorchen, damit er sich nicht schämen müsse vor den Heiden. Israels Gebete werden von den Engeln gesammelt und bilden Gottes Krone *Schemoth rabba* 21.

2. Als Volk Gottes ist nun Israel im Unterschied von den Völkern das heilige Volk, wie es denn *Mechilta* 35[a] עדת קדושים die Gemeinde der Heiligen heißt. Dieser Charakter der Heiligkeit ist ein unauslöschlicher, *Sanhedrin* 44[a]: auch wenn Israel gesündigt hat, bleibt es doch Israel. *Wajjikra rabba* c. 24: Gott hat ihm Heiligkeit (קדושה) verliehen für immer. Deshalb ist ein Beschnittener, der im irdischen Dasein Götzendienst getrieben hat, nach *Erubin* 19[a] u. ö. im Gehinnom nur dann rettungslos verloren, wenn er die Vorhaut heraufgezogen (משך, vgl. ἐπισπᾶν 1 Kor. 7, 18; Schürer I, S. 151, N. 24), also seine Zugehörigkeit zu Israel aufgegeben hatte. Die Beschneidung ist eben das leibliche, der Besitz der Thora das geistliche Merkmal der Heiligkeit Israels. Dieses ist als solches bestimmt für das ewige Leben *Sanhedrin* X, 1: כל ישראל יש להם חלק לעולם הבא. Ja, *Sanhedrin* 37[a]: auch der Schlechteste in Israel ist voll Mizwoth und darum nicht profan wie der Heide, vgl. *Bammidbar rabba* c. 17. Darum kann *Bammidbar rabba* c. 2 sagen: Ein Israelit geht nicht im Gehinnom zu Grunde (אבד), weil er so viele Mizwoth hat. In Israel hat jeder sein Gutes. Wenn nicht alle des Talmud mächtig sind, d. h. den höchsten Grad von Gesetzeserkenntnis haben, so sind sie doch im Besitze der Schrift oder der Mischna, בעלי מקרא oder בעלי משנה, vgl. *Bereschith rabba* c. 41. Deshalb hat jeder seine eigenthümliche Würde, die einem Heiden (wegen S. 59 f.) schlechthin fehlen muß; vgl. *Chagiga* 13[a].

Es gibt keinen deutlicheren Beweis für die talmudische Ueberzeugung von dem absolut heiligen Charakter Israels, als daß zu allen Stellen der Schrift, in denen Israel gerügt wird und ein schlimmes Prädicat hat, für Israel die Bezeichnung שונאי ישראל

§ 14. Israel als Volk der Thora Gottes Volk.

„die Hasser Israels" eingesetzt und somit jedes tadelnde Prädicat nicht Israel selbst, sondern den Gottlosen in Israel beigelegt wird, die dem heiligen Volke solchen Schimpf zugezogen haben. (Wegen dieser sprachlichen Wendung vgl. Dalman, Grammatik des jüd. paläst. Aramäisch, 1896, S. 78.) So z. B. *Mechilla* 16ᵇ: Die שונאי Israels waren so lange der Vernichtung werth, bis Einer von ihnen sein Pesach vollbracht hatte, vgl. *Berachoth* 4ᵇ. In *Tanchuma, Schemoth, Beschalach* 22 heißt es demgemäß sogar, Gott habe es Mose oft eingeschärft, Israel zu ehren, und *Jebamoth* 49ᵇ, Jesaja habe sich damit versündigt, daß er sagte: „Unter einem Volke unreiner Lippen wohne ich". Dafür mußte er später in dem Augenblicke sterben, als die Säge an seinen Mund kam. Auch im Midrasch *Tanchuma, Beresch. Wajjischlach* 2 lesen wir: Jesaja wurde gestraft, weil er Israel unreiner Lippen nannte, während es doch am Sinai das נעשה ונשמע ausgesprochen hat. Indeß *Pesikta* 148ᵇ sagt, Jesaja habe zwar Israel viel geflucht, aber alle Flüche wieder geheilt, nämlich durch entsprechende Segnungen wieder gut gemacht. Im *Schir rabba* zu 1, 6 werden mehrere Beispiele aufgezählt, wo Propheten, Mose, Jesaja, Elia gestraft werden von Gott, weil sie Israel vor Gott öffentlich verklagten. Beachtet doch auch Gott selbst diese Regel. Dreimal, heißt es *Pesikta* 76ᵇ, wollte Gott mit Israel rechten, er unterließ es aber, als er sah, daß die Heiden sich darüber freuten; er wollte Israel nicht vor den Heiden beschämen. In dieser Anschauung vom heiligen Charakter eines בן ישראל mag es nächst Joh. 18,31 wurzeln, daß der Rabbinismus die Todesurteile über Israeliten verwarf. R. Akiba wollte die Todesstrafe ganz abschaffen. Ein Sanhedrin, welcher alle 7 Jahre Einen zum Tod verurtheilt, heißt חבלנית ein mörderischer *Maccoth* I, 10. Raschi spricht im Kommentar von den Ausflüchten, welche die Richter machten, um ein Todesurteil zu vermeiden. Gott ist, sagt *Beresch. rabba* 55, מכניס ידיו, aber nicht gegen Israel, sondern nur gegen die Heiden.

Es ist dabei nicht die Meinung der Talmudisten, die Thatsache in Abrede stellen zu wollen, daß der gewöhnliche Israelit neben seinen Mizwoth auch Uebertretungen auf sich habe (vgl. S. 49 f. u. § 62). Aber erstens gilt der Grundsatz *Pesikta rabb.* 146ᵃ, daß Gott nur die bösen Thaten Israels vergißt, nicht die guten, so daß bei seinem Urteil über das Volk diese in den Vordergrund treten und entscheiden; und zweitens wird die Heiligkeit Israels gedacht als in der allen zu gute kommenden Uebernahme und Ausübung der

Thora wurzelnd. Es ist jeder heilig, sofern jeder Mizwoth hat; *Bammidbar rabba* 17: Israel erhält sich dadurch, daß es an den Mizwoth festhält wie der Ertrinkende am Seil. Sein heiliger Charakter beruht in der Erfüllung der Mizwoth und wird wie diese in der zukünftigen Welt die absolute Vollendung erhalten. Inzwischen aber verleiht die vollendete Heiligkeit der Väter und Führer Israels den Schwachen das nöthige Supplement, was später (§ 63 f.) bei der Lehre vom Verdienste der Väter und der Intercession der Heiligen weiter erörtert werden wird. Deshalb ist es für die Heiligkeit Israels von so großer Wichtigkeit, die vollkommne Reinheit auch der Väter und Häupter Israels zu erweisen.

3. In Israel gab es auch von Anfang an keinen פסול (d. i. Abfall, Kehricht). Es ist Hauptaugenmerk des ganzen Midrasch, daß die Geschichte Israels von allen Flecken gereinigt werde (vgl. § 63—66). Abraham ist der Heilige, der die ganze Thora erfüllt hat, und das Haupt aller Gerechten. Isaak wurde, als er entwöhnt wurde, vom sündigen Trieb יצר רע zum guten Wollen יצר טוב (§ 47) entwöhnt, so daß er fortan nur das Gute vollbrachte, *Jalkut* zu *Bereschith*, Abschn. 94. Rebekka hatte zum Vater und Bruder, sowie zu Ortsgenossen lauter Betrüger (רמאי = ארם); sie allein war die Gerechte צדקת, die Rose unter den Dornen *Beresch. rabba* 63, vgl. § 15, 2; 17, 2. Ihre Vorliebe für Jakob stammte daher, daß Jakob צדיק war, daselbst 90. Der Streit ihrer Kinder im Mutterleibe (1 Mos. 25, 22) war ein Streit um die Halacha; damals schon richteten sich ihre Begierden, bei dem Einen auf die Thoralehre, bei dem Anderen auf den Götzendienst, das. 63. Aber Jakobs Erlistung des Vatersegens? Er folgte seiner Mutter (אנוס כפיה בוכה) nur betrübt gehorchend, hat also nicht betrogen, das. 65. Die Worte אנכי עשו בכורך (1 Mos. 27, 19) übersetze man: Ich bin es (der die zehn mit אנכי beginnenden Worte empfangen wird), Esau ist dein Erstgeborner. Was als Betrug erscheint, war die Weisheit seiner Thora, vgl. das. 66 u. 78. Bis ins 84. Lebensjahr hat Jakob noch keine Befleckung (טפה קרי) bei sich bemerkt, das. 90. Wenn Jakob Laban betrog, so ist es nach einem Witzwort erlaubt, einen Betrüger zu betrügen *Megilla* 13ᵇ. Rahel und Lea eiferten um Jakobs Gunst nicht um fleischlicher Lust willen, sondern sie begehrten die Beiwohnung um des Herrn willen (לשם שמים). Deshalb durften Mittel der Kuppelei (סרסרות) angewendet werden u. s. w., *Bereschith rabba* 72. Rahel nahm nach dem Midrasch *Tanchuma*, Parascha *Wajjeze* 12

§ 14. Israel als Volk der Thora Gottes Volk.

die Teraphim mit (1 Mos. 31, 19), um den Götzendienst auszurotten. Die Söhne Jakobs waren alle Gerechte *Sifre* 72ᵇ. Ruben hat nach *Sifre* 144ᵇ die Blutschande von 1 Mos. 35 gar nicht begangen. Wie konnte er sonst, belehrt uns *Beresch. rabba* c. 98, den Fluch über den ausrufen, der das Weib seines Vaters beschläft? Nein, er hat durch sein Thun von Jakob nach dem Tode der Rahel die Ehre seiner Mutter Lea gefordert. Dies wird umständlich bewiesen in *Schabbath* 55ᵇ. Juda nahm (1 Mos. 38, 2) nicht die Tochter eines Kanaaniters, sondern eines Kaufmanns (כנעני = Kaufmann) *Pesachim* 50. Es ist ein alter Satz, daß die Söhne Israels, die Stammväter des Volkes alle Gerechte sind, es ist nichts Verwerfliches (פסולת, Abfall z. B. beim Mahlen, Bildhauen) an ihnen *Sifre* 72ᵇ. *Tanchuma, Bammidbar, Balak* 8. Angesichts des Mordversuchs an Joseph scheint dies freilich unmöglich zu sein. Aber der Mordplan war nach *Beresch. rabba* 84 gerechtfertigt, weil Joseph künftig die Stämme Israels zum Baalsdienst verführen sollte; auch gingen die Söhne Jakobs nach Aegypten in der Absicht, Joseph wieder zurückzubringen, das. 91. — Auch Personen, die in die Geschichte Israels verflochten sind, werden verherrlicht. Thamar war eine Tochter Sems; als sie Juda's Beiwohnung suchte, da that sie es, weil der heil. Geist in ihr aufleuchtete und sie erkannte, daß sie die Ahnfrau des Messias werden würde, das. 85. Jethro hat nach *Tanchuma, Schemoth*, Abschn. *Schemoth* 11 schon vor Mose's Ankunft den Götzendienst abgethan, kam dafür in den Bann bei seinen heidnischen Volksgenossen, erhielt darum keine Hirten mehr und mußte deswegen seine Töchter auf die Weide schicken. — Schwer fällt freilich das goldene Kalb in die Wagschale der Schuld für das „heilige" Volk. Aber die *Pesikta* sagt 77ᵇ, daß der Heilige diese Sünde untersuchte, aber nichts Strafbares fand, was Israel vorgehalten werden konnte. Israel beteiligte sich nach 78ᵃ nicht an der Sünde: die Proselyten, die aus Aegypten mit gezogen waren, hatten die Sünde vollbracht. Ganz ebenso *Wajjikra rabba* c. 27. Ja, Gott selbst veranlaßte die Sünde des goldenen Kalbes nach *Sanhedrin* 102ᵃ und *jer. Joma* 45ᶜ, insofern er Israel so viel Gold gab. Allerdings ist diese Anschauung nicht durchgedrungen; der Abfall wird sonst wie ein zweiter Sündenfall angesehen, wie wir in § 58 sehen werden. Ahron der Hohepriester aber hat, wie *Wajjikra rabba* 10 sagt, nur das Gute gesucht, als er das Kalb machte; man darf ihn nicht beschuldigen. Die murrenden Väter der Wüste, die Fleisch forderten, thaten das freilich, weil sie sich von Gott lossagen wollten, *Sifri* 23ᵇ vgl. 26ᵃ. Nadab und Abihu dagegen, die Söhne Ahrons, brachten fremdes Feuer auf den Altar in guter Absicht; Gott aber wollte durch den Tod Großer das Heiligtum weihen, er hat Nadab und Abihu geehrt, als er sie hier sterben ließ, *Sifra* zu 3 Mos. 10,3, vgl. *Sebachim* 115ᵃᵇ. Nach *Pesikta* 172ᵃ dagegen mußten sie sterben, weil sie eine Halacha festgestellt hatten angesichts (בפני) ihres Lehrers Mose (vgl. § 23). Daneben finden sich andere Auffassungen. Jedenfalls hatten Nadab und Abihu keine andere Sünde, als die eine, wofür sie starben *Pesikta* 172ᵇ. So werden auch Eli's Söhne gerechtfertigt *Schabb.* 55ᵇ. Auch die Söhne Samuels haben nicht gesündigt *Schabb.* 56ᵃ. Gehen wir in die Geschichte der Könige, so werden Saul, David und Salomo der Sünde enkleidet. Saul hat allerdings fünf Sünden begangen, um deren willen er getödtet wurde. Aber er heißt dennoch ein Gerechter *Wajjikra rabba* c. 26. David sagt Ps. 51, 6: לְךָ לְבַדְּךָ habe ich gesündigt, d. i. um deinetwillen allein, denn ich hätte mein eignes Gelüste wol überwinden können; Bathseba aber war ihm von Gott zum Weibe bestimmt, er hat sie nur genossen als unreife Frucht (פגה) vor der Zeit *Sanhedrin* 107ᵃ. David, sagt *Schabb.* 56ᵃ, hat nicht gesündigt; wie hätte die Schechina bei ihm wohnen können, wenn er wirklich in solche Sünden gefallen wäre? Gott wohnt doch nicht bei dem Sünder. David hat also jene Sünde begehen wollen, aber nicht wirklich begangen (בקש לעשות ולא עשה). Davids Reich wurde freilich zur Strafe für seine Sünde gespalten. Dies geschah aber, weil er böses Gerücht über Mephiboseth annahm *Schabb.* 56ᵃᵇ. Daher kam dann Israels Götzendienst, daher auch das Exil; Israel selbst trägt nicht die Schuld dafür. Salomo hat auch nicht eine Sünde begangen. War doch selbst Ahab nach *Sanhedrin* 112ᵇ wenigstens שקול, d. i. Gutes und Böses hielten sich die Wage; weil er nämlich die Gesetzesbeflissenen von seinem Vermögen genießen ließ, so verzieh ihm Gott die Hälfte seiner Sünde. Ebensowenig hat Josia gesündigt *Schabb.* 56ᵇ.

So sind also die Väter und die Großen Israels untadelig. Ihre Heiligkeit verleiht dem Volke Israel seinen heiligen Charakter, denn von Heiligen stammen wieder Heilige, und was etwa dem Einzelnen mangelt, das wird durch die Heiligkeit der Väter und der Großen ergänzt.

§ 15. Das Volk Gottes im Unterschiede von der Heidenwelt.
Das Verhältnis Israels zu Jehova ist ein exclusives, da es
allein unter allen Völkern der Welt die Thora auf Gottes An-
erbieten angenommen hat. Es hat sich allein Gotte zu eigen
und zum Dienst ergeben und ist darum auch allein Stätte des
Reiches Gottes, während die Heidenwelt profanes Gebiet ist
und bleibt. Mit dieser profanen Welt hat Israel keine Gemeinschaft.

1. Es gibt eine Ueberlieferung, die wir bereits im ältesten uns
aufbehaltenen Midrasch, in der *Pesikta* des R. Kahana finden, daß
Gott die Thora auch den Heiden angeboten hat, diese aber sie ab-
gewiesen haben, so daß schon durch die Gesetzgebung ein bleibender
Gegensatz zwischen Jehova und der Heidenwelt entstand. Israel
aber nahm die Thora an und wurde so im Unterschied von den
Heiden das Volk Gottes. So heißt es 186^a: Die Schrift lehrt,
daß der Heilige die Thora allen Völkern angeboten habe, und sie
nahmen sie nicht an, bis Israel kam und sie annahm; deshalb wird
der Heilige sie trösten. 103^b: Alle Völker der Welt flohen vor
dem Heiligen am Tage der Gesetzgebung, nur Israel nicht. 43^b:
Es war doch schon offenbar und kund vor dir, o Herr, daß die
Heiden deine Thora nicht annehmen würden; aus welchem Grunde
schien es dir gut, sie ihnen anzubieten? Um unseren (Israels)
Lohn zu verdoppeln. 200^a: Offen und kund war es vor dem
Schöpfer, daß die Völker der Welt die Thora nicht annehmen
würden; weshalb hat er sich seiner Pflicht gegen sie entledigt?
Antwort: So ist es die Weise des Heiligen: er straft nicht, ehe er
sich gegen seine Geschöpfe seiner Pflicht entledigt hat; erst darnach
stößt er sie aus der Welt, weil er nicht nach Art der Tyrannen
mit seinen Geschöpfen handelt. Ebendaselbst: Weshalb hat sich
Jehova seiner Pflicht gegen die Heiden entledigt? Um des Verdienstes der Väter willen, d. h. um deren Verdienst zu vergrössern.
Vgl. auch *Aboda sara* 2^b. In Folge dieser Ablehnung der Thora
ist nun die Heidenwelt für immer von Gottes Gemeinschaft ausgeschlossen, und Israel ist und bleibt allein das Volk Gottes. Demgemäß heißt es *Mechilta* 44^b: Die Heiden hören Jehova's Lob aus
Israels Munde. Sie sprechen zu Israel: Wir wollen mit euch gehen,
denn es heißt im Hohen Liede (6, 1): Wohin hat dein Freund sich

gewendet, daß wir ihn mit dir suchen? Aber Israel antwortet ihnen: Ihr habt keinen Teil an ihm, sondern mein Freund ist mein und ich bin sein (das. 6, 2; 2, 16). *Sifre* 143ᵇ: Die Schrift lehrt, daß der Heilige Israel solche Liebe erwiesen hat wie sonst keinem Volke (vgl. 5 Mos. 4, 7; Ps. 147, 20). Ebenso *Pesikta* 16ᵃ: Israel ist Gott näher als die Völker, wie das Kleid, das unmittelbar am Leibe anliegt; daher erzeigt er Israel eine besondere Liebe und Sorgfalt, wie sie die Völker der Welt nicht erfahren. Aehnliche Gleichnisse siehe 16ᵇ. 17ᵃ. Ferner *Mechilta* 44ᵃ: Heil bist du allen Bewohnern der Erde, aber mir in sonderlicher Weise ביחד, und weiter: Alle Völker der Welt sagen das Lob des Heiligen, aber das meinige ist weit angenehmer und schöner vor ihm als das ihrige. *Sifre* 22ᵇ heißt Israel deshalb der Augapfel Gottes, *Mechilta* 32ᵃ die Perle, der kostbare Schatz, den die Heiden in ihrer Mitte haben, ohne es zu wissen. Am schärfsten ist das exclusive Verhältnis Gottes zu Israel und sein Gegensatz zu den Heiden bezeichnet in Stellen wie einerseits *Tanchuma, Jithro* 5, wo Gott die Israeliten אחים und רעים nennt, und andererseits *Schemoth rabba* c. 29, wo Gott sagt: אלוה אני לכל באי עולם אבל אין אני נקרא אלהי כל האומות אלא אלהי ישראל d. i.: Ich bin der Gott aller, die in die Welt kommen (vgl. Röm. 3, 29); aber nicht werde ich Gott aller Völker genannt, sondern Gott Israels. Und dieses ausschließliche Verhältnis Gottes zu Israel ist kein bloß zeitliches, sondern ein ewiges. Auch in der zukünftigen Welt, lehrt *Tanchuma, Bammidbar Nesso* 7, erwähle ich kein anderes Volk als euch, denn ihr seid der geheiligte Same der Gesegneten des Herrn.

2. Nachdem Israel allein die Thora auf sich genommen und sich Gott zu Dienst und Eigentum begeben hat, ist und bleibt es auch allein die Stätte des Reiches Gottes. Ausdrücklich wird die Uebernahme der Thora Seitens Israels auch bezeichnet als die Uebernahme des Himmelreiches (מלכות שמים); wegen des Ausdrucks vgl. nur die Literatur bei Schürer II, 453 f. Jehova übernimmt am Schilfmeer das Königtum über Israel, und dieses unterstellt sich seiner Herrschaft (2 Mos. 15, 18). So lehrt *Pesikta* 16ᵇ, *Schemoth rabba* c. 23 u. a. Stellen, daß Jehova erst durch Israels damalige Bereitwilligkeit zu seinem Königtum auf Erden gelangt sei, und *Mechilta* 73ᵇ: als sie am Berge Sinai standen, das Gesetz zu empfangen, wurden sie alle darin eines Sinnes, daß sie das Himmelreich auf sich nehmen wollten mit Freuden, und überdies

§ 15. Das Volk Gottes und die Heidenwelt.

verpfändeten sie sich einer für den andern. Dagegen wurde von da an die Heidenwelt im Gegensatz zu Israel profanes Gebiet. Israel heißt *Wajjikra rabba* c. 23 die Rose unter den Dornen, um deren willen Gott den Garten der Welt, der voll Dornen ist, stehen lässt, *Bammidbar rabba* c. 9 die eine reine Taube in der Welt, während die Heiden ein Gemisch von Reinen und Unreinen sind, und *Tanchuma, Tholedoth* 5 das Lamm unter den siebzig Wölfen, d. i. den siebzig Völkern der Welt. Nach *Schemoth rabba* c. 36 lassen sich Israel und die Heiden so wenig vermischen als Wasser und Oel. Die Heiden üben Laster, Israel müht sich mit dem Studium der Thora und der Erfüllung der Gebote. Wenn jene ihren Circus und ihre Theater besuchen, so eilt Israel zu seinen Synagogen und Lehrhäusern *Pesikta* 190$^{a\,b}$. Vgl. unten § 17, 2.

3. Zwischen denen, welche dem Reiche Gottes und Gotte dienen, und den Heiden, welche dem Dienste und der Lust dieser Welt ergeben sind, kann keine Gemeinschaft bestehen, weder Gemeinschaft des leiblichen, noch des geistlichen Lebens. In der *Pesikta* 144^{b} heißt es zu Ps. 36, 9: Es sprach der König zu Israel: Meine Söhne, wollet ihr mit den Heiden speisen (ihre Güter genießen)? Sie antworteten ihm: Herr der Welt, „nicht neige mein Herz zu böser Sache bübisch zu verüben Bubenstücke in Frevelmuth, mit den Herren den heillos schaltenden" (Ps. 141, 4). Der Herr aber sagt: Weil sie Büberei treiben, wollet ihr nicht mit ihnen speisen? Da sprachen sie zu ihm: Herr der Welt, „und nicht schmecken ihre Leckerbissen mag ich" (daselbst). Wir haben nicht Lust und Gefallen an ihren lieblichen und schönen Gütern, sondern woran haben wir Gefallen? An deinen lieblichen und schönen Gütern. — Auch sonst ist die Gemeinschaft beschränkt. Der Genuß von Brod, Oel und Wein der Heiden ist verboten, weil er den Israeliten in irgend welchen Zusammenhang mit dem Götzendienste bringen könnte *Aboda sara* 36^{b}; vgl. Schürer II, 48 f. 529. Daß keine Ehegemeinschaft stattfindet, ist hiernach selbstverständlich. Auch der Austausch der geistigen Güter zwischen Israel und der profanen Heidenwelt soll nicht stattfinden. Der Israelit soll sich mit fremden Dingen (בדברים אחרים), und also auch wol mit den Geisteswerken der Heiden nicht beschäftigen *Mechilla* 70^{b}. Hinwiederum darf Israel seine Mysterien den Heiden nicht preisgeben *Schir rabba* zu 2, 7 (vgl. Matth. 7, 6; 15, 26). Die Thora ist den Heiden verboten, weil sie Israel anvertraut ist wie ein Weib ihrem

Manne *Schemoth rabba* c. 33. Sie heißt da אִישׁ אֵשֶׁת Weib eines Mannes, deren Berührung jedem andern Mann untersagt ist. Die Beschäftigung mit ihr von Seiten des Heiden und ihre Hingabe an den Heiden von Seiten des Israeliten wird als geistiger Ehebruch betrachtet. Deshalb wird das Thorastudium im künftigen Gericht den Heiden keineswegs zu Gute gerechnet.

§ 16. Israel in der Verbannung.

Auch nach der Zerstörung Jerusalems und des Heiligtums und dem Verluste des Erblandes ist Israel, das nun überall zerstreute, inmitten der Heidenwelt Stätte des Reiches Gottes. Denn Gottes Herrschaft ist überall, wo die Thora gilt. Dabei bleibt Israel im geistigen Zusammenhang des Glaubens, der Liebe und der Hoffnung mit seinem Lande und den heiligen Stämmen und weiß und bekennt, daß erst mit der Rückkehr ins Erbland und der Wiederherstellung des Heiligtums und des Opferdienstes das Reich Gottes zur vollendeten Darstellung kommen wird.

1. Das jüdisch religiöse Bewußtsein hat an der Zerstörung Jerusalems und des Heiligtums und an der Verstoßung aus dem Erblande eine große Schwierigkeit zu überwinden. Indeß war die Ueberwindung derselben schon beim Eintritt der Katastrophe dadurch vorbereitet, daß die Thora bereits das nationale Einheitsband bildete und die Theokratie die Form der Nomokratie angenommen hatte (vgl. 2 Macc. 5, 19 f. mit Marc. 2, 27). Diese ließ sich überall, wenigstens in gewissem Maße, auch in der Diaspora fern vom heiligen Lande und dem Heiligtum fortsetzen. Aber auch dogmatisch wurde jene Schwierigkeit überwunden. Wenn das Verhältnis Gottes zu Israel so sehr das der Zusammengehörigkeit ist, daß es *Bereschith rabba* c. 94 heißt, Gott rechne sich selbst zur Zahl (מִנְיָן) des Volkes Israel, oder das. c. 49, Gott rechne sich mit den Gerechten zusammen, so ist es folgerichtig, anzunehmen, daß Gott auch in der Verbannung seinem Volke gegenwärtig bleibe, und Israel auch dort nicht aufhöre, Stätte des Reiches Gottes zu sein. Gott folgt Israel überall nach in die Verbannung. Du findest, lesen wir *Sifre* 22ᵇ, daß überall, wo Israel in der Verbannung war, die *Schechina* (§ 39) bei ihm war. Denn es heißt: Ich offenbarte mich

§ 16. Israel in der Verbannung. 61

deines Vaters Hause, als sie in Aegypten waren, im Hause Pharao's (1 Sam. 2, 27). Sie wurden nach Babel verbannt; da war die Schechina mit ihnen, denn es heißt: Um euretwillen bin ich nach Babel geschickt worden (Jes. 43, 14 mit *Pual* statt *Piel*). Sie wurden nach Edom (in das römische Reich) verbannt; auch da war die Schechina mit ihnen, denn es heißt: Wer ist der, der von Edom kommt (Jes. 63, 1)? Und wenn sie zurückkehren werden, so wird die Schechina mit ihnen zurückkehren, denn es heißt (5 Mos. 30, 3) nicht השיב, sondern שב: er kehrt zurück mit seinen Gefangenen. *Mechilta* 19[b]: Und so findest du es, so oft Israel unterjocht wurde von der Weltmacht, wurde so zu sagen (כביכול) die Schechina mit ihnen unterjocht. Später folgt dann dieselbe Ausführung, wie wir sie soeben aus *Sifre* 22[b] mitgetheilt haben, vgl. *Sifre* 62[b]. Die *Pesikta* sagt 114[b], daß die Schechina zehnmal mit Israel auswanderte. So finden wir auch *Berachoth* 8[a], daß Gott mit Israel unter den Völkern der Welt ist (בין אימות העולם). Er theilt die Fremdlingschaften mit seinen Kindern. Er steht mit seinem Volke auch unter der Herrschaft der Weltmacht (השעבוד המלכיות) *Berachoth* 8[b]. Es kann ja nicht fehlen, daß Israel in der Fremde unter den Heiden unrein wird; aber selbst zur Zeit, da sie unrein sind, wohnt die Schechina bei ihnen (בזמן שהם טמאים שבינה עמהם) *Joma* 57[a]. Gott nennt Israel auch in seiner tiefsten Erniedrigung seine Brüder *jer. Berachoth* 13[b]. Er nimmt Teil an den Leiden Israels *Pesikta* 131[b], *Schemoth rabba* c. 2. Er wohnt im Dornbusch d. i. unter dem verachteten Israel, *Schemoth* a. a. O.

Andererseits hört Israel in der Fremde nicht auf, Gotte zu dienen. Es bleibt auch in der Diaspora die Stätte des Reiches Gottes, wo Gott in seinem Volke königlich waltet und sein Volk wider die Weltmacht in aller Noth schirmt und schützt und wunderbar erhält, indem dagegen Israel, *Schemoth rabba* c. 31, unerschütterlich an der Thora festhält. Israel ist ein Rohr, über welches die Winde hinwehen, das sich aber nicht von der Stätte der Thora bewegt, sondern immer neue Zweige treibt, indem es sich um so ernster mit der Thora beschäftigt *Taanith* 20[a]. Zum Lohne dafür erweist sich Jehova ihm als Schutz- und Schirmherr. Die Thora steht vor dem Heiligen und bittet für Israel *Schemoth rabba* c. 29 (?). In allen Zeiten des Exils vom chaldäischen bis zum römischen Exil hat sich Gott zu seinem Volke bekannt und ihm in großen Männern, die er unter ihnen aufstellte, seine Gnade offenbart; darum wenn Israel seinen Tempel zerstört und die götzendienerische Stadt im Glücke sieht, so mag es sich seiner Zukunft trösten *Megilla* 11ᵃ. Sind die Israeliten mitten unter den Heiden diejenigen, welche den Willen Gottes vollbringen (עובדי רצון יהוה), so haben sie dafür alles Gute zu erwarten. So lange, heißt es *Pesikta* 121ᵃ, die Knaben in ihren Schulen die Thora lesen, ist Israel für seine Feinde unüberwindlich, während umgekehrt, so lange Israel die Thora zur Erde wirft, es der frevlerischen Weltmacht (מלכות הרשעה) gelingt, ihre Decrete (גזרות) über Israel durchzuführen. *Echa rabba* 36ᵇ (?) wird die Thora Israels Schutz gegen Edom (das römische Weltreich) genannt, und *Debarim rabba* c. 1 mahnt: Fliehet vor Edoms Bedrängnis zur Thora! Wie der Weinstock am Spalier, so hat Israel in der Verbannung am Verdienst der Thora, mit der es sich beschäftigt und die es übt, und am Verdienst seiner Väter seinen Halt *Wajjikra rabba* c. 36. Wie ein Ertrinkender sich am Seil festhält und so vor dem Untergang rettet, so erhält sich Israel im Exil durch die Erfüllung der Gebote *Bammidbar rabba* c. 17. Auch für die leibliche Erhaltung seines Volkes in der Fremde trägt Gott Sorge. *Pesikta* 114ᵇ: Auf Gottes Befehl wurden bereits vierzig Jahre, bevor Israel nach Babylon kam, Datteln dort gepflanzt, weil das Volk sie liebte. Daselbst findet sich die überschwengliche Haggada, daß 700 reine Fischarten und 700 reine Heuschreckenarten und unzähliges Geflügel mit Israel nach Babylon wanderten. Welche reichliche Fürsorge für die Tage der Verbannung!

2. Wenn nun so das ursprüngliche durch die Thora begründete Verhältnis zwischen Gott und Israel noch fortbesteht und sich auf beiden Seiten wirksam erweist, welche Stellung nimmt dann die Zerstörung des Heiligtums, der Verlust des Landes Israel, die Fremdlingschaft und Knechtschaft Israels in dessen religiösem Bewußtsein ein?

Was zunächst die Zerstörung des Tempels (vgl. S. 7) anlangt, so finden wir *Beresch. rabba* c. 42 u. ö., daß dieselbe Israel zum Guten gereichen sollte, denn an diesem Tage hat Israel Quittung empfangen, d. h. seine Sünden abgebüßt, נטל אפוכי ($\mathrm{\dot{\alpha}\pi o \chi \dot{\eta}}$), eine אפוכי גדולה. Fragt man, in welchem Verhältnis Jehova zu dem zerstörten Heiligtume stehe, so antwortet *Schemoth rabba* c. 2, vgl. *Bammidbar rabba* c. 11, daß er von demselben nicht weichen kann. Die Schechina steht allezeit hinter der westlichen Mauer des Tempels, die bei der Zerstörung stehen blieb. Gottes Auge verweilt auf den

§ 16. Israel in der Verbannung. 63

heiligen Ruinen, aber auch auf seinem Volke, um zu sehen, ob es seine Thora erfüllt. Das Heiligtum bleibt somit auch jetzt die ideale Stätte göttlicher Offenbarung, und darum der ideale Mittelpunkt Israels. *Sifre* 71ᵇ: Die außerhalb des Landes Israel stehen, wenden ihr Angesicht gegen das Land Israel und beten; die im Lande Israel stehen, wenden ihr Angesicht gegen Jerusalem; die in Jerusalem stehen, wenden ihr Angesicht gegen das Heiligtum; die im Heiligtum stehen, richten ihr Herz auf das Allerheiligste und beten; stehen sie auf der Nordseite, so wenden sie sich gegen Süden; stehen sie auf der Südseite, so richten sie sich gegen Norden; stehen sie auf der Ostseite, so kehren sie sich gegen Westen; stehen sie auf der Westseite, so kehren sie sich gegen Osten. Ganz Israel wendet sich also beim Gebete nach einem und demselben Orte hin. Und *Schemoth rabba* c. 23 sagt ausdrücklich: Jerusalem ist bestimmt, die Metropolis der Welt (מטריפולין לכל ארצות) zu werden, vgl. *Pesikta* 143ᵃᵇ. Aus den Fenstern des Tempels ging das Licht in die ganze Welt aus. Dieselben waren deshalb inwendig schmal, nach außen aber in die Breite sich erweiternd, damit das Licht ausströme, aber nicht hereindringe *Pesikta* 145ᵃ, vgl. *Schemoth rabba* c. 36, *Wajjikra rabba* c. 31. Es verbleibt also dem Heiligtum für das Bewußtsein Israels auch jetzt noch die Bedeutung, die Centralstätte göttlicher Offenbarung zu sein. Unter allen Völkern, lehrt *Wajjikra rabba* c. 13, hat Gott nur Israel würdig befunden, ihm die Thora zu übergeben, unter allen Städten nur Jerusalem, unter allen Ländern nur das Land Israel. Deshalb ist es eine der wichtigsten Pflichten Israels, um den Wiederaufbau des Heiligtums zu bitten. Dabei fehlt nicht das Bewußtsein, daß die Zerstörung Jerusalems für Israel ein Zeichen des göttlichen Zornes ist und somit das volle Gemeinschaftsverhältnis erst wieder mit der Herstellung des Heiligtums und der Aboda (§ 10) beginnen wird. Bezeichnend dafür ist der Ausspruch des R. Eleasar *Baba mezia* 59ᵃ: Seit dem Tage, an welchem das Heiligtum zerstört ist, sind die Pforten des Gebets verschlossen (Klagel. 3, 8, wo statt שתם gelesen wird סתם תפלתי); doch wenn auch die Pforten des Gebetes verschlossen sind, so doch nicht die Pforten für die Thränen (שערי דמעות); diese dringen zu Gott ein (Ps. 39, 13: אל דמעתי אל תחרש). Aus gleichem Grunde wol wird Israel im Zustande der Trennung vom Heiligtum נדה eine durch Blutfluß Unreine genannt *Wajjikra rabba* c. 19.

Was das Land Israel betrifft, so hält das Volk auch nach

dem Verluste desselben daran fest, daß es die eigentliche Stätte der Gegenwart und des Reiches Gottes sei. Wer im Lande Israel wohnt, ist deshalb nach *Kethuboth* 110[b] Gotte näher, als wer außerhalb desselben wohnt. Israel hält fest daran, daß das heilige Land auch jetzt noch ihm gehöre. Drei gute Gaben sind Israel gegeben, und die Völker der Welt gelüsten nach ihnen, werden sie aber nicht erlangen: die Thora, das Land Israel und die zukünftige Welt, *Mechilta* 79[b], vgl. *Schemoth rabba* c. 1. Für Israel ist das Land seiner Väter das Land der Länder. *Sifre* 148[b] nennt dieses Land die Stärke der Welt (תוקפה של עולם, nicht Wendepunkt תקופה) und *Sifre* 77[a] sagt von ihm, es sei höher als alle anderen Länder. *Schemoth rabba* c. 32 werden die Vorzüge des Landes vor allen andern Ländern gepriesen. Bei solcher Vorliebe geschah es nur sehr langsam und hielt sehr schwer, daß die frommen Israeliten sich vom Lande Israel lösten. Man wollte zuerst keine Gesetzesschule (Academie ישיבה) außerhalb des Landes Israel haben. *Sifre* 91[b] nennt mehrere Weise, die aus dem Lande gehen wollten, um Thora zu studiren; aber auf der Grenze brachen sie in Thränen aus beim Gedächtnis an das Land Israel, zerrissen ihre Kleider und kehrten wieder um; denn, sagten sie, das Wohnen im Lande Israel wiegt alle Gesetze der Thora auf. Indeß bestand hierüber auch eine andere Meinung. Nach *Kethuboth* 111[a] soll Israel in Babel wohnen, bis Gott selbst es heimführt. Man verlieh auch dem Lande Babel als dem von Gott selbst bestimmten zeitweiligen Aufenthaltsorte Israels einen gewissen Grad von Heiligkeit. Das Land Israel steht auf höchster, das Land Babel auf mittlerer, der übrige Erdkreis der Völker auf niedrigster Stufe der Heiligkeit. Allein das Land Israel blieb doch für alle Frommen das Ziel der Sehnsucht. Die Ursache davon war nicht bloß der durch die Vergangenheit und ideale Bestimmung dem Lande aufgeprägte Charakter, sondern insonderheit die bestimmte Erwartung, daß im Lande Israel die Todten zuerst auferstehen sollen, daß hier der Messias sich offenbaren und sein Reich werde errichtet werden. In *Bereschith rabba* c. 74 heißt deshalb das Land Israel das „Land der Lebendigen". Um an der Auferstehung der Todten alsbald Teil zu haben, wollte man womöglich im Lande Israel ruhen. In *jer. Kilajim* 32[c] wird erzählt, daß man die Leichen von Rabbinen, welche man besonders ehren wollte, nicht in Babylon begrub, sondern in das Land Israel zum Begräbnis überführte. An derselben Stelle werden dann überhaupt Beispiele von

§ 17. Die Heidenwelt außerhalb des Reiches Gottes.

solchen angeführt, die im Lande Israel begraben wurden, nachdem sie außerhalb desselben gestorben waren. Man legte sogar dem Begräbnis im Lande Israel sühnende Kraft bei. Die Todten aber, welche man nicht im heiligen Lande bestatten konnte, legte man im Grabe wenigstens so, daß die Füße nach dem Lande Israel gekehrt waren. So bleibt denn der Glaubens- und Hoffnungsblick Israels auf Jerusalem und das Heiligtum, sowie auf das heilige Land gerichtet. Besteht gleich die Gemeinschaft zwischen Gott und dem gesetzestreuen Israel auch in der Verbannung fort, ist gleich auch überall, wo die Thora einen Sitz hat, Gott König, und seine Herrschaft vorhanden, also das Reich Gottes, so kommt doch dieses zu seiner Vollendung und schließlichen Darstellung erst dann, wenn die Schechina mit Israel in das heilige Land zurückkehrt, wenn Jerusalem und das Heiligtum wieder hergestellt werden. Dies bleibt das Gebet und die Hoffnung Israels.

Kap. VI. Der religiöse Charakter und die Bestimmung der Heidenwelt.

§ 17. Die Heidenwelt außerhalb des Reiches Gottes.

Die Völkerwelt ist durch Verwerfung der Thora und überhaupt eines jeden göttlichen Gesetzes in bewußten Gegensatz gegen Gott getreten. Sie hat den Götzendienst erwählt und sich Gotte absolut verschlossen, so daß er sich an ihr nicht mehr bezeugen kann und sie von seinem Reichsplan schlechthin ausgeschlossen hat. Von Gott verlassen, ist die Völkerwelt dem Dienste des Fleisches verfallen, und im Fleischesdienst auch der menschlichen Natur verlustig geworden; sie hat thierische Art angenommen, so daß sie für ethisch und physisch unrein anzusehen ist. Vgl. Röm. 1, 19—32.

1. Die oben (S. 19 f.) besprochene Nichtannahme der von Gott angebotenen Thora von Seiten der Heiden kommt hier abermals in Betracht, insofern sie für ein wirkliches Nichtwollen, eine bewußte Verwerfung angesehen wird, vgl. *Pesikta* 199ᵇ. 200ᵃ. In *Schemoth rabba* c. 17 heißt es ausdrücklich: Gott erschien den Heiden, und sie wollten die Thora nicht annehmen (לא רצו), sie erschien ihnen als etwas Werthloses (שאין בן ממש), vgl. das. c. 27). Aber die Heiden

verwarfen nicht bloß die Thora im Ganzen, sondern sind nicht einmal gewillt, das leichteste Gebot derselben zu halten. So sagt *Aboda sara* 3[a,b] von dem Laubhüttengebot, daß selbst dieses den Heiden zu erfüllen zu beschwerlich sei, sobald nämlich die Hitze komme und das Sitzen in der Laubhütte unangenehm werde. Ein anderer Ausdruck für die Anschauung, daß die Heiden die Thora mit Bewußtsein verwarfen, findet sich *Tosefta Sota* c. 8: „Wie haben die Völker der Welt die Thora gelernt? Gott hat sie in das Herz jedes Volkes und Reiches gegeben, und sie haben die Schrift abgehoben von den Steinen in 70 Sprachen. (Die Steine sind die des Berges Ebal, auf welche Israel nach Jos. 8, 30—32 die Thora geschrieben.) In dieser Stunde wurde ihr Urteil zum Verderben (לבאר שחת) besiegelt". Hiernach kannten die Heiden die Thora und verwarfen sie. Aber noch mehr: sie sind so sehr gegen jedes Gesetz überhaupt, daß sie nicht einmal die sieben noachischen Gebote (vgl. Schürer II, 568 f.) erfüllt haben; Gott mußte sie ihnen abnehmen und auf Israel übertragen *Aboda sara* 2[b]. 3[a]. *Wajjikra rabba* c. 13. Dieser widergesetzliche Sinn hat sie seit der Offenbarung der Thora zu Feinden Jehova's gemacht, welche zur Vertilgung bestimmt sind *Bammidbar rabba* c. 1, vgl. *Tanchuma* zu *Debarim, Beracha* 4. Wie Israel vom Sinai her seinen *character indelebilis* als Volk Gottes trägt, so tragen die Heiden von da her den *character indelebilis* als Feinde Gottes. Sie haben sich mit freiem Willen einem andern Dienste ergeben, als dem Dienste Gottes; ihr positiv religiöser Charakter ist der fremde Dienst (עבודה זרה), d. i. der Götzendienst im Gegensatz zum Dienste Gottes (כיל מלכות שמים). Diese fremden Götter sind nicht Götter, sondern Götzen oder Nichtse, daher ihre Religion bezeichnet werden kann als eine עבודה אלילים. Doch rührt der letztere Ausdruck meist, wie immer die Bezeichnung der Heiden mit dem Notarikon (§ 27, 2d) *Akkum* (עכ'ום d. i. עובדי כוכבים ומזלות Stern- und Planetenanbeter), von der mittelalterlichen Censurbehörde her. Vgl. noch Strack, Einleitung in den Talmud, 2. Aufl. S. 34; daselbst Citate.

Der Heide ist nun Gotte und seinem Volke gegenüber *Nochri*, der Fremde (נכרי oder בן נכר), für Gott Verschlossene. Gott kann an ihm nicht wirken. Der heilige Geist (רוח הקדש) ist von ihm genommen *Bammidbar rabba* c. 20. Damit ist alle Gotteserkenntnis von den Heiden gewichen. *Jalkut* I, 765 lehrt, daß Bileam, der Prophet der Heiden, der letzte unter ihnen, der eine Erkenntnis

§ 17. Die Heidenwelt außerhalb des Reiches Gottes.

Gottes besaß, diese den Heiden nicht mitgeteilt habe, so daß sein Dienst Israel allein zu Gute kam. Auch im Gewissen der Heiden kann sich Gott nicht bethätigen, da ihnen selbst die noachischen Gebote fehlen, so daß sie keine Norm sittlichen Handelns mehr haben. Infolge dessen läßt sie Gott Alles thun, was sie wollen, ohne sich ihnen, wie er Israel gegenüber thut, durch Strafe für einzelne Sünden als den Heiligen zu bezeugen *Echa rabba* 47ᶜ (?) vgl. *Wajjikra rabba* c. 13; 2 Macc. 6, 12—17.

Weil nun die Heidenwelt Gott absolut fremd gegenübersteht, ist sie auch schlechthin von seinem Reichsplan ausgeschlossen. In *Wajjikra rabba* c. 13 wird zwischen Israel und den Heiden unterschieden, als zwischen שהם לחיי עולם הבא solchen, welche zum ewigen Leben bestimmt sind, und שאינן לחיי ע׳ הבא solchen, welche nicht dafür bestimmt sind. Die Heiden sind also nicht für das ewige Leben bestimmt. Nach *Bammidbar rabba* c. 2 sollen die Heiden daher auch in Zukunft die Thora nicht erhalten, sondern Gottes Zorn ruht auf ihnen als ein bleibender. Gesetzt den Fall, ein Heide wollte sich nach dem Gesetze halten und z. B. das Sabbatgebot erfüllen, ehe er die Beschneidung angenommen hat, so ist er des Todes schuldig *Sanhedrin* 58ᵇ. Selbst wenn ein Heide die ganze Thora hielte, so nützte ihm das nichts ohne die Beschneidung *Debarim rabba* c. 1. Die Thora, welche Israel das Leben bringt, bringt nach derselben Stelle den Heiden den Tod. Sogar studiren soll der Heide die Thora nicht, sonst ist er des Todes schuldig. Rabbi Meir lehrte zwar, er solle sie studiren, weil es heiße, jeder Mensch solle durch sie leben. Aber seine Ansicht drang nicht durch *Sanhedrin* 59ᵃ. Wenn der Heide in der Noth zu Jehova betet, so wird sein Gebet nicht erhört *Debarim rabba* c. 2. Und wenn er nach begangener Sünde Buße thut, so hilft es ihm nichts *Pesikta* 156ᵇ. Auch sein Almosen wird ihm nicht zugerechnet *Pesikta* 12ᵇ. Der Heide hat also als solcher vor der Beschneidung schlechterdings keinen Teil an Gott, an seiner Gnade und Offenbarung. Gott bezeugt sich nicht an ihm und erwidert seinen guten Willen, ihm zu nahen, nicht mit dem Willen ihn zu sich zu ziehen, es sei denn, daß der Heide den Anschluß an das Judentum begehre (§ 19, 1). Es ist auch nicht Gottes Absicht, die Völkerwelt als solche je zur Stätte seines Reiches zu machen, d. h. Heiden ohne die Beschneidung oder den Eintritt in das jüdische Volkstum anzunehmen. Hiernach wird es zu verstehen sein, wenn nach *Schir rabba* zu 5, 16 Gott um die Buße der Heiden wirbt.

Wenn der Prophet Maleachi weissagt, daß die Anbetung Gottes eine allgemeine werden soll, so gilt dies nach *Bammidbar rabba* c. 13 nur von der jüdischen Diaspora der ganzen Welt. „Vom Aufgang der Sonne bis zum Niedergang" heißt danach soviel als: wo Israeliten in der Welt sind, soll Gottes Name angebetet werden. *Tanchuma* zu *Wajjikra, Achre moth* 9 sagt, Maleachi weissage, es werde an allen Orten der Völkerwelt, wo sich Juden im Exil befinden, das Mincha- oder Abendgebet gehalten werden. Zu dem Gedanken der Universalität des Reiches Gottes steht also das jüdisch religiöse Bewußtsein in unversöhnlichem Gegensatz.

2. Absolut von Gott und seinem Geist verlassen, ist die Völkerwelt dem Dienste der Sünde, insonderheit dem Fleischesdienste verfallen. Als Einheit im römischen Weltreiche zusammengefaßt, heißt sie „das Reich des Frevels" מלכות הרשעה *Beresch. rabba* c. 2 u. ö. oder auch „Esau der Frevler" *Pesikta* 54ᵃ. In ihren Büchern (in denen Gott ihre Werke aufgezeichnet hat) findet sich kein Verdienst *Esther rabba* zu 1, 1; daselbst zu v. 10: Für die Völker der Welt gibt es kein Gutes, denn es heißt Pred. 8, 13: kein Gutes wird sein dem Frevler. Von jedem Heiden wird vorausgesetzt, daß er bös (רשע S. 11) ist; die Heidenwelt besteht aus lauter Frevlern. Wurde Hiob an Frömmigkeit von keinem seiner Zeitgenossen übertroffen *Debarim rabba* c. 2, so heißt Rebekka *Beresch. rabba* c. 63 die Rose unter den Dornen. Während der Israelit immer mit der Erfüllung der Gebote, ist der Heide immerfort mit Uebertretungen (עבירות) beschäftigt. Jeder Heide ist verdächtig (חשוד), wie aller Sünden überhaupt, so besonders der Fleischessünden (vgl. Röm. 1; Joh. 18, 28; Apg. 10, 28). *Mechilta* 17ᵇ werden alle Aegypter kurzweg als im Ehebruch Erzeugte bezeichnet. Hiermit vergleiche man den Rechtsgrundsatz in *Jebamoth* 98ᵃ: אין אב לגוי kein Heide hat einen Vater, d. h. einen solchen Erzeuger, dessen Ehe innerjüdischen Gesetzen und Verhältnissen entspräche. Weil der Heide der schwersten Fleischessünden verdächtig ist, bestimmt *Aboda sara* II, 1, daß der Jude in die Ställe der Heiden kein Vieh einstellen soll, weil man von ihnen annimmt, daß sie das Vieh zu widernatürlicher Unzucht mißbrauchen. „Die Heiden ziehen das Vieh der Juden ihren eigenen Frauen vor." Wir werden später (§ 48, 1) sehen, daß diese Begierde zum Incest für Nachwirkung physischer Infection der Eva durch die Schlange angesehen wird, vgl. *Aboda sara* 22ᵇ. *Schabbath* 146ᵃ. In *Rosch haschschana* 3 wird darüber verhandelt, ob Kores כשר gut, fromm

§ 17. Die Heidenwelt außerhalb des Reiches Gottes.

gewesen sei und auf gleiche Linie mit den Königen Israels gestellt werden dürfe. Dies bejahen Einige, Andere verneinen es und bezichtigen ihn, er habe שגל eine Hündin zum Weib gehabt und wie Nebukadnezar sodomitische Greuel getrieben. In Verbindung mit diesen Fleischessünden steht die Prasserei und Schwelgerei, welche den Heiden nachgesagt wird, z. B. *Pesikta* 59[b]. Was der Heide Gutes empfängt, mißbraucht er zur Sünde 194[b]. „Wenn die Heiden Feste feiern, so essen und trinken sie, verüben Muthwillen und Leichtsinn, besuchen dann Theater und Circus und reizen dich, o Herr, durch ihre Worte und Werke, während Israel an seinen Festen isset und trinket und sich freuet, dann in die Synagogen und Lehrhäuser geht und viel betet" 190[a.b]. Ueber Theater und Circus der Heiden ist das Urteil überall sehr streng, vgl. 119[b]. 168[b] u. § 18, 2; vgl. *Bereschith rabba* 67. Auch das Theater entbehrt alles sittlichen Gehaltes. Die Heiden erscheinen da bloß als משחקים, ein Ausdruck, welcher Spiel und Scherz mit dem Begriff des Unreinen und Frivolen verbindet (vgl. 1 Kor. 10, 7). Aber dazu ist der Heide erzogen. Ist der Knabe groß, so führt man ihn zum Götzendienst, wo er Gott erzürnen lernt 190[a]. Gilt von allen Leuten (בריות) als solchen, daß sie nur um Segen für den Landbau beten, nach *Bereschith rabba* c. 13, so gewiß besonders von den Heiden: der Heide ist der in die Materie versunkene fleischliche Mensch ohne alles Göttliche. In diesem fleischlichen Wesen scheint er selbst die ursprüngliche menschliche Natur verloren zu haben, so daß *Baba mezia* 114[b] in 4 Mos. 19, 14; Ez. 34, 31 das Prädicat Mensch (אדם) getrost auf Israel beschränkt wird. (Vgl. aber die Nachträge.)

In ethischer wie in physischer Beziehung ist also der Heide durchaus unrein. Pharao wird *Schemoth rabba* c. 20 in einem Gleichnis mit einem Schweinehirten (רועה חזירים) verglichen, der ein Lamm gestohlen hat. Dies ist nicht etwa eine vereinzelte Aeußerung: die heidnischen Völker gelten schlechthin als unrein. Deshalb finden wir in der *Pesikta* 29[b], daß durch Israels Abstammung von dem Heiden Therach, und durch ihn von den Völkern der Welt (אומות העולם) das Wort (Hiob 14, 4) in Erfüllung gegangen sei: Wer gibt einen Reinen von den Unreinen? Auch die Länder der Heiden wurden davon berührt, wie sie denn (*Aboda sara* 8[b]) von den Weisen 80 Jahre vor der Zerstörung Jerusalems für unrein erklärt wurden, vgl. *Schabbath* 15[a]. Bis zur Auswahl Israels waren alle Länder כשרים gut, d. i. würdig zur Wohnung Gottes geachtet, nun aber sind die Länder der Heiden unrein, d. h. nicht mehr rein genug, daß Gott in ihnen wohne und sich ihnen offenbare, *Tanchuma* zu *Schemoth, Bo* 5.

§ 18. Der Unwerth der Heidenwelt vor Gott und Israel.

Die sittlich und religiös gehaltlose Heidenwelt schafft für Gott weder zeitliche noch ewige Frucht und hat darum für Gott und sein Reich keinerlei Werth und Bedeutung. Ebenso wenig Werth hat sie für die Gemeinde Gottes; diese hat ihr gegenüber lediglich die Pflicht der Selbstbewahrung zu erfüllen.

1. Während Israel Weizenfrucht חטים genannt wird, von welcher Gott Genuß hat, heißen die Heiden Stroh und Spreu, תבן und קש. Von ihnen hat also Gott keine Frucht. Sie sind werthlos für Gott. Deshalb werden sie auch als Auskehricht (טינופם) bezeichnet *Tanchuma* zu *Bammidbar* 19, während Israel aus Gerechten besteht und den Namen von Gerechten (צדיקים, bildlich Weizen חטים) trägt. Gott zählt nur Israel, nicht die Heiden, die vor ihm gleichsam nicht vorhanden (כאין) sind, vgl. a. a. O. 20: אינן חשובין. Wie sie für die Zeit keine Frucht schaffen und für Gott ohne Werth und Bedeutung sind, so für die Ewigkeit. *Wajjikra rabba* c. 13 werden Israel und die Heiden mit zwei Patienten verglichen. Der eine ist zum Tode krank, für den andern besteht noch Hoffnung. Jenem erlaubt der Arzt Alles, diesem nicht; jener bekommt kein Gesetz, dieser bekommt ein solches (vgl. S. 67). „So sind die Völker der Welt (אומות העולם), welche nicht bestimmt sind zum ewigen Leben (שאינן לחיי עולם הבא S. 67); für sie ist geschrieben: Wie das grüne Kraut habe ich euch Alles gegeben. Aber bei Israel, welches bestimmt ist zum ewigen Leben (שהם לחיי עולם הבא), gilt das Wort: Dies ist das Gethier, von welchem ihr genießen sollt. Die Bestimmung der Heidenwelt ist lediglich, gerichtet zu werden *Tanchuma* zu *Bereschith, Wajjescheb* 1: Von Anbeginn der Schöpfung der Welt beschäftigte sich der Heilige mit der Abstammung der Heiden, damit sie keine Entschuldigung haben, um die Kreaturen wissen zu lassen ihre schimpflichen Ursprünge (גילוי). Warum werden die Nachkommen Esau's 1 Mos. 36 aufgezählt? Um zu zeigen, daß sie alle aus blutschänderischen Verbindungen entsprossen sind (כלם בני זמה). Aber Israel ist das Korban des Heiligen, und er nennt sie seinen Theil, sein Erbe (נחלה, חלק, חבל). Und warum beschäftigt sich der Heilige

§ 18. Der Unwerth der Heidenwelt.

von Anfang an mit den Genealogien der Heiden? Er gleicht einem
Könige, der eine Perle hatte, die ihm in den Staub und das Kehricht
(צרורות) gefallen war; er war gezwungen, im Staub und Kehricht
zu suchen, um sie herauszubringen. Sobald er sie gefunden, läßt
er Staub und Kehricht und beschäftigt sich bloß mit der Perle.
Echa rabba 55[b] (?): Jehova hat die Völker der Welt (אומות העולם)
wegen Israel für פסילים erklärt, d. h. für nicht fähig zur Gemeinschaft
Gottes und seines Reiches. Den Heiden, sagt *Tanchuma*,
Schemoth Mischpatim 3, hat Gott kein Gesetz gegeben wie Israel;
sie mögen thun oder lassen, was sie wollen, sie gehen doch in die
Verdammnis ein; Israel aber hat Gott das Gesetz gegeben, damit
es dadurch lebe. Weil nun Gott aber gerecht ist, so ist den Heiden
für das ewige Leben die irdische Welt gegeben; und sofern sich
ein Heide ein Verdienst erwirbt, so empfängt er sofort seinen Lohn
in dieser Welt.

2. Auch für Gottes Gemeinde ist die Heidenwelt ohne Werth.
Es gibt für das jüdisch religiöse Bewußtsein zwischen Judentum und
Heidentum kein mittleres Gebiet des Natürlichen oder rein
Humanen, auf welchem beide sich berühren könnten, wo sie beide
gemeinsames Interesse haben, gemeinsame Arbeit thun und gemeinsame
Frucht ernten könnten. *Pesikta* 46[a] wird ausgeführt, daß
Israel sich der Besonderheit seiner Pflichten auch in allen Aeußerlichkeiten
des Lebens bewußt ist. Namentlich ist die Weisheit der
Heiden (חכמה יונית), die Sprache und Philosophie der Griechen
ohne Werth für Israel, vgl. *Chagiga* 15[b]. Es hat für sie gar keine
Zeit, denn die Thora soll Tag und Nacht nicht von Israel weichen
Baba Kamma 82[b]. *Menachoth* 99[b]. Nicht einmal von den Sadducäern
ist aus *Jadajim* IV, 6 zu entnehmen, daß sie die Schriften des
Homer verehrten (vgl. Levy, Neuhebr. Wörterbuch I, 476[a]. II, 164[a]).
Wie sollte Israel auch bei den Heiden Weisheit suchen? Verhält
sich doch die Weisheit der Juden zu der der Griechen wie Zehn
zu Eins *Kidduschin* 49[b]. Ueber das Erwerbsleben gilt nach
strengster Anschauung der Grundsatz, daß man mit dem Heiden
kein gemeinsames Geschäft (שותפות) mache; könnte man doch sonst
in die Lage kommen, jenen bei seinem Gotte schwören zu lassen
Sanhedrin 63[b]. In *Bereschith rabba* 80 wird wenigstens nach 1 Mos.
34, 9; 5 Mos. 7, 3 die Erfahrung ausgesprochen, daß der Heide zuerst
den Juden auf seine Seite zu bringen suche. *Aboda sara* 13[ab]
indet man dagegen den Grundsatz, daß den Heiden bei einem

Götzenfeste Vieh abgekauft werden darf, weil deren wirthschaftliche Verhältnisse durch einen solchen Verkauf nur geschwächt werden. Auch was der Heide baut und an Früchten zieht, darf Israel nur in beschränktem Maße genießen. Die Schulen Hillels und Schammai's verboten Oel und Wein der Heiden. Doch mußte Juda Hannasi das Oel wieder gestatten, vgl. die Gemara zum Tractat *Aboda sara* II, 5. Hier wird auch im Einzelnen bezüglich der Nahrungsmittel gelehrt, wiefern sie verboten oder zugelassen sind. Darüber hatte sich eine reiche Kasuistik ausgebildet. — Was endlich den **socialen Verkehr**, die Ehe und sonstige Gemeinschaft betrifft, so ist das Connubium mit den Heiden schlechthin untersagt. Die Töchter der Heiden werden von Geburt an als menstruirend (נידות) betrachtet, so daß man bei Todesstrafe ihnen nicht nahen soll; selbst das Alleinsein mit ihnen ist verboten (s. aber Nachtrag a. E. des Buches). Der familiäre Verkehr ist untersagt; jüdische Kinder würden von heidnischen voraussichtlich die Unzucht erlernen, a. a. O. Tritt eine Verbindung zwischen einem Heiden und einer Jüdin ein, und geht aus derselben ein Kind hervor, so ist dieses trotzdem ein jüdisches und daher nur dann ein *Mamser* (ממזר), *Jebamoth* 45[a], wenn die Verbindung gegen die gesetzlichen Bestimmungen (3 Mos. 18. 20) verstößt: das Kind wird nach der Mutter beurteilt (vgl. Apg. 16, 1—3 mit Gal. 2, 3). Es gibt auch keinen sonstigen freien socialen Verkehr zwischen Juden und Heiden. Israel besucht die heidnischen Theater nicht (S. 69) *Ruth rabba* zu 1, 16 (Ruth muß auf den Besuch der Theater verzichten) und *Echa rabba* zu 3, 14, zumal da der Jude dort der Spott der Heiden ist. Wird der Jude vom Heiden über die Thora befragt und gibt er ihm Bescheid auf seine Fragen und Zweifel, so thut er es doch nicht, ohne seine Rede mit einem Fluch gegen den Heiden einzuleiten *Bereschith rabba* c. 11. Man nimmt von dem Heiden keine Wolthaten an; denn diese sind Israel so schädlich wie das Gift der Schlange *Pesikta* 13[b]. Nach *Baba bathra* 4 wurde Daniel von Gott gestraft, weil er dem Nebukadnezar das Mittel zu längerer Behauptung seiner Herrschaft angab; nach *Sanhedrin* 104[a] (vgl. *Aboda sara* 20[a]) zog Hiskia seinen Kindern dadurch das Exil zu, daß er Heiden an seiner Tafel hatte (Jes. 39, 3—7). Doch darf man den Heiden nicht betrügen auf Grund von 3 Mos. 25, 47 ff. nach R. Akiba in *Baba kamma* 113, auch nicht in der Gesinnung nach R. Samuel (240 n. Chr.) in *Chullin* 94. Wenn einem israelitischen Gemeinwesen die Sorge für die heidnischen Armen und die Bestattung der heidnischen Todten zur Pflicht gemacht wird, so geschieht das um des friedlichen Verkehrs willen *Gittin* 61ᵃ: מפני דרכי שלום. Es gibt für den Israeliten den Heiden gegenüber sonach keinen andern Gesichtspunkt des Verhaltens, als wie er gegen denselben sein Dasein und seine religiöse Eigenthümlichkeit bewahre.

§ 19. Der Fortbestand der Heidenwelt und ihre Macht über Israel.

Angesichts des Wesens des Heidentums ergeben sich mit Nothwendigkeit die Fragen, warum Gott es fortbestehen lasse, wie solches mit seiner Gerechtigkeit sich vertrage, und ob der Heidenwelt aus ihrem Fortbestand nicht irgend ein Gewinn erwachse. Die erste Frage erledigt sich im Hinblick auf die Weltregierung, die zweite im Blicke auf Israels Mittlerschaft, die dritte bei Berücksichtigung der Einzelnen, welche aus den Heiden zum Volk Israel hinzutreten. Eine weitere Schwierigkeit ist, wie Israel unter der heidnischen Macht stehen könne. Aber Gottes Volk bleibt ohne allen innern Zusammenhang mit der Weltmacht; überdies ist das Verhältnis vorübergehend und wird im Gericht über die heidnische Weltmacht ausgeglichen.

1. Der Fortbestand der Heidenwelt. Warum rottet Gott nicht den Götzendienst einfach dadurch aus, daß er die Gegenstände heidnischer Anbetung vernichtet? Auf diese Frage gibt die Mischna selbst *Aboda sara* c. IV, 7 und *Mechilta* 75ᵇ (vgl. unten § 31, 1) umständliche Antwort. Man legte den Aeltesten diese Frage vor. Sie antworteten: Wenn die Götzendiener nur einen Gegenstand anbeteten, dessen die Welt nicht bedarf, so würde Gott diesen vernichten; aber siehe, sie beten Sonne, Mond, Sterne und Planeten an: sollte er seine Welt um der Thoren willen vernichten? Da erwiderten sie: Wenn dem so ist, so sollte Gott doch wenigstens das vernichten, dessen die Welt nicht bedarf, und das lassen, dessen sie bedarf. Sie sagten ihnen: So würde er ja selbst die Anbeter dieser Gegenstände bestärken, denn sie würden sagen: Ihr sehet, daß diese Gegenstände göttlichen Wesens sind, da sie nicht vernichtet worden sind. Die Gemara zu dieser Mischna führt aus, daß

Gott der Welt ihren Lauf lasse, daß jedoch den Thoren die Strafe gewiß sei. Es werden dort noch andere verwandte Fragen erörtert, z. B. wie die Gebetserhörungen zu erklären seien, welche die Heiden von ihren Göttern erfahren, worauf die Antwort lautet, daß die göttliche Vorherbestimmung mit dem Gebetsmoment zusammentreffe, oder daß Gott die Menschen auf solche Weise versuche etc. Auf diese Art sucht sich das religiöse Bewußtsein mit der Existenz der götzendienerischen Welt auseinanderzusetzen, ohne andere Erklärungsgründe heranzuziehen, als die, welche in der allgemeinen Weltregierung und der Ausgleichung im künftigen Gericht begründet sind. Gott übt Langmuth an den Heiden; sie mißbrauchen seine Güte; aber schließlich folgt die Strafe *Pesikta* $22^{a\,b}$.

Fragt man nun weiter, wie es sich mit Gottes Gerechtigkeit vereinigen lasse, daß das Heidentum fortbestehe, so kommt Israels Mittlerschaft , in Betracht. Israel hat eine Mittlerstellung zwischen Gott und den Völkern; um Israels willen erhält Gott die Welt *Bereschith rabba* c. 66. Alle Geschlechter des Erdbodens werden nach *Jebamoth* 63^{a} nur gesegnet um Israels willen. Ja *Succa* 55 sagt, daß Israels Opfer eine Sühnung auch für die Sünden der Heiden sei, und aus *Tanchuma* zu *Bammidbar Pinchas* 16 ersicht man, daß Israel am Laubhüttenfest auch für die Heiden siebzig Stiere geopfert hat. *Bereschith rabba* c. 28 wird das Verdienst, durch welches die Heidenwelt erhalten wird, insbesondere den Proselyten aus ihrer Mitte beigelegt: durch das Verdienst der Gerechten, die alle Jahre aus der Mitte der Heiden erstehen, werden die Uebrigen, welche die Ausrottung verdient haben, gerettet.

Wenn nämlich die relative Nothwendigkeit und Möglichkeit des Fortbestandes der Heidenwelt erklärt ist, so fragt es sich, ob nicht, wenn dieser Fortbestand für Gott und sein Reich an sich ohne Werth ist, doch Einzelnen aus der Heidenwelt Gewinn daraus erwachse. Wenn auch nicht die Völkerwelt als solche und kein Volksganzes Stätte des Reiches Gottes werden kann, so ist doch die Möglichkeit nicht ausgeschlossen, daß einzelne Heiden aus der Gemeinschaft ihres Volkes austreten und dem jüdischen Volke, mithin dem Reiche Gottes, eingefügt werden könnten. *Schemoth rabba* c. 19 und *Wajjikra rabba* c. 2 lehren in der That, daß dem einzelnen Heiden der Zugang zu Israel offen stehe; aber nicht minder erkennen wir aus *Bammidbar rabba* c. 8, *Schemoth rabba* c. 19 u. a. Stellen, daß der einzelne Heide am Reiche Gottes keinen

§ 19. Der Fortbestand der Heidenwelt.

Teil haben kann, ohne aus dem Verbande seines Volkes auszutreten und durch die Beschneidung dem Volke Gottes sich einverleiben zu lassen. Und da das Reich Gottes für seinen Bestand nicht auf diesen Zuwachs aus dem Heidentum angewiesen ist, so besteht keinerlei Pflicht der Gemeinde Gottes, die Heiden zu suchen und zum Anschluß zu gewinnen. Zwar ist Israel nach *Wajjikra rabba* c. 6 verpflichtet, den Völkern der Welt die Gottheit Jehova's zu bezeugen, ja nach *Bereschith rabba* c. 39 Proselyten zu machen, welche Absicht *Bammidbar rabba* c. 10 sogar dem Salomo bei seiner Vermählung mit heidnischen Frauen nachgesagt wird; auch findet sich *Pesachim* 87[b] die Andeutung, Gott habe Israel unter die Heiden zerstreut, damit es den Samen der Gotteserkenntnis unter ihnen ausstreue und Proselyten mache. Vgl. übrigens Schürer II, § 31, V. Allein unter dem Proselytenmachen ist (unbeschadet Matth. 23, 15 und trotz der gewaltsamen Beschneidung der Idumäer durch Hyrkan nach Josephus, Ant. 13, 9, 1 u. ö.) immer nur die Annahme, nicht das Suchen derselben gemeint. Wenn sie auf die Kunde, daß Jehova der wahre Gott sei, zu Israel kommen, sind sie nicht zurückzuweisen, wie die greise Naemi die Moabitin Ruth nicht an sich zu ziehen suchte, aber auf ihr Bitten annahm, um sie dann als Proselytin in den gesetzlichen Satzungen für Frauen zu unterweisen *Ruth rabba* zu 1, 16. Es ist ein Zeichen göttlichen Wolgefallens an Israel, wenn durch seine Fügung viele aus den Heiden herzukommen. *Schir rabba* zu 6, 2: Wenn Israel Gottes Willen thut, so sieht Gott, ob nicht Gerechte unter den Heiden sind, wie Jethro, Rahab u. a., und macht, daß sie an Israel sich anschließen (מדבק); wenn aber Israel Gottes Willen nicht thut, so nimmt er die Gerechten aus Israel selbst weg, vgl. *Koheleth rabba* zu 5, 17. Es gibt Zeiten, in welchen unter den Heiden ein besonderer Zug zum Anschluß an Israel entsteht, wenn sie nämlich die Wunder Gottes sehen und seine Offenbarung als des Erlösers Israels wahrnehmen, vgl. *Schir rabba* zu 1, 2. Besonders zur Zeit der Erlösung aus Aegypten zogen viele Proselyten aus den Aegyptern mit Israel *Schemoth rabba* c. 27, und in der Zeit Davids kamen zufolge *Bammidbar rabba* c. 8 150,000 Proselyten, als sie sahen, wie Gott der Gibeoniten wegen, die einst sich Israel angeschlossen hatten, selbst der Nachkommen Sauls nicht schonte. In der Erlösungszeit werden nach *Tanchuma* zu *Schemoth Theruma* 9 die Heiden sehen, daß Gott mit Israel verknüpft ist, und sich „an

Israel hängen". Dieses ist der gewöhnliche Ausdruck. Gerade aus den Massenbekehrungen aber ersieht man, daß es auf die Heiden nicht ankommt: sie strömen aus eigenem Antriebe herbei (vgl. Jes. 60, 3 ff.), um an Israels Glück Teil zu haben, und sind froh, angenommen zu werden. Das Verhalten Israels gegen sie ist sogar mehr abweisend als anlockend, wie man aus dem Ausspruch *Nidda* 13^b ersieht, die Proselyten seien für Israel so hart wie der Aussatz in der Haut (ספחת בציור wegen Jes. 14, 1), weil sie durch ihre Gesetzesunkunde das Kommen des Messias aufhalten; vgl. Raschi z. d. a. St. Von Schammai ist bekannt, daß er den Heiden, der bloß das schriftliche Gesetz lernen wollte, wegjagte. *Mechilta* 66^a gibt die Regel: man soll den Proselyten mit der linken Hand wegstoßen, mit der rechten annehmen. Dabei kommt in Betracht, daß die Beweggründe zum Uebertritt gar sehr verschieden sind. Nach *Jebamoth* 24^b unterschied man גרי אריות Proselyten aus Furcht, vgl. 2 Kön. 17, 24 ff., גרי חלומות Proselyten, die sich durch Träume zum Anschluß an Israel bewegen ließen, und גרי מרדכי ואסתר Proselyten, welche sich anschließen wie einst die in den Tagen der Esther. Interessant ist die Art und Weise der Aufnahme der Proselyten. Der Unterricht besteht nach *Jebamoth* 47^a in einer Unterweisung in den Geboten und einer Belehrung über den Lohn für ihre Erfüllung und die Strafen für ihre Uebertretung. Doch ist die Bezeichnung der Konversion als eines Kommens zu dieser Regel des Lebens (בא למדה זו) *Jebamoth* 47^a und der Ausdruck „die Religion wechseln" (המיר הדת) *Succa* 55 eine Erfindung der mittelalterlichen Censur. Nach dem Unterrichte erfolgt die förmliche Aufnahme durch Beschneidung (מילה) und Tauchbad (טבילה, Taufe, s. Schürer II, 569 f.) *Berachoth* 47^b. *Jebamoth* 46^b u. ö. Neben diesen beiden Acten kennt *Kerithoth* 2, 1 noch ein Opfer. Frauen werden lediglich durch das Tauchbad aufgenommen, s. *Tanchuma* zu *Wajjikra Sinai* 3. Das Bad dient zur Reinigung von der heidnischen Unreinheit. Die Beschneidung ist das Zeichen, daß der Proselyt in den Bund Abrahams eingetreten ist; sie heißt *Schemoth rabba* c. 19 das Siegel Abrahams (חותמו של אברהם) oder das Zeichen des heiligen Bundes (אות ברית הקדש); vgl. Röm. 4. Durch die Beschneidung ist der Proselyt aus aller heidnischen Volks- und Religionsgemeinschaft ausgeschieden und ein Glied des jüdischen Volkes geworden. Man erkennt dies daraus, daß *Nedarim* 31^b der Heide mit dem Worte עָרֵל Vorhaut bezeichnet wird, während מולים den Juden bezeichnet. Durch die Beschneidung

§ 19. Der Fortbestand der Heidenwelt. 77

ist also der Heide Jude geworden. Nur der Proselyt, welcher die Beschneidung angenommen hat, besitzt, wenigstens in der Theorie, vollen Anteil an den Rechten des Volkes Gottes *Schemoth rabba* c. 19. Er ist unter die Flügel der Schechina gekommen (קרב תחת הכנפי השכינה) *Aboda sara* 13[b]. *Schabbath* 31[a]. Nach dem früher über das Heidentum Bemerkten ist es nicht verwunderlich, wenn nach *Bereschith rabba* c. 39 einen Heiden bekehren so viel ist als ihn umschaffen. Solche Proselyten haben alle Prädicate, welche Israel beigelegt werden. Ihre Nachkommen können sogar zum Priestertum gelangen *Bammidbar rabba* c. 8. Ja, dem Herrn ist der Proselyt in gewissem Sinne lieber als der Sohn Israels; denn dieser stand am Berge Sinai und empfing hier die großen Eindrücke, die ihn zum Glauben reizten, der Proselyt aber ist ohne diese Eindrücke zum Glauben gekommen, *Tanchuma* zu *Bereschith Lech lecha* 6. Uebrigens ehrt Gott auch diejenigen Proselyten als Glieder des Volkes Gottes, welche nicht um Gottes Willen, sondern aus fremden Beweggründen sich an Israel anschließen, wie die Gibeoniten, *Bammidbar rabba* c. 8. Und er will, daß man den Proselyten schonend behandele, und zehn Generationen lang in seiner Gegenwart nichts Böses von den Heiden sage, um ihn nicht an seinen heidnischen Ursprung zu erinnern und so zu kränken, nach *Sanhedrin* 94[a]; desgleichen soll man wegen 2 Mos. 22, 20[a] den Nachkommen eines Proselyten nicht an das Thun seiner Vorfahren erinnern nach *Baba mezia* 4, 10.

Dennoch dringt immer wieder die Anschauung durch, daß der Proselyt dem Israeliten nicht ebenbürtig sei. Er ist und bleibt ein *Ger*, ein Fremdling. Denn גר ist der Ausdruck für Proselyt, wie התגייר konvertiren, z. B. *Sifre* 147[a], und גייר Jemand als Proselyten annehmen bedeutet. Dem Ger fehlen die Ahnen, er ist nicht מיוחס (vgl. § 63, 2); und wenn er sich auch mit Priestern verschwägern kann, so wird er doch dem echten Israel nicht ebenbürtig *Schemoth rabba* c. 19. Seine Väter standen nicht mit am Berge Sinai; er hat deshalb kein Verdienst der Väter (§ 63, 1) *Bammidbar rabba* c. 8. Selbst im messianischen Zeitalter wird sich dieser Unterschied geltend machen.

Während so Einzelne aus der Heidenwelt bald in geringerer, bald in größerer Zahl durch freiwilligen Anschluß an Israel gerettet werden, hat die Völkerwelt als solche keine andere Zukunft, als die des Gerichtes. Hier ist kein Erbarmen, Gott richtet sie genau *Be-*

reschith rabba c. 82. Alle Kreaturen außer Israel sind bestimmt für den Gerichtstag und für die Vernichtung *Bammidbar rabba* c. 2. Sie werden alle ins Gehinnom geworfen werden, wo sie ewige Verdammnis erleiden, während die Abtrünnigen Israels nach einiger Zeit durch Buße und die Verdienste, die sie haben, aus dem Gehinnom wieder herauskommen. Die Heiden büßen im Gehinnom auch für Israels Sünde *Schemoth rabba* c. 11. Das *Tohu wa-Bohu* wird sie bedecken, während Israel im Lichte wandelt *Wajjikra rabba* c. 6.

2. Die Macht der Heiden über Israel. Eine schwere Frage für Israel ist jedoch, warum das Volk, welches das Himmelreich auf sich genommen hat, das Joch der heidnischen Weltmacht tragen muß. Die Lösung der Frage liegt darin, daß Israel, wenn es sich auch fügt und der Weltmacht Frohn und Abgaben leistet, sofern es seine Gewissensfreiheit behält und sich nicht irgendwie am Götzendienst zu beteiligen hat, *Bammidbar rabba* c. 15, zur heidnischen Obrigkeit in kein inneres Verhältnis zu treten sich verpflichtet fühlt, noch ein göttliches Recht der Obrigkeit anerkennt. Lediglich die Gewalt ist es, der sich Israel beugt, nachdem Gott es unter sie gegeben, von welcher es künftig erlöst werden wird, wobei die Weltmacht für Alles, was sie Israel angethan, ihre Strafe empfangen wird. Es fehlt zwar nicht an dem Bewußtsein (vgl. Röm. 13), daß auch die heidnische Obrigkeit, sofern sie die öffentliche Ordnung aufrecht hält, Anerkennung beanspruchen dürfe, *Aleoth* 3, 2. Rabbi Samuel urteilt: דינא דמלכותא דינא die Rechtsordnung (auch) der (nichtjüdischen) Regierung ist (auch für den Juden) giltig *Baba kamma* 113ᵃ u. ö.; dazu Schürer II, 246 ff.: Opfer und Gebet für die מלכית werden geübt und empfohlen, z. B. *Pirke Aboth* III, 2; vgl. Jer. 29, 7; Marc. 12, 17. Gleichwol wird das Verhältnis zu derselben durchweg nicht als Unterthanen-, sondern als Knechtschaftsverhältnis (שעביד) bezeichnet, und in der *Pesikta* 200ᵃ wird der Widerspruch aufgezeigt, der darin besteht, daß das Volk Gottes, welches das Joch der Thora (עול תורה) auf sich nahm, nun das Joch der Weltmacht zu tragen hat. Jedenfalls lehnt das jüdische Bewußtsein jede freiwillige Freundschaft und Gemeinschaft mit den Gewalthabern (רשי = die Macht) ab, wie *Pirke Aboth* I, 10, 3 (vgl. S. 11) mahnt, nicht die Gunst der Gewalthaber zu suchen. Was aber das bürgerliche Verhalten zu der heidnischen Obrigkeit betrifft, so soll Israel sich nicht nur der freiwilligen, sondern auch der officiellen Verbindung mit derselben möglichst enthalten. Es soll somit erstens seine Rechtshändel nicht vor heidnischen

§ 19. Die Macht des Heidentums. 79

Gerichten austragen, sondern nur vor seinen eigenen Schiedsrichtern, nach seinem Rechte, auch wenn das Recht der Heiden mit dem ihrigen übereinstimmte, *Gittin* 88[b], *Tanchuma* zu *Schemoth, Mischpatim* 6; vgl. 1 Kor. 6, 1; Röm. 7, 1 f. Zweitens darf ein frommer Israelit sich nicht in den Dienst der Obrigkeit stellen, wenn sie Israel besteuert. Nach dem jerusalemischen Talmud *Demaï* II, 23[a] wird ein Chaber, welcher Steuereinnehmer geworden ist, aus der Genossenschaft verstoßen. Man erinnere sich auch der Verachtung, in der die Zöllner in den Evangelien stehen. *Schebuoth* 39[a] liest man: Es gibt keine Familie, in welcher ein Zöllner ist, in der sie nicht alle Zöllner würden. Man machte dabei allerdings wol einen Unterschied zwischen dem, welcher den Zoll genau nach dem Tarif erhebt, und dem, welcher nach Willkür nimmt; letzterer war zum Zeugnis unfähig *Sanhedrin* 25[b]. Später griff sogar eine Theorie um sich, wonach es hieß, durch die Steuern und Zölle rette man sich vom Gehinnom, weil man Gottes Schuld an die Völker der Welt bezahle; denn Gott habe diesen die Güter und Privilegien dieser Welt gegeben als billige Entschädigung dafür, daß sie vom ewigen Leben ausgeschlossen seien. Als schwerste Sünde aber galt es, der heidnischen Obrigkeit einen Israeliten zur Bestrafung anzuzeigen. Solche Delatoren heißen Verleumder (בעלי לשון רע) *Bammidbar rabba* c. 19, *Debarim rabba* c. 5 (gewöhnlich המסירות, *Rosch haschschana* 17[a] oder mit Herübernahme des lateinischen Wortes דילטורין, דילטריא *jer. Pea* I, 116[a]). Schließlich bleibt dem Volke Gottes für seine Unterstellung unter die heidnische Weltmacht der Trost, daß diese Widersacherin Gottes und Israels unter Gottes Gericht steht und sein Fluch über sie kommt (*Schir rabba,* gegen das Ende). So gleicht sich der Widerspruch, daß Gottes Volk die Knechtschaft der heidnischen Weltmacht trägt, am Ende aus.

Zweite Abteilung.
Das Formalprincip des Nomismus.
Kap. VII. Das geschriebene Wort.

§ 20. Die Inspiration der heiligen Schriften.

Die heilige Schrift ist entstanden durch Inspiration des heiligen Geistes, stammt also von Gott selbst her, der in ihr redet. Indeß gibt es innerhalb der heiligen Schrift verschiedene Grade der Inspiration, insofern die Thora die primäre, die andern heiligen Schriften aber die secundäre Offenbarung Gottes sind. Als heilige Schriften waren und blieben anerkannt Thora, Nebiim und Kethubim, wie sie durch die Männer der Großen Synagoge in ein Ganzes (Tenach = תנ״ך) vereinigt worden sind.

1. **Die Entstehung.** Die Offenbarungszeit beginnt bereits bei den Patriarchen; denn schon sie waren Propheten und redeten durch den heiligen Geist (§ 40, 1). Sara z. B. hat zu Abraham geredet durch den heiligen Geist *Bereschith rabba* c. 45. Deshalb wird Abraham ermahnt, ihrer Stimme zu gehorchen und Hagar zu entlassen. Die Stammmütter Israels waren sämmtlich Prophetinnen (נביאות) *Beresch. rabba* c. 72, und Isaak hat durch den heiligen Geist (ברוח הקדש) die künftige Verbannung (גלות) seiner Nachkommen vorausgesehen und die Zurückführung geweissagt, c. 75. Diese Begabung der Propheten mit dem heiligen Geist dauerte bis Maleachi, mit welchem die Offenbarungsperiode im engeren Sinne des Worts schließt. Hillel der Alte wäre für seine Person des heiligen Geistes werth gewesen, aber sein Geschlecht war es unwerth, *Schir rabba* zu 8, 10. Wenn von Maleachi an eine unmittelbare göttliche Offenbarung stattfinden sollte, so vernahm man die *Bath kol*, eine Offenbarungsstimme von oben her (§ 40, 2). Dafür aber, daß die Propheten von Mose bis Maleachi im heiligen Geiste redeten, haben wir nicht bloß allgemeine Aussprüche, sondern es werden auch einzelne Schriftworte direct als Worte des heiligen Geistes angeführt. Die *Pesikta* 75ᵇ citirt z. B. Worte aus Hiob 41, 3 mit der Formel ורוח

§ 20. Die Inspiration der heiligen Schriften.

חקדש איזרת. Der inspirirende heilige Geist wird näher bezeichnet als רוח נביאה רד״ק, z. B. bei Anführung von 2 Sam. 23, 3 (?). Auch unmittelbar auf Gott wird der Ursprung der heiligen Schrift zurückgeführt. Daher lautet die Form, in der ein Schriftwort citirt wird, ebenso אמר קרא „die Schrift sagt", als אמר רחמנא „der Allbarmherzige sagt". Vor Allem steht fest, daß die Thora vom Himmel (מן השמים) sei. Doch auch den Propheten hat die Schechina das Wort gesagt, das sie verkündeten und schriftlich verfaßten; z. B. wird von dem Worte des Amos gesagt: שכינה אמרה לו *Pesachim* 87[b], und von David dem Psalmisten heißt es 117[a]: Der Ausdruck לדוד מזמור lehrt, daß die Schechina auf David sich niederließ; dann erst sprach er den Psalm. Demnach werden die Thora, die Prophetie und die Hagiographen auf göttlichen Ursprung zurückgeführt.

2. Es war nun früher bereits die Rede davon, daß innerhalb der heiligen Schriften eine gewisse Abstufung hinsichtlich ihrer Würde stattfinde. Man erinnere sich an den bereits oben S. 19 angeführten Satz, vgl. *Koheleth rabba* zu 1, 13: Wenn Israel würdig gewesen wäre, so hätte es außer der Thora keiner weiteren Offenbarung durch die Propheten und Kethubim bedurft. Die Thora ist ja die an sich vollkommen genügende Offenbarung. *Taanith* 9[a] heißt es: כי איכא מידי דכתיב בכתובים ולא רמיזי באורייתא d. i. Ist etwas geschrieben in den Kethubim, was nicht angedeutet wäre in der Thora? Aehnlich *Bammidbar rabba* c. 10. Und *Ruth rabba* zu 2, 5: Kein Prophet darf etwas Neues aufstellen, das nicht in der Thora begründet wäre. *Tanchuma, Schemoth, Wajjischma.* § 11: Auch was die Propheten künftig weissagen sollten, ist schon vom Sinai geoffenbart. Daher heißt die Thora schlechtweg die heilige Schrift, und die Propheten und Kethubim werden Bestandteile der Thora genannt, *Tanchuma, Debarim, Reëh* 1; vgl. *Sanhedrin* 91[b], wo Ps. 84, 5 als Beweis aus der Thora (מן תורה) für die Auferstehung citirt wird, also Thora für Schrift im Ganzen steht, und z. B. Ev. Joh. 10, 34; 1 Kor. 14, 21. Genaueres s. bei Strack in der Prot. Realencyklop. 2. A. VII, 439 f. Das secundäre Verhältnis der Propheten und der anderen heiligen Schriften erhellt wol auch aus ihrer Bezeichnung als Kabbala (קבלה), wofür Zunz, Gottesdienstliche Vorträge S. 44 die Belege gibt, vgl. *Mechilta* 19[a], wo ein Citat aus Jer. 2 als in der Kabbala (קבלה) enthalten angeführt wird, und *Taan.* II, 1. Während die Thora unmittelbare Gottesoffenbarung ist, sind die nachfolgenden Schriften gleichsam die ersten Glieder in der sie auslegenden Tradition, wie denn die „Worte

der Soferim" (דברי סופרים S. 6 f.) auch קבלה heißen, s. Zunz, a. a. O. 43. Weil durch den heiligen Geist (ברוח הק׳) gesprochen, unterscheiden sie sich von den Worten aller späteren Weisen, aber weil Interpretation der Thora, sind sie doch im Verhältnis zur Thora schon „Ueberlieferung", heilige Lehrtradition. Wir werden daher nicht irren, wenn wir sagen, daß den Propheten und Hagiographen eine Inspiration zweiten Grades zu Teil geworden sei, welche sich dadurch als solche erweist, daß sie nicht sowol einen absolut neuen Inhalt offenbart, als vielmehr den Inhalt der Thora richtig verstehen und entfalten lehrt. So begreift man, daß in der oben aus *Tanchuma* angeführten Stelle *Schemoth Wajjischma* 11 neben der Weissagung der Propheten auch die Worte der Weisen angeführt werden, als welche ebenso wie jene vom Sinai geoffenbart worden seien. Diese Unterscheidung von Graden der Inspiration spricht sich auch in dem Satze aus, den wir *Wajjikra rabba* c. 1 finden, wonach Mose in einem hellen Spiegel schauete, die Propheten alle aber in einem dunkeln (vgl. 1 Kor. 13, 12). Zwar hält die jüdische Theologie, wie *Tanchuma, Debarim, Reëh* 1 zeigt, daran unverbrüchlich fest, daß die Nebiim und Kethubim Bestandteile der Thora d. h. der heiligen Schrift seien, und sie nennt diejenigen, welche dies leugnen, Abtrünnige Israels. Aber die nur secundäre Bedeutung dieser Bestandteile gibt sich deutlich genug in der Behandlung dieser Schriften zu erkennen. Beide, die Thora und die Propheten, sind *Mikra* (מקרא), Object der gottesdienstlichen Vorlesung, aber die prophetischen Abschnitte nur als Schluß und Anhang zur Thoralesung, vgl. auch *Rosch haschschana* IV, 6. Nach *Megilla* III, 1 kaufe man für den Erlös aus heiligen Schriften (ספרים) eine Thora, aber nicht umgekehrt. Beim Lesen darf man in den Propheten Stellen überspringen, aber nicht in der Thora *Meg.* IV, 4. Das auslegende Wort ist der Thora gewidmet, nicht oder wenigstens in weit geringerem Grade den prophetischen Abschnitten. Noch beachtenswerther aber ist, daß, soweit von einer Kritik den heiligen Schriften gegenüber im Talmud die Rede sein kann, diese immer nur Teile der Propheten und Kethubim, nie aber die Thora zum Gegenstande hat, womit freilich eine willkürliche Behandlung ihres Geschichtsinhaltes, wie § 14, 3 gezeigt hat, nicht ausgeschlossen war.

3. Das führt uns auf den **Umfang** der heiligen Schrift nach jüdischer Auffassung. Bei verschiedenen Teilen der heiligen Schrift wurde von Seiten der Schulen ihr kanonisches Recht einer Prüfung

§ 21. Die Eigenschaften der heiligen Schriften.

unterstellt. Eingehendes darüber findet man in Fürsts (allerdings unzulänglichen) Untersuchungen über den Kanon des A. Testamentes nach den Ueberlieferungen in Talmud und Midrasch, 1868. Vgl. auch Buhl, Kanon und Text des Alten Testaments, 1881, § 8. Im Allgemeinen ist zu sagen, daß die angezweifelten Schriften den Widerspruch nicht um ihrer späten Entstehungszeit willen erfuhren, sondern „wegen ihres anscheinend der Offenbarungswahrheit und dem geistlichen Wesen der Offenbarungsreligion widerstreitenden Inhalts". Vgl. *Schabbath* 13ᵇ. *Chagiga* 13ᵃ. Unter den Propheten war das Buch Ezechiel Gegenstand der Kritik. Man verordnete, daß das Buch um seiner Schwierigkeiten willen ebenso wie der Anfang der Genesis vor dem 30. Lebensjahre nicht gelesen werden solle: dazu wurden aus denselben Gründen Zweifel an der Giltigkeit des prophetischen Buches als einer Quelle wie andere heilige Schriften ausgesprochen. Näheres siehe bei Edzardi zum Tractat *Aboda sara* S. 487. Unter den Kethubim sind das Hohelied, Koheleth und Esther angefochten worden. Wegen des Hohenlieds vgl. Delitzsch, Kommentar, Einl. S. 4. 7. 14 f., und *Jadajim* III, 5. *Edujoth* V, 3. *Tosefta Jadajim* c. 2; wegen des Koheleth S. 84; Buhl S. 28 f.; *Schabb.* 30ᵇ. *Pesikta* 68ᵇ. *Schir rabbà* zu 1, 1. *Kohel. rabba* zu 1, 3 und 11, 9. *Jadajim* III, 5. IV, 6 vgl. *Edujoth* V, 3; wegen Esther *Megilla* 7ᵃ. Die Zweifel wurden jedoch sämmtlich widerlegt, und der Kanon behielt seinen Umfang, wie er der Sage zufolge durch die Männer der Großen Synagoge festgestellt worden war. Die 24 Bücher der Mikra wurden als kanonisch angesehen; andere Bücher (apokryphischer Art) nannte man ספרים חיצנים; doch ist dieser Begriff (vgl. *Bammidbar rabba* c. 14. 15. Buhl S. 8) nicht ganz aufgeklärt. Wer solche liest, dem spricht R. Akiba *Sanh.* X, 1 jeden Anteil an der zukünftigen Welt ab. Hat nach dem allem die Ueberlieferung gesiegt, so bleibt es doch wahr, daß die Stellung zu den Propheten und Kethubim freier war als zur Thora, weil man diese als die Uroffenbarung, jene als heilige Schriften zweiter Stufe betrachtete.

§ 21. Die Eigenschaften der heiligen Schriften.

Aus der Thatsache, daß die Schriften, welche unter der Gesammtbezeichnung *Thora, Nebiim* und *Kethubim* (vgl. S. 80) zusammengefaßt werden, durch Inspiration (ברוח הקדש) entstanden sind und Gott selbst zum Urheber haben, ergeben sich für dieselben die Eigenschaften der Heiligkeit, der Normativität und der Unendlichkeit des Inhalts.

1. Die heiligen Schriften werden mit diesem Namen (כתבי הקדש) benannt, weil sie als Heiligtum (קדש) gelten und demgemäß behandelt werden. So werden unterschiedslos alle kanonischen Bücher bezeichnet, z. B. *Baba bathra* I, 6, oder sie heißen einfach Bücher (ספרים), sei es insgesammt (*Megilla* I, 8. *Schabb.* 115ᵇ), sei es mit Ausnahme der Thora *Megilla* III, 1; vgl. Buhl S. 6. In dem Jahrzehnt vor der Zerstörung Jerusalems wurde von den Schulen Hillels und Schammai's gemeinsam der Rechtssatz ausgesprochen, daß die heiligen Schriften (כתבי קדש) „die Hände verunreinigen" (מטמאים הידים) *Jadajim* III, 5. III, 6, vgl. *Megilla* 7ª. *Edujoth* V, 3. *Schabb.* 14ª. Buhl S. 7. Dieser Grundsatz zielte auf Bewahrung der heiligen Schrift vor Schädigung ab. Der rabbinischen Erläuterung zufolge erklärte man die Hände, welche die heilige Schrift berührt hat, für unrein, damit Niemand mehr neben die heilige Schrift Hebe (תרומה) lege (wie es früher geschah, weil man nach *Schabb.* 14ª ein Heiliges zum andern legen wollte) und so die Mäuse anlocke, die dann auch das heilige Buch benagen und schädigen könnten. Ueberhaupt aber sollte das heilige Buch als ein *Kodesch* nicht in Berührung mit anderen Gegenständen kommen. Um dies zu verhüten, legte man dem heiligen Buche jene „Unreinheit" bei; denn so hielt man Alles von ihm fern, weil es durch Berührung von ihm selbst Unreinheit annehmen mußte und zur Reinigung nöthigte. Daß diese Heilighaltung der heiligen Schriften ihre Ursache in ihrer Entstehung durch den heiligen Geist hatte, entnehme ich der rabbinischen Erklärung z. B. zu *Edujoth* V, 3. Hier wird die Behauptung der Schammaiten besprochen, daß Koheleth „die Hände nicht verunreinige". Hiezu bemerkt nun a. a. O. Bartenora, der Grund davon sei, daß Koheleth die Weisheit Salomo's enthalte, und nicht im heiligen Geiste geredet worden (S. 83), also menschlichen, nicht göttlichen Ursprungs sei. Dann heißt es weiter zu den Worten „Koheleth verunreinigt die Hände": denn sie erachteten, daß auch Koheleth durch den heiligen Geist geredet worden, deshalb verunreinigt er die Hände wie die anderen heiligen Schriften (כתבי הקדש). Der heilige Charakter der Schrift soll aber auch insofern anerkannt werden, als Bibelverse nicht zum Scherze oder zu profanen Zwecken citirt werden dürfen *Sanhedrin* 101ª. Der Glaube an den göttlichen Charakter der Schrift

§ 21. Die Eigenschaften der heiligen Schriften.

findet seinen Ausdruck ferner darin, daß man Bibelverse als Zauberformeln verwendete, in der Ueberzeugung, daß Gottes Wort auch göttliche Kräfte in sich berge *Sanhedrin* a. a. O., vgl. *Schabbath* 67ᵃ. Doch wird *Sanhedrin* 101ᵃ die Verwendung von Bibelversen zu zauberischen Zwecken bei Verlust des Anteils an der künftigen Welt untersagt, und in *Kohel. rabba* zu 10, 5 wird erzählt, daß der kranke Sohn eines Rabbi sich von einem Christen durch Bibelworte heilen ließ, dafür aber von seinem Vater den Wunsch erntete, daß er sterben möge.

2. Eine zweite Folge der Göttlichkeit der heiligen Schriften ist ihre Normativität. Sie sind die Norm und der Quell aller Belehrung, und alle Lehre muß auf sie zurückgeführt oder als in ihnen enthalten nachgewiesen werden. Jenes wird zwar nirgends besonders gesagt, aber nur, weil es überall vorausgesetzt wird. Dafür zeugt schon der Name *Mikra* (מקרא): sie allein ist es, die „gelesen" wird (Schürer, II, 378 ff.), und zwar die Thora zuerst, dann aber im Anschluß an sie auch die Propheten und anderen heiligen Schriften. Alle Lehre fließt ursprünglich aus der Schrift; daher finden wir sie stets, wenn die Lehrschriften aufgezählt werden, an erster Stelle. Die Aufeinanderfolge ist: *Mikra, Mischna, Talmud*. Auf dieser Stufenleiter schreitet man zur Weisheit und zum ewigen Leben. Sie werden in dieser Reihenfolge die Stütze (משען) Israels (Jes. 3, 1) genannt *Chagiga* 14ᵃ, vgl. *Sifri* 117ᵇ. *Baba bathra* 8ᵃ u. ö. Jede einzelne Lehre wird daher als in der heiligen Schrift, der Quelle aller Lehre, enthalten nachgewiesen, und muß darin nachgewiesen werden. Die gewöhnliche Formel, mit welcher dies geschieht, ist שנאמר oder דכתיב. Führen wir wenigstens ein Beispiel an. Der Tractat *Berachoth* beginnt *Mischna* I, 1 mit den Worten: Von wann an spricht man das *Schema* am Abend? Die Gemara beginnt ihre Erörterung dieses Punktes mit der Frage תנא היכא קאי, d. h. (nach der Erläuterung von Stein, Talmudische Terminologie, Prag 1869, S. VI): Wo ist die Pflicht, Schema zu lesen, enthalten, so daß der Autor der Halacha sich darauf berufen und nun nach der Zeit, wann es gelesen werden müsse, fragen konnte? Sodann ist nach der Gemara noch ein anderer Punkt fraglich: Was berechtigt den Autor der Halacha, die Zeit für das Schema des Abends zuerst zu bestimmen, warum beginnt er nicht mit der Zeitbestimmung für das Schema des Morgens? Die Gemara antwortet nun auf diese doppelte Frage: תנא אקרא קאי der Autor der Halacha fußt auf einer Schriftstelle, denn es steht geschrieben

(רבתיב): Wenn du dich niederlegst und wenn du aufstehst (5 Mos. 6, 7). In diesem Ausspruch der Schrift ist die Pflicht des Schema überhaupt enthalten, und durch Voranstellung des Niederlegens (בשכבך) die Berechtigung gegeben, zuerst vom abendlichen Schema zu sprechen. Auch der Midrasch belegt jede Behauptung sofort mit einer Schriftstelle. Diese wird dann citirt mit der Formel הרא הוא דכתיב, abgekürzt הה״ד; oder שאמר הכתיב זה. Die Schrift ist also die *norma normans*. Und sie ist es im ausschließlichen Sinne. Die Synagoge hat lange eifrig darüber gewacht, daß die Uebersetzungen der heiligen Schrift (die Targume, vgl. Einl. § 2) nicht schriftlich fixirt würden, damit nicht eine Schrift neben der Schrift mit gleicher Autorität entstünde und die alleinige Autorität des heiligen Textes verdunkelt würde, s. *Megilla* 3ᵃ. Nach *Megilla* 32ᵃ darf der Vorleser aus der Thora nicht dem neben ihm stehenden Uebersetzer zu Hilfe kommen, damit nicht der Schein entstehe, die Uebersetzung sei neben der Thora in der nämlichen Rolle geschrieben und daher etwa der Thora gleich zu achten. Auch die Aufzeichnung des mündlichen Gesetzes stieß anfangs auf große Bedenken und erfolgte erst, nachdem der halachische Stoff so angewachsen war, daß er mit dem Gedächtnis allein nicht mehr mit Sicherheit festzuhalten war. Und als die Mischna fixirt war, war sie wieder nicht bestimmt, Gegenstand der Vorlesung zu sein, sondern jeder sollte sich die kurzen prägnanten Sätze einprägen und sie dann geläufig auswendig sagen *Taanith* 8ᵃ. Der ursprüngliche Grund, weshalb die Mischna so lange nicht aufgezeichnet wurde, war ohne Zweifel die religiöse Scheu vor einer Schrift neben der Schrift, obwol die spätere Theologie in weitläufigen Erörterungen, z. B. *Bammidbar rabba* c. 14 und *Schemoth rabba* c. 47, andere Gründe dafür angeführt hat; vgl. § 24.

3. Eine dritte Eigenschaft endlich, welche sich aus dem Charakter der heiligen Schrift als einer göttlichen ergibt, ist die unendliche **Fülle des Inhalts**, die sich aber nur dem erschließt, der sie zu deuten vermag, dem Unkundigen dagegen verschlossen bleibt. Der unendliche Gott gibt seinem Worte auch einen unendlichen Inhalt. Er redet nicht nach der Weise des Menschen, der mit jedem Worte immer nur Einen Sinn verbindet, sondern er hat sein Wort so gestaltet, daß es einen mannichfaltigen Sinn hat. *Sanhedrin* 34ᵃ zu Jer. 23, 29: „Gleichwie ein Hammer in viel Funken zerteilet, also gehet auch ein Schriftvers aus in einen vielfachen Sinn" (אף מקרא אחד יוצא לכמה טעמים). Es gilt der Satz: שבעים פנים

§ 21. Die Eigenschaften der heiligen Schriften. 87

לתורה jedes Wort der Thora kann auf 70 verschiedene Arten ausgelegt werden, vgl. *Bammidbar rabba*, Parascha 13. Daselbst Parascha 2: Mose hat uns Thora gelehrt, welche auf 49 Weisen ausgelegt wird (פנים מ״ט נדרשת שהיא תורה משה למדני), vgl. *Tanchuma, Bammidbar* 10. *Chukkat* 23; und *Bammidbar rabba* 19: Salomo's Sprüche haben je einen drei-, ja fünffachen Sinn. *Schir rabba* zu 1, 2 teilt drei Aussprüche großer Rabbinen mit, welche den unerschöpflichen Inhalt der Thora preisen. R. Elieser sagt: „Wenn alle Meere Tinte wären und alle Schilfrohre Federn, und Himmel und Erde Rollen (מגלי׳), und alle Menschen Schreiber, so würden sie nicht hinreichen, die Thora aufzuschreiben, welche ich gelernt habe (d. h. das, was ich aus der Thora gelernt habe), und ich habe doch davon so wenig abbekommen, als ein Mensch vom Meere, der seines Pinsels Spitze in dasselbe taucht". R. Josua sagt: „Wenn alle Meere Tinte wären und alle Schilfrohre Schreibfedern, und Himmel und Erde wären Buchblätter, so würden sie nicht hinreichen, die Worte der Thora aufzuschreiben, welche ich gelernt habe, und ich habe doch so wenig davon abbekommen als ein Mensch vom Meere, der seines Pinsels Spitze etc." R. Akiba sagt: „Ich darf nicht reden, wie meine Lehrer geredet haben; sie haben doch etwas von der Thora bekommen, ich aber nur einen so kleinen Teil davon, als einer von dem Ethrog (Paradiesapfel), an dem er riecht (er selbst hat Genuß von ihm, aber der Ethrog wird nicht ärmer) oder so wenig als einer die Wasserleitung schwächt, der aus ihr schöpft, oder die Lampe, wenn er die seine an ihr anzündet". In sehr hyperbolischer Weise drückt denselben Gedanken *Schabb.* 33[b] aus, wo von Schimeon b. Jochai erzählt wird, die Frucht seines Höhlenaufenthalts sei gewesen, daß er auf jede Frage aus der Thora 24 Antworten zu geben vermochte; und *Sanhedrin* 68[a] wird erzählt, daß R. Eleasar über einen Gegenstand (בהרת, eine Art des Aussatzes, 3 Mos. 13, 24 f.) 300 Halachoth gelehrt habe, — beide Rabbinen hatten ja alle Aussprüche aus der Schrift abzuleiten. Welche Inhaltsfülle oder Deutungsfähigkeit setzt das voraus! — Diese Fülle erschließt sich aber nur dem, der die Schrift zu deuten, der aus diesem Meer zu schöpfen versteht. Es gilt nicht bloß die Schrift in ihrem Wortlaut zu erkennen, sondern sie auszulegen, *Koheleth rabba* zu 9, 5: „die Schrift kennst du, aber den Midrasch kennst du nicht". Die Schrift bedarf der „Forschung", der Auslegung (דרוש), sagt *Sifra* 94[a] von einem einzelnen Verse (3 Mos. 9, 1). Aber das

Gleiche gilt vom Ganzen der Schrift. Es waltet aber dabei der Grundsatz: אין מקרא יוצא מידי פשוטו d. i. der Schriftsinn tritt nicht aus dem Bereiche des Wortlauts *Schabbath* 63ᵃ, was ohne Zweifel in der Theorie besagen will, daß der Wortlaut selbst entscheidend sein soll: von einer gewollten und bewußten Abweichung kann keine Rede sein. Um aber die Schrift zu deuten und ihren Inhalt erheben zu können, muß man sich insonderheit vergegenwärtigen, daß, wenn Gottes Finger schreibt, kein Zeichen, selbst nicht die Gestalt eines Buchstabens zufällig sein kann, *Wajjikra rabba* 19 (vgl. Matth. 5, 18): kein Jod vom Gesetz ist für ungültig zu erklären. Die *Literae finales* beruhen auf göttlicher Anordnung. Gott hat auch festgestellt, welche Buchstaben offen und welche geschlossen sind, denn es verbindet sich damit immer ein geheimer Sinn, *Bereschith rabba* 1 u. ö. Mose ordnete auf Gottes Geheiß die Schreibung; man vergaß sie dann, die Propheten aber erneuerten die Kenntnis derselben. Dies wurde nachmals auf die ganze Masora, die Accentuation u. s. w. ausgedehnt: sie ist dem Mose auf dem Berge Sinai geoffenbart worden; deshalb kann auch kein Wort, kein Buchstabe, kein Accent als zufällig betrachtet werden: alles hat als von Gott stammend einen Offenbarungszweck, einen geheimen lehrhaften Sinn, vgl. *Nedarim* 37ᵇ. Die Folgerungen s. §§ 23—27.

Wer nun aber den *Derusch* nicht anwendet oder anwenden kann, für den ist die Thora verschlossen, zufolge *Bammidbar rabba* Parascha 14 (fol. 193ᵇ): Man gewinnt keine treffende Entscheidung (unmittelbar) aus den Worten der Thora, weil sie verschlossen ist (סתומה) und aus lauter Zeichen (d. i. allgemeinen Regeln) besteht; aber aus den Worten der Weisen kann man richtig entscheiden, weil sie die Thora **erklären**. Hieraus folgt eine neue Gedankenreihe in Bezug auf die Verwendung der heiligen Schrift für die Erkenntnis und das Leben der Gemeinde.

§ 22. Die heiligen Schriften und die Gemeinde.

Die heiligen Schriften können wegen dieser ihrer Beschaffenheit nicht unmittelbar für Erkenntnis und Leben der Gemeinde verwendet werden, sondern bedürfen authentischer Interpretation. Nur in dieser vermittelten Form ist ihr Inhalt verbindlich. Deshalb sind sie für die Gemeinde an sich zur Heilserkenntnis nicht genügend, sondern erfordern Ergänzung

§ 22. Die heiligen Schriften und die Gemeinde.

durch weiteren Unterricht. Man vergleiche das Verhältnis von Schrift und Tradition in der römisch-katholischen Theologie und darüber des Verfassers Aufsatz über diese „religionsgeschichtliche Parallele" in der Allg. Ev.-Luth. Kirchenzeitung 1870, Nr. 44—46 (dort ohne Namen), wieder abgedruckt in der Zeitschrift „Nathanael", 1890, Nr. 5 u. 6.

1. Oben schon (S. 88) haben wir den Satz verzeichnet, daß die Thora verschlossen ist und aus lauter Zeichen besteht. Deshalb bedarf sie der **Deutung**. Diese ist Sache der „Weisen" (§ 28). Seit den Tagen Esra's empfängt das Volk von den Weisen den *Pirusch* (פירוש), den Sinn und Willen der Schrift. Sie verbreiten die Einsicht unter dem Volke, sagt *Bammidbar rabba* c. 14. Nur die Lehre, die die Weisen aus der Schrift erheben und dem Volke darreichen, nicht aber das Schriftwort unmittelbar, ist für die Gemeinde verbindlich. Das wird sehr deutlich entwickelt, z. B. *Wajjikra rabba* c. 1: Es sprach R. Elieser: Obwol die Thora Israel als Zaun vom Sinai gegeben worden war, so wurden sie doch für ihre Uebertretung so lange nicht gestraft, bis sie im Stiftszelt wiederholt war (עד שנשנית). Es verhielt sich damit wie mit einem Erlaß, der geschrieben und besiegelt ist und in die Provinz hinausgeht: die Provinzialen werden für die Uebertretung des Erlasses so lange nicht bestraft, als bis er ihnen durch das Demosion der Provinz erklärt worden ist. Derselbe Ausspruch von R. Elieser findet sich auch *Schir rabba* zu 2, 4, doch in der etwas anderen Fassung: Obgleich die Thora auf dem Berge Sinai gegeben war, so wurde Israel für ihre Uebertretung doch nicht eher bestraft, als bis sie in der Stiftshütte erklärt worden war. Die Wiederholung ist hier als Erklärung (Bestimmung, Entscheidung, מפרש, vgl. 3 Mos. 24, 12; 4 Mos. 15, 34) bezeichnet. Wir machen hier auf zweierlei aufmerksam. Erstlich darauf, daß die Mischna, die erklärende Wiederholung der Thora, nach der jüdischen Theologie nicht etwas später zur Thora Hinzugetretenes ist, sondern durch die Beschaffenheit der Thora von Anfang an (sozusagen als deren Ausführungsverordnung) gefordert war. So wurde die Mischna auf die Höhe der Thora erhoben, diese aber damit wider Willen herabgedrückt. Die Thora war für sich selbst gar nicht bestimmt, eine Lehrschrift für die Gemeinde zu sein, sondern sollte als *norma normans* eine *norma normata* zur Ergänzung haben. Diese allein ist unmittelbar ver-

bindlich. Der Thora steht also grundsätzlich die Mischna zur Seite. Sodann ist zu erwägen, daß die Auslegung dadurch, daß sie als in der Stiftshütte geschehen gedacht wird, als eine zweite Offenbarung erscheint. Die Erklärung durch Mose geschah unter den Auspicien der Schechina (§ 39) in Kraft göttlicher Erleuchtung; die der Weisen gilt also für authentisch, obgleich sie so wenig in sich selbst zusammenstimmt. *Bammidbar rabba* c. 15: *Baale Asuppoth* (Pred. 12, 11) — das ist der Sanhedrin. Und wenn du sagst: „der Eine erlaubt, der Andere verbietet, der Eine erklärt für unfähig, der Andere für fähig (zu heiligem Dienst oder Gebrauch oder dergleichen), der Eine erklärt für unrein, der Andere für rein, R. Elieser verurtheilt, R. Josua spricht frei, die Schule Hillels erklärt für unfähig, was die Schule Schammai's für fähig erkennt: wem sollen wir da gehorchen?" — so spricht der Heilige: obwol es so ist, so sind sie doch alle „von Einem Hirten gegeben" (das.), denn er spricht (4 Mos. 11, 16): Sammle mir siebzig Männer!" — Mit der Thora ist der Sanhedrin gegeben von Gott selbst, und mit ihm die Institution, welche in göttlicher Erleuchtung und Vollmacht die geschriebene Thora authentisch auslegt.

2. In dem Gesagten ist die **Unzulänglichkeit der bloßen Schrift für das Heil des Israeliten** enthalten. Vielleicht gibt es dafür keinen stärkeren Beweis als eine Hindeutung auf die religiöse Erziehung und auf die Ansprüche, welche man an eine genügende Unterweisung machte. In Bezug auf jene ordnet z. B. *Sota* 21ᵃ an, daß die Mütter ihre Knaben nicht nur zur Schrift, sondern auch zur Mischna anleiten sollen, sei es, wie es die Einen verstehen, daß sie selber sie unterrichten, d. h. den Text der Schrift und Mischna ihnen einprägen, oder daß sie die Kleinen in die Schule führen, damit sie dort beides lernen. Jedenfalls handelt es sich schon bei dem elementaren Unterrichte nicht bloß um die heilige Schrift, sondern um Schrift und Mischna zusammen. Wer bewandert ist in der Schrift, in der Mischna und in guter Sitte (דרך ארץ, vgl. S. 22), sündigt nicht leicht; denn diese dreifache Schnur reißt nicht *Kidduschin* I, 10. Die Ansprüche hinsichtlich der Unterweisung ergeben sich aus *Sota* 22ᵃ (vgl. oben S. 42 f.), wo die Frage besprochen wird, wer ein ʽAm haárez, d. h. nicht genügend unterrichtet sei. Das Resultat ist: wer etwa bloß die Schrift und die Mischna gelernt, d. i. bloß den Text von beiden sich eingeprägt, aber nicht den Unterricht eines Rabbi genossen, der ihn angeleitet hätte, beide zu verstehen

§ 23. Die authentische Auslegung der heiligen Schrift.

und Gesetzesfragen nach Art des Talmuds zu studiren. Man forderte also Mikra, Mischna und Talmud (S. 85) zu genügender religiöser Unterweisung. Nirgends aber finde ich, daß die Schrift allein als zureichend für die religiöse Erkenntnis bezeichnet wird. Wenn es *Sanhedrin* 101ᵃ heißt, daß man sich auch bei dem Mahle mit der Schrift oder der Mischna oder dem Talmud beschäftigen solle, je nachdem Einer ein בעל מקרא oder בעל משנה oder בעל תלמוד sei, so könnte es zwar scheinen, als wenn Einer auch nur ein Schriftkenner sein könnte, ohne von der Mischna oder dem Talmud etwas zu wissen. Allein ein Schriftkenner heißt derjenige, welcher auf dem Gebiete der Schriftauslegung besonders heimisch ist, während der Mischnakenner sich besonders mit der Mischna, der Talmudkenner besonders mit dem Talmud beschäftigt hat, ohne daß diese beiden darum nicht auch in der Schrift bewandert wären. Jeder Gelehrte oder Wohlunterrichtete hat, wie die Kenntnis der Schrift, so auch in gewissem Maße die Mischna und den Talmud nöthig. Die Schrift allein genügt für Keinen.

Kap. VIII. Die mündliche Ueberlieferung.

§ 23. **Die authentische Auslegung der heiligen Schrift.**

Zu dem in Schrift verfaßten Worte Gottes trat von Anfang an eine authentische Auslegung für die Gemeinde, zum schriftlichen das „mündliche Gesetz". Dieses letztere sollte nicht in Schrift verfaßt, sondern durch Ueberlieferung fortgepflanzt werden. Der Sinn der göttlichen Gesetze und ihre Konsequenz wird in der *Halacha,* Lehre und Bedeutung der geschichtlichen und prophetischen Abschnitte der Schrift in der *Haggada* durch die Weisen für die Gemeinde festgestellt und dargelegt.

1. Die jüdische Theologie unterscheidet das in Schrift verfaßte und das mündlich überlieferte Gesetz, תורה שבכתב und תורה שבעל פה, concret ausgedrückt Mikra und Mischna (S. 85), *Bammidbar rabba* 13. Diese Ausdrücke waren nachweisbar schon in der Zeit des Rabban Gamliel gebräuchlich, s. Zunz, G. V. S. 45. Sie finden sich oft schon in der älteren Literatur, z. B. *Pesikta* 98ᵃ. 121ᵃ. *Sifre* 145ᵃ. Eine andere Bezeichnung der beiden Gesetze ist Worte

der Thora und Worte der Soferim, דברי תורה und דברי סיפרים z. B. *Sifre* 19ᵃ, *jer. Berachoth* I, 6 (3ᵇ), *Sanhedrin* X, 3. Thora i. e. Sinne hieß das schriftliche Gesetz, vgl. *Berachoth* 21ᵃ; die Bestimmungen der späteren Rabbinen nannte man auch דרבנן im Unterschiede von דאורייתא, oder es wird unterschieden zwischen דברי קבלה (S. 81f.) und דברי תורה, Worten der Ueberlieferung durch die Propheten und Worten des Gesetzes Mosis, z. B. *Koheleth rabba* zu 7, 23.

Die Tradition aber ist ebenso wie die geschriebene Thora von Gott ausgegangen. Man wird sich das so denken können, daß die mündliche Lehre in der schriftlichen Thora als deren Auslegung und Ausführung *in nuce* schon gegeben war (vgl. § 24, 3). Die Rabbinen haben aber für diesen Gedanken eine zweifache Darstellungsweise. Nach der ersten, selteneren, waren die einzelnen Lehren der mündlichen Ueberlieferung auf den Gesetzestafeln auf dem Raume zwischen den zehn Worten gleichfalls eingeschrieben (so z. B. *Schir rabba* zu 5, 14; *Bammidbar rabba* 13); nach der anderen, verbreiteteren, dagegen hat Gott dem Mose die Bestimmungen der Ueberlieferung mündlich gegeben. Nach *Jebamoth* 105ᵇ hat Mose jedenfalls die Thora aus dem Munde der Macht (מפי הגבורה, vgl. Matth. 26, 64) gelernt. Diesen Satz führt die *Pesikta* 38ᵃ weiter aus: Jehova lehrte den Mose nicht bloß die Thora, welche er aufzeichnen sollte, sondern auch die authentische Interpretation, oder die *lex oralis*. „Bei jedem Gesetzesworte, welches der Heilige dem Mose sagte, erklärte er ihm auch seine Reinheit und seine Unreinheit, sein קל und seinen חמר" (vgl. § 26, 2), d. h. die erleichternden und erschwerenden Bestimmungen zu dem betreffenden Gegenstand. So gab ihm Gott zu jeder Parasche und jedem Gegenstande noch besondere Erläuterungen. Deshalb werden *Kerithoth* 13ᵇ die מדרשות und der תלמוד (S. 95), also die Auslegung und Feststellung des Gesetzes für die einzelnen Fälle, auf göttliche Belehrung und Unterweisung zurückgeführt; *Sifra* zu 3 Mos. 26, 46 erklärt, die חקים, welche Gott durch Mose gegeben habe, seien die מדרשות oder Auslegungen; die משפטים seien die דינים, d. h. die Schlüsse, die aus den Worten zur Ableitung neuer Gesetzesbestimmungen gemacht werden, und die תורות seien die schriftliche und die mündliche Thora; und zu בהר סיני ביד משה wird bemerkt: damit lehrt die Schrift, daß die Thora samt ihren Halachoth, ihren דקדוקים und פירושים durch Mose vom Sinai gegeben sind. Also nicht nur die in Schrift gefaßte

§ 23. Die authentische Auslegung der heiligen Schrift.

Thora, sondern auch die Halachoth, die genauen Einzelbestimmungen und Erläuterungen zur Thora sind Mose von Gott auf dem Sinai gegeben worden. Auch *Sifre* 84ᵇ werden die הלכות und selbst die אגדות als aus dem Munde Gottes hervorgehend bezeichnet, vgl. *Berachoth* 5ᵃ: „Was heißt das, was geschrieben steht (2 Mos. 24, 12): Und ich will dir geben die steinernen Tafeln und die Thora und die Mizwoth, welche ich geschrieben habe, sie zu lehren? Die *Tafeln* sind die zehn Worte; die *Thora*, das ist die Schrift; die *Mizwa* ist die Mischna; *welche ich geschrieben habe*, das sind die Propheten und Kethubim; *sie zu lehren*, das ist der Talmud. Die Schrift lehrt dich hier, daß diese alle dem Mose vom Sinai gegeben sind", also die in Schrift verfaßte Thora nebst Nebiim und Kethubim und Mischna und Talmud, welche aus ihr die Lehre und Unterweisung schöpfen. Dabei ist es streitig, ob Gott ursprünglich dem Mose auch die mündlich fortzupflanzende Lehre in Schrift gegeben habe, oder bloß die Thora (S. 92). *Koheleth rabba* zu 5, 8 vertritt die Ansicht, daß Mischna, Talmud, Tosefta und Haggada neben den steinernen Tafeln von Gott dem Mose als Ueberlieferung (הלבה) gegeben waren. *Schemoth rabba* c. 46 nimmt dafür jedoch die zweiten Tafeln von 2 Mos. 34, 1 ff. in Anspruch, während nach c. 47 auf diesen Tafeln die Thora nicht mit steht. *Schemoth rabba* c. 48 lehrt, daß die Midraschoth, Halachoth und Haggadoth dem Mose nur mündlich gegeben wurden. Diese Ansicht dürfte die ältere sein und ist die überwiegende. Sie findet sich in der *Tosefta* zu *Peah* 3, wo es von halachischen Fragen heißt: diese Dinge sind dem Mose vom Sinai gesagt worden.

Nachdem nun Mose selbst von Gott neben der schriftlich zu fixirenden Thora auch ihre mündlich fortzupflanzende Auslegung auf mündlichem Wege empfangen, hob er an, sie in der Stiftshütte getreulich zu wiederholen (שנה) und zu erklären (פרש) *Bammidbar rabba* c. 14, vgl. oben § 22, 1. Er überlieferte nach *Erubin* 54ᵇ das mündliche Gesetz an Ahron; dieser überlieferte es an seine Söhne; diese lehrten es die Aeltesten; die Aeltesten aber unterwiesen das Volk. Beispielsweise erläuterte Mose nach *Mechilta* 110ᵇ das Sabbatgesetz, indem er die 39 am Sabbat verbotenen Arbeiten mündlich (בְּעַל־פֶּה) lehrte. Im Allgemeinen geht aus Stellen wie *Temura* 16ᵃ hervor, daß die mündliche Lehre des Mose Tausende von Halachoth umfaßte, welche er alle vor seinem Tode wiederholte *Sifre* 66ᵃᵇ. Er hat den Stoff nicht etwa bloß ohne Rücksicht auf den inneren Zusammenhang gegeben, sondern auch schon systematisch geordnet;

Sifre 66ᵃ: er hat die allgemeinen und besonderen Bestimmungen (כללות und פרטות, § 26, 5), die Hauptstücke der Lehre und die Einzelbestimmungen (גדים und דקדוקים) kund gethan. Er gab also schon die vollkommen ausgebildete Gesetzeslehre, wie sie fortgepflanzt werden sollte. Ueberdies hat er bereits das Synedrium (der Aeltesten) eingerichtet, welches fortan Mittler und Bewahrer der Ueberlieferung sein sollte, vgl. oben S. 90. Nachdem er selbst lebenslang das Haupt dieser Versammlung gewesen war, übernahm nach ihm Josua den Vorsitz. „Mose hat die Thora (die mündliche) empfangen vom Sinai und hat sie dem Josua übergeben, Josua aber übergab sie den Aeltesten" (dem Sanhedrin): das ist nach *Pirke Aboth* I, 1 Glaubenssatz der Synagoge.

Aber die ihrem Inhalte nach vollständige und ihrer Form nach vollkommene mündliche Thora Mose's ist durch Josua und seinen Sanhedrin nicht unverletzt bewahrt worden. *Temura* 15ᵇ: In der Trauer um Mose sind 3000 Halachoth vergessen worden, welche selbst Josua nicht wieder ersetzt hat. Erst Othniel, welchen der Rabbinismus für ein Synedrialhaupt ansieht, stellte sie durch Erörterung der schriftlichen Thora (*Pilpul*, vgl. § 24, 3) wieder her. Dies war überhaupt das Schicksal der mündlichen Thora durch alle Zeiten hindurch, daß sie theilweise verloren ging und erneuert werden mußte. Die Erneuerung war aber möglich, weil die mündliche Lehre in der schriftlichen schon mit enthalten ist, also aus ihr entwickelt werden kann. Dazu riß die Ueberlieferungskette im Ganzen nicht ab. Die Aeltesten oder der Sanhedrin fanden in den Propheten, die ja (*Tosefta Erubin* c. 8, vgl. oben S. 37) Schriftgelehrte (סופריא) waren, Fortsetzer der Ueberlieferung, und nach ihnen waren es die Männer der Großen Synagoge, welche das mündliche Gesetz fortpflanzten, deren letztes Haupt, Simon der Gerechte, es auf den Schriftgelehrten Antigonos von Socho vererbte. Von ihm aus überkamen es die sogenannten Paare von Häuptern des Synedriums, bis auf Hillel und Schammai. Ihnen folgten von Rabban Gamliel dem Alten an die *Thannaim* bis auf Juda den Heiligen, und die *Amoraim* bis zum Abschluß des babylonischen Talmuds. Vgl. Einl. § 2, III, 2; Schürer I, S. 93 ff. Alle diese Männer haben wesentlich dieselbe Arbeit gethan, die mündliche Thora entweder als Ueberlieferung einfach zu reproduciren oder aus der schriftlichen Thora herzustellen, d. i. zu erneuern, und das Ergebnis auf dem Wege der Abstimmung durch Majorität festzustellen.

§ 23. Die authentische Auslegung der heiligen Schrift. 95

Das Organ der Ueberlieferung war somit das von Gott selbst verordnete Synedrium, von welchem den ihm untergeordneten Rabbinen die Lehrbefugnis übertragen wurde.

2. Der gesammte Stoff der Ueberlieferung, sofern diese auf ihren Ursprung aus der Schrift angesehen wird, aus welcher sie abgeleitet ist, wird Midrasch (מדרש) genannt, wörtlich Forschungen, Untersuchungen, und zwar über die Thora, *Sifra* zu 3 Mos. 26, 46. *Kerithoth* 13ᵇ u. ö. Denn Alles, was mündlich überliefert wird, ist gewonnen durch Erforschung und Feststellung des Schriftsinnes. Diese Forschung hat sich aber in einer doppelten Richtung bewegt. Sofern nämlich der Gesetzesinhalt der Thora entwickelt wurde, ergaben sich die *Halachoth;* sofern der geschichtliche und prophetische Inhalt erläutert wird, ergaben sich die *Haggadoth.* Vgl. Schürer II, § 25, III. Jene sind in der Mischna niedergelegt und in dem Talmud weiter erörtert, diese bilden vornehmlich den Inhalt des Midrasch im engeren Sinne oder der Haggada, des biblischen Kommentars. Doch enthält auch der Midrasch Halachisches, und Mischna und Talmud, besonders letzterer, enthalten auch Haggadisches. Deshalb kann gesagt werden, daß die Midrasche, die Mischna und der Talmud, die Halachoth und Haggadoth vom Sinai stammen, wenn auch nicht in der Form, in der sie hier vorliegen, so doch ihrem Inhalte nach, wie das Alles aus den obigen Stellen hervorgeht. Wichtig für das Verhältnis von מדרש zu הלכה und הגדות ist *Nedarim* IV, 3, wo מדרש, הלכות und הגדות auf einander folgen.

Was insbesondere die Halacha betrifft, so setzen beide Targume zu 2 Mos. 21, 9 für משפט das Wort הלכה. Hiernach ist Halacha das, was Rechtens ist. Die Halachoth samt ihrer Herleitung aus der Schrift heißen auch *Middoth* (מדות), Regeln, z. B. *Wajjikra rabba* 3. Etymologisch betrachtet heißt הלכה „was gäng und gäbe ist", die Norm, nach welcher man sich richtet, das Gesetz, dem man folgen muß. Sie wird ebenso wenig wie das Gesetz jemals hinfällig nach *jer. Megilla* I, 7. Denn sie stammt ursprünglich aus göttlicher Unterweisung. Wäre diese im Gedächtnis bewahrt worden, so wäre die Halacha lediglich Ueberlieferungsrecht. Jedenfalls ist es ein Teil davon. Diese Halacha heißt הלכה למשה מסיני, Halacha, welche Mose von Gott auf dem Sinai empfangen hat, als mündliche Ueberlieferung ausdrücklich von der schriftlichen Thora unterschieden *Tos. Succa* c. 3. Da aber der größte Teil der sinaitischen Ueberlieferung verloren ging und im Laufe der Zeit erst wieder hergestellt oder festgesetzt werden mußte, so kann man sie nicht kurzweg als Ueberlieferung bezeichnen. Jene Festsetzung war die Aufgabe der „Weisen" vieler Jahrhunderte *Berachoth* 11ª: sie sollten die Halacha für die folgenden Generationen bestimmen (ויקבעי הלכה לדורות). *Sifre* 79ᵇ wird die Stufenfolge der Autoritäten festgestellt: Gott, Mose, Sanhedrin, der Weise. *Sifre* 104ᵇ wird der Gerichtshof (בית דין הגדול), der in der Quaderhalle im Tempel zu Jerusalem tagte (§ 29, 1), als höchste gesetzgeberische Instanz bezeichnet, und gesagt, daß von ihm die Thora ausgehe für das ganze Israel (משם תורה יוצאת לכל ישראל). *Schir rabba* zu 5, 12 und *Bereschith rabba* c. 70 sagt von den Gliedern des Sanhedrin: sie sitzen und ordnen die Worte der Thora, bis sie dieselben (*Schir rabba* a. a. O.) hervorgehen lassen rein wie Milch. Später setzten die „Weisen" (§ 28 f.) als stimmberechtigte Mitglieder einer Gesetzesakademie die Halacha fest und zwar nach Stimmenmehrheit, zuweilen unter der Mitwirkung einer göttlichen Offenbarungsstimme.

Als Halacha gilt daher 1. was allgemein als seit unvordenklichen Zeiten in Geltung stehend anerkannt ist, und 2. was sich auf eine gesetzmäßige Autorität zurückführen läßt. Wenn Jemand etwas als gesetzliches Herkommen behauptet, so muß er, wenn es nicht eine anerkannte sinaitische Halacha ist, glaubwürdige Personen als Gewährsmänner der Ueberlieferung benennen. Als solche Autoritäten gelten die Thannaim (S. 94), deren Ueberlieferungen in der Mischna niedergelegt sind. Wer Halacha lehrt, hat nach der Weise und Ueberzeugung einiger Lehrer, wie des R. Elieser, zufolge *Succa* 28ª lediglich von Mund zu Mund zu überliefern, was er aus glaubwürdiger Quelle überkommen hat, nach dem Grundsatze (a. a. O.): Ich habe kein Wort gesagt, das ich nicht aus dem Munde meines Lehrers gehört habe. Nach *Taanith* 8ª beruhen die Würde und das Verdienst eines Rabbi darauf, daß er die Ueberlieferungen (מתניתין) seines Lehrers in sicherer und verlässiger Weise weiter überliefert. Erlösung bringt der Welt derjenige, welcher, was er vorträgt, בשם אימרו vorträgt *Megilla* 15ª. Wir lesen öfter, es sei die höchste Kränkung, wenn man sich weigere, in Jemandes Namen Halacha zu sagen, d. h. ihn als sicheren Gewährsmann für eine Ueberlieferung gelten zu lassen. Jeder aber, in dessen Namen nach seinem Tode eine Halacha gesagt werde, dessen Lippen bewegen sich gleichzeitig im Grabe (s. Aruch unter דבב). *Jebamoth* 96ᵇ schärft ein, man müsse immer angeben, von wem man die Ueberlieferung habe, die man

§ 23. Die authentische Auslegung der heiligen Schrift.

vortrage. Dies geschieht in der That überall in der Mischna, im Talmud und im Midrasch.

Der andere Teil der Lehrüberlieferung ist die Haggada. Bemerkenswerth, aber unzureichend ist die Deutung ihres Namens durch den Talmud selbst (*Joma* 75ª) nach נגד ziehen, weil sie (zur Frömmigkeit) anziehe. Zunz (a. a. O. S. 42) und nach ihm viele Andere bestimmen sie als „Gesagtes". Im Unterschiede von der Halacha als der festen Regel soll die Haggada demzufolge nur freier Erguß der religiösen Begeisterung sein, ohne daß ihr irgend eine Verbindlichkeit beiwohne. Allerdings entsteht sie nicht wie die Halacha durch Erörterung und feierliche Abstimmung, sondern ist freier predigtartiger Vortrag vor der Gemeinde; auch ist sie nicht bestimmt als Gesetz zu gelten, sondern dient zur Erbauung und Belehrung, und ihr gegenüber gilt mehr Freiheit. Allein damit ist noch nicht gesagt, was nun die Haggada ist, und welche Bedeutung und Geltung sie für die Gemeinde hat. הגדה heißt nicht „Gesagtes", sondern Erzählung, Vortrag. Sie ist, wie die *Tosefta* zu *Sota* c. 7 zeigt, die Schriftauslegung zur Erbauung der Gemeinde, welche sich am Sabbat „zur Haggada" im Lehrhause versammelt. Man fragt: היכן היתה הגדה d. i. welcher Abschnitt der Schrift kam heute in der Haggada daran? Darauf wird der Abschnitt הקהל את העם genannt. Weiter heißt es: מה דריש בה d. i. was hat der Lehrer darüber vorgetragen, wie hat er ihn ausgelegt? Zur Auslegung und Illustration dienten hauptsächlich Geschichten, d. i. Ueberlieferungen aus alter Zeit, auch Gleichnisse und denkwürdige Aussprüche der Väter. Daher bedeutet Haggada zuweilen bloße Unterhaltung. Ihr Zweck ist jedenfalls Erbauung und Belehrung über Gegenstände des Glaubens und Lebens; sie vertritt das dogmatisch-ethische Element der jüdischen Religionslehre. Auch von ihr wird der Konsequenz wegen gesagt, sie sei ursprünglich ein Bestandteil sinaitischer Ueberlieferung gewesen; aber wie die Halacha vergessen worden sei, so mußte auch sie auf hermeneutischem Wege (§ 26) wieder gefunden werden. Ein Beispiel möge das erläutern. Indem *Mechilta* 29ª und der *Midrasch rabba* erzählen, daß Mose Josephs Sarg, der im Nil versenkt lag, sich schwimmend nach oben heben ließ, wenden sie das קל וחמר (§ 26, 1) an: wenn Elisa das Eisen vom Grunde des Jordans an die Oberfläche kommen lassen konnte, so gewiß noch mehr Mose den Sarg Josephs, der auf dem Grunde des Nils ruhte. Bei Anwendung solcher hermeneutischer Regeln zur Rechtfertigung einzelner Erzählungen konnte man sich immer leicht einreden, sie seien im Schriftwort eingeschlossen und nun wieder aus ihm entbunden, die Haggada gehöre daher mit zu Gottes ursprünglicher Offenbarung auf dem Sinai. Ein anderes Beispiel findet sich *Berachoth* 31ᵇ. Zu den Worten: Um diesen Sohn habe ich dich gebeten (1 Sam. 1, 27) wird da Folgendes zur Erläuterung in haggadischer Weise gesagt: Hanna bringt Samuel zu Eli. Sie schlachten einen Farren und sehen sich zur Schlachtung nach einem Priester um. Da lehrt sie Samuel, daß ein Nichtpriester (זר) auch schlachten könne. Daß er das vor Eli lehrt, der als Rabbi allein lehren darf (§ 28, 3), gilt als todeswürdige Verletzung desselben, und er soll nach dem Rechte dafür sterben. Eli verheißt Hanna zum Trost einen größeren Sohn, sie aber sagt: Um diesen Sohn habe ich dich gebeten! — So entstehen Haggadoth; sie erwachsen scheinbar aus der Schrift, in die sie Gott gelegt, während er sie selbst einst außer der Schrift lehrte. Man vergleiche beispielsweise noch *Berachoth* 62ᵇ. Solche Haggadoth genießen so hohes Ansehen, daß sie wie die Halacha מִדָּה heißen, also Regel für Glauben und Sitte, vgl. die *Tosefta Kidduschin* V, 18. Für ihre frühen Anfänge zeugt, daß schon *Sifre* 33ᵃ dem gottlosen König Manasse nachsagt, er habe solche zur Verspottung der fünf Bücher Mose vorgetragen (הגדית של דופי, vgl. Ps. 50, 20). Als geistliche Speise Israels wird *Sifre* 84ᵇ Halacha und Haggada bezeichnet. Sie wird wie die Halacha fortgepflanzt und ihr Ansehen beruht wie bei der Halacha auf der Glaubwürdigkeit der Ueberlieferung. Wir finden demgemäß *Pesikta* 28ᵃ, *Wajjikra rabba* 18 u. ö. eine מָסֹרֶת אַגָּדָה haggadische Tradition erwähnt, vgl. *Tanchuma Noach* 11: es sei haggadische Tradition, daß Jerusalem nicht gebaut werde, ehe alle Exulanten sich wieder versammelt haben. Sie bildet ein besonderes Studium, welches Einige, welche den Ehrennamen בעלי הגדה haben, besonders pflegen *Beresch. rabba* c. 3. 12. *Wajjikra rabba* c. 31 u. ö. Wir finden auch haggadistische Schuldifferenzen. So stritten die Schulen Hillels und Schammai's nach *Wajjikra rabba* c. 36 darüber, ob der Himmel oder die Erde zuerst geschaffen sei, vgl. *Beresch. rabba* c. 12. Solche Fragen stellte man an den בעלי הגדה. So *Tanchuma Wajjakhel* 6: Sage mir, du Meister der Haggada, wie Gott seine Welt geschaffen hat: zuerst die Welt und dann die Finsternis, oder umgekehrt? Derartige Fragen beantwortet der Haggadakenner aus haggadischer Ueberlieferung oder mit Anwendung hermeneutischer Regeln. Die בעלי הגדה werden deshalb als Schrift-

§ 23. Die authentische Auslegung der heiligen Schrift.

erklärer nach dem Sinne der Verse befragt *Beresch. rabba* 94. Ist der Haggadist eine Autorität, so pflanzt sich seine Haggada weiter fort und wird ein Bestandteil des haggadischen Ueberlieferungsschatzes, wie er im Midrasch, und zwar besonders in den *Rabboth* aufgespeichert ist. Solche Autoritäten waren z. B. Jose der Galiläer, der Begründer der 32 Middoth (S. 109 f.), *Chullin* 89ᵃ, und R. Samuel ben Nachman *Pesikta* 145ᵇ, während große Halachisten keine haggadistische Autorität genossen, weder R. Meir, den man nach *Beresch. rabba* 36 mit dem Worte דייך "Genug für dich!" schweigen hieß, als er Haggada vortrug, noch R. Akiba *Schemoth rabba* c. 10 und *Chagiga* 14ᵃ (עקיבה מה לך אצל הגדה).

Allerdings wird der Haggada nicht gleiche Geltung mit der Halacha eingeräumt. Die Haggada heißt *Kohel. rabba* zu 2, 8 die בניי מקרא של, die *deliciae Scripturae Sacrae*. Die Halacha repräsentirt dagegen die strenge, aber auch desto verdienstlichere Arbeit ums Gesetz. Dazu stimmt *Pesikta* 101ᵇ: Zuerst, als es noch Geld gab (als man weniger dem Erwerb nachjagen mußte), war der Mensch begierig, das Wort der Mischna und des Talmud zu hören; jetzt aber, wo das Geld mangelt und wir überdies von der Regierung zu leiden haben, ist der Mensch begierig, ein Wort der Schrift und der Haggada zu hören: man begnügt sich mit dem Geringeren, weil man zum Größeren nicht Muße hat. Denn zum Studium der Halacha gehört Ruhe und volle Kraft, während die Haggada auch von dem Ermüdeten getrieben werden kann *Taanith* 7ᵃ. In *Schir rabba* 10ᵃᵇ heißt es geradezu, daß Schrift und Haggada geringeren Werthes seien, als Mischna und Talmud. *Debarim rabba* c. 8 wird der Studiengang deshalb so dargestellt, daß die Haggadoth nach den Halachoth zu stehen kommen, wennschon in der Meinung, daß die Haggada zur Belehrung Anderer diene, die Halacha dagegen das Nötigste für den eigenen Gebrauch darbiete. Was כן אלפן ist, d. h. der Gesetzeslehre angehört, steht an Wichtigkeit höher, als was מן אגדה ist, *Jalkut* zu *Bereschith* 101. Immerhin sind beide, Halacha und Haggada, Bestandteile der Tradition und darum Lehre für die Gemeinde.

§ 24. **Das Verhältnis der Ueberlieferung zur Schrift.**
Der Inhalt der heiligen Schrift und der Inhalt der Ueberlieferung sind principiell identisch; denn diese ist wesentlich in jener enthalten. Daher sind die Aussagen der einen wie der anderen als wahr anzunehmen. Insofern aber die Ueberlieferung erst aus der Schrift heraus entwickelt werden muß, nimmt die Schrift den Rang der Quelle und Richtschnur aller Lehre ein: sie ist *norma normans*, während die Ueberlieferung *norma normata* ist, d. h. sich als in der Schrift enthalten immer wieder ausweisen muß. Endlich ist die Schrift die Offenbarung in abgeschlossener Gestalt, die Ueberlieferung dagegen in steter Entwickelung begriffen; letztere bewegt sich durch Widersprüche hindurch und endet oft in ungelösten Problemen. Vgl. die auf S. 89 angeführte Abhandlung.

1. Die inhaltliche Einheitlichkeit von Schrift und Tradition erhellt aus der Einheitlichkeit der Namen. Jene heißt תורה שבכתב, diese תורה שבעל פה (S. 91); beide also sind Thora d. i. Offenbarung, Lehre Gottes. *Pesikta* 98ª u. ö. heißen beide so, vgl. *Sifre* 145ª: Rabban Gamliel antwortete auf die Frage, wie viel Thoroth Israel gegeben seien: zwei, eine schriftliche, eine mündliche. Daß beide gleichen Wesens sind, erhellt außerdem auch aus der Bezeichnung des mündlichen Gesetzes als *Mischna*, von שנה δευτεροῦν *repetere:* dadurch wird das mündliche Gesetz als die erklärende Wiederholung des schriftlichen bezeichnet. Beide sind also nicht verschiedenen Inhalts, sondern die Mischna das sinaitische Gesetz in Wiederholung. *Bammidbar rabba* c. 13 werden daher die 24 Bücher der heiligen Schrift als תורה שבכתב neben die Tractate der Mischna als der תורה שבעל פה gestellt. Der Talmud aber ist kein selbstständiges Werk für sich, sondern erläutert die Sätze der Mischna, steht also zu dieser ebenso wie die Tosefta in ergänzendem, untergeordnetem Verhältnis. Der Midrasch oder die Haggada ist ebenfalls nur Darlegung des Schriftinhalts nach Seite der Lehre und Erbauung. Vgl. § 23; Einl. § 2. Die דברי תורה, sagt daher *Sifre* 132ª, sind alle Eins, und doch sind in ihnen Schrift und Mischna, Halachoth und Haggadoth vorhanden.

2. Indem nun aber Halacha und Haggada erst aus der Schrift

§ 24. Das Verhältnis der Ueberlieferung zur Schrift.

abzuleiten sind, ist im Grundsatz die Schrift der Urquell und die Richtschnur aller Lehre, vgl. oben S. 85 f. *Baba mezia* 59ᵇ sagt: sie ist nicht im Himmel (so daß eine Offenbarungsstimme, nach S. 105, vom Himmel her in Gesetzesfragen entscheiden könnte); denn sie ist schon geschrieben in der Thora am Berge Sinai (vgl. 5 Mos. 30, 11 f.). *Tanchuma Noach* 3 lehrt weiter: Gott hat Israel die Thora schriftlich gegeben; diese schriftliche Thora besteht aber nur in Andeutungen: ihr Inhalt ist verschlossen (S. 88); darum hat Gott sie in der mündlichen Thora erklärt und Israel offenbart (גלה). Die schriftliche Thora enthält die allgemeinen, die mündliche die besonderen Begriffe, die mündliche viel, die schriftliche wenig. Später heißt es a. a. O., die mündliche Thora enthalte die genaueren Bestimmungen über die Gebote, Leichtes und Schweres (§ 26, 2). Auf Grund dieses Verhältnisses beider Teile der Offenbarung sagt *Jebamoth* 14ᵃ u. ö., man dürfe die Beweise für die Richtigkeit einer Halacha nicht von Wundern, auch nicht von einer himmlischen Offenbarungsstimme (§ 40, 2) hernehmen (אין אני משגיחין בבת קול). Der Beweis für die Halacha ist vielmehr aus der Schrift zu führen. Aus *Chagiga* I, 8 ist zu entnehmen, daß die Halacha sich auf die Schrift zu stützen habe (סמך על המקרא). Wenn es *Sota* 16ᵃ heißt, daß die Halacha in drei Fällen über die Schrift hinausgehe, so erkennt man gerade daraus besonders deutlich, wie sehr der Grundsatz anerkannt war, daß Schrift und Halacha sich ihrem Wesen nach decken. Deshalb finden wir in der Mischna und den gleichzeitigen Lehrschriften Mechilta, Sifre und Sifra, daß Halacha und Haggada aus der Schrift abgeleitet oder aus ihr erwiesen werden. Entweder wird dabei die Schriftstelle vorangestellt, und die Halacha aus ihr abgeleitet, z. B. *Sanhedrin* X, 5. 6, oder die Halacha steht voran, die Begründung aus der Schrift folgt, vgl. *Berachoth* I, 3. *Bechoroth* VIII, 1. *Arachin* IV, 4. Die andern Lehrschriften sind Kommentare, welche durchweg die Gesetzesvorschriften der Thora so erläutern, daß sie die Halacha aus ihr ableiten oder durch sie begründen. Wol treten Mischna und Talmud in einer von der Schrift unabhängigen Form als eine Art von *corpus juris* und Kommentar auf, und hat die gesetzliche Ueberlieferung *Kethuboth* VII, 6 den Namen דת משה ויהודית; allein es findet sich doch nach Möglichkeit (wenigstens in dem Talmud) für jede Behauptung und Ueberlieferung in diesen Schriften ein Hinweis auf ein Schriftwort oder eine förmliche Begründung aus demselben. Nur so läßt es sich verstehen, daß man

Proselyten eben so zur Annahme des mündlichen wie des schriftlichen Gesetzes verpflichtete, vgl. *Schabbath* 31ᵃ. *Sifre* 145ᵃ, und daß *Aboda sara* 19ᵇ die Regel gegeben wird, Schrift, Mischna und Talmud jeden Tag zu studiren, sowie daß man nach *Berachoth* 11ᵇ das Studium der Mischna ebenso durch eine Gebetsformel weiht wie das der Schrift. Man ist sich bewußt, daß das mündliche Gesetz im schriftlichen Handeln enthalten und gleicherweise Gottes Lehre ist, daß das eine aus dem andern abgeleitet und begründet wird.

Gleichwol fehlt das Bewußtsein nicht, daß der Schrift mit der Thora als Urquell des mündlichen Gesetzes und als Norm desselben höhere Bedeutung zukommt, zumal da die Art und Weise, wie die Halacha zu Stande kommt, doch gar sehr auf ihre menschliche Vermittlung hinweist. Die Halacha wird festgestellt durch Abstimmung eines Kollegiums von Weisen *Gittin* V, 6; ein anderes Kollegium aber, wenn es größere Autoritäten in sich schließt und mehr Mitglieder zählt, kann diese Entscheidung des ersten Kollegiums aufheben und die Halacha anders festsetzen, vgl. *Edujoth* I, 1 ff. 5. V, 7. Ferner gibt es (§ 26) Halachoth ohne directen Schriftbeweis durch Schluß aus einem andern Rechtssatz, z. B. *Menachoth* IV, 3, oder als Hauptregel aus verschiedenen Einzelfällen, z. B. *Arachin* V, 2. 3, oder durch Schluß *a minori ad majus*, z. B. *Kerithoth* III, 7—10 gewonnen. Endlich gibt es Lehrdifferenzen unter den Weisen. Diese Umstände haben die Wirkung, daß man nothgedrungen unterscheidet, was דאוריתא und was דרבנן, was בין חמשנה und בין הפסיק (in einem Schriftvers unmittelbar gegeben) ist, was דברי תורה und דברי סופרים sind, was דברי תורה und קבלה (Ueberlieferung, S. 81 f.) ist. *Kethuboth* VII, 6 unterscheidet דת משה und דת יהודית d. h. was von Mose selbst stammt und was der geschichtlich nationalen Rechtsbildung angehört. *Orla* III, 9 stuft den Werth der Lehre darnach ab, ob etwas בין התורה oder מסיני למשה הלכת oder מדברי סופרים ist. Vgl. Schürer II, S. 272, Anm. 72. Diese Abstufung hat die Folge, daß in der Lehrzucht ein wesentlicher Unterschied besteht, ob man sich gegen das Schriftwort selbst oder gegen die Tradition im Lehrvortrage verfehlt; in *Pesikta* 33ᵇ und *Bereschith rabba* c. 7 (vgl. *Bammidbar rabba* c. 19. *Kohel. rabba* 76ᵈ. *Tanchuma Bammidbar Chukk.* 6) wird das, wenn auch nicht geradezu ausgesagt, so doch einigermaßen vorausgesetzt. Auch gegenüber der Gemeinde wird ein Unterschied gemacht rücksichtlich der Folgen, die ein unmittelbares Schriftgebot oder ein rabbinisches Gebot hat. Wer z. B. vermöge einer aus-

§ 24. Das Verhältnis der Ueberlieferung zur Schrift. 103

drücklichen Schriftsatzung unrein und zum Tauchbad verpflichtet ist, verunreinigt durch seine Berührung mehr Andere, als wer durch rabbinische Satzung unrein ist, s. *Para* XI, 4. 5. Ebenso *Toharoth* IV, 11 vgl. 7. Der Umstand, daß ein Gebot unmittelbar in der Thora enthalten ist, ist immer erschwerend, der Umstand, daß es durch rabbinische Satzung besteht, erleichternd. In der Gebetsordnung (S. 41) erläßt man unter Umständen das Aufsagen solcher Formeln, die sich nicht auf die Schrift, sondern nur auf rabbinische Anordnung gründen *Berachoth* 46ª. Und *Tosefta Edujoth* c. 1 sagt, daß, wenn zwei Rabbinen verschiedene Bescheide geben, man bei einem דבר בדברי ת׳ dem מחמיר (Erschwerenden), bei einem דבר בדברי סופ׳ים dem מקל (dem Erleichternden) folgt, vgl. *Aboda sara* 7ª.

3. Endlich ist für das Verhältnis von Schrift und Ueberlieferung wichtig, daß die Schrift in sich abgeschlossen ist und implicite die ganze Fülle der Lehre Gottes enthält, während die Tradition im Werden ist und in unendlicher **Entwickelung** sich fortbewegt, ohne zum Abschluß zu kommen. Es gibt allerdings eine Anschauung, nach welcher zur Zeit der sinaitischen Offenbarung auch die mündliche Lehre schon vollendet war; denn Gott habe sie dem Mose auf die Tafeln geschrieben. Allein diese Anschauung ist nur die übertreibende Ausdrucksform für die oben (S. 92 ff.) dargelegte, von Allen anerkannte Annahme, daß die mündliche Lehre eben so wie die schriftliche implicite in der Thora, vielleicht auch explicite durch mündliche Belehrung von Gott dem Mose gegeben worden sei. Die gemäßigtere Anschauung begnügt sich zu sagen, daß Gott dem Mose die mündliche Lehre in ihren Hauptsätzen (בכללים) gelehrt habe, indem er die Entwicklung des Einzelnen der späteren Zeit überließ. So *Schemoth rabba* c. 41. *Tanchuma, Ki tissa* 16. Aber auch wenn man mit den Anderen sagt, Gott habe den Mose, sei es schriftlich, sei es mündlich, den ganzen Talmud, alle Halachoth und Haggadoth gelehrt, indem er ihn bei Tage in der Thora unterrichtete, bei Nacht in der Mischna, *Tanchuma Ki tissa* 28, so ist doch diese mündliche Lehre (vgl. S. 94) den späteren Geschlechtern verloren gegangen, und sie muß nun auf dem Wege der Erörterung aus der schriftlichen Thora wiederhergestellt werden. Diese Aufgabe aber ist unendlich, daher mit dem Talmud nicht zum Abschluß gekommen und überhaupt nie völlig zu lösen. Es ist nicht lächerlich, wie Bodenschatz III, 226 meint, wenn *Sefer Juchasin* 160ª (nach der auch sonst sich findenden älteren Ueberlieferung) sagt, das mündliche Gesetz (der Talmud) sei

deswegen nicht aufgeschrieben worden, weil sein Umfang größer sei (ארוכה) als die Erde. Der halachische Pilpul (S. 94) läßt sich in der That ohne Ende fortsetzen. Diese Erkenntnis findet sich auch *Erubin* 21ᵇ, wo es heißt, die mündliche Ueberlieferung werde deshalb nicht aufgezeichnet, weil sonst des Büchermachens kein Ende wäre, vgl. *Bammidbar rabba* c. 14. Es sprachen freilich auch noch andere Gründe gegen die schriftliche Aufzeichnung der traditionellen Lehre. Nach *Tanchuma, Wajjéra* 5, *Ki tissa* 24 u. ö. soll sie nicht schriftlich werden, damit sie Geheimlehre innerhalb der jüdischen Gemeinde bleibe. Die Heiden haben bereits die Schrift in Uebersetzung; sie sollen nicht auch die mündliche Lehre haben, damit sie nicht etwa meinen, sie haben auch das Gesetz und seien Gottes Volk. Die Thora ist Israels Besitz, die Arbeit an ihr und die Beschäftigung mit ihr sein besonderes Erbe bis ans Ende.

Die in der Thora enthaltene Lehre kann aber nicht herausgestellt werden, ohne daß sie im Kampf mit Widersprüchen sich entwickelt und behauptet: die Weisen treffen einander widersprechende Entscheidungen. Diesen Widerstreit gegen den göttlichen autoritativen Charakter der mündlichen Ueberlieferung löst die jüdische Theologie auf, indem sie die Widersprüche auf die Vieldeutigkeit der geschriebenen Thora zurückführt. *Erubin* 13ᵇ lesen wir: Drei Jahre sind die Schammaiten und Hilleliten im Streite mit einander gewesen, und als beide Teile behaupteten, ihre Meinung müßte als Halacha gelten, so geschah eine himmlische Offenbarung (§ 40) und sprach: Beides ist Gottes Wort; als Halacha aber gilt der Hilleliten Lehre. Sie waren nach *Jebamoth* 14ᵃ die zahlreichere, volkstümlichere Schule; daher drang ihre Lebensweise durch. Ein alter, oft wiederholter Ausspruch findet sich *Tosefta Sota* c. 7: „Alle Worte sind gegeben „von Einem Hirten" (Pred. 12, 11); sie alle hat Ein Gott geschaffen, Ein Hirte hat sie gegeben, der Herr aller Werke, gebenedeit sei er, hat sie gesagt. Auch du mache dein Herz zu vielen Kammern (חדרי) und führe darin ein die Worte Hillels und Schammai's, die Worte derer, die für rein, und die für unrein erklären". Dasselbe sagt der Midrasch öfter, z. B. *Bammidbar rabba* c. 14, vgl. *Chagiga* 3ᵇ: „Sie alle (diese widersprechenden Lehren der Weisen) hat Ein Gott gegeben, und Ein Parnas (Mose; vgl. § 23, 1) hat sie gesprochen aus dem Munde des Herrn". Näher erklärt die Sache *Tanchuma, Behaalothecha* 15: Alle Aussprüche der Weisen stammen von dem Einen Mose und

§ 25. Schrift und Ueberlieferung in der Praxis.

dem Einen Gott; der eine hat diese Einsicht (שׁטִם), der andere jene; d. h. der eine Weise kann sich für seine Meinung auf dieses, der andere auf jenes Wort der Schrift berufen. Diese Lehrdifferenzen führten daher keine Spaltung herbei. Die Hilleliten und Schammaiten, obwol in Ehefragen von sehr verschiedener Meinung, versagten einander die Ehe nicht; und obwol sie in Fragen über Rein und Unrein sehr auseinandergingen, so hinderte dies doch nicht den Lebensverkehr *Jebamoth* 1 4ᵇ. Zum Zwecke der schließlichen Lösung einzelner Streitfragen ist für sehr wichtige Fälle ausnahmsweise die *Bath Kol* (§ 40, 2) eingetreten; in anderen Fällen hat die Abstimmung oder die herrschend werdende Sitte entschieden, nach dem Princip: אין הלכה אלא כדברי המרבין die Halacha bemißt sich nach dem Ausspruch der Majorität *Edujoth* I, 5. Um endlich die ungelöst bleibenden Streitfragen zu schlichten, wird kurz vor den Tagen des Messias Elia kommen (§ 77). Eine Erörterung ohne Resultat schließt mit der Formel תיקו (d. h. der Thisbit wird die Einwände und Fragen lösen; vgl. Buxtorf, Lexicon talm. S. 2588, unter תיקו; Andere allerdings anders, z. B. Aruch unter תיק: תיקו, θήκη, für eine Sache, die in ihrer θήκη Scheide verborgen bleibt, während Stein, Talm. Terminologie S. 59 erklärt: יהא קאי; letzteres ist die sachlich richtige Erklärung, die sich aber einfacher ergibt, wenn man תיקו *per apocopen* für תיקום „es bleibe stehen" nimmt). Diese Formel ist wichtig, weil sie zeigt, daß die Lehrentwicklung, aus welcher die mündliche Thora hervorgeht, oft an Stellen kommt, wo sie die Arbeit ruhen lassen muß, ohne zum Abschluß gekommen zu sein, während die schriftliche Thora abgeschlossen ist.

§ 25. Schrift und Ueberlieferung in der Praxis.

Wenn die Schrift auch hinsichtlich ihrer Würde der Ueberlieferung vorgeht, so hat doch für die Praxis das mündliche Gesetz einen höheren Werth als das schriftliche. Denn der Nomismus, welcher in der Thora das Heil zu besitzen glaubt, sofern er durch ihre Erfüllung den verheißenen Lohn erwirbt, fordert die Thora in einer Gestalt, in welcher sie unmittelbar im Leben verwirklicht werden kann. In solcher Gestalt liegt sie nur im mündlichen Gesetze vor. Die höhere Werthschätzung desselben findet ihren Ausdruck nicht bloß in den Prädicaten der mündlichen Lehre, sondern auch in dem Studium, welches ihr gewidmet wird, und in der Strenge, mit welcher man auf das mündliche Gesetz hält.

1. **Der höhere Werth der Ueberlieferung.** Als Rab Dimi nach Babylon kam, sagte er: Der Vers Hoheslied 1, 2 wird so verstanden: Es sagt die Gemeine Israels zu Gott: Herr der Welten, die Worte deiner Freunde, nämlich der Weisen, sind mir lieber (חביבים) als der Wein des Gesetzes selbst, *Aboda sara* 35ᵃ (bei F. Chr. Ewald S. 244). Und *jer. Berachoth* I, 6 (3ᵇ) heißt es: Du sollst wissen, daß die Worte der Schriftgelehrten geliebter sind, als die Worte der Thora; denn siehe, wenn Rabbi Tarphon das Schemá gar nicht gebetet hätte, so hätte er nur etwas Gebotenes unterlassen; weil er aber die Satzung der Schule Hillels übertreten hat, so ist er des Todes schuldig geworden. R. Tarphon hatte nämlich die Halacha des Schemabetens, wie sie vom Hause Hillels festgestellt worden, übertreten und nach der Weise der Schule Schammai's gebetet und war darüber in Todesgefahr durch die Räuber gerathen. A. a. O. lesen wir weiter: R. Chanina sprach: die Worte der Aeltesten sind werther geachtet, als die der Propheten. Als Grund wird angegeben, daß die Propheten sich erst durch Wunder und Zeichen Gehorsam für ihre Worte erwirken mußten, die Aeltesten aber ihn nach 5 Mos. 17, 13 auf Grund der Thora fordern können. In dem nachtalmudischen Tractat *Soferim* wird 15, 7 (vgl. *jer. Horajoth* 3, 5, Blatt 48 oben) die heilige Schrift dem Wasser, die Mischna dem Wein, der Talmud dem Würzwein verglichen. Die Welt kann nicht sein ohne die heilige Schrift, ohne die Mischna, und ohne den Talmud. Oder: die Schrift gleicht dem Salz, die Mischna dem Pfeffer, der Talmud dem Gewürz (בשמים). Immer stellen solche Vergleichungen eine aufsteigende Reihe von der Schrift zum Talmud dar. Dies läßt sich nur verstehen durch den Satz, daß allein die Lehre der Weisen den Sinn der Schrift erschließt und sie praktisch verwendbar macht. Die Thora ist ja ein unerschöpfliches Meer der Erkenntnis; aber das Wort der Weisen ist werthvoller, weil man durch dieses zur Erfüllung der Thora kommt.

2. Deshalb wird die Ueberlieferung, nicht die Schrift, als wichtigster Gegenstand des Lernens hingestellt. Ihr sind die besten Kräfte zu widmen. *Wajjikra rabba* c. 15: Man liest am Sabbat (privatim) in den heiligen Schriften erst nach dem Abendgebet. Doch

§ 25. Schrift und Ueberlieferung in der Praxis. 107

ist es gestattet, etwas in der Schrift nachzusehen, wenn es zum Zweck des Studiums erforderlich ist; denn die Tageszeit gehört — wie auch die Erläuterung zum Midrasch angibt — dem Studium. Besonders das bloße Lesen der Schrift ist viel geringer, als das Studium des Gesetzes; aber auch das Studium der Schrift, bei welchem es sich um den Derusch (S. 87 f.) handelt, ist verhältnismäßig werthlos. In *Wajjikra rabba* c. 36 wird wenigstens die Verschiedenheit der Beschäftigungen mit der Thora im Bilde vom Weinstocke dargestellt. Wie es nämlich am Weinstocke ענבים und צמוקים (nach dem Kommentar zum Midrasch: Wein und Essig) gibt, so gibt es in Israel Schriftkundige, Mischnakundige, Haggadakundige. Die letzteren, die eigentlichen Schriftausleger (S. 97 ff.), sind im Organismus der Lehrer das, was die צמוקים am Weinstock, stehen also vermutlich auf niedrigerer Stufe, als die Mischna- und Talmudkundigen. *Berachoth* 8ᵃ sagt von R. Scheschet: Er wendete sein Angesicht von der Thorarolle und sprach: Wir beschäftigen uns mit dem Unsrigen (Mischna und Talmud), Jene mögen sich beschäftigen mit dem Ihrigen (der Thora). Sehr charakteristisch ist *Baba mezia* 33ᵃ: „Solche, die sich mit der Schrift beschäftigen — das ist eine Art des Studiums und doch keine Art (מדה; es fehlen ihnen die Entscheidungen der Mischna und die Erörterung des Talmud, durch die man erst eine Frucht des Studiums gewinnt). Mit der Mischna sich beschäftigen ist eine Art des Studiums, und man hat Frucht und Lohn dafür; der Talmud — du hast keine bessere Art des Studiums als diesen". Rab sagte nach *Chagiga* 10ᵃ: Wenn ein Mensch von der Beschäftigung mit der Halacha (מדברי הלכה) zur Beschäftigung mit der Schrift übergeht, so hat er kein Heil (שלום) mehr. Der Talmud d. i. die zusammenhängende Erforschung des Gesetzes ist also das wahre Ziel des Lernens, und zwar nicht bloß des Gelehrten, sondern jedes frommen Israeliten, der nicht als עם הארץ (S. 43 f.) gelten will. Schrift lesen und studiren ist die elementare, resultat- und ziellose Stufe des Studiums, Mischna die Mittelstufe, Talmud das eigentliche Ziel. In diesem Sinne ist zu verstehen, daß die gewöhnliche Stufenfolge gelehrter Kenntnisse und ihres Ansehens vor Gott und Menschen ist: Schriftkundige, Mischnakundige, Talmudkundige, vgl. S. 91. *Sifre* 147ᵇ. *Erubin* 54ᵇ u. ö.

3. Dem hohen Ansehen des mündlichen Gesetzes entspricht endlich, daß seine Uebertretung von der Gemeinde streng ge-

ahndet und an eine göttliche Strafe für Uebertretung desselben geglaubt wird. (Vgl. oben unter 1.) Die Uebertretung rabbinischer Satzungen ist Sünde, *Tosefta Baba kamma* c. 8. R. Tarphon leitete eine Todesgefahr vom Ungehorsam gegen eine Satzung des Hauses Hillel ab *Berachoth* I, 3. Daselbst 4[b]: Jeder, der die Worte der Weisen übertritt, ist des Todes schuldig. *Schabbath* 110[a] heißt es, den beiße eine Schlange, der eine Verordnung der Weisen übertrete, und gegen solchen Biß gebe es keine Heilung. Als Schriftgrund wird Pred. 10, 8 angeführt, und an andern Orten in gleichem Zusammenhange dieselbe Drohung oft wiederholt. Natürlich erfolgt nicht überall der Vollzug der höchsten Strafe; vielmehr wird die Autorität des Gesetzes auch durch den Bann gewahrt, der über den Uebertreter einer rabbinischen Satzung ausgesprochen wird. Wer z. B. das Händewaschen vor dem Brotessen gering schätzt (d. h. für unverbindlich erklärt), verdient nach *Berach.* 19[a] den Bann. Im Grundsatz jedoch ist der Uebertreter der Worte der Schriftgelehrten des Todes schuldig. *Erubin* 21[b] wird erst die Mahnung eingeschärft, mehr auf die Worte der Schriftgelehrten als auf die Worte der Thora Acht zu geben (תורה), und dann als Grund angeführt, daß die Thora Gebote und Verbote enthalte, denen keine Drohung der Todesstrafe beigefügt sei (s. Raschi), während hinsichtlich aller Worte der Schriftgelehrten der Grundsatz gelte, daß den Tod verdiene, wer sie übertrete. Später wird als Beweis dafür eine Geschichte aus dem Leben des R. Akiba angeführt. Er lag im Gefängnis, und R. Josua Haggirsi bediente ihn und brachte ihm täglich eine bestimmte Menge Wassers. Eines Tages aber beschränkte dieses der Gefängnisaufseher auf die Hälfte. Als nun R. Josua zu ihm kam, sagte R. Akiba: ... Gib mir Wasser, daß ich meine Hände wasche! Josua antwortete, es reiche nicht einmal zum Trinken, geschweige zum Händewaschen. Jener aber erwiderte: Was soll ich thun? Man ist für die Unterlassung der Händewaschung des Todes schuldig; besser, ich ziehe mir selber den Tod zu (durch Hunger, vgl. Marc. 7, 3), als daß ich die Satzung meiner Genossen übertrete. Es hieß, er habe so lange nichts genossen, bis man ihm Wasser zum Händewaschen brächte, und er die Hände gewaschen hätte. Die Weisen aber, die es hörten, sprachen voll Bewunderung: Wenn er dies in seinem Alter that, um wie viel mehr in seiner Jugend; wenn im Gefängnis, um wie viel mehr außerhalb desselben! — So ist es: Ein jüdischer Heiliger wird eher

sterben, als die Worte der Weisen, das traditionelle Gesetz, brechen.
In der That wird dieses höher und heiliger geachtet, als das einfache Wort der Schrift.

Kap. IX. Der Schriftbeweis.

§ 26. Die dreizehn Regeln.

Die mündliche Ueberlieferung soll aus der schriftlichen Thora erwiesen oder wenigstens an dieselbe angelehnt werden können. Der Schriftbeweis für die Ueberlieferung erfolgt somit entweder durch regelrechte Ableitung des traditionellen Lehrinhalts aus der Schrift mittelst Anwendung der 13 Middoth d. i. hermeneutischen Grundsätze, oder durch Aufsuchung solcher Schriftworte, welche wenigstens eine Hindeutung auf die angenommene Meinung enthalten. Die Ueberlieferung steht, da sie neben der Schrift hergeht, schon vor der biblischen Begründung fest, der Schriftbeweis tritt nur zu ihr hinzu. Auch was keinen Beweis aus der Schrift hat oder über sie hinausgeht, gilt, wenn es sich auf rabbinische Autorität stützt. Es ist dann דרבנן, im Gegensatz zu דאורייתא (vgl. S. 92).

1. Geschichte. Frühzeitig zeigte sich das Bedürfnis, feste Normen oder Regeln für die Ableitung der Halacha oder Haggada aus der Schrift aufzustellen. Solche Regeln nannte man Maße (מדי *Middoth*), d. h. Arten, Methoden für die Auslegung. Was nach diesen Regeln aus der Schrift abgeleitet war, galt als erwiesen. Der Erste, der unseres Wissens solche Regeln aufstellte, war Hillel, der überhaupt als Hauptbegründer des traditionellen Gesetzes anzusehen ist, vgl. *Succa* 20ᵃ. Hillels sieben (oder sechs) Regeln erweiterten sich später zu dreizehn, die als eine *Barajtha* (neben der Mischna hergehende Tradition) des R. Ismael bezeichnet werden. Man benennt sie בהן שדרש מדות יג, d. i. die dreizehn Regeln, nach welchen die Thora erklärt wird. Man findet sie als Einleitung zu den meisten Ausgaben des Sifra, wie auch im *Siddur*, d. i. dem Gebetbuche der Juden für den täglichen Gebetsdienst u. ö. Für die haggadische Auslegung hat R. Elieser, Sohn des R. Jose des Galiläers, 32 Regeln aufgestellt, nach welchen der haggadische

Derusch (S. 87. 97) oder Kommentar sich vollziehen soll, vgl. *Jalkut Schimeoni, Bereschith* 92. Sie berühren sich mit den 13 Regeln. Mit diesen als den praktisch wichtigsten haben wir es weiter zu thun. Sie finden sich besonders angeführt und angewendet *Mechilta* 22ᵃ, wo es heißt: „Dies ist eine von den 13 Middoth, nach welchen die Thora ausgelegt wird". Kürzer werden sie bezeichnet *Mechilta* 77ᵇ, wo kurz gesagt wird: „Gehe hin und lerne aus den 13 Middoth". Man führte sie also ohne Weiteres als allgemein gültig an. Maimonides sagt in seiner Einleitung zur Mischna: Wer die Erklärung zum Gesetze nicht aus dem Munde Mose's selbst hörte, folgerte sie mittelst der 13 Regeln, die auf dem Sinai gegeben worden sind. Josua und Pinchas verfuhren bei der Gesetzesbetrachtung (סב־א im Gegensatz zu הלכה, das durch Nachdenken gewonnene Resultat im Unterschiede vom überlieferten Recht), bereits ebenso, wie Rabina und Rab Asche, die letzten der Amoraim, welche den Talmud herstellten. Solches Ansehen genossen die 13 Regeln. Sie enthalten in jüdischer Gestalt die Gesetze der Logik und Hermeneutik und verdienen unter diesem Gesichtspunkte beachtet zu werden.

2. Die erste Regel heißt *Kal wachomer* (קַל וָחוֹמֶר), „Leichtes und Wichtiges", d. h. was vom Leichteren oder Geringeren gilt, das gilt auch vom Schwereren oder Größeren. Es ist der Schluß *a minori ad majus*, oder *a majori ad minus*. Die kürzeste Form, in welcher diese Regel angewendet wird, finden wir z. B. *Pesachim* 99ᵃ: יפה שתיקה לחכמים קל וחומר לטפשים d. i. schön ist das Schweigen für die Weisen — geschweige denn für die Thoren; oder *Mechilta* 68ᵃ, wo es heißt: אם שונאין ממון עצמם קל וחמר ממון אחרים d. i. wenn die Menschen ihren eigenen Mammon hassen, so versteht sich's von selbst, daß sie auch den Mammon Anderer nicht begehren. Vgl. *Baba bathra* IX, 7. Beispiele für die ausführlichere Form sind: *Mechilta* 24ᵃ soll bewiesen werden, daß das herkömmliche Gebet vor der Mahlzeit Pflicht sei. R. Ismael sagt: Hier gilt der קל וחמר, und konstruirt dann diesen Schluß so: מה כשאוכל לשובע טעון ברכת בשתיא תאב ולא כל שכן d. i. wenn Einem, nachdem er gegessen hatte, das Gebet oblag (nach 5 Mos. 8, 10 ואכלת ושבעת וברכת) — spricht da nicht Alles dafür, daß es erst recht so ist in dem Moment, da er begehrt? Also ist die herkömmliche Pflicht des Gebets vor dem Mahle durch den Schluß *Kal wachomer* aus jenen Worten erwiesen. *Jebamoth* VIII, 3: Männliche Nachkommen von Ammon und Moab dürfen nicht in die Gemeinde eintreten, bestimmt niemals, aber

26. Die dreizehn Regeln.

weibliche dürfen sofort eintreten. Bei Aegyptern und Edomitern gilt das Verbot nur bis zur dritten Generation, gleichviel ob sie männlichen oder weiblichen Geschlechtes sind; R. Schimeon aber erlaubt es den Frauen sofort. Er sagt, es sei ein קל וחימר. Wenn man in dem Falle, wo man die Männer für immer vom Eintritt in die Gemeinde ausschließe, den Frauen den Eintritt sogleich gestatte, um wie viel mehr müsse in dem Falle, wo den Männern der Eintritt bloß bis zum dritten Geschlechte versagt bleibe, den Frauen der Eintritt sogleich erlaubt werden. Der Schluß ist hier so geformt: מה אם — אינו דין d. i. wenn man — ist es dann nicht ein billiger Schluß? Aber man erwiderte ihm: Ist deine Behauptung Halacha, so nehmen wir sie an; ist sie aber nur eine Schlußfolgerung (דין), so gibt es einen Einwand darauf. Hierauf bestätigte er, daß seine Aussage Halacha sei; diese hatte er nur durch einen קל וחימר gestützt. In noch anderer Form erscheint dieser Schluß *Erachin* VIII, 4. Da heißt es: Es kann Jemand von seinem Kleinvieh oder Rindvieh, seinen Knechten und kananitischen Mägden und von seinem Erbfelde etwas dem Heiligtum weihen. Weiht er aber Alles, so ist die Schenkung ungültig. S. R. Elieser. R. Eleasar b. Asarja sagt dazu: Wenn ein Mensch selbst dem Heiligtum nicht sein ganzes Vermögen weihen darf, um wie viel mehr ist es in jeder anderen Beziehung Pflicht, sein Vermögen zu schonen. Die Form ist hier: על אחת כמה וכמה — מה אם d. i. wenn das hier der Fall ist, wie viel mehr etc. Vgl. Röm. 5, 15. 17 u. ö.

3. Die zweite Regel heißt *Gesera schawa* (גְּזֵרָה שָׁוָה), „der gleiche Ausdruck". Zwei gesetzliche Bestimmungen oder zwei Schriftstellen überhaupt haben eine Gleichheit im Ausdruck, die aber nicht zufällig sein darf, d. h. sie muß wenigstens einmal entbehrlich sein, so daß die Absichtlichkeit in der Wahl des Ausdrucks hervortritt. Aus dem gleichartigen Ausdruck wird nun gefolgert, daß beide Schriftverse einander analog sind, daß was hier gilt, auch dort gilt (vgl. dafür das Beispiel bei Bodenschatz III, 238). Die Analogie kann sogar durch bloß buchstäblich gleichen Ausdruck begründet sein. *Jebamoth* 104[a]: Eine Wittwe, welcher ihr Schwager die Leviratsehe weigert, soll ihm nach 5 Mos. 25, 9 einen Schuh vom Fuße ausziehen. Von welchem Fuße? Die Halacha sagt: Vom rechten. Wie ist das zu beweisen? Durch *Gesera schawa* der genannten Schriftstelle mit 3 Mos. 14, 25, wo von der Reinigung des Aussätzigen die Rede ist. Das Blut des Opfers soll diesem auf den

112 Das Formalprincip des Nomismus.

rechten Fuß gestrichen werden. Nun steht an beiden mit einander verglichenen Stellen רגלו. Dadurch ist die Analogie beider Stellen sicher gestellt. Wie also hier beim Aussätzigen der rechte Fuß zu bestreichen ist, so ist dort gleichfalls der rechte Fuß zu entschuhen. — Es reicht aber auch schon die Begriffsverwandtschaft zur Anwendung dieser zweiten Regel hin, z. B. *Chullin* 85ᵃ, wo zwei Stellen aus 3 Mos. 14 verglichen werden, in deren einer es heißt ובא הכהן (v. 44), während in der anderen (v. 39) ושב הכהן steht. In beiden liegt der Begriff des Kommens. Also kann von einer Stelle auf die andere geschlossen, es können die Bestimmungen der einen Stelle auf die andere übertragen werden. — Durch Analogieschluß werden nun nicht bloß halachische Bestimmungen, sondern auch geschichtliche Thatsachen der Haggada erwiesen. *Nasir* IX, 5 heißt es: Ein Nasir war Samuel nach den Worten des R. Nehorai, denn es heißt (1 Sam. 1, 11): Ein Scheermesser מורה soll nicht auf sein Haupt kommen. Wie das Wort Scheermesser מורה bei Simson auf Nasir zielt, so bei Samuel. — Es muß indeß bemerkt werden, daß man es nicht Jedem überläßt, einen solchen Schluß zu ziehen. *Pesach.* 66ᵃ heißt es: Niemand darf von ihm selbst durch *Gesera schawa* schließen; er darf diesen Schluß nur anwenden, wenn er ihn als uralte (mosaische) Ueberlieferung von seinen Lehrern überkommen hat. Rab beschränkte solche Analogieschlüsse überdies irgendwo auf Stellen, die von der gleichen Sache handeln. Bei dieser richtigen Beschränkung, wenn auch noch der Pleonasmus in den gleichen Ausdrücken der verglichenen Stellen beachtet wird, ist man geneigt, solche Analogieschlüsse als unfehlbar anzunehmen. Der Einzelne konstruirt ja auf diesem Wege keine neuen Rechtsbestimmungen und beweist bestehende nur dann auf diesem Wege, wenn er dafür Autoritäten anführen kann. Vgl. übrigens Hirschfeld, Halachische Exegese § 411—425.

4. Die dritte Regel heißt *Binjan Ab*, „Aufbau eines Vaters", d. i. Aufstellung eines Grundsatzes für Einzelfälle. Bei dem göttlichen Gesetze muß man voraussetzen, daß es gemeingültige Bestimmungen enthalte, daß man von einem Gebot für das andere lernen solle. Es ziemt der göttlichen Majestät kurz zu reden, und nicht überall zu wiederholen, was schon an anderer Stelle ausgedrückt ist. Eine Aussage nun, die Anwendung finden soll auch auf andere Fälle, heißt אב, ein Vater, der Kinder zeugt; die Aufstellung der allgemein gültigen Aussage heißt der בנין. An verschiedenen Stellen

§ 26. Die dreizehn Regeln.

der Thora wird befohlen, einen Gegenstand zu verbrennen, aber nicht gesagt, wann die Verbrennung geschehen soll. Man sucht nun in den Stellen, die von der Verbrennung handeln, den אב d. i. die Bestimmung, welche auch für die anderen Stellen erklärend wirken kann. Nun wird 2 Mos. 12, 10 bei der Verbrennung des übriggebliebenen Passafleisches bestimmt, es solle am anderen Morgen verbrannt werden, d. h. in diesem Fall frühmorgens. So hat man durch בנין אב geschlossen, daß alle solche in der Thora gebotenen Verbrennungen frühmorgens geschehen sollen. 3 Mos. 15, 4 heißt es, daß das Lager, und v. 9, daß der Sattel, worauf der Blutflüssige sitze, unrein sei. Beide Ausdrücke werden als אבות betrachtet: alles worauf der Blutflüssige gewöhnlich liegen oder sitzen kann ist unrein. Solche Fälle nennt man den „*Binjan ab* aus einer Stelle". Es gibt aber auch einen „*Binjan ab* aus zwei Stellen". Z. B. steht 3 Mos. 24, 2 beim Gesetz der Tempelbeleuchtung das Befehlswort צו, und ebenso 4 Mos. 5, 2 bei dem Gebot, die Unreinen aus dem Lager zu entfernen. Beide Male wird von verschiedenen Sachen gehandelt, aber beide Male steht צו. Dies ist aber ein אב und hat die Wirkung, daß etwas von einer Stelle auf die andere übertragen wird. Das zu Uebertragende ist das Wort: „Dies sei ein ewiges Recht", wodurch das: „Sie thaten also" näher bestimmt wird als ein bleibendes Thun. Dies gilt nicht bloß von 4 Mos. 5, 2, sondern von allen Stellen, wo ein Gebot mit צו eingeführt wird: diese alle enthalten eine für alle Zeiten verbindliche Verordnung. Dieser *Binjan ab* ist aus zwei Schriftstellen gewonnen. Jedoch erleidet solche Kombination Ausnahmen, vgl. Stein, a. a. O. S. 10.

5. Es folgen nun acht Regeln, von der vierten bis zur elften, welche auf dem Verhältnisse des *Kelál* (כְּלָל) zum *Perát* (פְּרָט) beruhen. Mit jenem Begriff bezeichnet man etwas Allgemeines, mit diesem etwas Besonderes. Doch hat der Begriff des Allgemeinen bald einen größeren, bald einen geringeren Umfang. Stein vergleicht beide Ausdrücke mit den naturgeschichtlichen Begriffen Gattung und Geschlecht: über der Gattung stehen noch Ordnungen und Klassen, und unter dem Geschlechte noch Arten, Familien und Individuen. Für כלל gebraucht man auch den Ausdruck רבוי, für פרט auch מיצט. Daraus sieht man, daß wo כלל und פרט einander gegenüber stehen, jenes im Sinne eines weiteren, dieses im Sinne eines engeren Begriffs gebraucht wird. Für die Schriftauslegung erschien es nun den Talmudisten wichtig, in welchem Verhältnis in

einem Texte das כלל und das פרט stehen; daraus zogen sie dann bestimmte Folgerungen.

a. Die erste Regel von כלל und פרט heißt kurz: כלל ופרט אי אתה דן אלא בעין הפרט d. h. wenn das Allgemeine voransteht und das Besondere folgt, so gilt nur das Besondere. Z. B. 3 Mos. 1, 2 steht das Allgemeine (בהמה) voraus, dann folgt das Besondere (בקר und צאן). Diese besonderen Begriffe sollen nun nicht etwa als Beispiele aufgefaßt werden, sondern sie bestimmen den Umfang des בהמה: es soll nichts in demselben enthalten sein als Rind- und Kleinvieh. Ausgeschlossen wird also mit dem צאן und בקר das Wild, wie auch die traditionelle Auslegung bei Raschi es faßt. Alles was sich unter den Begriff בקר und צאן unterordnen läßt, ist opferbar, sonst aber nichts.

b. Die zweite Regel von כלל und פרט lautet umgekehrt: פרט וכלל הכלל אי אתה דן אלא בעין הכלל d. h. wenn das Besondere voransteht und das Allgemeine folgt, so richtet man sich nur nach dem allgemeinen Ausdrucke. Z. B. wird 2 Mos. 22, 9 f. das Allgemeine (Vieh) näher beleuchtet durch die vorausgehende Angabe von einzelnen Thieren, Eseln, Ochsen und Schafen. Dieses Einzelne hat nun aber nur die Bedeutung von Beispielen: auf das Allgemeine (Vieh) also bezieht sich die gesetzliche Bestimmung, die nun folgt, vom Reinigungseid, den ein bezahlter Hüter für verloren gegangene Thiere dem Eigentümer zu leisten hat.

c. Die dritte Regel von כלל und פרט heißt: כלל ופרט וכלל אי אתה דן אלא בעין הפרט d. i. wenn erst ein allgemeiner Begriff im Texte steht und dann ein besonderer, diesem aber wieder ein allgemeiner folgt, so darfst du keinen andern Schluß aus den allgemeinen Begriffen ziehen, als den, der dem besonderen mittleren entspricht. Z. B. 5 Mos. 14, 26 steht erst ein allgemeiner Begriff, nämlich: Alles, was deine Seele gelüstet; dann folgen: Rinder, Schafe, Wein, starkes Getränke; hieran schließt sich wieder: Alles, was deine Seele wünschet. Die allgemeinen Begriffe reichen in solchem Falle nicht über das, was die besonderen auffassen. Mit anderen Worten: man muß an diesen besonderen Begriffen das Gemeinsame erkennen; dieses bezeichnet dann den Umfang, welchen die allgemeinen Begriffe an diesem Orte haben. Rinder, Schafe, Wein, starkes Getränke haben das gemein, daß sie Erzeugnisse des Bodens sind; ausgenommen sind also z. B. Salz oder Wasser.

d. Die vierte Regel von כלל und פרט heißt: מכלל שהוא צריך לפרט

§ 26. Die dreizehn Regeln.

שהוא ומפרט צריך לכלל d. i. achte, ob ein allgemeiner Begriff den besonderen zu seiner Erklärung, und ob ein besonderer den allgemeinen zur Bestimmung erfordere, und hiernach schließe! Beispiele mögen es erläutern. 2 Mos. 13, 2 heißt es: Heilige mir alle Erstgeburt, Alles, was die Mutter bricht, bei den Kindern Israel, beide unter Menschen und Vieh; denn sie sind mein. Und 5 Mos. 15, 19 steht: Alle Erstgeburt, die unter deinen Schafen und Rindern geboren wird, was männlich ist, sollst du dem Herrn deinem Gott heiligen. Betrachten wir die erste Stelle als die Hauptstelle. Hier ist das Allgemeine: alle Erstgeburt. Dieses Allgemeine bedarf einer näheren Bestimmung; denn die Erstgeburt kann männlich oder weiblich sein. Diese Besonderung erfolgt in der Hülfsstelle, wo die Erstgeburt näher als männlich bezeichnet wird. Also nur die männliche, nicht die weibliche Erstgeburt ist dem Herrn zu heiligen. Nun aber kann der Fall eintreten, daß die Mutter zuerst Kinder weiblichen Geschlechtes gebiert, dann erst einen Sohn. Da fragt sich, ob dieser Sohn dem Herrn zu heiligen ist. Hier bedarf das פרט (männlich) des כלל zur Bestimmung. Das כלל aber lautet auf die Erstgeburt. Folglich ist der Sohn nur dann dem Herrn zu heiligen, wenn er zugleich die Erstgeburt seiner Mutter ist, der später geborene aber nicht.

e. Die fünfte Regel über כלל und פרט heißt: Wenn etwas Besonderes ausdrücklich aus dem allgemeinen Begriff herausgehoben wird (יצא בן מן הכלל), so geschieht dies nicht um seiner selbst willen, sondern damit das von dem Besonderen Ausgesagte auf die Allgemeinheit bezogen werde. Z. B. 2 Mos. 22, 17 heißt es: die Zauberin sollst du nicht leben lassen. Es wird aber nicht gesagt, wie die Zauberer getödtet werden sollen. Dagegen wird 3 Mos. 20, 27 bestimmt, daß Todtenbeschwörer oder Wahrsager gesteinigt werden sollen. Diese genauere Festsetzung der Todesstrafe als Steinigung hat nun für alle Zauberer zu gelten. — Die Rabbinen lehren auch, eine besondere Vorschrift werde öfters ausdrücklich neben der allgemeinen aufgestellt, um dadurch zu lehren, daß man noch auf andere Dinge schließen solle. Z. B. 2 Mos. 35, 2 heißt es ganz allgemein, es solle am Sabbat niemand eine Arbeit thun, v. 3 aber wird insbesondere gesagt, man solle am Sabbat kein Feuer in den Wohnungen anzünden. Wozu wird diese nähere Bestimmung zu dem allgemeinen Verbot v. 2 hinzugefügt, da doch jenes ohnehin in diesem schon inbegriffen war? Gewiß um von diesem Einzelverbot auf etwas Anderes zu schließen. Es muß also die Meinung sein, daß das Feueranzünden in den Wohnungen einem anderen Feueranzünden gegenübergestellt werden solle, nämlich dem im Tempel. Nun mußte ja, wie aus 3 Mos. 6, 5 zu ersehen ist, im Tempel wirklich am Sabbat Feuer angezündet werden. Es wird somit an jenem Orte angezeigt, daß am Sabbat das Feueranzünden wie jede andere derartige im Tempel zu verrichtende Arbeit in den Wohnungen verboten sei.

f. Die sechste Regel von כלל und פרט heißt: כל דבר שהוא בכלל ויצא לטעון אחר שהוא בעניינו יצא להקל ולא להחמיר d. i. wenn ein Gegenstand aus der Gattung herausgehoben worden ist, um eine besondere der allgemeinen Pflicht entsprechende zu begründen, so geschah die Besonderung zur Erleichterung, nicht zur Erschwerung. Dieser Satz wird durch folgendes Beispiel erläutert: 3 Mos. 13, 18. 24 f. werden aus dem allgemeinen Begriff des Aussatzes zwei Unterarten, der Grindfleck und die Brandstelle, besondert, und es wird die Behandlung dieser Aussatzarten im Einzelnen angeordnet. Die Besonderung, sagt nun unsere Regel, geschieht nicht zur Erschwerung, sondern zur Erleichterung. Diese Aussatzarten sollen für leichter geachtet und darum der damit Behaftete auch nur eine Woche lang abgeschlossen werden. In dieser Weise sind solche Besonderungen aus dem Allgemeinen auch sonst zu beurteilen und ist danach zu verfahren.

g. Die siebente Regel von כלל und פרט lautet: אם לטעון טען אחר שלא בעניינו יצא להקל ולהחמיר d. i. wenn ein Gegenstand aus dem Allgemeinen besondert wird, um eine andere Bestimmung aufzustellen, die dem Allgemeinen nicht gleichartig ist, so geschieht die Besonderung zugleich zur Erleichterung und zur Erschwerung. Beispiel: 3 Mos. 13, 2 ist עיר בשרי im Allgemeinen als der Ort bezeichnet, wo der Aussatz erscheint, und v. 3 wird angegeben, daß das Haar an der Aussatzstelle sich in Weiß verwandele. Dies gilt im Allgemeinen. Das Haupt und der Bart werden mit befaßt unter עיר בשרי. Sie werden aber v. 29 besonders genannt, weil in Bezug auf den an diesen Stellen sich zeigenden Aussatz bezüglich der Haarfarbe eine besondere Vorschrift gilt. Die allgemeine Vorschrift nimmt an, daß das Haar weiß ist; hier wird gesagt, daß es röthlich sein muß, wenn der Kranke für unrein erklärt werden soll. Diese neue Bestimmung wirkt erleichternd, insofern nach derselben das weiße Haar bei Bart- und Hauptaussatz ein Grund für mildere Be-

§ 26. Die dreizehn Regeln.

handlung ist, erschwerend insofern sie lehrt, daß röthliches Haar an einer Aussatzstelle strengere Behandlung nöthig macht. Mit andern Worten: ein Mensch, der an irgend einer Stelle des Körpers einen Aussatz hat mit weißem Haar, ist nach dem allgemeinen Gebote für unrein zu erklären. Nun nimmt das Gesetz beim Bart und Haupt die Bestimmung der weißen Farbe aus und setzt fest, daß der an diesen Stellen Aussätzige erst dann für unrein zu erklären ist, wenn das Haar röthlich ist. Daraus ergibt sich, daß die besondere Bestimmung hier erleichtert, sofern sie Bart- und Hauptaussatz in dem Falle, daß weißes Haar sich findet, frei läßt, aber auch erschwert, sofern sie ausdrückt, daß Aussatz mit röthlichem Haar strenger aufzufassen ist, als der mit weißem Haar.

h. Die achte Regel von כלל und פרט heißt: דבר שהיה בכלל ויצא לידון בדבר חדש אי אתה יכל להחזירו לכללו עד שיחזירנו הכתוב לכללו בפירוש d. i. wenn etwas aus dem Allgemeinen besondert wird, um einen neuen Rechtssatz aufzustellen, so kann man es so lange nicht mehr unter den allgemeinen Begriff unterordnen, bis die Schrift selbst es ausdrücklich thut. 3 Mos. 14, 12. 13 heißt es von dem Opfer des Aussätzigen: er soll ein Schaf schlachten an dem Orte, da er das Sündopfer und das Brandopfer schlachtet; damit wird angedeutet, daß das Schuldopfer des Aussätzigen sein soll wie das Sündopfer. Das Opfer des Aussätzigen ist aber v. 14 besondert, um eine neue Vorschrift für dasselbe zu geben: das Opferblut soll an das rechte Ohrläpplein, den rechten Daumen und die rechte Zehe des zu Reinigenden gebracht werden. Demnach soll das Blut des Aussätzigen-Opfers nicht auf den Altar kommen? Dies würde folgen, wenn nicht v. 13 stände: wie das Sündopfer, also soll auch das Schuldopfer dem Priester gelten. 3 Mos. 7, 2 steht nun aber, daß das Blut desselben ringsum auf den Altar gesprengt werden soll. Hierdurch ist das Aussätzigen-Opfer ausdrücklich unter die gemeine Regel des Schuldopfers, von der es in anderer Beziehung ausgenommen wurde, wieder zurückgebracht, und man weiß nun, daß auch das Blut des Aussätzigenopfers an den Altar gebracht wird.

6. Die zwölfte Regel lautet: דבר הלמד מעניינו ודבר הלמד מסופי d. i. das eine Wort wird näher bestimmt durch den Zusammenhang, das andere durch die Bestimmung des Abschnitts. Ein Beispiel für die erste Regel: 2 Mos. 20, 15 (im Dekalog) heißt es: Du sollst nicht stehlen. Von welchem Diebe die Rede ist, ob von dem, der mit dem Leben bestraft wird, oder von dem, der nur das Gestohlene wieder

zu erstatten hat, wird aus dem Zusammenhange ersehen; denn da bei den anderen Verboten, welche das unsrige umgeben, die Todesstrafe auf ihrer Uebertretung steht, so ist von dem Diebstahle die Rede, welcher mit dem Tode bestraft wird. Die andere Hälfte der zwölften Regel wird durch folgendes Beispiel erläutert: 3 Mos. 14, 34—55 steht von dem Aussatze in irgend einem Hause, ohne daß näher gesagt wird, von welchem Hause die Rede ist. Dies muß מסופו aus dem weiteren Verlaufe des Gesetzes erkannt werden. V. 45 zeigt an, daß es Häuser von Holz, Steinen und Erde seien. Hieraus wird geschlossen, daß v. 34 ff. nicht von solchen Häusern die Rede ist, die nur aus einem einzigen oder zweien dieser Stoffe oder aus ganz anderen überhaupt erbaut sind.

7. Die dreizehnte Regel lautet: שני כתובים המכחישים זה את זה עד שיבא הפסוק השלישי ויכריע ביניהם d. h. wenn zwei Verse einander zu widersprechen scheinen, so muß man warten, bis der dritte Vers sich findet, der zwischen ihnen ausgleicht. Z. B. 4 Mos. 7, 89 sagt: „wenn Mose in die Hütte ging", 2 Mos. 40, 35 aber heißt es: „und Mose konnte nicht in die Hütte gehen". Die Ausgleichung gibt sehr einfach das. v. 34 an die Hand, wo wir lesen, Mose habe deswegen zeitweilig nicht hineingehen können, weil eine Wolke die Hütte bedeckte.

§ 27. Der Beweis durch Andeutung.

Wo nach diesen Regeln der Auslegungskunst eine Ableitung einzelner Sätze der Ueberlieferung aus der heiligen Schrift nicht möglich ist, sucht man doch für die einmal feststehenden Sätze in einem Schrifttexte einen Hinweis (רמז) oder eine Stütze (אסמכתא). Solche Winke der Schrift findet man in den Zeichen, Buchstaben, Partikeln, in der Stellung der Worte und in der Verbindung der Schriftabschnitte. Vgl. Gal. 4, 21 ff., 1 Kor. 10, 4; Röm. 10, 5 ff. und die allegorische Auslegung in der alten christlichen Kirche.

1. Sofern bei dem Schriftbeweise die dreizehn Schulregeln eingehalten werden, kann einigermaßen von einem geordneten, unbefangenen Verfahren die Rede sein. Nun aber wird nicht bloß mittelst dieser Regeln halachischer und haggadischer Inhalt in der Schrift nachgewiesen, sondern man ließ sich zu dem Ende auch zu

§ 27. Der Beweis durch Andeutung.

Andeutungen genügen, die der Text darzubieten schien, welche nach unsern Begriffen ohne allen Werth sind und rein der Willkür anheimfallen. Während der Schluß mittelst jener Regeln מדרש Schriftauslegung heißt, nennt man eine solche bloße Andeutung *Remes* (רֶמֶז), einen Wink, oder auch זֵכֶר לַדָּבָר. Die Annahme, daß die Schrift erlaube, einen hinter dem einfachen Wortsinn liegenden geheimen Sinn anzunehmen (vgl. Origenes, de princ. IV, ed. Lommatzsch, Bd. 21, S. 428. 501), beruht auf der Voraussetzung, daß Gott als Urheber der heiligen Schrift seine eigene Sprache rede, in der er mit einem Worte Vieles andeute, und daß jedes Wort, jeder Buchstabe, jedes Zeichen seine Bedeutung habe (vgl. Matth. 5, 18) und etwas Besonderes andeuten könne. Dabei ist aber vorausgesetzt, daß ein Zeichen, Buchstabe oder Wort, wenn es einen geheimen Sinn haben soll, an sich entbehrlich ist, so daß die Frage berechtigt ist, zu welchem Zwecke es dastehe. Uebrigens genügt zur Begründung eines rabbinischen Gebotes oder Verbotes ein bloßer Wink um so mehr, als rabbinische Satzungen auch dann Geltung haben, wenn sie keinen Schriftbeweis geltend machen. Wir lesen z. B. *Jebamoth* 21[b], daß das Eheverbot im zweiten Grad (איסור שניות) rabbinische Satzung (מדברי סופרים), nicht ausdrückliches Schriftverbot sei, daß sich in der Schrift nur eine Andeutung dafür finde. Dennoch ist es verbindlich. *Schabb.* VIII, 7 sagt R. Meir: Obschon ich für meine Ansicht keinen Beweis (רְאָיָה לַדָּבָר) habe, so habe ich doch eine Andeutung der Sache (זֵכֶר לַדָּבָר) in der Schrift. Ebenso *Schabb.* IX, 4. *Tosefta Berach.* 1. *Jeb.* 8 u. ö. Wo die Schrift für einen Satz nur einen רמז oder זכר bietet, da hat man keinen eigentlichen Beweis, wie ihn der Wortlaut (קְרָא) oder der gesunde Menschenverstand (סְבָרָא) ergibt, sondern nur eine Anlehnung (אַסְמַכְתָּא).

2. Sehen wir nun die sogenannten Winke oder Andeutungen, welche auf geheimen Sinn hinweisen, näher an.

a. *Zeichen*. Es sind Schriftzeichen, die mit der zur Bezeichnung der Aussprache dienenden Punktation nichts zu thun haben (die κεραῖαι von Matth. 5, 18). Man merke dreierlei solche Zeichen: קוצים, כתרים und נקדות. In *Menachoth* 29[b] heißt es: „In der Stunde, als Mose auf den Berg hinaufstieg, fand er den Heiligen sitzend und כתרים Kronen flechtend für die Buchstaben. Da sprach er zu ihm: Herr der Welt, wer hindert dich (Raschi: wer tritt dem entgegen, was du geschrieben, daß du nöthig hast, Kronen zu den Buchstaben hinzuzufügen)? Da sprach er zu ihm: Es ist ein Mensch, welcher am Ende von vielen Generationen aufstehen wird; Akiba ben Joseph ist sein Name. Dieser wird bei jedem קוץ Haufen von Halacha entwickeln (דרש d. i. durch Auslegung als in diesen קוצים enthalten nachweisen, vgl. S. 87 f.)". Der sogenannte *Koz* (קוץ) ist ein kleiner aufrechter Strich, einer Dornspitze ähnlich, der an gewissen Buchstaben angebracht wird und dem Mysticismus der Schriftauslegung viel Nahrung bot. Aehnlich heißt es *Erubin* 21[b] zu den Worten קוצותיו תלתלים (Hohesl. 5, 11): diese Worte lehren, daß es bei jedem קוץ ganze Berge von Halacha durch Interpretation zu entwickeln gibt. So versteht man auch die Aussage in *Pesachim* 62[b], von אצל 1 Chr. 8, 38 bis אצל 1 Chr. 9, 44 seien vierhundert Kameelladungen von Auslegungen im Gange, und die Ueberlieferung *Tamid* 32[b] (?), die in scherzhaftem Gewande Wahrheit enthalten mag, ein Rabbi habe dem anderen 400 Ladungen von מילי דרשות Auslegungen zugeschickt. Außer jenen *Kozim* werden uns *Menach.* 29[b] u. ö. als Zeichen auch die *Ketharim* (כתרים) genannt. Buxtorf sagt im Lexicon talm. 1111, die Rabbinen nennten so *apices, virgulas supra literas notatas, maxime super septem* שעטנ"ז ג"ץ. Neben den „Kronen" merke man als bedeutsame Zeichen endlich auch die נְקֻדּוֹת d. i. jene alten Punkte an manchen Stellen der Handschriften, nicht zu verwechseln mit der jüngeren Punktation, welche der richtigen Aussprache dient. Es sind rein graphische Zeichen, wie die „Dornen" und „Kronen". Schon in der Mischna (*Pesachim* IX, 2) wird ein Wort mit einem solchen Punkte erwähnt; vgl. Strack, Proleg. crit. in V. T. hebr. 1873, S. 88—91. Ein Beispiel, wie man ein punktirtes Wort (נָקוּד) auslegt, findet sich *Jalkut Schimeoni* zu 1 Mos. 33, 4. Hier ist das Wort וַיִּשָּׁקֵהוּ (und er küßte ihn) oben punktirt. Man findet hier, daß Esau den Jakob nicht von ganzem Herzen geküßt habe. Ja, Esau wollte Jakob gar nicht küssen, sondern beißen, aber Jakobs Hals wurde wie Elfenbein, und die Zähne dieses Gottlosen wurden stumpf daran. — Ueber die zehn Worte der Thora, die mit Punkten versehen sind, s. *Aboth de-R. Nathan* c. 33. Unter den Auslegern, welche jeden Punkt, jede Krone, jeden Strich gedeutet haben, ist R. Akiba vor andern gefeiert worden. Vgl. Hirschfeld, Halach. Exegese § 312.

b. *Buchstaben.* Wenn es sich darum handelt, einen Beweis für eine Meinung zu finden, so dient dazu auch ein mehrfaches Spiel mit den Buchstaben. Das erste ist eine Veränderung der Lesart durch Vertauschung ähnlicher Buchstaben, wie ה und ח,

§ 27. Der Beweis durch Andeutung.

oder ד und ר. Zwar hat *Kidduschin* 62ᵃ R. Meir 4 Mos. 5, 19 für die Lesart הנקי die andere Schreibung חנקי, so daß es dort nicht heißt: du sollst rein werden, sondern: du sollst erdrosselt werden, was die Strafe für die Ehebrecherin war. Die Aenderung der Lesart ist aber in ähnlichen Fällen oft durch nichts begründet; wenn sie jedoch erforderlich scheint, wird sie — selbstverständlich nicht im Texte, sondern nur in der Auslegung — ziemlich willkürlich vorgenommen. (Die Formeln אל תקרא כן אלא כן und יש אם למקרא sind jedoch späteren Ursprungs, vgl. Strack a. a. O. S. 66—70. 120). Ein zweites Mittel ist eine Umsetzung der Buchstaben. Hirschfeld führt § 112 als Beispiel an, daß man aus חמישיתו durch Versetzung der letzten zwei Buchstaben חמישתיו macht. Ferner benützt man den Anklang eines Wortes an das andere, und zwar beruft man sich sogar auf den Anklang an griechische Worte, wie von הן an ἕν oder הדר an ὕδωρ. Am ausgedehntesten und wichtigsten aber ist wol die Verwendung der Buchstaben nach ihrem Zahlenwerthe. Die Berechnung des Zahlenwerths und der Schluß aus demselben heißt *Gematria* (גמטריא) entweder: γεωμετρία oder mit Umstellung der Buchstaben für גרמטיא d. i. γράμματα), der Zahlenwerth selbst חשבון oder מנין, vgl. *Bammidbar rabba* c. 11 und 18. Die Gematria eines Wortes gibt wichtige Aufschlüsse. Aus *Berachoth* 8ᵃ erfahren wir, daß es 903 Todesarten für den Menschen gibt. Woher weiß man das? Durch die Gematria von Ausgänge תוצאות = 903. *Pesikta* 176ᵃ lehrt, daß die Gematria des Wortes חשטן (Satan) die Zahl 364 ergebe, das Jahr aber 365 Tage habe; also habe Satan alle Tage im Jahre Macht über Israel, jedoch einen Tag lang keine, nämlich am Versöhnungstage. Der Aufenthalt der Kinder Israel in Aegypten betrug 210 Jahre; *Bereschith rabba* c. 91 lehrt dies schließen aus der Gematria des Wortes רדו, das Jakob zu seinen Söhnen sprach, als sie das erste Mal dahin zogen, um Getreide zu holen 1 Mos. 42, 3; denn der Zahlenwerth dieses Wortes ist 210. Die haggadische Tradition über Abraham nimmt an, daß er vom dritten Jahre an Gott gedient habe, zufolge der Gematria von עקב = 172 in dem Ausdruck עקב אשר שמע 1 Mos. 22, 18. Denn 172 Jahre lang stand Abraham im Dienste Gottes, 175 Jahre aber war er damals alt *Tanchuma, Lech lecha* 3. Andere Beispiele s. *Tanchuma, Korach* 12. Zwischen dem Worte, aus welchem durch Gematria bewiesen wird und dem, was zu erweisen steht, muß allerdings ein gewisser Zusammenhang stattfinden. Eine eigentümliche Anwendung jedoch findet die Gematria in der Kabbala, d. i. einer späteren mystisch gerichteten religionsphilosophischen Schule, wie sie sich insbesondere in den Büchern Jezira und Sohar ausspricht (vgl. § 41), indem man aus dem gleichen Zahlenwerth verschiedener Worte auf einen geheimnisvollen Zusammenhang zwischen ihnen schließt, ja eines durch das andere erklärt. Wenn Sach. 3, 8 Gott seinen Knecht צמח verheißt, so hat צמח denselben Zahlenwerth wie מנחם Klagel. 1, 16. Man soll also eines durch das andere erklären und sagen, in dem Namen צמח sei der Name מנחם geheimnisvoller Weise angedeutet, und es sei damit der Messias verheißen, denn er ist der Tröster, vgl. *Sanhedrin* 98[b] u. ö. So ergibt sich auch durch die Gematria, daß in der Schiloh-Stelle 1 Mos. 49, 10 der Messias gemeint ist, denn יבא שילה hat denselben Zahlenwerth wie משיח.

c. *Partikeln*. Die verbindenden Conjunctionen ו, גם und אף werden in der Auslegung häufig verwendet als Andeutung, daß durch sie etwas Anderes, was nicht ausdrücklich im Satze angegeben ist, eingeschlossen werden soll. Die Adverbien der Einschränkung אך und רק dagegen sollen andeuten, daß etwas ausgeschlossen werden soll. Das Accusativzeichen את schließt ein; ה *mappicatum* schließt aus. Der Artikel schließt ein und aus, ebenso die *Pronomina suffixa*. Ja an derselben Stelle schließt dasselbe Wort, derselbe Buchstabe zu gleicher Zeit je nach seiner Natur etwas aus und etwas ein. — Wenn auf eine ausschliessende Partikel eine andere ausschließende sich bezieht, so gilt der Grundsatz: *Vox exclusiva post vocem exclusivam includit*. Vgl. Hirschfeld § 109. 315. 316.

Einige Beispiele mögen das Gesagte veranschaulichen. *Kidduschin* 56[b] sagt, daß man die ערלה der Fruchtbäume, d. i. die in den ersten drei Jahren gewachsenen Früchte nicht bloß nicht essen, sondern auch sonst von ihnen keinen nützlichen Gebrauch machen dürfe, weil 3 Mos. 19, 23 ערלתו (את) stehe. *Pesachim* 22[b] berichtet, daß Schimeon aus Emmaus Forschungen über alle את angestellt habe. Endlich kam er an die Stelle את אלהיך תירא. Hier hörte er auf. Wer sollte durch das את eingeschlossen, d. i. Gott gleich gefürchtet werden? Da kam Akiba und erklärte auch dieses את, indem er sagte, es schließe die Schüler der Weisen, die Gesetzesgelehrten, ein (vgl. S. 129 f.). *Sanhedrin* 70[a] berichtet, daß ein galiläischer Wanderlehrer eine Auslegung gebildet habe über die 13 ו, die in der Geschichte vom Weinrausch des Noah vorkommen. *Jalkut Schimeoni Bereschith* 95 überliefert, daß R. Nachum aus Gamsu

§ 27. Der Beweis durch Andeutung.

alle אך und רק, dann alle את und גם erklärt habe, indem er überall nachwies, was jene Partikeln aus-, und diese einschließen. *Themura* 2ᵃ gibt ein Beispiel dazu, daß das *Pronomen suffixum* ausschließt. 3 Mos. 3, 2. 6. 12 findet sich der Ausdruck קרבנו. Mit dem ersten ו wird das Opfer der Heiden, mit dem zweiten das des Genossen des Opferers, mit dem dritten das Opfer seines Vaters ausgeschlossen. Man muß also dort verstehen: sein Opfer, und nicht das eines Heiden u. s. w.; nur bei seinem eigenen Opfer vollzieht der Opferer die סמיכה, nicht bei dem des Heiden, oder des Nächsten, oder auch seines Vaters. Andere Beispiele s. *Baba kamma* 41ᵃ. *Bechoroth* 7ᵇ. *Erubin* 2ᵇ. *Menachoth* 92ᵃ. *Chullin* 113ᵇ u. s. w.

d. *Stellung der Worte*. Der Ausleger sieht auch die Worte der Schrift darauf an, ob sie nicht etwa umzustellen sind. Eine Schriftstelle, wo das angenommen wird, heißt מקרא מסורס d. i. eine Stelle, deren Worte verstellt sind, die also zurechtzustellen ist. Z. B. heißt es *Sifre* 12ᵃ zu 4 Mos. 6, 23: כה תברכו את בני ישראל „so sollt ihr segnen die Kinder Israel", — ob dies geschehen solle mit dem ausgesprochenen Gottesnamen oder nur mit einer attributiven Bezeichnung Gottes, entscheide die Schrift im ersteren Sinne durch die Worte: Und leget meinen Namen auf die Kinder Israel. Aber außerhalb des Heiligtums, sagt R. Josia, soll es geschehen mit bloßem בנוי. R. Jonathan sagt: Siehe es heißt (2 Mos. 20, 24): An jedem Orte komme ich, da du meinen Namen erwähnst. Dies ist eine מקרא מסורס. Es muß heißen: An jedem Orte, da ich mich offenbare, daselbst sollst du meinen Namen aussprechen. Da ich mich dir nur an der auserwählten Stätte offenbare, so sollst auch du nur an dieser Stätte meinen Namen aussprechen. Daher hat man gesagt: Es ist verboten, den ausgesprochenen Gottesnamen יהוה in den Grenzen, d. i. außerhalb des Heiligtums zu gebrauchen. Das Ganze beruht (bei der anderen Lesart תזכיר statt אזכיר) auf folgender Umstellung der angeführten Worte: בכל מקום אשר אבוא אליך תזכיר את שמי. Ein anderes Beispiel siehe *Sifre* 49ᵇ. Eine weitere Vergewaltigung der Worte durch die Ausleger ist das sogenannte *Notarikon* (נטריקון). Es wird erwähnt *Schabbath* XII, 5, wo Jost den lateinischen Geschwindschriftnamen heranzieht und die Worte נטריקון אות אחת erklärt als „Anfangsbuchstaben zur Auslegung". Das ist richtig. Man betrachtete sämmtliche Buchstaben eines Wortes als Anfangsbuchstaben von ebenso viel Worten. *Bam-*

midbar rabba 23 wird z. B. das Wort נִפְלָאֹתֶיךָ (Ps. 77, 21) als Notarikon behandelt. Es ergibt die Worte נסים Wunder, חיים Leben, ים Meer und תורה Gesetz. Der Sinn des Psalmworts ist also: Wunder hast du an deinem Volk gewirkt, Leben hast du ihnen gegeben, das Meer hast du gespalten, die Thora hast du ihnen gegeben, und das Alles durch Mose und Ahron. Die ganze Heilsfülle ist also verborgen in dem נחית. In *Bereschith rabba* 46 wird gefragt, ob die Gesera schawa (s. S. 111 f.) schon dem Abraham gegeben worden sei. Man wollte also auch solche Kunstgriffe, die Offenbarungsworte zu deuten, auf göttliche Belehrung zurückführen. Weitere Beispiele s. *Tanchuma, Massaë* 2 u. ö.

e. *Verbindung von Schriftabschnitten.* Wir müssen der Vollständigkeit wegen noch ein Mittel berühren, durch welches die Auslegung Geheimnisse zu enthüllen sucht: die sogenannten *Semuchin* (סמוכין), die Zusammenhänge zwischen Schriftabschnitten. *Berachoth* 10^a bringt ein Sadducäer gegen R. Abahu vor, warum Ps. 3 vor Ps. 57 stehe, da doch die Flucht vor Absalom nach der Flucht vor Saul geschehen sei. Da antwortet ihm R. Abahu: Für euch, die ihr die סמוכין d. h. den inneren Zusammenhang zwischen den Schriftabschnitten bei der Auslegung nicht beachtet, ist es eine Schwierigkeit; für uns aber, die wir das thun, ist es keine. Denn R. Jochanan sagt: Die Semuchin sind aus der Thora, d. h. sie selbst weist uns an, auf sie zu achten, denn es heißt Ps. 111, 8: die סמובים sind auf immer und ewig gemacht in Wahrheit und Richtigkeit. Warum ist also die Parasche Abschalom (d. h. Ps. 3) verknüpft mit der Parasche Gog und Magog (d. h. Ps. 2)? Damit wenn Jemand (um das Wort des Propheten zu leugnen, bemerkt Raschi) dir sagte: Gibt es einen Knecht, der wider seinen Herrn rebellirt, du zu ihm sagest: Gibt es einen Sohn, der wider seinen Vater rebellirt? Wie das Eine war, so auch das Andere. Wo sachliche Zusammenhänge entscheiden, gilt einfach der Satz: Es gibt kein Früheres und kein Späteres in der Thora (אין מוקדם ומאיחר בתורה), d. h. einfach, zeitlich Späteres kann vorweggenommen werden. Die סמובים, die auch bei gesetzlichen Abschnitten (z. B. *Berachoth* 21^b u. ö.) zur Auslegung verwendet werden, lehren so den Kundigen Manches, was dem, der sie nicht beachtet, verborgen bleibt. Vgl. *Wajjikra rabba* c. 25.

Mannichfach sind die Wege des Rabbinismus, um die heilige Schrift das aussagen zu lassen, was ihm schon vorher durch Ueberlieferung oder als Folge rabbinischer Denkweise feststand. In Wahrheit ist die Ueberlieferung die treibende Kraft, zu welcher die Schrift im Dienstverhältnis steht.

Kap. X. Die rabbinische Autorität.

§ 28. Der Stand der Weisen.

Für die authentische Auslegung der Thora und die Leitung der Gemeinde nach dem Gesetze bedarf es des geordneten Amtes der Rabbinen und Aeltesten, welches nach rabbinischer Lehrweise schon in den Tagen Mose's ins Dasein trat. Die Rabbinen und Aeltesten regieren die Gemeinde als die Weisen d. h. als die Gesetzeskundigen. Der Stand der Weisen vereinigt seiner Idee nach in sich als der Gott besonders geweihete Stand königliche, priesterliche und prophetische Macht und Würde und genießt von Seiten Gottes besonderer Geistesmitteilung und Ehre; er soll sich selbst durch seine Haltung ehren und erfreut sich auch besonderer Ehre und Wolthat von Seiten der Gemeinde. Er stuft sich ab nach der Thorakenntnis; die Rangstufen werden durch äußere Bezeigung von Ehre genau unterschieden.

1. Mose war Gottes Schüler; er selbst aber wurde der Bildner und das Haupt eines gelehrten Standes, welcher sich von Mose's Tagen an durch alle Zeiten hindurch fortgesetzt und das Volk geistlich geleitet hat. Diesem Gelehrtenstande oder dem Stande der Weisen (חכמים) liegt nun allein die Leitung des Volkes ob. Hillel, das Haupt der Weisen, trägt *Schabbath* 31ª den Namen Fürst Israels schon als Vorsitzer des Synedriums. Bei jedem Schulhaupte vermuthete man fürstliche Abkunft *Berachoth* 28ª; der Sanhedrin heißt *Sifre* 145ᵇ das Scepter Juda's; die Weisen in Israel üben also königliche Macht über das Volk aus. *Tanchuma, Behaal.* 11 heißt es, daß man mit dem Aeltesten verkehren solle wie mit einem Fürsten (מנהג נשיאות). *Gittin* 59ᵇ werden die Gesetzesgelehrten als diejenigen bezeichnet, welche jetzt die priesterliche Stellung einnehmen. *Baba bathra* 12ª sagt, daß seit der Zerstörung des Tempels die Prophetie von den Propheten genommen und auf die

Weisen übertragen worden sei. Von den Weisen gilt jedoch sogar der Satz: der Weise ist mächtiger als der Prophet (חכם עדיף מנביא), vgl. *Schabbath* 119ᵇ. Wir finden also wirklich alle Ehre und Gewalt, welche früher die Könige, Priester und Propheten als Leiter des Volkes hatten, vereinigt in den Weisen; sie sind nun die Mittler zwischen Gott und dem Volke, indem sie dem Volke das Gesetz oder den Willen Gottes auslegen und das Volk zur Erfüllung desselben anleiten. In ihnen liegt der Schwerpunkt der Gemeinde; *Schemoth rabba* c. 3 finden wir den kurzen, aber bedeutsamen Satz: Alle Zeiten erhalten (מעמידים) die Aeltesten Israel im Bestand. Hillel heißt wie jeder andere Vorsteher und Leiter (*Sifre* 106ᵃ) Nährer und Führer (פרנס, vgl. S. 104) Israels. Er leitete sein Volk, wie einst Mose. *Pesikta* 120ᵇ und *Bammidbar rabba* c. 15 werden die Weisen als die wahren Wächter des Volkes bezeichnet.

2. Dieser Stand der Weisen ist nun in besonderem Sinne Gott geweiht und bildet eine Hierarchie. *Tanchuma, Behaalothecha* 11 (vgl. *Bammidbar rabba* c. 15) sagt: die Aeltesten sind Gottes Eigentum. Im Unterschiede von dem Weisen heißt der einfache Israelit *Hedjot* (הדיוט), ἰδιώτης, d. h. nicht mit Ehre und Würde begabt, vgl. Apg. 4, 13; 1 Kor. 14, 16. 23 f.; 2 Kor. 11, 6; *Tosefta* zu *Sanhedrin* c. 4. Doch gilt sogar der Hohepriester im Falle einer Gesetzesübertretung, ohne Vorrecht vermöge Amt und Würde, nicht mehr wie ein solcher, vgl. *Berachoth* 34ᵃ. Der הדיוט ist nicht mit dem *Am haarez* (vgl. S. 42 ff.) zu verwechseln; denn in dieser Bezeichnung liegt nicht eine Andeutung, daß er das Gesetz nicht wisse und nicht halte, sondern sie besagt nur, daß er dem Stande der Weisen nicht angehöre und an dessen Rechten keinen Anteil habe; er kann aber als Chaber (S. 44 f.) gesetzeskundig und gesetzesstreng sein; er hat nur nicht wie der Weise das Studium zur Lebensaufgabe gemacht und genießt deshalb nicht die Rechte dieses Standes. Vgl. *Sanhedrin* 3ᵃ.

Dem Stande der Weisen eignet zur geistlichen Leitung des Volkes eine besondere Geistesgabe. Schon Mose hat den Aeltesten von dem heiligen Geiste mitgeteilt, ohne daß er selbst ärmer wurde *Bammidbar rabba* c. 15. Von da an hat Einer sein Licht an dem des Anderen angezündet *Bammidbar rabba* c. 21, womit ausgesagt wird, daß sich der heilige Geist in dem Stande der Weisen von einem auf den andern fortgepflanzt hat und noch immer in der

§ 28. Der Stand der Weisen.

Ordination (סְמִיכָה Handauflegung, vgl. S. 134) weiter mitgeteilt wird, wie ihn einst Mose auf die Aeltesten übertrug, vgl. *Sanhedrin* 13. In der dunklen Stelle *Sanhedrin* 11 und *Tosefta Sota* c. 13 scheint eine Andeutung gegeben zu sein, daß der **heilige Geist**, nachdem er seit den letzten Propheten aus Israel gewichen war, auf Hillel, später auf Samuel den Kleinen und noch später auf Juda ben Baba sich herniedergelassen hat. Eine Offenbarungsstimme vom Himmel (§ 40, 2) bezeichnete in Gegenwart eines Kreises von Rabbinen diese drei als würdig, daß die Schechina wieder auf ihnen ruhe, nachdem auf so lange Zeit der heilige Geist sich von Israel entfernt hatte. Der letzte der genannten Weisen hat nach *Sanhedrin* 14[a] zur Zeit Hadrians fünf Aelteste ordinirt und so die Succession des Geistes erhalten; ohne seine aufopferungsvolle Handlung, die er mit dem Opfer seines Lebens bezahlte, gäbe es jetzt, wie die angeführte Stelle sagt, keine gesetzmäßigen Richter in Israel. Als die Gotte Geweiheten empfangen sie auch von Gott sonderliche **Ehre**. *Sifre* 25[b]: Nicht an einem Orte und nicht an mehreren Orten bloß findest du Gott, wie er den Aeltesten Ehre zuteilt; und überall, wo du Aelteste findest, wirst du auch wahrnehmen, wie Gott ihnen Ehre mitteilt (חולק כבוד). Die *Tosefta* zu *Rosch hasch.* c. 1 sagt: Jeder der als פרנס (S. 104) über die Gemeinde bestellt ist, ist (vor Gott) dem Stärksten gleich geachtet. Einen Weisen aufnehmen heißt die Schechina Gottes aufnehmen *Mechilta* 67[a] und hat den Werth eines Tamidopfers *Berach.* 10[b]; ja es ist besser, als die Lade Gottes zu beherbergen 63[b]. 64[a]. Die Gott Geweiheten und von ihm Geehrten tragen diesen Charakter **unverlierbar** an sich. Denn wenn ein Weiser sündigt — und der Talmud ist an Mitteilungen in dieser Richtung sehr reich — so bleibt er doch für den Laien ehrwürdig. *Moëd katon* 17[a] wird von einem Gelehrten erzählt, daß er wegen Unzucht in den Bann kam und im Banne starb; bei der Frage aber, wie er begraben werden sollte, heißt es, in die Gräber der Frommen habe er nicht aufgenommen werden können, aber in die Gräber der Richter. Den Talmid Chacham (S. 42. 130 f.) soll man, wenn er gesündigt hat, nicht öffentlich in den Bann thun, das 13. Man setzt voraus, daß er Buße gethan hat; wer ihm nach dem Tode Uebles nachsagt, fällt ins Gehinnom *Berach.* 19[a]. Muß doch der Weise als schon durch seinen Stand vor grober Sünde besonders in geschlechtlicher Beziehung und vor schwerer Verachtung geschützt erscheinen; vgl. z. B. *Berach.* 20[a]. 43[b]. 58[a]. *Aboda sara* 17[b].

Sota 7ª; vgl. *Sifre* 35ᵇ. Wenn der Weise gesündigt hat (חטם), ist jedenfalls seine Thorakenntnis nicht zu verachten *Chagiga* 15ᵇ.

Dieser besondere Standescharakter bringt es folgerichtig mit sich, daß von dem Mitgliede des Gelehrtenstandes ein gewisses Standesbewußtsein und Decorum in seiner äußeren Erscheinung gefordert wird. Für jenes möchte ich den Satz *Sota* 5ª in Anspruch nehmen: Ein Gelehrter (Talmid Chacham) soll den vierundsechzigsten Teil von der גסות רוח (Hochmut, Stolz) in sich haben; das krönt ihn wie die Blüthe die Aehre. Die Erfordernisse des Decorum sind nach *Berachoth* 43ᵇ: ein Glied des Gelehrtenstandes (תלמיד חכם) soll nicht gesalbt auf den Markt gehen, des Nachts nicht allein gehen, nicht geflickte Schuhe tragen (denn das gereiche Gott zur Schande *Schabbath* 114ª), nicht mit einer Frau sprechen, selbst nicht mit seiner Schwester, mit dem *Am haárez* nicht zu Tische sitzen, damit er seine Sitten nicht annehme, nicht zuletzt ins Lehrhaus gehen. Dazu fügen Einige: er soll nicht große Schritte machen, nicht aufrechten Hauptes gehen, damit er die Schechina nicht von sich stoße. *Schabb.* 114ª wird er auch ermahnt, daß er keinen Flecken an seinem Kleide sehen lasse. *Pesach.* 49ª wird verlangt, daß er an keinem Gastmahle Teil nehme, welches nicht vom Gesetze vorgeschrieben ist. *Baba bathra* 57ᵇ finden sich nähere Bestimmungen über die Kleidung des Gelehrten und über die Art, wie man seinen Tisch deckt. Sein Oberkleid ist danach von besonderer Länge. Manche brüsten sich fälschlich mit solch langem Gewande und wollen sich dadurch das Aussehen von Gelehrten geben, werden aber von der Nähe Gottes im Himmel ausgeschlossen, a. a. O. 98ᵇ. Auch die Familie des Weisen bewahre das Standesbewußtsein; die Tochter heirathe keinen Am haárez *Pesach.* 49ª.

Ein wichtiges Merkmal, wodurch sich die Schriftgelehrten als die Gott in sonderlicher Weise Geweiheten und Nahen zu erkennen geben, sind die Wunder, mit denen die Ueberlieferung sie ziert (vgl. § 64, g. E.). Entweder verrichten sie selbst Wunder, oder diese geschehen ihretwegen. R. Chanina b. Dosa konnte nach *Berachoth* 33ª die Wasserschlange (ערוד) tödten. Ein gewisser Chanina bar Chama wurde von Gott nach *Aboda sara* 10ᵇ gewürdigt, daß er einen getödteten Soldaten wieder belebte. So nahm sich Gott auch des R. Elieser besonders an, und that durch Elia seinetwegen Wunder *Aboda sara* 17ᵇ. R. Meir errettete ebenfalls mit Elia's Hülfe durch Wunder seine Schwägerin aus dem Hurenhaus, a. a. O. 18ª.

§ 28. Der Stand der Weisen.

Besonders werden Strafwunder Gottes verzeichnet, die auf das Gebet von Rabbinen geschahen, z. B. daß auf deren Gebet hin Spötter des Todes starben *Schabb.* 30ᵇ. Weiter werden *Schabb.* 34ᵃ Beispiele erzählt, wie Leute durch den Blick heiliger Rabbinen starben. Ja, *Chagiga* 5ᵇ sagt: Ueberall, wohin Rabbinen ihr (strafendes) Auge richten, folgt Armuth oder Tod. Gott schützt dagegen die Rabbinen, wenn sie Gewalt erleiden: R. Tanchum wurde nach *Sanhedrin* 39 von zwei hungernden Löwen nicht verzehrt. So ist der Weise als Heiliger Gottes mit Wunderkraft begabt. Die Macht der Fürbitte der Weisen in aller Noth der Gemeinde kraft ihres Verdienstes sei hier vorläufig (vgl. § 64) angedeutet.

Wie nun Gott die Weisen ehrt, so ist auch die Gemeinde ihnen als dem Gott geweihten Stande sonderliche Auszeichnung (vgl. Matth. 23, 6 ff.; Joh. 9, 34) und Leistung schuldig. Die Thora (-Lehrer) bedienen, sagt *Berach.* 7ᵇ, ist größer als sie (die Thora) lernen, wobei an den größeren Gewinn des mündlichen Unterrichtes im Vergleich mit dem Schriftworte gedacht ist (vgl. S. 99. 106 f.). Die Ehre des Rabbi geht der des Vaters vor *Kerithut* VI, 9. Der Weise geht dem Könige, Priester und Propheten vor *Tos. Hor.* 2. Den Weisen nach seinem Tode schmähen, heißt den Bann verdienen *Berach.* 19ᵃ. Wer die Talmidê Chachamim verachtet, sagt *Schabb.* 119ᵇ, für den gibt es keine Heilung; denn diese sind jetzt die Propheten, die Gesalbten des Herrn. Sie ehren, erwirkt Lohn *Berach.* 28ᵃ. Es ist, als ehrte man die Schechina selbst *jer. Erub.* V, 1. Insbesondere ist geboten, einen Weisen nie bloß mit seinem Namen zu nennen. Gehasi ward dafür bestraft, daß er Elisa bloß bei seinem Namen rief. Man nenne den Weisen immer Rabbi (vgl. Matth. 23, 8 ff.). Es gibt Beispiele, wo die verächtliche Behandlung des Weisen mit dem Tode bestraft wurde *Sanhedrin* 101ᵃ. Keinen Ehrennamen gibts, der dem Stande der Weisen nicht zukäme. Sie heißen die Schildträger, weil sie das Gesetz vertheidigen *Berach.* 27ᵇ, Lampe Israels *Berachoth* 28ᵇ, brennende Kerze *Kethuboth* 17ᵃ, Säulen Israels, starker Hammer *Berach.* 28ᵇ, Fürsten des Volks, Führer der Nation *Kethub.* 17, Könige *Gittin* 62ᵃ, Väter der Welt (Hillel und Schammai) *Bereschith rabba* c. 1, Berge der Welt *Schir rabba* 23ᵇ (?). In einzelnen Fällen findet sich der Beiname Sinai (s. Strack, Theol. Lit.-Bl. 1881, Nr. 2). Es ist die höchste Ehre, einen großen Rabbi zu sehen; man fastet, um solcher Ehre gewürdigt zu werden *jer. Kilajim* IX, 4. Das Höchste aber von dem, was über die Ehrfurcht gegen die Rabbinen gesagt ist, enthält der Satz, daß man den Rabbi fürchten müsse wie Gott. Nach *Kidduschin* 57ᵃ schließt את (S. 122 f.) in dem Schriftwort: „Du sollst Gott fürchten" (את אלהיך) die Ehrfurcht vor dem Weisen ein, vgl. *Pesach.* 22ᵇ, *Tanchuma, Beschallach* 26, *Mechilta* 61ᵃ, *Pirke Aboth* IV, 12. *Schemoth rabba* c. 3 sagt: מורא רבך כמורא שמים Wer gegen seinen Rabbi rebellirt, lehnt sich gegen die Schechina auf, vgl. *Bammidbar rabba* c. 18. *Tanchuma, Korach* 10. Gott ließ darum einen Menschen, der den R. Seêra schlug, alsbald sterben *jer. Berachoth* II, 8. Besondere Ehrfurcht vor den Rabbinen legt die Gemeinde an den Tag bei dem Begräbnis derselben. *Jer. Kilajim* IX, 4 erzählt von der Todtenklage über Rabbi (Juda den Heiligen): aus achtzehn Städten versammelten sich Einwohner und trugen ihn in die achtzehn Synagogen; und wunderbarer Weise brach die Nacht nicht ein, bis das Begräbnis zu Ende war.

Aber nicht bloß höchste Ehre schuldet die Gemeinde dem Stande der Schriftgelehrten, sondern auch Leistungen, welche ihm gestatten, ausschließlich für die Thora zu leben. Das Erste ist, daß die Gemeinde die Rabbinen befreit von den Gemeindeauflagen für öffentliche Bauten, Frohnen, Ehrengeschenke an den König u. s. w. Sie sind auch befreit von der Kopfsteuer. Die Gemeinde entrichtet das Alles für sie *Baba bathra* 8. Zweitens besorgen die Bürger dem Gelehrten (Talmid Chacham) seine Geschäfte, damit er ungehindert dem Studium obliegen könne *Schabbath* 114ᵃ. Ein Drittes ist die Entschädigung für den Zeitverlust, den ein Aeltester als Richter *Kethuboth* 105ᵃ, und den der Rabbi als Lehrer der Thora erleidet. Die Unterweisung in der Thora selbst kann nicht bezahlt werden, weil sie unschätzbar ist; aber der Rabbi erhält einen Lohn (שָׂכָר בָּטֵל), der ihn für den Verlust der Zeit entschädigt, die er dem Unterrichte (im Lehrhause) gewidmet und die er für seinen eigenen Nutzen hätte verwenden können *Pesikta* 178ᵃ. *Wajjikra rabba* c. 30. *Bammidbar rabba* c. 11. Uebrigens ist hoher Lohn verheißen, ja die Verheißungen der Propheten gelten nur dem, der seine Tochter mit einem Talmid Chacham verheirathet oder sein Geschäft für diesen führt oder sonst ihn von seinem Vermögen genießen läßt *Berach.* 34ᵇ. Fügen wir schließlich als höchste Opferleistung noch hinzu, daß man für den erkrankenden Rabbi nicht bloß Fürbitte leistet, sondern sich Gott zur Uebernahme der über den Rabbi verhängten Krankheit erbietet, damit er von derselben frei werde *Berach.* 12ᵇ,

§ 28. Der Stand der Weisen.

so haben wir die Grundzüge der Leistungen angegeben, welche die Gemeinde für den Stand der Weisen darbringt, von denen sie das höchste Gut, die Thora, empfängt.

3. Zeichnen wir endlich mit einigen Strichen die Organisation des Gelehrtenstandes. Der Mutterschoß desselben ist die Schule. Sie heißt *Jeschiba* (יְשִׁיבָה, aram. מְתִיבְתָּא), wörtlich übersetzt *consessus*, d. i. die Sitzung (der Lehrer trug sitzend vor, vgl. Luk. 4, 20), in welcher über einen Gegenstand aus der Gesetzeslehre Vortrag gehalten und Erörterung gepflogen wird. Eine andere Bezeichnung für die Schule in diesem Sinne ist *Beth hammidrasch* (בֵּית הַמִּדְרָשׁ) d. i. das Haus, in welchem man der Forschung obliegt. Schon Mose gilt für das Haupt eines בית המ' (vgl. S. 36); er leitete die Sitzung der Weisen (Aeltesten) und ihrer Schüler und trug die Halacha vor. Von da ab ist die Schule eine dem jüdischen Gemeinwesen wesentliche Einrichtung. Was die jüdische Theologie hier aus ihrer Anschauungsweise heraus annimmt, entspricht freilich nicht der Geschichte (vgl. S. 34 ff.). Nach jener Anschauung gab es eine Schule des Gesetzes in allen Zeiten, während wir geschichtlich das Schulwesen im strengeren Sinne erst seit Hillel und Schammai wahrnehmen können. Von da ab aber waren die Gesetzesschulen jedenfalls die geistigen Mittelpunkte des Volkslebens. Die für die Entwicklung des überlieferten Rechtes bedeutsamsten Schulen waren die von Hillel und Schammai (vgl. S. 94. 104 f. 134 f.), welche bis zur Zerstörung des Tempels bestanden; ihre Satzungen, vorab die der Schule Hillels, darf keine spätere Schule aufheben, wenn sie nicht etwa an Weisheit und Zahl der Mitglieder jene übertrifft. Nach dem Jahre 70 entstanden mehrere Schulen in Palästina und Babylon, unter denen diejenige den ersten Rang einnahm, an welcher ein Haupt aus dem Hause Hillels lehrte. Neben diesen Schulen ersten Ranges gab es solche von untergeordneter Bedeutung in allen jüdischen Gemeinden größeren Umfangs. Die innere Organisation der Schule ist nun diese. Die Weisen, welche sie bilden, zerfallen in drei Klassen, in eigentliche חכמים, תלמידי חכמים und תלמידים. Die *Chachamim* sind die Lehrer, die *Talmîdê Chachamim* die Kandidaten, welche (vgl. S. 133 f.) zum Lehramte befähigt sind, aber die Ordination für dasselbe noch nicht empfangen haben; sie müssen nach der Definition *Schabbath* 114ᵃ die Halacha über jeden Gegenstand sofort vortragen können, wenn sie darüber befragt werden. Die *Talmidim* (vgl. die μαθηταί des Neuen Testaments) sind die Schüler oder Studenten. An

der Spitze der Schule steht der Schulvorsteher. Das Schulhaupt, welches zugleich *Nasi* (§ 29, 2a) war, stand an Würde über allen andern. Diese Abstufung der Würde prägte sich in der schärfsten Weise aus, zunächst in der Titulatur. Ein vortragender Lehrer, gleichviel ob Vorsteher oder nicht, heißt Rabbi. Einige Schulhäupter aber führen den höheren Ehrennamen רַבָּן („unser Lehrer", insofern ihn Alle als ihren Lehrer anerkennen; besser einfach aramäische Nebenform). Seit Jehuda Hannasi heißt jeder ordinirte Lehrer in Palästina רַבִּי, während die nichtordinirten רַבָּנָן heißen, vgl. Stein, Talmud. Terminologie. Genaueres s. bei Schürer, II, 256 ff. Nächst der Titulatur ist das Verhalten des Schülers gegen den Talmid Chacham oder den Chacham genau bestimmt. Charakteristisch für das Schülerverhältnis ist der Ausdruck שמש. Jemandes Schüler sein heißt danach (z. B. *Berachoth* 47ᵇ) immer lernend um ihn sein (ἀκολουθεῖν Joh. 1, 44), eig. ihn bedienen; das Studium heißt שמוש חכמים *Aboth* VI, 6 oder שמוש של תורה *Berachoth* 7ᵇ. Dies läßt eine starke Unterwürfigkeit, einen gewissen Verzicht auf eigenen Willen und eigene Meinung erkennen (vgl. Joh. 9, 34; Apg. 4, 13). Niemand hat ja überhaupt das Seinige vorzutragen, sondern was ihm überliefert ist (S. 95 f.). Der Schüler hat lediglich vom Lehrer zu empfangen, wie dieser von seinem Lehrer empfangen hat. Daher gilt als Hauptregel für das Benehmen des Schülers, daß er in Gegenwart des Lehrers keine Halacha sage d. h. Etwas vortrage; thut er es doch, so ist er des Todes schuldig (S. 56) *Pesikta* 172ᵃ. *Erubin* 63ᵃ u. ö. Der Rab hat unbedingte Gewalt über den Schüler. Er züchtigt ihn; und sollte er ihn bei der Züchtigung tödtlich verletzen, so wird er nicht als מזיד angesehen noch bestraft *Mechilta* 86ᵇ. Redet der Schüler den Lehrer an, so sagt er מר zu ihm, vgl. *Berachoth* 27ᵇ. Eine Zusammenstellung der Vorschriften über das Verhalten des Schülers gegen den Lehrer findet sich *Schulchan Aruch* II, 252. Ein entsprechendes Unterwürfigkeitsverhältnis bestand unter den Rabbinen selbst, je nach der Abstufung in der Thorakenntnis und der Autorität, welche diese Einem im Verhältnis zu dem Andern gab. Eifersüchtig liebten sie es einander zu prüfen, indem sie sich sonderbare Fragen und Räthsel aufzulösen gaben. Das nannten sie „an die Krüge riechen" *Schabb.* 108ᵃ. Sie schätzten einen Jeden nach seinem Wissen und nach der Schlagfertigkeit des Geistes oder des Witzes. Es erscheint daher nach *Kidduschin* 32ᵇ als etwas ganz Abnormes, daß ein Rabbi, ja der Rabban Gamliel

§ 28. Der Stand der Weisen.

vor Rabbinen steht und sie bei Tische bedient. Zwar finden wir hier das schöne Wort von R. Zadok, der den Tischgenossen zurief (vgl. Joh. 5, 41. 44): „Wie lange lasset ihr die Ehre Gottes, und beschäftiget euch mit der Ehre der Kreaturen? Der Heilige deckt den Tisch für Jeden; sollte Rabban Gamliel ברבי (nach dem Kommentar: Ehrentitel) uns nicht einschenken dürfen?" Sonst aber, wie der Größere den Geringeren nicht bedient, so soll bei Tische der an Weisheit Höhere dem Niedrigeren vorgehen (vgl. Matth. 23, 6), so soll überhaupt der Talmid Chacham vor einem Unwissenden, und wäre es der Hohepriester, sich nicht erniedrigen, nach *Megilla* 28ª unter Verwendung von Spr. 8, 36. Er spricht nach *Berachoth* 47ª das Tischgebet, auch wenn er zuletzt kommt, und soll einen ehrenvollen Sitz haben; man soll auch eine genaue Reihenfolge je nach der hierarchischen Würde der Einzelnen einhalten, wenn man das Wasser zum Händewaschen reicht *Berach.* 46ᵇ. Treffen zwei Rabbinen an einem Hause zusammen, so läßt der in der Würde Nachstehende dem Höheren den Vortritt 47ª. Dies sind nur einige Beispiele davon, wie die Etikette zwischen den Rabbinen nach ihrer Würde genau bestimmt ist. Selbst in der himmlischen Akademie (מתיבתא דרקיע *Baba mezia* 86ª, vgl. § 32, 1) werden die Rabbinen dereinst nach dem Maße ihres Verdienstes und der hierarchischen Stufe, die sie hier einnehmen, sitzen und geehrt werden. Die Ehrfurcht des Geringeren gegen den Höheren wird auf die nachdrücklichste Weise auch durch Strafen aufrecht erhalten. *Kidduschin* 70ª überliefert, wie ein Rabbi einen Israeliten wegen einer Beleidigung bannt und den Bann weithin bekannt machen läßt. Der Nasi aber ist die höhere Instanz, vor welcher der Gekränkte sein Recht sucht. Dass er als das Schulhaupt den Weisen, der eine Lehrausschreitung sich zu Schulden kommen läßt, sofort zu bestrafen befugt ist, ergibt sich schon aus S. 102 f. (vgl. 139 f.).

Der Uebergang von einer rabbinischen Stufe zu einer höheren geschieht in folgender Weise. Der Talmid erlangt den Grad des Talmid Chacham d. h. die Lehrfähigkeit (S. 131 f.), wenn er vierzig Jahre alt *Sota* 22ª und mit der Halacha in ihrem ganzen Umfange vertraut ist, das ganze überlieferte Recht kennt, um es lehren und danach richten zu können *Schabbath* 114ª. Jedoch ist hier zu unterscheiden zwischen der Kenntnis der Halacha und ihrer kasuistischen schulmäßigen Behandlung nach allen ihren Konsequenzen. Man begreift, daß a. a. O. von Einem, der die geistliche Leitung einer Gemeinde übernehmen will (als פרנס S. 104), diese eingehende Kenntnis nur hinsichtlich eines einzigen talmudischen Tractates gefordert wird. Die Rabbinen vertreten daher immer nur gewisse Partien des großen halachischen Gebietes und tragen in der Metibta darüber vor. Wer in allen Tractaten die Halacha in ihren kasuistischen Gängen zu verfolgen weiß, der ist werth, Haupt der Schule zu werden (s. a. a. O.).

§ 29. Die dreifache Gewalt der Weisen.

Eine dreifache Gewalt wird dem Schriftgelehrten durch die Ordination übertragen: eine gesetzgeberische, eine richterliche und eine Lehrgewalt.

1. Wenn ein Weiser sich hinreichende Gesetzeskenntnis erworben hat und von einer Gemeinde zum Leiter (פרנס S. 104), berufen wird, so empfängt er zur Ausübung seines Amtes die Handauflegung (סְמִיכָה S. 127) oder Ordination. Der Ordinirte heißt סָמוּך. Vollzogen wird die Handlung von drei Aeltesten Tos. Sanh. 1. Durch sie wird übertragen der Titel Rabbi und damit die Lehrbefugnis und die Befugnis Recht zu sprechen, und zwar auch in Strafsachen Sanh. 13. In der Lehrgewalt ist bei denen, welche Mitglieder von Gesetzesschulen sind, die Teilnahme an der dem Kollegium zustehenden gesetzgeberischen Befugnis eingeschlossen; d. h. sie stimmen bei Entscheidung über gesetzliche Fragen mit ab. Uebrigens wird der Ordinand nach Kethub. 112ᵃ auch in das Geheimnis des Kalenders (עבור) eingeweiht. Besonders beachtenswerth endlich ist, daß der Ordination (wie der Vermählung für einen Bräutigam) nach Sanhedr. 14ᵃ von Seiten Gottes eine Generalabsolution (vgl. § 68, 2) vorausgeht: der Ordinirte tritt durch die Weihe in ein neues, näheres Verhältnis zu Gott.

Die gesetzgeberische Gewalt der Weisen wird der Idee nach geübt durch das Synedrium. Geschichtlich gestaltet sich dies allerdings anders. In welchen Zeiten wirklich ein förmliches Synedrium vorhanden war, läßt sich geschichtlich auf Grund des dürftigen Materials gar nicht mehr feststellen. Thatsächlich sind es die Schulen, welche das Recht festsetzen, und zwar nachweisbar seit Hillel. Mit ihm rang Schammai um den Einfluß, und nach dem Tode der Beiden waren es ihre Schulen (S. 131), welche das

§ 29. Die gesetzgeberische Gewalt der Weisen.

traditionelle Gesetz, jede in ihrem Sinne, zu fixiren suchten. Siehe darüber *Tosefta Chagiga* c. 2. *Edujoth* 1. *Sota* 14. Die Hillelische Richtung wurde, weil sie im Ganzen praktischer, im Gemeindeleben durchführbarer war, die herrschende. Seitdem wurde diejenige Schule, an deren Spitze ein Haupt aus dem Hause Hillels stand, als legitime Repräsentantin der Tradition angesehen, und ihren Entscheidungen die Bedeutung von Bescheiden des Synedriums beigelegt. Der Gedanke ist dabei immer noch, daß das in den Tagen Mosis eingesetzte und von ihm selbst geleitete Synedrium zu allen Zeiten Israel das Gesetz gibt. *Sifre* 25[b] wird das Aeltestenkollegium, welches Mose auf Gottes Befehl einsetzte, ausdrücklich Sanhedrin genannt, und gesagt, es solle für immer eingesetzt sein. Es bestand auch in der Zeit der Richter und Könige, und nach der *Tosefta Erubin* c. 8 sprachen die Propheten ebenso aus, was erlaubt und verboten sei, trafen allgemein gültige religiöse Anordnungen, vgl. *Tos. Taanith* c. 3 und oben S. 37. Die Mitglieder des leitenden Kollegiums müssen gesetzeskundige und angesehene Männer (בעלי חכמה, בעלי גבירה) sein; das erste Erfordernis ist jedoch die Gesetzeskunde. Sie sind ihrer Persönlichkeit nach Chachamim, nach ihrer amtlichen Stellung aber heißen sie Aelteste. Die legislative Gewalt des in der Quadernhalle auf dem Tempelberge tagenden Sanhedrins (S. 140) wird *Sifre* 104[b] durch den Satz bezeichnet: „Vom Sanhedrin geht die Thora aus für ganz Israel", d. h. sie bestimmen durch authentische Auslegung des Gesetzes, was in Israel als Recht und Gesetz gelten soll. So leiten sie das Volk, vgl. *Tosefta Chagiga* c. 2, und heißen deshalb *Sifre* 145[b] das Scepter Juda's, *Schir rabba* zu 5, 12 das Auge der Gemeinde, *Bammidbar rabba* c. 15 die Wächter und Leiter Israels, und *Tanchuma Schemini* 11 sagt, Israel könne ohne den Sanhedrin nichts thun, so wenig als der Vogel ohne Flügel zu fliegen vermöge. Haben sie doch von Mose den heiligen Geist empfangen *Bammidbar rabba* c. 15. Vgl. übrigens D. Hoffmann, Der oberste Gerichtshof in der Stadt des Heiligtums, im Jahresbericht des Rabbiner-Seminars f. d. orthod. Judentum für Berlin, 1877—8.

Nach der Zerstörung Jerusalems haben diese gesetzgebende Thätigkeit des Sanhedrin die Kollegien der Weisen und später die verschiedenen Gesetzesakademien weiter geübt. Ihre Arbeit besteht zuerst in der Feststellung des in Israel geltenden Gesetzes, der Halacha, welche das ganze Gebiet des bürgerlichen und religiösen Lebens umfaßt. Ihre Feststellung ist nie Sache eines Einzelnen; jede Lehrfrage kommt vor das Kollegium der Weisen (לפני חכמים), welches sich zu diesem Zwecke versammelt. Eine solche Versammlung heißt *Kerem* (כרם), nach Buxtorf (Lexicon S. 1094) *per metaphoram, quia sedent in scholis lineatim* (שורות שורות, Raschi nach *jer. Berachoth* IV, 1) *ut vites plantantur*, s. *Schabb.* 88[b]. *Kethuboth* IV, 6 (49[a]). Ueber die äußere Ordnung des Kerem von Jabne s. *Tosefta* zu *Sanhedrin* c. 8. *Berachoth* 63[b]. *Baba bathra* 131[b]. *Jebamoth* 42[b]. Die zu entscheidende Frage wurde der Versammlung vorgelegt, über diese Frage dann die etwa vorhandene Ueberlieferung vorgetragen, und nach dieser oder nach Verstandesgründen entschieden. Uebrigens berief man sich auch auf die Praxis großer Rabbinen, um danach die Halacha festzustellen, *Tos. Berach.* c. 1, vgl. 4: הלכה כדברי המרובין. Jede auftauchende Frage hat der Sanhedrin zu erledigen. Am Schlusse der Verhandlung wurde abgestimmt, und der Mehrheitsbeschluß galt von nun an als Halacha. Daher *Edujoth* I, 5: „Die Halacha lautet nur (אין אלא) nach dem Ausspruche der Mehrheit". Diesem durfte von nun an niemand widersprechen, ohne dem Banne zu verfallen *Berachoth* 19[a]. In *Jebamoth* 42[b] wird eine solche Feststellung des Kollegiums in Jabne mit den Worten מתניתא דכרמא bezeichnet. Aus solchen Festsetzungen eben entstand die Mischna oder das *Corpus juris* in Israel.

Bis zum Abschlusse der Mischna war die Halacha einheitlich trotz der Differenzen der Schammaiten und Hilleliten; denn *Edujoth* c. 1 besagt, daß, wo beide Schulen im Gegensatz standen, die Weisen weder nach der einen noch der andern, sondern selbständig entschieden. Deshalb wird die Mischna von Allen als Gesetzbuch Israels anerkannt, da der größte Teil ihrer Entscheidungen schon aus der Zeit Hillels stammt. Später gingen indeß die halachischen Entscheidungen auseinander. Bei solchen Differenzen richtete man sich dann, wie *Edujoth* I, 5 lehrt, nach der Entscheidung des Kollegiums, welches die angesehensten Gelehrten und die meisten Mitglieder besaß, und hier wieder entschied in der Regel das Ansehen des Schulhaupts.

Eine andere Thätigkeit gesetzgeberischer Art ist die Festsetzung von *Geseroth* und *Takkanoth*, nach *Aboda sara* 36 gleichfalls ein Vorrecht des Sanhedrin, später der Weisenkollegien. Die Gesera ist eine Verordnung, welche die Uebertretung des Gesetzes verhüten,

§ 29. Die gesetzgeberische Gewalt der Weisen.

den Zaun (סיג, גדר), der das Gesetz umgibt, ergänzen und befestigen soll. Schon die Männer der Großen Synagoge haben nach *Pirke aboth* I, 1 gemahnt (S. 6): Machet einen Zaun um das Gesetz! Die Geseroth sind überhaupt nach Erfordernis der Zeit (לפי שעה) erlassene Verbote. *Jebamoth* 90ᵇ berichtet: wenn man wahrnahm, daß etwas zur Uebertretung des Gesetzes führte, so wurde es verboten, wenn es auch im schriftlichen Gesetz erlaubt war. So geschah es mit dem Weine der Heiden *Sifre* 47ᵇ, von dem man nie sicher sei, ob er nicht in Berührung mit dem Götzendienste komme, vgl. *Gemara* zu *Aboda sara* II, 5. Man legte der Gemeinde ein solches Verbot nicht auf, wenn es nicht die Mehrzahl tragen konnte *Baba bathra* 60ᵇ. *Horajoth* 3ᵇ. War es aber einmal allgemein anerkannt, so durfte der Einzelne demselben sich nicht mehr entziehen, hatte nicht mehr Freiheit es zu halten oder nicht (רשות), sondern war zur Erfüllung verpflichtet (חיבה). In *Tanchuma Nasso* 29 heißt es: Die Geseroth der Aeltesten muß man ebenso halten, wie die Gebote aus der Thora; denn Gott hat sie bestätigt. Wer die Worte des Weisen übertritt, sagt *Berach.* 4ᵇ, ist des Todes schuldig, vgl. *Schabbath* 110ᵃ und Beispiele *Koheleth rabba* zu 10, 8. Die Weisen haben den Zaun gemacht מפני תקון הצולם, damit die Ordnung in der Welt erhalten werde, vgl. *Mechilta* 106ᵃ. Diese Verbote gelten natürlich nur für die Zeit, in welcher die Verhältnisse andauern, die ihre Veranlassung waren. Daher können die Weisen späterer Zeit frühere Verbote wieder aufheben. Unter Anderem hob Juda Hannasi das Verbot, bei Heiden Oel zu kaufen, wieder auf, *Gemara* zu *Aboda sara* II, 5.

Die Takkanoth sind dagegen Verordnungen positiven Inhalts. *Berach.* 33ᵃ heißt es z. B., daß die Männer der Großen Synagoge die Benedictionen und Gebete, die Weihegebete und die Habdala (das Gebet, durch welches Sabbat und Werktag geschieden werden) verordnet haben (תקנו). *Baba kamma* 82ᵃ werden zehn Verordnungen auf Esra zurückgeführt. Nach dem Tractat *Sanhedrin* kommt es dem Sanhedrin zu, für das ganze Volk Israel solche Gebote zu erlassen. Den wichtigsten Teil bildeten gewiß die Anordnungen, welche den Kultus betrafen, z. B. in *Schekalim* VII, 6. Unter diesen Kultusverfügungen waren nicht die letzten die kalendarischen Bestimmungen zur Festsetzung der Festfeiern. Es war nöthig, Tage im Monat oder einen Monat im Jahre einzuschalten. Früher wurde nach *Sanhedrin* I, 2. 3 der Neumond regelmäßig festgesetzt und verkündigt. Ueber die späteren weiteren Kalenderberechnungen sehe man des Maimonides *Kidduschin Hachodesch* und *Tur Orach Chajjim* c. 427 f. nach. Wenn zum Zwecke der Festsetzung des Osterfestes ein Monat einzuschalten war, so mußten in der betreffenden Sitzung des Sanhedrin wenigstens zehn Glieder desselben unter dem Vorsitze des stellvertretenden Vorsitzenden (*Ab-Beth-Din* S. 140) gegenwärtig sein *Schemoth rabba* c. 15. Man nahm nach *Sanhedrin* 11ᵃ eine solche Einschaltung nur dann vor, wenn schadhafte Wege und Brücken (den Festpilgern hinderlich) oder schadhafte Oefen zum Braten des Passaopfers (in Folge heftiger Regen im Winter) dazu nöthigten, oder mit Rücksicht auf die Wanderung der Exulanten, welche etwa am 14. Nisan nicht in Jerusalem sein konnten. Zu diesem religiösen Verwaltungsrechte gehörte ferner noch das Dispenswesen. Den Weisen stand es zu, von Gelübden zu entbinden, auch wenn sie nicht zum Sanhedrin gehörten; vgl. *Tosefta Nidda* c. 5. *Wajjikra rabba* c. 37. *Tanchuma, Bechukkotaj* 5. Ueberall wird aber die Entscheidung des gesammten Kollegiums vorausgesetzt, und die Fälle sind genau bestimmt. Dabei ist anerkannt, daß die Lösung der Gelübde durch die Weisen nur eine schwache Stütze in der Schrift hat *Chagiga* I, 8, wie denn die *Tosefta Chagiga* c. 1 sagt: die Lösungen der Gelübde fliegen in der Luft (פורחין באויר); vgl. Levy, Wörterbuch unter צבתא: eine Zange wird mit der anderen gemacht.

Die Thätigkeit der Weisen, die wir jetzt dargelegt haben, bewegt sich überhaupt gegenüber der heiligen Schrift sehr selbstständig. Die oben angezogene Stelle aus Chagiga verdient in dieser Beziehung als Selbstkritik des Rabbinismus ganz angeführt zu werden. „Die Auflösung der Gelübde (durch die Weisen) schwebt in der Luft, und sie haben nicht Schriftworte, worauf sie sich stützen könnten; die Halachoth über Sabbat, Festopfer und Veruntreuungen (geheiligter Sachen durch Mißbrauch) gleichen Bergen, die an einem Haare hangen; denn es sind wenig Schriftbelege da, der Halachoth darüber aber sind viele. Die Rechte aber, die Gesetze über Opferdienst (עבודה), über Reinheit und Unreinheit und unrechtmäßige Verbindungen (עריות) haben vollkommenen Schriftgrund: diese sind die Hauptstücke (גופי) der Thora." So auch *Tos. Erub.* 8: „Es gibt Halachoth, welche Bergen gleichen, die an einem Haare hängen ... Wenig Schrift, viele Halachoth, und sie haben keine Stütze in der Schrift". Es kommt endlich bei der Feststellung des

§ 29. Die gesetzgeberische Gewalt der Weisen.

Rechts sogar geradezu zum Widerspruche mit der Thora. Das ist ein merkwürdiges Selbstbekenntnis des Talmud; denn äußerlich angesehen sind ja der Belege unzählige, wo der Schriftbeweis so gewaltsam behandelt wird. *Gittin* 33ᵃ: „Dem schriftlichen Gesetze nach ist der Scheidebrief ungültig, und um das Ansehen des Gerichtshofes aufrecht zu erhalten, geben wir die, welche (dem schriftlichen Gesetze nach) noch die Frau ihres Mannes ist, aller Welt preis? Antwort: Gewiß! Denn Jeder, welcher heirathet, thut solches nach rabbinischem Rechte, d. h. er unterstellt seine Ehe den rabbinischen Satzungen, und die Rabbinen entziehen von dem Momente an, wo der Scheidebrief ausgestellt und eingehändigt worden ist, der bisher bestandenen Ehe den Charakter der Ehe. Rabina sagt zu Rab Asche: Das mag richtig sein, wenn die Ehe durch eine Geldgabe geschlossen wurde; wie kann sie aber für nichtig erklärt werden, wenn sie durch Beiwohnung (ביאה) geschlossen ist? Unsere Rabbinen erklären in solchem Falle die erste Beiwohnung für eine nicht eheliche (בביאת זנות)."

Obgleich also das rabbinische Recht in eingestandenen Widerstreit mit der Schrift geräth, gilt dennoch der Satz: Wenn Jemand ein rabbinisches Gebot übertritt, so darf man ihn Gesetzesübertreter (עבריין) nennen *Schabbath* 40ᵃ, und es treffen einen solchen Uebertreter empfindliche Strafen, wie Bann und Geißelung (vgl. S. 143). *Erubin* 63ᵃ erzählt: Rab saß vor Rab Asche. Er sah, wie ein Mann am Sabbat seinen Esel an einen Zaun anband. Er rief ihm zu, daß dies am Sabbat verboten sei; weil aber jener nicht hörte, rief er: dieser soll im Banne sein! In *Nedarim* 50ᵇ wird ein Fall erzählt, wo auf solchen Bannspruch gleich der Tod erfolgte. Andere Beispiele, wo der Bann wegen Aussprechens des Gottesnamens erfolgte, s. daselbst 7ᵇ. Ein Beispiel enthält auch *Kilajim* VIII, 3: „Derjenige, welcher einen Wagen lenkt, der mit verschiedenen Thieren bespannt ist (gegen das Verbot des „Zweierlei", *Kilajim*, 3 Mos. 19, 19; 5 Mos. 22, 10), erleidet die Strafe der vierzig Geißelhiebe; ebenso derjenige, der im Wagen sitzt. R. Meïr spricht diesen von Schuld und Strafe frei". Hier haben wir eine rabbinische Folgerung aus einem Schriftverbote mit der Geißelung als Strafe belegt, wenn auch nicht ohne Widerspruch.

2. Die **richterliche** Gewalt ist der zweite Teil der Vollmacht der Weisen. Da die jüdische Gemeinde nach dem Gesetze Mose's gerichtet werden soll, so ist das Gericht Sache der Gesetzeskundigen,

wie schon aus dem Buche Esra hervorgeht. In Esra's Zeiten ist ohne Zweifel das Gerichtswesen neu organisirt worden. Wie hoch man schon früh von der richterlichen Thätigkeit hielt, zeigt die Losung, welche die Mitglieder der Großen Synagoge ausgaben (*Pirke aboth* I, 1): „Seid behutsam im Urteile!" Wie sich das Gerichtswesen geschichtlich entwickelte, haben wir hier nicht zu zeigen, wol aber, wie es sich nach den religiösen Vorschriften gestalten soll. Da finden wir nun eine dreifache Abstufung.

a. Das oberste Tribunal ist der Sanhedrin in Jerusalem (vgl. S. 3), bestehend aus 71 Mitgliedern nebst zwei oder drei Schriftführern, einem *Nasi* („Fürsten", S. 132) als Vorsitzenden und einem Stellvertreter des Nasi (*Ab-Beth-Din*), zur Rechten desselben sitzend. Der Nasi ist nach jüdischer Vorstellung aus dem Hause Davids zu nehmen, damit durch ihn die davidische Herrschaft in Israel sich bis zum Kommen des Messias fortpflanze *Sanhedrin* I, 6. *Schebuoth* II, 2. *Sanhedrin* IV, 3. *Taanith* II, 1. Der Sanhedrin versammelte sich in einem besonderen Sitzungszimmer in der Quaderhalle im Tempel *Middoth* V, 4; s. S. 96. 135. Die Sitzungen fanden täglich mit Ausnahme des Sabbats und der hohen Feste statt *Jom tob* V, 2. Es waren aber nicht immer alle Glieder anwesend, sondern nur so viel als zur Beschlußfassung über die gewöhnlich vorkommenden Fälle nach der Gerichtsordnung (vgl. *Sanhedrin* I) nöthig waren, nämlich entweder 3 oder 10 oder 23, und nur in den wichtigsten Fällen das Plenum. Nach der *Tosefta Chagiga* c. 2 mußten zu Entscheidungen in Rechtsfällen wenigstens 23 Mitglieder anwesend sein. Nach *Sanhedrin* 88[b] saßen sie vom Morgen- bis zum Abend-Tamidopfer; an Sabbaten und Feiertagen gingen sie in das Lehrhaus auf dem Tempelberg. Dem Plenum waren nach *Sanhedrin* I, 5 vorbehalten: die Rechtssachen, welche einen ganzen Stamm oder einen falschen Propheten oder den Hohenpriester oder einen willkürlichen Krieg betrafen. Es wurden Zeugen vernommen, dann wurde die Frage nach Schuldig oder Unschuldig gestellt, abgestimmt und die Strafe festgesetzt. Die Strafen waren Leibesstrafen, nämlich die Geißelung, oder Lebensstrafen, als Steinigung, Verbrennung, Enthauptung und Hängen, a. a. O. IV, 5. Das unterscheidende Merkmal des großen Sanhedrin war übrigens nicht die Befugnis, Lebensstrafen zu verhängen, sondern sein Rang als oberste Instanz für ganz Israel. Der Sanhedrin fordert nach *Sanhedrin* 18 auch den König vor seine Schranken. Seine Gewalt erstreckt sich auch

§ 29. Die richterliche Gewalt der Weisen. 141

über die Grenzen Palästina's hinaus, über die ganze jüdische Volksgemeinde, vgl. Apg. 9, 1 f.

b. Vom großen Sanhedrin unterscheidet man den kleinen Sanhedrin. Dieser bestand aus 23 Mitgliedern, und es hatte nach *Sanhedrin* I, 6 jede Stadt, die mehr als 120 Einwohner zählte, die Befugnis, ein solches Gericht zu errichten. In Jerusalem selbst gab es zwei solcher Gerichte. Dieselben hatten die ganze bürgerliche und kriminelle Gerichtsbarkeit. Sie hatten also auch die Verbrechen zu beurteilen, welche gegen Leib und Leben gerichtet waren und konnten auf Leibes- und Lebensstrafen erkennen.

c. Endlich finden wir in jeder Gemeinde das Dreimännergericht, *Beth-Din* (בֵּית דִּין, בֵּית דִּין) genannt *Sanhedrin* I, 2. Die Richter (דַּיָּינִין) wurden nach *Chagiga* 2 von der Gemeinde gewählt und vom Sanhedrin bestätigt. Sie hatten die kleineren Rechtssachen zu entscheiden, nämlich (nach *Sanhedrin* 13[b]), wenn alle seine Richter ordinirt waren, die Rechtssachen (Geldangelegenheiten) und die Strafsachen, im anderen Falle dagegen nur erstere. In Straffällen konnten sie nur auf Geißelung erkennen I, 2. Ihre Sitzungen fanden seit Esra's Zeit am Montag und Donnerstag statt und wurden nach der Gesetzeslesung in der Synagoge gehalten. Nach *Tosefta Chagiga* c. 2 wurden Sachen, über welche diese Kollegien keine Auskunft zu geben wußten, dem jerusalemischen Sanhedrin zur Entscheidung unterbreitet.

Wenn nun die Unterstellung des jüdischen Volks unter die Gewalt heidnischer Herrscher die Befugnisse der Gerichte, namentlich bezüglich der Todesstrafe, beschränkt hat, wie denn nach *Sanhedrin* 41[a] (vgl. Ev. Joh. 18, 31) vierzig Jahre vor der Zerstörung des Tempels Israel die Todesurteile genommen worden sind, so hat dadurch das Ansehen der nationalen Gerichte im Volke nichts eingebüßt. Wie groß dieses Ansehen war, dafür gibt uns kaum etwas mehr Beweis, als daß der Großen Synagoge das Recht zuerkannt wurde, auszusprechen, welche Personen der Geschichte als vom ewigen Leben ausgeschlossen zu betrachten seien. Nach *Bammidbar rabba* c. 14 lautete eine solche Entscheidung von Männern der Großen Synagoge dahin, daß Jerobeam, Ahab und Manasse, Bileam, Ahitophel, Gehasi und Doeg keinen Teil am ewigen Leben haben. Salomo wollten sie den drei Königen hinzufügen, aber Gott wehrte ihnen (durch eine Offenbarungsstimme und andere Zeichen), vgl. *Tanchuma, Mezora* 1 und *Sanhedrin* X, 1 ff. Nach *Sota* 8[b] vollzieht Gott die Todesstrafen, die über einen Missethäter gerichtlich hätten verhängt werden müssen, wenn der Sanhedrin noch bestanden hätte; vgl. 1 Kor. 5, 3—5. So lesen wir *Kethuboth* 30ᵃ: Das Synedrium konnte vier Todesarten verhängen; auch jetzt, wo der Gerichtshof aufgehört hat, vollzieht sie Gott, wenn auch in anderer Form. Ebenso *Sanhedrin* 37ᵇ. — Wenn übrigens die Todesstrafe nicht mehr vollzogen werden kann, so fehlen dem Gerichtshofe doch darum Strafmittel nicht. *Sanhedrin* 7ᵇ werden als Geräthe der Richter (בלי דיינין) aufgezählt: Ruthen oder Stöcke, Sandalen zur Entschuhung (wegen 5 Mos. 25, 9), Posaunen zur Proklamation des Bannes, Riemen zur Geißelung. Eben dort lesen wir, man solle den Stab und die Riemen fleißig handhaben, um der Gemeinde Gottesfurcht beizubringen. Bann und Schläge sind die eigentlichen Strafmittel des Gerichtshofes. Der Bann kann von einem jeden Rabbi allein verhängt werden, vgl. z. B. *Moëd katon* 16ᵃ. Etwas davon machte sich sogar in dem Verhältnis der Rabbinen zu einander geltend. Rabbi verfügte (גזר), daß man auf der Straße nicht lehren solle, R. Chija that dagegen. Dafür ließ ihn Rabbi bei einem Besuche nicht vor, und R. Chija sah die Abweisung als Bann an und hielt sich daher dreißig Tage von ihm fern. Danach löste ihn Rabbi, indem er ihm sagen ließ: Komme wieder! Nach *Moëd katon* 16ᵇ verübelte ein Rabbi dem andern, daß er ihm mit einer Frage lästig werde, und auch das wurde als Bann aufgefaßt. Jeder Rabbi ist als solcher Richter, und wohin er sein Auge strafend richtet, da folgt Armuth oder Tod *Nedarim* 7ᵇ. Jedoch ist die Gewalt des Bannes ordentlicher Weise bei dem Beth-Din. Der Bann hatte die Wirkung, daß Niemand außer seinem Weibe, den Kindern und Hausgenossen auf vier Ellen zu ihm nahen durfte. Der Gebannte sollte sich nicht waschen; in der Versammlung (Synagoge oder Lehrhaus) durfte er erscheinen; aber er konnte, wenn Neun vorhanden waren, die Zehnzahl nicht herstellen. Unter Beobachtung der Absonderung auf vier Ellen durfte er lernen und lehren, dienen und sich dienen lassen. Starb der Gebannte im Bann, so legte man einen Stein auf den Sarg, zum Zeichen, daß er der Steinigung werth gewesen wäre, und er wurde unbetrauert begraben. Dieser Bann dauerte gewöhnlich 30 Tage, konnte aber auch auf 60, ja 90 Tage erstreckt werden. Wenn dieser erste Grad des Bannes nicht zur Buße führte, so trat der zweite ein, der sogenannte *Cherem* (חרם). Er hatte die gänzliche Ausschließung des Ge-

§ 29. Die richterliche Gewalt der Weisen.

bannten von aller Gemeinschaft zur Folge; der Gebannte mußte gleich dem Aussätzigen für sich allein wohnen. 24 Fälle, in denen der Bann verhängt wurde, finden sich aufgezählt bei Maimonides, *Hilchoth Talmud Thora* c. 6. 7 u. ö.; Buxtorf hat sie im *Lexic. talm.* S. 1034 f. kurz wiedergegeben. Aus dieser Aufzählung geht hervor, daß der Gerichtshof durch den Bann vor Allem die Ehrfurcht und den Gehorsam gegen die Weisen und Richter, ihre Satzungen und Urteile aufrecht erhielt. Der fünfte Grundsatz heißt: Gebannt wird, wer eines von den Worten der Schriftgelehrten — also des traditionellen Rechtes — oder gar eines der Worte der Thora verachtet. Der größere Bann wurde wol besonders im Falle des Abfalls oder schwerer Verbrechen verhängt, s. Buxtorf S. 827 ff.

Das zweite Strafmittel des Gerichtshofes ist die Geißelung (vgl. S. 139). *Maccoth* III, 10 ff. lehrt das Verfahren. Da sie nicht den Tod herbeiführen sollte, so wurde sie nach den Leibeskräften des Schuldigen bemessen, wobei die Dreizahl in der Bestimmung der Hiebe waltete. Sie erfolgte bei Uebertretung von Schriftverboten nach der Auslegung der Weisen. Von dieser Strafe zu unterscheiden ist die Art der Geißelung (מַכַּת מַרְדּוּת), welche wegen Nichterfüllung eines Gebotes so lange erfolgt, bis die Erfüllung eintritt, vgl. Buxtorf, Lexic. S. 1252. Aruch z. d. W. מרד sagt: „Die gesetzliche Geißelung wird wegen Uebertretung der Verbote mit Maß u. s. w. erteilt; aber wenn Jemand eine positive Vorschrift nicht erfüllen will, wie wenn man Einem sagt „Mache die Laubhütte, richte den Palmzweig", und er gehorcht nicht, so schlägt man ihn so lange, bis er seinen Geist aufgibt (d. h. so lange, als man es für angebracht hält), ohne weitere Rücksicht und ohne auf die Dreizahl zu achten. Ebenso schlägt man den, welcher die Worte der Schriftgelehrten übertritt, ohne Zahl und ohne Rücksicht auf die Kräfte des Missethäters. Warum nennt man diese Strafe מַכַּת מַרְדּוּת (eigentlich = syr. מרדותא *castigatio*, von רדה)? Weil der Schuldige gegen die Worte der Thora und die Worte der Weisen sich aufgelehnt hat". Mit dieser Strafe soll der Gehorsam gegen die positiven Vorschriften des geschriebenen und des traditionellen Gesetzes erzwungen werden. Hier ist beachtenswerth, daß die Strafgewalt offenbar über die von dem geschriebenen Gesetze geordneten Strafen hinausgeht. Eine ähnliche außerbiblische Strafe wird *Sanhedrin* IX, 5 genannt: „Wenn Jemand wiederholt gegeißelt worden ist, so sperrt ihn der Gerichtshof in einen engen Kerker und gibt ihm Gerste zu essen, bis ihm der Bauch platzt. Wenn Jemand Einen getödtet hat, und man hat keine Zeugen, so sperrt man ihn in einen engen Kerker und speist ihn mit Kummerbrot und Wasser der Trübsal". In IX, 6 wird ein abgekürztes Verfahren für einige Fälle, in denen der Missethäter bei der That betroffen wird, erwähnt. Das biblische מות (z. B. 4 Mos. 18, 7) soll übrigens nicht immer eine gerichtliche Hinrichtung fordern, sondern oft nur die Androhung göttlicher Strafe bedeuten (vgl. S. 139 f.).

Wenn man erwägt, welche Strafgewalt sonach das nationale jüdische Gericht ausübt, und dazu bedenkt, daß den Richtern keine bewaffnete Macht zur Seite stand, daß vielmehr die heidnische Regierung ihrer Gerichtsbarkeit entgegen wirkte, so entsteht von selbst die Frage, worauf diese Macht der jüdischen Gerichte beruhte, und was die Gemeinde bewog, ihrem harten Joche sich zu beugen. Die Antwort darauf im Tr. *Sanhedrin* ist die, daß die Richter in den Augen der Gemeinde die **Vertreter des göttlichen Gesetzes** sind. Alle Richter sollen gesetzeskundige Männer sein; unter den drei Richtern des Dreimännergerichtes soll wenigstens Einer ein *Talmid chacham* (S. 131 f.) sein. Nur diejenigen Richter dürfen über Strafsachen entscheiden, welche die Ordination (S. 134) empfangen haben; diese aber wird nur solchen erteilt, welche des ganzen Gesetzes kundig sind. Wenn die Aeltesten richten, so kommen sie in Betracht als diejenigen, welche vom Geiste Gottes geleitet das Gesetz Gottes in unfehlbarer Weise zur Anwendung bringen. Wo Richter gerechtes Gericht halten, da ist die Schechîna (§ 39), ist Gott selbst gegenwärtig. Weil sie unbedingte Autorität genießen, so ist ihre Verantwortlichkeit die größte: über ihnen hängt das Schwert, unter ihnen ist immer das Gehinnom geöffnet. Ein Schüler, der seinen Rabbi ein ungerechtes Urteil fällen sieht, darf unter solchen Umständen nicht schweigen, sonst ist er mit verantwortlich. Man stellt eben deshalb ein Kollegium auf, damit die Verantwortlichkeit von Mehreren getragen werde. Die Annahme auch des kleinsten Geschenkes macht unfähig zum Richteramte *Kethuboth* 105[a]. (Dabei waren wohl die Urteil sprechenden Glieder des Sanhedrin unbesoldet: aus der Kasse, in welche die Opfergaben eingelegt wurden [תרומת הלשכה, a. a. O.], werden vermutlich die zwei Richter besoldet gewesen sein, welche die römische Regierung eingesetzt hatte. So nach Kahan gegen die übliche Auffassung.)

§ 29. Die Lehrgewalt der Weisen.

3. Die Lehrgewalt der Weisen ist das Dritte. Es fragt sich zunächst, worin dieses Lehren besteht, und warum es hierzu einer eigenen Befugnis bedarf. Zur Antwort dient, daß es wesentlich ein Ueberliefern überkommenen Lehrinhalts ist, sei es, daß die Weisen in den hohen Schulen, oder ein Rabbi vor einer Gemeinde lehrt. Selbst große Lehrer haben ihre Lehre gern als Ueberlieferung mit Nennung der Gewährsmänner vorgetragen, vgl. S. 96 f. Auch das Lernen besteht natürlich im genauen Wiederholen dessen, was der Lehrer vorträgt, und zwar bis auf den wörtlichen Ausdruck *Berachoth* 47ª. Unter solchen Umständen muß derjenige, welcher die Lehre übt, als Zeuge der Ueberlieferung beglaubigt sein; diese Beglaubigung wird ihm eben durch die Ordination zu Teil, insofern deren Voraussetzung die Kenntnis des ganzen Ueberlieferungsstoffes ist. In zweiter Linie steht für den Lehrer der Pilpul (S. 104), die kasuistische dialektische Erörterung der Halacha: nach dem Grade der Vertrautheit mit diesem Gebiete bemißt es sich, ob ein Talmid Chacham für den Lehrdienst in der hohen Schule oder für den an der Gemeinde befähigt ist. Zur Halacha kommt endlich die Haggada.

Hinsichtlich des Lehramtes an der Gemeinde muß man nach *Baba bathra* 21ª u. a. Stellen unterscheiden zwischen dem Talmid Chacham und dem Lehrer der Kleinen (בלבד תינוקי oder בקרי דרדקי), welcher Lesen lehrt, d. h. die Jugend in die Kenntnis der heiligen Schrift einführt. Dies bezeichnet die niedrigste Stufe des Unterrichts. Die Gemeinde selbst aber fordert von dem Rabbi Antwort auf haggadische oder halachische Fragen, namentlich letztere, und Vortrag über Halacha und Haggada. Nach *Schabb.* 114ª ist nur der lehrfähig, der auf jede beliebige Frage in der Halacha antwortet. Aber auch haggadische Fragen legt die Gemeinde dem Rabbi vor. *Bereschith rabba* c. 81 gibt folgende bemerkenswerthe Erzählung. „Es begab sich mit unserem Rabbi Hakkadosch (dem Redactor der Mischna, Schulhaupt und Nasi in Tiberias, gestorben 219), daß er durch Simonia zog. Alle Einwohner der Stadt gingen ihm entgegen und baten ihn um einen Aeltesten, einen Weisen, der sie Thora lehren könnte. Da gab er ihnen den Rabbi Levi bar Sisi, welcher weise war in der Thora. Sie sagten zu ihm: Rabbi, was ist das, was geschrieben steht im Daniel: Ich will dir ansagen das Geheimnis בכתב אמת (Dan. 10, 21). Gibt es denn ein Wort der Lüge in der Thora, daß er sagt בכתב אמת? Er aber fand keine Antwort auf die Frage. Sofort ging er von dort weg, kam vor seinen Rab und sprach zu ihm: Ich konnte nicht bei ihnen bleiben, denn sie fragten mich etwas, worauf ich nicht antworten konnte. Als er ihm auf seinen Wunsch jene Frage angegeben hatte, sagte der Rabbi: Da hättest du ihnen eine große Antwort geben können. Du hättest ihnen sagen sollen: Wenn ein Mensch sündigt, so schreibt der Heilige ihm das Todesurteil. Thut er Buße, so wird die Schrift außer Kraft gesetzt; thut er aber nicht Buße, so ist das Signat ein כתב אמת." Kasuistik ist in der That der eigentliche Gegenstand der Thätigkeit eines Rabbi. Sie kann der Befriedigung der Disputirsucht oder Eitelkeit dienen. Und wie Rabbinen einander durch Räthsel oder schwierige Fragen „an den Krug riechen" (S. 132), so thun auch Gemeinden wol mit einem Rabbi, wie jene Erzählung in *Bereschith rabba* lehrt. Aber in der Regel entspringen doch diese Fragen dem Streben nach genauer Gesetzeserfüllung. Solche Fragen sind es offenbar, welche *Aboda sara* 7ᵃ im Auge hat. Dort heißt es: Wenn man einen Weisen über etwas gefragt und einen Bescheid bekommen hat, so soll man nicht zu einem anderen gehen, um einen anderen Bescheid zu bekommen. Geben aber zwei Rabbinen eine verschiedene Antwort, so folgt man im Allgemeinen dem Größeren, d. h. dem, dessen Gesetzeskunde umfassender ist, vgl. auch S. 135 f.

Der fromme Israelit sucht da zu wohnen, wo er seinen Lehrer hat *Berachoth* 8ᵃ, damit er der Leitung desselben sich erfreuen könne, — denn der, welcher allein (מעצמו) lernt, ist nicht zu vergleichen dem, der von seinem Rabbi lernt *Kethuboth* 111ᵃ — gewiß aber noch mehr, um vom Rabbi in Gewissensfragen berathen zu werden. Nicht jede Gemeinde hat einen Rabbi; der Talmid Chacham soll auch nach *Sanhedrin* 17ᵇ nicht überall seinen Sitz nehmen, sondern nur in einer Gemeinde, die alle jene Einrichtungen besitzt, welche zu einer wol verfaßten jüdischen Gemeinde gehören. Wenn R. Akiba seinem Sohne sagte (*Pesachim* 112ᵃ): Wohne nicht in einer Stadt, deren Leiter Talmîdê Chachamim sind, und wenn es ein andermal (*Schabbath* 11ᵃ) im Namen Rabs heißt (s. Strack, Theol. Lit.-Bl. 1881, Nr. 2): „Besser unter Arabern (Ismaeliten) leben als unter Römern (נכרי), besser unter diesen als unter Guebern (Neupersern, חָבָר, nicht חָבֵר), besser unter diesen, als unter Talmîdê Chachamim (besser unter diesen, als unter Waisen und Witwen)", so gibt Aruch, welcher jenes Wort des Akiba unter אסי anführt, als Grund richtig an: Talmîdê Chachamim haben keine אימת ממשלה (vgl. Buxtorf, Lex. 1146), d. h. es fehlt ihnen die Regierungsgewalt, und sie können daher die Ordnung nicht aufrecht erhalten. Anders ist der Sinn von *Schabbath* 11ᵃ, wenn dort weiter der Dienst unter einem T. Ch. als schwer bezeichnet wird, weil er, wie Raschi sagt, seinen Diener, wenn er ihn reizt, strafen wird: da wird die Unantastbarkeit der Ehre des Gelehrten eingeschärft; vgl. *Pirke Aboth* II, 10. Jedenfalls bleibt es bei dem Grundsatze, daß der fromme Israelit sich der rabbinischen Lehre und Leitung stets unterstellt und den Rabbi ehrt, mehr als Vater und Mutter. „Denn sein Vater hat ihn in dieses Leben gesetzt, aber sein Rabbi, welcher ihn Weisheit (Gesetz) lehrt, bringt ihn ins Leben der zukünftigen Welt" *Baba mezia* II, 11.

Zweiter Teil.
Die besonderen Lehren.

Erste Abteilung.
Der theologische Lehrkreis.

Kap. XI. Der jüdische Gottesbegriff.

§ 30. Die Folgen des Nomismus für die Fassung des Gottesbegriffs.

Der Grundsatz, daß das Gesetz die einzige und wesentliche Offenbarung Gottes an die Menschen, und Gesetzlichkeit das Wesen der Religion sei, bestimmt nothwendig den jüdischen Gottesbegriff. Denn dieser Grundsatz läßt sich auch in die Aussage fassen, daß Religion das rechte Verhalten des Menschen vor Gott ist, nicht aber Gemeinschaft des Menschen mit Gott. Wäre sie letzteres, so würde sich Gott zur Gemeinschaft mit dem Menschen erschließen, weil er in der Heiligkeit die Liebe ist; nach nomistischer Fassung dagegen bleibt er der schlechthin Erhabene, dem Menschen und der Welt Jenseitige, von ihnen Geschiedene und in sich Verharrende: da wird ausschließlich das Moment der Heiligkeit betont werden. Aus dieser Grundanschauung ergeben sich die Eigentümlichkeiten des jüdischen Gottesbegriffs.

1. Die Richtigkeit des Gesagten bewährt sich in der Benennung Gottes, wie wir sie in der Synagoge finden. Es fehlt an anderen Namen nicht, aber der herrschende Gottesname in der Synagoge lautet: „Der Heilige, gebenedeit sei er" (הוא בָּרוּךְ הַקָּדוֹשׁ, vgl. Röm. 9, 5). Nächst diesem Namen begegnet uns sehr häufig der Name *Mukom* (מָקוֹם). Dieser Name wird *Bereschith rabba* c. 68

§ 30. Folgen des Nomismus für den Gottesbegriff.

erklärt: „Warum nennt man den Heiligen, gebenedeit sei er, auch *Makom*? Weil Er der Ort der Welt ist, und nicht ist seine Welt sein Ort". Er ist also der Unendliche, der das Weltall in sich befaßt, den aber das All nicht zu umschließen vermag; er ist der Absolute. In der gleichen Anschauungsweise bewegen sich auch die anderen in Talmud und Midrasch gebräuchlichen Gottesnamen. So der Ausdruck Himmel (שמים) seit Dan. 4, 23 (oft auch in den Maccabäerbüchern, z. B. I, 3, 18 f. 49. 60; II, 3, 15. 20), z. B. *Tosefta Schekalim* c. 2: חיש־ בעיני שמים was in den Augen Gottes gerade ist; vgl. *Tosefta Nidda* 5 und *Pirke aboth* I, 11. IV, 4. 11. 12: שם שמים der Name Gottes, oder ebendaselbst: מורא שמים die Ehrfurcht vor Gott, oder *Targ. jer.* I. zu 4 Mos. 25, 8: die Liebe Gottes (שמיא) wurde rege. (Wegen des Ausdrucks מלכות שמים vgl. oben S. 58.) Gott heißt so als der Ueberirdische, schlechthin Erhabene. Der Midrasch liebt ferner in der Anrede den Ausdruck Herr der Welt (רבוני של עולם), oder: „der, welcher sprach, und es ward das All", vgl. *Tos. Baba kamma* c. 7; ebenso *Targ. jer.* I zu 1 Mos. 18, 30. 32: רבון כל עלמא, oder zu 1 Mos. 22, 1. 49, 27. 2 Mos. 12, 11. 19, 17. 4 Mos. 21, 1. 15 רברי דעלמא; auch *Tosefta Sota* c. 7: רבון כל המעשים ביד היא. Auch ist bemerkenswerth, daß Gott in Gleichnissen in der Regel als König erscheint, und daß der Mensch Gott gegenüber beständig mit Fleisch und Blut (בשר ודם), also nach der Seite seiner Nichtigkeit und Vergänglichkeit bezeichnet wird; vgl. *Pesikta* 30^b mit Matth. 16, 17; 1 Kor. 15, 50; Gal. 1, 16. Seltenere Bezeichnungen für Gott sind יחידו של עולם der „Einzige der Welt", der Unvergleichliche, über alles Erhabene *Pesikta* 29^b (vgl. auch *Pesachim* 118^a mit § 33, 1a und Levy, Neuhebr. Wörterbuch II, 234^b) oder צדיקו של עולם der in alle Ewigkeit allein Gerechte *Joma* 37^a. Vgl. dazu unten § 31, 1 g. E. (אבי שבשמים), oben S. 81 (רחמנא) und den Nachtrag am Ende des Buches. Von den biblischen Gottesnamen werden Elohim und Adonaj von der Synagoge gebraucht; das entspricht diesem Zuge, Gott als den Absoluten, Erhabenen zu bezeichnen.

2. Aus dieser Grundanschauung von Gott als dem Absoluten folgert die jüdische Theologie zwei weitere Momente, die als Eigentümlichkeiten des jüdischen Gottesbegriffes bezeichnet werden müssen, und zwar als antithetische, nämlich: den abstracten Monotheismus und den abstracten Transcendentismus. Jener hat sich im Gegensatze zur trinitarischen Erschließung der Einen Gottheit in drei

Personen, dieser im Gegensatze zur persönlichen Einwohnung Gottes im menschlichen Geschlechte entwickelt und verfestigt. Von beiden Momenten haben wir in § 31 weiter zu sprechen.

3. Diese Auffassung des göttlichen Wesens ist die ältere, mit besonderer Intensität in den Targumen hervortretende. Neben sie tritt später eine neue, ihr widersprechende, in der sich eine andere Seite des Nomismus kundgibt, eine Auffassung, welche das über Alles erhabene, absolute Wesen Gottes in die Endlichkeit herabzieht. Der Nomismus erklärt ja die Thora-Offenbarung im Gegensatz zu jener Auffassung, wonach sie nur ein Glied in der Geschichte der göttlichen Offenbarung ist, für die schlechthin vollendete Offenbarung Gottes; für ihn ist das Reich Gottes das Reich der Thora. So ist nun auch Gott ein Gott der Thora. Die ältere christliche Darstellung der jüdischen Gotteslehre hat sich in die talmudischen Aussagen, die in dieser Richtung vorkommen, schlechterdings nicht finden können und sie als Absurditäten, ja als Gotteslästerungen bezeichnen zu sollen geglaubt. Sie würde aber davon abgestanden haben, wenn sie erwogen hätte, daß die Judaisirung des Gottesbegriffs die nothwendige Folge der nomistischen Grundanschauung von der Offenbarung war. Oder was sollte sonst geschehen, wenn einmal der rein abstracte ältere Gottesbegriff mit Leben erfüllt werden sollte? Nothwendig mußte die Thora als das Abbild des innergöttlichen Lebens erscheinen, der Himmel mußte zu einem Reich der Thora sich gestalten und Gott judaisirt werden. Hiermit ist freilich die ältere Auffassung unverträglich, und so ergibt sich als Folgerung des Nomismus für den jüdischen Gottesbegriff ein schroffer Dualismus. Während die Targume ängstlich Alles, was anthropomorphistisch ist, oder eine persönliche Lebensgemeinschaft Gottes mit den Menschen in sich schließt, beseitigen, zieht ihn dagegen die talmudische und midrasische Auffassung unter äußerlicher Festhaltung des Grundbegriffs der Erhabenheit thatsächlich in den Judaismus und damit in die Endlichkeit, — zum Beweis für die Unmöglichkeit, von einer nomistischen Grundanschauung aus einen in sich einheitlichen, einerseits reinen, andererseits lebensvollen Gottesbegriff hervorzubringen. Diese Eigentümlichkeit des jüdischen Gottesbegriffes wird in § 32 zu besprechen sein.

§ 31. Die Einheit und Erhabenheit Gottes.

Der ältere, in den Targumen vertretene, jüdische Gottesbegriff (§ 30, 2) steht dem alttestamentlich-biblischen näher als der spätere, leidet aber an einem gewissen Monismus und Transcendentismus, der ihn unfähig macht, auf die innergöttliche Lebensbewegung einzugehen, die dem trinitarischen Gottesbegriffe zu Grunde liegt, unfähig auch, dem im Alten Testamente bezeugten Eingehen Gottes in die Geschichte gerecht zu werden.

1. Die Einheit Gottes ist das Grundbekenntnis des Judentums gegenüber dem heidnischen Polytheismus. Dieses Bekenntnis kam seit dem großen Umschwunge in der Sinnesweise des jüdischen Volkes nach dem Exil zum Ausdruck in der sogenannten קריאת שמע *Berachoth* I, 1 (vgl. S. 41), dem täglichen pflichtmäßigen feierlichen Gebrauche der Worte 5 Mos. 6, 4: „Höre, Israel, Jehova unser Gott ist ein einziger Jehova". Dabei soll man das Wort אֶחָד betonen, weil es sich in erster Linie um den Gegensatz gegen die Abgötterei der Heiden handelt. Der zweite der dreizehn Glaubensartikel des Maimonides spricht ebenfalls aus, Gott sei יָחִיד. Rabbi Akiba, welcher den Märtyrertod erlitt, hauchte seine Seele aus mit dem Worte אחד. In der talmudischen und midrasischen Literatur findet sich die Polemik gegen den Götzendienst nicht selten. *Mechilta* 75[b] erzählt, daß ein Philosoph den Rabban Gamliel gefragt habe, warum Gott wider die Götter eifere, da diese doch wesenlos (ohne פַּם) seien; man eifere sonst doch nur gegen Ebenbürtige. Ihm antwortete Rabban Gamliel: Wenn ein Sohn seinen Hund mit dem Namen des Vaters nennt, so eifert der Vater um seine Ehre nicht mit dem Hunde, sondern mit dem Sohne, der dem Hunde die Ehre des Vaters beigelegt hat. Hier wird auch die Frage beantwortet, die sonst öfters wiederkehrt (vgl. oben S. 73 f.), warum Gott die Götzen nicht vertilge: er wird doch nicht, lautet die Antwort, ganz wie oben, um der Thoren willen seine Welt, Sonne, Mond und Sterne, zu Grunde richten! Aehnlich *Schemoth rabba* c. 29 u. ö. Noch wichtiger ist, daß die Gesetzgebung alle Gemeinschaft mit der *Aboda sara* (S. 66), der Vielgötterei und dem, was mit ihr zusammenhängt, abgeschnitten und sie damit thatsächlich verworfen hat. Ein sehr großer Teil des

Ueberlieferungs-Rechtes ist sogar einzig durch die Rücksicht auf den Polytheismus entstanden.

Aber auch zum trinitarischen Gottesbegriffe des Christentums ist der jüdische Monotheismus in Gegensatz getreten. Und zwar kommen unter den Christen zunächst in Betracht die Judenchristen, welche in der talmudischen und midrasischen Literatur den Namen *Minim* (מינים) tragen. (Vgl. wegen dieses noch nicht völlig aufgehellten Ausdruckes Schürer II, 386.) Der *Min*, Judenchrist, ist zu unterscheiden einerseits vom Heiden, *Nochri*, der den „Völkern der Welt" angehört (vgl. S. 66) und ein unzweifelhafter Götzendiener ist, andererseits vom *Kuthi*, Kuthäer (2 Kön. 17, 24. 30) oder Samariter, der des Götzendienstes verdächtig ist. Der Min ist ursprünglich Jude, hat aber den Monotheismus nach dem Urteile der Synagoge aufgegeben, indem er sich dem christlichen Trinitätsglauben ergab, und gilt als Häretiker. Seine Glaubensüberzeugung beschreibt der Talmud z. B. *Sanhedrin* 38ᵃ, als ob er sagte, הרבה רשויות בשמים es gebe viele göttliche Mächte im Himmel. Er wird seinem religiösen Werthe (oben S. 65 ff.) und seiner Behandlung im Leben nach (S. 71 f.) mit dem Nochri und Kuthi auf eine Stufe gestellt. Nach *Aboda sara* 26ᵇ ist jeder geschäftliche Verkehr mit den Minim untersagt. Nach der Zerstörung Jerusalems wurde durch Samuel den Jüngeren eine Formel gegen sie in das Achtzehnergebet eingefügt, die *Birkath Hamminim*, jer. *Berach.* IV, 3 (s. Schürer a. a. O.). Der Kampf zwischen den Juden und den Judenchristen bewegt sich um die Einheit Gottes. „Warum", lautet die oben angeführte Stelle aus Sanhedrin, „ist der Mensch als Einer geschaffen? Damit nicht die Minim sagen, es gebe viele רשויות im Himmel." Dieses Wort ist der Plural von רָשׁוּת ἐξουσία Gewalt (S. 11), *in concreto* die herrschende, hier göttliche Macht. Die Frage war also, ob es mehrere Personen im Himmel gebe, denen göttliche Macht zukomme. *Bammidbar rabba* c. 15 wird gewarnt vor denen, welche lehren, es gebe zwei göttliche Wesen (אלהות) in der Welt, und von ihnen geweissagt, ihr Ende sei, zu Grunde zu gehen. *Mechilta* 45ᵇ wird von den Heiden und 74ᵃ von den Minim gesagt, sie behaupteten שתי רשויות; es werden wol dort Heidenchristen, hier Judenchristen gemeint sein. Es fällt nun auf, daß, wo der Streitpunkt genauer bestimmt wird, als christliches Dogma immer zwei, nicht drei göttliche Personen genannt werden. Es scheint, daß es sich dabei immer (wo nicht etwa überhaupt um einen Gegensatz

§ 31. Die Einheit und Erhabenheit Gottes.

gegen den Parsismus) um die Göttlichkeit Christi handelte, während die Persönlichkeit des heiligen Geistes, die von den Judenchristen wie die Trinitätslehre überhaupt vielleicht weniger erkannt oder doch weniger betont wurde, außer Betracht blieb. Insbesondere war die Frage, ob Christus der Sohn Gottes sei. *Kohel. rabba* zu 4, 8 heißt es: Es ist Einer, und es sind nicht Zwei; es ist Einer, das ist der Heilige, g. s. E., denn es heißt von ihm: Jehova unser Gott ist ein einiger Jehova", und nicht Zwei, denn er hat keinen (שֻׁתָּף) ihm Verbundenen in seiner Welt, auch ein Sohn ist ihm nicht, auch nicht ein Bruder u. s. w. In *jer. Schabbath* VI (8ᵈ) wird es wie im Koran als Gotteslästerung bezeichnet, daß Gott einen Sohn haben solle. Die Stelle נְשַׁקִּי בַר im 2. Psalm wird *Bammidbar rabba* 10 (vgl. *Sanhedrin* 92ᵃ) auf den Gehorsam gegen בַר = תּוֹרָה bezogen. Die Minim machten für die Mehrheit göttlicher Personen namentlich den Namen אֱלֹהִים und die Stellen, wo Gott von sich im Plural spricht, besonders נַעֲשֶׂה 1 Mos. 1, 26 und נֵרְדָה 1 Mos. 11, 7, geltend. Aber, erwiderte man ihnen, die Antwort steht gleich dicht daneben. Denn es folgt אֱלֹהִים בָּרָא und אָדָם בְּצַלְמוֹ אֱלֹהִים וַיִּבְרָא und וַיֵּרֶד ה׳ *Bereschith rabba* c. 8 (vgl. c. 1). *Debarim rabba* c. 2. *Sanhedrin* 38ᵇ u. a. a. St. Beriefen sich jene auf 1 Mos. 3, 22: „Adam ist geworden wie Einer von uns", so erwiderten die Rabbinen, das heiße: wie Einer von den Engeln *Mechilta* 40ᵃ. *Schir rabba* zu 1, 9. Citirten die Minim Jos. 24, 19 קְדֹשִׁים אֱלֹהִים, so entgegnete man, es heiße ja א הִיא ק׳, nicht הֵם; der Plural קְדֹשִׁים bedeute: er ist heilig in jeder Art von Heiligkeit *Tanchuma, Kedoschim* 4. Endlich berief man sich auf 1 Mos. 19, 24 *Sanhedrin* 38ᵇ. *Jalkut, Beresch.* 39 oder auf die verschiedenen Stimmen, die vom Sinai tönten *Pesikta* 110ᵇ; aber alle diese Berufungen wurden zurückgewiesen, und festgehalten, daß es nur eine einzige Person göttlicher Macht gebe, רֵשִׁית אֶחָד הִיא.

Wir lassen diese Streitverhandlung ihrem theologischen Werthe nach auf sich beruhen: wir haben sie lediglich hier festzustellen. (Vgl. übrigens den Nachtrag am Ende des Buches.) Denn sie bildet den Beleg zu dem Satze, daß der jüdische Gottesbegriff keine Entfaltung des Einen göttlichen Wesens in göttlichen Personen zuläßt, da der Absolute der schlechthin für sich und in sich Verharrende ist, der, wie er sich an seine Geschöpfe in der Zeit nicht selbst und persönlich dargibt, auch in der Ewigkeit sich nicht erschließt in einem Anderen seiner selbst, zu innergöttlicher Liebesgemeinschaft von Person zu Person. Der Mangel an der Erkenntnis, daß Gott in der

Heiligkeit die sich selbst mitteilende, entgegenkommende, dem Anderen einwohnende Liebe ist, hinderte die Erfassung des trinitarischen Gottesbegriffs und machte den jüdischen Gottesbegriff zu einem abstract monistischen.

Damit scheint nun die Deutung in Widerspruch zu stehen, welche den beiden Gottesnamen אלהים und יהוה gegeben wird. *Sifre* 71ª u. ö. findet man nämlich den Satz ausgesprochen: Ueberall, wo es heißt Jehova, ist damit angedeutet, daß Gott nach Barmherzigkeit, überall, wo es heißt Elohim, daß er nach dem strengen Rechte verfahre (vgl. *Pesikta* 149ª. 164ª. *Bereschith rabba* c. 73), und *Mechilta* 37ᵇ: Elohim heißt überall Richter. Es sind aber damit nicht zwei treibende Grundkräfte in Gott (Gebetsformeln wie S. 159, *Berachoth* 16ᵇ ותבא לפנך טובך וצניתך sind bildlich), sondern zwei Verfahrungsweisen gemeint. Es erscheint lediglich als die Uebung seines absoluten Herrscherrechtes, wenn Gott Gnade für Recht am Sünder ergehen läßt. Die Barmherzigkeit ist nicht die den Sünder suchende, ihm entgegenkommende Liebe, sondern der Nichtvollzug des richterlichen Urteils (דין), weil etwas eingetreten ist, was den Vollzug aufschiebt oder aufhebt. Deshalb werden *jer. Taanith* II, 65ᵇ אף und חמה als zwei Engel dargestellt (§ 34, 3), welche Gott nicht nahe bei sich wohnen läßt, damit der Sünder nicht gleich durch sie vernichtet werde, sondern Zeit habe, den Zorn zu versöhnen; dann können die Zornengel ihm nichts mehr anhaben. Diese Doppelheit göttlichen Verfahrens führt uns also nicht aus dem bisher festgestellten Gottesbegriffe heraus. Daß der Name Jehova für die jüdische Theologie keine weitere Bedeutung hat, zeigt sich auch an der Auffassung des ihn auslegenden אהיה אשר אהיה 2 Mos. 3, 14 in *Schemoth rabba* c. 3; es heißt danach nichts Anderes als: Ich bin je nach meinen Werken bald Elohim, bald Jehova. Der oft gebrauchte Name אבינו שבשמים, unser (Israels) Vater im Himmel (z. B. *Sota* IX, 15. *Joma* VIII, 9), besagt, wie Lightfoot (*Horae* 299) richtig bemerkt, nichts weiter, als daß Gott Israel zu seinem Eigentumsvolke erwählt hat; ein tieferes Eindringen in das Wesen Gottes, als der die Liebe ist, hat der Name Vater in der jüdischen Theologie nicht zur Folge gehabt.

2. Der jüdische Gottesbegriff trägt als zweites Merkmal den Transcendentismus an sich. Damit soll gesagt sein, daß die Gottheit nach jüdischer Vorstellung sorgfältig vor jeder Berührung mit menschlichem Wesen gewahrt wird. Es darf von Gott nichts

§ 31. Die Einheit und Erhabenheit Gottes.

ausgesagt werden, was auf eine Wesensähnlichkeit Gottes mit dem Menschen schließen lassen könnte. Grundleglich hiefür ist der Satz *Schemoth rabba* c. 30: Adam ist geschaffen nach dem Bilde der Engel des Dienstes, und c. 32: Ich habe ihn gleich gemacht den Engeln des Dienstes, denn es heißt (1 Mos. 3, 22): Siehe, Adam ist geworden wie unser Einer. Denn Gott sprach dort, sowie 1 Mos. 1, 26, nach *Targ. jer.* I. zu den Engeln; nach dem Bilde der Engel, die er mit sich zusammenfaßt, ist also der Mensch geschaffen, nicht nach Gottes Bild. *Bereschith rabba* schweigt beredt zu 1 Mos. 1, 26 f. 5, 1. 9, 6. So fehlt die Grundlage für das Verständnis der Anthropomorphismen und Anthropopathien in der Schrift, und es ist folgerichtig, wenn dieselben, besonders in den Targumen, beseitigt werden. Vgl. § 46.

Dies geschieht in der Weise, daß Anthropomorphismen mit einem: „es schien ihm, als wenn" (כְּאִלּוּ) versehen werden, z. B. *Targ. jer.* I. zu 1 Mos. 18, 8. Der Grundtext sagt: Sie aßen, vgl. v. 3. Während Onkelos dies noch einfach wiedergibt, setzt *Targ. jer.* I. dafür: Es schien ihm, als wenn sie äßen. Eben so heißt es in diesem *Targ.* zu 1 Mos. 19, 3: Und es schien ihm (Lot), als wenn sie äßen. Denn vor Gott gibt es kein Essen und Trinken *Sifre* 54ᵃ: vielmehr ist sein Genuß nur das Riechen der Opfer, *Tanchuma, Ki thissa* 10; vgl. *Tanchuma, Emor* 15 u. ö. Wenn es ferner von Gott 1 Mos. 11, 5 heißt, er sei herabgestiegen, so blaßt dies das Targum des Onkelos ab: er offenbarte sich. Wenn es 2 Mos. 2, 25 heißt: Und es sahe Gott, so hat Onkelos: und es war offenbar vor Gott. 2 Mos. 6, 5 steht im Targum für: Ich habe gehört — vor mir ist es erhört. Am häufigsten steht der Ausdruck: er offenbarte sich, für den biblischen: er stieg herab, er zog aus u. s. w., vgl. 2 Mos. 3, 8. 11, 4. 19, 11. 34, 5. Nicht einmal geistige, menschenähnliche Thätigkeiten will das Targum von Gott mit den gewöhnlichen Ausdrücken aussprechen. Wenn es 1 Mos. 3, 5. 2 Mos. 3, 19 heißt, Gott wisse, so setzt das Targum Onkelos dafür lieber, es sei offenbar vor ihm; oder wenn 1 Mos. 50, 20 Joseph sagt: Gott dachte es zum Guten, so wendet dies das Targum passivisch: es wurde vor Gott zum Guten gedacht. Natürlich dürfen von Gott auch keine Affecte oder Anthropopathien ausgesagt werden. Durch den Windhauch deines Zornes 2 Mos. 15, 8 übersetzt Onkelos: durch das Wort deines Mundes. Israel heißt Jes. 10, 6 das Volk meines Grimmes; Jonathan wandelt עֶבְרָה in עֲבֵרָה Uebertretung um und übersetzt: das Volk, welches mein Gesetz übertreten hat. Laß dich reuen von wegen des Bösen 2 Mos. 32, 12 heißt bei Onkelos: Kehre zurück von dem Bösen, welches du geredet hast, deinem Volke zu thun. 2 Mos. 15, 3 heißt Jehova ein Kriegsmann; Onkelos aber sagt dafür: siegreicher Herr, und *Mechilta* 44[b]. 45 setzt auseinander, daß Gott durch seinen Namen streite, nicht aber der Waffen sich bediene.

Wie nun Gotte nichts Menschliches beigelegt werden darf, so hinwiederum dem Menschen nichts Göttliches. Mose wird 2 Mos. 4, 16. 7, 1 der Gott Ahrons und Pharao's genannt; Onkelos setzt dafür den Ausdruck רב Herr, Vorgesetzter, Lehrer. 2 Mos. 21, 6, wo die Richter Götter heißen, setzt Onkelos die Richter ein; vgl. *Mechilta* 36[b]. Ueberall wo sonst Verähnlichung des Menschen mit Gott in Betracht kommt, wird der Ausdruck geändert. Für: „Ihr werdet sein wie Gott" hat Onkelos: wie euer Herr, und für: „Adam ist geworden wie Einer von uns" wie der Samaritaner: Adam ist geworden der Einzige in der Welt von sich selbst. Noch bezeichnender ist die Beseitigung solcher Schriftaussagen, welche Gott in unmittelbarem Verkehre mit dem Menschen darstellen, oder Gott und Menschen irgendwie verbinden. Nach 2 Mos. 33, 11 redet Gott mit Mose Angesicht gegen Angesicht, nach *Targ. jer.* I. aber: „Redeweise gegen Redeweise" (ממלל) d. i. Gott redete nach Menschen Weise; „den Schall der Rede hörte Mose, jedoch den Glanz des Angesichts (Gottes) sah er nicht". Gerade das, was der Text sagt, von der persönlichen Nähe Gottes, beseitigt also das Targum ausdrücklich. 1 Mos. 32, 29 sagt Gott zu Jakob: Du hast mit Gott und mit Menschen gestritten, bei Onkelos aber: Groß (רב) bist du vor Jehova und bei den Menschen; der Kampf Gottes mit Jakob ist sonach aus der Schrift verschwunden. Das tiefsinnige Wort der Eva 1 Mos. 4, 1: Ich habe erworben den Mann, den Herrn (?), wandelt Onkelos um in: Ich habe erworben einen Mann vom Herrn her. Wenn von Gott und Menschen Gleiches ausgesagt wird, so wird das ebenfalls beseitigt. „Und sie glaubten an Gott und an Mose seinen Knecht", darf es 2 Mos. 14, 31 nicht heißen, sondern: und an die Weissagung Mose's; und 4 Mos. 21, 5. 7 hat das Volk nicht wider Jehova und wider Mose geredet, sondern vor Jehova gemurrt und mit Mose gezankt.

Andere Beispiele ähnlicher Art sind von Winer (de Onkeloso 43 ff.) und Frankel (zu dem Targum der Propheten, Breslau 1872) u. A. zusammengestellt worden. Wenn man die ganze eben behandelte Auslegungsweise überblickt, so zeigt sich als das wichtigste Mittel zur Beseitigung der unmittelbaren Beziehungen zwischen Gott und den Menschen der Gebrauch von קֳדָם. Wo die Schrift eine Beziehung Gottes zum Menschen als des Subjects zum Object ausdrückt, setzt das Targum die göttliche Thätigkeit oder das thatsächliche Verhältnis in ein Geschehen vor Gott um: Gott bleibt fern vom Menschen, schlechthin jenseitig. Nicht einmal sein Jehova-Name soll von menschlichem Munde ausgesprochen werden, denn auf dem Aussprechen des Gottesnamens ruht der Bann, *Nedarim* 7^b u. ö. Es fehlen alle Voraussetzungen für ein persönliches Eingehen Gottes in die Geschichte, so daß die jüdische Theologie in den Targumen für das geschichtliche Handeln Gottes als Subject das Wort Gottes מימרא דיי׳ (§ 38) einsetzen muß, und die persönliche Gegenwart Gottes in der Welt durch die repräsentative der Schechina (§ 39) ersetzt wird.

Wie nun der jüdische Gottesbegriff als abstracter Monismus gegen den trinitarischen Gottesbegriff sich verschließen mußte, so mußte er als abstracter Transcendentismus sich auch gegen die Lehre von der Menschwerdung Gottes ablehnend verhalten. Der Transcendenz Gottes entspricht keine Immanenz; jene ist nach der älteren in Onkelos und Jonathan (dem Propheten-Targum) vertretenen Auffassung eine abstracte, völlig einseitige. Wie aber diese Folge des Nomismus durch die andere aufgelöst wurde, ist nun zu zeigen.

§ 32. Die Judaisirung des Gottesbegriffs.

Die Entschiedenheit, mit welcher der Nomismus das Gesetz als die absolute Offenbarung Gottes jenseits der Zeit wie in der Zeit behauptet, hat dazu geführt, daß auch der Gottesbegriff später durch das Princip der Nomokratie bestimmt und Gott als der Gott der Thora aufgefaßt, der Gottesbegriff somit judaisirt wurde — eine Reaction gegen den Transcendentismus, die gewiß nicht näher zum Ziel der Wahrheit führte. Vgl. § 30, 3.

1. Was wir bisher zum jüdischen Gottesbegriffe beigebracht haben, ist wesentlich negativer Art gewesen: daß das Wesen Gottes eine Mehrheit und eine Selbstmitteilung schlechthin ausschließt. Dabei vermag aber das religiöse Vorstellen und Denken nicht zu

verharren. Diese Anschauung entspricht auch nicht der aus der biblischen Offenbarung stammenden und in dem Gottesnamen „der Heilige" ausgesprochenen Grundanschauung von Gott, welche Gott als die lebendige Persönlichkeit faßt, durch deren Wort Alles geworden ist. Dieser Glaubenssatz ist das unveräußerliche Erbe, welches die jüdische Theologie durch die biblische Offenbarung und durch die Thatsache der Geschichte Israels empfangen hat. Ist es aber so, dann muß auch ein göttliches Denken und Wollen gesetzt werden, welches von Anfang an war, vor der Welt, und ein ihm entsprechendes Object, in welchem er sich selbst weiß und will. Dieses Andere seiner selbst, dieses ewige Object für seine Selbstbethätigung ist nach der jüdischen Theologie die Thora. Diese (§ 4) und der Thron der Herrlichkeit (§ 33, b) sind vor der Welt, also vor der Zeit geschaffen *Bereschith rabba* c. 1. In *Tanchuma, Ki thissa* 28 und *Pikkuddê* 4 heißt die Thora die Tochter Jehova's. Sie ist aus seinem Denken hervorgegangen, das Object seiner ewigen Liebe, ihre Verwirklichung das Ziel seines Wollens. Mit dieser Anschauung hat die jüdische Theologie den Weg der bloßen Negation verlassen, den bisher leeren Gottesbegriff mit Leben erfüllt und ein Anderes des göttlichen Selbst gesetzt, in welchem sich Gott selbst offenbart. Die Thora ist Inhalt seines Lebens; in ihr bewegt sich sein Denken, Wollen und Thun.

Zu dem oben S. 17 f. Angeführten sei hinsichtlich des Denkens Gottes noch Folgendes bemerkt. Das Targum zum Hohenlied (c. 5, v. 10) enthält eine Stelle folgenden Inhalts: Die Gemeinde Israel begann das Lob des Herrn der Welt zu erzählen und sprach: Dem Gotte will ich dienen, welcher des Tages eingehüllt ist in ein Gewand weiß wie Schnee und sich beschäftigt mit den 24 Büchern der Thora, der Propheten und der heiligen Schriften (S. 80), und der des Nachts sich beschäftigt mit den sechs Ordnungen der Mischna. Wir finden sogar Gott in Gemeinschaft mit Anderen mit der Thora beschäftigt. Gibt es doch nach *Baba mezia* 85^b auch im Himmel, entsprechend den hohen Schulen auf Erden, eine der Erforschung der Thora gewidmete Versammlung (s. S. 136). Hier sitzen die großen Rabbinen nach ihrem Verdienst und ihrer Gesetzeskenntnis und studiren Halacha, und Gott studirt mit ihnen; sie disputiren mit einander und bestimmen die Halacha, vgl. *Baba mezia* 86^a. Dort eben ist es, wo Gott täglich eine neue Halacha offenbart *Bereschith rabba* c. 49. So ist die obere Welt Gottes eine Welt der Thora und

§ 32. Die Judaisirung des Gottesbegriffs. 159

ihres Studiums; ja nach späteren Ausführungen der jüdischen Theologie findet sich im Himmel ein ganzes System von Schulen (S. 131 ff.), deren höchste alle Fragen löst.

2. Auch die einzelnen Ziele des göttlichen Wollens ordnen sich sämmtlich der Thora als dem letzten Ziele unter. Um ihretwillen schuf er die Welt, um ihretwillen erhält er sie; wo sie ist, da ist er; das Reich der Thora ist sein letzter Wille. Das gesamte Thun und Leben Gottes ist daher natürlich durch die Thora bestimmt. Er hat sich selbst den Bestimmungen des Gesetzes, ja auch der Autorität der Rabbinen und ihren Festsetzungen unterstellt und bewegt sich innerhalb der gesetzlichen Ordnungen und Schranken. Er hält die jüdische Weise des Lebens ein, legt die Gebetsriemen an, die der Hand und die des Haupts *Berachoth* 6ᵃ: Mose sah den Knoten (קשר) derselben an Gottes Hinterhaupt 7ᵃ; die darauf geschriebenen Worte sind nach *Jalkut Schimeoni* zu Jesaia 366: Wer ist wie Dein Volk Israel? (2 Sam. 7, 23.) Auf dem Sinai hüllte er sich in seine Tallith (Gebetsmantel) und lehrte Mose die Ordnung des Gebets *Rosch haschschana* 17ᵇ. Was Gott bete, und wie er bete, sagt *Berachoth* 7ᵃ (vgl. S. 154): „Es sei der Wille bei mir, daß meine Barmherzigkeit meinen Zorn überwinde und meine Barmherzigkeit alle meine Eigenschaften umhülle, daß ich mit meinen Kindern verfahre nach Barmherzigkeit und ihnen nicht begegne nach dem strengen Rechte". Als Begründung dienen die Worte Jes. 56, 7: „Ich will sie erfreuen in meinem Bethause", wonach Gott ein eigenes Bethaus für sich hat; vgl. noch *Jalkut Schimeoni* zu den Psalmen 873 (?). Andere Beispiele davon, daß sich Gott den Ordnungen des Gesetzes unterstellt, geben *Schemoth rabba* c. 15 und *Sanhedrin* 39ᵃ. Nach jener Stelle ließ sich Gott, als er durch sein Herabsteigen nach Aegypten sich selbst verunreinigt hatte, durch Ahron reinigen; nach der anderen Stelle wusch er sich von der Verunreinigung durch Mose's Begräbnis im Feuer ab; denn da nach Jes. 40, 12 alles Wasser der Welt zum Tauchbad für Gott zu wenig wäre, so kommt er mit Feuer Jes. 66, 15, wie denn nach 4 Mos. 31, 23 sowol das Feuer als das Wasser ein Reinigungsmittel ist. Wie sich Gott von einem Gelübde lösen ließ, siehe oben S. 18. Selbst den Anordnungen des jüdischen Sanhedrin bezüglich der Festordnung auch für die himmlische Festfeier gibt er Folge; denn wenn der himmlische Gerichtshof der Engel ihn fragt, wann im Himmel Neujahr und Versöhnungstag gefeiert werden sollen, verweist er sie an die Ent-

scheidung des irdischen Gerichtshofs. Nach *Pesikta* 53ᵇ. 54ᵃ nämlich überlieferte R. Oschaja: Hat der untere Gerichtshof Beschluß gefaßt und gesagt: Heute ist Neujahrstag, so spricht der Heilige zu den Engeln des Dienstes: Stellet den Richterstuhl auf, bestellet den Vertheidiger und die Schreiber, denn der untere Gerichtshof hat Beschluß gefaßt und gesagt: Heute ist Neujahr (dieser Tag ist Gottes jährlicher Gerichtstag, § 62). Haben die Zeugen sich verspätet, oder hat der Gerichtshof beschlossen, den Tag auf den nächsten zu verschieben, so heißt der Heilige die Engel Alles wieder wegschaffen, denn der untere Gerichtshof hat beschlossen und gesagt, morgen solle Neujahr sein … Sofort treten alle Engel des Dienstes vor den Heiligen hin und sagen: Herr der Welt, wann soll Neujahr sein? Und er sagt ihnen: Mich fragt ihr? Ich und ihr, wir wollen den unteren Gerichtshof fragen. Als Schriftbeweis dient 5 Mos. 4, 7 und besonders 3 Mos. 23, 4, wo erst steht: dies sind die Feste Jehova's, heilige Versammlungen, und dann folgt: welche ihr berufen werdet, nach der Auslegung: „Wenn ihr sie berufen habt, so sind es Feste Jehova's; wenn nicht, so sind es keine Feste Jehova's". *Schemoth rabba* c. 15 wird im Allgemeinen bestätigt, daß Gott und die Engel sich bezüglich der Festordnung den Beschlüssen des unteren Gerichtshofes fügen. Hier wie *Pesikta* 152ᵃ wird aber bezüglich der Einschaltungen die Mitwirkung Gottes bei den betreffenden Feststellungen vorbehalten. Seine Schechina ist dann in der Sitzung zugegen und erleuchtet die Berathenden. *Bereschith rabba* c. 7 sehen wir Gott sein Schaffen unterbrechen, — er hatte eben die Seelen der Schedim (Dämonen, vgl. § 54) geschaffen, und sie harreten nur noch des Leibes, — weil der Sabbat angebrochen war, in dessen Heiligung er eintreten wollte.

3. Auch Gemütsbewegungen, welche der ältere Rabbinismus von Gott abgewehrt, kennt der Talmud und Midrasch bei Gott. Er lacht und weint, er zürnt den Feinden und leidet mit den Seinigen. Alle diese Affecte aber sind wiederum bestimmt durch sein Verhältnis zur Thora, genauer durch die Stellung, welche seine Feinde oder sein Volk zur Thora einnehmen. In der Beschreibung seiner täglichen Beschäftigung *Aboda sara* 3ᵇ finden wir nach dem Studium des Gesetzes, nach dem Geschäfte des Richters und der Fürsorge für die Kost der Menschen die letzten drei Stunden ausgefüllt mit dem Spielen oder Scherzen mit dem Leviathan. Gegen dieses Scherzen Gottes wird zwar eingewendet, daß Gott seit der Zer-

§ 32. Die Judaisirung des Gottesbegriffs.

störung Jerusalems nicht mehr lache, und dies wird aus Jes. 42, 14 begründet; bis dahin lachte er, nun aber ist des Lachens ein Ende, nur weil das Volk der Thora trauert; deshalb ist auch für Gott Zeit des Weinens. *Chagiga* 5^b fügt in Anlehnung an Jer. 13, 17 hinzu, daß der Heilige einen verborgenen Ort habe, wo er weine, weil nun die Herrlichkeit von Israel weggenommen und den Völkern gegeben sei, oder weil die Herrlichkeit des Himmelreichs nun gelästert werde. In den äußeren Wohnungen ist Freude, aber in den inneren ist Weinen, vgl. *Jalkut Schimeoni* zu den Klageliedern 1022. Nach *Berach.* 3^a schreit Gott in jeder der drei Nachtwachen vor Schmerz und ruft aus: Wehe mir (dieses Wörtchen hat Censur und Furcht davor gestrichen), daß ich mein Haus habe verwüsten und meinen Tempel verbrennen und meine Kinder unter die Völker der Welt habe wegführen lassen! Täglich weint er über das Elend des verbannten Israels. Zwei Thränen fallen in das Meer; man hört sie fallen von einem Ende der Erde bis zum anderen, und sie sind die Ursache der Erdbeben *Berach.* 59^a. In *Chagiga* 5^b und *Jalkut Schimeoni* zu Jeremia 292 heißt es ferner, Gott weine über die, welche das Gesetz nicht studiren, obwol sie könnten, wie über die, welche es nicht können und doch thun, sowie endlich über einen Vorsteher, der sich über die Gemeinde erhebt. Er weinte auch, nachdem er durch den Kuß seines Mundes die Seele Mose's von ihm genommen hatte, *Debarim rabba* c. 11 u. ö. Er zürnt den Widersachern und erquickt sich an den Seinen. Vom Zorne Gottes handeln besonders *Berachoth* 7^a und *Aboda sara* 4^a. 4^b. Es ist in Gott ein tägliches Aufwallen (רתחא), einen Augenblick dauernd, den 58,888 (53,848)sten Teil einer Stunde, in der Morgenzeit, weshalb es nicht gerathen ist, während der ersten drei Stunden des Neujahrstages das Musafgebet zu sprechen; denn Gott könnte dadurch veranlaßt werden, die Werke des Betenden zu untersuchen und seine Strafe zu bestimmen. Kein Mensch außer Bileam kennt übrigens den Augenblick des göttlichen Zorns. Doch hält man dafür den Augenblick, wo die Sonnenanbeter die Sonne anbeten. Auch seinem Volke zürnt Gott, will aber selbst alsbald wieder besänftigt sein und machte deshalb mit Mose einen Bund, *Schemoth rabba* c. 45: wenn er selbst auf Israel zürne, so möge Mose ihn versöhnen; zürne aber Mose auf Israel, so wolle Gott Mose besänftigen. Er, der Heilige, hat jedoch auch seine Erquickung. Die Opfer zwar steigen nicht mehr empor als Wolgeruch, aber die Erfüllung eines jeden Gebotes und die Ausübung eines jeden guten Werkes bereitet ihm immer neues Wolgefallen.

4. Man kann die Entschiedenheit des religiösen Denkens bewundern, welche so folgerichtig den Gottesbegriff mit den eigenen Vorstellungen erfüllt, nach dem eigenen religiösen Ideal gestaltet hat. Aber man kann sich der Wahrnehmung nicht entschlagen, daß der ältere Gottesbegriff der Targume, wenn auch abstracter und leerer, doch reiner war und dem biblischen Begriffe, selbst des Alten Testaments, näher stand. Zwischen jener älteren Gestalt des Gottesbegriffs und dieser durch und durch judaisirten liegt geschichtlich mitten inne die Ausgestaltung des trinitarischen Gottesbegriffs und die Offenbarung des Gottmenschen und seines Reiches. Diese wies das Judentum ab; die Judaisirung des abstracten und leeren Gottesbegriffs war die religionsgeschichtliche Folge.

Kap. XII. Die himmlische Welt.

§ 33. Die Wohnung Gottes und seine Herrlichkeit.

Was die jüdische Theologie über die Wohnung und die Herrlichkeit Gottes lehrt, steht nicht im Gegensatze zur heiligen Schrift Alten Testaments, hebt aber die absolute Erhabenheit und Geschiedenheit Gottes noch schärfer als diese hervor.

Wenn *Pesachim* 118ᵃ Gott als Einziger in seiner Welt bezeichnet wird (vgl. S. 149), so ersehen wir daraus, daß es eine Welt gibt, die im Gegensatz zu einer anderen die Welt Gottes in besonderem Sinne heißt. An derselben Stelle wird Abraham der Einzige in seiner Welt genannt. Es bilden also diese irdische und die himmlische, die **untere** und die **obere Welt** einen Gegensatz; jene ist die Welt des Menschen, diese die Welt Gottes. Wenn Gott daher der „Einzige der Welt" überhaupt genannt wird, z. B. *Pesikta* 29ᵇ, so wird daraus ersichtlich, daß zwar die untere Welt ebenso sein Machtgebiet ist, wie die obere; aber die obere Welt ist in anderem Sinne seine Welt, weil in ihr seine Wohnung und der Thron seiner Herrlichkeit ist.

a. Die Wohnung Gottes. Nach rabbinischer Lehre gibt es über der Erde einen siebenfachen Himmel, *Chagiga* 12ᵇ u. ö. (vgl. 2 Kor. 12, 2), deren oberster Araboth heißt und die Wohnung

§ 33. Die Wohnung Gottes und seine Herrlichkeit.

Gottes und der Gerechten sowie der vor dem Herrn dienenden Engel ist, obschon nicht in unterschiedsloser Weise. Zwar ist anzunehmen, daß, wenn *Baba bathra* 98ᵃ gesagt wird, derjenige, welcher sich unrechtmäßiger Weise für einen Talmid Chacham ausgebe, komme nicht in die *Mechiza* (Abteilung, Wohnung) Gottes, unter dieser die ganze oberste Sphäre zu verstehen ist; diese wird jedoch dann selbst wieder sehr deutlich in verschiedene Räume abgegrenzt. In ihrem Mittelpunkt ist die Wohnung Gottes. Sie wird durch einen Vorhang (*Pargod* פרגוד) von der Mechiza der Gerechten geschieden, und diese ist wieder von der Mechiza der Engel getrennt. Jene Mechiza wird genannt im Targum zu 2 Chron. 18, 20, diese *Targ. jer.* I. zu 1 Mos. 28, 12 und an vielen Stellen des Midrasch, z. B. *Bereschith rabba* c. 50. 68. Das Verhältnis dieser Mechizoth zu einander scheint das von concentrischen Kreisen zu sein. Denn die Mechiza der Gerechten wird im Verhältnis zu derjenigen der Engel eine innere genannt, und die Gerechten können bis an den Vorhang herantreten und hier Gottes Stimme vernehmen, die Engel dagegen fragen die Gerechten über die Thaten und Offenbarungen Gottes *jer. Schabb.* VI, 8ᵈ. Ebenso heißt auch *Nedarim* 32ᵃ die Mechiza der Gerechten eine innere, in welche eingehen darf, wer nicht zaubert, wodurch er ein Gegenstand des Neides für die Engel wird. Diese Mechiza der Gerechten dürfte gleichbedeutend sein mit dem *Gan Eden*, dem Paradiese, in welches Paulus in seiner Verzückung versetzt ward 2 Kor. 12, 4.

In der Mitte nun dieser Sphären des obersten himmlischen Raumes befindet sich die Wohnung Gottes, das Allerheiligste des obersten Himmels. Nach dem Targum zu Hiob 26, 9 (vgl. Levy zu dem Worte) ist anzunehmen, daß jener Vorhang aus Wolken besteht. Es heißt hier nämlich: Er breitet aus wie einen Vorhang über ihn (den Thron der Herrlichkeit) die Wolken seiner Herrlichkeit. Dieser Vorhang verhüllt die Wohnung, den Thron und die Herrlichkeit Gottes jeglichem Blicke und macht die Wohnung Gottes unnahbar; doch treten die verstorbenen Gerechten immer, und die Engel des Dienstes auf Befehl heran, und hören die Stimme Gottes hinter dem Vorhange, schauen aber ihn selbst nicht von Angesicht zu Angesicht. Dieses „Hören hinter dem Pargod" finden wir öfter erwähnt; vgl. *Targum jer.* I. zu 1 Mos. 37, 17. *Sanhedrin* 89ᵇ. *Chagiga* 15ᵃ. 16ᵃ. *Berachoth* 18ᵇ. Dem Metatron allein (§ 37) ist es nach *Chagiga* 15ᵃ gestattet, im göttlichen Gemache zu sitzen, um

die Verdienste Israels aufzuschreiben; er heißt deshalb der Engel
des Inneren, während die anderen Engel die Befehle Gottes hinter
dem Vorhange hervor vernehmen *Chagiga* 16ᵃ. Nach 5ᵇ wird ausdrücklich die Wohnung Gottes als innerster Raum von dem äußeren
unterschieden; die inneren Räume heißen בתי גואי, die äußeren בתי
בראי. Beide Teile des Himmels aber werden befaßt unter dem Gesammtbegriff מקימו „sein Ort".

b. In der Wohnung Gottes steht der **Thron der Herrlichkeit** (vgl. Ps. 45, 7. 1 Sam. 2, 8. Hebr. 1, 8. 8, 1. 12, 2. Matth.
19, 28), laut *Bereschith rabba* c. 1 gleich der Thora vor der Welt
geschaffen, also die ewige Stätte Gottes. In den Targumen geschieht seiner oft Erwähnung unter dem Namen כורסי דיקרא,
hebräisch כסא הכבוד. Nach *Targ. jer.* I. zu 1 Mos. 28, 12 ist das
Bild Jakobs am Throne der Herrlichkeit angeheftet; Bethel wurde
als gerade unter ihm liegend gedacht. Näheres enthält dieses *Targ.*
zu 2 Mos. 24, 10. 31, 18. Nach der ersteren Stelle ist der Fußschemel Gottes zwischen dem Throne der Herrlichkeit ein Werk aus
Sapphirsteinen, oder wie *Targ. jer.* II. zur Stelle sagt, ein Werk
von reinem Sapphirstein, ein Anblick wie der des reinen, wolkenlosen Himmels. Auch der Thron selbst ist nach der zweiten Stelle
von Sapphir: „Und er (Gott) gab dem Mose, als er aufgehört hatte
zu reden mit ihm auf dem Berge Sinai, zwei Tafeln des Zeugnisses,
Tafeln von Sapphirstein, vom Throne der Herrlichkeit". Von diesem
Throne geht ein Licht aus, durch welches der Mensch geblendet
wird; Isaak war blind, weil er, als sein Vater ihn auf dem Berge
Morija bei der Opferung band, den Thron der Herrlichkeit erblickte,
Targ. jer. I. zu 1 Mos. 27, 1. So verkündet der Thron Gottes in
seinem Lichtglanze die Herrlichkeit und in seiner blendenden Helle
die fernende Heiligkeit dessen, der darauf sitzt, so daß er als
Träger der Gegenwart Gottes an Heiligkeit fast gleich mit der
Herrlichkeit Gottes selbst ist, und man bei dem Throne der Herrlichkeit schwören darf (vgl. Matth. 5, 34).

c. Wir treten nun näher an die **Herrlichkeit Gottes** selbst
heran, welche auf dem Throne der Herrlichkeit residirt (vgl. 2 Mos.
24, 16. 33, 18 ff. 40, 34. Ez. 1, 28. Luc. 2, 9. Apg. 7, 55). Sie
ist ihrem Wesen nach Licht, so hell wie das Licht aller Sonnen,
Chullin 60ᵃ. „Eine von seinen vielen Sonnen kannst du nicht ansehen, wie willst du seine Herrlichkeit anschauen?" Da dieses Licht
nach *Sifra* zu 3 Mos. 1, 1 selbst für die Engel nicht schaubar ist,

§ 33. Die Wohnung Gottes und seine Herrlichkeit.

welche die Herrlichkeit Gottes tragen, so kann die Herrlichkeit Gottes, wo sie in der Welt gegenwärtig sein will, nur verhüllt erscheinen, als ענן יקרא Wolke der Herrlichkeit, *Targ. jer.* I. zu 2 Mos. 40, 36. Diese lichte Herrlichkeit Gottes, durch den Vorhang geschieden von allen himmlischen Wesen, unnahbar und unschaubar, dient nun als Bezeichnung für Gott selbst, *Targ. jer.* I. zu 1 Mos. 28, 13. Das Targum des *Onkelos* hat zu 2 Mos. 3, 1 für אלהים den Ausdruck יקרא דיי׳; ebenso *Targ. jer.* I. zu 2 Mos. 20, 20, vgl. zu 1 Kön. 22, 19 u. ö. Diese Herrlichkeit ist der Lichtleib Gottes und wird deshalb der Persönlichkeit Gottes gleichgesetzt. Sie ist sein Angesicht (אפין, hebräisch פנים), die Erscheinung, Versichtbarung Gottes, vgl. 2 Mos. 33, 11. Diese Anschauung ist mit der biblischen nicht im Widerstreite, deckt sich aber mit ihr nicht. Ganz entsprechend dem alten in den Targumen vertretenen Gottesbegriffe ist die Herrlichkeit Gottes nur nach der Seite der schlechthinigen Erhabenheit und Geschiedenheit, als die Herrlichkeit des Heiligen aufgefaßt. Hiermit stimmt es überein, daß, wie aus *Pesikta* 20[a,b] hervorzugehen scheint, der Stuhl der Herrlichkeit und diese selbst auf feurigem Grunde ruht; denn da heißt es: „Mose sprach vor dem Heiligen: Herr der Welt, wer kann ein Lösegeld geben für seine Seele? Der Herr sprach zu Mose: Nicht so wie du denkst, sondern dieses sollen sie geben, derartiges sollen sie geben. Eine Art feuriger Münze — so sagte R. Abin — brachte der Heilige unter dem Throne seiner Herrlichkeit hervor, und zeigte sie Mose und sprach: diese sollen sie geben". Vgl. *Chagiga* 14. *Beresch. rabba* c. 78 und *Schemoth rabba* c. 15. Von der göttlichen Licht-Herrlichkeit strahlt ein Glanz aus, den die Targume und die Talmude זיו nennen, auch זיו אפין, *Targ. jer.* I. zu 2 Mos. 33, 11. Der Glanz auf Mose's Antlitz, der das Volk blendete, war nach 34, 29 vom „Glanze der Herrlichkeit der Schechina Jehova's". Wenn es Ez. 43, 2 im Grundtexte heißt: die Erde leuchtete von seiner Herrlichkeit, so setzt das *Targ. Jon.* זיו יקריה vom Abglanz seiner Herrlichkeit. Dieser Abglanz erfüllt die himmlischen Räume und ist die Speise der Engel, die als Lichtnaturen im Lichte und vom Lichte leben, wie die Bewohner der unteren Regionen in der atmosphärischen Luft (S. 167).

§ 34. Die himmlische Geisterwelt.

Die Engel sind zum Teil nicht selbständige Wesen, sondern vorübergehenden Daseins, ein bloßer Ausfluß aus der Herrlichkeit Gottes, deren Umkreis sie gleichsam bilden; zum andern Teile aber haben sie als „Engel des Dienstes" bleibende Dauer, stufen sich ab nach ihrer Würde und sind ohne Zahl. Sie dienen zur Verherrlichung Gottes und vermitteln seine Beziehung zur Welt. (Vgl. hierzu den Nachtrag am Ende des Buches.)

1. Im Gegensatze zur Menschheit als der Bewohnerschaft der unteren Regionen heißt die himmlische Geisterwelt oder die Engelschaar פמליא של מעלה die Familie der oberen Welt *Chagiga* 13ᵇ als Umgebung Gottes, der (S. 162 f.) die obere Welt zur Wohnstätte hat. Sie sind ihrem Ursprunge nach Geschöpfe Gottes. Man darf aber auf keinen Fall den ersten Tag der Schöpfung als den Tag der Engelschöpfung annehmen, weil sonst der Schein entstehen könnte, als wären sie ins Dasein gerufen, um mit Gott schöpferisch thätig zu sein *Beresch. rabba* c. 1. Vielmehr schuf Gott die Engel am zweiten Tage, nach der Veste des Himmels *Schemoth rabba* 15. *Targ. jer.* I. zu 1 Mos. 1, 26. Die tägliche Engelschöpfung dagegen, welche *Chagiga* 14ᵃ erwähnt, genauer die fortgesetzte Entstehung von Engeln, entweder aus dem Feuerstrome (*Dinûr*, דינור), welcher unter dem Throne der Herrlichkeit herausfließt (S. 165), oder aus jedem Hauche des Mundes Jehova's, begründet nur ein vorübergehendes Dasein einer Art von Engeln: sie sprechen einen Lobgesang (שירה) vor Gott und verschwinden. Diese Ueberlieferung von einer täglichen Engelschöpfung findet sich weiter ausgebildet *Beresch. rabba* c. 78: kein Engelchor (כת מלאכים) spricht öfter als einmal vor Gott den Lobgesang; denn jeden Tag schafft Gott einen neuen, der einen neuen Lobgesang vor Gott spricht und dann wieder verschwindet, dorthin, woher er gekommen ist, in den Feuerstrom (נהר דינור oder אש נהר) *Schemoth rabba* 15, unter dem Throne der Herrlichkeit. Vgl. *Jalkut* zu *Bereschith*, Abschn. 133. Hierher gehört die Bemerkung *Pesikta* 3ᵃ, daß die Engel aus Feuer bestehen. Als Schriftbeweis wird überall Klagel. 3, 23 angeführt. Eine andere Ueberlieferung über die materielle Beschaffenheit der Engel findet sich *Pesikta* 3ᵇ und *jer. Rosch haschschana* II, 4 (58ᵃ), daß nämlich

§ 34. Die himmlische Geisterwelt.

die Engel halb aus Wasser, halb aus Feuer bestehen, entsprechend den himmlischen Räumen, die sie bewohnen, da die Veste Wasser ist, die Sterne aus Feuer bestehen; ihr Leib ist (nach Dan. 10, 6) wie der Tarsis, das Angesicht wie der Blitz, die Augen wie feurige Fackeln, Arme und Beine wie Erz, der Schall ihrer Stimme wie das Dröhnen einer brausenden Menge. Diese Ansicht ist später dahin verändert worden, daß es nach einer Stelle im *Midrasch rabba* zu Ruth (?) wegen Ps. 104, 4 einige Engel gibt, die von Wind, andere, die von Feuer sind. Michael ist nach *Bammidbar rabba* c. 12 aus Schnee, Gabriel aus Feuer gebildet, vgl. *Pesach.* 118ᵃ. Merkwürdigerweise sagt sogar *Jalkut chadasch* 115ᵃ, wenn die Engel eine Sendung auf Erden haben, seien sie Winde, wenn sie dagegen vor Gott stehen, Feuer. Diesem ihrem Ursprunge und ihrer Beschaffenheit entspricht es, daß sie sich von dem Glanze nähren, der von dem Angesichte Gottes ausstrahlt *Pesikta* 57ᵃ. *Schemoth rabba* c. 32. *Bammidbar rabba* c. 21 u. ö.; dagegen bedürfen sie keiner materiellen Nahrung, und leiblicher Genuß entspricht ihrer Natur nicht. Akiba erregte Widerspruch, als er behauptete, die Engel äßen Brot *Joma* 75ᵇ; nein: ehe Mose das Gesetz empfing, mußte alle Speise in seinen Eingeweiden erst verwesen, damit er würde wie die Engel des Dienstes *Joma* 4ᵇ. Im Anschluß daran wird *Jalkut* zu *Bereschith* Nr. 82 hervorgehoben, daß sie frei von Sinnlichkeit seien, und daß die böse Begierde über sie nicht herrsche, vgl. *Beresch. rabba* c. 48 u. ö. Dennoch sind sie nicht schlechthin sündlos. Gabriel ist ungehorsam gewesen und dafür gezüchtigt worden *Joma* 77, und Dubbiel, der an seine Stelle gesetzt ward, zeigte sich feindselig gegen Israel, indem er die 21 Unterkönige des persischen Reiches reizte, den Israeliten, selbst den Rabbinen, Kopfsteuer aufzulegen, wogegen Gabriel wehrend hervortrat, weshalb er wieder eingesetzt ward. Auch sonst hören wir von Gerichten Gottes über Engelfürsten. Daß die Engel Mose das Gesetz mißgönnten, sahen wir S. 16. 25; nach *Jalk. Schim. Beresch.* 34ᵇ beneideten sie auch Adam wegen seiner Kleidung. Dagegen finden wir *Schemoth rabba* c. 5, daß sie unter sich nicht wie die Menschen Eifersucht und Feindschaft hegen. Jedenfalls aber ist die Sündlosigkeit der Engel nur relativ; die Sünde fehlt nur, soweit sie in der Sinnlichkeit begründet ist.

2. Ueberblicken wir das bisher Gesagte, so stellt sich die himmlische Geisterwelt zunächst dar als ein Ausfluß der göttlichen

Herrlichkeit und gehört wesentlich zu derselben. Von dieser Engelwelt vorübergehenden Daseins aber sind die Engel des Dienstes als selbständige Wesen zu unterscheiden. Dürften wir freilich einer Andeutung in *Beresch. rabba* c. 78 folgen, so wären nur die Geisterfürsten Michael und Gabriel von der Vergänglichkeit ausgenommen, denn dort heißt es: „sie sind die Fürsten der oberen Welt, denn Alle wechseln (מתחלפין), sie aber wechseln nicht". Allein dies bezieht sich nach dem oben angeführten Zusammenhange nur auf die Engelchöre, welche den Lobgesang vor Gott sprechen. Die jüdische Theologie macht vielmehr einen Unterschied zwischen solchen Engeln, die wieder verschwinden und solchen, die bleiben. Rabbi Bechai sagt in seinem Kommentare zu den fünf Büchern Mose's, fol. 37[d]: „Es sind einige Engel, welche in Ewigkeit bleiben, und das sind diejenigen, welche am zweiten Tage erschaffen worden sind; und es gibt andere Engel, welche verschwinden; wie unsere Rabbinen gesegneten Andenkens erklärt haben, daß der Heilige täglich einen Haufen Engel erschaffe, welche Gott ein Loblied singen und wieder verschwinden. Und das sind diejenigen, welche am fünften Tage erschaffen worden sind".

An der Spitze aller Engel des Dienstes stehen Michael und Gabriel. Diese heißen *Kohel. rabba* zu 9, 11 die Könige der Engel; Michael insbesondere, der nach dem Targum zu Hiob 25, 2 zur Rechten Gottes steht, heisst der große Fürst *Sebachim* 62[a] oder das Haupt der Engel *Jalkut Schimeoni, Beresch.* 132. Sämmtliche Engel bilden ein zehngliedrige aufsteigende Reihe. Maimonides sagt *Mischne Thora* S. I, *Jesode Thora* c. 2: Der Unterschied der Namen der Engel bemißt sich nach ihrer Rangstufe (מעלה). Die *Chajjoth* stehen im Range über allen anderen, nämlich den *Ophanim, Arellim, Chaschmallim, Seraphim, Mal'achim, Elohim, Bene Elohim, Cherubim, Ischim*. Ueber den Chajjoth steht nur die Hoheit Gottes. Die Cherubim werden als blühende Jünglinge gedacht, und ihr Name *Chagiga* 13[b] erklärt, als ob er כרביא lautete, da in Babylonien ein junger Knabe רביא heiße. Die Ischim sind diejenigen, welche mit den Propheten reden und ihnen im Gesichte erscheinen; ihr Name deutet an, daß ihre Erkenntnis sich derjenigen des Menschen nähert. In anderen rabbinischen Schriften ist die Ordnung der zehn Klassen eine andere, und es werden auch die Fürsten der zehn Engelklassen aufgezählt, vgl. Eisenmenger II, 374.

§ 34. Die himmlische Geisterwelt.

Die Zahl der Engel wird *Chagiga* 13^b gewonnen aus der Verbindung von Dan. 7, 10: Tausend mal Tausend dienen ihm und zehntausend mal Zehntausend stehen dienstbereit vor ihm, und Hiob 25, 3, wo es heißt, daß seiner Schaaren keine Zahl sei. Die letztere Bestimmung gelte für die Zeit, wo das Heiligtum noch stand, die andere für die Zeit nach der Zerstörung desselben; seitdem sei die Zahl der Engel vermindert. Andere gleichen so aus: jede Schaar bestehe aus 1000×1000, diese Schaaren aber seien ohne Zahl; d. h. unfaßbar groß für menschliche Begriffe ist ihre Zahl, wie der Raum, den sie einnehmen.

Der Dienst der Engel ist teils ein Dienst unmittelbar vor Gott, nach *Jalkut Schim., Bereschith* 133 das Urbild des levitischen Dienstes im unteren Heiligtume, teils ein Dienst, in welchem die Engel Gottes Beziehungen zur Welt vermitteln. Wir unterscheiden hier vor Allem jene Engelchöre, von denen oben die Rede war, welche täglich neu geschaffen werden, um vor Gottes Thron den Lobgesang zu singen und dann zu verschwinden (nach *Targ. jer.* I. zu 1 Mos. 32, 27 singen übrigens auch dauernde Engel des Morgens Gottes Lob) von denjenigen Engeln, welche zur Darstellung der göttlichen Herrlichkeit dienen. Zu den Thronengeln im engeren Sinne des Wortes gehören die *Chajjoth*, welche unter dem Throne der Herrlichkeit sind, den sie tragen; Gott sitzt des Nachts und hört ihre Loblieder nach Ps. 43 (44), 9, *Aboda sara* 3^b. Auch die Cherubim gehören zum Throne der Herrlichkeit und sind mit diesem vor der Welt geschaffen, vgl. *Jalkut Schim., Beresch.* 34; aber während die Chajjoth Träger der ruhenden, sind die Cherubim die Träger der durch die Welt einherfahrenden göttlichen Herrlichkeit, *Aboda sara* 3^b: Gott durchschwebt auf leichtem Cherub reitend achtzehntausend Welten. Vor dem Throne Gottes stehen ferner die sieben Geisterfürsten (Erzengel), von welchen außer Michael und Gabriel besonders der Engel Raphael oft genannt wird. Sie sind wol als die vornehmsten Engel die Boten Gottes an Abraham gewesen *Baba mezia* 86^a. Neben ihnen wird *Bammidbar rabba* c. 2 Uriel erwähnt, der auch 4 Esr. 4, 1 genannt wird; das Buch Henoch nennt außerdem noch Raguel und Serakiel. Später lauten die sieben Namen: Raphael, Gabriel, Sammael, Michael, Izidkiel, Hanael, Kepharel, von denen jeder die Aufsicht über einen Wochentag hat (vgl. Fritzsche zu Tob. 12, 15: sie entstammen dem Parsismus, entsprechend den sieben persischen Amschaspands). Michael aber und

demnächst Gabriel ist von der jüdischen Theologie immer besonders
hervorgehoben, und Michael zuletzt als Haupt aller Engel bezeichnet
worden. Vor dem Throne der Herrlichkeit stehen jedoch nach
Targ. jer. I. zu 1 Mos. 11, 7 noch 70 andere Engel, denen Gott
seinen Entschluß verkündete, die Sprachen der Menschen zu verwirren, und mit welchen sich dann das Wort Jehova's auf die Erde
herabließ. Außerdem stehen noch viele Engel vornehmer Art, genannt die Engel des Angesichtes (מלאכי פנים), vor Gottes Thron,
s. Schöttgen, *Horae*, zu Matth. 18, 10. Die spätere jüdische Theologie hat nach Eisenmenger II, 375 durch Anwendung der Gematria
gefunden, daß Gott wenigstens 90,000 Myriaden Engel um sich habe,
denn מלך hat den Zahlenwerth von 90. Man liebte in der späteren
Theologie überall das Ueberschwängliche; die ältere Ueberlieferung
kennt keine solchen Zahlen. Vgl. hierzu den Nachtrag.

3. Alle diese Engel aber mit Ausnahme der Chajjoth und
Cherubim stehen nicht bloß zur Verherrlichung Gottes vor dem
Throne der Herrlichkeit, sondern sie sind Engel des Dienstes und
allezeit der Sendung Gottes harrend (vgl. Hebr. 1, 14), als die
Werkzeuge der göttlichen Regierung und Vorsehung in
der Welt; während Gott selbst jenseits der Welt in seiner hehren,
unnahbaren Majestät verbleibt, vermitteln sie seine Beziehungen zur
Welt. Und zwar tritt uns zunächst der Dienst jener Engel entgegen, welche als **Fürsten der Völker** bezeichnet werden. Nach
Targ. jer. I. zu 1 Mos. 11, 7 f. sind damals, als die 70 Völker nach
ihren Sprachen entstanden, 70 Engel zu ihren Fürsten bestellt
worden. Seitdem stehen die Völker der Welt unter der Leitung der
Geisterfürsten, welche sie nach göttlichem Auftrage zu leiten suchen,
für welche sie auch vor dem Throne der Herrlichkeit bitten. Michael
als der Fürst aller Engel ist über Israel, das Volk der Völker,
gesetzt bis ans Ende der Welt *Jalk. Schimeoni, Bereschith* 132, als
Israels Vertreter und Patron vor Gott, der für das Volk um Erbarmen
bittet. (Vgl. S. 173 f.) Demgemäß heißt er im Targum zu den Psalmen
(137, 7. 8) der Fürst Jerusalems, der Fürst Zions. Weiter wird ein
Engel *Schemoth rabba* c. 15 Fürst Aegyptens genannt, und *Pesikta*
150[b] erscheinen Fürsten von Babel, von Medien, von Jawan, von
Edom. Sie alle sah Jakob im Traume die Himmelsleiter hinaufsteigen. Das Verhältnis dieser Völkerfürsten zu den von ihnen
geleiteten Völkern ist, wie es scheint, ein solidarisches; denn nach
Schir rabba zu 8, 12 straft Gott ein Volk nicht eher, als bis er

§ 34. Die himmlische Geisterwelt.

seinen Engelfürsten oben gedemüthigt hat, und wird nach *Tanchuma, Beschallach* 13 auch künftig die Völker nicht richten, ehe er ihre Engelfürsten gerichtet hat. Die Engelfürsten der Völker schließen sich auch selbst mit den Völkern zusammen, welche sie leiten und vertreten, so daß sie sogar Israel vor dem Heiligen im Namen der von ihnen vertretenen Völker anklagen *Pesikta* 176ª. — Außer dem Dienst an den Völkern sind aber die Engel auch Einzelnen bestimmt zum Dienst, zum Schutz vor bösen Geistern und zur Verkündigung göttlichen Thuns. In *Targ. jer.* I. zu 1 Mos. 24, 7 bittet Abraham Jehova Elohim, dessen Wohnung in des Himmels Höhen ist und der daselbst bleibt, seine Engel zum Geleit und zur Hülfe Eliesers zu senden. Michael war der Geleitsmann der Tochter Dina's auf dem Wege nach Aegypten, in das Haus Potiphars, wo sie erzogen und später, unter dem Namen Asnat, an Joseph verheirathet wurde, *Jalkut Schimeoni* zu *Bereschith* 134. Ja alle Israeliten haben Engel zu Begleitern, und zwar im Auslande andere als im Lande Israel, a. a. O. 119. In *Tanchuma, Mischpatim* 19 heißt es: „Hat ein Mensch ein Gebot erfüllt, so übergibt man ihm einen Engel; hat er zwei Gebote erfüllt, so übergibt man ihm zwei Engel; hat er alle Gebote erfüllt, so übergibt man ihm viele Engel. Denn es heißt (Ps. 91, 11): er wird seinen Engeln (Plur.) befehlen über dich. Und welche Engel sind denn das? Es sind die, welche ihn behüten vor den Massikin (bösen Geistern) . . . Denn die ganze Welt ist voll von Geistern und Dämonen" (§ 54). Beim Betreten von Orten der Unreinheit, wie einem Abtritt (בית הכסא), wo die Macht der schädigenden Dämonen besonders groß ist, soll der Fromme alsbald ihren Schutz anrufen *Berachoth* 60ᵇ. Wer ein Gebot übertreten hat, verfällt dadurch der Macht der Dämonen, wogegen die Erfüllung der Gebote gegen sie schützt; sie lauern überall, ob sie einen Uebertreter nicht beschädigen mögen, während die Engel des Dienstes die Frommen bewahren *Debarim rabba* c. 4. Um ferner dem Frommen Gottes Thun kund zu machen, dienen die Engel der Träume; jedoch soll ein Mensch selbst dann, wenn der Engel der Träume zu ihm gesagt hat, morgen werde er sterben, sich nicht abhalten lassen, um Barmherzigkeit zu bitten *Berachoth* 10ᵇ. Endlich vermitteln die Engel die Hülfe, welche Gott dem Menschen auf sein Gebet senden will; so erscheint Raphael und heilt den von Michael verwundeten Jakob; denn er ist über die רפאות gesetzt, d. h. das Heilen ist sein Geschäft *Jalkut Schim. Beresch.* 132.

Gott entsendet die Engel nicht minder zur Ausrichtung seines Zornes und seiner Gerichte. Zwei Engel des Verderbens sind אף und חמה (vgl. S. 154; 1 Kor. 10, 10). Auch *Nedarim* 32ᵃ erscheinen *Aph* und *Chema* als Engel, welche Mose in der Herberge auf dem Wege nach Aegypten fast ganz verschlangen, weil er seine Söhne nicht beschnitten hatte. In *Schabb*. 55ᵃ findet sich die Bezeichnung Engel des Verderbens (מלאכי חבלה) für solche Engel, welche das Urteil Gottes an den vollendeten Frevlern vollstrecken. Es sind sechs, die dann benannt werden. Sie heißen: Kezeph, Aph, Chema, Maschchith, Meschabber, Mekalle. Daran schließen sich als oberste und schrecklichste Abaddon und Maweth, welche den Tod über die Menschen bringen (*Schabb*. 89ᵃ. *Berach*. 4ᵇ; vgl. Nachtrag). Die Gottlosen, welche der Engel des Todes getödtet, holen die Engel des Verderbens ein und bringen sie an ihren Ort, gleichwie die Engel des Dienstes die Gerechten im Abscheiden einholen und in die Orte der Seligen geleiten *Kethuboth* 104ᵃ. An dieser Stelle werden die Engel des Verderbens von den Engeln des Verdienstes unterschieden. Allein die Engel des Verderbens sind ebenfalls Diener Gottes. Daß sie jenen Ehrennamen nicht tragen, hat seinen Grund wol in der größeren Entfernung ihrer Stellung von Gott. Denn Aph und Chema und so wol alle Engel des Verderbens müssen in weiter Ferne von Gott stehen *jer. Taanith* II, 65ᵇ.

Die Engel Gottes dienen ferner als Kräfte, welche die Natur leiten und bewegen und in ihr und durch sie wirken, ebenso zum Segen, wie zum Fluch. Beispielsweise nennt *Baba bathra* 74ᵇ Rahab als שׂר של ים den Meeresfürsten, vor dessen Schnauben kein Geschöpf im Meere leben könnte, wenn nicht die Wellen ihn bedeckten, nach Jes. 11, 9, wo der Talmud erklärt מים לשׂר ים מכסים. In *Pesachim* 118ᵃ wird von ihm erzählt, daß er die Aegypter am Schilfmeer vernichtete, sie aber wieder herausgeben mußte; dafür mußte der Kison das Heer des Sisera dem großen Meere zur Entschädigung übergeben. Segen spendet der Engel des Regens Ridja, der „Berieselnde", der einem Kalbe gleicht und zwischen den oberen und unteren Wassern stehend diesen Befehle gibt, daß sie von oben und unten das Erdreich tränken, *Taanith* 25ᵇ und *Joma* 21ᵃ (s. Raschi z. St.). Gabriel ist nach *Sanhedrin* 95ᵇ über das Reifen der Früchte, der Engel Jorkami nach *Pesach*. 118ᵃ als שׂר של ברד über den Hagel gesetzt; und sie wirken, obwol über entgegengesetzte Elemente gebietend, doch harmonisch zusammen. Vgl. noch *Schir*

§ 34. Die himmlische Geisterwelt.

rabba zu 3, 11. Auch die natürlichen Triebe des Menschen setzen sie in Bewegung. Dafür finden wir eine sehr lehrreiche Stelle *Bereschith rabba* c. 85. Es wird hier ausgeführt, daß Gott selbst die fleischliche Vermischung des Juda mit der Thamar veranlaßt habe; denn er hat ihm den „Engel, der über die Begierde (תאוה) gesetzt ist", in den Weg gestellt, und ihm gesagt: Woher sollen die Könige und die Großen kommen, wenn du nicht zu dieser eingehst? Da bog er zu ihr ab. Von diesem Engel der Thaawa ist auch *Jalkut Schimeoni Beresch.* 91 die Rede, wo gesagt wird, daß nicht er, sondern Gott selbst die Sara heimgesucht habe.

4. Die Erscheinungsweise der Engel bei ihren innerweltlichen Geschäften ist sehr verschieden. Sie erscheinen nach *Schemoth rabba* c. 25 bald sitzend, bald stehend, bald als Männer, bald als Frauen, bald als Winde, bald als Feuerflammen. (Zur Vorstellung von Flügeln vgl. *Ruth rabba* zu 2, 12. *Pesikta* 124ᵃ u. ö.) Ebenso steht es nach *Bammidbar rabba* c. 16 in der Macht der Engel, je nachdem es der Zweck ihrer Sendung erfordert, sich sichtbar oder unsichtbar zu machen, vgl. *Tanchuma, Schelach* 1. Je nach dem Auftrage, welchen Gott einem Engel gibt, legt er ihm auch verschiedene Namen bei *Bammidbar rabba* c. 10. Hier klingt vielleicht die Anschauung nach, daß alle Engel außer Michael und Gabriel immerfort wechseln (S. 166 f.), so daß auch die Namen nicht auf selbständige Wesen hinweisen, sondern alle Engelnamen nur Bezeichnungen der Functionen sind, welche die Gesendeten ausrichten. Entsprechend sagt der Kommentator des Maimonides zu *Mischne Thora* I, *Jesode Thora* c. 2: Auch verändert sich ihr Name je nach der Sendung, in der sie gesendet werden. Wenn z. B. Gott einen Engel zur Heilung eines Menschen sendet, so nennt er diesen Engel Raphael; wenn er dagegen einen sendet zur Hülfe eines Menschen, so nennt er ihn Asariel. Uebrigens spricht *Targ. jer.* 1. zu 1 Mos. 18, 2 die Vorstellung aus, daß ein Engel immer nur ein einziges Geschäft auf einmal besorgen könne; als daher Gott für Abraham und Lot zu gleicher Zeit dreierlei ausführen wollte, bediente er sich dreier Engel.

Die Sprache, welche die Engel verstehen, ist die hebräische. Daher wird *Schabbath* 12ᵇ die Regel gegeben: Nie erflehe der Mensch seine Bedürfnisse in aramäischer, sondern immer in hebräischer Sprache. Denn wer in aramäischer Sprache betet, zu dem gesellen sich die Engel des Dienstes nicht (um sein Gebet vor Gott zu bringen), denn sie verstehen das Aramäische nicht. Das Hebräische, die Sprache der Thora, ist die allein heilige, die Sprache der himmlischen Welt. Hieraus ergibt sich schließlich die wichtige Folgerung, daß der Engeldienst nur dem Volke Israel gehört. Israel ist der Bereich der Engel; in der Völkerwelt walten die Dämonen. (Vgl. aber S. 170 f.)

§ 35. Das Verhältnis der Geisterwelt zu Gott.

In dem Verhältnisse der Geisterwelt zu Gott tritt naturgemäß der in dem jüdischen Gottesbegriffe liegende Dualismus hervor, insofern einerseits eine absolute Ferne zwischen Gott und der Geisterwelt, andererseits eine gewisse Gemeinschaft Gottes mit der Geisterwelt ausgesprochen wird. Die Aussagen letzterer Art neigen sogar dahin, die Schranken zwischen Gott und der Geisterwelt aufzuheben und Gott in diese hereinzuziehen. (Vgl. den Nachtrag.)

1. Sind die Engel nach überwiegenden Aussagen aus dem Feuergrunde der göttlichen Herrlichkeit, so sind sie nicht aus dieser selbst hervorgegangen. Die spätere jüdische Theologie hat dies ausdrücklich hervorgehoben, indem sie den Feuerstrom (S. 165) unter dem Throne der Herrlichkeit aus dem Abflusse des Schweißes der den Thron Gottes tragenden Chajjoth (S. 168) entstehen ließ. Damit ist der Unterschied zwischen dem göttlichen Wesen und dem Wesen der Engel scharf gezeichnet: sie bilden nur den Umkreis der göttlichen Herrlichkeit. Nicht minder scheint die Vorstellung von der täglichen Engelschöpfung in dem Gedanken zu wurzeln, daß die Engel nicht als neben Gott stehende ewige Wesen gefaßt werden sollen. Alles was außer Gott existirt, auch die Engelwelt, ist in stetem Werden und Vergehen begriffen; Engelchöre kommen und gehen; der Thron der Herrlichkeit steht aber und bleibt derselbe in Ewigkeit. Hinsichtlich der Abstufung der Engelwelt gibt Maimonides den Fingerzeig, sie gründe sich auf den verschiedenen Grad der Gotteserkenntnis, welche jedoch selbst auf ihrer höchsten Stufe (bei den Chajjoth) das Wesen (עַצְמָה) Gottes nicht zu erreichen vermöge: die Tiefen der Gottheit erkennen die geschaffenen Geister nicht; sie bleiben immer fern von der Einsicht in das Wesen Gottes, wie denn die Herrlichkeit Gottes nach *Sifra* zu 3 Mos. 1, 1 für die Engel nicht sichtbar ist. Und wenn die Menge der Engel unzählbar ist, so ist der einzelne

§ 35. Das Verhältnis der Geisterwelt zu Gott.

von verschwindender Bedeutung, fast nur Mittel zur Darstellung der Menge, welche wiederum nur die Bestimmung hat, die Größe und Macht Gottes zum Ausdruck zu bringen. Ihr Name bezeichnet sie überdies als Diener. Dieser Dienst entbehrt aller Stetigkeit und besteht in lauter einzelnen Dienstleistungen. Immer nur ein einzelnes Geschäft besorgt der Engel, und keiner wird zweimal zu derselben Dienstleistung verwendet. Man kann die Unterordnung des Dieners unter den Herrn, die schlechthinige Abhängigkeit der Engel vom Winke des Herrn in der That nicht schärfer ausdrücken. Wie ihr Geschäft, so wechselt deshalb ihr Name und ihre Erscheinungsform, allein bestimmt durch den Willen Gottes. Es ist überall keine Selbständigkeit, so wenig in der Weise der Erscheinung, wie im Sein, Leben und Dienen der Engel.

2. Diese Vorstellungen entsprechen ganz dem älteren und reineren Gottesbegriffe (§ 31), wie er sich besonders in den Targumen findet, wie denn auch die Engellehre ihre reinste Ausprägung in den Targumen hat. Wie nun aber dieser Gottesbegriff selber sich nicht rein erhalten hat, so vermochte sich auch die Vorstellung von dem Verhältnis der Ferne zwischen Gott und den Engeln nicht in dieser ursprünglichen Reinheit zu erhalten. Wie dort die Gottheit in die Gemeinschaft des jüdischen Wesens hineingezogen wird, so daß sie zuletzt judaisirt erscheint, so sehen wir Gott auch wieder in einer Gemeinschaft mit den Engeln, welche mit dem geschichtlichen Verhältnis der Engel zu Gott nicht mehr übereinstimmt und in Widerspruch mit der Anschauung von der schlechthinigen Abhängigkeit der Engel steht. Zunächst ist dafür bezeichnend der Name der Engel als **Gottes Familie** (פמליא). So lesen wir *Tanchuma, Mischpatim* 19: „Wol dem von dem Weibe Geborenen (Jakob), daß er gesehen den König aller Könige und seine Familie — die Engel". Dieser seiner Familie teilt Gott Alles, was er beschließt, zunächst mit, *Schemoth rabba* 6. Noch deutlicher werden die Engel mit Gott zu einer Einheit zusammengefaßt, wenn die Geisterfürsten Gottes sein Gerichtshof oder Senat (בית דין) genannt werden, mit welchem er beräth, dem er Vortrag hält. Ueberall, wo ואלהים steht (S. 122), heißt es *Beresch. rabba* c. 55, ist Gott und sein Beth Din gemeint. *Mechilta* 92ᵃ wird der himmlische Gerichtshof mit dem irdischen zusammengestellt: beide urteilen über die Vergehen gegen das Gesetz. Dabei soll nach *Beresch. rabba* c. 35 der obere Gerichtshof strenger sein, als der untere (aus Neid gegen die Menschen, welche vor den Engeln

die Thora besitzen *Bammidbar rabba* c. 19 u. ö.); an anderen Orten wird aber festgestellt, daß der untere Gerichtshof den Menschen vom 13., der obere dagegen erst vom 20. Lebensjahre an richte (vgl. *Schabb.* 89[b]). Wenn Israel in den Krieg zieht, richtet es der himmlische Gerichtshof und bestimmt sein Geschick, *jer. Schabbath* II, 6 (5[b]). Und *Pesikta* 150[b] erzählt, wie es bei der Schöpfung des Menschen zuging: in der ersten Stunde (des Neujahrstages als des Schöpfungstages des Menschen) faßte Gott den Gedanken, den Menschen zu schaffen; in der zweiten berieth er sich mit den Engeln des Dienstes. Vgl. *Targ. jer.* I. zu 1 Mos. 1, 26: „Und es sprach Jehova zu den Engeln, welche vor ihm dienen, welche am zweiten Schöpfungstage geschaffen sind: Wir wollen einen Menschen machen nach unserem Bilde". Nach dem Sündenfalle spricht Gott wiederum zu den Engeln, welche vor ihm dienen: Wir wollen Urteil fassen über ihn (נדוני) und ihn aus dem Garten Eden treiben, *Targ. jer.* I. 1 Mos. 3, 22. Ebenso kündigt er seinen Entschluß, den Thurmbau zu stören, den siebzig Engeln an, die vor ihm stehen, *Targ. jer.* I. 1 Mos. 11, 7. Sonach berräth Gott Alles, was er thut, zuvor mit dem Engel-Senat, der vor ihm versammelt ist. *Baba bathra* 75[b] sehen wir die Engel des Dienstes Einwendungen gegen Gottes Beschlüsse erheben, und nicht vergeblich. Gott wollte Jerusalem begrenzen, sie aber halten ihm vor: für die Städte der Welt hast du kein Maß gesetzt, für deine Stadt willst du ein solches setzen? Eine ähnliche Stelle, wo die Engel Vorstellungen erheben, ja tadeln, s. *Sanhedrin* 38[b]. Weil des Menschen Werke böse geworden sind, heißt es *Berach. rabba* c. 31, habe Gott eingesehen, daß die Engel Recht hatten, als sie von der Schöpfung des Menschen mit den Worten Ps. 8, 5 abriethen: „Was ist der Mensch, daß du sein gedenkest?" Nach *Sanhedrin* 94[a] hatte Gott den König Hiskia zum Messias bestimmt und Sanherib zum Gog und Magog, aber sein Gerichtshof (die Engel) hinderte ihn, da wurde das Mem von למרבה (Jes. 9, 6) geschlossen (נסתים). Dasselbe Buch erzählt 96[b], der Heilige habe auch Nebukadnezars Nachkommen unter die Flügel der Schechina führen (in die Gemeinde aufnehmen) wollen, aber die Engel des Dienstes haben es nicht geduldet. Daß Gott in diesem himmlischen Senate das Gesetz vortrage und täglich eine neue Halacha veröffentliche, wie *Beresch. rabba* c. 49 lehrt, haben wir schon oben (S. 17, vgl. 159 f.) gesehen.

Nachdem also die Vorstellung von Gott als dem schlechthin über die Engel Erhabenen und ihnen Fernen aufgegeben worden war, hat die jüdische Theologie die Ueberordnung Gottes über die Engel in eine Neben-, ja Unterordnung Gottes verwandelt. Auf abstract nomistischer Grundlage gibt es ebenso wenig ein richtiges Verhältnis Gottes zur Geisterwelt, als es einen zugleich reinen und lebensvollen Gottesbegriff gibt. Nachdem Gottes Fürsichsein in abstracter Weise erst betont und dann aufgegeben worden ist, verliert sich die Gottheit an die Endlichkeit, weil es an dem wahren innergöttlichen Objecte der Lebens- und Liebesgemeinschaft mangelt, wie es der trinitarische Gottesbegriff dem Glauben darbietet.

Kap. XIII. Mittlerische Hypostasen.

§ 36. Vorbemerkung und Uebersicht.

Aus dem altjüdischen Begriffe Gottes als des schlechthin Jenseitigen folgt, daß es für den Verkehr Gottes mit anderen himmlischen Wesen und insonderheit für das göttliche Sein und Handeln in der irdischen Welt mittlerischer Hypostasen bedarf.

Gott als der schlechthin Jenseitige kann nicht unmittelbar mit den Geschöpfen verkehren oder an ihnen wirken, sondern alle Wirksamkeit und Gegenwart Gottes in der Welt muß vermittelt werden. Solche Vermittlung geschieht da, wo es sich bloß darum handelt, vorhandene Kräfte in der Natur oder in der Menschheit in Bewegung zu setzen und zu leiten, durch die Engel; wo aber die Absicht ist, schöpferisch in der Geschichte zu walten und Gottes besondere Gnade erkennbar zu machen, treten nach der jüdischen Theologie Hypostasen auf, die Gottes Wirken und Gegenwart vermöge der ihnen mitgeteilten göttlichen Macht und Herrlichkeit vermitteln, und obgleich selbst Geschöpfe, doch als Repräsentanten Gottes göttliche Attribute führen.

Solche Mittelwesen sind: 1. der Metatron, 2. das Wort, *Memra* Jehova's, 3. die Herablassung, *Schechina* Gottes, 4. der Geist Gottes, *Ruach hakkodesch*, 5. die himmlische Offenbarungsstimme, *Bath Kol*.

§ 37. Der Metatron.

Der Metatron ist der Gott zunächst stehende dienstbare Geist, einerseits dessen Vertrauter und Repräsentant, andererseits ein Vertreter Israels vor Gott, Beides jedoch nur innerhalb der himmlischen Sphäre.

1. Die Ableitung des Namens macht einige Schwierigkeit. Es kommt in der altjüdischen Literatur auch das Wort מיטטור für das lateinische *metator*, Abteiler, Festsetzer der Grenzen vor, *Tanchuma, Kî thissa* 35. Mit diesem מיטטור ist מיטטרון offenbar einige Mal im Midrasch verwechselt worden; z. B. *Beresch. rabba* c. 5: die Stimme des Heiligen wurde dem Mose ein מיטטרון, um ihm die Grenzen des Landes zu bezeichnen; und: die Stimme Gottes wurde ein מיטטרון auf dem Wasser, um dieses zu sondern (vgl. Levy, Chald. Wörterbuch II, 31 mit Neuhebr. W.-B. III, 87ᵇ). Wenn nun an diesen Stellen מיטטרון gleich *metator* ist, so geht doch Sachs zu weit, wenn er (Beiträge I, 108) aus *Sifri* 141ᵃ folgert, das besagte Wort sei überall nichts Anderes. Der Text der angezogenen Stelle ist viel zu unsicher, und ihr Sinn dunkel, wird auch durch die Vergleichung mit der Lesart des Jalkut Schimeoni nicht so klar, daß man daraus etwas folgern könnte. Die Stelle wird wol so verstanden werden müssen: mit seinem Finger zeigte Metatron dem Mose und ließ ihn sehen das ganze Land Israel. Besser und sicherer ist es, unser Metatron zu verstehen als hebraisirtes μετάθρονος oder μετατύραννος d. h. der Nächste nach dem Herrscher (gleichsam der Kronprinz).

2. Dieser Ableitung entspricht die Vorstellung von dem Metatron nach dem Inhalte der Stellen, in denen das Wort vorkommt. Zwar muß vor Allem die Vermuthung abgewehrt werden, als wenn zwischen dem Metatron und der Gottheit ein anderes Verhältnis bestände, als das des Geschöpfes zum Schöpfer, des Dieners zum Herrn. Der Metatron ist nicht ewigen oder auch nur vorweltlichen Ursprungs; die Tradition, welche im Targum Jeruschalmi I zu 1 Mos. 5, 24 aufbewahrt ist, setzt vielmehr den Metatron mit dem Henoch gleich. Es heißt da: Henoch stieg in den Himmel durch das Wort Gottes und er (Gott) nannte ihn Metatron, den großen Schreiber. *Targ. jer.* I. zu 5 Mos. 34, 6 nennt Metatron zusammen mit den Engeln Jophïel, Uriel und Jophjophja als diejenigen, welche Mose begruben; sie heißen da die Fürsten der Weisheit. *Jalkut Schimeoni*,

§ 37. Der Metatron.

Beresch. 44 heißt der Metatron ein Bote Gottes (שליח), wie sonst die Engel heißen. Auf der anderen Seite aber wird er über die übrigen Engel emporgehoben und Gotte näher gestellt als alle anderen Geister. So lesen wir *Chagiga* 15ª: Elischa ben Abuja sah den Metatron, welchem die Erlaubnis gegeben war, zu sitzen (in der inneren Mechiza Gottes) und die Verdienste Israels aufzuschreiben (vgl. oben S. 163 f.); deshalb ist er der „große Schreiber" als der Vertraute Gottes, sein Secretarius. Er heißt auch שר הפנים, entweder der Fürst des Angesichts (vgl. S. 165 ff.), oder der Fürst, der im innersten Gemache Gottes (פנים) sitzt. Als Secretarius Gottes hat er wol auch die Schenkungsurkunde mit unterzeichnet, welche Adam für David ausgestellt hat, *Jalkut Schimeoni Beresch.* 41. Er vertritt Gott in besonderem Sinne. *Sanhedrin* 38ᵇ heißt es mit Bezug auf 2 Mos. 24, 1: Zu Mose sprach er (Gott): Steige herauf zu Jehova! Warum sagt Gott nicht: Steige herauf zu mir? Antwort: Das ist Metatron (zu dem er hinaufsteigen soll), dessen Name ist gleichwie der Name seines Herrn. Zum Metatron kommen, heißt also zu Gott kommen, jenen sehen heißt Gott sehen. Man wird hier erinnert an 2 Mos. 23, 21: „Mein Name ist in ihm"; und die Kommentatoren erinnern, daß der Zahlenwerth von מטטרון gleich mit dem von שדי = 314 sei, also Metatron = Schaddai, d. i. Repräsentant des Allmächtigen. In diesem Sinne trägt er *Chullin* 60ª und *Jebamoth* 16ᵇ den Namen שר העולם Fürst der Welt; er repräsentirt Gottes Herrscherstellung in der Welt. Selbst in seinen himmlischen Geschäften tritt er an Gottes Stelle; *Aboda sara* 3ᵇ erscheint er als Lehrer der Kinder, während es sonst heißt, Gott selbst unterweise die Kinder im Gesetze. Insbesondere ist er dazu bestellt, das auserwählte Volk vor Gott zu vertreten und versöhnend auf ihn einzuwirken, *Bammidbar rabba* c. 12: „In der Stunde, da der Heilige Israel geboten, die Wohnung (משכן) aufzurichten, gab er den Engeln des Dienstes einen Wink, daß auch sie eine Wohnung aufrichten sollten, und in der Zeit, wo sie unten aufgerichtet wurde, ist sie auch oben aufgerichtet worden, und das ist die Wohnung des Jünglings (נער), dessen Name Metatron ist, worin er die Seelen der Gerechten Gotte opfert (מקריב), um Israel zu versöhnen in den Tagen ihrer Verbannung". Sogar als Tröster Gottes finden wir ihn *Tanchuma, Waëthchannan* 6; denn als Gott über den Heimgang Mose's klagte, der für Israel gebetet habe, wenn Gott über das Volk zürnte, redete ihm Metatron mit den Worten zu: Er war im Leben dein, er ist in seinem Tode auch dein.

Die übrigen mittlerischen Hypostasen vermitteln Gottes Gegenwart und Offenbarung in der Welt und besonders seine Beziehungen zu dem auserwählten Volke.

§ 38. Das Memra Jehova's.

In den Targumen, mithin in der älteren jüdischen Theologie, findet sich eine Hypostase, welche den Namen „Wort" (מֵימְרָא, im. Jerusch. I. II auch דִּבּוּרָא) trägt und an der Stelle Gottes steht, wenn derselbe als in der Geschichte waltend und wirkend und in persönlichem Verkehre mit dem heiligen Volke stehend erscheint.

1. Der Begriff. מימרא ist der *Status emphaticus* von מימר, vgl. *Targ. Jon.* Jes. 5, 24, oder מאמר Dan. 4, 14. Esr. 6, 9, vom Verbum אמר sprechen, und heißt das Wort. Ueber die dem Begriff 'מ zu Grunde liegende Vorstellung dürfte eine Stelle aus *Schir rabba* zu 1, 2 Aufschluß geben. Hier wird geschildert, wie das דיבור bei der Verkündigung der zehn Gebote aus dem Munde Gottes hervorging und dann zu jedem Israeliten im Lager sich begab und ihn fragte, ob er es annehmen wolle, indem es ihm zugleich alle Pflichten, aber auch den Lohn vorlegte, den man mit dem Worte überkomme (s. § 57). Sobald ein Israelit die Frage bejaht und das Wort angenommen hatte, küßte ihn das Dibbur auf den Mund. Dies ist die Grundlage für das Verständnis des targumischen „Memra Jehova's", des aus dem Munde Gottes hervorgegangenen Wortes, welches als göttliche Potenz innerhalb der Heilsgeschichte wirkend sich in der Anschauung des Judentums zur Person verdichtet hat und als mittlerische Hypostase zwischen Gott und seinem Volke steht. Daß wir wirklich das מימרא דיי' analog dem דיבור uns zu denken haben, beweist *Targ. jer.* I. zu 1 Mos. 11, 6. 7: „Jehova sprach zu den 70 Engeln, welche vor ihm stehen: Kommet jetzt, wir wollen hinabsteigen und dortselbst verwirren ihre Sprache, damit nicht Einer mehr den Anderen verstehe. Und es offenbarte sich das Memra Jehova's über der Stadt, und mit ihm die 70 Engel". Es geht also erst ein Wort aus Gottes Mund, und dieses Wort offenbart sich alsbald als selbständiges Wesen wirkend in der Welt, und zwar an Babel; die

§ 38. Das Memra Jehova's.

Engel aber dienen ihm bei seinem Werk. Vor 1 Mos. 22, 1 flicht das Targum Jeruschalmi I ein Gespräch zwischen Ismael und Isaak ein, welches damit endet, daß Isaak behauptet, er würde alle seine Glieder hingeben, wenn Gott sie forderte: „sofort wurden diese Worte von dem Herrn der Welt gehört, und sofort versuchte das Memra des Herrn den Abraham und sprach zu Abraham". Hier handelt Gott wiederum nicht unmittelbar selbst, sondern sein Wort geht aus und richtet den auf Abrahams Versuchung gerichteten Gotteswillen aus.

So ist wol die Vorstellung vom מ׳ דיי entstanden. Es war zunächst die offenbar an Jes. 55, 11 sich anlehnende Vorstellung des von Gott ausgehenden, in der Welt wirksamen Wortes. Hier wie Jes. 9, 7. Ps. 107, 20. 147, 15 wird das Wort als Bote, Sendling Gottes gedacht. „Die Personification setzt voraus, daß es kein bloßer Hall oder Buchstabe ist: aus dem Munde Gottes hervorgegangen, gewinnt es Gestalt, und in dieser Gestalt birgt es von wegen seines göttlichen Ursprungs göttliches Leben, und so läuft es, lebendig aus Gott, angethan mit göttlicher Kraft, versehen mit göttlichen Aufträgen, als ein schneller Bote durch Natur und Menschenwelt, und kommt nicht eher von seinem Botengange zurück, als bis es den Willen seines Senders ins Werk gesetzt" (Delitzsch, Kommentar zu Jesaia bei 55, 11). In dem Maße aber, als die palästinisch-jüdische Theologie die Gottheit von der lebendigen Beziehung zur Welt abzog und verjenseitigte, in demselben Maße gestaltete sie das Memra zum selbständigen Organ alles göttlichen Wirkens in der Geschichte. Dabei dürfen wir allerdings nicht das geschöpfliche Dienstverhältnis des Memra zu Gott vergessen. Alles Geschehen urständet in Gott; das Memra ist nur Vollzugsorgan und Vergegenwärtigung Gottes, wie die oben angeführten Stellen deutlich ersehen lassen.

2. Zunächst mußte das Memra bei den chaldäischen Paraphrasten überall bei den Anthropomorphismen der Bibel eintreten, wo Gott Leiblichkeit oder leibliche Bewegungen beigelegt werden, oder wo von Vorgängen im Innern Gottes die Rede ist, wo das Angesicht Gottes, die Augen, der Mund, die Stimme, die Hand Gottes genannt werden, wo von seinem Einherschreiten, Stehen, Sehen und Gesehenwerden und von seinem Sprechen die Rede ist. Vgl. *Targ. Jon.* 1 Kön. 8, 24. 50. 9, 7. Jes. 1, 16. Ez. 7, 4. 9. 8, 18. 9, 10. 20, 17. Jer. 24, 6. 13, 21. 26. Jes. 48, 3. Ez. 33, 7; Jer. 38, 20. 44, 23; *Onkelos* 2 Mos. 33, 22. 19, 17. 25, 22. 1 Mos. 3, 8. 6, 6. 8, 21.

4 Mos. 22, 20. 5 Mos. 5, 21. Wo Gott bei sich spricht oder schwört, daß er etwas thun werde, da spricht oder schwört er durch das Memra, denn was er selbst in sich denkt oder thut, ist ja absolut verborgen, vgl. *Onk.* 4 Mos. 14, 35. 2 Mos. 32, 13; *jer.* I. 2 Mos. 3, 17. 4 Mos. 14, 30. 35. 3 Mos. 26, 44. Wo es von Gott heißt נשׁבי, da tritt das Memra an die Stelle, denn Gottes Inneres darf nicht enthüllt werden, vgl. *Jon.* Jer. 6, 8. Jes. 1, 14. 42, 1. 45, 23. Ez. 23, 18. Wo Gott bereut, ist es das Memra, das dafür gesetzt wird, *Jon.* 1 Sam. 15, 11. 35. Gott sagt nicht לבצי, sondern בדיל (בגין) דמימרי, *Jon.* Jes. 48, 11. Wo die Schrift sagt, daß etwas zwischen Gott und den Menschen geschehen sei, setzt man für ביני lieber בין מימרי, *Onk.* 2 Mos. 31, 13. 17. 3 Mos. 26, 46; *Jon.* 1 Mos. 17, 2. 7. 10. Auch kein Ausdruck einer unmittelbaren Beziehung des Menschen zu Gott wird geduldet. Man schwört nicht unmittelbar bei Jehova, sondern bei dem Memra Jehova's, *Onk.* 1 Mos. 21, 23. 22, 16. 24, 3. Jos. 2, 12. 1 Sam. 24, 22. Ez. 17, 21 f. 20, 5 f. 36, 7. Am. 4, 2. 6, 8. Mich. 1, 2. Hab. 3, 10 u. ö. Man belügt nicht unmittelbar Jehova, sondern מ׳ ד״י שׁם, vgl. *jer.* I. 3 Mos. 5, 21. 5 Mos. 5, 11, oder במימרא ד״י, vgl. Hos. 5, 7. 6, 7. Man fällt auch nicht von Jehova unmittelbar ab, sondern vom מ׳ דיי, und hat dann keinen Teil an diesem Jos. 22, 24 f. 27. Man glaubt daran 5 Mos. 1, 32, verläßt sich darauf 2 Kön. 18, 5. 30. Jer. 39, 18. 49, 11, bekehrt sich dazu Jes. 45, 22, es schützt Sach. 2, 9 und lässt sich erbitten Jer. 29, 14.

3. Wenn das Memra Jehova's solchergestalt in den älteren Targumen für Gott überall da eingesetzt wird, wo es gilt, Leiblichkeit von Gott abzuwehren, sein Inneres zu verhüllen, die unmittelbaren Beziehungen zu dem Unnahbaren zu beseitigen, so wird doch auch schon ebendaselbst, besonders aber in dem jer. Targum zum Pentateuch, mehr und mehr überhaupt für die unmittelbare Gegenwart und Wirksamkeit Gottes ohne Weiteres die seines Memra gebraucht. In ihm hat Israel Gott gegenwärtig. Es wird zunächst Gott in der Weise gleichgesetzt, daß für Gott מ׳ די״ gesagt wird. Es steht an Stelle von Elohim und Jahve Elohim *Onk.* 2 Mos. 19, 17. *jer.* I. 1 Mos. 2, 8. 3, 8. 4, 26. 5, 2. 6, 3. 6 f. 7, 16. *Jon.* Jo. 2, 23. *Onk.* 1 Mos. 15, 1. 6. 2 Mos. 16, 8 u. ö. Daß מ׳ די״ geradezu als Gottesname gebraucht wird, geht aus *Jon.* 1 Mos. 4, 26 hervor, wo es heißt, von den Tagen des Enos an hätte der Götzendienst begonnen, und die Götzendiener hätten ihre Greuel mit dem Namen des Memra Jehova's belegt. Damit soll freilich die Berührung

§ 38. Das Memra Jehova's.

des Namens Jehova's mit den Götzen abgewendet, andererseits aber doch auch ausgesagt werden, daß sie göttlichen Namen und göttliche Ehre auf die Götzen übertragen hätten. Selbst der Name „der Heilige in Israel" Jes. 10, 17. 20. 29, 19. 30, 11. 31, 1 wird von Jonathan durch מ׳ דה״י ersetzt.

Ueberhaupt ist nach der targumischen Anschauung der in der Geschichte waltende Gott von Anfang an das Memra Jehova's gewesen. Wir finden es als Schöpfer und Herrn über Alles, z. B. *jer.* I. 4 Mos. 27, 16. *Jon.* Jes. 45, 12, als Richter *jer.* I. 4 Mos. 25, 4. 33, 4, als Helfer und Erlöser *Jon.* Jes. 45, 17. 24 f. 59, 19. 63, 8. *jer.* I. 4 Mos. 21, 9 f. *Jon.* Jer. 3, 23. — Das Memra Jehova's hat gewaltet in der Vorgeschichte des Heils, wie in der Patriarchengeschichte; vgl. *Onk.* 1 Mos. 6, 6. 7. 7, 16. 8, 21. 9, 12. 15—17. *jer.* I. zu 1 Mos. 11, 8. *Onk.* 1 Mos. 15, 1. 6. 17, 10. 21, 20. 24, 3. 26, 24. 28. 28, 20. 21. 31, 24. 49 f. 35, 3 u. s. w. Es hat ferner gewaltet in der Erlösung Israels aus Aegypten, *Onk.* 2 Mos. 3, 12. 4, 12. 15. *Jon.* 2 Mos. 12, 23. 29. 13, 8. 15. 14, 25. 31. Es geht in der Wüste vor Israel her *jer.* I. 4 Mos. 10, 35. *Jon.* Jes. 63, 14. Jer. 31, 1. Es spricht die zehn Worte vom Sinai *Targ. jer.* I. 2 Mos. 20, vgl. 4 Mos. 12, 6. 5 Mos. 5, 5. 21—23. Es ist im Stiftszelt gegenwärtig *Onk.* 3 Mos. 8, 35. 26, 11, vgl. *jer.* I. 3 Mos. 1, 1. 9, 23. 26, 12. Es hat Israel zu seinem Erbteil erwählt *jer.* I. 5 Mos. 4, 20, die Völker Kanaans verworfen, *Onk.* 3 Mos. 20, 23. Es verwirft Israel, wenn es abfällt, *Onk.* 3 Mos. 26, 30. *jer.* I. 3 Mos. 20, 23. 26, 11. 30. 44; es segnet das bundestreue Israel *jer.* I. 4 Mos. 23, 8. Seiner Hülfe und seines Schutzes genießen die Frommen, *Onk.* 1 Mos. 21, 22. 26, 3. 2 Mos. 3, 12. 4, 12. 10, 10. 18, 19. 4 Mos. 14, 9. 5 Mos. 2, 7, wie es eine stehende, oft vorkommende Segensformel ist: das Memra Jehova's sei deine Hülfe! oder eine Verheißung: das Memra Jehova's wird dir beistehen. Das Memra Jehova's streitet auch für Israel *Jon.* Jos. 10, 14. 42. 23, 3: vgl. v. 13 und *Targ.* Ruth 2, 4. *Jon.* Jos. 3, 7. An dem Memra Jehova's versündigt sich Israel, *jer.* I. 4 Mos. 11, 20; von ihm wird es gestraft *Jon.* Jes. 8, 14. Wenn Israel Jehova verleugnet, so ist es ein Verleugnen des Memra Jehova's *Jon.* Jer. 5, 12; wenn Israel sich bekehrt, so bekehrt es sich zum Memra Jehova's, *Jon.* Jes. 45, 22.

Auch die Propheten empfangen ihre Sendung von dem Memra Jehova's. Jesaja hört die Stimme des Memra im himmlischen

Heiligtum, und wird von diesem gesendet, *Jon. Jes.* 6, 8 vgl. 48, 16. Das Memra Jehova's spricht mit dem Propheten, *Jon. Jes.* 8, 5, vgl. 21, 10.

4. Wir fragen ferner nach dem Verhältnisse des Memra Jehova's zum Engel Jehova's. Es ergibt sich deutlich aus *Onk.* 1 Mos. 16, 7. *Jon.* Richt. 6, 12. Jes. 63, 8. 9. In den beiden ersten Stellen wird das hebräische מלאך י״י nicht etwa durch מימרא די״י wiedergegeben, sondern wieder durch מלאכא די״י, und in der dritten Stelle wird der „Engel des Angesichts" des hebräischen Grundtextes vom Targum als „der Engel, der gesandt ist von Jehova her" wiedergegeben.

Was zuletzt noch das etwaige Verhältnis des Memra Jehova's zum Messias anlangt, so spricht, obwol jenes *Jon.* Sach. 12, 5 (vgl. *Targ. jer.* I. II. 1 Mos. 49, 18) als Israels Erlösungsmittler erscheint, wie es dies alle Zeit in der Geschichte Israels ist, doch *Jon. Jes.* 9, 5. 6 sehr deutlich den Unterschied zwischen dem Messias und dem Memra Jehova's aus. Jener ist der gesetzestreue Knecht Gottes, der das Reich Davids als Reich des Gesetzes und des Friedens aufrichtet und regiert, das Memra Jehova's aber ist es, durch dessen Wirken es schließlich so weit kommt.

Im Memra ist Gott selbst in der Heilsgeschichte gegenwärtig und wirksam vom Anfang bis ans Ende. Die Idee des Memra Jehova's berührt sich nicht mit der Vorstellung solcher in der Welt die göttliche Gegenwart und Wirksamkeit vermittelnder Diener Gottes, wie des Metatron, des Engels des Herrn, der Geisterfürsten oder des Messias, sondern sie ist Ausfluß des älteren, reineren, targumischen Gottesbegriffs, insofern dieser ohne Annahme solcher Vermittelung mit der Heilsgeschichte und dem göttlichen Walten in ihr sowie mit dem persönlichen Verkehre zwischen Gott und seinem Volke nicht vereinbar war. Sie ist mit dem älteren targumischen Gottesbegriffe selbst in der jüdischen Theologie erloschen. Da aber demungeachtet auch die spätere jüdische Vorstellung von Gott dessen unmittelbare Gegenwart und Wirksamkeit in der Welt ausschloß, hat sie an die Stelle des targumischen Memra Jehova's seine Schechina (§ 39) treten lassen.

Auf Folgerungen für das geschichtliche Verständnis des Ursprungs und der Bedeutung der im Johannes-Evangelium vorausgesetzten Logoslehre macht aufmerksam Strack im Theol. Literaturblatt 1881, Nr. 1: diese Lehre einfach aus Philo abzuleiten, ist bei dem Alter der targumischen Memra-Vorstellung unthunlich.

§ 39. Die Schechina Gottes.

Nach älterem, targumischem Begriffe ist die Schechina im Unterschiede vom Memra das unpersönliche Zeichen der Gegenwart Gottes; nach späterer, talmudisch-midrasischer Auffassung repräsentirt sie, an die Stelle des Wortes (§ 38) getreten, Gott in seiner Gegenwart, wie in seinem Walten in der Welt.

1. Für die richtige Erfassung des älteren, targumischen Begriffes der göttlichen Schechina ist es wichtig, darauf zu achten, daß dieser eng verbunden erscheint mit dem Begriffe der göttlichen Herrlichkeit (יקרא, איקר, S. 164 f.). *Targ. jer.* I. hat 2 Mos. 34, 5: und es offenbarte sich Jehova in den Wolken der Herrlichkeit seiner Schechina; 1 Mos. 28, 16: es ist die Herrlichkeit der Schechina Jehova's wohnend an diesem Orte; 1 Mos. 49, 1: es offenbarte sich die Herrlichkeit der Schechina Jehova's; 3 Mos. 26, 11: die Schechina meiner Herrlichkeit, und v. 12: die Herrlichkeit meiner Schechina. Für „Herrlichkeit der Schechina Jehova's" wird dann kurz „die Herrlichkeit Gottes" gesetzt, z. B. *Onk.* 1 Mos. 18, 33 für „und es ging Jehova": und es erhob sich die Herrlichkeit des Herrn; vgl. *Jon.* 1 Kön. 22, 19; *jer.* I. 1 Mos. 17, 22. 18, 33. Darum geht von der Schechina jener Glanz aus, der im Talmud und Midrasch זיו genannt wird, ganz so wie von der Herrlichkeit Gottes im Himmel, vgl. oben S. 165. 167. In *Berach.* 64ᵃ heißt es wiederholt: Wer von einem Mahle genießt, bei welchem ein Weiser sitzt, dem ist es, als wenn er den Glanz (זיו) der Schechina genösse; und *Pesikta* 2ᵇ: Der Glanz der Schechina erfüllte das ganze Stiftszelt, ohne daß seiner weniger wurde. Statt der Schechina wird ferner als Versichtbarung der Gegenwart Gottes *Targ. jer.* I. 2 Mos. 33, 11 geradezu זיו אפי genannt, der Glanz, der von Gottes Angesicht ausgeht und das sichtbare Zeichen seiner Gegenwart ist; vgl. *Targ. jer.* I. 2 Mos. 34, 29; *Jon.* Ez. 43, 2. Diese enge Verbindung der Schechina mit der Herrlichkeit Gottes zeigt, daß die Schechina selbst wesentlich nichts Anderes ist, als die ursprünglich im Himmel verborgene Herrlichkeit Gottes, welche sich auf die Erde herabläßt und hier das sichtbare Zeichen der göttlichen Gegenwart und Wirksamkeit bildet. Daher sagt Jonathan zu Hab. 3, 4: Die Schechina war von Anfang an den Menschen verborgen, sie war im Himmel; auf dem Sinai offenbarte er sie; Funken gehen von dem Wagen seiner

Herrlichkeit aus. Das selbe *Targ. Jon.* sagt zu Jes. 32, 15. 38, 14, daß Gottes Schechina in den Himmeln der Höhe ist. Es ist nicht die ganze und volle Herrlichkeit Gottes selbst, die auf dem Throne Gottes im himmlischen Heiligtume ruht (S. 164), sondern ist Herrlichkeit von der Herrlichkeit, Glanz vom Glanze seines Angesichts, derselbe von dem die Engel im Himmel sich nähren (S. 167); denn *Pesikta* 57ª heißt es geradezu: die Engel des Dienstes nähren sich (מזיניך) vom זיו der Schechina. Daher steht im *Targ. Onk.* 4 Mos. 6, 25 f. *Jon.* zu Jes. 8, 17. 59, 2 für das Angesicht Gottes die Schechina, und *Jon.* Jes. 1, 15 u. ö. für „meine Augen": das Angesicht meiner Schechina. In seiner Schechina kehrt er sich dem Menschen zu, richtet seine Augen auf ihn; denn sie ist Glanz, der von seinem Angesichte ausgeht. Dieser Glanz ist aber eingehüllt in Wolken. Der vollständige Ausdruck für die Erscheinungsform der göttlichen Schechina findet sich an Stellen wie *Targ. jer.* I. 2 Mos. 34, 5: Und es offenbarte sich Jehova in den Wolken der Herrlichkeit seiner Schechina. An sich kann eine Offenbarung Gottes stattfinden, auch ohne daß die Herrlichkeit Gottes sich versichtbart. Nach der Auffassung des *Targ. jer.* I. zu 2 Mos. 33, 11 hat Mose die „Stimme der Rede" gehört, aber den Glanz des Angesichts nicht gesehen; und vom Schlusse der Offenbarung heißt es: „und es erhob sich die Stimme der Rede", während sonst der entsprechende Ausdruck lautet: die Herrlichkeit oder die Schechina erhob sich.

Ist nun die Schechina bei dieser älteren Auffassung persönlich oder nicht? *Targ. jer.* I. 2 Mos. 34, 5 unterscheidet die Schechina und das Memra Jehova's durch folgende zwei Sätze: 1. Jehova offenbarte sich in den Wolken der Herrlichkeit seiner Schechina; 2. Und es rief Mose den Namen des Memra Jehova's an. Er ruft also nicht die Schechina, sondern das Memra Jehova's an. *Targ. Jon.* Mich. 3, 11: Auf das Memra Jehova's (Grundtext: Jehova) trauen sie, indem sie sagen: Ist nicht die Schechina Jehova's (Grdt. Jehova) in unserer Mitte? Das Targum sagt nicht: trauen auf die Schechina. Beten und Vertrauen als Handlungen, die auf ein persönliches Wesen gerichtet sind, haben also im Targum nicht die Schechina zum Gegenstande. Lehrreich ist auch *Targ. jer.* I. 3 Mos. 26, 12: Und ich will die Herrlichkeit meiner Schechina unter euch wohnen lassen, und es sei euch mein Memra zum erlösenden Gotte. Auch 5 Mos. 5, 21 unterscheidet dasselbe Targum zwischen der Schechina und dem Memra; das Memra lasse Israel die Sche-

§ 39. Die Schechina Gottes.

china Gottes schauen und spreche selbst aus dem Feuer zu Israel. Ebenso zu 5 Mos. 12, 5: das Memra hat das Land Israel erwählt, daselbst die Schechina Gottes wohnen zu lassen; eben dorthin soll Israel nach v. 11 seine Opfer bringen, wo das Memra Jehova's seine Schechina wohnen lassen wird. Also ist hier das Memra Jehova's, nicht die Schechina, das mit Israel handelnde Subject. Nach solchen Zeugnissen muß man den Eindruck gewinnen, daß die ältere, targumische Auffassung die Schechina für etwas Unpersönliches ansieht: wo in den Targumen persönliche Bethätigung oder Beziehung Gottes zu Israel ausgesagt werden soll, tritt das Memra Jehova's ein. Dieser Eindruck wird verstärkt durch die Art, wie zwischen Gott und der Schechina unterschieden und der Vorgang des Erscheinens und der Entfernung der Schechina bezeichnet wird. Wenn es z. B. 2 Mos. 25, 8 heißt: Ich will wohnen in ihrer Mitte, so sagt das Targum dafür: Ich will meine Schechina unter ihnen wohnen lassen. Wenn Hab. 2, 20 gesagt wird, der Herr sei in seinem Tempel, so sagt das Targum dafür: dem Herrn gefiel es, seine Schechina in seinem Heiligtume wohnen zu lassen; vgl. das Targum zu Zeph. 3, 5. 15. 17. Zu Sach. 3, 2 (vgl. 1 Kön. 14, 21) setzt das Targum für „Jehova hat Jerusalem erwählt": es hat ihm gefallen, seine Schechina in Jerusalem wohnen zu lassen. Für „ich wohne in Jerusalem" Sach. 8, 3 setzt das Targum: ich lasse meine Schechina in Jerusalem wohnen (vgl. das Targum zu 1 Kön. 6, 13), für „du bist Gott in Israel" 1 Kön. 18, 36: du bist Jehova, dessen Herrlichkeit wohnet in Israel; vgl. das Targum zu Hagg. 1, 8. Sach. 2, 9. Mal. 3, 13. Der Ausdruck für die Rückkehr der Schechina in den Himmel ist מסלק, z. B. zu Hos. 5, 6. Gerade die letztere Targumstelle scheint freilich die Ansicht von der Unpersönlichkeit der Schechina wieder unsicher zu machen; denn ihr zufolge hat sich die Schechina (in den Himmel) erhoben, deshalb kann man nicht mehr Belehrung von Jehova fordern. Da scheint es, als ob die Schechina Belehrung erteilte, also persönliche Acte von ihr ausgingen. Allein auch wenn die Schechina nur als unpersönliches Zeichen der göttlichen Gegenwart in Betracht kommt, bewirkt doch ihre Entfernung, daß man bei Jehova nicht mehr Belehrung suchen kann, weil diese Entfernung das Zeichen ist, daß er keine Gemeinschaft mehr mit dem Volke hat, sich also auch durch die Propheten nicht mehr ausforschen läßt.

Das Ergebnis aus den Targumen ist somit, daß die Schechina

Gottes, d. i. die Herrlichkeit des Herrn, der Glanz von seinem Angesichte, ihren Wohnsitz im Himmel hat (vgl. *Targ. jer.* I. 5 Mos. 3, 24), sich auf Befehl Gottes zur Erde herabläßt, um als Zeichen der Gegenwart Gottes, besser der Gemeinschaft Gottes mit seinem Volke zu dienen, und sich von der Erde wieder in den Himmel erhebt, sobald Gott dem Volke seine Gemeinschaft entzieht. Der persönliche Verkehr Gottes mit dem Volke vollzieht sich dagegen durch das Memra Gottes, welches redend und handelnd zwischen Gott und dem Volke erscheint.

2. Anders gestaltet sich die Anschauung von der Schechina Gottes im späteren Midrasch und im Talmud. Der eigentliche Wesensbestand der Schechina zwar ist auch in diesen Schriften der Glanz Gottes, vgl. *Berach.* 17^a. 64^a u. ö. Dagegen mußte insofern eine Aenderung eintreten, als die Vorstellung vom Memra Gottes verschwand; denn wenn diese Idee auch im Targum Jeruschalmi I und II, welche von Onkelos und Jonathan vielleicht Jahrhunderte weit abliegen, noch fortlebte, so sind doch diese keine Zeugnisse für den wirklichen Glauben der Zeitgenossen, da sie nur als gelehrte Bearbeitungen der älteren Targume deren Anschauungen weiter ausspinnen, während die wirkliche Schul- und Volksmeinung späterer Zeit im Talmud und Midrasch niedergelegt ward. Diese enthalten nichts mehr vom Memra. Sie kennen vielmehr als Vermittlerin der göttlichen Gegenwart und Wirksamkeit in der Welt nur die Schechina. In ihr vereinigt sich, was im älteren Targum auseinanderliegt: die Schechina ist nicht mehr bloß Zeichen der göttlichen Gegenwart und Gemeinschaft, sondern auch Subject persönlichen göttlichen Wirkens, Trägerin der segnenden Gegenwart Gottes. Wenn zehn Personen gemeinschaftlich beten, so ist die Schechina unter ihnen *Berach.* 6^a. Wo immer Israel in seinen Synagogen und Lehrhäusern betet oder studirt *Pesikta* 193$^{a\,b}$, da ist auch segnend die Schechina; wo dagegen keine Schüler, keine Weisen, keine Aeltesten, keine Propheten sind, da läßt auch Gott seine Schechina nicht weilen *Beresch. rabba* c. 42. *Wajjikra rabba* c. 11. Wenn Mann und Weib ein frommes Leben führen, so ist die Schechina bei ihnen; sonst verzehrt sie das Feuer *Sota* 17^a. Sie besucht den Frommen in seiner Krankheit, erquickt und speist ihn *Schabbath* 12^a, begleitet den Gerechten allenthalben *Beresch. rabba* c. 86. Ueberall ist das Verhältnis der Schechina zu Einzelnen und Gemeinschaften ein solches von Person zu Person. *Sota* 3^b

§ 39. Die Schechina Gottes.

fügt hinzu: Ehe Israel sündigte, wohnte die Schechina bei jedem Einzelnen (5 Mos. 23, 15ᵃ); nachdem sie aber gesündigt, ist die Schechina von ihnen genommen (v. 15ᵇ). Nach *Tosefta Menach.* c. 7 lautete die Segensformel, welche Mose nach Fertigstellung der Stiftshütte sprach (2 Mos. 39, 43): Die Schechina wohne über dem Werk eurer Hände! Darauf deutet auch der bekannte Ausdruck „jemand unter die Flügel der Schechina aufnehmen", d. h. zum Proselyten machen: die Schechina macht den Proselyten sich zu eigen, schirmt und schützt ihn. Noch mehr tritt das persönliche Verhalten der Schechina hervor, wenn wir die Geschichte ihrer Einwohnung und ihres Auszugs aus dem Heiligtume ins Auge fassen. Nach *Beresch. rabba* c. 19 wohnte sie von Anfang an auf Erden, wie auch c. 3 (vgl. *Jalk. Schimeoni, Bereschith* 5) sagt, von Anfang an habe der Heilige begehrt, mit den unteren Regionen Gemeinschaft zu machen. Als Adam aber gesündigt hatte, erhob sich die Schechina in den ersten Himmel, nach Kains Sünde in den zweiten, in den Tagen des Enos in den dritten, zur Zeit der Sintfluth in den vierten, zur Zeit der Zerstreuung der Menschen in den fünften, zur Zeit der Sünden Sodoms und Gomorra's in den sechsten, zur Zeit der Aegypter in den Tagen Abrahams in den siebenten. Dem entsprechen jedoch sieben Gerechte: Abraham, Isaak, Jakob, Levi, Kehath, Amram und Mose, welche sie stufenweise zurückbrachten, bis sie in den Tagen Mose's im Stiftszelte Wohnung nahm. Seitdem ist sie bleibend in der Welt, vgl. *Schir rabba* zu 3, 11. Aber nicht immer blieb das Heiligtum Israels ihre Wohnstätte. Als sie von da schied, glich sie dem Könige, der seinen Palast verläßt und Abschied nehmend die Wände küßt und die Säulen umarmt und spricht: Lebe wol, mein Haus, mein Palast; so küßte die Schechina die Wände und umarmte die Säulen des Tempels und sprach: Lebe wol, mein Haus, mein Palast! Nach diesem Auszuge lagerte sie 13½ Jahre auf dem Oelberge und sprach laut rufend dreimal: Ich will wiederkehren an meinen Ort. So erzählt *Pesikta* 115ᵃ, und in etwas anderer Fassung *Jalkut* und *Echa rabba*, in der Einleitung 25. Die Schechina wandert mit Israel von Ort zu Ort, schließlich auch in das Exil *Schemoth rabba* c. 23. Wo die Thora herrscht, gelernt und geübt wird, da ist auch die Schechina, das Volk Gottes erleuchtend und heiligend, segnend und schirmend, vgl. S. 46 ff. 61. 65. Man genießt ihren Glanz, d. h. man hat in ihrer Nähe eine Leib und Seele sättigende Empfindung der Nähe Gottes *Berach.* 64ᵃ, wie die Geister des Himmels sich sättigen vom Glanze der Schechina im Himmel (S. 167).

Schon *Targ. jer.* I. 5 Mos. 3, 24 finden wir, daß die Schechina im Himmel wohnt und auf Erden waltet (שׁלים). Auch der Talmud und der Midrasch kennt nicht bloß die in Israel waltende Schechina, sondern lehrt, daß sie an jedem Orte sei *Baba bathra* 25ᵃ, Alles erfüllend und durchdringend gleich der Sonne *Sanhedrin* 39ᵃ; kein Ort der Erde sei leer von der Schechina; deshalb sei Gott auch im Dornbusche und rede aus ihm *Pesikta* 2ᵇ, obwol sie im Stiftszelte wohne, *Schir rabba* zu 3, 11. Darüber vgl. unten § 45. In der Schechina ist jedenfalls Gott seinem Volke wie der Welt gegenwärtig, beiden je in ihrer Weise; er hat durch die Schechina mit den unteren Regionen die von Anfang gewollte Verbindung (שׁתּפות), ohne seine eigentliche von dem Diesseits abgeschiedene Wohnung in den oberen Regionen verlassen zu müssen.

§ 40. Der heilige Geist und die Offenbarungsstimme.

Wie Memra und Schechina die Gegenwart und Wirksamkeit Gottes im Volke Gottes und der Welt, so vermittelt der heilige Geist im Besonderen die göttlichen Wirkungen auf den menschlichen Geist. Er ist Licht vom Lichte Gottes, von Gott ausgehendes Wort der Offenbarung, welches den Trägern des Amtes für einzelne Fälle die nöthige Erleuchtung gewährt oder den Frommen besonderes Gnadenzeichen Gottes ist. Die Bath Kol dagegen ist eine Offenbarungsstimme (Orakel) aus dem Himmel zur Entscheidung in Fällen der Ungewißheit über Gesetzesfragen, ein geringer Ersatz für die Wirksamkeit des heiligen Geistes, dessen das spätere Geschlecht nicht mehr würdig war. Vgl. den Nachtrag.

1. **Der heilige Geist.** Unter den zehn Dingen, welche laut *Chagiga* 12ᵃ am ersten Tage von Gott geschaffen worden sind, ist auch der Geist Gottes, der über der Fluth schwebte. Da dieser Geist Gottes von dem heiligen Geiste nicht zu unterscheiden ist, so ist dieser hiernach geschöpflicher Weise aus Gott hervorgegangen. Dem entsprechen die targumischen Aussagen vom Verhältnisse des heiligen Geistes zu Gott. Gleich am Anfange des Targums des Onkelos findet sich zu 1 Mos. 1, 2 für „Geist Elohims" der Aus-

§ 40. Der heilige Geist.

druck: „Geist von Jehova her" (רוח מן קדם י"י). Dieser Ausdruck erweckt die Vorstellung, daß der Geist dienstbereit vor Jehova ist und aus dieser Stellung von Gott entsendet wird. Dagegen wird ein näheres Verhältnis zur Person Gottes, vermöge dessen er aus dem Wesen der Gottheit selbst stammte, durch diese Ausdrucksweise ausgeschlossen. Auch der Geist, welcher in Joseph waltet, heißt Geist der Weissagung von Jehova her (מן קדם) *Targ. jer.* I. 1 Mos. 41, 38. Das Targum des Jonathan zu Jer. 32, 15 (vgl. 38, 14) nennt ihn den Geist von dem her, dessen Schechina in den Himmeln der Höhe ist, und übersetzt den Ausdruck „ich will ausgießen meinen Geist" Jes. 44, 3: ich will ausgießen den Geist meiner Heiligkeit, wie auch die Aussage, es komme ein Wort aus Gottes Munde, von der rabbinischen Literatur durch מָפֵּי קֻדְשִׁי wiedergegeben wird, z. B. *Sifra* 3 Mos. 1, 1. Die Synagoge vermeidet es zu sagen „Gottes Geist". Der heilige Geist ist der Geist, der vor Gott dient und von ihm gesendet wird, um seine Befehle zu vollstrecken.

Ist dieser Geist ein persönliches Wesen? Maimonides nennt ihn eine göttliche Kraft, welche in den Verfassern der heiligen Schriften wirksam war. In *Wajjikra rabba* c. 6 erscheint er aber als Vertheidiger Israels, der dessen Verdienste vor Gott aufzählt; ebenso *Debarim rabba* c. 3 als *Synegor*, Vertheidiger. (Vgl. den παράκλητος von Joh. 14—16 und in der alten Kirche.) Schriftworte werden mit den Worten citirt: der heilige Geist spricht (אומר), z. B. *Debarim rabba* c. 11. Er geht aus von Gott und ruft laut aus *Bammidbar rabba* c. 17; drei Sentenzen hat er durch lauten Zuruf bestätigt, *Kohel. rabba* zu 10, 16; er ruhete auf Joseph von der Jugend bis zu seinem Tode und leitete ihn in Allem, was zur Weisheit gehört, wie ein Hirte seine Heerde leitet *Pirke de-Rabbi Elieser* c. 39. Diese Aussagen setzen Persönlichkeit voraus. Bei genauerer Betrachtung ergibt sich (*Kohel. rabba* zu 7, 27), daß er bald als männliches, bald als weibliches Wesen bezeichnet wird; denn רוח ist auch im biblischen Sprachgebrauche doppelgeschlechtig. In *Sifre* 148ª heißt es רוח הק' אוברת, und so wird wiederholt die Schrift citirt; vgl. *Koh. rabba* zu 10, 16, *Pirke de-R. Elieser* c. 39, *Bammidbar rabba* c. 17 u. ö. Man darf annehmen, daß Talmud und Midrasch ihn öfter als Femininum, denn als Masculinum bezeichnen. Wir haben also einerseits vor uns Thätigkeiten, die eine Person voraussetzen, andererseits eine überwiegend femininische Bezeichnung, die ihn als Unpersönliches, als von Gott ausgehende

Kraft erscheinen läßt. Das Wirken des heiligen Geistes ist bald als das eines Lichtes von Gott, bald als das einer Stimme von Gott her, die dem Menschen zutönt oder im Menschen ertönt, dargestellt. Nach *Bereschith rabba* c. 85 ließ plötzlich an drei Orten der heilige Geist sein Licht leuchten (חופיע): im Gerichtshofe Sems, Samuels und Salomo's; er leuchtete auf (נצנצה) in Thamar, so daß sie plötzlich zu der Erkenntnis kam, daß sie die Ahnfrau des Messias werden würde, sowie in den Brüdern Josephs c. 91. Er kommt aber auch als offenbarendes, von Gott ausgehendes Wort von außen und ruft dem Menschen zu, z. B. *Bammidbar rabba* c. 17: Der heilige Geist ging aus und sprach, und *Kohel. rabba* a. a. O.: Er ruft (צווחה) und spricht: von mir sind alle diese Worte u. s. w. Auch im Gerichtshofe ertönt seine Stimme. Daher wird er selbst zur Stimme Gottes, die sich innerlich im Menschen vernehmlich macht und ihm Offenbarung mitteilt. In dieser Hinsicht heißt er an vielen Stellen Geist der Weissagung (רוח הנביאה). Hierher gehört es, wenn Jakob seinen Söhnen sagt *Targ. jer.* I. 1 Mos. 43, 14: Mir ist verkündet worden durch den heiligen Geist. Diese Function scheint in der That als die hauptsächlichste betrachtet worden zu sein, denn das Targum des Jonathan nennt zu Jes. 40, 13 den „Geist Jehova's" den heiligen Geist im Munde aller Propheten, und statt „heiliger Geist" heißt es im Targum oft „Geist der Prophetie", z. B. *Jon.* zu 2 Kön. 9, 26.

Mit diesem auf Erleuchtung oder Darreichung höherer Erkenntnis von Gott gerichteten Wirken hängt es zusammen, daß der heilige Geist **nur über Einzelne**, besonders Erwählte kommt, deren Beruf eine besondere Erleuchtung nöthig macht, oder welche dadurch zum Lohn für ihr Verdienst ausgezeichnet werden (vgl. S. 126 f.). Zu jenen gehören die **Propheten und Lehrer**, die Richter des Volkes. Mose hatte den heiligen Geist *Pesikta* 9ᵃ, und alle Propheten *Targ. Jon.* Jes. 40, 13. Die Richter erkennen nicht minder das Rechte durch Erleuchtung des heiligen Geistes. Als daher Juda im Gerichtshofe Sems die Unschuld Thamars erkannte, Samuel zwischen Jehova und Israel entschied, und Salomo seinen berühmten Spruch that, so folgte darauf die Bestätigung des heiligen Geistes *Beresch. rabba* c. 85. Weil er zum Lehren und Rechtsprechen erforderlich ist, deshalb wird er durch die Handauflegung in der Ordination auf den Ordinanden übertragen, vgl. S. 127. 134. Da zündet ein Weiser sein Licht an dem des anderen an; aus einem Gefäße wird in das

§ 40. Der heilige Geist.

andere gegossen, wie *Bammidbar rabba* c. 21 erläuternd zu 4 Mos. 27, 18. 20 von der Semicha gesagt wird. Früher hatte Israel alle Zeit den heiligen Geist in seiner Mitte; er leuchtete seinen Propheten und Richtern und war im Heiligtume gegenwärtig. Denn nach *Joma* 21^b fehlten dem zweiten Tempel unter fünf Dingen, die der erste hatte, auch der heilige Geist. Im ersten Tempel also war derselbe gegenwärtig, doch wol um Israel Offenbarung zu erteilen, wenn der Hohepriester für dasselbe fragte. Sonderlich war der heilige Geist denen gegenwärtig und in ihnen wirksam, welche die heiligen Schriften verfaßt haben; daher die bekannte Citationsweise. Von der inspirirenden Wirksamkeit des heiligen Geistes heißt es: der heilige Geist ruhete auf Salomo u. s. w., *Schir rabba* zu 1, 1 u. ö.

Ist nun der heilige Geist so als Geist der Erleuchtung in denen gegenwärtig und wirksam, die einen besonderen Beruf im Volke Gottes tragen, so wird er andererseits auch als **auszeichnende Gabe** den Gerechten verliehen. Schon die Urväter und Patriarchen hatten den Geist der Weissagung. Durch den heiligen Geist nannte Eber seinen Sohn Peleg *Jalkut Schimeoni, Bereschith* 62. Der Patriarch Jakob besaß ihn; aber als der Bann über ihn kam, wich er von ihm c. 142. Er ist also Lohn und Auszeichnung für besondere Gerechte. *Bammidbar rabba* c. 15 sagt, wer für Israel etwas leide, werde der Ehre, der Größe und des heiligen Geistes gewürdigt, und nach *Wajjikra rabba* c. 35 wird derjenige des heiligen Geistes gewürdigt, der die Thora lernt, um sie zu erfüllen (S. 34). *Tanchuma, Wajechi* 14 wird der Satz aufgestellt, daß die Gerechten Alles, was sie als Gerechte thun, durch den heiligen Geist vollbringen. Dem widerspricht es nicht, wenn *Jalkut Schimeoni, Beresch.* 62 von Simeon ben Gamliel den Ausspruch berichtet, die Alten hätten bei solchen Acten wie Namengebung die Erleuchtung des heiligen Geistes gehabt, oder wenn *Kohel. rabba* zu 12, 7 sagt, daß der heilige Geist nach der Zerstörung des Tempels sich zu Gott erhoben habe und im zweiten Heiligtume nicht mehr gegenwärtig sei, oder daß er, wie wir oben sahen, seit Maleachi's Zeiten nicht mehr inspirirend wirke wie in den Verfassern der heiligen Schriften. Man muß diese Aeußerungen aus der Verschiedenheit seiner Gegenwart und Wirkungsweise erklären, wie sie der traurige Strafzustand Israels in der Verbannung mit sich bringt. So wenig dieser Zustand die Anwesenheit der Schechina im Volke völlig ausschließt, so wenig die des heiligen

Geistes. Aber es sind jetzt nur noch besondere Fälle, in denen er mitgeteilt wird, und seine Wirkungsweise ist gegen früher mehr verborgen.

2. Die Bath Kol (בַּת קוֹל). Das zuletzt Gesagte zeigt, daß zwischen dem, was die talmudische und midrasische Literatur den heiligen Geist nennt, und der Bath Kol eine innere Verwandtschaft besteht, weshalb beide Begriffe in einander übergehen. Lehrreich ist die oben angeführte Stelle aus *Bereschith rabba* c. 85, nach welcher der heilige Geist in den Gerichtshöfen Sems, Samuels und Salomo's geleuchtet, dem Salomo aber (1 Kön. 3, 27) eine Bath Kol zugerufen hat: Sie ist gewiß seine Mutter. Ebenso heißt es zu den Worten Samuels bei seiner Amtsniederlegung (1 Sam. 12, 5): „Jehova ist Zeuge", es sei eine Bath Kol ausgegangen und habe gesagt: Er ist Zeuge. Was also zuerst vom Leuchten des Geistes abgeleitet wird, wird dann zurückgeführt auf die Bath Kol. Da auch der Geist im Offenbarungsworte sich kundbar macht, so kann man sagen „der heilige Geist rief" oder „die Offenbarungsstimme ertönte": beides ist wesentlich Eins. Das ergibt sich auch aus *Sota* 33ᵃ (vgl. Josephus *ant.* XII, 10, 3), wonach die Bath Kol einmal aus dem Allerheiligsten kam. An diesem Orte sind sonst die Schechina und der heilige Geist gegenwärtig gedacht, von welchem Offenbarung ausgeht; diesen aber entspricht, wie es scheint, hier die Bath Kol. Was den Ausdruck anlangt, so soll nach Levy, Targ. W. B. I, 112 (anders Neuhebr. Wörterbuch I, 275ᵃ) ב׳ ק׳ die kleinere Gottesstimme heißen; unserer Ansicht nach dürfte das בת vielmehr andeuten, daß aus der Stimme, der Offenbarung (קול) Gottes im Himmel oder im Heiligtume ein Wort hervorgeht. In der That sind es immer kurze Offenbarungsworte oder -Sätze, die als בת קול bezeichnet werden. Und darin liegt wol wiederum der wesentliche Unterschied zwischen der früheren Offenbarung durch den heiligen Geist und der späteren durch die Bath Kol: jener lehrt als Geist der Weissagung oder als Führer zur Weisheit nicht bloß Einzelheiten, sondern Zusammenhängendes; diese gibt in einzelnen Orakeln göttliche Winke und Fingerzeige, Antworten auf Fragen, Entscheidung in schwierigen Fällen, aber nicht stetige Unterweisung. Deshalb ist sie im Zeitalter der Verbannung als geringerer Grad göttlicher Offenbarung an die Stelle des heiligen Geistes getreten, vgl. *Joma* 9ᵇ. Mehrere Fälle solcher Offenbarungen haben wir schon gelegentlich angeführt; vgl. S. 104. 105. 127. Der Ausdruck lautet השמים מן קול בת עליהם נחנה,

§ 40. Die Offenbarungsstimme.

z. B. *Sota* 48ᵇ. *jer. Sota* IX, 16 (24ᶜ). Als Beweis für unsere Auffassung von בת קול mag ferner noch Folgendes dienen. Nach *Targ. jer.* II. 5 Mos. 28, 15 fällt eine Bath Kol vom Himmel. Ebenso *Targ. jer.* I. 4 Mos. 21, 6, wozu allerdings Levy I, 112 aus dem *Targ. jer.* II. als Lesart gibt: eine Bath Kol entstieg der Erde, und die Stimme ist in den Höhen vernommen worden. Das Gewöhnliche ist jedenfalls, daß die בת קול vom Himmel ausgeht oder doch vom Himmel her ertönend vernommen wird. Daß es sich nur um göttliche Winke, nicht um Weisheit, Lehre handelt, ersehen wir auch daraus, daß nach *Baba mezia* 59ᵇ und *Chullin* 44ᵃ (vgl. oben S. 101) in Sachen der Halacha die Berufung auf eine ב׳ ק׳ nicht angenommen wird. Dagegen gab dieselbe Zeugnis über heilige Männer, sonderlich auch über ihren Zustand nach dem Tode *Berach.* 61ᵇ (über Akiba; vgl. S. 141); und als ein Chasid Zweifel über das künftige Jerusalem und seine Herrlichkeit aussprach, wies ihn eine ב׳ ק׳ zurecht *Pesikta* 137ᵃ. Uebrigens wird der Ausdruck, der ja zunächst ganz allgemein wie unser: Ausspruch, Spruch lautet, auch von Sprichwörtern gebraucht. So wird *Bereschith rabba* c. 67 der Satz „Viele Füllen starben, deren Felle von den Müttern getragen werden" als ב׳ ק׳ bezeichnet wird, während er *Sanhedrin* 52ᵃ als Sprichwort (אמרי אינשי) wieder erscheint. Vgl. noch Joh. 12, 28.

Auch die ב׳ ק׳ ist sonach ein Mittel für die Menschen, Einzel-Offenbarung aus dem Jenseits zu empfangen, ohne daß Gott selbst zum Menschen redet. Merkwürdig ist in dieser Richtung das von Levy citirte Targum zu Klagel. 3, 38. Von Gott (unmittelbar) — heißt es da — wird das Böse nicht verhängt, sondern durch eine Bath Kol wird es angedeutet wegen der Gewaltthätigkeiten, deren die Erde voll ist. Wenn Gott aber Gutes über die Erde verhängen will, so kommt es (unmittelbar) aus seinem heiligen Munde. Damit ist sehr deutlich gesagt, daß die ב׳ ק׳ nur ein mittelbares Gotteswort ist.

Zweite Abteilung.
Der kosmologische und anthropologische Lehrkreis.

Kap. XIV. Die Schöpfung und Erhaltung der Welt.

§ 41. Vorbemerkung.

Wir haben uns hier zu beschränken auf diejenigen Stücke palästinisch-jüdischer Kosmologie, welche einerseits nicht bloß Wiedergabe biblischer Ueberlieferung, andererseits auch nicht bloß Erzeugnisse fremder Einflüsse, sondern aus den Grundanschauungen der palästinisch-jüdischen Theologie erwachsen sind.

Mit der zweiten Hälfte des Geonäischen Zeitalters, etwa 750 nach Chr., beginnt eine Literatur, welche die jüdische Geheimlehre von der Schöpfung und der Herrlichkeit Gottes zum Gegenstande hat. Die Hauptschrift dieser Literatur ist das Buch Jezira, welches ältere philosophische Ideen mit überlieferten Lehren und eigenen Meinungen des Verfassers verbindet. Zwar wurde schon früher über das *Maaseh Bereschith* und das *Maaseh Merkaba* Ez. 1 Eigentümliches vorgetragen, aber immer mit einer gewissen Beschränkung und Zurückhaltung (s. *Chagiga* II, 1). Es liegt nicht in unserer Aufgabe, auf die Ergebnisse dieser Geheimlehre (Kabbala, vgl. S. 122) einzugehen; sie gehört der Geschichte der Philosophie um so mehr an, als sie großenteils nicht aus den eigenen religiösen Grundanschauungen des palästinischen Judentums erwachsen, sondern unter mannigfachen Einflüssen fremder und späterer philosophischer Vorstellungen entstanden ist.

§ 42. Der göttliche Schöpfungsrathschluß.

Die Weltschöpfung ist mit der vorzeitlichen Emanation der Thora aus Gott schon als nothwendig mitgesetzt. Denn die Thora als die Lebensordnung einer heiligen Menschheit kommt zu ihrer Verwirklichung nur, wenn Gott eine Mensch-

§ 42. Der göttliche Schöpfungsrathschluß.

heit herstellt, und diese hat zur Voraussetzung die Welt, welche ihr als Wohnstätte dient und die Mittel zur Erfüllung der Thora reicht. So ist die Welt für die Thora, die sich in ihr verwirklichen soll: die Thora ist das Ziel der Weltschöpfung.

1. Talmud und Midrasch wiederholen den Gedanken oft und in verschiedener Gestalt, daß die Welt durch die Thora verursacht sei. Die einfachste Form enthält etwa *Bereschith rabba* c. 1 in den Worten: Die Welt ist geschaffen בזכות התורה (§ 59); d. i. die Thora hat es veranlaßt, eigentlich erworben, daß die Welt geschaffen wurde. Derselbe Sinn liegt meines Erachtens zu Grunde, wenn andere Stellen aussagen, durch das Verdienst Mose's (denn Mose kommt da als Repräsentant der Thora in Betracht), oder wenn es *Nedarim* 31ᵃ heißt, um der Beschneidung willen (d. i. weil Gott ansah, daß Israel die Beschneidung und damit die Thora auf sich nehmen würde), oder *Bereschith rabba* c. 12 und *Pesikta* 200ᵇ, um Abrahams, Isaaks und Jakobs willen sei die Welt geschaffen, was *Bereschith rabba* 127 die Gestalt annimmt, daß dafür die Stämme genannt werden. Das Volk, das die Thora auf sich nehmen und erfüllen wird, hat Gott vor Augen, indem er die Welt schafft. Dies wird ausdrücklich ausgesprochen, wenn es *Schabbath* 88ᵃ, *Schir rabba* zu 7, 1 u. ö. heißt, Gott habe die Welt bedingungsweise geschaffen. Für den Fall, daß Israel die Thora annehmen würde, sollte die Welt bleibenden Bestand haben; für den Fall aber, daß Israel die Annahme der Thora weigern würde, sollte sie zum Thohu wa-Bohu zurückkehren; positiv ausgedrückt *Schemoth rabba* c. 40: die Welt ist geschaffen worden, weil vorauszusehen war, daß Israel die Thora annehmen würde. Dem entspricht, daß *Pesikta* 5ᵇ. 6ᵃ, *Bammidbar rabba* c. 12, *Tanchuma Theruma* 9 und sonst oft gesagt wird, die Welt habe festen Bestand erst erlangt, als die Stiftshütte aufgerichtet war. Wer hat, heißt es *Pesikta* 5ᵇ, alle Enden der Erde aufgerichtet (הקים Spr. 30, 4)? Das ist das Stiftszelt: mit ihm ist die Welt zugleich aufgerichtet, fest gegründet worden (נתכסם); bis dahin „schwankte" sie: die Thora ist das Fundament, das die Welt trägt und hält *Tanchuma, Beresch.* 1.

2. Eine weitere Aussage derselben Art ist, daß die Thora den Plan für die Schöpfung der Welt enthalte, und ihre Verwirklichung das Ziel für letztere sei. *Bereschith rabba* c. 1 sagt,

Gott habe die Welt durch die Thora geschaffen; und der Midrasch *Tanchuma* hebt damit an, daß Gott sich mit der Thora berathen habe, als er die Welt schuf. Diese war gleichsam die Werkmeisterin, nach deren Ideen die einzelnen Schöpfungswerke ausgeführt worden sind. Alles, was Gott schuf, sagt zwar *Schemoth rabba* c. 17, schuf er zu seiner Ehre, um mittelst desselben seinen Willen zu vollbringen, er schuf es um seinetwillen; welches aber die göttlichen Gedanken sind, die sich in der Schöpfung verwirklichen sollen, das zeigen darauf jene (zwar nicht völlig, aber doch in den Hauptpunkten übereinstimmenden) Stellen, die von den sieben Dingen reden, welche Gott vor der Schöpfung der Welt ins Dasein zu rufen beschlossen hat. *Bereschith rabba* c. 1 nennt die Thora und den Thron der Herrlichkeit als wirklich vor der Zeit geschaffen, und als in der Idee Gottes vordem vorhanden (במחשבה לפי *Pesach.* 54ᵃ) die Väter, Israel, das Heiligtum und den (Namen des) Messias (vgl. Röm. 9, 4 f.). Das nächste Ziel ist Israel und das Heiligtum, das letzte das Reich des Messias auf Erden. *Tanchuma, Nasso* 11 zählt auf: die Thora, den Thron der Herrlichkeit, das Heiligtum, die Patriarchen, Israel, den Messias und die Buße. In *Pesach.* 54ᵃ, *Nedarim* 39ᵇ, *Jalkut Schimeoni, Beresch.* 20 finden wir: Thora, Buße, Garten Eden, Gehinnom, Thron der Herrlichkeit, Heiligtum, Messias. Wenn die Buße *Theschuba* (vgl. § 68) genannt wird, so ist sie im Sinne der Rückkehr zur Thora gemeint, ohne welche diese keinen Bestand hätte, ohne welche schließlich das Reich des Messias nicht aufgerichtet werden könnte; daher ihre Stellung bald neben der Thora, bald neben dem Messias am Schlusse der Reihe der sieben vorzeitlichen Dinge. Eden und Gehinnom aber sind die Stätten der Vergeltung für Erfüllung oder Verwerfung der Thora; deshalb schließen sie sich mit der Theschuba an die Thora. Wenn in den drei zuletzt angeführten Stellen der Thron der Herrlichkeit nicht wie sonst am Anfange, sondern neben dem Heiligtume steht, so soll eben das himmlische Heiligtum dem irdischen entsprechen. Als die wesentlichen Zielpunkte sind aber überall gedacht: am Anfange die Väter, in der Mitte das Heiligtum, und das Volk der Thora um dasselbe, und am Schlusse das Reich des Messias. Dies ist der Weltplan Gottes: in seinem Mittelpunkte steht die Thora; mit ihr steht und fällt die Welt, nicht bloß Israel, nicht bloß das Land Israel, auch nicht bloß die Erde; sondern wenn sie nicht wäre, so würden Himmel und Erde nicht bestehen. So sagt *Pesachim* 68ᵇ (vgl.

§ 42. Der göttliche Schöpfungsrathschluß.

Tanchuma, Bereschith 1): um derer willen, welche die Thora bewahren, steht die Welt. Daher werden die Tage des Messias, in welchen diese gegenwärtige Welt zu ihrer Vollendung kommt, zugleich gedacht als das Zeitalter, in welchem die Thora zu ihrem Vollbestand gelangen wird, vgl. §. 82 ff. und oben S. 38.

3. Diese Grundanschauung hat zur Folge, daß die heilige Stätte der Thora (ὁ ἅγιος τόπος, vgl. Apg. 6, 13 f. u. ö.) als Mittel- und Ausgangspunkt für die Schöpfung betrachtet wird, zu welchem sich alles Andere peripherisch verhält. *Joma* 54[b] sagt z. B.: Die Welt ist von Zion aus geschaffen worden. Zion wird der Mittelpunkt der Schöpfung, und der Tempel das Herz der Welt genannt *Pesikta* 25[b]. Das Land Israels ist das erste Land, welches geschaffen worden ist, und vereinigt Alles in sich, was die ganze Schöpfung sonst enthält *Sifre* 76[b] (vgl. S. 63 ff.). Die Länder der Heiden werden von dem heiligen Lande getragen *Sifre* 148[b]; deshalb ist dieses höher als alle Länder *Sifre* 104[b]. Als die Sintfluth kam, wurde es von ihr nicht getroffen *Bereschith rabba* c. 33. *Jalkut Schimeoni, Bereschith* 57. (Auch die Samariter behaupteten übrigens, man müsse auf ihrem heiligen Berge Garizim beten, weil er nicht von den Wassern der großen Fluth überfluthet worden sei, a. a. O. 57.) Darum ist das Schöpfungswort in der heiligen Sprache, der Sprache Zions, ergangen, *Bereschith rabba* c. 18: gleichwie die Thora in der heiligen Sprache gegeben worden ist, so ist auch die Welt durch die heilige Sprache geschaffen worden; ebenso c. 31, auch *Jalkut Schimeoni* c. 52. Auch die Zeit der Weltschöpfung steht in Beziehung zu der Entstehungsgeschichte des heiligen Volkes. Denn Rabbi Elieser sagt *Rosch haschschana* 10[b]: Im Monat Tischri wurde die Welt erschaffen, im Tischri wurden die Erzväter geboren, und im Tischri starben sie auch. R. Josua dagegen meint (a. a. O. 11[a]): Im Monat Nisan wurde die Welt erschaffen, im Nisan wurden die Erzväter geboren, und im Nisan starben sie auch. Und nach Anderen ist die Welt am 25. Elul geschaffen worden. Die Weltschöpfung erscheint jedenfalls deutlich als die erste That Gottes zur Herstellung des auserwählten Volkes; daher setzt man sie in denselben Monat mit der Geburt der Patriarchen und der ersten und der letzten Erlösung; denn diese wird jedenfalls, nach R. Elieser wie nach R. Josua, im gleichen Monate, sei es im Tischri, sei es im Nisan, geschehen.

Trotzdem ist die Einheitlichkeit des menschlichen Geschlechtes wie der Welt nicht fraglich: der Israel geschaffen, hat auch die Völker ins Dasein gerufen, *Sifra* zu 3 Mos. 18, 1 (vgl. Röm. 2, 29).

§ 43. Die Schöpfung der Welt.

Obwol die jüdische Theologie Gott als absolute und einzige Ursache bei der Weltschöpfung festhält, faßt sie doch die Materie (das Thohu wa-Bohu) nicht als bloße Grundlage für Gottes Schöpferwillen, sondern als eine aus sich selbst heraus wirkende, blind und gesetzlos waltende Kraft, der gegenüber Gott seine Macht entfalten muß, um seine Schöpfergedanken zu verwirklichen.

1. Die biblische Grundlehre, daß Gott die einzige Ursache alles Seienden ist, hat das palästinische Judentum treu bewahrt. Die Welt ist durch das Wort Gottes geworden. So heißt es *Mechilta* 51[b]: Als der Heilige, g. s. E., die Welt schuf, schuf er sie lediglich durch ein Wort. Als stehende Formel kehrt immer in den Benedictionen der Ausdruck wieder, daß „Alles durch sein Wort geworden ist", z. B. *Berachoth* 37[a]; vgl. oben S. 148 f. das über die Gottesnamen Gesagte, und dazu S. 166. Alle Kreaturen sind Gottes und werden von ihm nach seinem Willen verwendet *Bereschith rabba* c. 10.

Allein diese biblische Grundanschauung ist im Talmud und Midrasch nicht ungetrübt geblieben. Vielmehr tritt hier im Allgemeinen eine gewisse Selbständigkeit, ein eigenes Thun und Wollen des Geschöpflichen an den Tag. Schon die Materie ist nicht die schlechthin willenlose Grundlage für die schöpferische Thätigkeit Gottes. Die gegenwärtige Schöpfung ist erst das Ergebnis mehrerer schöpferischer Versuche. In *Bereschith rabba* c. 9 wird aus dem Worte „Gott sahe an Alles, was er gemacht hatte, und siehe es war sehr gut" (1 Mos. 1, 31) gefolgert, „daß der Heilige, g. s. E., Welten schuf und sie zerstörte, und schuf weiter Welten und zerstörte sie, bis daß er diese (gegenwärtige) schuf". Das wiederholt *Kohel. rabba* zu 3, 11. Ausführlicher enthält diese Ueberlieferung *Schemoth rabba* c. 30 und begründet sie durch den hermeneutischen Grundsatz, daß 1 Mos. 2, 4 wie überall, wo אלה stehe, Früheres für untauglich und ungiltig erklärt werde (vgl. oben S. 122 f.). „Und wie hebt er hier

§ 43. Die Schöpfung der Welt.

Früheres auf? Gott hatte Himmel und Erde geschaffen und sahe sie an (und sie gefielen ihm nicht und sie kehrten zurück ins *Thohu wa-Bohu;* als er aber Himmel und Erde, so wie sie jetzt sind, sahe), da gefielen sie ihm, und er sprach: אֵלֶּה dieses sind die Tholedoth, um zu erklären: dieses sind die (rechten) Tholedoth von Himmel und Erde, aber die ersten waren nicht die (rechten) Tholedoth". Verwandt sind die Erzählungen *Beresch. rabba* c. 17. 18, es habe mehrerer Ansätze zur Bildung des Weibes bedurft: aus הפעם זאת (1 Mos. 2, 23) folge, daß erst beim zweiten Male das Weib Adams Gefallen erweckte, und *Chagiga* 12ᵃ, die Welt habe, als Gott sie schuf, sich weit über die ihr bestimmten Grenzen ausgedehnt, bis Gott sie schalt und zum Stehen brachte; und ebenso that das große Meer.

2. Diese Vorstellungen haben zur Voraussetzung die Anschauung von einem **Urstoffe**, welcher von **Urkräften** bewegt wird, die, weil sie Maß und Ziel nicht in sich haben, über alle Schranken und Grenzen hinaus wirken, bis Gottes schlechthinige Schöpfermacht sie beschränkt. Diese außer- und widergöttliche Bewegung in der Materie hat sich in der Urzeit in den Kreaturen fortgesetzt und mußte durch göttliche Machtentfaltung begrenzt werden. Auch jetzt zeigt sich sogar noch eine gewisse Selbständigkeit des Geschöpfes gegenüber dem Schöpfer. Der Mond drang in das Gebiet der Sonne ein und mußte zurückgewiesen werden, *Bereschith rabba* c. 6: „Nachdem Gott sie (Sonne und Mond) zuerst (beide) groß genannt hat, verkleinert er sie dann wieder, indem er das große Licht zur Herrschaft über den Tag, und das kleine Licht zur Herrschaft über die Nacht bestimmt. Sonderbar! Allein weil der Mond in das Gebiet seines Genossen (der Sonne) eingedrungen ist, ist dies geschehen. Rabbi Pinchas sprach: Bei allen Opfern heißt es: ein Ziegenbock als Sündopfer. Und bei dem Opfer des ersten im Monat heißt es: ein Ziegenbock als Sündopfer für Jehova. Der Heilige sprach: Bringet ein Sühnopfer für mich, denn ich habe den Mond verringert! Denn ich bin es, der ihn veranlaßt hat, in das Gebiet seines Gefährten einzudringen". Die Erde begann zu klagen, unzufrieden, daß ihre Bewohner sich von der Arbeit der Hände nähren müssen, während die Bewohner des Himmels vom Glanze der Schechina genießen, *Jalkut Schimeoni, Bereschith* 4. Licht und Finsternis erscheinen im Kampfe mit einander, bis Gott zwischen ihnen beiden scheidet, und so Frieden stiftet (a. a. O. 5); die Wasser

erhoben sich wider einander und mußten eingeschlossen werden
(a. a. O. 8).

Hier müssen jene fabelhaften Thiergestalten erwähnt werden,
deren Eigentümlichkeit ihre ungemessene Größe ist, *Baba bathra*
73 f. Die bekanntesten sind der Leviathan und die Behemoth,
vgl. Hiob c. 40 f. Der weibliche Leviathan mußte, so lautet die
Ueberlieferung, geschlachtet werden, um die Vermehrung dieser Un-
gethüme zu verhüten, welche die Welt zu vernichten drohten. Das
Fleisch, welches für die zukünftige Welt aufbewahrt wird, wird zum
Mahle der Gerechten verwendet *Baba bathra* 74—75. Der männliche
Leviathan dient inzwischen Gott zum Spiele *Aboda sara* 3[b]. Auch
die Behemoth sind paarweise geschaffen und müssen ebenfalls an
der Vermehrung verhindert werden, weil sie sonst die Erde vernichten würden, vgl. *Bereschith rabba* c. 7. Nach der *Pesikta* 188
vermögen die Engel den Leviathan nicht zu tödten; deshalb müssen
Leviathan und Behemoth auf Gottes Geheiß sich bekämpfen, um
einander zu tödten; vgl. den *Machsor* zu *Schabuoth*, Ausgabe von
Heidenheim S. 145, wo man die talmudische Sage vom Leviathan
und Behemoth als Bestandteil des Morgengebets zum Wochenfeste
findet, und *Wajjikra rabba* c. 22, *Bammidbar rabba* c. 21. Diese
riesigen Thiergestalten, die den Weltbestand bedrohen und durch
Gottes Macht und Gewalt in ihre Schranken zurückgewiesen oder
unschädlich gemacht werden müssen, sind aus derselben Grundanschauung erwachsen, wie die Vorstellungen von den Kämpfen
jener kosmischen Teile und Potenzen, welche ihre Grenzen über-
schreiten und durch Gottes Machtwort in dieselben zurückgewiesen
werden müssen, wobei auf die Gestaltung dieser Sagen die orien-
talische Phantasie und Poesie mit ihrer Neigung zum Grotesken
großen Einfluß hatte.

3. Ein drittes Zeugnis für die Vorstellung einer gewissen Selbst-
ständigkeit des Geschöpfes gegenüber dem Schöpfer liegt darin, daß
Gott (nach *Bereschith rabba* c. 5 u. a. St.) alle Kreaturen nur
unter gewissen Bedingungen schuf. Solche Bedingungen waren
für das Meer, daß es sich vor Israel spalte, für Himmel und Erde,
daß sie vor Mose stille schwiegen, für Sonne und Mond, daß sie
vor Josua stehen blieben, für die Raben, daß sie Elia speisten, für
das Feuer, daß es Chananja, Misael und Asarja, und für die Löwen,
daß sie Daniel nicht beschädigten, für den Himmel überdies, daß er
sich der Stimme Ezechiels öffne, und für den Fisch, daß er Jona

wieder von sich gebe. Sind dies auch dichterische Ausschmückungen des Midrasch, so sind es doch auch Zeugnisse dafür, daß man sich das Verhältnis zwischen Geschöpf und Schöpfer ebenso durch die That des Schöpfers als durch die Selbstthat des Geschöpfes begründet dachte.

Diese Vorstellung kommt endlich zum klaren Ausdrucke in *Chullin* 60ᵃ (wiederholt *Jalkut Schimeoni, Bereschith* 8): Alle Schöpfungswerke wurden geschaffen in ihrer vollen Größe, „mit ihrem Wissen, nach ihrem Willen". Letzteres wird gesagt mit Bezug auf בצאתם 1 Mos 2, 1, insofern *Jalkut* erklärt, man habe nicht בצאתם, sondern בצביונם zu lesen. An das sittlich Böse ist bei dem von der Materie Gesagten noch nicht zu denken. Vgl. jedoch das in den folgenden Kapiteln über die Anthropologie Gesagte.

§ 44. Das Verhältnis des Himmels zu der Erde.

Die biblische Auffassung der Welt als einer einheitlichen, um die Erde als Mittelpunkt geordneten, leidet in der jüdischen Theologie unter dem Einflusse der theologischen Grundanschauung von der schlechthinigen Jenseitigkeit Gottes.

1. An Zeugnissen für eine der biblischen Lehre entsprechende Auffassung des Verhältnisses zwischen Himmel und Erde als einer einheitlichen Schöpfung fehlt es nicht. Dazu gehören die Aussagen (S. 199), daß Israel und sein Heiligtum Mittelpunkt der Welt seien. Dahin rechnen wir auch die schöne Ausführung in *Schemoth rabba* c. 33 über das Thema: Alles, was Gott oben schafft, schafft er auch unten, d. h. Allem was oben ist, entspricht etwas in der unteren Welt; und so lieb ist Gott die untere Welt, daß er die obere verläßt, und sich in der unteren ein Heiligtum errichten läßt, in dem er wohnen will. Wird hier auch zwischen einer **oberen** und einer **unteren Welt** unterschieden, so stehen diese beiden Welten doch zunächst nur in Parallele, nicht im Gegensatze zu einander. Demgemäß heißt es *Wajjikra rabba* c. 21: Wie die Abteilungen (שורות) der oberen Welt, so sind die der unteren. Gott strebte von Anfang an mit den unteren Regionen Gemeinschaft zu machen, und seine Schechina wohnte auf Erden (vgl. oben S. 187 ff.). Aber in den kosmologischen Anschauungen von Himmel und Erde tritt doch der **Gegensatz zwischen Himmel und Erde** schärfer

hervor, als die Einheit. Schon die scharf ausgeprägte Terminologie gibt davon Zeugnis. Die Ausdrücke: die obere Welt — die untere Welt, die oberen Regionen — die unteren Regionen, Gottes Welt — der Menschen Welt (vgl. oben S. 162 f.) tragen in die Welt eine schroffe Scheidung herein und stellen in Kontrast, was der ursprünglichen Idee nach (z. B. 1 Mos. 1, 1) eine Einheit bildet. Die Bibel kennt nur eine einheitliche Welt, die jüdische Theologie kennt „Welten". Im *Targ. jer.* I. 1 Mos. 18, 30 nennt Abraham Jehova Herrn aller Welten, und *Aboda sara* 3[b] (vgl. oben S. 169) zählt 18000 Welten.

2. Infolge der scharfen Scheidung von Himmel und Erde stritten die Schulen Hillels und Schammai's darüber, ob die Erde oder der Himmel zuerst geschaffen worden sei. Das Haus Schammai sagte, die Himmel seien zuerst geschaffen, denn 1 Mos. 1, 1 stehe der Himmel voran; das Haus Hillels aber, welches in Ps. 102, 26 לפנים = „zuerst" faßte, behauptete das Gegenteil, denn 1 Mos. 2, 4 werde die Erde zuerst genannt. Eine solche Frage hätte ohne eine dualistische kosmologische Grundanschauung schwerlich erhoben werden können. Nach *Bereschith rabba* c. 1 glich R. Jochanan im Namen der Weisen den Widerspruch zwischen dem Wortlaute von 1 Mos. 1, 1 und 2, 4 so aus, daß der Himmel zuerst geschaffen, die Erde aber zuerst vollendet worden sei. A. a. O. wird die Frage noch weiter verhandelt und die Antwort darauf gesucht, warum denn bald die Erde, bald der Himmel voranstehe; die Antwort lautet nicht: weil sie Teile eines Ganzen bilden, sondern: weil beide einander im Werthe gleich kommen, — eine Antwort, die wieder auf die Selbständigkeit beider hinweist.

3. Als drittes Stück ist die Lehre von den sieben Himmeln (§ 33) und ihre Entfernung von der Erde und unter einander zu beachten. Wir folgen hier *Chagiga* 12[b]. Die Rabbinen sind nicht einig, wieviel Himmel zu zählen seien. R. Jehuda sagt, es gebe nur zwei Himmel; R. Schimeon ben Lakisch aber zählt deren sieben. Letztere Ansicht ist die gewöhnliche. Sie findet sich *Tanchuma, Pikkudê* 6, *Beresch. rabba* c. 19, *Bammidbar rabba* c. 13 u. ö. Der unterste Himmel, genannt *vilun* (*velum*), ist leer, erscheint des Morgens und verschwindet des Abends; auf diese Weise erneuert Gott täglich die Schöpfung. In dem zweiten Himmel, *rakia*, befinden sich die Sonne, der Mond und die Sterne (1 Mos. 1, 17), im dritten, *schechakim*, die Mühle für das Manna, welches Gott für die

Gerechten mahlt. Der vierte Himmel heißt *zebul;* in diesem befinden
sich das himmlische Jerusalem, der Tempel, der Altar und Michael,
der dort täglich opfert. In dem fünften Himmel, *maon* genannt,
weilen die Engel, des Nachts Loblieder singend, aber während des
Tages schweigend, damit Gott die Loblieder Israels wahrnehmen
könne. Den sechsten Himmel nennt man *machon;* da sind die
Vorrathskammern des Schnees, Hagels, Regens und Thaues, sowie
ein Raum, in welchem der Sturmwind eingesperrt ist, und eine
Höhle, in welcher der Dunst aufbewahrt wird; vor letzteren beiden
Behältnissen sind feurige Thüren. Der siebende Himmel endlich
trägt den Namen *araboth;* hier sind aufbewahrt das Recht, das
Gericht, die Gerechtigkeit, der Schatz des Lebens, des Friedens,
des Segens, die Seelen der Frommen, welche gestorben sind (vgl.
Sifre 143^b), die Geister und die Seelen, welche Gott noch auf die
Erde senden wird, und der Thau, mit welchem die Todten werden
auferweckt werden. In diesem Himmel wohnen die Seraphim, Ophannim und Chajjoth und die anderen Engel des Dienstes (S. 168). Hier
steht der Thron Gottes. Und endlich weilt hier Gott selbst, auf diesem
Throne ruhend (vgl. S. 164 ff. 170 f.). Diese Beschreibung setzt die
Himmel in Beziehung zur Erde, denn was sie bergen, ist zum Teil
für die Erde und von der Erde. Trotzdem zeigen andere Stellen,
daß die Himmel nach altjüdischer Vorstellung sich in unabsehbare
Fernen von der Erde verlieren. In *Pesachim* 94^b (vgl. *Chagiga* 13^a.
Bereschith rabba c. 4. 6. *Tanchuma Theruma* 9) heißt es: Von der
Erde bis zur Rakia ist ein Weg von 500 Jahren; die Dichtheit der
Rakia beträgt ebenfalls 500 Jahre; und so von Rakia zu Rakia,
d. h. vom ersten bis zum siebenten Himmel ist zwischen jedem eine
so weite Entfernung, daß man immer 500 Jahre lang wandern muß,
um von einem Himmel zum andern zu kommen. — Sieben Himmel
wölben sich über der Erde, und jeder ist so weit vom anderen entfernt! Wie fern ist der Himmel Gottes, wie schlechthin jenseitig der
Thron der Herrlichkeit für die Erde!

§ 45. Die Erhaltung der Welt.

Bei der Erhaltung der Welt wirken natürliche und übernatürliche Ursachen zusammen. Ihr Mittelpunkt ist wie derjenige der Schöpfung das Land Israel.

1. Die erste Frage, welche hier zu besprechen ist, lautet: In welchem **Verhältnisse** steht die **kreatürliche Selbständigkeit** und das **Wirken Gottes** zur Erhaltung des durch die Schöpfung hergestellten Bestandes? Ist die Erhaltung der Welt als *creatio continua* zu denken, oder wirken natürliche und übernatürliche Ursachen zusammen? Wir glauben nach dem, was uns vorliegt, im letzteren Sinne antworten zu sollen.

Für die **Selbstbewegung der Erde** zur fortwährenden Bethätigung der durch die Schöpfung ihr eingepflanzten Kräfte spricht *Berachoth* 38ª, wo die Frage erörtert wird, ob מוציא in der Benedictions-Formel המוציא לחם מן הארץ präsentisch (= מפיק) oder perfectisch (= דאפיק) zu verstehen sei. Bei jener Fassung läßt Gott durch immer neue Thätigkeit das Brod hervorgehen; bei dieser bringt die Erde selbst die Frucht hervor, nachdem ihr Gott in der Schöpfung ein für alle Mal die Kräfte dazu angeschaffen hat. Als allgemeine Ansicht wird zuletzt a. a. O. 38ᵇ die perfectische Auffassung angenommen, ganz dem S. 200 f. über die Selbständigkeit und Selbstthätigkeit der Kreatur im Verhältnis zum Schöpfer Gesagten entsprechend.

Jedes Geschöpf hat nun im Organismus der Welt seine Bestimmung zu erfüllen. *Schabbath* 77ᵇ wird der Satz aufgestellt und im Einzelnen ausgeführt: Von Allem, was der Heilige in seiner Welt geschaffen hat, hat er auch nicht ein Einziges vergeblich (לבטלה) geschaffen, so daß es nicht einen Zweck erfüllte, d. h. nicht einem Anderen diente. *Beresch. rabba* c. 10: Selbst Dinge, welche du für überflüssig in der Welt hältst, wie Mücken, Flöhe u. s. w., auch sie gehören wesentlich zur Schöpfung (בכלל בריית של עולם הן), und durch jedes vollbringt der Heilige seinen Auftrag (שליחותו). Mit dieser organischen Naturbetrachtung verbindet sich aber in sehr eigentümlicher Weise eine Thätigkeit Gottes von mehr mechanischer Art. Gott hat sich nämlich die Einwirkung auf die Natur in der Weise vorbehalten, daß von obenher Segens- und Verderbenskräfte herniederkommen, und daß die Engel als mittlerische Kausalitäten thätig sind (§ 34 f.), um die Naturkräfte nach dem Willen Gottes in Bewegung zu setzen und zu lenken, womit die Selbstthätigkeit der Natur wieder aufgehoben zu werden scheint. Nach der oben in § 44 gegebenen Schilderung bergen die oberen Regionen, genauer der sechste Himmel, einerseits Segenskräfte, wie Regen und Thau, andererseits verderbliche Elemente, wie Hagel und Sturm, um je

§ 45. Die Erhaltung der Welt.

nach dem gnädigen oder ungnädigen Beschluß Gottes auf die Erde entsendet zu werden. In der Erhaltung der Welt waltet wie in der Schöpfung ein doppeltes Princip, das Princip des strengen Rechtes, welches Gericht und Verderben verhängt, und das Princip der Barmherzigkeit, welches die Erde trotz der darauf herrschenden Sünde erhält *Beresch. rabba* c. 12 f. Als die größte Segensquelle erscheint, morgenländischen Verhältnissen entsprechend, die „Schatzkammer der fruchtbaren Regen": Gott allein, sagt *Taanith* 2, hat den Schlüssel zu dieser Schatzkammer. Nach *Taanith* 7^b ist der Regen an Werth der Schöpfung selbst gleich; denn wo Regen fällt, entsteht neues Leben; deshalb ist der Regen immer ein Zeichen der göttlichen Gnade und Vergebung, das Ausbleiben des Regens aber das Zeichen des göttlichen Zorns, der nur durch kräftiges Beten um Barmherzigkeit gehoben wird. Zuweilen läßt Gott nach *Taanith* 9^b auch auf das Feld eines Gerechten allein regen. Besondere Segenszeiten sind diejenigen, in welchen das Volk sich mit Werken Gottes beschäftigt, wie zur Zeit des herodeischen Tempelbaues; da pflegte es in der Nacht zu regnen, bei Tage war Sonnenschein; besonders regnete es in den Sabbatsnächten *Wajjikra* c. 35. Auf das Gebet der Heiligen oder im Blick auf besonderes Verdienst öffnet Gott die Schatzkammer des Regens und spendet aus ihr Segen, vgl. *Taanith* 8^b. Doch gibt es bezüglich des Ursprungs des Regens auch andere Anschauungen im Talmud. *Taanith* 9^b heißt es zuerst, die ganze Welt trinke von den Wassern des Okeanos, dann wieder, die ganze Welt trinke von den obern Wassern, und endlich: Thau steigt auf und verdichtet sich zu Wolken und fällt als Regen nieder. Allein die herrschende Ansicht ist, daß Gott den Regen seinem Beschlusse vorbehalten hat, so daß er ihn je nach Barmherzigkeit spendet oder im Zorn zurückhält, wie er auch den Hagel und anderes Verderben aus des Himmels Höhen sendet oder zurückhält, je nachdem er Gnade oder Zorn erzeigen will.

Und wie sich hierin das Einwirken Gottes auf das Naturleben zu erkennen gibt, so durch die Thätigkeit der Engel innerhalb des Naturbereichs. Vgl. hierzu S. 172 f. und *Debarim rabba* c. 7. Die spätere jüdische Theologie hat diese Thätigkeit der Engel im Naturbereiche immer mehr ausgebildet. Bodenschatz teilt III, 160 eine Stelle aus *Berith menucha* 37^a mit, woraus ersichtlich ist, daß Jochiel über die wilden Thiere, Aphael über die Vögel, Ariel über die Landthiere, Sammiel über die Wasserthiere, Mephannahel (Manniel) über die kriechenden Thiere, Deliel über die Fische, Ruchiel über die Winde, Alpiel über die Fruchtbäume, Sandalphon über die Menschen u. s. w. gesetzt seien. Sie haben alle andern Geister unter sich, die ihren Befehlen gehorchen. Hiernach waltet die durch Engel vermittelte göttliche Regierung und Vorsehung über allen Kräften, Elementen und Geschöpfen der Erde. Dies steht im Widerspruche mit der Selbstthätigkeit des Welt-Organismus; nach der älteren Auffassung aber ist jene Einwirkung Gottes durch die Engel auf außerordentliche Fälle zu beschränken, in denen Gott wunderbarer Weise eingreifen will. Jedenfalls ist aus der älteren Literatur nicht zu erweisen, daß die Naturkräfte ordentlicher Weise, also fortwährend und regelmäßig, durch die Engel in Bewegung gesetzt werden.

2. Bezüglich der Welterhaltung ist ferner zu beachten, daß auch für sie Israel den Mittelpunkt bildet, ebenso wie die Schöpfung ihren Ausgang von ihm genommen hat. *Bammidbar rabba* c. 2: Wenn nicht Israel wäre, so würde die Welt nicht bestehen. *Schemoth rabba* c. 28: Durch Israels Verdienst ist die Welt geschaffen, und auf Israel steht die Welt. *Taanith* 2: Wie die Welt nicht bestehen kann ohne die Winde, so auch nicht ohne Israel. *Schemoth rabba* c. 15: Zwölf Planeten sind am Firmament; gleichwie der Himmel nicht bestehen kann ohne die zwölf Planeten, so kann auch die Welt nicht bestehen ohne die zwölf Stämme. Wir finden, daß Gott von Anfang an die Welt festhalten wollte; aber er vermochte es nicht, bis daß die Erzväter aufstanden. Die Sache gleicht dem Könige, welcher eine Stadt bauen wollte. Auf seine Anordnung suchte man eine Baustätte. Es kam zur Grundsteinlegung, aber da stiegen die Gewässer aus der Tiefe und ließen den Grund nicht legen. Er kam noch einmal, den Grund zu legen an einem anderen Orte, aber die Gewässer kehrten den Grund um, bis daß er kam an einen anderen Ort und fand daselbst einen großen Fels, und er sprach: Hier will ich die Stadt nun gründen, auf diesen großen Felsen. So war die Welt Anfangs Wasser auf Wasser, und Gott wollte ihr einen festen Grund geben, aber die Gottlosen ließen es nicht zu (diese Gottlosen sind die Zeitgenossen des Enos und das Geschlecht der Sintfluth; wegen der Enosfluth s. *Ber. r.* c. 23). Als nun die Erzväter kamen und würdig befunden wurden (יסוד), da sprach Gott: Auf diese will ich die Welt gründen. Sonst heißt es auch *Joma* 38[b]: Um eines einzigen Gerechten willen wird die Welt erhalten. Nach *Tanchuma, Wajjêra* 13 und *Jalkut Schimeoni Be-*

resch. 61 erfordert der Bestand der Welt das Vorhandensein von wenigstens dreißig Gerechten in jedem Geschlechte. Gerecht ist aber der Bewahrer des Gesetzes (§ 60). Weil nun Israel die Welt trägt, so wendet sich Gottes Fürsorge vor Allem dem Lande Israel zu. *Taanith* 25ᵃ lesen wir von einem R. Chija b. Luliani, daß er den Wolken gebot, daß sie nicht ihren Regen über Moab und Ammon, sondern über Israel ergießen sollten; denn als Gott die Thora allen Völkern anbot, nahm allein Israel sie an. Wenn Gott regnen und seine Sonne scheinen läßt, wenn er Thau vom Himmel und Frieden schenkt, daß die Welt gedeihen kann, so geschieht es um Israels willen: die Erhaltung Israels hat er dabei im Auge; die Völker genießen nur mit. „Wenn nicht Israel wäre, fiele kein Regen herab und würde keine Sonne scheinen" *Bammidbar rabba* c. 1, vgl. *Debarim rabba* c. 7 und oben § 18. 19. Da Gott nur von Israel Genuß hat, von den Heiden aber nicht, so achtet er diese nicht und würde sie nicht erhalten, wenn nicht Israel erhalten werden müßte; jene werden nur mit diesem erhalten. Die Erhaltung der Welt ist also wesentlich Erhaltung des Volkes und Landes Israel.

Kap. XV. Die Schöpfung und der Fall des Menschen.

§ 46. Schöpfung und Urstand des Menschen.

Nach biblischer Lehre ist der Mensch Gottes Bild. Diese Lehre hat die jüdische Theologie im Allgemeinen festgehalten, aber geschwächt, indem sie an die Stelle des Bildes Gottes das Bild der Engel gesetzt hat. Vgl. oben S. 154 f.

1. Schon das Targum *Jer.* I. zu 1 Mos. 1, 26. 3, 22 legt zu einer geringeren Anschauung vom Menschen den Grund. Daß der Mensch nach der Engel Bild geschaffen sei, und zwar nach dem Bilde der Engel des Dienstes *Schemoth rabba* 30. 32 (vgl. S. 168), ist dann jüdisches Dogma geworden. Raschi, der correcte Repräsentant der Tradition, spricht es z. B. zu 1 Mos. 1, 26 aus. Ausführlich beschreibt *Bereschith rabba* c. 8, worin die Engelbildlichkeit des Menschen bestehe: „Gott hat dem Menschen vier Eigenschaften von oben und vier von unten anerschaffen. Er ißt und trinkt wie das Thier, er vermehrt sich wie das Thier, er sondert ab wie das Thier, und er stirbt wie das Thier. Von oben hat er

dies: er steht wie die Engel, er spricht wie die Engel des Dienstes, es ist Erkenntnis in ihm wie in den Engeln des Dienstes, er sieht wie die Engel des Dienstes", und am schärfsten *Tanchuma, Emor* 15: Der Mensch spricht, das Thier nicht; im Menschen ist Erkenntnis, im Thier nicht; der Mensch unterscheidet zwischen Gut und Böse, das Thier erkennt gar nichts; der Mensch empfängt Lohn für seine Werke, das Thier nicht; wenn der Mensch stirbt, so beschäftigt man sich mit ihm und er wird begraben, das Thier aber wird nicht begraben. Dies lautet allgemein ausgedrückt: der Mensch ist geschaffen aus Elementen der oberen und der unteren Welt *Wajjikra rabba* c. 9 g. E. u. ö. Die Ebenbildlichkeit wird bezeichnet, sofern sie Bild (צלם) Gottes ist, durch אייקונא εἰκών oder דפוס τύπος, s. Raschi und *Targ. jer.* I. 1 Mos. 1, 26. Beide weisen auf die äußere Aehnlichkeit. Als Inhalt der דמית bezeichnet Raschi das Erkennen und Verstehen. Alles von der Ebenbildlichkeit Gesagte stellt diese lediglich als formale hin: die äußere Erscheinung, Erkenntnis und sittliches Unterscheidungsvermögen (Vernunft und freier Wille), Unsterblichkeit — das sind die charakteristischen Züge der Gottesbildlichkeit, die so gefaßt allerdings von der Engelbildlichkeit nicht geschieden ist. Der Inhalt, die göttliche Bestimmtheit der Erkenntnis und des Willens, fehlt. Das Verhältnis zu Gott, in welches der Mensch als Bild Gottes hineingeschaffen wurde, ist das der Indifferenz.

2. Der Mensch besteht aus Leib und Seele; jener ist von den unteren Elementen, vom Staube genommen, aber organisirt für die Erfüllung der Thora; diese stammt von oben. Der irdische Stoff zum Leibe wurde nach *Sanhedrin* 38ᵇ verschiedenen Ländern entnommen: Gott nahm Erde zum Haupte vom Lande Israel, zum Leibe von Babel, welches jenem an Werth zunächst steht (vgl. oben S. 63 f.), zu den Gliedern von allen übrigen Ländern. Auch Raschi sagt zu 1 Mos. 2, 7: Er sammelte seinen Staub von dem ganzen Erdboden (מִן־הָאֲדָמָה, sagt die Genesis), von allen vier Himmelsgegenden; denn überall, wo der Mensch stirbt, soll die Erde ihn ins Grab aufnehmen. Er führt aber als andere Tradition an: er nahm den Staub zur Bildung des Menschen von der Stelle, von welcher gesagt ist: einen Altar von Erde sollst du mir machen (2 Mos. 20, 24), d. i. von der Stätte des Heiligtums. Vgl. *Bereschith rabba* c. 11, auch *Sanhedrin* a. a. O. Der Sinn ist dort entsprechend der früher entwickelten Grundanschauung, daß der Mittelpunkt des

§ 46. Schöpfung und Urstand des Menschen.

menschlichen Geschlechtes Israel ist, die übrige Völkerwelt aber sich dazu peripherisch verhält. — Erst allmählich bekam der menschliche Leib seine gegenwärtige Gestalt, vgl. S. 201. Aus Gottes bildender Hand ging nach *Bereschith rabba* c. 14 zunächst ein unförmliches Gebilde (גולם) hervor, das von der Erde bis zum Himmel, ja nach c. 8 von einem Ende der Erde zum anderen reichte und die ganze Erde erfüllte. Ueberdies war nach c. 8 der Leib des Menschen doppelgeschlechtlich, bis das Weib von ihm abgelöst wurde, und er hatte zwei Angesichte, bis in der Bildung des Weibes ihm sein Bild gegenüber und an die Seite trat. Durch einen Umgestaltungsproceß wurde aus dem גולם der spätere Leib des Menschen, von welchem *Targ. jer.* I. 1 Mos. 1, 27 sagt, daß er mit 248 Gliedern und 365 Nerven ausgestattet worden sei. Dieser Zahl von Gliedern und Nerven entspricht eben nach vielen Stellen des Talmuds die Zahl der 248 Gebote und der 365 Verbote der Thora.

Dagegen hat der Schöpfer dem Leibe des Menschen auch eine Macht mitgegeben, welche ihn widergöttlich bestimmen kann, den bösen Trieb (יצר הרע, s. § 47. 49, 2), nach 1 Mos. 6, 5. 8, 21 benannt. Daß Gott ihn geschaffen, bezeugen Stellen in *Sifre* 82ᵇ, *Berachoth* 61ᵃ, *Sanhedrin* 91ᵇ. Man versteht darunter den dem Leibe anhaftenden Trieb zum Vollzuge der körperlichen Functionen, welche auf die Erhaltung und Fortpflanzung gerichtet sind. Daß der *Jezer hara* dem Körper seinem schöpfungsgemäßen Wesen nach innewohnt, zeigt *Beresch. rabba* c. 34. Hier wird die Frage, ob dieser Trieb im Menschen vor oder nach der Geburt entstehe, im ersteren Sinne entschieden, von der Seele aber gesagt, daß sie sich mit dem Leibe erst nach der Geburt vereinige. Nach *Bereschith rabba* c. 9 würde ohne den *Jezer hara* der Mensch kein Haus bauen, kein Weib nehmen, keine Kinder zeugen, nicht handeln noch Geschäfte treiben, vgl. *Kohel. rabba* zu 3, 11. Daß dieser Trieb ein böser genannt wird, erklärt sich daraus, daß die Sinnlichkeit als solche wie die Materie überhaupt (vgl. § 43), sich selbst überlassen, blind und gesetzlos aus sich heraus wirkt und so im Sinne des Gesetzes Böses schafft, bis sie durch den menschlichen Willen beschränkt wird. Gott hat jedoch dem menschlichen Leibe andererseits auch einen guten Trieb (יצר טוב) eingeschaffen. Dies wird *Berachoth* 60ᵇ gefolgert aus den zwei י in וייצר 1 Mos. 2, 7. Zwei Nieren hat der Mensch: die eine räth zum Guten, die andere zum Bösen (Ps. 16, 7), a. a. O. 61ᵃ. 61ᵇ. *Nedarim* 32ᵇ nennt daher den Leib Sitz eines יצר הרע und eines יצר טוב.

Die Seele, der andere Wesensbestandteil des Menschen, stammt von oben her. 1 Mos. 2, 7 hat für die Beseelung des Leibes den Ausdruck: Und Gott hauchte ihm ein (נִשְׁמַת) Lebensodem in seine Nase. Für die Einhauchung (נפיחה) finden wir nun in *Bereschith rabba* c. 14 den Ausdruck זרק בו, er streute die Seele in ihn ein, und ebenso *Sanhedrin* 38ᵇ: זורקה בו נשמה. Der für die biblische Entstehungsgeschichte des Menschen charakteristische (Delitzsch, Genesis z. d. St.) Ausdruck für die Seele als den „unmittelbar von Gott .. in das Leibesgebilde übergegangenen Einhauch" wird also unter dem Einflusse der früher dargelegten Anschauung von dem Verhältnisse Gottes zur Kreatur vermieden. Die Bibel ist traducianisch; daß Talmud und Midrasch dagegen ganz entschieden den Kreatianismus und Präexistentianismus vertreten, zeigt sich ohne Zweifel in dem זריקה statt des biblischen נפח. Alle Menschenseelen, welche bis zur Zeit des Messias in menschliche Leiber eingehen sollen, existirten nämlich schon vor der Schöpfung; sie befanden sich wie noch jetzt im siebenten Himmel (S. 205) in einem Vorrathshause (גוף), aus welchem sie hervorgeholt werden, um sich mit den menschlichen Leibern, die sie beseelen sollen, zu vereinigen *Aboda sara* 5ᵃ u. ö. Diese Seelen sind als wahrhaft lebende, active Wesen gedacht. Nach *Bereschith rabba* c. 8, *Ruth rabba* Einl. u. a. St. berieth sich Gott, als er die Welt schaffen wollte, mit den Seelen der Gerechten. In *Menachoth* 29ᵇ sieht Mose die Seele des R. Akiba im *Ozar* am Ende der „achtzehnten" (so wol richtig En Jakob gegen „achten" der Talmudausgaben) Reihe sitzen. Es kann keinem Zweifel unterliegen, daß Gott, als er das materielle Gebilde beseelen wollte, nach talmudisch-midrasischer Lehre dies nicht durch seinen eigenen Hauch bewirkte, sondern daß er die im Himmel präexistente *Neschama* des Adam aus dem Ozar hervorkommen ließ und in das materielle Gebilde des Menschen einströmte. — Um das eigentümliche Wesen der menschlichen Seele zu erkennen, bemerken wir, daß *Onkelos* und *Jer.* I das נֶפֶשׁ חַיָּה von 1 Mos. 2, 7 mit רוח ממללא wiedergeben. Das ist so viel als „sprechender Geist". Die Sprache ist die Aeußerung der Vernunft, also ist nach den Targumen die lebendige Seele des Menschen gegenüber der Seele der Thiere vernünftiger Geist, vgl. oben S. 209 f. Raschi gibt die traditionelle Anschauung kurz und gut so wieder: auch die *Behema* und die Thiere des Feldes heißen lebendige Seelen, jedoch die Seele des Menschen ist die lebendige in einzigem Sinne, denn sie ist mit Erkenntnis und Sprache begabt.

§ 46. Schöpfung und Urstand des Menschen.

3. Es erübrigt nun noch, die Eigentümlichkeit des ersten Menschen im Unterschiede von jener Beschaffenheit darzustellen, wie sie später eingetreten ist. Auch der Talmud und Midrasch kennen einen Urstand des Menschen, einen Stand zwischen Schöpfung und Fall, der vor dem späteren Zustande des Menschen Vorzüge hatte. Dieser Stand wird mit dem Worte שלום bezeichnet. Das Wort faßt den Urstand mehr von der negativen Seite, nach dem, was im Vergleiche mit der späteren Zeit noch nicht war. Denn es ist verwandt mit שלום und bedeutet Ruhezustand, ungestörtes, friedliches Sein, also Wohlergehen (vgl. Hebr. 3, 11; 4, 1. 9 f.). Die durch den Fall entfesselten Mächte des Uebels und des Todes und der Unheil anstiftenden bösen Geister (§§ 34. 54) störten vor dem Falle noch nicht den Frieden der ersten Menschen *Bereschith rabba* c. 18. 22. *Jalkut Schim., Beresch.* 25. Dieser Zustand dauerte nach den angeführten Stellen jedoch nur sechs Stunden.

.Ueber den positiven Vorzug des Urstandes ergibt sich Folgendes. Adam heißt *jer. Schabbath* II, 3 eine reine *Challa* d. i. Teighebe (vgl. Röm. 11, 16). Delitzsch übersetzt und erläutert (Römerbrief 91) die talmudische Stelle so: „Der erste Mensch als Gottes unmittelbares Gebilde war in seinem Verhältnis zur Welt ein reiner Abhub, womit stimmt, was R. Jose sagt: Wenn das Weib da ihren Teig knetet, hebt sie ihre Teighebe empor, um sich zu erinnern, daß sie es gewesen, welche Adam um jene Reinheit gebracht und ihm den Tod verursacht hat". Dadurch bestätigt sich, daß der auch in Adam von Anfang an vorhandene *Jezer hara* nur der an sich sittlich indifferente sinnliche Trieb ist. „Du sagst: Warum hat Gott den הרע 'י geschaffen, von welchem geschrieben steht: der Trieb (Jezer) des Herzens des Menschen ist böse von seiner Jugend an (1 Mos. 6, 5. 8, 21)? Du sagst: er ist böse, wer kann ihn gut machen? Der Heilige antwortet: Du machst ihn böse. Warum? Ein Kind von fünf, sechs, sieben, acht, neun Jahren ist noch nicht sündig, aber vom zehnten Jahre an und weiter zieht es den bösen Trieb groß ... Der Heilige hat den Menschen ישר gemacht (Pred. 7, 29); da erhob sich (בצר) der böse Trieb und befleckte ihn". So lehrt *Tanchuma, Bereschith* 7. Der böse Trieb war also im Menschen von Anfang an, ruhte aber noch (vgl. Röm. 7, 8 f.). Der Mensch war Anfangs **rein und fromm**, das heißt: er war **noch kein Uebertreter**, sein Jezer hatte ihn noch nicht gereizt. Einen bestimmteren positiven Inhalt der ursprünglichen Reinheit wird man nicht aufstellen können. Mit dieser Auffassung stimmt überein, daß es in dem angegebenen Kapitel im Anschluß an die angegebene Stelle aus dem Prediger heißt: „Der Heilige hat den Menschen, welcher gerecht und fromm heißt, nach seinem Bilde geschaffen in keiner anderen Absicht, als damit er gerecht und fromm werde". Er hat also als Bild Gottes die Anlage und Bestimmung, gerecht (צדיק) zu werden, ist es aber vermöge der Schöpfung nach Gottes Bild noch nicht. *Jer. Schabbath* II, 3 heißt der erste Mensch auch das Licht (נר) der Welt. Damit ist zu vergleichen, daß nach *Bereschith rabba* c. 11 Adam durch das Urlicht, welches in den ersten sieben Tagen leuchtete, am Sabbatabend aber von Gott der Welt entzogen und für die künftige Welt aufbewahrt wurde, von einem Ende der Erde bis zum anderen blickte, — besonders aber die Ausführung *Pesikta* 34ᵃ (vgl. 36ᵇ) in Anknüpfung an 1 Kön. 5, 14: „Dieser, der weiser war, als alle Menschen, ist Adam, der erste Mensch. Und welches war seine Weisheit? Du findest, als der Heilige den Menschen schaffen wollte, berieth er sich mit den Engeln des Dienstes und sprach: Wir wollen Menschen machen nach unserem Bilde. Sie antworteten: Was ist der Mensch, daß du sein gedenkest? Er aber sprach: Dieser Mensch, welchen ich in meiner Welt schaffen will, — seine Weisheit soll größer sein, als die eurige. Was that er? Er führte alle Thiere des Hauses und Feldes und die Vögel herein, ließ sie vor ihnen vorübergehen und fragte sie: Welches sind ihre Namen? Und sie wußten es nicht. Als er den Menschen schuf, ließ er wieder alle diese Thiere hereinkommen und an ihm vorübergehen und fragte nach ihren Namen. Da hob Adam an: Dieses hier soll man שור, dieses סוס u. s. w. nennen, und so benannte er alle Thiere. Und du? Welches ist dein Name? Er antwortete: אדם. Warum? Weil ich von der Erde geschaffen bin. Und welches ist mein Name? Da antwortete er: Adonaj; denn du bist der Herr über alle deine Geschöpfe". Wegen dieser Weisheit, welche die der Engel übertraf, welche ihn das Wesen der Thiere, sein eigenes und das Gottes erkennen ließ, und mit welcher er der Welt die Grundbegriffe alles Wissens überlieferte, wird er das Licht der Welt genannt.

Der erste Mensch hatte jedoch im Urstand auch noch äußere Vorzüge. Es wird seine Schönheit gerühmt. Adam war nach *Pesikta* 37ᵃ. 101ᵃ so schön, daß seine Ferse die Sonne verdunkelte. Wie schön war erst sein Angesicht, da schon die Ferse solchen

§ 47. Die sittliche Anlage des Menschen.

Glanz ausstrahlen ließ! Schön war Adam, denn der Glanz Gottes lag auf ihm. Und er war gewaltig an Größe *Tanchuma, Tazria* 8: als der Heilige den ersten Menschen schuf, schuf er ihn nach seinem Bilde, und zwar (so daß er reichte) von einem Ende der Erde bis zum anderen. Er herrschte über die ganze Erde. Alle Kreatur fürchtete ihn *Jalkut Mischpatim* 363. Und (*Pesikta* 37ª) dreizehn Chuppoth (Baldachin, Brautgemache) flocht der Heilige für den ersten Menschen, nach Ez. 28, 13, wo es heißt: In Eden, dem Garten Gottes, warest du; allerlei Edelgestein war deine Decke. Die Decke (מְסֻכָתְךָ) wird als Zelt gefaßt, und zu den zehn von Ezechiel aufgezählten Edelgesteinen (mit Gold) werden noch drei (oder einer oder keiner) aus den Worten „allerlei Edelgestein war deine Decke" entnommen, und so die Zahl 13 (oder 11 oder 10) gewonnen. Genug, Adam wohnte in Zelten, welche Gott mit Edelgesteinen geschmückt (oder aus Edelsteinen bereitet?) hatte, jedes Zelt mit einem Edelstein, in dessen Glanz er saß. So ehrte ihn Gott, und die Engel dienten ihm. Sie brieten ihm Fleisch, das vom Himmel herabkam, und schenkten ihm Wein ein *Sanhedrin* 59ᵇ.

Dieser Stand der Reinheit, Seligkeit und Herrlichkeit war dem ersten Menschen von Gott als ein dauernder gemeint. Denn nach *Bammidbar rabba* c. 16 hatte der erste Mensch als Bild Gottes ewiges Leben empfangen; erst die Uebertretung hat ihn sterblich gemacht.

§ 47. Die sittliche Anlage des Menschen.

Was die h. Schrift von dem bösen Gelüsten des Menschen aussagt, kann nun von dem Standpunkte der Synagoge aus nicht eine betrübende Erfahrungsthatsache, sondern nur eine schöpferisch gesetzte Naturanlage sein. Danach bestimmt sich seine sittliche Beschaffenheit und seine Aufgabe.

1. Es scheint, daß man in den Schriftstellen vom bösen Gelüsten (1 Mos. 6, 5. 8, 21. S. 211) האדם vom אדם הראשון und seinem Geschlechte verstanden habe: daß er aus Gottes Schöpferhand hervorgegangen sei, ausgestattet mit יצר הרע und יצר הטוב, dem Triebe zum Bösen und Guten; jener wohnt nach *Bammidbar rabba* c. 22 zur Linken, dieser zur Rechten in der Brust des Menschen. יצר הטוב ist nach der letzten Stelle das weise Herz des Menschen, also das Wissen um den göttlichen Willen. Man wird annehmen dürfen, daß damit

wesentlich dasselbe bezeichnet werden soll, was wir Gewissen
nennen, welches *Tanchuma Emor* 15 beschrieben wird als ein Vermögen, zwischen dem Guten und Bösen zu unterscheiden, welches
dem Menschen vermöge schöpferischer Anlage eignet, während das
Thier lediglich vom sinnlichen Triebe bestimmt wird. *Kohel. rabba*
zu 4, 13 wird zwar gesagt, daß der יצר טוב erst vom dreizehnten
Jahre an mit dem Menschen verbunden werde (נודייג). Allein hier
ist vom Zustande des Menschen nach dem Falle die Rede, nicht von
der schöpferisch gesetzten Anlage, wie man daraus sieht, daß der
יצר רע als der König, als der Uebermächtige, bezeichnet wird, was
er erst durch den Sündenfall, in jedem Einzelnen durch die sündige
That wird; da wird dann der יצר טוב zu der vom Menschen erworbenen Gesetzeserkenntnis, welche den י' רע zügeln kann und soll.
Keiner von beiden Trieben ist als unbedingter, die Freiheit des
Menschen ausschließender Zwang zu verstehen. Die in anthropologischer Hinsicht so wichtige Stelle *Tanchuma, Pikkudê* 3 sagt:
Gott entscheidet (גזר) über alle Schicksale (קירות, äußeren Umstände),
unter welchen der Mensch ins Dasein tritt, aber ob er gerecht oder
gottlos sein werde, dies bestimmt er nicht voraus, sondern gibt es
in die Hand des Menschen allein, nach 5 Mos. 30, 15. Und *Bereschith rabba* c. 67: „Es sprach R. Levi: Sechs Dinge dienen dem
Menschen; drei sind in seiner Gewalt, und drei sind nicht in seiner
Gewalt. Auge, Ohr, Nase sind nicht in seiner Gewalt: er sieht was
er nicht will, er hört was er nicht will, er riecht was er nicht will.
Mund, Hand, Fuß dagegen sind in seiner Gewalt. Will er, so beschäftigt sich sein Mund mit der Thora; will er, so beschäftigt sich
sein Mund mit Verleumdung; will er, so schmähet und lästert er;
die Hand gibt Almosen, wenn sie will; wenn sie will, stiehlt sie;
wenn sie will, tödtet sie. Der Fuß geht, wenn er will, in das
Theater und in den Circus, — wenn er will, ins Bet- und Lehrhaus".
Welche Eindrücke also der Mensch mittelst der Sinne von außen
her empfängt, darüber kann er nicht bestimmen; aber welche Handlungen er von sich aus vollziehen oder unterlassen will, darüber bestimmt er selbst. Er ist wahlfrei, weder zum Bösen noch zum
Guten zuvor bestimmt. Andererseits ist er jedoch bedingt, und
zwar zunächst durch seinen sinnlichen Trieb, der von außen her
Nahrung empfängt. *Bammidbar rabba* c. 10 u. ö. werden Auge und
Herz die Unterhändler der Sünde genannt. Das Auge bietet dem
י' הרע ein Object an; doch widerstreitet der י' הטיב. *Nedarim* 32ᵇ

§ 47. Die sittliche Anlage des Menschen. 217

erklärt: „Die kleine Stadt, von der Pred. 9, 14 f. die Rede ist, ist der Körper; die geringe Anzahl Männer in ihr sind die Glieder; der große König, der über sie kommt und sie belagert, ist der יצר רע; er baut um sie große Bollwerke, das sind die Sünden. Der arme weise Mann, der darin gefunden wurde, bedeutet den יצר טוב; er rettet die Stadt durch seine Weisheit, nämlich Buße und gute Werke." Hieraus ersieht man, daß der י׳ רע als der Vollbringer der Sünde gedacht ist, der י׳ טוב als die Weisheit, welche zur Furcht Gottes mahnt und den יצר רע in Schranken hält; und beide Kräfte sind von Anfang an im Menschen gegenwärtig und wirksam. Damit ist zu vergleichen, was *Sifre* 82ᵇ zu den Worten (5 Mos. 11, 18) „Und ihr sollt diese Worte legen auf euer Herz und auf eure Seele" sagt: Die Schrift zeigt, daß die Worte der Thora mit einer Arzenei des Lebens verglichen werden. Es ist gleich als wenn ein König seinem Sohne eine große Wunde geschlagen hat und legt ihm ein Pflaster auf seine Wunde und sagt zu ihm: Mein Sohn, so lange das Pflaster auf deiner Wunde ist, so iß und trink, was dir Genuß schafft, bade dich warm und kalt, und du wirst nicht Schaden nehmen. Wenn du es aber wegnimmst, so ziehst du dir wildes Fleisch (רטיה, νομήν) zu. So sprach der Heilige zu Israel: Meine Söhne, ich habe euch den י׳ ר׳ anerschaffen, aber auch die Thora als Balsam für die Wunde. So lange ihr euch mit ihr beschäftigt, herrscht er nicht über euch, denn es heißt (1 Mos. 4, 7): Nicht wahr, wenn du gut bist, ist Erhebung (Sieg, שאת). Wenn ihr euch aber nicht mit ihr beschäftigt, so seid ihr in seine Hand gegeben, denn es heißt: Wenn du nicht gut bist, so lagert die Sünde vor der Thür. Ja nicht allein dies, sondern sein Streben und Wirken ist wider dich, denn es heißt: Sein Verlangen ist nach dir. Und wenn du willst, wirst du über ihn herrschen, denn es heißt: Und du sollst herrschen über ihn. Und anderwärts heißt es (Spr. 25, 21 f.): Wenn deinen Feind hungert, speise ihn mit Brot (der Thora); dürstet ihn, so tränke ihn mit Wasser (der Thora); denn Kohlen wirst du sammeln auf sein Haupt. Böse ist der יצר הרע; denn der ihn geschaffen hat, bezeugt es von ihm, denn es heißt: Das Gebilde des menschlichen Herzens ist böse von seiner Jugend an. Vgl. *Beresch. rabba* c. 54.

2. Also ist der Mensch von Anfang an sittlich bedingt durch den doppelten Trieb in ihm. Seine Aufgabe ist nun, den י׳ טוב zum König über den י׳ ר׳ zu machen, d. h. diesen durch jenen zu lenken und in rechten Schranken zu halten (S. 232) *Wajjikra rabba*

c. 34. *Tanchuma Behaalothecha* 9 u. ö. Dies gelingt, wenn man sich mit der Thora beschäftigt; denn der טוב 'ר ist Weisheit und Erkenntnis des Gesetzes, bildet sich also durch Thorabeschäftigung. Deshalb war es nach *Jalkut Schimeoni, Beresch.* 22 die Aufgabe schon des ersten Menschen, sich mit der Thora zu beschäftigen, d. i. sich in sie betrachtend zu vertiefen, und die ihm von Gott gegebenen Gebote zu erfüllen; jenes gibt die Kraft zu diesem. So wird לעבדה ולשמרה (1 Mos. 2, 15) erklärt. Vgl. die oben angeführte Stelle *Sifre* 82ᵇ.

Daß aber der Mensch diese sittliche Aufgabe unter solcher Bedingtheit durch den רע 'ר überhaupt hat und erfüllen kann, hat seinen Grund darin, daß ihm auf solche Weise größerer Lohn zugewendet werden soll (§ 65). Dieses Lehrstück muß also schließlich dazu dienen, des Israeliten Thun recht verdienstlich zu machen. Die Gemeinde Israel sagt zu Gott nach *Sanhedrin* 64ᵃ: Du hast uns den רע 'ר nur gegeben, damit wir für unsere Ueberwindung Lohn empfangen.

§ 48. Der Sündenfall.

Der Sündenfall des ersten Menschen, durch Satan und Schlange herbeigeführt, wird aufgefaßt als durch Weigerung der Buße verschärfte Uebertretung eines einzelnen Gebotes. Die Folge ist schmerzlicher Verlust äußerer und innerer Güter, aber keine Erbsünde.

1. Ueber den **Vorgang** bei der ersten Sünde der Menschen hat sich im Talmud und Midrasch folgende Sage ausgebildet. Zugleich mit Eva ist auch der **Satan** geschaffen worden *Beresch. rabba* c. 17. Diese Notiz deutet auf einen Zusammenhang zwischen dem Falle und dem Satan hin. Die jüdische Theologie nennt die **Schlange** 1 Mos. 3 die alte Schlange (נחש הקדמון, vgl. Offb. Joh. 12, 9. 20, 2) und bezeichnet mit diesem Ausdrucke den Teufel (vgl. Delitzsch, Genesis 4. Aufl. 139). *Sifre* 138ᵇ werden z. B. die Heiden Schüler des נחש הקדמוני, welcher Adam und Eva verführt habe, genannt. Vgl. *Sota* 9ᵇ. *Jalk. Schim. Beresch.* 29 u. ö. In *Beresch. rabba* c. 18 u. ö. heißt die Schlange der Bösewicht (רשע, vgl. §§ 62. 81). Daß ein Geistwesen durch die Schlange wirksam war, tritt deutlich hervor auch in der *Jalk. Schim., Beresch.* 25 aufbehaltenen Ueberlieferung, daß Sammaël, der oberste Thronengel (S. 169 f.), die Schlange bestimmt habe, das Weib zu verführen. Nach *Targ. jer.* I. 1 Mos. 3, 6

§ 18. Der Sündenfall.

sah das Weib in dem Augenblicke, als die Schlange sie beredete, den Sammaël, den „Engel des Todes" und fürchtete sich. Sammaël und Satan fließen in ihren Thätigkeiten überhaupt öfters zusammen. Ebenso sind die Vorstellungen von Satan und Schlange nicht streng von einander geschieden, und der Satan erscheint nicht bloß als ein geistiges, sondern gleichzeitig als ein sinnliches Wesen; denn die Motive, welche ihn zur Verführung des Menschen trieben, waren Befriedigung der Herrschsucht und Befriedigung sinnlicher Begierde. Nach *Bammidbar rabba* c. 8 sprach die Schlange: „Ich weiß, daß der Heilige zu ihnen gesagt hat: Am Tage, da du davon issest, sollst du des Todes sterben; siehe ich will hingehen und sie betrügen, sie werden essen und die Strafe empfangen, ich aber werde dann die Erde für mich selbst bekommen (יורש)". Die Schlange konnte es nicht ertragen, als sie sahe, daß die Engel des Dienstes den Menschen bedienten; sie beneidete ihn um solche Ehre *Sanhedrin* 59ᵇ. Infolge dessen nennt *Beresch. rabba* c. 19 die Schlange einen Epikuräer, was nachher ein Kommentator durch Heranziehung eines Ungläubigen (מין) erklärt hat. Die Richtung auf Befriedigung der Sinneslust tritt aber als Beweggrund zur Verführung in der jüdischen Ueberlieferung sogar noch stärker hervor, als die Herrschbegier und der Neid. Nach *Sota* 9ᵇ sprach die Schlange, als sie Eva verführte: Ich will Adam tödten und die Eva zum Weibe nehmen. *Beresch. rabba* c. 18 erzählt: Als die Schlange sah, wie sie (Adam und Eva) eheliche Gemeinschaft ausübten, da gelüstete es sie nach der Eva. Nach *Beresch. rabba* c. 24. *Jalk. Schim.*, *Beresch.* 33 (vgl. 1 Mos. c. 6) pflogen die Dämonen überhaupt während der ersten 130 Jahre nach der Schöpfung Geschlechtsverkehr mit Adam und Eva und zeugten mit ihnen Dämonen. Auch Kain ist nach *Jalk. Schim.*, *Beresch.* 12 (vgl. *Pirke de-R. Elieser* c. 21) vom Satan mit Eva erzeugt. Und wie das Verlangen nach Befriedigung der Sinneslust die Schlange der Eva näherte, so wurde die Erweckung und Steigerung der Sinnlichkeit in Eva auch das Mittel, sie zu verführen. Die Schlange nahete Eva und wohnte ihr bei. Durch diesen Act warf sie in die Eva das זוהמא (*Jebamoth* 103ᵇ, *Aboda sara* 22ᵇ, *Schabb.* 146ᵃ, *Jalk. Schim.*, *Beresch.* 28. 130, vgl. § 49, 2ᵇ). In *Aboda sara* a. a. O. wird die Neigung der Heiden zum Incest (S. 68 f.) auf den Umstand zurückgeführt, daß sie dieses זוהמא von Eva her noch in sich haben. זוהמא *inquinamentum* ist also etwas, was den יצר הרע zum höchsten Grad steigert, so daß er alle Schranken durchbrechend

Alles ergreift, um sich selbst Genüge zu thun; der Weg zur Verführung des Weibes war die Steigerung des im יצר הרע vorhandenen sinnlichen Triebes zu schranken- und zügelloser Begierde. Eva hat nun weiter das Gelüsten in Adam dadurch angereizt und entwickelt, daß sie ihm Wein zu trinken gab, den sie selbst auf Zureden der Schlange trank *Bammidbar rabba* c. 10. Dort heißt es erst: das ist Adam der Alte, welcher das Haupt aller Menschen ist, denn durch den Wein ist der Tod über ihn verhängt worden; und ferner: das ist Adam der Erste; denn durch den Wein, welchen er getrunken hat, ist die Welt verflucht worden um seinetwillen, denn R. Abin sagt: Wein hat Eva dem Adam gemischt, und er trank. Nunmehr vermochte auch die nach *Targ. jer.* I. 1 Mos. 3, 6 eintretende, Furcht erregende Erscheinung des Todesengels Beide nicht mehr davon abzuhalten, die verbotene Frucht zu nehmen und zu essen. Die Sünde war vollbracht. Was es für ein Baum war, von dem sie aßen, wird viel erörtert; nach *Bammidbar rabba* c. 8 war es ein Oelbaum; in *Berachoth* 40^a wird die Wahl gelassen zwischen dem Weinstock (R. Meir), dem Feigenbaum (R. Nehemia) und dem Weizen (R. Jehuda); ebenso *Sanhedrin* 70$^{a\,b}$. Aber *Pesikta* 142^b sagt, der Heilige habe den Baum, von welchem Adam aß, mit Absicht nicht näher bezeichnet, damit er ihm nicht zur Schande gereiche.

2. Hinsichtlich des eigentlichen Wesens der so zu Stande gekommenen Sünde fehlt es nicht an Ansätzen zu einer tieferen Auffassung. Schon wenn das Targum Jer. I. 1 Mos. 3, 4 Gottes Beweggrund für sein Verbot als den Neid des Werkmeisters gegen seine Berufsgenossen hinstellt, erscheint die Sünde als Gegenwehr des unterdrückten Geschöpfes gegen den Schöpfer, mithin als **Auflehnung** oder **Abfall**. In der That wird Adam *Jalkut Schim., Beresch.* 47 ein Rebell (מורד) und der Andere zur Rebellion reizt (מבריד) genannt. Nach *Beresch. rabba* c. 19 brachte die Schlange Eva vom Glauben an die göttliche Drohung durch Verleumdung (הלשיריא) ab, nämlich als wenn Gott durch den verbotenen Baum die Kraft zur Weltschöpfung bekommen und die Frucht nur deshalb verboten hätte, damit die Menschen nicht auch solcher Kraft teilhaftig würden. Esset jetzt, sprach die Schlange, ehe andere Welten geschaffen werden, denn die späteren Welten werden die Uebermacht gewinnen über die eurige. In *Tanchuma, Bereschith* 8 sagen die Rabbinen: Hart ist die böse Zunge (die Verleumdung), denn sie hat den Tod über den ersten Menschen gebracht. Denn die Schlange stand auf

§ 48. Der Sündenfall.

und sprach zu Adam und Eva: Gewiß, Gott hat gewußt, daß an dem Tage, wo ihr von dem Baume esset, eure Augen aufgethan werden; denn er hat von diesem Baume gegessen, als er seine Welt schuf. Und jeder Werkmeister hasset die Genossen seiner Kunst. Aber ihr werdet sein wie Gott. Da hörten sie auf ihn und veranlaßten den Tod sich und ihren Nachkommen bis an das Ende aller ihrer Geschlechter. *Bereschith rabba* c. 16 wird die Sünde Adams bezeichnet mit den Worten: er hat den Willen Gottes verlassen und ist dem Willen der Schlange nachgefolgt. Die Zeit vor dem Falle wird als die Zeit bezeichnet, in welcher Adam seinem Schöpfer ergeben (מושלם לבוראו, vgl. Jes. 42, 19) war. Der Kommentator erläutert das durch: שלם עם הקב״ה וצדיק d. i. er lebte mit dem Allheiligen im Frieden und Wolverhalten. Im Falle nun hat er den Frieden gebrochen und Gottes Willen verlassen. In *Sanhedrin* 38ᵇ heißt es: Adam war ein מין (S. 152); Gott rief ihm zu: Adam, wo bist du? d. h. wohin hat dein Herz sich gewendet? Hierzu bemerkt der Kommentator: zum Götzendienst. Diese tiefere Auffassung der Sünde als Abfall von Gott ist aber in der jüdischen Theologie nicht durchgedrungen. Das Wesen des Sündenfalls wird vielmehr vorwiegend als **Uebertretung eines einzelnen Gebotes**, und zwar eines leichten, aufgefaßt, die, aus einer übermächtigen Begierde hervorgegangen, an sich gar nicht den Bruch zwischen Gott und den Menschen herbeigeführt hätte, wenn nicht die **Weigerung der Buße** von Seiten Adams hinzugekommen wäre. *Schabbath* 55ᵇ wird von Adams Sünde gesagt: er hat ein leichtes Gebot übertreten (עבר מצוה קלה), und *Beresch. rabba* c. 21: Adam wurde aus dem Garten Eden vertrieben, weil er eine מצוה קלה mißachtet hatte. *Tanchuma, Chukkat* 16 läßt nach einer Ueberlieferung Adam gegenüber den Gerechten sagen, er habe nur eine einzige Sünde auf sich, jeder Gerechte aber wenigstens vier. *Beresch. rabba* c. 19 wird die Uebertretung als Entblößung von der Gebotserfüllung und deren Verdienst (§ 59 f.) dargestellt; so verstehe ich die Worte: die ersten Menschen wurden selbst von der einzigen Mizwa, die sie in Händen hatten, entblößt. Sie hatten nur ein Gebot vorher erfüllt, d. h. nicht übertreten, also nur diese eine Leistung vor Gott geltend zu machen; nun haben sie durch Uebertretung auch dieses einzige Verdienst verloren, sind daher von aller Gerechtigkeit entblößt. Aber diese Sünde hat im letzten Grunde Gott zur Ursache. Denn er hat die Leiblichkeit mit dem יצר הרע geschaffen, ohne welchen die Sünde nicht möglich gewesen wäre *Beresch. rabba* c. 27. *Jalkut Schim., Beresch.* 44. 47. An der letzteren Stelle heißt es: Reue überkam mich, daß ich den Menschen von irdischer Substanz (מלמטה) geschaffen; denn wenn ich ihn von himmlischer Substanz geschaffen hätte, so wäre er kein Rebell gegen mich geworden. Und weiter: Reue ist in meinem Herzen entstanden, sagt Gott, daß ich in ihm den יצר הרע geschaffen habe; denn wenn ich dies nicht gethan hätte, so wäre er kein Rebell gegen mich geworden. Vgl. a. a. O. 61 u. ö. Daß Adam die Buße verweigert habe, erzählt *Bammidbar rabba* c. 13, indem dort das Wort Spr. 29, 23 auf Adam angewendet wird. „Als Adam den Befehl des Heiligen übertrat und von dem Baume aß, verlangte der Heilige, daß er Buße thue und eröffnete ihm damit eine Befreiung (von der Schuld), aber Adam wollte nicht… Was heißt nun: ועתה (1 Mos. 3, 22)? Dies, daß der Heilige zu ihm sagte: Selbst jetzt noch thue Buße, und ich will dich annehmen. Aber Adam sprach: Ich will nicht! Da sprach der Heilige zu ihm: Aber nun! Adam gab zurück: Nein, ich will nicht!" Den Sündenfall hätte also Adam sofort durch einen Bußact wieder ungeschehen machen können; weil er dies nicht wollte, darum wurde er ausgetrieben. So mußte er nun auch die Folgen des Sündenfalls tragen.

3. Sechs Dinge hat Adam durch die Sünde verloren: den Glanz (זיו), das Leben, seine Größe, die Frucht des Feldes, die Früchte der Bäume und das Licht, *Beresch. rabba* c. 12. *Bammidbar rabba* c. 13. *Tanchuma, Beresch.* 6. *Jalkut Schim. Beresch.* 17. — זיו (vgl. S. 165) ist קלסתר פנים der Abglanz der göttlichen Herrlichkeit (vgl. 2 Kor. c. 3), welcher vor dem Falle auf seinem Angesichte lag. Das Leben ist die Unsterblichkeit, welche ihm Gott im Urstande verliehen hatte, denn mit der Sünde hat er sich und seinen Nachkommen den Tod verursacht. „Gott schuf den Adam nach seinem Bilde, denn er sollte lebendig und ewig (קיים) sein, wie er selbst; aber er hat seine Werke verderbt und meinen Beschluß vereitelt, und er hat gegessen vom Baume, und ich sprach: Staub bist du!" So *Bammidbar rabba* c. 16, vgl. das. c. 10. *Kohel. rabba* 76ᵃ (?). Nach *Targ. jer.* I. 1 Mos. 3, 6 und *Jalk. Schim., Beresch.* 25 trat der Todesengel hervor, sobald Eva den Baum angerührt hatte; doch vollstreckte er die Strafe nicht alsbald, denn Gott schenkte dem Menschen einen Tag Gottes, d. i. 1000 Jahre (*Beresch. rabba* c. 19). Die Größe Adams wurde nach *Bammidbar rabba* c. 13 (vgl. *Chagiga*

§ 48. Der Sündenfall.

12ᵃ u. a. St.) auf 100 Ellen herabgesetzt. Die Früchte der Erde und der Bäume wurden ihm dadurch entzogen, daß die Erde verflucht ward und statt der Früchte Dornen und Disteln trägt, a. a. O. Das Licht endlich (במראה oder איר), durch welches die Welt geschaffen worden war (vgl. oben S. 214), zog Gott am Ausgange des Sabbats ein und wird es erst den Gerechten in der zukünftigen Welt wieder leuchten lassen. Zu derselben Zeit vollstreckte Gott auch das Urteil der Austreibung der ersten Menschen aus dem Paradiese *Beresch. rabba* c. 12, vgl. c. 11 u. ö. Zu dieser äußeren nach dem Sündenfall verlorenen Herrlichkeit des Menschen gehörte aber auch seine Herrschaftsstellung über die Welt im Allgemeinen und über die Thiere insbesondere. „Als der Heilige den ersten Menschen schuf, hat er ihn zum Herrn über Alles gemacht: die Kuh gehorchte dem Pflüger, die Furche gehorchte dem Pflüger; nachdem der Mensch gesündigt hatte, lehnten sie sich wider ihn auf: die Kuh wollte dem Pflüger nicht mehr Folge leisten, die Furche wollte sich vom Pflüger nicht mehr ziehen lassen." So *Beresch. rabba* c. 25, vgl. c. 19 u. ö.

Anstatt dieser ursprünglichen Herrlichkeit wurden dem Menschen Plagen oder Flüche auferlegt, die er fernerhin tragen mußte. Sie finden sich aufgezählt *Jalk. Schim.*, *Beresch.* c. 27. Dem Weibe ebenso wie dem Manne hat Gott neun Flüche und den Tod auferlegt, nämlich dem Weibe die Strafe der Menstruation, des Blutverlustes bei der ersten Beiwohnung, der Schwangerschaft, der Geburt, der Auferziehung der Kinder, daß sie das Haupt bedecken muß wie eine Trauernde, und das Haar lang wachsen lassen muß (vgl. 1 Kor. 11, 5—10) wie die Lilith (§ 54, 2) und es nur bei Nacht entblößen darf, daß sie wie ein Knecht ihr Ohr durchbohrt und wie eine Magd ihrem Ehemanne dient, und daß ihr Zeugnis vor Gericht nicht gilt. Dem Manne hat Gott seine Kraft verringert und seine Gestalt verkürzt; es haftet ihm die Unreinheit des Samenflusses, der Pollution und der ehelichen Beiwohnung an; er säet Weizen und erntet Dornen, seine Speise ist, wie die des Viehes, das Kraut des Feldes; sein Brot ißt er in Kummer und seine Kost im Schweiß. Und Mann und Weib trifft nach alle dem noch der Tod. Vgl. *Erubin* 100ᵇ.

An dem Fluche Adams hat auch die Erde ihren Teil *Beresch. rabba* c. 5. Sie ist ja mit ihnen (Adam und Eva) verflucht worden. Deshalb bringt sie schädliche Insecten u. s. w. hervor. Es wird aber nur ein zeitlicher, nicht ein ursächlicher Zusammenhang zwischen dem Fluche über den Menschen und dem über die Erde angenommen. Denn der Fluch über die Erde wird ganz entsprechend dem Charakter der Selbständigkeit, durch welche alle Kreatur ihr Geschick selbst bedingt (§ 43), durch den Hinweis auf eine Ungehorsamsthat der Erde selbst begründet, indem diese die Bäume nicht in der von Gott gewollten Weise hervorgehen ließ. Sogar der Lauf der Planeten ist nach *Beresch. rabba* c. 10 in Folge der Sünde Adams verändert worden; ihre Bahn ist seitdem verlängert und ihr Lauf verzögert.

Das Alles sind äußere Veränderungen. Es spiegelt sich aber in ihnen eine große Veränderung im Verhältnis Gottes zu dem Menschen wieder, welche *Pesikta* 1ᵇ (vgl. oben S. 189) und *Bammidbar rabba* c. 13 einen unmittelbaren Ausdruck findet. Anfangs war die Schechina in den unteren Regionen; aber als der erste Mensch gesündigt hatte, wich sie zurück in den ersten Himmel (S. 204). Der Mensch ist in einen Stand des Fluches eingetreten, ist des Todes schuldig, und rechtes Verhalten gegen Gott ist nun erschwert. Mehr wird sich nicht sagen lassen. Die Sünde, zu welcher schon durch die Schöpfung die Anlage und Neigung im Menschen gesetzt war, ist geschehen; der יצר הרע ist zum Herrn des Menschen geworden, der ihm nur mit größter Anstrengung widerstehen kann, ihm der vor dem Fall auch wol Macht, aber keine solche Uebermacht hatte. Deshalb wird nun der böse Trieb ein König genannt *Nedarim* 32ᵇ, vgl. oben S. 216 und *Bammidbar rabba* c. 15 mit *Kohel. rabba* zu 4, 13. 9, 15. Dieser Mächtige versucht Alles, um den Menschen zu Fall zu bringen (לבטפיל). Jochanan der Hohepriester hatte 80 Jahre als Hohepriester gedient, und zuletzt hat ihn der ה״ר ע noch überwältigt, daß er noch ein Zadduki wurde. Der השוב ה׳ dagegen heißt נער *Pesikta* 80ᵇ, מסכ *Nedarim* a. a. O., דל der Arme, Kränkliche, Schwächliche *Wajjikra rabba* c. 34; derjenige wird selig gepriesen, der diesen דל zum König über ה׳ הרע den Mächtigen zu machen vermag. Der ה׳ הטוב ist dermalen der Schwächere, der ה״ר ע der Stärkere. Aber beide Triebe trägt der Mensch auch nach dem Falle immer noch in sich. Gerechtes Verhalten ist schwerer geworden, dafür aber um so verdienstlicher. Der freie Wille auch in Bezug auf das Verhalten gegen Gott ist dem Menschen auch nach dem Falle geblieben. Es gibt eine Erbschuld, aber keine Erbsünde; der Fall Adams hat dem ganzen

§ 49. Entstehung und Wesen des sündigen Menschen.

Geschlechte den Tod, nicht aber die Sündigkeit im Sinne einer Nothwendigkeit zu sündigen verursacht. Die Sünde ist das Ergebnis der Entscheidung jedes Einzelnen, erfahrungsgemäß allgemein, aber an sich auch nach dem Falle nicht schlechthin nothwendig.

Kap. XVI. Der Zustand des sündigen Menschen.

§ 49. Entstehung und Wesen des sündigen Menschen.

Nach der jüdischen Theologie ist der Leib des Menschen von Natur unrein, weil er irdisch ist, und macht auch die Seele, die vom Himmel her rein in ihn eingeht, durch die Verbindung mit sich unrein; aber die Seele ist nun verantwortlich für das Thun des Leibes.

1. Von der Entstehung des Menschen enthält *Tanchuma, Pikkudê* 3 folgende zusammenhängende Darstellung. „R. Jochanan sprach: Was heißt: der da thut Großes, das man nicht ausforschen, Wunderbares, das man nicht aufzählen kann (Hiob 9, 10)? Wisse, daß alle Seelen (נשמות), welche von dem ersten Adam an gewesen sind, und welche sein werden bis ans Ende der ganzen Welt, in den sechs Schöpfungstagen geschaffen worden sind. Sie sind alle im Garten Eden und waren alle bei der Gesetzgebung zugegen (5 Mos. 29, 15). Und was das anlangt, daß er gesagt hat, er thue Großes, das man nicht ausforschen kann, so ist es das Große, das der Heilige vollbringt in der Bildung des Embryo (ולד). In der Stunde nämlich, wo ein Mann dem Weibe beiwohnt, winkt der Heilige dem Engel, der über die Befruchtung gesetzt ist, und sein Name ist Nacht (לילה), und der Heilige sagt zu ihm: Wisse, daß in dieser Nacht ein Mensch gebildet wird von dem Samen des und des Menschen; wisse es, und gib Acht auf diesen Samen (טפה) und nimm ihn in deine Hand, streue ihn auf die Tenne und webe ihn in 365 Teile (die Sehnen und Nerven) auseinander. Und er thut also. Sofort nimmt er ihn dann und bringt ihn vor den Schöpfer der Welt und sagt: Ich habe gethan nach deinem Befehl. Und was ist nun bestimmt über diesen Samen? Sofort bestimmt der Heilige, was am Ende daraus werden soll, ob männlich oder weiblich, schwach oder stark, arm oder reich, kurz oder lang, häßlich oder schön, dick oder dünn, gering oder vornehm. Und so bestimmt er über alle Schicksale (קורות) der Menschen;

aber ob dieser ein Gerechter oder Gottloser werden soll, das bestimmt er nicht, das gibt er allein in die Hand des Menschen, nach 5 Mos. 30, 15. Sofort winkt dann der Heilige dem Engel, der über die Geister (רוחת) gesetzt ist und sagt zu ihm: Bringe mir den und den Geist aus Gan Eden; so und so heißt er, so und so sieht er aus; denn alle Geister, welche geschaffen werden sollen, sind vorhanden von der Schöpfung der Welt bis zum Weltende und sind alle schon bestimmt für gewisse Menschen; denn Pred. 6, 10 heißt es: Was ins Dasein tritt, ist längst genannt bei Namen. Sofort geht der Engel und bringt den Geist vor den Heiligen; dieser aber, der Geist, beugt sich alsbald und wirft sich nieder vor dem Könige aller Könige. Nun sagt der Heilige zu dem Geiste: Gehe ein in diese Tippa, die in der Hand von dem und dem Engel ist. Da hebt der Geist an und sagt: Herr der Welt! Mir genüget die Welt, in der ich wohnte, seit du mich geschaffen hast; warum willst du mich in diesen befleckten Samen (טיפה סרוחה) eingehen lassen, mich, der ich heilig und rein bin, und ich bin (dann) verbannt von deiner Herrlichkeit? Sofort sagt der Heilige zur Seele: Die Welt, in die ich dich eingehen lasse, sei dir schöner, als diejenige, in welcher du bisher gewohnt. Als ich dich bildete, bildete ich dich allein für diese Tippa. So läßt ihn der Heilige eingehen, in die Tippa auch gegen seinen Willen. Und darnach kehrt der Engel zurück (auf die Erde) und läßt den Geist (die mit der Tippa vereinte Seele) in den Uterus der Mutter eingehen, die empfangen hat, und man bestimmt dem Geiste zwei Engel als Wächter, damit er den Mutterleib nicht wieder verlassen könne und damit er nicht falle. Und sie lassen ihn daselbst eingehen, eine angezündete Kerze auf seinem Haupte (nach Hiob 29, 2. 3), und er blickt auf und sieht von einem Ende der Welt bis zum andern. Dann nimmt ihn der Engel von dort und bringt ihn nach Gan Eden (S. 163) und zeigt ihm die Gerechten, die in der Herrlichkeit sitzen mit Kronen auf dem Haupte. Und es sagt der Engel zu ihm: Weißt du, wer diese sind? Der Geist antwortet: Nein, mein Herr! Wieder nun spricht der Engel zu ihm: Diese, welche du hier siehst, sind Anfangs alle gebildet worden, wie du, in ihrer Mutter Leibe; sie sind hervorgegangen in die Welt, haben die Thora bewahrt und die Gebote; deshalb sind sie würdig geworden, daß man sie für dieses Gute bestimmt hat, das du siehst; wisse, daß du am Ende von der Welt scheiden wirst, und wenn du würdig sein wirst und bewahrst die Thora des Heiligen, wirst du solcher Güter

§ 49. Entstehung und Wesen des sündigen Menschen.

gewürdigt werden und der Gemeinschaft dieser Gerechten; wo nicht, so wisse, daß du eines anderen Ortes teilhaft werden wirst. Am Abend führt er ihn dann in das Gehinnom und zeigt ihm dort die Gottlosen, welche die Engel des Verderbens schlagen mit feurigen Stäben, indem sie rufen: Wehe! Wehe! und sich nicht erbarmen über sie. Weiter sagt der Engel zu ihm: Weißt du, wer diese sind? Nein, mein Herr! Diese vom Feuer Verzehrten, antwortet der Engel, sind solche, die in die Welt hervorgegangen sind und die Thora und die Gesetze des Heiligen nicht gehalten haben; deshalb sind sie gekommen in diese Schmach, die du siehest; und du wisse, daß auch du in die Welt hervorgehen wirst, und sei ein Gerechter, und nicht ein Gottloser, so wirst du gewürdigt werden und wirst leben im ewigen Leben... Und so erleuchtet ihn der Heilige über Alles und führt ihn vom Morgen bis zum Abend umher, und zeigt ihm den Ort, wo er sterben, und den Ort, wo er begraben werden wird. Danach bringt er ihn weiter und führt ihn auf der ganzen Welt umher und zeigt ihm die Gerechten und die Gottlosen und läßt ihn Alles sehen. Und am Abend führt er ihn wieder in seiner Mutter Leib, und der Heilige macht ihm daselbst einen Riegel und zwei Thüren... Und der Embryo liegt im Leibe seiner Mutter neun Monate lang,.. und von Allem, was seine Mutter isset und trinket, ißt und trinkt er zuerst und läßt keinen Unrath von sich... Am Ende kommt seine Zeit, aus Licht der Welt hervorzugehen. Sofort kommt der Engel und sagt es ihm. Er aber spricht zu ihm: Warum willst du mich an das Licht der Welt herausführen? Der Engel antwortet ihm: Mein Sohn, wisse, daß du wider deinen Willen gebildet worden bist, und nun wisse, daß du, ob du willst oder nicht, geboren wirst und stirbst und vor dem Könige aller Könige, dem Heiligen, g. s. Er, Rechenschaft geben mußt. Aber er will nicht heraus, bis der Engel ihn schlägt und das Licht auf seinem Haupte auslöscht und ihn aus Licht der Welt herausführt, wider seinen Willen. Sofort vergißt der Säugling Alles, was er vor seinem Ausgang gesehen hat und Alles, was er weiß. Und warum weint der Säugling bei seinem Ausgang? Weil er den Ort der Ruhe und des Friedens verloren hat, und über die Welt, welche er verlassen hat". Dazu vgl. im Einzelnen *Jalk. Schim., Beresch.* 38.

2. Bei der Verwerthung dieser Stelle handelt es sich uns hier um die Seele, den Leib und das Verhältnis beider zu einander, und zwar unter ethischem Gesichtspunkte.

a. Die Seele. Die talmudisch-midrasische Psychologie ruht offenbar auf kreatianischer Grundlage. Wie die Seele des ersten Menschen von oben her in den Leib gekommen ist, so kommt auch jetzt fort und fort zu jedem Leibe, der im Mutterleibe sich bildet, eine für die neu entstehende Persönlichkeit bestimmte Seele, die als das personbildende, den Menschen sittlich bestimmende Princip רוח, in ihrer Verbindung aber mit dem Leibe und in ihrer Bedingtheit durch ihn נשמה heißt. Die Seele wird als dem Menschen geliehen oder anvertraut bezeichnet; sie geht in den Körper ein, wohnt bis zum Tode in ihm und scheidet dann wieder von ihm, um in die oberen Regionen, und zwar in den Ozar im Gan Eden (vgl. oben S. 205) zurückzukehren, von wo sie ausgegangen ist. Vgl. noch *Schemoth rabba* c. 31. *Sifre* 132ª. Der kreatianischen Anschauung, die auch in *Debarim rabba* c. 11 und *Kohel. rabba* zu 5, 10 ausgesprochen wird, steht scheinbar eine Stelle aus *Menachoth* 99ᵇ entgegen, wonach die Seele in den ersten 40 Tagen im Embryo gebildet wird (נוצר). Aber der Ausdruck muß nach der allgemeinen Anschauung verstanden werden, wonach die Seele von oben her als eine längst fertige persönliche Hypostase in den Körper des Menschen eingeht (נכנס). Auch nach *Jalk. Schim., Beresch.* a. a. O. wird die Seele in den Leib des Menschen im Augenblicke der Bildung des Embryo, d. i. wo diese Bildung beginnt, hineingegeben (נתנה). Diese Seele nun, wie sie in den Menschen eingeht, ist rein *Mechilta* 43ᵇ wie Gott *Berachoth* 10ª, משובחת שלמעלה *Wajjikra rabba* c. 14, wozu freilich ihre Weigerung, in den Menschen einzugehen, nicht recht stimmen will. Sie ist auch bestimmt, in Reinheit wieder aus dem Menschen zu scheiden. *Kohel. rabba* zu 12, 7: „Diese (Seele), welche ich dir gegeben habe, ist rein; wenn du sie mir so wieder zurückgibst, wie ich sie dir gegeben habe, so ist es gut für dich; wenn nicht, so verbrenne ich sie vor dir". Vgl. in *Schabbath* 152ᵇ die Mahnung, Gott die Seele rein zurückzugeben, wie er sie zuvor gegeben habe, und die damit stimmenden Worte des Morgengebets: „Mein Gott, die Seele, die du mir gegeben, ist rein; du hast sie geschaffen, gebildet und mir eingehaucht; du bewahrst sie in mir, nimmst sie einst von mir und gibst sie mir wieder für das zukünftige Leben".

b. Der Leib (גוף) heißt dagegen unrein (טמא) *Mechilta* 43ᵇ; denn er stammt nach dem Obigen (vgl. *Pirke aboth* III, 1) aus einem übelriechenden Tropfen (טפה סריחה). Das ist allerdings zunächst nur

§ 49. Entstehung und Wesen des sündigen Menschen.

ein physischer oder doch dem gottesdienstlichen Leben entnommener
Begriff. Der Same, aus dem der Leib entsteht, ist unrein, insofern
er im Gegensatze zu der himmlischen Seele dem Bereiche des
Irdischen und Verweslichen angehört; der Unterschied zwischen
Edlem und Unedlem liegt zu Grunde. Allein סרח wird doch auch
von dem Falle Adams und der dadurch eingetretenen Veränderung
(*Chagiga* 12ª. *Aboda sara* 8ª) und dann überhaupt vom Sündigen,
sofern man dadurch schlecht, gemein, verächtlich wird, gebraucht.
Sonach bezeichnet es sowol die physische, als auch die sittliche
Verderbnis, die thatsächlich mit einander verbunden sind: Leib und
Seele sind durch die Sünde verderbt worden. נֶפֶשׁ ס' ist also der
sündliche und zugleich der verwesliche Same. Daß der Leib nicht bloß
als der verwesliche unrein ist, sondern weil er der Sitz des bösen
Triebes (יצר הרע, vgl. S. 211) ist, sehen wir aus dem, was *Bammidbar
rabba* c. 13 gesagt ist: Gott habe, ehe er den Menschen
schuf, gewußt, daß das Begehren seines Herzens böse von Jugend
auf sein werde. „Wehe dem Teig, über welchen der Bäcker selbst
das Zeugnis ablegen muß, daß er böse ist!" Dieses jüdische Sprüchwort
kann man auf die jüdische Lehre vom Menschen anwenden.
Dann ist der Teig der Leib, den Gott (der Bäcker) gewirkt und
gebildet hat, und die Unreinheit des Leibes wird damit begründet,
daß dieser der Sitz des יצר הרע ist, welcher im Leibe das ist,
was der Sauerteig im Teige (שאור שבעיסה, vgl. 1 Kor. 5, 7 f.): eine
gährende, treibende Macht *Berach.* 17ª; er heißt irgendwo מחמיצני.
In *Beresch. rabba* c. 34 wird erörtert, ob der ה'ר' vor oder bei
der Geburt in dem Menschen entstehe, und es wird zunächst gesagt,
daß er vor der Geburt entstehe, d. h. mit dem Embryo sich entwickele,
wogegen jedoch geltend gemacht wird, daß er dann zur Geburt
drängen und im Mutterleibe nicht Ruhe halten würde; er entstehe
also erst, wenn das Kind zur Geburt treibe. Beides läßt sich vereinigen:
er entwickelt sich mit dem Embryo, wird aber zuerst in dem
Drängen zum Austritt der Frucht aus dem Mutterleibe wirksam. Zur
vollen Stärke und Herrschaft jedoch kommt er, eben weil er
wesentlich eins ist mit dem sinnlichen Triebe, erst mit der Entwickelung
der Leiblichkeit selbst. Und weil er in der geschlechtlichen
Lust gipfelt, so wird die Zeit der Pubertät als die Zeit angenommen,
wo seine volle Herrschaft eintritt. Darauf weist *Tanchuma,
Beresch.* 7 hin, wo gesagt wird, daß der *parvulus* (תינוק) noch nicht
sündige; erst vom zehnten Jahre an werde das Gelüsten groß. Zur

natürlichen Sinneslust kam bei dem Israeliten bis zur Zeit der Gesetzgebung und bei den Heiden noch jetzt die Wirkung des Suhama (זוהמא, vgl. oben S. 219 f.). Von dem Eintritte der körperlichen Reife an verdient der ה' הר' den Namen „ein fremder Gott" (אל זר) im Leibe des Menschen *Schabbath* 105ᵇ. Er verursacht im Leibe die Sünden, wie *Schemoth rabba* c. 15 sagt: die Sünden stammen von dem bösen Triebe (יצר הרע), welcher in ihrem Leibe (גוף) ist. Die Engel sind davon frei, weil sie die irdische Leiblichkeit nicht an sich tragen; ihre Heiligkeit ist darum nur einfach, die des Menschen zweifach, weil im Kampfe mit den bösen Gelüsten errungen *Wajjikra rabba* c. 24 (vgl. oben S. 167).

c. Das Verhältnis von Leib und Seele. Da die Seele für sich selbst gelebt hat, ehe sie in den Leib einging, und für sich selbst leben wird, wenn sie den Leib verlassen wird, und nur mit Widerstreben in den irdischen Leib eingegangen ist, so ist und bleibt ihr Verhältnis zu diesem äußerlich. Sie sucht sich auch während des Lebens noch dem Leibe zu entziehen. Sie steigt während des Schlafes in den Himmel und kehrt Morgens als neue zurück, *Echa rabba* zu 3, 23 und *Tanchuma, Mischpatim* 16. Sie ist es, welche die Thora bewahrt, studirt und übt und die Gemeinschaft Gottes pflegt; der Jezer hara des Leibes ist es, der die Sünde begehrt und vollzieht. Dennoch besteht ein näheres Verhältnis zwischen Leib und Seele. Diese ist berufen, mit den ihr innewohnenden Kräften der Weisheit guter Trieb (י' טוב) zu sein (vgl. S. 211. 215 f.), das Gute zu fördern und den bösen Trieb zu entkräften. Wenn sie den י' הרע walten läßt, so vollbringt wol er die Sünde, aber die Seele ist verantwortlich; denn ohne ihre Einwilligung hätte er sie nicht thun können. In *Tanchuma, Wajjikra* 6 (vgl. *Sanhedrin* 91ᵇ. *Wajjikra rabba* c. 4) werden Leib und Seele einander bezüglich ihres Anteils am Zustandekommen der Sünde gegenübergestellt; der Leib wird als der von Staub Gebildete dem Dorfbewohner verglichen, welcher keine Kenntnis der Reichsgesetze hat, die Seele aber, die von oben Entstammte, dem Bürger der Residenz, welcher die Reichsgesetze wol kenne. Jener geht frei aus, dieser wird bestraft. „Die Sache gleicht einem Könige, welcher einen Garten hatte, darinnen waren reife Trauben, Feigen und Granaten. Da sprach der König: Setze ich einen Sehenden als Wächter hinein, so geht er hin und ißt mir die reifen Früchte selbst weg. Was that er? Er setzte zwei Wächter, einen blinden und einen lahmen. Diese bewachten den Garten. Sie

§ 50. Die Wahlfreiheit und die allgemeine Sündhaftigkeit.

saßen und rochen den Duft der reifen Früchte. Da sprach der Lahme zum Blinden: Ich sehe schöne reife Früchte im Garten; komm, laß mich auf dir reiten, so wollen wir sie holen und essen. Da ritt der Lahme auf dem Blinden, holte die Früchte, und sie aßen sie beide. Einige Zeit später kam der König, suchte die reifen Früchte und fand sie nicht. Er sprach zum Lahmen: Wer hat sie dir gegeben? „Habe ich denn Füße?" antwortete dieser. Jener fragte den Blinden: Wer hat sie dir gegeben? „Habe ich denn Augen?" sagte dieser. Da ließ der König den Lahmen auf dem Blinden reiten und sprach: Wie ihr beide zusammen die reifen Früchte gestohlen und gegessen habt, so will ich euch auch beide zusammen richten. So thut auch Gott. Er bringt die Seele und streut sie in den Leib, denn es heißt (Ps. 50, 4): Er ruft dem Himmel von oben und der Erde, zu richten sein Volk. Jener ist die Seele, diese der Leib." Die Seele hat die Einsicht, aber kein Mittel zur That; der Leib ist ohne Einsicht, aber er wird das Werkzeug zum Vollzuge der That. So sind Seele und Leib, da sie bei der Sünde eng mit einander verbunden sind, beide verantwortlich; aber höhere Verantwortlichkeit hat die Seele, weil nur von ihrer Erkenntnis die Hinderung der That ausgehen kann und soll, während der יצר הרע des Leibes in sich keinen Zügel hat, sondern nur den Drang, sich selbst genug zu thun.

§ 50. Die Wahlfreiheit und die allgemeine Sündhaftigkeit.

Ohne Zweifel legen Talmud und Midrasch dem Menschen im Grundsatze auch nach dem Falle noch Freiheit des Willens bei und nehmen nicht nur die Möglichkeit der Sündlosigkeit des Menschen an, sondern sehen auch wirklich einzelne Menschen, wenn auch nur als Ausnahme, für sündlos an. Die Begehung wenigstens einzelner Sünden bildet jedoch die Regel.

1. Die äußeren Umstände zunächst üben keinen unbedingten Zwang zum Guten oder zum Bösen auf den Menschen aus, sondern fügen sich nach dessen Willensrichtung. *Joma* 39^a: Wer sündigen will, dem schafft man dazu die Gelegenheit, und ebenso dem, der sich rein halten will. In *Maccoth* 10^b wird aus der Thora, den Propheten und den heiligen Schriften nachgewiesen, daß der Mensch auf den Weg geführt wird, den er gehen will. Auch der Zustand des menschlichen Inneren beeinträchtigt nicht die Möglichkeit, das

Gute oder das Böse zu wählen. Diejenigen, welche den guten Trieb (טוב י׳, S. 230) lieber als den bösen (רע י׳) wählen, sind nach *Kohel. rabba* zu 4, 15 die Gerechten; welche dagegen die entgegengesetzte Wahl treffen, sind die Gottlosen. Jenes thun heißt (das. zu 9, 7) den טוב י׳ zum König machen (המליך, vgl. S. 217 f. 224), obwol man auch dann noch von den Angriffen des רע י׳ zu leiden hat. Wer ihn in der Jugend bewältigt, hat im Alter Macht über ihn. In *Bereschith rabba* c. 67 findet sich für den freien Willen der Ausdruck רשות Gewalt, Herrschaft: die Gerechten beherrschen den Trieb des Herzens (לב), die Gottlosen sind in der Macht ihres Triebes. Vgl. dazu *Tanchuma, Pikkudê* 3 und oben S. 225 f.: nur die äußeren Schicksale bestimmt Gott schon vor der Geburt. Obgleich es daher unmöglich ist, daß Menschen ohne Reizung zum Bösen durch den ihnen innewohnenden יצר רע bleiben, ist doch wirkliche Sündlosigkeit nicht ausgeschlossen. In *Kohel. rabba* zu 1, 8 ist von solchen die Rede, welche ohne den Geschmack der Sünde aus dem Leben schieden (שלא טעם חטא), und *Schabb.* 55[b] wird die Möglichkeit behauptet und vertheidigt, daß ein Gerechter ohne Sünde bleibe. Hiob 14, 1 ff. wird als Gegenbeweis *Bammidbar rabba* c. 19 und besonders *Tanchuma, Chukkat* 3 ausdrücklich entkräftet: es werde hier von Fällen geredet, wo fromme Söhne von gottlosen Vätern stammen, z. B. Abraham, der Sohn Therachs. Ohne Sünde sind vor Allem die Kinder, nach *Kohel. rabba* zu 3, 2 לידתו נקי rein von Geburt; sie haben noch keinen Geschmack (טעם) von der Sünde, kennen sie noch nicht aus Erfahrung, heißen daher *Wajjikra rabba* c. 7 טהורים. Wenn sie sterben, geschieht es nur wegen der Schuld ihrer Väter; sie befreien sogar in der zukünftigen Welt durch ihr Verdienst ihre gottlosen Väter von den ewigen Strafen, indem sie bewirken, daß sie von der Seite der Gottlosen auf die Seite der Frommen herüberkommen, *Kohel. rabba* zu 4, 1. Daneben sind die Erzväter und andere große Heilige wirklich ohne Sünde durchs Leben gegangen (vgl. oben S. 54 f. § 64). Abraham erlag der Macht des הרע י׳ nicht, *Jalk. Schim., Beresch.* 36; auch über Isaak und Jakob hatte er keine Macht, a. a. O. 106. Jakob war nach *Beresch. rabba* c. 98 bis ins 84. Jahr gekommen, ohne je eine geschlechtliche Unreinheit (קרי טפת) an sich wahrzunehmen. Auch Elia hat nicht gesündigt und ist deshalb ins Leben eingegangen, ohne den Tod zu sehen *Wajjikra rabba* c. 27. *Kohel. rabba* zu 3, 15. *Tanchuma, Emor* 9 u. ö. Und von Hiskia heißt es *Kohel. rabba* zu 5, 6, er habe alle

§ 50. Die Wahlfreiheit und die allgemeine Sündhaftigkeit.

seine Glieder gezählt und gezeigt, daß er mit keinem derselben gesündigt hatte. Wenn von anderen großen Heiligen wie Mose Sünden zugegeben werden müssen, so sind sie doch zu zählen. Mose wollte nach *Tanchuma, Debarim* 6 nicht sterben; er behauptete, nur eine einzige Sünde gethan zu haben, die Gott ihm verzeihen könnte, so daß er des Todes ledig gehen sollte. Gott zählte ihm aber sechs Sünden auf und bewies ihm so die Gerechtigkeit des Todesgerichts auch für ihn. Immerhin sind bei den Heiligen und Gerechten höchstens einzelne Sünden zu finden.

2. In der Regel freilich muß auch die jüdische Theologie das Uebermaß des Bösen anerkennen, indem sie von einer **allgemeinen Sündhaftigkeit** redet. Der Sinn dieses Ausdruckes ist aber: die Menschen erliegen **in der Regel** der Macht des bösen Triebes und begehen in Folge dessen Uebertretungen, sei es öfter, sei es seltener, sei es ausnahmsweise, sei es immerfort. Denn einerseits ist der böse Trieb im Menschen übermächtig, und seine Macht wird durch Satans Einwirkung und äußere Verhältnisse noch verstärkt; andererseits ist der dagegen ankämpfende Trieb zum Guten in der Regel schwach, weil die Seele sich nicht genug durch Betrachtung und Uebung der Thora mit göttlicher Kraft erfüllt. Nur die Gerechten thun dies, und in dem Maße, als sie es thun, sind sie gerecht. Aber sie bilden die Ausnahme; die Mehrzahl sind die Mittelmäßigen und die Gottlosen, zu welchen auch die Heiden gehören. Vgl. § 51, 2. 62, 1.

An Belegen für die allgemeine Sündhaftigkeit fehlt es nicht. Die Sünde geht von der Anreizung des bösen Gelüstes aus. *Jalkut Schim., Beresch.* 36 sagt, daß der ר׳ ה die Geschlechter verdirbt. Nach *Schemoth rabba* c. 31 wird Jeder zur Sünde versucht. In demselben Kapitel finden sich die Sätze: es ist kein Mensch, der nicht sündigte, und: es ist kein Geschöpf, das sich nicht an Gott verschuldete. *Wajjikra rabba* c. 14 aber heißt es mit Bezug auf Ps. 51, 7, wo עוין plene geschrieben ist: selbst bei dem Allerfrömmsten ist es nicht möglich, daß er nicht eine Seite von der Sünde her habe (שלא יהיה לו צד אחד מצד). Trefflich wird das Wachstum der Macht des bösen Triebes *Beresch. rabba* c. 22 u. ö. geschildert. Erst (schwach wie) ein Weib, dann (stark wie) ein Mann; erst wie ein Faden, dann wie ein Schiffstau; erst Gast, dann Hausherr. Soll er nicht aufkommen, so bedarf es einer Reaction, welche z. B. *Schir rabba* zu 4, 4 als שבי, שלל, הרוגה bezeichnet wird. Gewöhnliche Menschen sind hierzu nicht fähig. In dieser Voraussetzung haben manche moralische Vorschriften ihre Wurzel, z. B. daß *Pesikta* 177ᵃ u. ö. eingeschärft wird, man müsse die mannbar gewordene Tochter auf jeden Fall verheirathen, und wäre es an den Knecht, damit sie nicht ihrer und fremder Begierde zum Opfer falle und in Sünde stürze (vgl. 1 Kor. 7, 36 ff.), oder daß bezüglich des Jünglings die Pflicht gilt, vom 14. bis spätestens zum 20. Jahre in die Ehe zu treten; wer es nicht thue, sei beständig in Gefahr, in עבירה zu fallen (1 Kor. 7, 2), oder sich in Gedanken mit der Sünde zu beschäftigen; einem solchen zürne Gott. Erst heirathe man, dann studire man, um im Studium vom Jezer unbehindert zu sein *Kidduschin* 29ᵇ. Der übermächtige Jezer erscheint als der Feind des Menschen und Gottes, als der, welcher fort und fort jenen in Sünden, besonders in Götzendienst, also in Abfall von Gott, und in Fleischessünden sowie in Uebertretungen aller Art zu stürzen sucht. *Succa* 52ᵃ werden sieben Namen des הר׳ '׳ aufgezählt. Gott selbst nannte ihn (1 Mos. 8, 21) den Bösen; bei Mose heißt er (5 Mos. 10, 16) der Unbeschnittene, bei David (Ps. 51, 12) der Unreine, bei Salomo (Spr. 25, 21) der Feind, bei Jesaja (57, 14) der Anstoß (מכשול), bei Ezechiel (36, 26) der Stein, bei Joel (2, 20) der Verborgene. Er ist also nach den ersten drei Namen der Widergöttliche, nach den letzten vier Namen der Feind des Menschen, der diesen zu fällen sucht, vgl. *Jalk. Schim., Beresch.* 61. In seiner harten widergöttlichen Art heißt er auch sonst öfters der Stein oder das steinerne Herz, *Wajjikra rabba* c. 35, *Debarim rabba* c. 6 (wo ihm das fleischerne Herz entgegengestellt wird, das künftig an seine Stelle tritt), *Schir rabba* zu 6, 11. Als der tückisch lauernde Feind, der den Menschen überfällt, heißt er der Räuber (גזלן) *Beresch. rabba* c. 54 u. ö. Und *Succa* 52ᵇ u. ö. führt er den Namen der Frevler (רשע). Sehr anschaulich drückt das Gleiche *Pesikta* 80ᵃᵇ aus: „Nach der Weise der Welt schließt ein Mensch, der mit dem Andern zwei oder drei Jahre lang zusammen groß geworden ist, einen Bund der Liebe und Freundschaft; dieser aber, der הר׳ '׳, ist mit dem Menschen zusammen aufgewachsen (גדל) von der Jugend an und hat mit ihm gelebt bis zum Alter; aber wenn er ihn zu Fall bringen kann innerhalb 20 Jahren, so bringt er ihn zu Fall, und so innerhalb 40 Jahren oder innerhalb 80 Jahren, bis zu seinem Tode. Man sagt von Jochanan, dem Hohenpriester, daß er im Hohepriestertum 80 Jahre gedient habe, und am Ende wurde er ein Zadduki. Und das ist es, was David gesagt hat (Ps. 35, 10): Alle meine Gebeine sollen sagen: Herr, wer

§ 50. Die Wahlfreiheit und die allgemeine Sündhaftigkeit. 235

ist wie du, der den Elenden von dem Stärkeren errettet, und den
Elenden und Armen von dem, der ihn beraubt! Und gibt es denn
einen ärgeren Räuber als diesen?"

3. Das böse Gelüsten richtet sich nun insbesondere auf den Abfall
von Gott und die Uebertretung seiner Gebote, um des Menschen
Lust zu befriedigen. *Schemoth rabba* c. 30 sagt aus, daß der 'ה 'י
die Menschen zum Abfalle bringt und ihr Mörder wird. *Sanhedrin* 64
(vgl. *Joma* 69) wird in derb realistischer Weise im Anschluß an
Neh. 9, 4 dargestellt, wie die Juden nach dem Exil denjenigen יה 'ה,
der sie zum Götzendienste verführt hatte und dadurch Ursache der
Zerstörung des Heiligtums und der Verbannung des Volkes geworden
war, in Gestalt eines jungen feurigen Löwen aus dem Allerheiligsten
hervorgehen sahen, indem ihn Gott in ihre Hände geben wollte, und
wie sie ihn getödtet. Nun erbaten sie sich auch Gewalt über einen
zweiten יה 'ה, der zur Unkeuschheit verführt. Aber als sie ihn ver-
wahrten, hörte in allen Geschöpfen der geschlechtliche Trieb auf.
Keine Henne legte mehr ein Ei. Da sagten sie: Bringen wir auch
diesen 'ה 'י um, so wird die Welt nicht bestehen können. Da stachen
sie ihm die Augen aus und ließen ihn laufen. Das hat nun wenigstens
bewirkt, daß die Neigung zum Incest aufhörte; aber die zur Hurerei
blieb; vgl. *Schir rabba* zu 7, 8. Der 'ה 'י verführt also vorzugs-
weise zu Götzendienst und Hurerei. In *Mechilta* 75ᵃ wird geschildert, wie Gott Jagd auf ihn macht, indem er alle Arten des
Götzendienstes verbietet, zu denen der Jezer anreizt. Auch *Schemoth
rabba* c. 41 wird er die Ursache des Götzendienstes genannt. Er
macht von der Thora abwendig *Sifre* 81ᵇ, hindert die Gesetzeserfüllung *Berach.* 17ᵃ, *Bammidbar rabba* c. 17, widerspricht den
Geboten Gottes *Pesikta* 38ᵇ (vgl. *Joma* 67ᵇ), verleitet zum Irrtum
und Zweifel *Tanchuma Thezaweh* 6 (vgl. 7), betrügt den Menschen
und führt ihn in die Irre, indem er ihn zur Skepsis anreizt
Tanchuma Emor 15 (vgl. *Behaalothecha* 5). Erst dann wird Alles
unter Gottes Flügel kommen, wenn er den יה 'ה getödtet haben wird
Schemoth rabba c. 30. Hinsichtlich der Verführung zur Unkeuschheit vgl. schon oben S. 233 f. Ihretwegen soll der fromme Israelit
nicht viel mit einem Weibe sprechen *Pirke aboth* I, 5 (vgl. Joh.
4, 27), auch nicht mit ihr allein sein; dies setzt eine beständige
Reizung zur Unkeuschheit voraus. Der Talmud nimmt überall, wo
das Zusammensein eines Mannes und einer Frau in der Schrift erwähnt wird, unkeusche That an. Joseph erscheint nach der biblischen

Ueberlieferung sittenrein, nach der talmudischen nicht. *Raschi* zu 1 Mos. 39, 11 verzeichnet die talmudische Ueberlieferung (aus *Sota* 36ᵇ), wonach Joseph ins Haus der Potiphera einging, um „seine Lust mit ihr zu büßen"; nur die Erscheinung des Bildes seines Vaters hielt ihn davon ab. *Jebamoth* 103ᵃ erzählt, eine fleischliche Vermischung des Sisera mit der Jaël Richt. 4, 17 ff. Als Boas die Ruth in seiner Tenne übernachten ließ, quälte ihn nach *Sifre* 24ᵃ der הרע 'י die ganze Nacht, mit Ruth sich fleischlich zu vereinigen, indem er ihm vorstellte, er könne sie dadurch gesetzlich zu seinem Weibe nehmen; aber Boas beschwor die böse Lust. Man setzt weiter voraus, daß die geschlechtliche Lust nur schwer zu bezwingen sei. Daher die Forderung, welche *Moëd katon* 17ᵃ und *Kidduschin* 40ᵃ aufstellt. „Es ist überliefert, daß R. Illai der Alte sagt: Wenn der Mensch sieht, daß sein Jezer über ihn die Herrschaft hat, so gehe er an einen unbekannten Ort, ziehe schwarze Kleider an, hülle sich in schwarze Gewänder und thue, wie sein Herz begehrt; aber er entweihe nicht den Namen Gottes öffentlich. Ich bin nicht der Meinung. Siehe es ist gelehrt: Wer eine Uebertretung begeht, stößt die Füße der Schechina von sich weg. Aber es ist zwischen diesen beiden Meinungen kein Widerspruch. Das eine Mal ist die Rede von dem, der seinen Jezer zu bezwingen vermag, das andere Mal von dem, der es nicht vermag."

4. Alle sinnlichen Eindrücke, die durchs Auge dem Menschen zugeführt werden, erwecken und stärken den Jezer *Sota* 7ᵇ. Die Augen werden *Tanchuma, Schallach* 15 (vgl. oben S. 216) die Vermittler (Kuppler) für den Körper genannt, denn „sie führen den Körper zur Hurerei": sie führen ihm die Bilder von der Außenwelt her zu, durch welche der Jezer erweckt wird. Auf dieser Grundanschauung beruht der Ausdruck *Schabb.* 62ᵇ, daß die Frauen Jerusalems (Jes. 3) den הרע 'י in die Jünglinge eingeführt haben (מבניסות, vgl. *Joma* 9ᵇ), indem sie Eindrücke in ihnen hervorriefen, an denen sich die böse Lust entzündete; bei dem Blinden dagegen hört nach *Tanchuma, Tholedoth* 7 der ה־ע 'י auf, weil das Auge diesem keine Vorstellungen mehr zuführt, so daß er aus Mangel an Nahrung sterben muß.

Zur Entwickelung der gottwidrigen Macht im Menschen wirkt noch eine andere Macht mit. Darauf deutet allgemein, was *Sota* 3ᵃ sagt: Niemand begeht eine Sünde (עבירה), es sei denn zuvor der Geist der Bethörung (רוח שטות) in ihn gefahren. Genauer bezeichnet

§ 50. Die Wahlfreiheit und die allgemeine Sündhaftigkeit. 237

wird sie als der Satan (vgl. unten § 54). *Bammidbar rabba* c. 20 heißt es: בצר בי חשטן, und dem Zusammenhange nach ist das, was der Satan entzündet, die böse Lust. Als R. Meir hochmüthig über die spottete, welche Uebertretungen begehen, erschien ihm Satan in Gestalt einer schönen Frau, um ihn zu Fall zu bringen *Kidduschin* 81[a]. Aehnliches wird von R. Akiba erzählt. In *Baba bathra* 16[a] wird Satan von dem Jezer gar nicht geschieden. Auch Levy, Chald. W.-B. I, 342 nennt ihn den „bösen Engel". Aber identisch sind der Jezer und der Satan nicht. Sofern beide die gleiche gottwidrige Absicht haben, wirkt dieser durch jenen und ist in ihm die bewegende Kraft; so kann es geschehen, daß Eines für das Andere steht, ohne daß Beides zusammenfällt. Allerdings ist die Neigung, beide Begriffe zu verschmelzen, in der späteren jüdischen Theologie gewachsen. Zu *Kidduschin* (a. a. O.) bemerkt Raschi: Es erschien ihm Satan, welcher der Jezer hara ist.

Endlich wirken noch äußere Verhältnisse mit, die von Gott gefügt sind. Und Gott selbst hat sich vorbehalten, auf das Zustandekommen der bösen That hindernden oder fördernden Einfluß üben. *Jalkut Schimeoni, Beresch.* 90 heißt es, der Jezer, der den Menschen zur Sünde reize, sei in die Hand Gottes gegeben, der ihn abhalten könne (בידו), die Sünde zu vollbringen. In diesem Sinne konnte R. Chija *Kidduschin* 81[b] auf sein Angesicht niederfallen und sagen: Der Barmherzige errette mich von dem Jezer hara! Fördernd wirkte Gott bei der bösen That mit bei dem sogenannten מעשה בגל d. i. bei Israels Stierdienst am Sinai, welcher als der entscheidende Sündenfall Israels von solchem Gewichte ist, daß Gott selbst wiederholt dafür verantwortlich gemacht wird; vgl. oben S. 55 f. und § 58. So hat ja nach *Sanhedrin* 108[a] das Geschlecht der Fluth wie auch Sodoms sich deshalb erhoben, weil Gott ihnen das Gute im Ueberfluß gegeben hatte.

5. Indem also dämonische Macht und von Gott gewirkte Verhältnisse mit den natürlichen Bedingungen der Sünde zusammenwirken, entfaltet sich die Macht des Bösen und erzeugt fort und fort die einzelnen Sünden, in denen sich die allgemeine Sündhaftigkeit vor Gott darstellt. Zu allem Ueblen tritt endlich der Mangel im Gebrauche der Gegenmittel. Denn es fehlt an solchen nicht. Gott hat ja dem Menschen auch ein gutes Begehren von Anfang an eingeschaffen, vgl. S. 215 f. Aber es ist jetzt im Verhältnis zum bösen Triebe wenig vermögend. Zu seiner Stärkung ist die Thora

bestimmt, vgl. oben S. 22 f. *Baba bathra* 16ᵃ u. ö. Durch diese soll er zum König über den bösen Jezer werden S. 232. Das Thorastudium, lehrt *Sifre* 82ᵇ, überwindet die böse Begierde; wer davon abläßt, ist in ihre Hand gegeben. *Kidduschin* 30ᵇ gibt folgenden Gedankengang. Der Jezer hara erneuert täglich seine Angriffe: ohne Gottes Hülfe könnte der Mensch ihn nicht überwinden. „Wenn er dir begegnet, dieser Schändliche (מנוול), so ziehe ihn ins Lehrhaus, er wird zerschellen." Deshalb setzt man von dem Schriftgelehrten in erster Linie voraus, daß er ihn bewältige und nicht in Uebertretung falle; *Berachoth* 5ᵃ: der Talmid Chacham (S. 42) soll den Jezer hattob wider den Jezer hara erregen und durch Beschäftigung mit der Thora oder durch das Aufsagen des Schema (S. 41) diesen besiegen. Nach *Kidduschin* 81ᵃ hielt sich der über Andere hochmüthig spottende R. Meir für sicher durch das Thorastudium (S. 237). Nach *Bereschith rabba* c. 17 besteht der Anfang der Sünde im Schlafe, weil der Mensch da sich nicht mit der Thora beschäftigt und nicht arbeitet. Als anderes Mittel gegen den Jezer hara erscheint die Anwendung des Gottesnamens. So beschwor ihn Boas (S. 236) *Sifre* 24ᵃ. Drei, heißt es *Wajjikra rabba* c. 23, haben den Jezer hara beschworen, als er übermächtig werden wollte, seinen Willen nicht zu thun: Joseph, Boas und David. Die Zaddikim, sagt *Bammidbar rabba* c. 15, beschwören ihren Jezer, wenn er sie verleiten will, bei Jehova und dämpfen ihn dadurch, vgl. *Tanchuma, Behaalothecha* 10 u. ö. Damit hängt wol jene soeben angeführte Kraft des Schema (*Berachoth* 5ᵃ) zusammen. Die Beschwörung im Namen Gottes erscheint *Kidduschin* a. a. O. wie eine Art Exorcismus; denn es heißt da, wie ein gewisser Amram den Jezer beschwor, so fuhr er von ihm aus in Gestalt einer Feuersäule. Ferner ist der Gottesdienst in der Synagoge ein gutes Mittel, den Jezer zu bannen, da hier Thoralesung und Gebet zusammenwirken. Aber er kehrt nach dem Gottesdienste an seinen Ort zurück. Endlich soll man seinen Jezer wie ein Opfer schlachten und über ihn beichten *Sanhedrin* 43ᵇ oder das, was zur Sünde reizt, Gott weihen, wie ein Jüngling sein schönes Haar, das ihn zur Sünde reizte, durch ein Nasiräatsgelübde opferte. So überwindet man den Jezer, weil sein Stachel beseitigt wird *Nedarim* 9ᵃᵇ.

Durch solche Mittel besiegen ihn die Weisen und Gerechten von Fall zu Fall. Aber da er täglich sich erneuert, und seine Angriffe immer wieder kommen, wird auch der Weise ihm leicht einmal

§ 51. Sünde und Schuld.

erliegen. R. Chija kämpfte gegen den Jezer hara in immer neuem Gebete. Da stellte sich ihm seine eigene Frau als geschmückte Hure verhüllt in den Weg, und er erlag der Macht der Versuchung *Kidduschin* 81ᵇ. Dennoch heißt R. Chija ein Zaddik; denn es gibt eine Sühnung des Geschehenen (§ 67 ff.), und im Leben des Gerechten ist solcher Fall vereinzelt. Vgl. S. 232. 234.

Ist die Selbstbewahrung vor dem Jezer und seine Ueberwindung so schwer, so wird es uns nicht wundern, daß es *Schir rabba* zu 4, 4 (vgl. *Pirke Aboth* IV, 1) heißt: Jeder, der seinen Jezer im Zaume hält, heißt ein Held (גבור). Es gehört das Heldentum des Weisen dazu, um sich vor dem Jezer zu bewahren. Hieraus folgt, daß der ʿAm haárez (S. 42 ff.), dessen Sinn auf die Welt gerichtet ist, die Kräfte dazu nicht in sich hat; daß der Mittelmäßige (S. 46. 50. § 62), der dem Studium der Thora und dem Gebete nicht volle Kraft und Zeit widmet, auch nicht genügend befähigt sein wird, den Jezer immer zu beherrschen; daß endlich Frauen, welche die Thora nicht haben, ihrem bösen Jezer immer preisgegeben sind und aufs Sorgfältigste in äußeren Schranken gehalten werden müssen. Ueberhaupt aber, „so lange die Frommen leben, müssen sie mit ihren Gelüsten kämpfen; erst wenn sie sterben, bekommen sie Ruhe" (*Bereschith rabba* c. 9, unter Berufung auf Hiob 3, 17ᵇ).

6. Wir fassen zusammen. Sündlosigkeit ist an sich möglich, sei es in absolutem, sei es in relativem Sinne (Beschränkung der Sünde auf einige wenige Fälle), aber nicht wirklich: sie liegt nicht im Bereiche der Erfahrung. Die gegebene Regel ist die Sündhaftigkeit, wonach Jeder vom Jezer überwältigt wird und Uebertretungen begeht. Je nach der Zahl und Beschaffenheit derselben bemißt sich der sittliche Werth oder Unwerth des Menschen. Für den Begriff der Sündhaftigkeit ist dabei von Belang, daß das Vorkommen einzelner Uebertretungen den Stand wesentlicher Gerechtigkeit nicht nothwendig beeinträchtigt.

§ 51. Sünde und Schuld.

Die Synagoge lehrt sonach eine schöpferisch gesetzte Anlage des Menschen zur Sünde, aber keine ererbte, vor der Thatsünde wirklich vorhandene Sündigkeit. Jeder begründet seine Sündigkeit durch seine eigenen Sünden, d. i. durch die

Uebertretungen, die er begeht. Alles Gewicht liegt somit auf der einzelnen zähl- und wägbaren Thatsünde.

1. Als **Thatsünden** sind nicht bloß diejenigen Sünden anzusehen, welche sich im Gebiete der äußerlichen Wirksamkeit in wahrnehmbarer Weise vollziehen, auch nicht die allein, die mit Wissen und Willen geschehen. Wir haben vielmehr innere (הרהור), unwissentliche äußere (שגגה) und wissentliche äußere Thatsünden (עבירה) zu unterscheiden *Tanchuma, Zaw* 7. — a) Die ersteren Sünden sind solche, die in der **Vorstellung** begangen werden; הַרְהוּר, nicht mit יצר zu verwechseln *Schabb.* 56[a,b], welcher ihn erzeugt, heißt das Imaginiren. So *Targ. Jonathan* zu Jes. 62, 10: הרהור דיצרא die vom Jezer erzeugte Vorstellung einer zu begehenden Sünde oder eine vom Jezer erzeugte in der Vorstellung begangene Sünde. *Targ. jer.* I. zu 5 Mos. 23, 11 wird die Vorstellung הרהור genannt, die sich mit nächtlichen Pollutionen verbindet. Wenn ein Weib sich ehebrecherischen Gedanken gegen einen anderen Mann ergibt, während sie dem eigenen die eheliche Gemeinschaft leistet, so wird dies *Bammidbar rabba* c. 9 ausdrücklich als Ehebruch (ניאיף) bezeichnet. In *Kidduschin* 29[b] wird der ה־הור von der עבירה unterschieden, in *Baba bathra* 164[b] dagegen diesem Begriffe untergeordnet: „Von drei עבירות bleibt der Mensch an keinem Tage frei: nicht von הרהור עבירה, von Zweifel an der Erhörung des Gebets und von Verleumdung, wenigstens einem Stäubchen von Verleumdung; die Mehrzahl verfällt in Raub, die Minderzahl in Blutschande, alle in Verleumdung, wenigstens in etwas Verleumdung". Die in der Vorstellung vollzogene Uebertretung ist also Sünde; deshalb muß man ein wenn auch geringeres Sühnopfer für sie darbringen. Nach *Targ. jer.* I. 3 Mos. 6, 2 (vgl. *Wajjikra rabba* c. 7. *Tanchuma* a. a. O.) muss man für הרהורי לבא ein Brandopfer als Sühnopfer darbringen. *Joma* 29[a] dagegen sagt, daß solche in der Vorstellung begangene Sünden härter seien als die עבירה, weil (nach Raschi's richtiger Erklärung) die Gedanken an Hurerei für den Körper schädlicher sind als ihr Vollzug. — b) עֲבֵירָה dagegen ist die **Uebertretung** d. i. die auch äußerlich zum Vollzuge gekommene, mit Wissen und Willen begangene, vollendete Thatsünde. Vollendete Thatsünde ist zwar auch c) die שְׁגָגָה, aber ihr fehlt das Moment des Bewußten. Während die שגגה zur Sühnung nur ein Sündopfer erfordert, so ist für die עבירה ein אשם nöthig *Tanchuma* a. a. O. — Die Abstufung in der sündigen That ist also

§ 51. Sünde und Schuld.

die, daß die erste Stufe die in der Vorstellung begangene und im Bereiche der Innerlichkeit verbliebene Sünde, die zweite die unbewußte aber vollendete, die dritte die bewußte und vollendete Thatsünde ist. Der Name עבירה dient jedoch auch als Gesamtbezeichnung für alle Thatsünden überhaupt.

Ein weiterer Unterschied hinsichtlich der Beschaffenheit der Sünden ergibt sich daraus, daß das Gebot, welches übertreten wird, ein leichtes oder schweres, ein weniger oder mehr bedeutendes sein kann, vgl. § 65. So wird *Erubin* 21ᵇ die מצוה קלה (eine solche war z. B. das Verbot Gottes an Adam, vgl. oben S. 221) unterschieden von der מצוה חמורה; hieraus erwächst der Unterschied zwischen עבירה קלה und עבירה חמורה (z. B. *Schebuoth* I, 6), der leichten und der schweren Sünde, ein Unterschied, der in der verschiedenen Sühne, die erfordert wird, zum Ausdruck kommt. Beispiele von schweren Sünden enthält *Pesachim* 25ᵃᵇ; danach kann man in Lebensgefahr jede Sünde begehen (S. 252f.), außer Götzendienst, Blutschande und Mord. In *Erachin* 15ᵇ u. ö. wird die Verleumdung (לשין רע) als eine besonders schwere Sünde bezeichnet; so auch öfters der Raub.

2. Je nach der Schwere und Zahl der begangenen Sünden hat nun der Mensch **verschiedenen Werth vor Gott** (vgl. § 62). Wer nur wenig und leichte Uebertretungen begangen hat, bleibt fromm (חסיד) oder gerecht (צדיק); wer viele und schwere Uebertretungen begangen, ist bös (רשע). Wer Sünden nur ganz selten, dagegen das Gute regelmäßig und in hervorragender Weise vollbringt, ist sehr gerecht (צדיק גמור); wer das Gute nur in geringem Maße und nur ausnahmsweise, das Böse aber immer und auch in großem Maßstabe vollbringt, ist ganz bös (רשע גמור). Dagegen ist vom צדיק גמור bis zum רשע גמור eine Stufenleiter. Wer wenig Gutes und viel Böses thut, doch nicht hervorragende Sünden begangen hat, ist einigermaßen bös (רשע קל); wer wenig Gutes thut und schwer sündigt, ist sehr bös (רשע חמור). *Rosch haschschana* 16ᵇ führt dagegen neben den רשעים, offenbar in der Richtung auf die צדיקים hin, noch Mittelmäßige (בינונים, s. S. 46) an, solche, die man weder als Gerechte preisen, noch als Gottlose schelten kann, die in der Mitte zwischen beiden stehen. Daß der Gerechte leichte Uebertretungen begehen und der Frevler leichte Gebote erfüllen, daß jener Strafe ernten, dieser Verdienst erwerben kann, lehrt z. B. *Taanith* 11ᵃ. Vom רשע קל und רשע חמור spricht *Sanhedrin* 47ᵃ, vom רשע גמור

wie vom צדיק גמור *Bammidbar rabba* c. 10 und *Sifre* 133ᵃ. Vgl. § 62.

3. Daß jede Sünde für sich als einzelne zähl- und wägbare That in Betracht kommt und nach ihrer Beschaffenheit für sich beurteilt wird, das geht in bestimmtester Weise hervor aus der Anschauung, die *Tuanith* 11ᵃ hervortritt, daß für Jeden Buch geführt wird, in dem seine Uebertretungen (עבירות) und Gesetzeserfüllungen (מצוה) verzeichnet werden. Es muß Jeder beim Abscheiden beide verlesen hören und das Verzeichnis (שטר) anerkennen und unterschreiben, damit es die Grundlage für den schließlichen Urteilsspruch bilde. Vgl. *Sifre* 133ᵃ mit § 60, 3.

Dies führt uns auf den der Sünde entsprechenden Begriff der Schuld. Die sündige That ist, wenn man auf ihren Ursprung sieht (S. 218 ff.), nur zum Teil eine That der Person; so kann auch die Verantwortlichkeit nur eine geteilte sein. Die Sünde kommt zu Stande, indem der Jezer reizt und für die Sünden in der Vorstellung das Herz, für die vollendeten Thatsünden die Glieder in seinen Dienst nimmt, um sein Begehren zu verwirklichen, während die Seele des Menschen mit dem Willen zustimmt oder doch sich nicht mittelst des Jezer hattob wehrt. So ist die Sünde That des Jezer hara, und die Person ist nur insoweit verantwortlich, als sie die Kraft zur Gegenwehr, die ihr gegeben ist, nicht verwendet. Die Schuld der menschlichen Persönlichkeit besteht also in einer Unterlassung. Das, wofür sie nicht verantwortlich ist, ist das Begehren der Sünde im Herzen; denn der Jezer, von dem dieses Begehren ausgeht, ist ja Naturanlage. Aus diesen Gründen ist die Schuld des Menschen für die Sünde ziemlich gering; eigentlich ist Gott die letzte Ursache der Sünde und muß auch die Mittel gegeben haben, sie wieder aufzuheben. Vgl. S. 221 f.

Für diese Sätze bedarf es eigentlich keines Beweises, da sie Folgesätze sind aus früheren. Wir erinnern daher lediglich an das, was in § 49 über das Zusammenwirken von Leib und Seele zum Zustandekommen der Sünde gesagt wurde, besonders daran, daß (S. 230 f.) die Seele nach *Tanchuma, Pikkudê* 3 für die Bewahrung und Erfüllung des Gesetzes verantwortlich bleibt, und je nachdem sie das Gesetz erfüllt oder nicht, beim Ausgange aus dem Leibe rein oder befleckt heißt, Lohn oder Strafe erhält. Fromm ist und als Erfüller des Gesetzes wird geachtet und belohnt, wer die Uebertretung, nach der sein Gelüsten geht, nicht vollbringt

Maccoth III, 15. Daß die Uebertretung, nach der das Gelüsten vorhanden ist, nicht zum Vollzuge komme (עבר עבירה), wird von der Seele gefordert. Ob sie diese Forderung erfüllt oder nicht, danach bemißt sich ihre Schuld oder ihr Verdienst. Nach der Größe des Verbots, um dessen Uebertretung es sich handelt, bestimmt sich die Größe der Schuld. Nicht verantwortlich ist dagegen der Mensch für das böse Gelüsten, das in der leiblichen Natur wohnt. Sein physischer Bestand macht den Menschen **unrein**, aber **nicht schuldig**. Insofern Gott selbst der Schöpfer des Jezer ist, erscheint der Mensch nicht als Gegenstand der Strafe, sondern des Mitleids und der künftigen Erlösung. *Tanchuma, Behaalothecha* 10 heißt es: Der Jezer ist hart (קשה) d. i. schwer zu ertragen; aber die Menschen müssen ihn in diesem Leben behalten, bis Gott ihn dereinst ausrotten wird.

Von diesem Gesichtspunkte aus versteht man, daß die Sünden nicht zunächst, sondern erst zuletzt als **sittliche Thaten** betrachtet werden. Zunächst zieht Gott in Betracht, daß der Mensch durch den Jezer hara in der Sünde einen Schaden erlitten hat, für den er ihm Heilung oder Ersatz anbieten muß. Erst zuletzt, wenn die von Gott selbst dargereichten Heilmittel zurückgewiesen werden, fordern die Sünder das Gericht heraus. Ein hierher gehöriger Ausdruck dafür ist תקנה (vgl. § 67, 1), was so viel ist als Ausbesserung des Schadens (Jes. 6, 10). Als Adam gesündigt hatte, heißt es *Kohel. rabba* zu 7, 13, verstörte er ebendamit die Welt, und es war Niemand, der den durch seine Sünde angerichteten Schaden wieder heilte (יתקן). Und zwar wäre Adams Sünde für sich allein nicht Ursache so großer Folgen geworden, wenn er sich nicht geweigert hätte, in der Buße den Ausweg (פתח) aus der Schuld zu ergreifen, den ihm Gott bot (S. 221 f.).

Kap. XVII. Die Straffolgen der Sünde.

§ 52. Sünde und Uebel.

Wie die jüdische Theologie die Sünde als einzelnes Vorkommnis betrachtet, ohne den inneren Zusammenhang zwischen der That und dem gesamten sittlichen Zustande des Thäters ins Auge zu fassen, so bezieht sie auch die Strafe der Sünde durchweg auf bestimmte sündige Einzelthaten und löst sie somit einerseits vom inneren Zusammenhange mit der Sündigkeit und Verdammlichkeit der Geschlechter überhaupt los, bemißt sie aber andererseits nach dem Maßstabe des strengen Rechtes der Vergeltung.

1. Der einzelnen Sünde entspricht als Straffolge ein einzelnes Uebel, und umgekehrt: wo ein Uebel sich findet, da weist es auf eine bestimmte sündige That dessen hin, über welchen es gekommen ist. Die Frage Ev. Joh. 9, 2 ist aus dieser Anschauung hervorgegangen; denn da ein Kind selbst für gewöhnlich erst vom reifen Alter an eine Sünde begeht (S. 232), so kann ein Blindgeborener sein Leiden sich kaum selbst zugezogen haben, wenn nicht etwa der außerordentliche Fall vorliegt, den *Midrasch rabba* zu Ruth 3, 13 berichtet, daß ein Kind im Mutterleibe sündigte; sonst muß eine Sünde der Aeltern als Grund vorliegen. Jesu Antwort Joh. 9, 3 weist alle diese Annahmen und die Anschauung, in der sie wurzeln, mit einander zurück. Die Stelle ist aber der älteste Beleg für die Auffassung der jüdischen Theologie bezüglich des Verhältnisses von Sünde und Uebel.

2. Im Allgemeinen wird das Uebel, sobald es wahrgenommen wird, *Pesachim* 119ª u. ö., als das Walten des strengen göttlichen Rechts (מדת הדין, § 70, 2) bezeichnet. Für den Vollzug des Gerichtsspruches (דין) gilt der Grundsatz *Sota* 8ᵇ: Maß für Maß, d. i. die Strafe entspricht der Sünde, und zwar entweder in äußerlich sichtbarer oder in dem Menschen nicht erkennbarer Weise. Ersteres ist der Fall z. B. bei der Ehebrecherin. Weil sie sich zur Sünde geschmückt hat, muß sie Beschimpfung erleiden; weil sie sich selbst zur Sünde entblößte, so entblößt man sie nun zu ihrer Schande; weil sie mit der Hüfte und dem Leibe gesündigt, wird sie an diesen Orten des Leibes heimgesucht *Sota* 8ᵇ. Andere Beispiele enthält *Sota* 9ᵇ. Simson sündigte mit den Augen, denn er ließ die Augen frei schweifen und sein Herz durch Augenlust bethören; so wurden ihm dafür die Augen ausgestochen. Absalom sündigte mit den Haaren, mit denen er Stolz trieb und die Sinnenlust erregte; dafür blieb er mit ihnen an der Eiche hangen. Er mißbrauchte zehn Weiber und erhielt zehn Lanzenstiche; er stahl drei Herzen (das des Vaters, der Vornehmen und des Volkes) und wurde von drei Lanzen durchbohrt.

3. Solche Uebereinstimmung tritt nicht überall hervor, aber auch

§ 52. Sünde und Uebel.

da, wo sie nicht erkennbar ist, gibt es eine bestimmte Regel, nach welcher Gott jeder Sünde ihre Strafe folgen läßt. Eine Hauptstelle hiefür ist *Schabbath* 32^b—33^a. Dort heißt es: Wenn Jemand seine Kinder durch den Tod verliert, kann ein Gelübde gebrochen oder das Studium der Thora oder die Mesusa am Hause oder die Zizith am Kleide vernachlässigt worden sein. Wenn Unfrieden im Hause oder Fehlgeburt eintritt, oder wenn die Kinder frühe wegsterben, so ist eine Feindschaft, die man ohne Grund gegen Jemand hegt, die Ursache. Wenn man die Teighebe versäumt, so ist kein Segen in dem, was eingescheuert wird, sondern der Unsegen treibt den Marktpreis in die Höhe: man säet Samen aus, und Andere genießen es. Für die Unterlassung der Hebe- und Zehntabgaben wird der Himmel verschlossen, daß er weder Thau noch Regen gibt; Theurung entsteht, der Verdienst hört auf, die Menschen laufen ihrer Nahrung nach und bekommen sie nicht. Für Raub steigen Heuschrecken auf, und es kommt Hungersnoth, daß die Menschen das Fleisch ihrer eigenen Kinder essen müssen. Für die Beugung des Rechts und die Vernachlässigung der Thora kommt Krieg, Plünderung, Pest u. s. w. Für leichtfertiges und falsches Schwören, für Gotteslästerung und Sabbatsschändung nehmen die wilden Thiere zu, die Heerde nimmt ab, der Menschen werden weniger, die Wege werden wüste. Wegen vielen Blutvergießens wurde das Heiligtum wüste, und erhob sich die Schechina von der Erde in den Himmel (S. 189). Für die Sünden des Incests und den Götzendienst, für die Unterlassung der Sabbats- und Jobeljahre kommt Verbannung; die Einwohner werden weggeführt, und Andere kommen und wohnen an ihrer Stätte. Für unzüchtige Reden kommen viele Nöthe, und harte Verhängnisse erneuern sich; die Jünglinge Israels sterben, die Waisen und Wittwen rufen zu Gott und werden nicht erhört. Für die Sünde der Hurerei kommen Wunden und Beulen; Schlangen beißen den Unzüchtigen. Schlangenbiß gilt immer als Zeichen besonderer Versündigung, wie durch Hurerei, durch Zauberei u. s. w.; vgl. S. 108. Vier Zeichen gibt es nach den Rabbinen, an denen man begangene Versündigungen eines Menschen erkennen könne: das Zeichen für Hurerei ist Wassersucht, das Zeichen grundlosen Hasses Gelbsucht, Zeichen der Ueberhebung Armuth und Niedrigkeit, das Zeichen der Verleumdung ist die Bräune (אסכרה). Hierzu kommt die allgemeine Aussage *Schabb*. 55^a: kein Todesfall ist ohne Sünde, keine Züchtigungen (יסורין) kommen ohne Sünden, und *Nedarim* 41^a: keine Genesung ohne Verzeihung. Für den Aussatz insbesondere nimmt man elf Sünden, voran die böse Zunge, als mögliche Ursachen an, welche *Tanchuma, Mezora* 4 genannt werden.

4. Auch für die großen Gottesgerichte, die sich durch die Geschichte der Menschheit und des Volkes Gottes hindurchziehen, sind bestimmte einzelne Sünden als Ursachen anzunehmen. Das Geschlecht der großen Fluth wurde weggerafft um Raubes und Gewaltthat willen *Sanhedrin* 108^a. Für die Missethaten von vier frechen Richtern ist Sodom mit dem Untergang gestraft worden, a. a. O. 109^b. Siloh wurde zerstört für Incest und Mißachtung der heiligen Opfer *Joma* 9^a. Jerusalem ist nach *Schabb.* 119^b zerstört worden, weil man den Sabbat nicht hielt, das Schema nicht betete, die Schulkinder verachtete, die Scham vergaß, Alle gleich achtete, Kleine und Große, Priester und Volk, weil man einander nicht über seine Sünden strafte und die Weisen nicht achtete. *Schabb.* 139^a sagt, wegen der ungerechten Richter habe die Schechina Jerusalem verlassen. Nach *Joma* a. a. O. ist der erste Tempel zerstört worden wegen Blutvergießens, Incests und Götzendienstes; was aber hat das Volk des zweiten Tempels verschuldet, da sie doch fleißig waren im Studium des Thora, in der Uebung der Gebote und der Wolthätigkeit? Das Gericht führte der grundlose gegenseitige Haß herbei, der jenen drei Sünden gleich kommt. Vgl. *Bammidbar rabba* c. 7 u. a. St. In der Angabe der Ursachen der Zerstörung Jerusalems ist die Ueberlieferung nicht ganz fest. Ueberall aber tritt das gleiche Bestreben hervor, bestimmte einzelne Frevelthaten als Ursache in Anspruch zu nehmen, anstatt die Gesamtschuld, die in der Stellung des Volkes zu Gott beruhte, ins Auge zu fassen.

§ 53. Sünde und Tod.

Der Tod ist durch den Sündenfall Adams veranlaßt worden und herrschte seitdem in der Welt und wird herrschen, bis der Messias ihn aufheben wird. Dies ist eine Haupt- und Grundlehre der Synagoge. Vgl. Röm. 5, 12 ff. und §§ 69, 3. 73.

1. „Herr der Welt, warum ist der erste Adam (vgl. 1 Kor. 15, 45 f.) gestorben? Er (Gott) sprach zu ihnen (den Engeln): Weil er meine Befehle nicht erfüllt hat" *Sifre* 141^a. Der Tod wurde über ihn verhängt, weil er das leichte Gebot übertrat, das ihm gegeben war *Schabbath* 55^b, vgl. S. 221. Nach *Pesikta* 118^a sagte

§ 53. Sünde und Tod.

der erste Adam: Als ich seine Worte übertrat, veranlaßte ich mir
selbst den Tod. Er starb durch den Rath der Schlange *Schabb.*
55ᵇ u. ö., die auch nach *Bereschith rabba* c. 20 den Kreaturen d. i.
Menschen den Tod gebracht hat. Der Mensch ist in dem Sinne
sterblich geschaffen, daß er sterben konnte *Beresch. rabba* c. 14,
aber erst durch die Sünde ist der Tod in die Welt gekommen.
Debarim rabba c. 9: Du stirbst durch die Sünde des ersten Menschen,
welcher den Tod in die Welt gebracht hat. Denn wie über sich
selbst, so hat Adam durch seine Uebertretung auch über alle seine
Nachkommen bis ans Ende den Tod gebracht, *Sifre* 138ᵇ: Söhne
des ersten Menschen seid ihr, welcher den Tod als Strafe gebracht
hat (קנס) über euch und über alle seine Nachkommen, welche kommen
nach ihm bis an das Ende aller Geschlechter. Und 141ᵃ (vgl.
Schabbath 55ᵇ): Mose hat doch deine Befehle erfüllt — warum
mußte auch er sterben? Darauf lautet die Antwort: Es ist ein
gleicher Urteilsspruch (גזרה) von mir ausgegangen über jeden Menschen,
denn es heißt: Und das ist das Gesetz für den Menschen, daß er
sterben muß (3 Mos. 19, 14). Vgl. auch *Aboda sara* 5ᵃ. Als Adam
sahe, heißt es *Erubin* 18ᵇ, daß durch ihn der Tod in die Welt gekommen sei, saß er 130 Jahre lang im Fasten, abgesondert von
seinem Weibe.

Dabei tritt *Pesikta* 118ᵃ die Neigung hervor, den Tod auf eine
rein natürliche Ursache zurückzuführen (vgl. S. 201). Gott habe
einem Arzte gleich dem Adam gesagt, was er essen dürfe und was
nicht. Weil er nun das ärztliche Verbot nicht hielt und die ihm
verbotene schädliche Frucht aß, so habe er sich selbst den Tod verursacht, und Gott könne so wenig für Adams Tod, als ein Arzt für
den Tod eines unfolgsamen Patienten. Wir finden aber auch mehrfach, daß der Tod in Folge göttlicher Vorherbestimmung in die
Welt gekommen sei (S. 221 f.). *Kethuboth* 8ᵇ heißt es, der Tod sei
Weltlauf (מנהג) von der Schöpfung an. *Tanchuma, Schemoth* 17: Der
Tod war bestimmt (מקויים) in die Welt zu kommen, denn es heißt
1 Mos. 1, 2: Finsternis lagerte über der Tiefe; das ist der Engel des
Todes, welcher das Angesicht des Menschen verfinstert. Es heißt
doch: Gott sah an Alles, was er gemacht hatte, und siehe es war gut.
Das gilt auch von der Finsternis, von der es heißt: Die Erde war
Thohu wa-Bohu und Finsternis. Und der Heilige brachte den Tod
durch die Schlange (S. 218 f.). Sie war dazu bestimmt; denn es heißt:
„und die Schlange war listig", und sie war ausersehen dazu vor dem

Heiligen; denn der Mensch sollte essen von ihm (dem Baume) und sterben durch diese List (der Schlange), denn es heißt: „am Tage deines Essens von ihm sollst du sterben". Hiermit hängt die Lesart והנה טוב מאד in der Thora des R. Meïr zusammen; s. Delitzsch, Genesis (Ausg. 4) S. 532 f.

An anderen Stellen dagegen, wie *Sifre* 138[b]. 141[a]. *Aboda sara* 5[a]. *Beresch. rabba* c. 21 u. ö. heißt der Tod ein **Urteil Gottes** (גזרה, s. oben S. 136 f.), und *Sifre* 138[b] wie *Baba bathra* 75[b] wird davon der Ausdruck קנס strafen gebraucht. Die Anschauung, daß der Tod auf Gottes Strafurteil über die Sünde zurückzuführen sei, ist die herrschende. *Beresch. rabba* c. 9 sagt sogar ausdrücklich, daß Adam ursprünglich nicht für den Tod bestimmt gewesen sei, sondern durch denselben bestraft wurde. Daher der Satz *Schabbath* 55[a], vgl. *Wajjikra rabba* c. 36: אין מיתה בלא חטא, und *Schemoth rabba* c. 3: nicht die Schlange tödtet, sondern die Sünde, sowie *Pesikta* 76[a]: wenn Adam nicht gesündigt und von diesem Baum gegessen hätte, so hätte er fortgelebt und wäre geblieben ewig, wie Elia, der nicht gesündigt hat, lebt und bleibt ewig. Weil der Tod Strafe der Sünde ist, darum ist er so schwer, deshalb erfolgt das Abscheiden der Seele aus dem Leibe unter so harten Kämpfen, welche *Beresch. rabba* c. 6 geschildert werden; daher die **Todesfurcht** (§ 72). Wie sträubte sich Mose zu sterben! *Sifre* 129[b]. Er erbot sich, Züchtigungen zu erleiden für seine Sünden; nur sterben möge ihn Gott nicht lassen. *Tanchuma, Waëthchannen* 6, *Beracha* 3 gibt ein Zwiegespräch Mose's mit seiner Seele vor seinem Tode; daraus entnehmen wir das Grauen der Seele vor der Macht des **Todesengels**. Dieser erscheint als feindliche Verderbens- und Strafmacht, die in jedem einzelnen Falle das Todesurteil vollstrecken muß, weil der Tod kein bloßer Naturvorgang ist. Dieser Engel ist schon im Gan Eden hervorgetreten, sobald Eva den Baum anrührte, *Targ. jer.* I. zu 1 Mos. 3, 6. *Jalkut Schimeoni, Beresch.* 25. Seitdem ist er in Wirksamkeit. Gott sendet ihn zu demjenigen, der sterben soll, mit dem Auftrage: Hole mir seine Seele, *Sifre* 129[b]. Ueber seine Gewalt vgl. weiter *Berachoth* 51[a], *Aboda sara* 20[b], auch oben S. 172. Nach *Baba kamma* 60[b] lauert er auf den Wegen, und es werden besonders für die Zeiten, wo Seuchen herrschen, Winke gegeben, wie man ihm ausweichen möge. Das beste Mittel, ihn fern zu halten, ist das Studium der Thora *Moëd katon* 28[a]. So lange ein Mensch sich mit der Thora beschäftigt,

§ 53. Sünde und Tod. 249

hat der Engel des Todes keine Gewalt über ihn. David hielt ihn dadurch lange von sich ab *Schabb.* 30[b]. Nach *Kethuboth* 77[b] verlangen gewisse Fromme von ihm, daß er ihnen vor ihrem Hinscheiden ihren künftigen Platz im Paradiese zeige. In der zukünftigen Welt wird er keine Macht mehr haben *Joma* 77[b]; denn der Tod hört im Reiche des Messias auf *Beresch rabba* c. 26. *Wajjikra rabba* c. 30 u. ö.

2. Aus diesen Vordersätzen ergeben sich nun **Schwierigkeiten**, wenn sie mit dem in unserem XVI. Kapitel über die Sünde des menschlichen Geschlechtes Entwickelten zusammengehalten werden. Adams Sünde ist ja nicht die Sünde des Geschlechts, sondern seine eigene. Der Mensch wird nicht zum Sünder vermöge seiner Abstammung von Adam, sondern lediglich durch seine eigene That. Wie kann, wo die Sünde nicht auf das Geschlecht übergeht, die Strafe der Sünde übergehen? Wenn die Sünde und Schuld nicht erblich ist, kann dann die Strafe erblich sein? Nun ist aber das menschliche Geschlecht thatsächlich dem Tode unterworfen, es ist durch Adam thatsächlich der Tod und der Engel des Todes in der Welt wirksam geworden. (Vgl. Röm. 5, 13 ff.) Die Thatsachen des Lebens scheinen also mit der Gerechtigkeit Gottes in unlösbaren Widerstreit zu gerathen. — Diese Antinomie hat die jüdische Theologie durch drei Sätze auszugleichen versucht.

a. Wenn auch der Tod seit Adam in der Welt im Allgemeinen herrscht, so wird er doch des Einzelnen nur mächtig **auf Grund eigener Versündigung** desselben (vgl. Röm. 5, 12 a. E.). In diesem Sinne ist der schon angeführte Satz aus *Schabbath* 55[a] gemeint: Kein Tod ohne Sünde. Dem scheint zwar 55[b] zu widersprechen, wo es heißt: Vier sind gestorben בעטיו של נחש d. i. auf Grund der durch die Schlange in die Welt gekommenen Herrschaft des Todes, also ohne eigene Sünde. Aber die Fassung des Satzes besagt, daß das etwas Außergewöhnliches, die Regel nur Befestigendes ist. Im Einzelfalle setzt der Eintritt des Todes immer eine bestimmte Verschuldung als Berechtigungsgrund für den Vollzug des Todesgerichts voraus. Zwei Stellen aus *Aboda sara* 17[a] und 18[a], welche den Tod von R. Elieser und R. Chanina behandeln, sind (in der 1. Auflage) irrtümlich hierher gezogen worden, weil sie die Ursache des Martyriums dieser Rabbinen durch die Römer, nicht ihre Schuld vor Gott besprechen. Dagegen bleibt *Schabbath* 31[a]. Danach ist ein Weib in der Geburtsstunde immer in großer Todesgefahr. Vielleicht hat sie die Teighebe versäumt, die Vorschriften über Menstruation nicht alle beachtet, die Sabbatslampe nicht zur rechten Zeit angezündet (§ 71, 1): wie leicht kann es geschehen, daß ihre Verschuldungen jetzt in Gottes Gedächtnis kommen und ihm Veranlassung geben, den Todesengel zu senden oder ihm, der immer bereit steht, Macht zu lassen das Weib zu tödten! Ja es kann ein Weib in der Jugend dafür sterben müssen, daß sie ihre Kinder erst am Sabbat gewaschen oder die heilige Lade nur Lade genannt hat. Sterben doch Laien (S. 126) oft, weil sie die heilige Lade und die Synagoge nicht ehrerbietig genug benennen. Ein Mensch, der auf der Straße geht, soll sich stets als in Todesgefahr stehend betrachten, denn der Todesengel lauert: wehe dem Menschen, wenn nicht Verdienste vor Gott als Fürsprecher für ihn eintreten und wider die Anklagen ihn schützen! So kann zu jeder Zeit eine Sünde Ursache werden, daß der Engel des Todes Macht über einen Menschen bekommt. Ohne eine bestimmte eigene Schuld aber tritt niemals der Tod ein.

b. Da aber die Sünde bei Frommen und Gottlosen in so verschiedenem Maße vorhanden ist, so entsteht die Frage, wie für die Gerechten und die Gottlosen eine und dieselbe Strafe des Todes bestimmt werden konnte *Beresch. rabba* c. 9. Die Lösung ist sonderbar. Wenn die Gerechten nicht sterben müßten, so könnten die Gottlosen durch heuchlerische Buße und Werke sich als Gerechte geberden und so dem Tode entgehen. Aber der Tod hat für beide einen verschiedenen Zweck und Erfolg. Die Gottlosen erleiden ihn, damit sie durch ihre Sünden Gott nicht ferner reizen können, die Gerechten aber, damit sie Ruhe bekommen von dem immerwährenden Kampfe mit dem bösen Gelüsten. Den Gerechten gibt er doppelten Lohn, weil sie, die nicht bestimmt sind zu sterben, um der Gottlosen willen sterben müssen, damit diese ihre zwiefache Strafe empfangen können. So wird anerkannt, daß der **Tod der Gerechten** mit den Gottlosen wider die Regel sei und durch Entschädigung an die Gerechten wieder ausgeglichen werden müsse. — Sodann beachte man die Art und Weise des Todes. Abraham, Isaak und Jakob, Mose, Ahron und Mirjam, diese großen Heiligen mußten auch sterben; aber nicht der Todesengel nahm ihre Seele hin, sondern der Kuß (נשיקה) Gottes nahm ihre Seele aus ihrem Leibe: ohne Schmerzen schieden sie aus der Welt *Baba bathra* 17ª. Auch nach *Sifre* 129ᵇ (vgl. *jer.* 5 Mos. 34, 6) ist Mose nicht durch den Engel des Todes weggerafft worden: als dieser kam, um sein Werk zu thun, fand er

§ 54. Sünde und Dämonen. 251

ihn nicht mehr: Gott hatte selbst schon seine Seele (durch den Kuß) von ihm genommen und ihn begraben. Vgl. § 73, 1.

c. Endlich bleibt die Möglichkeit, daß Sündlose in das Paradies eingehen, ohne den Tod zu schmecken. Von Elia wissen wir dies: er lebt noch jetzt *Jalkut Schim., Beresch.* 42. Neun sind im Stande des Lebens (בחייהן d. i. ohne daß die Seele vom Leib getrennt worden) in das Paradies eingegangen, nämlich Henoch, Messias, Elia, Elieser der Knecht Abrahams, Ebed Melech der Kuschite, Hiram der König von Tyrus, Jaabez Sohn des R. Jehuda Hannasi, Serach die Tochter Aschers und Bithja die Tochter Pharao's (die Retterin Mose's), a. a. O. Andere nennen für Hiram den R. Josua ben Levi. Wie es Sündlose gibt, wenn auch nur ausnahmsweise, so folgerichtig auch solche, die den Tod nicht schmecken. Wie es keine erbliche Sündhaftigkeit gibt, so auch **keine erbliche Sterblichkeit**. Ist auch seit Adam der Tod als Gericht für die Sünde in der Welt, so vollstreckt er sein Urteil doch nur an dem, der ihm durch Verschuldung selbst das Recht hierzu in die Hand gibt. Dies nicht zu thun, steht in des Menschen Hand. Sünde und Tod beruhen doch im letzten Grunde bei Jedem auf seinem eigenen Thun.

§ 54. Die Sünde und die Dämonen.

Neben den Engeln des Dienstes (S. 168 f.) werden von der jüdischen Theologie böse Geister und Halbgeister angenommen und unter dem Gesamtnamen Beschädiger (מַזִּיקִין) zusammengefaßt. An ihrer Spitze steht der Satan. Ihr Geschäft ist im Gegensatze zu den himmlischen Geistern, welche Gott und den Frommen dienen, die Menschen überall zu verfolgen und zu beschädigen. Dazu ist ihnen Macht von Gott gegeben, indem sie zwar von Anfang an Gott und den Menschen feindlich waren, Gott aber diesen ihren bösen Willen in seinen Dienst genommen hat. Vgl. den Nachtrag.

1. Es ist nach *Beresch. rabba* c. 23 eine Folge des Verlustes des göttlichen Bildes, daß der Mensch, der erst ein Unantastbares (קדש) gewesen, nun ein Profanes (חל) geworden und der Macht der bösen Geister (מזיקין) preisgegeben ist. Bevor Salomo sündigte,

heißt es *Pesikta* 45ᵇ, herrschte er über Scheda und Schedoth; nachdem er aber gesündigt hatte, ließ er sechzig Helden in seinen Palast kommen, welche sein Lager bewachen mußten. Die Massikin haben also ihre Macht als Geister der Nacht und der Finsternis, des Todes und des Verderbens durch die Sünde gewonnen. Deshalb ist hier der Ort, von ihnen zu handeln.

2. Der Erste und Oberste aller Massikin ist der Satan (vgl. *Schemoth rabba* c. 20 und oben S. 237). Er ist zugleich mit dem Weibe geschaffen *Beresch. rabba* c. 17. Seinen Anschlag hat die Schlange als sein Werkzeug vollbracht (S. 247). Deshalb heißt er die alte d. i. die am Uranfange der Geschichte schon wirksam gewesene Schlange *Sifre* 138ᵇ (vgl. *Beresch. rabba* c. 22). In *Schabbath* 55ᵇ ist die Rede von dem „Anschlage der Schlange" (נחש של עצתו). Wie Satan am Uranfange der Geschichte als Versucher der große Schädiger (מזיק) war (vgl. Joh. 8, 44), so reizt er fort und fort zur Sünde, indem er den bösen Trieb erregt, mit dem er deshalb etwa geradezu verwechselt wird (S. 218 f.). Er erscheint bald als schöne Frau, die Lüste zu erregen *Kiddusсhin* 81ᵃ, bald in Gestalt eines Bettlers, um durch Unverschämtheit die Barmherzigkeit auf die Probe zu stellen, *Kiddusсhin* a. a. O.; er gesellte sich als Begleiter zu Abraham und Isaak auf ihrem Gange zur Opferung und suchte sie auf dem Wege irre zu machen, bereitete ihnen auch Hindernisse, als sie durchs Wasser gingen *Tanchuma, Wajjera* 22. So gesellte er sich auch zu Esau und ließ das Wild, das dieser für seinen Vater zum Mahle gefangen und gebunden hatte, wieder laufen *Tanchuma, Tholedoth* 11. Nachdem es ihm gelungen, den Menschen zur Sünde zu verführen, erscheint er weiter als sein Verkläger; davon hat er den Namen Satan *Baba bathra* 16ᵃ, oder מקטרג κατήγορος *Beresch. rabba* c. 38, vgl. *Schemoth rabba* c. 43. In *Berachoth* 19ᵃ wird die Regel aufgestellt, man solle dem Satan nicht durch Selbstanklage Anlaß geben, vor Gott zu treten und uns zu verklagen. Nach *Pesikta* 176ᵃ und *Joma* 20ᵃ (vgl. S. 121) darf er nur am Versöhnungstage (§ 68) nicht vor Gott erscheinen. Er benützt zu seiner Anklage gern die Stunde der Noth, in welcher der Mensch ohne Zuwendung göttlicher Liebe nicht bestehen kann *Beresch. rabba* c. 91. In solchen Stunden der Gefahr soll darum der Mensch Buße thun und gute Werke üben, damit Buße und gute Werke als seine Anwälte vor Gott treten *Schabb.* 31ᵇ. In *Baba bathra* 16ᵃ, wo sämtliche Functionen des Satans aufgezählt

§ 54. Sünde und Dämonen.

werden, erscheint er übrigens auch als der Todesengel (vgl. S. 248).

Von Sammaël (S. 248 f.) dürfte Satan nicht zu unterscheiden sein. Beiden werden genau dieselben drei Thätigkeiten der Versuchung, Anklage und Tödtung nicht bloß im Allgemeinen, sondern in einzelnen Fällen zugeschrieben. Die Versuchung der Eva mittelst der Schlange wird *Jalkut Schim.*, *Beresch.* 25 und der Versuch, Abraham in der Opferung Isaaks zu hindern, *Beresch. rabba* c. 56 auf Sammaël zurückgeführt. Dieser erscheint ferner z. B. *Schemoth rabba* c. 18 als Verkläger Israels gegenüber Michael, dem Vertheidiger (S. 170), und endlich z. B. *Debarim rabba* c. 11, aber auch schon *Targ. jer.* I. 1 Mos. 3, 6, als Engel des Todes.

Daraus ergeben sich wichtige Aufschlüsse über einige Punkte. Zuerst über den Ursprung des Satans. Der Ueberlieferung, daß Satan am sechsten Tage mit der Eva geschaffen sei, tritt eine andere gegenüber. Nach *Jalkut Schim.* a. a. O. war Sammaël der oberste Thronengel Gottes, ersah sich aber die Schlange, um durch sie Eva zu verführen, und trat alsbald als Todesengel im Garten Eden hervor. Er ist von da ab nicht als Engel Gottes mehr zu betrachten, sondern als ein abgefallener, widergöttlicher Geist; denn welche Absicht (יצא) er hatte, ist klar: er wollte die Menschheit zu seinem Reiche machen. Es ist nun auch ein Zweites ersichtlich. *Debarim rabba* c. 11 heißt Sammaël „der Engel, der Frevler, das Haupt aller Satane". Hiermit stimmt es überein, daß *Schemoth rabba* c. 20 ein Engel Satans eingeführt wird. Satan ist also Gattungsbegriff: es gibt, sozusagen, einen Erz-Satan, d. i. Sammaël, und es gibt Satane, welche in seinem Dienste stehen, wie die Dienstengel vor Gott im göttlichen Dienste walten. Er ist das Haupt, und diese Geister (מלאכים) bilden mit ihm und unter ihm ein Reich. Nach *Pesachim* 54ᵃ waren die Massikin unter den vor der Welt ins Dasein gerufenen Wesen. Aber diese Ueberlieferung ist der allgemein gültigen Hauptüberlieferung, die sieben vorzeitlich geschaffene Dinge annimmt (S. 198), worunter die Massikin nicht sind, mit einem בריתא דאם angefügt. *Jalkut Schim.*, *Beresch.* 44 enthält daher die andere Nachricht, daß die Engel Assaël und Schemachsaj vom Himmel heruntergestiegen, um mit den Töchtern der Menschen zu buhlen (1 Mos. 6). Einer von ihnen kehrte, ohne die Sünde vollbracht zu haben, wieder zurück; aber der andere sündigte. Die Erde mit ihren Bewohnern übte also, wie Anfangs auf Sammaël,

so später noch auf die Engel eine solche Anziehungskraft aus, daß
sie ihre Behausung verliessen und aus Engeln des Dienstes
Dämonen wurden.

Neben diesen bösen Geistern, die ursprünglich Engel Gottes
waren, finden wir aber noch Massikin anderer Art und anderen Ursprungs. Als Adam nach der Uebertretung des Gebots 130 Jahre
lang abgeschieden lebte und von seinem Weibe sich enthielt, sagt die
Ueberlieferung, zeugte er Schedim, Lilin und Ruchin *Erubin* 18^b,
Jalkut Schim. Beresch. 42 u. ö. Nach *Beresch. rabba* c. 24 waren
die ersten Geschlechter, die von Adam und Eva stammten, Geister
(רוחות), hervorgebracht durch geschlechtliche Vermischung mit den
Dämonen. Weiter sagt *Jalk. Schim. Beresch.* 62, daß die Menschen
jenes Geschlechtes, welches Gott zerstreute (1 Mos. 11) in Schedim,
Ruchin und Lilin verwandelt worden seien. Da haben wir also
Dämonen, welche gewissermaßen Halbgeister und zum Teil
menschlichen Ursprungs sind.

Am häufigsten werden die Schedim (שדים von שוד gewaltig sein)
erwähnt. Nach *Beresch. rabba* c. 7 (vgl. S. 160) hat Gott sie geschaffen: als er ihre Seelen geschaffen hatte, brach der Sabbat
herein; so blieben sie ohne Leiber. Hiernach hat Adam nur einen
Teil der Schedim gezeugt; überdies sind später zur „Zeit der Zerstreuung" noch mehr entstanden. Zufolge *Sanhedrin* 109^a wurde
übrigens nur ein Haufe (סנ) von dem Geschlechte, das Gott dann
zerstreute, in Lilin, Schedim, Ruchin und Affen (קופים) verwandelt,
nämlich die Schaar, welche sagte: Wir wollen in den Himmel
steigen und (gegen Gott) Krieg führen. *Baba kamma* 16^a läßt
Schedim auch aus Schlangen entstehen, die durch mehrfache Wand-
lungen hindurch zu solchen werden. Nach *Chagiga* 16^a haben sie
Flügel gleich den Engeln, schweben von einem Ende der Welt bis
zum anderen und vermehren sich auch; es wird da „der Sohn eines
Sched" genannt. In *Tanch. Mischpatim* 19 haben sie um ihr Gesicht eine Hülle wie die Esel, die eine Mühle treiben. Das Haupt
der Schedim ist Asmedaj *Pesachim* 110^a, *Targ. Koh.* zu 1, 12. Er
ist nach ersterer Stelle über alle gepaarte Zahlen gesetzt, welche
Schaden bringen. Ihr Aufenthaltsort (vgl. Jes. 34, 14) ist vornehmlich
die Wüste *Berach.* 3^a, wo man sie heulen hört *Targ. jer.* I.
5 Mos. 32, 10, auch der Ort der Unreinheit *Schabb.* 67^a. *Berach.* 62^a;
oben S. 171. Schaarenweise machen sie sich auf zur Mittagszeit
und richten Schaden an *Targ.* 2 Chron. 11, 15. Ps. 91, 7 oder necken

§ 54. Sünde und Dämonen.

Targ. Jonath. Jes. 13, 21 und geben den Menschen böse Träume ein *Berach.* 55ᵇ. Oft ist davon die Rede, daß ihnen geopfert wird, z. B. *Targ. Onk.* 3 Mos. 17, 7. Mit ihnen verkehrte Esau, der deshalb גב שעירים heißt *Beresch. rabba* c. 65.

Den Schedim, die man als Dämonen männlichen Geschlechts bezeichnen kann, treten die Lilin als weibliche Dämonen zur Seite. לילית, *plur.* לילין, heißt Nachtgeist. Eine Lilith wird gedacht als Unholdin, die nach *Erubin* 100ᵇ in besonders üppiger Weise behaart ist. Diesen Geistern wird nachgesagt, z. B. *Bammidbar rabba* c. 16 (?), daß sie die Kinder tödten. In *Schabbath* 151ᵇ wird jedoch auch der Erwachsene gewarnt, allein in einem Hause zu schlafen, weil ihn sonst eine Lilith ergreife. Weil sie also dem Menschen nachstellen, denkt *Targ. jer.* I. 4 Mos. 6, 24 bei: „Er behüte dich" an die Lilin.

Neben diesen Unholden finden sich häufig genannt die Ruchin (רוחין, voller רוחין בישין), böse Geister überhaupt; außer in den oben citirten Stellen z. B. *Targ.* II. Esth. 1, 3, *Targ. jer.* I. 5 Mos. 32, 24 u. ö. Diese sind wol ebenfalls als Unholde zu verstehen und nicht mit den abgefallenen Engeln zusammenzunehmen. Aber Weiteres wissen wir aus der älteren Literatur nicht; die jüngere, die in der Ausbildung dieser finsteren Gestalten sehr fruchtbar ist, kommt nicht in Betracht.

3. Die Macht aller dieser Dämonen mit dem Satan an der Spitze als Beschädiger ist groß. Sie schließen sich nach *Berachoth* 51ᵃ zu Gesellschaften zusammen. Die Ausdrücke, welche a. a. O. sich finden, sind תכספית, was Raschi als Genossenschaft (חבורה) von Schedim, und איסתלגנית, was er als Genossenschaft von Engeln des Verderbens erklärt. Sie lauern den Menschen auf, ob diese nicht in ihre Hände fallen. Insbesondere sind durch die Dämonen gefährdet und bedürfen der Bewahrung (שימור) Kranke, Wöchnerinnen, Bräutigame und Bräute, Trauernde und Talmîde chachamim (S. 131) bei Nacht *Berachoth* 54ᵇ. Besonders gefährdet ist der einsame nächtliche Wanderer *Pesachim* 112ᵇ. Ueberhaupt ist die Nachtzeit bis zum Hahnenschrei die Zeit der Dämonen; in dieser Zeit umgeben sie das Haus und schädigen den, der in ihre Hände fällt; besonders tödten sie die Kinder, die des Nachts aus dem Hause gehen. Sobald der Hahn kräht, hat diese Macht ein Ende; dann kehren sie in ihre Aufenthaltsorte zurück *Beresch. rabba* c. 36. Auch gibt es besondere Thiere, mit denen die Dämonen sich ver-

binden, wie die Schlangen, Stiere, Esel, Stechmücken u. a. (vgl. S. 218). Bleibe nicht stehen, mahnt darum *Pesachim* 112ᵇ, wenn der Stier von der Wiese kommt, denn der Satan tanzt zwischen seinen Hörnern. Damit kann man *Baba kamma* 21ᵃ vergleichen, wo der Dämon der Zerstörung, Scheïja genannt, in Gestalt eines Stieres erscheint. Völlig sicher ist man übrigens vor den Dämonen zu keiner Zeit und an keinem Orte; die ganze Welt, sagt *Tanch. Mischpatim* 19, ist voll von Geistern und Massikin. Beispiele von aus solchen Gedanken fliessender Dämonenfurcht finden sich *Chullin* 105—106, vgl. *Bammidbar rabba* c. 11 u. ö.

Der fromme Israelit wendet sich nun zur Abwehr dieser Feinde an Gott. Gott allein ist mächtig, die מזיקין zur Ruhe zu bringen. Sein Schutz wird jedesmal der Gemeinde zugewendet, wenn der Priester den ahronitischen Segen spricht; denn וישמרך in 4 Mos. 6, 24 bezieht sich nach *Sifre* 12ᵃ auf den Jezer hara und auf die Massikin. Die Behütung geschieht durch die Schutzengel, welche Gott den Frommen beigibt (S. 171). Der Engel ruft *Tanch. Mischpatim* 19 dem Massik immer zu, nämlich nach dem Kommentar: Gebt Ehre dem Bilde des Heiligen! So lange der Engel ruft, bleibt der Mensch im Frieden; wenn er schweigt, wird er beschädigt. Jedoch hat auch der Mensch selbst Mittel, die bösen Geister zu bannen, namentlich das Aufsagen des Schema mit dem darin enthaltenen Gottesnamen, welcher den Dämon bannt (S. 238) *Berach.* 5ᵃ, und das Gebet (S. 27 f.). Auch gibt es Bannsprüche und Schriftabschnitte, die sich gegen die Dämonen als besonders kräftig erweisen. In *Berach.* 51ᵃ wird gegen den Todesengel, der dem Menschen in den Weg tritt, die Formel empfohlen: Jahve schelte dich, Satan (Sach. 3, 2)! Der 91. Psalm gilt als שיר של פגעים und wird zum Schutze in jeder Nacht vor dem Einschlafen gesagt *Schebuoth* 15ᵇ. Aus *Aboda sara* 12ᵇ (vgl. *Pesachim* 112ᵃ) möge Folgendes als Beispiel des Verfahrens beim Bannen dienen: „Niemand trinke Wasser in der Nacht; wer es thut, stürzt sich selbst in Gefahr des Todes; ... man hat den Schabriri (einen Dämon) zu fürchten, der den Menschen blind machen kann. Was soll man aber thun, wenn man in der Nacht Durst hat? Man soll auf folgende Weise verfahren. Ist noch Jemand in demselben Zimmer, so wecke man ihn und sage zu ihm: Ich bin durstig. Ist man aber allein, so schlage man mit dem Deckel des Wasserkrugs auf den Krug und sage zu sich selbst: Du N. Sohn des N., deine Mutter

§ 54. Sünde und Dämonen.

hat dich gewarnt und gesagt: Hüte dich vor dem Schabriri, Beriri, Riri, Iri, Ri, der in den weißen Bechern ist! Dann darf man trinken, ohne etwas zu fürchten". Die dem Namen des Dämonen folgenden Worte bilden die Bannformel. Raschi sagt: „Wenn der Dämon hört, daß man seinen Namen ausspricht und jedes Mal eine Silbe weniger sagt, so fliehet er". Endlich gibt es auch einzelne Gesetze, deren genaue Erfüllung vor den Dämonen schützt, z. B. die Erfüllung des Laubhüttengebots (מצית סכה) *Pesikta* 187ᵃ.

Welche Macht heilige Menschen über die Dämonen gewinnen können, dafür haben wir mehrfache große Beispiele. Von Salomo berichtet eine Ueberlieferung *Gittin* 68ᵃᵇ, daß er Asmedaj, das Haupt der Schedim, in seinen Dienst nahm, um ihm bei seinem Tempelbaue zu helfen. Salomo, sagt auch *Targum* II. Esth. 1, 3, regirte über die Schedim, Ruchin und Lilin und befahl, daß sie vor ihm tanzten (למברקא קדמיו). In *Kidduschin* 29ᵇ wird überliefert, ein Massik mit sieben Köpfen sei in das Lehrhaus des Abaji eingedrungen und habe hier längere Zeit sein Unwesen getrieben, selbst am Tage die Männer paarweise beschädigend; Acha bar Jakob überwältigte ihn jedoch, indem er sieben Mal betend niederkniete, worauf dem Massik seine sieben Häupter abfielen.

4. Schließlich kann auch die Zauberei, zu welcher noch die Wahrsagerei *Sanhedrin* 65ᵇ. 66ᵃ, die Nekromantie *Gittin* 56ᵇ u. A. gehören, sowie der „böse Blick" nur im Zusammenhange mit den Anschauungen von den Dämonen gewürdigt werden. Die Grenzen zwischen der Menschen- und Thierwelt und der Dämonenwelt erweisen sich hier wieder (vgl. S. 254 ff.) als fließende: wie Menschen zu Dämonen werden, so gehen dämonische Kräfte und Neigungen auf die Menschen über. Die Zauberei ist ihrem Wesen nach ein übermenschliches Können und Wirken. In *Sanhedrin* 91ᵇ heißt es zu 1 Mos. 25, 6: Was sind das für Geschenke (die Abraham den Söhnen seiner Kebsweiber gab)? R. Jirmeja bar Aba sagt, daß er ihnen den Namen der Unreinheit überliefert habe. Raschi bemerkt, der Name der Unreinheit bedeute die Zauberei und das Werk der Schedim, der Dämonen. Auch *Sanhedrin* 67ᵇ wird die Zauberei auf die שדים zurückgeführt und dabei auf die Macht des Teufels hingewiesen, die in den ägyptischen Zauberern wirksam war. Wie Abraham in Besitz dieser übermenschlichen Kraft gekommen sei, die wie oben bei Salomo als Vorzug gedacht wird, sagt jene Stelle nicht. Doch versteht sich von selbst, daß Zauberei für Sünde ge-

achtet wird; die Mitglieder des Sanhedrin mußten die Zauberkünste nur zu dem Behufe verstehen, um ihres Richteramtes an den Zauberern walten zu können *Sanhedrin* 17ᵃ. Wenn besonders Frauen als der Zauberei ergeben dargestellt werden *jer. Sanhedrin* VII, 19 (25ᵈ), so erinnert das an die Aussage über dieselben S. 239. Aber selbst Rabbinen waren im Besitze und in der Ausübung solcher dämonischer Künste. So erzählt z. B. *Sanhedrin* 67ᵇ von R. Jannai, er sei in eine Herberge gekommen, wo ihm von einer Frau ein Zaubertrank gereicht wurde; er dagegen verwandelte sie durch einen andern ihr gereichten Trank in einen Esel; ihre Genossin aber löste den Zauber. *Sanhedrin* 65ᵇ wird von Rabba gesagt, er habe einen Mann geschaffen (ברא גברא), den darauf R. Sera durch sein Wort ins Nichts zurückversetzt habe. R. Chanina und R. Oscha schufen jeden Freitag Abend mittelst des Gebrauches des Sefer Jezira ein Kalb und verzehrten es. Aehnliches enthält *jer. Sanhedrin* VII (25ᵈ). In *Gittin* 48ᵃ findet sich eine Andeutung, daß auch die Töchter von Rabbinen solche Künste übten. Hier überall scheint dieses übermenschliche Können, das sich doch von Zauberei nicht unterscheiden läßt, als Privilegium. Und doch war der Zweck solcher Werke kein anderer, als das Verderben des Nächsten oder seltener Selbstverherrlichung. Nach *jer. Schabbath* XIV, 4 (14ᶜ) war die Folge einer Bezauberung ein Augenleiden. Nach *Sanhedrin* 67ᵇ kann auch die himmlische Familie, d. i. Gott und die himmlische Engelschaar (S. 175 f.), dem Bezauberten nicht helfen; das Beispiel des R. Chanina scheine zwar dem zu widersprechen, allein diesem kam die Größe seines Verdienstes zu Hülfe. Auch *Chullin* 7ᵇ wird gelehrt, daß Gott den Zauber nur lösen könne bei Männern von besonders großem Verdienste. Besser ist es, man verwahrt sich von vornherein gegen Zauberei. Wie das geschehen könne, lehrt z. B. *Beresch. rabba* c. 45, wo Amulette als Schutzmittel genannt werden; sie sind es, sofern sie den Gottesnamen enthalten (S. 256).

Das „böse Auge" wird solchen Personen zugeschrieben, welche durch den Blick ihres Auges über Jemand, den sie anblicken, Unheil zu bringen vermögen *Pesach.* 50ᵇ. *Baba mezia* 107ᵇ. Es wird erweckt besonders durch Eigenlob und Preis des eigenen Glückes, *Baba mezia* 84ᵃ. Jeder, der sagt, er habe so und so viel Kinder, sich also seines Kindersegens rühmt und freut, spreche sofort eine Formel, etwa „Segne mich, Jahve" (ברכני יי), damit er sich dadurch gegen das böse Auge des Neidischen schütze, welches seinen Segen verderben könnte. Die bösen Mächte des Verderbens mögen allenthalben menschliches Glück und Gedeihen nicht ersehen; sie leihen bösen Menschen ihre dämonische Macht, um durch Neidesblick das Glück zu verderben. Trotzdem ist der böse Blick wieder ein Vorrecht der Großen und Heiligen, um Verderben über ihre Feinde zu bringen, wie z. B. *Beresch. rabba* c. 45 Sara auf Hagar ein böses Auge geworfen und dieser dadurch geschadet hat — eine Parallele zu Abrahams Zaubermacht *Sanhedrin* 91ᵃ. In *Berachoth* 55ᵇ wird eine Formel zum Schutze gegen das böse Auge angegeben.

Nur Andeutungen will das Vorstehende über dieses dunkle Gebiet geben. Der Jude weiß sich allenthalben umfangen vom Uebel, vom Tode und von der Macht der Dämonen. Die dargestellten Gedanken und Gebilde erklären das Wort aus dem Briefe an die Ebräer (2, 14. 15) von denen, so durch Furcht des Todes im ganzen Leben Knechte sein mußten. Hinwiederum fällt von diesem Worte aus reiches Licht auf unser Kapitel zurück.

Dritte Abteilung.

Der soteriologische Lehrkreis.

Kap. XVIII. Die Offenbarung und Geschichte des Heils.

§ 55. Gottes Heilsrathschluß.

Daß der Mensch nach dem Falle noch fortlebt und für das Heil aufbehalten ist, hat seinen Grund darin, daß Gott schon im voraus, als er die Idee der Schöpfung des Menschen faßte, zwei sich gegenseitig ermäßigende Regeln für sein Verhalten dem Menschen gegenüber festgestellt hat, die sogenannte מִדַּת הַדִּין und die מִדַּת הָרַחֲמִים. Er verfährt mit ihm nach dem Rechte als Elohim, aber nicht eher, als bis er als Jahve die Barmherzigkeit hat walten lassen. Der Mensch sollte durch Buße und Gesetz zur Gemeinschaft mit Gott zurückkehren können.

1. In *Beresch. rabba* c. 8 heißt es: Gott sah voraus, es würden von Adam Gerechte und Gottlose abstammen; da that er die Gottlosen von seinem Angesicht und ließ sie ihren Weg gehen; mit Adam aber verknüpfte er (שיתף) die Weise der Barmherzigkeit (מדת הרחמים). So ermöglichte sich Gott die Schöpfung des Menschen. Als nun an dem Menschen nach der Uebertretung das Todesurteil strengem Rechte zufolge alsbald vollzogen werden sollte, so machte die Barmherzigkeit sich geltend; es wurde nicht sofort vollstreckt, die Gerechtigkeit mußte der Barmherzigkeit erst Raum lassen (vgl. S. 154). „Gott hat gesagt", heißt es a. a. O. c. 19, „am Tage deines Essens von ihm (dem Baume) sollst du sterben. Aber ihr wißt nicht, ob es ein Tag von euren Tagen oder ein Tag von meinen Tagen ist. Mein Tag beträgt 1000 Jahre (Ps. 90, 4). Siehe ich gebe ihm einen Tag von den meinen. So lebte denn Adam 930 Jahre lang und ließ seinen Nachkommen noch 70 Jahre übrig; denn des Menschen Leben währt 70 Jahre (v. 10)". Durch Gottes Erbarmen und Huld lebt der Mensch also auch nach der Sünde fort. Der Midrasch *Debarim rabba* (?) führt den Gedanken im Anschluß an die Worte: Gedenke deiner Barmherzigkeit und deiner Gnaden (Ps. 25, 6) so aus: „David sprach: Herr der Welt, wenn nicht deine Gnaden gewesen wären, welche dem ersten Menschen vorangingen (קדם), so hätte er keinen Bestand (עמידה) gehabt, denn es heißt: Am Tage deines Essens davon sollst du des Todes sterben. Und du hast ihm nicht so gethan, sondern hast ihn aus dem Garten Eden getrieben, und er hat 930 Jahre gelebt und ist dann gestorben. Was hast du ihm gethan? Du hast ihn aus dem Garten Eden getrieben ... weil er den Tod über die Geschlechter gebracht hat, und er war schuldig den Tod zu leiden (S. 247 f.). Aber du hast dich über ihn erbarmt und hast ihn vertrieben wie den unvorsätzlichen Todtschläger, und er ist verbannt von seinem Orte in die Freistätte". Hier ist also als Anfang des Heils eine Art zuvorkommender Gnade gedacht, welche das Urteil Gottes beeinflußt und für die Wiederherstellung des Menschen Raum gelassen hat. Gott hat aber diese Gnade dem Adam nicht bloß um seinetwillen erzeigt, sondern er gab ihm Frist, damit die Menschheit durch ihn aufgerichtet würde. Zu 1 Mos. 4, 1 heißt es daher weiter *Beresch. rabba* c. 22: Gedenke deiner Barmherzigkeit und deiner Gnade, denn sie sind von Anfang an (Ps. 25, 6). Nicht erst von jetzt an, sondern „von Anfang an" sind sie, ... denn nach ihnen hast du gehandelt mit Adam dem

§ 55. Gottes Heilsrathschluß.

ersten Menschen; denn du sprachst zu ihm: Am Tage u. s. w.; aber wenn du ihm nicht einen Tag von deinen Tagen gegeben hättest, deren einer 1000 Jahre dauert, wie sollte er sich (mit Eva) vereinigt haben, um Nachkommen zu zeugen?

Der letzte Gedanke Gottes aber bei diesem Gnadenverfahren mit Adam und der in ihm dargestellten Menschheit ist dessen und der Menschheit Zurückführung zu seiner unmittelbaren Gemeinschaft. Hiervon sagt eine Stelle in *Bammidbar rabba* c. 13: Früher wohnte Adam im Gan Eden im Zelte der Schechina. Da zürnte der Heilige über ihn und trieb ihn (גירש: wie ein Mann sein Weib verstößt) aus seiner Wohnung (מחצה). Als dann Israel aus Aegypten zog, wollte der Heilige es in seine Mechiza wieder zurückführen. Deshalb sagte er zu ihnen, sie sollten ihm ein Heiligtum machen, daß er unter ihnen wohne, wie es denn heißt (2 Mos. 25, 8): Machet mir ein Heiligtum u. s. w. Es versteht sich, daß dann die durch die Sünde bedingten Folgen aufgehoben sind, und die ursprüngliche Herrlichkeit wieder erreicht sein wird.

2. Ueber den Weg zur Wiederherstellung und Vollendung der Herrlichkeit gewähren einige Stellen in *Bereschith rabba* folgende Anhaltspunkte:

a. Sie erfolgt durch die Buße (תשובה), eine Leistung (§ 68), durch welche eine begangene Sünde gut gemacht und ihre Wirkung wieder aufgehoben wird. Gott hatte schon dem Adam, ehe er ihn verstieß, die Möglichkeit dazu gelassen, aber vergeblich, c. 21 (vgl. oben S. 221 f.): Adam war zu stolz; sein Hochmut (גאוה) hinderte ihn an der Buße. Demnach fordert Gott in der 'ה Demüthigung vor Gott. In c. 22 heißt es von Kain, Gott habe ihn zu einem Zeichen für die Bußfertigen (בעלי תשובה) gemacht. Als er von der Gerichtsverhandlung kam, in welcher er wegen Abels Ermordung vor Gott stand, begegnete ihm Adam. Was ist in deinem Prozeß geschehen? fragte er ihn. Kain antwortete: Ich habe Buße gethan (עשיתי תשובה), und es ist ein Vergleich geschaffen worden, d. i. eine Art Versöhnung in Gestalt eines Ausgleiches zwischen dem strengen Rechte und der Gnade (נתפשרתי *reconciliatus sum*). Da fing Adam, der erste Mensch, an und schlug sich ins Gesicht und sprach: So groß ist die Kraft der Buße, und ich wußte es nicht. — Man achte auf den Ausdruck עשה: die Buße ist eine Leistung (s. Nachtrag), nicht Sinnesänderung (μετάνοια). Diese Leistung kann bei Kain nur in dem Bekenntnisse seiner Schuld, in der Wehklage über seine Sünde

(1 Mos. 4, 13 f.) bestanden haben. Die Wirkung dieser Leistung ist
Verschonung d. i. Aufhebung der Strafe. In dieser Hinsicht soll
Kain ein Zeichen für Alle die sein, welche die Buße leisten. Sie ist
das erste Mittel des Heils.

b. Aber die Buße macht den Menschen nicht gerecht und giebt
ihm daher an sich keinen Anspruch auf das Himmelreich, auf die
durch den Fall verlorene Herrlichkeit. Deshalb gibt Gott als ein
zweites Mittel des Heils das Gesetz, durch welches der Mensch
Verdienst erwirbt, dessen Studium und Vollbringung ihn zum Gerechten macht. Auf die Gesetzesoffenbarung (מתן תורה) zielt Gottes
Heilsrathschluß ab. Als Adam voraussah, erzählt c. 21, daß seine
Nachkommen künftig in das Gehinnom hinabsteigen würden, enthielt
er sich der Zeugung. Als er aber sah, daß Israel nach Ablauf von
26 Generationen die Thora empfangen sollte, vereinigte er sich
(ehelich mit Eva), um Nachkommen zu zeugen. Alle Hoffnung ist
also auf die Gesetzgebung gerichtet. Sie ist die Offenbarung des Heils,
denn sie wird Israel zum heiligen Volke machen und ihm die durch
die Sünde verlorene Herrlichkeit wieder geben. Vgl. § 57.

Die Thora und die Theschuba finden sich daher unter den
Dingen, die Gott vor der Zeit geschaffen hat (vgl. S. 198 f.); jene
ist das positive, diese das negative Moment des Heilsrathschlusses
Beresch. rabba c. 1. Die folgende Soteriologie wird also im Geiste
der jüdischen Theologie zu behandeln haben 1) die Gesetzgebung
und 2) ihre Heilswirkung, nämlich a) die Rechtfertigung und das
Verdienst durch das Gesetz und b) die Sühnung durch die Theschuba
und die ihr verwandten Sühnmittel.

§ 56. **Die Vorgeschichte der sinaitischen Offenbarung.**

Schon Adam empfing sechs, und das noachische Zeitalter
sieben Gebote; aber die nichtisraelitische Menschheit hat nicht
einmal diese wenigen Gebote gehalten. Einzig und allein Abraham
hat sich für die Gemeinschaft mit Gott und die Erfüllung der
Thora ausscheiden lassen und ist zum Stammvater eines heiligen
Volkes geworden.

1. Nach *Beresch. rabba* c. 24 war „Adam schon dazu bestimmt,
(ראוי), daß durch ihn die Thora gegeben werde. Das sagen die
Worte (1 Mos. 5, 1) זה ספר. Der Heilige sprach: Das Gebilde meiner

§ 56. Vorgeschichte der sinaitischen Offenbarung.

Hände ist er, und ich sollte sie ihm nicht geben? Wieder sprach der Heilige über ihn: Wenn ich ihm jetzt sechs Mizwoth gegeben habe und er in ihnen nicht zu bestehen vermochte, wie soll ich ihm 613 Vorschriften, nämlich 248 Gebote und 365 Verbote (S. 211) geben? Und er sprach zu Adam: Nicht Adam will ich sie geben, sondern seinen Nachkommen. Darum heißt es: (dies ist das Buch) von den Nachkommen Adams (זה ספר תולדות אדם)." (Wegen der hier geübten Auslegungsweise vgl. § 27 mit Röm. 10, 5 ff. 1 Kor. 15, 45 f. Eph. 4, 8 f.) Immerhin hatte Adam nach dieser Stelle in den empfangenen sechs Mizwoth gleichsam eine Zusammenfassung der Thora empfangen, in der er und seine Nachkommen sich einstweilen üben sollten. Diese sechs adamitischen Gebote finden wir *Sanhedrin* 56. *Beresch. rabba* c. 16. *Debarim rabba* c. 2. *Schir rabba* zu 1, 2. *Jalk. Schim. Bereschith* 22; vgl. Maimonides, *Hilch. melachim* VIII, 1 und Buxtorf, *Lex.* 607 ff. Diese ursprüngliche Thora verbietet den Götzendienst, die Gotteslästerung, den Mord, die Blutschande, den Raub und die Widersetzlichkeit gegen die Obrigkeit; sie enthält wesentlich dasselbe wie die zehn Worte vom Sinai und ist nicht mit Unrecht ein Kompendium natürlicher Pädagogik und Moral genannt worden. Die sechs Mizwoth ziehen jedenfalls der Willkür des Einzelnen die Schranken, welche nöthig waren, wenn das menschliche Geschlecht bestehen und ein geordnetes Gemeinwesen erhalten bleiben sollte, indem sie die Reste ursprünglicher Gotteserkenntnis und Gottesverehrung wahren. Im Zeitalter Noahs kam dazu noch eine siebente Verordnung: das Verbot, Fleisch eines noch lebenden Thieres zu genießen (אבר מן החי). Diese sieben sind nun die sieben noachischen Gebote (שֶׁבַע מִצְוֹת בְּנֵי נֹחַ, *Sanhedrin* 56, vgl. Maimonides *Hilch. melachim* VIII, 10), „welche die Synagoge jedem in Israel sich niederlassenden Heiden zur Pflicht machte, sofern er sich nicht durch die Beschneidung dem ganzen mosaischen Gesetze untergeben wollte". Vgl. 3 Mos. 25, 47. *Baba mezia* IX, 12. Diese ihre Verwendung zur Proselytendisciplin zeigt, daß man in ihnen die wesentlichsten und nothwendigsten Bestimmungen der Thora erkannte. (Aus Apg. 15, 20. 29 lassen sich vermittelnde Vorstufen erschließen.)

2. Für die Söhne Noahs (בני נח) d. i. die außerisraelitische Menschheit haben sie diesen Zweck nicht erfüllt; denn sie sind von derselben nicht gehalten worden. Sie haben, heißt es *Wajjikra rabba* c. 13, die sieben Mizwoth nicht erfüllt; diese mußten von Israel übernommen werden. Die Thora mußte sich einen engeren

Kreis suchen, innerhalb dessen sie eine Stätte finden sollte. Ueber die gesetzlose Menschheit aber kam das Zorngericht Gottes, und zwar in drei großen Gerichtsoffenbarungen. Die erste geschah im Zeitalter des Enos. Nach *Beresch. rabba* c. 23 begann in dieser Zeit der Götzendienst; dafür erhob sich der Ocean und überfluthete die Erde und vertilgte die Götzendiener. Die zweite ist die große Fluth, welche das Geschlecht zur Zeit Noahs (דור המבול) vertilgte, das die Buße verweigerte (s. S. 221) und die Grundgebote Gottes verachtete. Niemand blieb übrig, außer Noah, weil Alle dem Frevel (חָמָס) ergeben waren *Beresch. rabba* c. 38. Ein drittes Gericht erging über die himmelanstürmenden Erbauer des Thurms zu Babel. Hier blieben aber viele übrig; denn sie waren „Eine Zunge" d. h. friedlich; auch ihnen eröffnete Gott die Möglichkeit zur Umkehr, aber sie verschmähten sie und blieben in ihren Sünden (a. a. O.). Die Menschen wurden damals über die Erde zerstreut, und dieses Geschlecht heißt daher דור הפלגה. Aus diesem entstanden die **siebzig Völker der Erde**, welche den wahren Gott aufgaben und den Götzen dienten. Vgl. noch S. 254.

3. Abraham aber wurde ausgeschieden, der **Einzige** aus den siebzig Völkern *Jalkut Schim., Beresch.* 95. Er war von Anfang an ein Bekenner Jahve's. Nach *Jalkut Schim., Beresch.* 98 hat er schon im Alter von drei Jahren seinen Schöpfer erkannt. Nach *Beresch. rabba* c. 44 (?) versuchten die Heiden, als er noch in seines Vaters Hause war, zu wiederholten Malen mit ihm Gemeinschaft zu machen, oder ihn zum Götzendienste zu verleiten oder von den Wegen des Heiligen abzubringen, aber es ward ihm Hülfe von oben, und er widerstand. Er wurde zum Märtyrer seines Glaubens. Standhaft bezeugte er seinen Glauben vor seines Vaters Hause und selbst vor dem grausamen Nimrod; dieser ließ ihn in den Feuerofen (אור כשדים) werfen, woraus ihn aber Gott errettete, während Haran darin verbrannte *Bereschith rabba* c. 38, vgl. c. 42. Weil er der einzige Gerechte seiner Zeit war *Bammidbar rabba* c. 10, so hat ihn Gott erwählt zum Vater des heiligen Volkes, welches Träger seiner Thora sein sollte. Um aber vollendet (תמים *integer*, *Mechilta* 66ᵃ) zu werden, mußte sich Abraham in seinem 99. Lebensjahre beschneiden, damit nichts Unheiliges (פסולת oder מום) und für den Dienst Gottes nicht Taugliches mehr an ihm wäre *Beresch. rabba* c. 46. So bedeutsam war dieses Vornehmen, daß Gott selbst bei dem Vollzuge mitwirkte. Nun kann *Mechilta* 66ᵃ von ihm bezeugen,

§ 56. Vorgeschichte der sinaitischen Offenbarung.

daß er die Mizwoth Gottes erfüllte; er hat nach *Wajjikra rabba* c. 2 u. a. St. die ganze Thora erfüllt; zehnmal versucht, ist er zehnmal bewährt *Pirke aboth* V, 3, der vollkommen Gerechte *Beresch. rabba* c. 7 (?), dem zufolge, daß er die Thora treulich studirte, sie gründlich kannte, und selbst die Halacha wußte, die Gott im himmlischen Sanhedrin jeden Tag vorträgt *Beresch. rabba* c. 49. Er ist daher das Haupt und der Vorgänger aller Gerechten, *Schir rabba* zu 1, 13; in ihm hatte Gott endlich den gefunden, welcher Träger seiner Offenbarung werden konnte *Beresch. rabba* c. 49. Dabei läßt sich freilich die Frage nicht unterdrücken, woher Abraham die Thora hatte, die doch erst am Sinai offenbart wurde. Diese Frage wird *Tanchuma*, *Wajjiggasch* 11 aufgeworfen. R. Schimeon b. Jochai sagt: Seine zwei Nieren wurden zu zwei Wassergefäßen und ließen Thora quellen (Ps. 16, 7). R. Levi hat gesagt: Von sich selbst hat er die Thora gelernt (*Midrasch. Mischle*), und so lehrte er auch seine Nachkommen die Thora; denn es heißt (1 Mos. 18, 19): Ich kenne ihn, daß er befehlen wird u. s. w. Die Vorstellung ist, daß Abraham die Thora durch unmittelbare Anschauung empfangen habe.

Als der vermöge ursprünglicher Frömmigkeit durch Beschneidung und Gesetzeserfüllung Vollendete wurde nun Abraham der Vater eines heiligen Volkes. *Beresch. rabba* c. 46 sagt, daß Abraham sich deswegen mit 99 Jahren beschneiden ließ, weil Isaak aus heiligem Samen (זרע קדושה) hervorgegangen sein sollte. Durch die Beschneidung ist Abrahams Nachkommenschaft thatsächlich geheiligt, denn der Stammvater ist heilig geworden (s. Röm. 11, 16). Die Geburt Isaaks ist ein höchst bedeutsames Ereignis. Schon der Name zeigt das an; denn nach dem Notarikon (S. 123 f.) heißt יצחק: Ausgegangen ist das Gesetz in die Welt, ausgegangen Offenbarung in die Welt. Das Volk der Heilsoffenbarung ist damit ins Dasein gerufen, die Offenbarungsperiode beginnt: „der Heilige begann Wunder zu thun" *Beresch. rabba* c. 53. Sara bedurfte nicht der Erregung ihrer Lust durch Engelsdienst, sondern empfing auf Gottes unmittelbare Wirkung hin (a. a. O.); Abraham wurde in seiner Natur erneuert, eine neue Kreatur (בריה חדשה, *Bammidbar rabba* c. 11, vgl. *Ber. r.* c. 39), die Zeugung zu vollbringen. Mit Sara wurden alle Unfruchtbaren gesegnet, überdies alle Tauben hörend, alle Blinden sehend, alle Blöden weise; die Welt war an diesem Tage des Lichtes voll, vgl. *Pesikta* 146ᵃ. Als Isaak geboren war, stillte Sara nicht bloß ihn, sondern von ihrer Brust tranken alle Kinder, die man ihr brachte. Als er entwöhnt war, wurde er dergestalt vom Jezer hara entwöhnt, daß dieser seine Macht über ihn verlor *Beresch. rabba* c. 53. Wie Isaak, so waren auch Jakob und seine Söhne, so sind überhaupt alle Beschnittenen thatsächlich heilig. Dies zeigt c. 48: Abraham sitzt an der Pforte des Gehinnom und läßt keinen Beschnittenen in dasselbe hinuntersteigen; den großen Frevlern, die das Gehinnom durch ihre schweren Uebertretungen verdient haben, zieht er über die Beschneidung eine Vorhaut, die er von den unter acht Tagen verstorbenen kleinen Kindern nimmt, damit sie erst wieder zu Unbeschnittenen werden, ehe sie ins Gehinnom steigen (vgl. oben S. 52 f.). Denn die Beschneidung verleiht einen *character indelebilis sanctitatis;* sie heiligt den Unreinen (טמא), aus der טפה סרוחה (S. 226) Erzeugten, daß er ein Heiliger wird, wie *Schemoth rabba* c. 23 bezeugt, daß Israel vermöge der מילה ohne טמאה ist. Wie daher Abraham der Heilige, so heiligte sich auch sein Haus Gotte durch Studium und Erfüllung des Gesetzes. Als Jakob seine Söhne segnete, hat er ihnen das schriftliche Gesetz und die Auslegung dazu verheißen *Jalkut Schim., Beresch.* 115 (?). Die Thora in ihrem ganzen Umfange zu empfangen und zu erfüllen, ist das Ziel, zu dem dieses heilige Geschlecht ins Dasein gerufen worden ist. Vgl. oben Kap. V und § 9.

Dem entspricht es, daß Abraham als ein Mittelpunkt für alle diejenigen gilt, welche aus den Heiden zu Gott kommen. (Vgl. Gal. 3. Röm. 4.) Den zusammenfassenden Ausdruck finden wir dafür in dem Worte: er verbrüderte (איחה) Alle, die in die Welt kommen; er stiftete die große Gemeinschaft aller Anbeter Gottes, *Beresch. rabba* c. 39. *Schir rabba* zu 8, 8 u. ö. Schon in Haran hat Abraham die Männer, und Sara die Frauen bekehrt *Beresch. rabba* c. 84. Er öffnet den Gerim die Thür ins Himmelreich *Beresch. rabba* c. 48. Deshalb heißt er ein Segen (בריכה), ein Wasserteich; wie dieser die Unreinen reinigt, so sagt der Herr: Bringe du die Fernen herzu unter die Flügel der Schechina *Bammidbar rabba* c. 11. Er ist nach *Beresch. rabba* c. 30 (vgl. *Jalk. Schim., Beresch.* 26) bestimmt, alle Welt auf den Weg der Buße zu leiten. Die Könige wollten Abraham zum Könige und zum Gott der Welt erheben, aber er wies sie auf Gott als den rechten Gott und König der Welt hin *Beresch. rabba* c. 43 (vgl. c. 42). Als ein Vater der *Gerim* bewährte er sich, als die kleinen Kinder aus Sodom nach der Errettung der Bewohner dieser Stadt aus Kedor Laomers Hand bei

§ 56. Vorgeschichte der sinaitischen Offenbarung.

Abraham zurückblieben, Proselyten wurden (נתגיירו) und sich von der Unzucht ihrer Väter ferne hielten *Beresch. rabba* c. 43. Eben dort heißen die 318 Knechte des Abraham seine Geweiheten (חניכיו) als solche, welche von ihm die Beschneidung oder Weihe (חניכה) zum Bund mit Gott empfangen und seinen Namen getragen haben. *Tanchuma, Lech Lecha* 12 redet von dem großen Eifer, mit welchem Abraham Proselyten machte, und lehrt, dieses sei die Veranlassung gewesen, daß ihm sehr großer Lohn verheißen wurde. Andererseits wird ihm allerdings zum Vorwurfe gemacht, daß er dem Könige von Sodom seine Leute zurückgegeben, also nicht zu Proselyten gemacht habe *Nedarim* 32ᵃ. Bei Isaaks Entwöhnung versammelten sich Og und alle Großen der Welt, alle die 32 Könige, die Josua nachmals tödtete, bei Abraham *Beresch. rabba* c. 53. Er selbst heißt *Bammidbar rabba* c. 15 (?) ein König; auf ihn wird auch Ps. 110 angewendet. In seine Hand hat Gott den Segen für die Welt gelegt: früher segnete Gott selbst, nun segnet Abraham; von ihm geht der Segen auf die Patriarchen, auf die zwölf Stämme und zuletzt auf die Priester über, a. a. O. 11.

Eine ähnliche Stellung nehmen auch die anderen Erzväter ein. Die Personen, welche mit dem Hause Jakobs in Berührung kamen, erscheinen als Proselyten. Ganz im Allgemeinen heißt es von Abraham, Isaak und Jakob *Jalkut Schim., Beresch.* 140, daß sie Proselyten machten. Von Joseph sagt die Ueberlieferung, er habe die Aegypter zur Beschneidung gezwungen, ehe er ihnen Getreide gab *Beresch. rabba* c. 91. *Tanchuma, Mikkez* 7. *Jalk. Schim., Beresch.* 148. Nach demselben Midrasch § 129 wollte Thimna Proselytin und dem Hause Abrahams einverleibt werden, und bot sich dem Jakob als Kebsweib an. Thamar nannte sich selbst eine Proselytin (גיורת), a. a. O. 145. Ebenso wollte Potiphera den Joseph nicht in fleischlicher, sondern geistlicher Absicht (לשם שמים) gewinnen, weil sie erkannte, daß sie einen Sohn in die heilige Familie einfügen sollte; aber sie wußte nicht, daß dies erst durch ihre Tochter geschehen würde, die dem Joseph den Ephraim und Manasse gebar *Beresch. rabba* c. 87 (?). Das Haus Abrahams ist die Stätte der Offenbarung und des Heils auch für die Völker der Welt: die Gott suchen, kommen zum Hause Abrahams.

So kommt dem Abraham in der heilsgeschichtlichen Betrachtungsweise der jüdischen Theologie die Stellung eines Wiederherstellers zu. *Kohel. rabba* 67ᵇ sagt: Abraham war würdig, vor

Adam dem ersten Menschen geschaffen zu werden. Aber der Heilige sprach: Wenn ich ihn zuerst schaffe und er sündigt, so ist niemand da, der komme und eine Wiederherstellung bewirke (יתקן). Nein, ich will Adam zuerst schaffen, und wenn er sündigt, so wird dieser Abraham nach ihm kommen und das Geschlecht wiederherstellen. Adam ist der מקלקל, Abraham der מתקן. Weil Alles auf Abrahams תקנה (§ 67, 1) beruht, so ist er die Säule, welche die Geschlechter vor ihm und nach ihm trägt; deshalb erschien er in der Mitte der Geschichte (באמצע, a. a. O.). Er hat die Welt wieder zusammengeheftet (איחה), die durch die bisherige Entwickelung zerrissen worden war *Tanchuma, Lech Lecha* 2. An dieser Bedeutung für die Heilsgeschichte nehmen die übrigen Patriarchen allerdings Teil. Abraham, Isaak und Jakob heißen zusammen die drei großen Pfeiler (יתידות) der Welt *Beresch. rabba* c. 43, und die Stammväter der zwölf Geschlechter Israels (*Tanchuma, Lech Lecha*) תקרתן של עולם. Zudem tragen die Erzväter (z. B. *Bereschith rabba* c. 58) den Ehrennamen Väter der Welt, und die Frauen derselben heißen die Mütter der Welt. Von ihnen geht das Volk Gottes aus, welches aus der ganzen Welt Gott ersteht; sie sind die Begründer und Träger des Reiches Gottes. Insonderheit aber trägt Abraham den Ehrennamen: אבינו אברהם unser Vater Abraham, vgl. Matth. 3, 9. Luc. 16, 24. Röm. 4, 1 u. a. St.

So ist nun das Volk geschaffen, innerhalb dessen die Thora offenbart, das Reich Gottes (מלכות השמים) gegründet werden kann.

§ 57. Die Gesetzgebung auf dem Sinai.

Da die ganze heilsgeschichtliche Entwicklung auf die Gesetzgebung abgezielt und in ihr ihren ersten Höhepunkt erreicht hat (§ 56), ist es selbstverständlich, daß dieses Ereignis von der religiösen Sage mit allem möglichen Glanze umgeben, ihre Bedeutung aufs Höchste gerühmt und ihre heilsamen Folgen mit wehmütig-stolzer Freude ausgemalt wurden. Denn das Ereignis vom Sinai bedeutet die vormalige Wiederherstellung des Urstandes für Israel.

1. Der Vorgang selbst wird folgendermaßen geschildert. Alle Berge stritten nach *Beresch. rabba* c. 99 um die Ehre, zur Stätte dieser Offenbarung erwählt zu werden. Sie wurde dem Sinai gewährt, weil er der einzige Berg war, der von Götzendienst rein geblieben

§ 57. Die Gesetzgebung auf dem Sinai.

war. Nach *Schabbath* 86ᵇ u. a. St. ist das Gesetz am Sabbat gegeben worden, als an dem Tage, an welchem Alles zur Vollendung kommt; denn das Gesetz ist Ziel und Ende der Wege Gottes. Als Gott auf dem Berge erschien, war bei ihm eine große Menge von Engeln, welche das Volk Israel beneideten (S. 167. 175 f.) und auf Mose eindrangen, als er auf den Berg stieg. Gott aber gab ihm das Angesicht Abrahams, der einst die Engel bewirthet hatte, und so durften sie ihm nichts zu leid thun *Schemoth rabba* c. 28, vgl. 51. Nun mußten sie dennoch im Geleite Gottes erscheinen und dadurch die Gesetzgebung verherrlichen. Nach *Pesikta* 107ᵇ stiegen 22,000 Engel vom Himmel auf den Sinai hernieder; nach *Pesikta* 124ᵇ aber und der allgemeinen Annahme, die sonst Bestätigung findet, 60 Myriaden = 600,000 Engel des Dienstes. Jeder hatte eine Krone, um Israel damit zu krönen. Vgl. noch *Debarim rabba* c. 2; *Targ.* 5 Mos. 33, 2; Hohesl. 2, 3 mit Apg. 7, 53; Gal. 3, 19; Ebr. 2, 2.

Als nun Gott anhob, die zehn Worte vom Sinai herab zu sprechen, lag über der ganzen Natur ein feierliches Schweigen, *Schemoth rabba* c. 29. Da zwitscherte kein Vögelein, da flog kein Vogel, da brüllte kein Rind; die Ophannim flogen nicht, die Seraphim sprachen nicht das Heilig; das Meer bewegte sich nicht, die Menschen sprachen nicht, sondern die Welt schwieg und war verstummt. Und es ging aus die Stimme: Ich Jahve bin dein Gott. Und so sprach er diese Worte . . . Gott hat verstummen lassen die ganze Welt und zum Schweigen gebracht die oberen und unteren Regionen, und die Welt wurde wie ein Thohu wa-Bohu, als ob kein Geschöpf darinnen wäre . . .' Er hat die ganze Welt schweigen gemacht, damit alle Kreatur wisse, daß keiner ist außer ihm. Da sprach er: Ich Jahve bin dein Gott.

Auch das Volk sollte der erhabenen Offenbarung würdig am Sinai erscheinen. Als Israel aus Aegypten wegzog, sagt *Tanchuma, Jithro* 8 (vgl. *Bammidbar rabba* c. 7), gab es unter ihnen Gebrechliche (בעלי מומין) in Folge der Frohnarbeit, die sie in Lehm und Ziegeln machten; da war z. B. ein Stein vom Baue auf einen Arbeiter gefallen und hatte ihm die Hand gebrochen und den Fuß verstümmelt. Der Heilige sprach: Es ist nicht ziemlich, daß ich meine Thora den am Körper Beschädigten gebe. Was that er? Er winkte den Engeln des Dienstes, und sie stiegen herab und heilten sie. Woraus ersieht man, daß es unter ihnen keine Blinden gab? Es heißt (2 Mos. 20, 18): Alles Volk sahe den Donner und Blitz.

Woraus sieht man, daß es unter ihnen keine Tauben gab? Es heißt: Wir wollen hören (v. 19, vgl. 5 Mos. 5, 25 f.). Woraus sieht man, daß es unter ihnen keine Verstümmelten gab? Es heißt: Wir wollen thun (2 Mos. 19, 8). Woraus sieht man, daß es unter ihnen keine Lahmen gab? Es heißt: Sie standen unten am Berge (2 Mos. 19, 17, vgl. 5 Mos. 5, 5). Eine Andeutung dieser Ueberlieferung finden wir schon *Mechilta* 72ª, wo gesagt ist, daß es keine Blinden gab (vgl. das. 78ᵇ). Gott hat also das Volk erst neu gestaltet (חָדָשׁ) und in eine würdige leibliche Verfassung gebracht, ehe er ihnen die Thora gab.

2. Die Bedeutung der Gesetzgebung besteht darin, daß durch sie Jahve sich mit Israel zu unauflöslicher Gemeinschaft vereinigt, gleichsam eine Ehe geschlossen hat (vgl. S. 51). Israel war bis dahin gleichsam noch minderjährig (קטנה). Am Sinai wurde es zur אימה שלימה, erreichte Volljährigkeit und Vollmaß *Pesikta* 2ª (vgl. *Bammidbar rabba* c. 12. *Schir rabba* zu 3, 9). Jahve aber ist herabgekommen, um Israel zu empfangen, wie der Bräutigam, der ausgeht von seinem Hause, der Braut entgegen, vgl. oben S. 261. Er hat sich ihnen zum Bunde unauflöslicher Liebe und Gemeinschaft erboten. Aber in dieser Liebesgemeinschaft bleibt er doch der König. Als Israel am Berge Sinai die Thora annahm, da übernahm es mit der Thora das Königreich des Himmels (מלכות שמים), das ist das Reich, dessen Sitz ursprünglich im Himmel ist, das aber mit der Gesetzgebung auf Erden sein Dasein gewinnt und Jahve zum Herrn und König hat (S. 65).

Israel seinerseits hat den Bund mit Gott gemacht durch das große Wort: „Wir wollen es halten und befolgen" (נַעֲשֶׂה וְנִשְׁמָע, 2 Mos. 24, 7, vgl. 5 Mos. 5, 24). Mit diesem Gelübde hat es gleichsam seine Hand zum Bunde ewiger Treue und ewigen Gehorsams in Gottes Hand gelegt, hat (nach *Sifre* 143ᵇ) das Joch der Thora auf sich genommen (vgl. oben S. 33. 78). Israel hat sich durch dieses Wort freiwillig an Jahve gebunden. Nach einer Ueberlieferung geschah dies freilich unter dem Drucke einer schweren Gefahr, die für den Fall der Ablehnung drohte. Denn *Aboda sara* 2ᵇ, *Schabbath* 88ª u. ö. wird berichtet, Gott habe den Berg Sinai über den Israeliten (vgl. 2 Mos. 19, 17) sich wölben lassen wie ein Dach, oder wie ein Faß; wenn sie das Gesetz nicht annehmen würden, so sollte der Berg über sie stürzen und sie begraben. Erst in den Tagen des Achaschwerosch (s. § 1 f.) haben sie nach dieser

§ 57. Die Gesetzgebung auf dem Sinai.

Ueberlieferung die Annahme der Thora freiwillig bestätigt und so den Bund ihrer Vorfahren befestigt. Diese Ueberlieferung hat ihren Grund darin, daß man für die geschichtliche Thatsache eine Erklärung suchte, daß das Volk bis in die Tage des Exils das Gesetz nicht gehalten hat. Jedoch hat Israel jedenfalls seine Zusage, wenigstens in der Form, freiwillig gegeben, wie denn nach *Schir rabba* zu 1, 2 ein Engel oder (vgl. oben S. 180 f.) das Dibbur jedem einzelnen Israeliten die Frage der Annahme zur Entscheidung vorlegte. Nach *Schabbath* 88ᵃ setzten die Engel denen, welche Ja sagten, eine Doppelkrone auf das Haupt, vgl. S. 273; *Pesikta* 124ᵇ. Die Zusage des Volkes ist also von Gottes Seite als eine freiwillige angesehen und so belohnt worden. Daß Gott seinerseits Alles aufbot, um Israel zur Annahme des Gesetzes zu bewegen, hat seinen Grund darin, daß der Bestand der Welt von der Annahme abhing *Schabbath* 88ᵃ (vgl. oben S. 197).

3. Der Bedeutung des Vorganges entsprechen seine **Folgen**. Durch die Erklärung der Annahme ist Israel **vollkommen** (תמים) geworden d. i. in den Stand der sittlichen **Reinheit** zurückgekehrt (*Schir rabba* zu 5, 2: עמי בסיני נתממו). Dies will vielleicht auch *Mechilta* 71ᵃ sagen, indem dort erzählt wird, vor der Anbetung des Stiers am Sinai seien alle Israeliten rein gewesen, um, wie jetzt nur die Priester, die heiligen Speisen (קדשים) zu essen. Die Folge davon war, daß für das Volk Israel die **Wirkung der Sünde Adams** (S. 222 ff.) aufgehoben und ihm die Herrlichkeit zurückgegeben wurde, die Adam vor dem Falle besaß.

a. In *Schir rabba* zu 1, 2 wird überliefert, daß in der Gesetzgebung bei den Worten: „Du sollst keinen anderen Gott neben mir haben" (2 Mos. 20, 3) das **böse Gelüsten** (S. 211) in den Herzen Israels entwurzelt wurde. Als sie dann aber zu Mose kamen und verlangten, daß er an ihrer Statt mit Gott reden möchte, damit sie nicht stürben (2 Mos. 20, 19), sei es wieder an seine Stelle zurückgekehrt. Nun kamen sie wieder zu Mose, um es wieder los zu werden, aber es verblieb in seiner Herrschaft und wird bleiben bis zur zukünftigen Welt, wo Gott das steinerne Herz von ihnen nimmt und ihnen ein fleischernes gibt (Ez. 36, 26). Ebenso wurde Israel am Sinai vom זוהמא (vgl. S. 219 f.) befreit. — Und wie die Macht der Sünde, so war auch die Herrschaft des **Uebels** gebrochen. *Schir rabba* zu 4, 7 heißt es zu den Worten des Hohenliedes „Du bist ganz schön, meine Freundin": In der Stunde, da Israel vor dem Berge

Sinai stand und sprach: „Alles was Jahve geredet hat, wollen wir thun und hören", in dieser Stunde gab es unter ihnen keine Blutflüssigen, Aussätzigen, Lahmen, Blinden, Stummen, Tauben, Narren, Geisteskranken, Einfältigen, oder Menschen geteilten Herzens. Seit dieser Stunde heißt es: Du bist schön, meine Freundin! *Tanchuma, Jithro* 8 wird die Thora eine Arzenei für den ganzen Leib genannt, und es wird daselbst im Einzelnen nachgewiesen, wie sie eine solche für jedes Glied sei. Auch die Macht des Todes hörte auf, *Bammidbar rabba* c. 16 (vgl. *Wajjikra rabba* c. 18): „Bei der Gesetzgebung brachte der Heilige den Engel des Todes und sprach zu ihm: Die ganze Welt ist in deiner Gewalt, ausgenommen dieses Volk, welches ich mir erwählt habe ... Der Engel des Todes sprach vor dem Heiligen: So bin ich umsonst geschaffen worden in der Welt. Da sprach der Heilige zu ihm: Ich habe dich geschaffen, damit du herrschest über die Völker der Welt, ausgenommen dieses Volk; denn über dieses hast du keine Macht. Siehe den Rathschluß Gottes, welchen er über sie gefaßt hatte, daß sie unsterblich sein sollten ... Aber sofort haben sie die Absicht Gottes zu nichte gemacht ... Es sprach zu ihnen der Heilige: Ich gedachte, daß ihr nicht sündigen und unsterblich sein solltet, so wie ich lebe und bleibe in alle Ewigkeit. Ich sprach (Ps. 82, 6, vgl. Joh. 10, 34 ff.): Elohim seid ihr und Söhne des Höchsten, ihr alle, wie die Engel des Dienstes (S. 168 f.), welche nicht sterben, und ihr habt nach solchem Großen gesucht zu sterben! Fürwahr, wie Adam (Ps. 82, 7) werdet ihr sterben, wie Adam der erste Mensch, welchem ich ein Gebot gab, daß er es erfüllen und ewig leben und bleiben sollte; denn es heißt (1 Mos. 3, 22): Siehe, der Mensch ist geworden wie einer von uns (und ebenso 1, 27: Gott schuf den Menschen nach seinem Bilde), daß er leben und bleiben sollte, wie er selbst (vgl. v. 22). Aber er sündigte und vereitelte meinen Beschluß und aß von dem Baume, und ich sprach zu ihm (3, 19): Staub bist du! So ist es auch mit euch. Ich dachte, Elohim seiet ihr; ihr aber habt euch selbst verderbt wie Adam; fürwahr wie Adam werdet ihr sterben. Und wer hat ihnen dies zugezogen? Ihr brechet alle meinen Rath". *Schemoth rabba* c. 32 führt aus, daß, wenn (vgl. die oben angeführte Stelle) Adam um eines einzigen Gebotes willen den Engeln des Dienstes gleich werden sollte, es billig sei, daß Israel, welches 613 Gebote übernahm, die Unsterblichkeit erlange. Das Manna sollte wol die Speise der Unsterblichkeit sein; denn es

§ 57. Die Gesetzgebung auf dem Sinai.

hatte die Eigenschaft der Unverweslichkeit *Bammidbar rabba* c. 16 (vgl. 1 Kor. 10, 3). Dasselbe Kapitel lehrt weiter, daß nach Gottes Rathschluß das auserwählte Volk weder von einem Uebel noch vom Tode mehr betroffen werden sollte, und so werden wir annehmen dürfen, daß auch die Herrschaft der Dämonen (§ 54) gebrochen sein sollte.

b. Es handelte sich sonach um eine vollständige Wiederherstellung des Urstandes der Menschheit (S. 213 ff.). Und zwar gilt das auch nach seiner positiven Seite, hinsichtlich der ursprünglichen Herrlichkeit, welche Adam besaß. Die Israeliten sahen die Herrlichkeit Gottes, die sich ihnen in (siebenfachem) Feuer offenbarte, ohne zu erschrecken. *Pesikta* 37ª enthält als Ueberlieferung: „Du findest, als Israel am Berge Sinai stand und sprach: Alles, was Jahve geredet hat, wollen wir thun und halten (S. 270), da gab er ihnen vom Glanze (זיו) der Schechina" (vgl. S. 214). Die Schechina selbst kehrte damals zur Erde zurück *Pesikta* 1ᵇ u. ö. (vgl. S. 189). Denn in der Stiftshütte hatte Jahve nun eine Wohnung auf Erden, um Israel, mit dem er sich vermählt, hineinzuführen, so wie einst Adam vor dem Falle in seiner Mechiza hatte wohnen dürfen *Bammidbar rabba* c. 13 (vgl. S. 261). Die ursprüngliche Gottesgemeinschaft konnte wieder hergestellt werden. Dem entsprach die Versetzung in ein neues, Gott ähnliches Wesen, nach der oben angeführten Stelle *Bammidbar rabba* c. 16: Ich gedachte, daß ihr nicht sündigen solltet, . . ich sprach: Elohim seid ihr und Söhne des Höchsten, d. i. himmlischen Wesens, wie die Engel des Dienstes.

Alle diese Herrlichkeit aber gipfelt darin, daß den Israeliten allen am Sinai von Engeln die Doppelkrone auf das Haupt gesetzt wurde, eine für das נעשה und eine für das נשמע *Schabbath* 88ª (vgl. S. 270f.; *Pesikta* 124ᵇ). Sie bezeichnet ihre Würde als Inhaber der Thora (כתר תורה), in der sie Gottes tiefste Weisheit haben, die sie befolgen, indem sie alle (248) Glieder den 248 Geboten Gottes weihen und alle Zeit (365 Tage = 365 Verbote) der Versuchung zur Uebertretung des göttlichen Willens widerstreben (vgl. S. 263. 273).

So war das Volk Israel am Sinai bereits erlöst und verherrlicht worden. Diese Offenbarung sollte das Ende der Wege Gottes sein. Wenn nun auch Israels Fall den Rath Gottes vereitelt hat, so ist doch so viel gewiß, daß alle Heilsoffenbarung nicht über das hinausgehen kann, sondern nur auf das wieder abzielt, was am Sinai gegeben war. Vgl. oben Kap. II ff.

§ 58. Israels Abfall und seine Folgen.

Der 2 Mos. c. 32 berichtete Abfall des Volkes, welcher in der talmudisch-midrasischen Sprache gewöhnlich die Stier-Geschichte (מַעֲשֵׂה עֵגֶל) genannt wird, nimmt im religiösen Bewußtsein des jüdischen Volkes eine höchst bedeutsame Stelle ein. Wenn am Sinai das Ziel der Heilsgeschichte schon erreicht und das Reich der Herrlichkeit in Israel aufgerichtet war, so liegt in jener That Israels die Antwort auf die Frage, wodurch der Rückschritt zu dem gegenwärtig vorhandenen alten Stande der Dinge herbeigeführt worden ist.

1. Die Anbetung des goldenen Stieres hat für Israel dieselbe Bedeutung, Wirkung und Folge, wie der Fall Adams für die gesamte Menschheit: es ist Israels Sündenfall (vgl. oben S. 55 f.). In *Pesikta* 45^b u. ö. wird der Stierdienst am Sinai einfach mit den Worten bezeichnet: als sie gesündigt hatten. In den Worten *Bammidbar rabba* c. 16, die Gott dem Volke nach dem „Maasch 'Êgel" sagte (S. 272), vergleicht er beide Sündenfälle ausführlich mit einander. Auch *Pesikta* 37^a findet sich diese Parallele: Als Israel bei dem Stierdienste sprach: „Dies ist dein Gott, Israel", — da wurden sie Feinde des Heiligen; da geschah, wie geschrieben steht: „Die Macht seines Antlitzes veränderte er"; auch hat der Heilige über sie die Worte geändert (die er erst gesprochen), denn es heißt nun: „Fürwahr, wie Adam werdet ihr sterben" (Ps. 82, 7). *Schemoth rabba* c. 32 heißt es von dem Volke, welches das Kalb angebetet hatte: In der Weise (אחר מדותיו בשיטתו) des Adam seid ihr gewandelt, welcher in seiner Versuchung nicht bestand und dafür mit dem Tode bestraft wurde; darum werdet ihr auch wie Adam sterben. — Wie bei Adams Fall (S. 218 f.), so ist auch bei dem Falle Israels der Satan thätig gewesen. Durch sein Blendwerk hat er, wie *Schemoth rabba* c. 41 und *Tanchuma, Thissa* 19 erzählt, das Volk getäuscht, als wenn Mose todt wäre. Letztere Stelle läßt auch die Zauberer Jannes und Jambres (vgl. 2 Tim. 3, 8), die aus Aegypten mit zogen, an der Verführung des Volkes thätigen Anteil nehmen, als eigentlichen Urheber der bösen That aber den ägyptischen Pöbel erscheinen (vgl. oben S. 55). Doch sagt auch diese Ueberlieferung, daß der Pöbel das Volk veranlaßte, mit ihm zu sündigen. Auch Ahron wird möglichst zu entlasten gesucht, als der unter

§ 58. Israels Abfall und seine Folgen.

dem Drucke einer Masse von 40,000 Menschen gehandelt habe; auch sei Hur, da er widerstrebte, vor seinen Augen getödtet worden, und er habe Auswege gesucht, das Volk von seiner Sünde abzubringen u. s. w. Indessen ist die Schuld des Volkes und Ahrons damit nicht aufgehoben. Die ältere Ueberlieferung insbesondere beläßt es einfach bei der Thatsache, daß das Volk abgefallen sei, und sieht den Kern der Begebenheit darin, daß das Volk nach eben erfolgtem Bundesschlusse sich in Gottes Feind verwandelt habe *Pesikta* 37ª, und daß es durch Anbetung des Stieres sein so verdienstvolles und folgenreiches Versprechen, womit es den Bund begründet hatte, wieder aufgehoben habe (איבדו את נעשה, 117ᵇ).

2. So ist nun Israel am Sinai wieder wie einst Adam aller seiner eben (S. 271 ff.) empfangenen Herrlichkeit entkleidet worden. Der böse Trieb ist wieder an seine Stelle zurückgekehrt und hat die alte Herrschaft wieder eingenommen. Alle Gebrechen, die am Sinai aufgehoben und geheilt worden waren, stellten sich wieder ein, so daß man Ursache hatte, das Lager zu reinigen *Bammidbar rabba* c. 7. Der Tod trat alsbald wieder in sein altes Recht ein (*Pesikta* 37ª. *Schemoth rabba* c. 32. *Wajjikra rabba* c. 18. *Bammidbar rabba* c. 16. *Tanchuma*, *Thissa* 16), und die Weltmacht (מלכות) machte ihre alten Ansprüche mit neuem Rechte geltend *Schemoth rabba* c. 32. Die geweihten Speisen durften von da an nur noch die Priester, die sonderlich Gotte Geweihten, essen *Mechilta* 71ª. Gottes Herrlichkeit sahen die Israeliten nicht mehr; ja sie konnten nicht einmal das Angesicht ihres Mittlers sehen. Auf ihrem Angesichte lag kein Abglanz der göttlichen Herrlichkeit mehr, und der Gottesname, mit dem sie bezeichnet waren, ging verloren, *Schir rabba* zu 1, 3; dazu wurde die Ehrenkrone ihnen von denselben Engeln wieder abgenommen, welche sie zuvor damit geziert hatten *Pesikta* 124ᵇ. *Schabbath* 88ª. Dagegen wurden die so der Herrlichkeit Entkleideten der Macht der Sünde und des Verderbens aufs Neue preisgegeben. Dazu kamen positive Straffolgen für diese Haupt- und Grundsünde Israels. Zwar wandte Mose das völlige Verderben ab. Fünf Engel des Verderbens zogen in dieser Stunde wider Israel aus, sagt *Tanchuma*, *Thissa* 20. Da erhob sich Mose und flehete oben, und es war keine Ecke (זוית), da er nicht gefleht hätte. Als er das Verdienst der Väter geltend machte und sprach: Gedenke Abrahams, Isaaks und Israels, — da wurden von den fünf Verderbensengeln (S. 172) sofort drei (Kezeph, Maschchith,

Haschmed) weggenommen, und es blieben nur Aph und Chema übrig. Aber auch diese wurden unschädlich gemacht: Aph wurde vom Herrn, Chema von Mose gehalten. Die Vertilger, die dem Volke den Garaus bereitet hätten, wurden sonach nicht abgesendet; Israel blieb, durch seiner Väter Verdienst, das Volk Gottes. Es leistete auch selbst in dem Golde, das es für die Wohnung Gottes stiftete, Genugthuung für das Gold, das es zum Stierbilde gespendet *Tanchuma, Theruma* 8 u. ö. Allein die Sünde forderte doch noch weitere Sühne. Nach *Wajjikra rabba* c. 7 (vgl. *Echa rabba* zu 2, 1) war der Zorn Gottes über diesen Bruch des Bundes nur niedergehalten (כבישה), bis er durch die Zerstörung Jerusalems sich ein Genüge that. Bis dorthin war das Verhältnis des Volkes zu Jahve immer schwankend. Israel hätte nach jüdisch theologischer Anschauung vom Stierdienste an gar keine Existenzberechtigung gehabt, wenn nicht, wie S. 270 f. gezeigt wurde, die erste Uebernahme des Gesetzes am Sinai nur unter dem Drucke der höchsten Gefahr geschehen wäre, während nachmals Israel aus eigenem Entschlusse die Thora übernahm, und wenn nicht nach dem Exil der böse Trieb, sofern er Israel bisher zum Götzendienst gereizt, also als Princip des Abfalls gewirkt hatte, auf Israels Verlangen getödtet worden wäre, um nur als Princip der Sinnlichkeit noch fortzuwirken, so daß durch eine lange und schwere Krisis hindurch die Wirkung des Stierdienstes aufgehoben und dadurch der Bestand Israels gesichert werden konnte. Von den Tagen des Achaschwerosch an (§ 1 ff.) ist und bleibt es das Volk der Thora, wiederhergestellt durch den zweiten Mose, durch Esra, von nun an seinem Ziele zustrebend, ganz Volk der Thora zu sein und das נעשה ונשמע vom Sinai (S. 270) zu erfüllen.

3. Dies ist von da ab das Ziel der heilsgeschichtlichen Entwicklung: durch Erfüllung der Thora wieder zu erwerben, was durch das נעשה ונשמע am Sinai von Gott empfangen und durch das בעגל מעשה wieder verloren ist. Zu diesem Zwecke und in Voraussicht, daß dieses Ziel erreicht werde, ließ Gott das Volk auch nach dem כ' בגל bestehen und im Besitze der Thora bleiben. *Bammidbar rabba* c. 17 enthält den wichtigen Satz, der deutlich das heilsgeschichtliche Ziel und den Weg dazu zeigt: „Der Heilige, g. s. E., hat das Gesetz und die Gebote gepflanzt, um Israel das Leben der zukünftigen Welt ererben zu lassen". Das Gesetz und seine Erfüllung ist das eine große Heilsmittel, das Gott Israel ge-

geben hat. Weil Israel aber unter der Macht der Sünde steht, so ist es nicht möglich, daß es in der Erfüllung des Gesetzes stetig bleibe und nicht sündige (vgl. oben S. 233 ff.). Es bedarf deshalb, wenn der Gewinn der Gesetzeserfüllung nicht verloren gehen soll, fort und fort einer Sühne für die Gesetzesübertretung. Deshalb ist neben die Thora die Aboda (§ 10) d. i. der Opferdienst mit seinen Ersatzmitteln getreten.

Hieraus ergibt sich von selbst, daß die Mittel, das Heil zu erwerben, Thora und Aboda, die Werke des Gesetzes (§ 59 ff.) und der Buße (§ 67 ff.) sind.

Kap. XIX. Die Gerechtigkeit vor Gott und das Verdienst.

§ 59. Der Begriff der Sechûth.

Für die talmudisch-midrasische Theologie von der Rechtfertigung ist der Begriff der זְכוּת von größter Wichtigkeit. Es sind in demselben zwei Momente enthalten: daß der göttlichen Forderung Genüge geleistet worden sei, und daß man infolge dessen Anspruch auf Lohn habe.

1. Das Wort זְכוּת ist ein Abstractum von זכה rein sein, und heißt zunächst Reinheit (Dan. 6, 23). Der Gegensatz ist חוֹבָה die Schuld. Von זכה wird זַכַּאי *purus* gebildet, wovon der Gegensatz חַיָּב ist. Diese Ausdrücke sind genauer der Gerichtssprache entnommen, sind also in erster Linie „forensische". Bei einer Gerichtsverhandlung stimmen die Richter am Schlusse mit זַכַּאי oder חַיָּב ab. Auf Nichtschuldig und für Freisprechung des Beklagten plädiren heißt לְבַד זְכוּת, das Gegenteil לְבַד חוֹבָה כלילי, d. h. eigentlich in Betreff des Angeklagten Reinheit oder Schuld lehren oder beweisen. Für rein oder nicht schuldig erklären heißt זִכָּה, für schuldig erklären חִיֵּב (vgl. Dan. 1, 10). Das richterliche Aussprechen Gottes, daß ein Mensch זַכַּאי hat, heißt זִכָּה *justificare* = *justum pronuntiare*, δικαιοῦν, ins Recht setzen, Recht zusprechen (vgl. Röm. 3, 4), — der entgegengesetzte Ausspruch aber חִיֵּב *damnare Erubin* 19ª. Gott bildet mit der oberen Familie (S. 75 f.) zusammen einen Gerichtshof (S. 159 f. 176), vor dem die Werke der Menschen ihr Urteil erlangen. Wenn ein Mensch, sagt *Schemoth rabba* c. 31, vor Gott im Gerichte steht, so übernimmt ein Teil der Engel die Anklage, der andere die

Vertheidigung; vgl. *Debarim rabba* c. 3, wo Mose בבקש סינגוריא עליהם der Vertheidiger Israels vor Gott heißt. Alles Urteil Gottes geschieht in diesem Gerichte (בְּדִין) vor Gott (לִפְנֵי יְיָ *Pesikta* 153ᵇ, vgl. ἐνώπιον θεοῦ Röm. 3, 20). Das Urteil ergeht nach dem Gesetze. Wer ein Gebot erfüllt oder ein Verbot gehalten hat, ist in Bezug auf dieses rein (זַכַּאי); er ist זַכַּאי oder בָּהּ. Wer es nicht erfüllt oder wer es übertreten hat, ist in dieser Hinsicht חַיָּב. Der Betreffende hat in Bezug auf jenes Gebot oder Verbot זְכוּת Unschuld (Röm. 8, 33) oder חוֹבָה Schuld (Röm. 3, 19). Er hat Genüge geleistet, oder er schuldet (*debet* ὀφείλει, Röm. 13, 8) Ersatz oder Strafe für das nicht erfüllte Gebot oder für das übertretene Verbot. So viele einzelne Gebote der Mensch erfüllt hat, so viele זָכִיּוֹת hat er daher; so viele er dagegen nicht erfüllt, so viele עֲבֵירוֹת hat er, *jer. Peah* I (16ᵇ). *Bammidbar rabba* c. 10 (?). Wenn ein Mensch der Gesamtsumme seiner Gesetzespflichten genügt, so ist sein Stand vor Gott in jeder Beziehung der eines זַכַּאי oder בָּהּ, sein Gesamtverhältnis zu Gott das der זְכוּת, und umgekehrt *Schabbath* 32ᵃ.

Der Begriff זְכוּת vertritt sonach in der talmudisch-midrasischen Theologie den biblischen Begriff der Gerechtigkeit (צֶדֶק). Dies zeigt z. B. *Tanchuma, Schophetim* 4, wo das biblische שֹׁפֵט צֶדֶק mit לָמֵד עָלָיו זְכוּת d. i. sich bei Gott für das Volk verwenden wiedergegeben wird. Der Mensch, welcher זְכוּת hat, d. i. im Ganzen und Großen ein זַכַּאי ist, heißt gerecht (צַדִּיק). זַכַּאי und צַדִּיק decken sich zwar nicht ganz: jenes ist Ausdruck für das Urteil im einzelnen Fall, צַדִּיק Bezeichnung der Gesamtstellung des Menschen vor Gott; dennoch entspricht im Allgemeinen זְכוּת d. i. vor Gott gerecht befunden werden dem biblischen צֶדֶק. צְדָקָה bedeutet in der talmudischen Sprache Almosen (§ 61, 1), weil man dadurch besonders als צַדִּיק sich beweist und zum vollkommenen צַדִּיק wird. Die folgenden Abschnitte werden das im Einzelnen nachweisen.

2. Das bisher Gesagte erschöpft jedoch den Begriff der זְכוּת noch nicht, reicht auch nicht hin zur Begründung der Rechtfertigungslehre, welche zugleich Lehre vom Lohn ist (vgl. Röm. 4, 4). Der Begriff ist in erster Linie ein forensischer, sodann aber ein soteriologischer. Das Urteil über den Menschen vor dem himmlischen Gerichtshofe geschieht mit Rücksicht auf die Frage, ob der Mensch leben oder sterben solle, ob er des künftigen Gottesreiches würdig befunden werde oder nicht, ob ihm für Wolverhalten Lohn oder für Uebertretung Strafe werden solle. Der Begriff זְכוּת

§ 60. Die Gerechtigkeit aus der Erfüllung des Gesetzes.

enthält daher neben dem Momente der Reinheit in Bezug auf das Gesetz auch das andere der Würdigkeit in Beziehung auf ein Gut. זכה heißt dann würdig werden etwas zu erlangen, z. B. *Schemoth rabba* c. 27. In *Jebamoth* 50ᵃ heißt es: Ist er würdig befunden (זכה), so legt man ihm Jahre bei; ist er aber nicht würdig befunden worden (לא זכה) u. s. w. Und *Wajjikra rabba* c. 14: אם זכה wenn er würdig befunden worden ist, so erbt er die zukünftige Welt; אם לא זכה wenn nicht, muß er Strafe leiden. In *Tanchuma, Pikkudê* 3 wird die Seele ermahnt: Sei צדיק und nicht רשע, damit du würdig werdest (תזכה) und in der zukünftigen Welt lebe nmögest (תחיה). Der Bettler spricht den Reichen um eine Gabe an mit den Worten: „erweise mir ein Almosen" (עשה לי מצוה, S. 286), und fügt hinzu: „mache dich an mir (einer Belohnung) würdig" (זְכֵּה בִּי); z. B. *Koheleth rabba* zu 11, 1, oder *jer. Schekalim* V, 4 (49ᵇ): „mache dich würdig, indem du mir mitteilst" (זכי עמי). Es ist sonach keine Frage, daß der Begriff זכות in den der Würdigkeit zur Erlangung eines Gutes übergeht, den Anspruch auf Lohn, das Verdienst (*meritum*) bezeichnet *Bammidbar rabba* c. 14. Der Plural זְכֻיּוֹת bezeichnet dann *merita*, die Gesamtsumme dessen, was Jemand durch seine Gesetzeserfüllung und gute Werke an Lohn erworben hat, wie z. B. *Taanith* 20, *Jalk. Schim. Beresch.* 31 u. ö. demjenigen, welcher ein Wunder erlebt, dafür von seinen Verdiensten (מזכיותיו) ein Abzug gemacht wird. Das hat nur Sinn, wenn זכיות den Schatz des Erworbenen bezeichnet; denn Gesetzesleistungen können nicht verringert werden, wol aber die dadurch erworbenen Lohnansprüche. *Schabbath* 31ᵇ u. a. St. sagen in der That, daß der Mensch einen Schatz (אוצר) von Verdiensten im Himmel hat.

Demnach wird זכות in zwiefacher Hinsicht zu betrachten sein: als Gerechtigkeit vor Gott und als Verdienst.

§ 60. Die Gerechtigkeit aus der Erfüllung des Gesetzes.

Ob ein Mensch gerecht sei, bestimmt sich nach talmudischmidrasischer Auffassung lediglich an der Hand der Thora, und zwar nach genauer Buchung, Berechnung und Würdigung der einzelnen, auf Erfüllung der Gebote gerichteten Thaten und Absichten des Menschen. Es handelt sich für diese Theologie allen Ernstes um die Herstellung eines normalen Rechts-Verhältnisses gegen Gott aus Gesetzeswerken.

1. Es gilt nun vor Allem den synagogalen Begriff des Gerechten (צדיק) festzustellen. Zu diesem Zwecke haben wir von dem Begriffe des Gesetzes als einer Summe von Geboten (*Mizwoth*, ἐντολαί), Vorschriften auszugehen. Wenn Jemand eine מִצְוָה erfüllt, so sagt die Synagoge: er hat eine מצוה gethan, oder kurz: er hat eine מצוה. Die מצוות heißen in diesem Zusammenhange auch זכות (§ 59). Sie bilden den sittlichen Besitz des Menschen und sprechen vor Gott für ihn *Aboda sara* 2ᵃ. Wenn dagegen Jemand eine Vorschrift übertreten hat, so hat er eine Uebertretung (עֲבֵירָה), und davon gilt die Umkehrung des Gesagten. Von der That (מַעֲשֶׂה) hat man aber die Absicht zu unterscheiden. Der Wille zur Vollbringung einer מצוה gilt so viel als diese selbst; die Absicht dagegen, eine böse That zu vollbringen, gilt nicht, und der böse Gedanke wird nicht zur That hinzugerechnet *Kiduschin* 39ᵇ. 40ᵃ. Wenn aber gar Jemand zu einer Sünde gereizt wird und der Neigung nicht folgt, so wird ihm das als מצוה angerechnet *Kiduschin* 39ᵇ.

Nun bestimmt Gott sein Verhältnis zum Menschen nach dem Verhältnis des Menschen zur Thora (vgl. oben § 13 mit Röm. 2, 12. 5, 13). Wenn Gott die Menschen richtet, bringt er das Gesetzbuch hervor, um das Urteil danach zu sprechen *Aboda sara* 2ᵃ. Gerecht (צדיק) ist an und für sich der, welcher alle מצוות erfüllt hat (§ 59, 1). In diesem Sinne waren die Erzväter Gerechte. Allein wie viele Gerechte gibt es nach diesem idealen Maßstabe? Es ist allerdings möglich (S. 231 ff.), daß Einer vom Anfange bis zum Ende seines Lebens ein Gerechter bleibt *Beresch. rabba* c. 30; und es gibt Menschen, welche die Thora vom א bis zum ת erfüllt haben *Echa rabba* zu 2, 1; ja es sollte eigentlich in das Gehinnom Jeder kommen, der auch nur eine מצוה nicht erfüllt *Sanhedrin* 111ᵃ. Aber in Wirklichkeit ist kein Gerechter, der nicht sündigte (1 Kön. 8, 46). Damit sich nun aus der Erfüllung der Gebote dennoch eine Gerechtigkeit ergebe, handelt Gott nach dem Grundsatze: der Mensch wird gerichtet nach dem, was überwiegt (אחר רובי) *Kiduschin* 40ᵇ. Wenn die gesetzlichen Leistungen überwiegen, gilt der Mensch vorläufig als צדיק, im andern Falle als רשע. Auf Grund solcher Erwägung konnte Gott dem dürstenden Ismael gegen den Einspruch von Engeln einen Brunnen aufthun nach *Beresch. rabba* c. 53 (s. S. 283). Esau gilt als רשע, weil er nur eine einzige מצוה erfüllt hat, das Gebot, den Vater zu ehren *Sifre* 141; alle seine anderen Handlungen sind Uebertretungen. Zwar entscheidet nicht bloß das Zahlen-

§ 60. Die Gerechtigkeit aus der Erfüllung des Gesetzes. 281

verhältnis für den Spruch Gottes, ob Einer צדיק oder רשע sei, sondern auch die Beschaffenheit der Thaten; denn wenn Jemand ein frecher Uebertreter (מקלקל) ist, der sich schwere Vergehen, wie Mord, Ehebruch, Raub hat zu Schulden kommen lassen, so kann er trotz aller etwaigen מצוות nicht als צדיק gelten. Mit der Gerechtigkeit können nur leichte Uebertretungen (עבירות קלות) zusammen bestehen (*Sifre* 51ᵇ. *Tanchuma, Chukk.* 16 u. ö.), und zwar diese deshalb, weil auch der Gerechte der Reizung zum Bösen durch den bösen Trieb ausgesetzt ist und unterliegen kann. Ob aber ein Mensch gerecht vor Gott ist, beruht im letzten Grunde dennoch auf Rechnung (Röm. 4, 4), in welche der Mensch nie genaue Einsicht haben kann (vgl. S. 49 f. 283 f.). Aus diesem Grunde gibt *Kidduschin* a. a. O. die Regel: Ein jeder sehe sich halb als זכאי rein, halb als חייב schuldig an, d. i. er nehme an, daß er ebenso viele מצוה als עבירות habe; thut er nun eine מצוה, so neigt sie sein Verhältnis zu Gott auf die gute Seite (לכף זכות): diese eine מצוה kann bewirken, daß er als צדיק gilt, weil er nach der Mehrzahl der Leistungen oder Uebertretungen beurteilt wird und nun eine Leistung mehr hat, als die Zahl seiner Uebertretungen beträgt. Ebendaselbst wird die Frage erörtert, ob Einer, der eine מצוה über die Zahl seiner Uebertretungen hinaus habe, sofort den Lohn dafür empfange oder nicht: die Rechnung kann sich ja wieder anders gestalten. Der Begriff des צדיק weist also auf eine göttliche Berechnung des Verhältnisses der Erfüllungen und Uebertretungen des Gesetzes bei den einzelnen Menschen hin, d. i. auf den der Imputation. (Durch das hier Gezeigte wird des Apostels Paulus Kampf gegen die δικαιοσύνη ἐξ ἔργων νόμου in den Briefen an die Galater und die Römer scharf beleuchtet. Vgl. G. Schnedermann, Der israelitische Hintergrund in der Lehre des Ap. Paulus von der Gottesgerechtigkeit aus Glauben. 1895.)

2. Der Ausdruck für die Imputation (vgl. λογίζεσθαι Röm. 4 u. ö.) ist הֶעֱלָה עָלָיו. Z. B. heißt es *Mechilta* 16ᵇ zu 2 Mos. 12, 28, näher zu וַיַּעֲשׂוּ: Haben sie denn das Passa-Gebot schon ausgeführt? Nein, aber von dem Augenblicke an, wo sie die Ausführung desselben auf sich genommen haben, rechnet es ihnen Gott zu (מעלה עליו), als wenn sie es ausgeführt hätten. Zu Ps. 44, 23 sagt *Sifre* 73ᵃ: Kann denn der Mensch den ganzen Tag getödtet werden? Nein, aber Gott rechnet es den Gerechten zu (מעלה עליהם), als wenn sie den ganzen Tag getödtet würden. Als Gebotserfüllung (מצוה)

wird angerechnet: der gute Wille zur That, der Nichtvollzug der
Sünde, zu der man gereizt worden, jeder Vollzug einer gesetzlichen
Vorschrift, und endlich die Vollbringung eines guten Werks (§ 61).
Dabei werden die einen מצות höher angerechnet als die anderen;
z. B. sind die Sabbatsheiligungen nach *jer. Berachoth* I, 8 (3ᶜ) an
Gewicht so schwer wie alle anderen zusammen (vgl. Matth. 12.
Marc. 3. Luc. 6. Joh. 5). Als עבירה gilt nur die wirklich vollzogene
Uebertretung eines Verbots; es gibt aber auch unter den עבירות solche
verschiedenen Gewichts, leichte und schwere, so daß auch bei ihnen
gerechnet werden muß. Aus der Summe und dem Gewichte der
Mizwoth gegenüber der Summe und dem Gewichte der Uebertretungen ergibt sich Gerechtigkeit oder Schuld, d. i. der Rechts-
stand des Menschen vor Gott; denn Beides wird in je eine
Wagschale gelegt, und dann neigt sich die Wage entweder לְכַף זְכוּת
oder לְכַף חוֹבָה. Ahab wird *Sanhedrin* 102ᵇ (vgl. oben S. 56) שקול
genannt, weil seine Sünden und seine Verdienste einander aufwogen.
In diesem Falle, sagt *Erachin* 8ᵇ, drückt Gott auf die Wagschale
des Verdienstes oder hebt die Schale der Schuld und erklärt so den
Menschen für einen Gerechten. Von diesem Abwägen der verdienstlichen Werke und der Sünden sagt *Pesikta* 167ᵃ zu den Worten
רב חסד (2 Mos. 34, 6): Die Wage ist genau כף מאזנים מצויינת; hier die
Schale mit den Verdiensten, dort die Schale mit den Sünden; aber
der Heilige neigt die Wage zur Schale des Verdienstes hin. So
R. Elieser. רב חסד bedeutet „zur Gnade hinneigend". R. Josua Bar
Chanina sagt: Die Wage ist genau: hier die Verdienste, hier die
Sünden; der Heilige aber nimmt den Schuldschein von den Sünden
weg, dann haben die Verdienste das Uebergewicht (wörtlich: drücken
die Schale herunter, מכריעות). *Jer. Peah* I, 1: Gott nimmt eine von
den Sünden weg, und die Verdienste haben das Uebergewicht
(מכריעות).

Um diesen Thatbestand festzustellen, bedarf es einer fort-
gehenden Aufzeichnung der Worte und Thaten; *Wajjikra rabba*
c. 26: alle Worte des Menschen, selbst die des Scherzes, werden
ihm in sein Buch geschrieben. In *Beresch. rabba* c. 81. 84 u. ö.
wird das Buch, in welches die Einträge gemacht werden, פינקס
(πίναξ) genannt. Nach *Ruth rabba* zu 2, 14 ist es Elia, welcher aufschreibt, nach *Esther rabba* 86ᵈ (?) die Engel; nach *Jalkut Schim.,
Beresch.* 141 waren es früher die Propheten, jetzt Elia allein und
der Messias; Gott aber drückt das bestätigende Siegel darauf (חותם,

§ 60. Die Gerechtigkeit aus der Erfüllung des Gesetzes.

vgl. Röm. 4, 11). So hat nun der Mensch eine Rechnung (חֶשְׁבּוֹן) im Himmel, z. B. nach *Sifra* zu 3 Mos. 26, 9 Israel eine besonders große. *Kohel. rabba* 77° (?) fordert zur Todesbereitung, daß der Mensch seine „Rechnung" in Ordnung bringe, vgl. *Bammidbar rabba* c. 14 (?).

3. Die rechtliche Abfertigung des Menschen erfolgt zunächst täglich. *Tanchuma, Wajjelech* 2: Die ganze Welt wird täglich gerichtet, und durch einen Menschen kann die Welt gerecht oder schuldig werden . ., wie die Weisen gesagt haben: die Welt ist halb schuldig, halb rein. Kommt Einer und begeht Uebertretungen, womit er den Uebertretungen das Uebergewicht gibt über die guten Handlungen, so wird die Welt durch ihn schuldig. Halten böse und gute Handlungen einander die Wage, und es kommt Einer und vollbringt eine Mizwa und bewirkt dadurch, daß die guten Handlungen die bösen überwiegen: wol ihm, denn er macht die Welt dadurch gerecht (מזכה)! — Das Urteil wird also nach dem Verhältnisse, in welchem die guten und die bösen Handlungen augenblicklich zu einander stehen, täglich für die ganze Welt festgestellt. Sie ist dann entweder זכאי oder חייב (S. 277) und hat danach Anspruch, weiter fort zu bestehen, oder ist werth unterzugehen. Dem entsprechend wird auch für den Einzelnen sein Urteil (דין, χρίμα, vgl. Röm. 5, 16) immerfort festgestellt. In jedem Augenblicke wird bestimmt oder kann doch, z. B. in Zeiten der Noth und Gefahr, festgestellt werden, als was er augenblicklich vor Gott gilt. Lehrreich hierfür ist die Stelle *Beresch. rabba* c. 53 (vgl. S. 280). Die Engel wollten nicht dulden, daß Gott dem Ismael, von dem sie voraussahen, daß er Israel durch Durst sterben lassen würde, einen Brunnen hervorquellen lasse מלבד, und sie verklagten ihn deshalb, Gott an seine Uebertretungen erinnernd. „Da sprach Gott zu ihnen: Ist er im Augenblick ein Gerechter oder ein Frevler (עכשיו מה הוא צדיק אי רשע) d. h. überwiegen jetzt die זכיות oder עבירות bei ihm? Sie antworteten ihm: Er ist צדיק. Da sprach er zu ihnen: Ich richte den Menschen (verfahre mit ihm) lediglich nach seinem augenblicklichen Stande (כעשיו)". Endgültig wird die große Frage nach der Gerechtigkeit eines Menschen aber erst zu entscheiden sein, wenn es sich am Ende seines Lebens um sein ewiges Geschick handelt. Dann wird die Rechnung geschlossen und das Facit der guten und der bösen Handlungen gezogen und das Endurteil festgestellt, und es wird dem Menschen eine Urkunde (שְׁטָר), welche seine Mizwoth und Aberoth enthält, aus-

gefertigt und zur Anerkennung vorgelesen (*Taanith* 11ᵃ. *Wajjikra rabba* 26. *Sifre* 133ᵃ, vgl. oben S. 242, sowie S. 288 f.).

Es versteht sich nun fast von selbst und wird auch oft genug ausdrücklich betont, daß der Mensch bei solcher Auffassung der Rechtfertigung vor Gott nie genau wissen kann, welchen Stand er vor Gott habe, vgl. S. 49 f. Er hat sich in Augenblicken der Gefahr zu fürchten, da Satan in solchen immer als Verkläger auftritt *Bereschith rabba* c. 91, und er weiß nicht, ob er sich der Teilnahme am ewigen Leben getrösten oder das Gehinnom fürchten müsse. Nach *Beresch. rabba* c. 76 fürchtete sich Jakob trotz der göttlichen Verheißung vor der Rückkehr aus Mesopotamien in die Heimath; „denn — dies wird dreimal wiederholt — es gibt keine Zuversicht (הבטחה) für den Gerechten in dieser Welt". Es können viele Ankläger aufstehen, heißt es später. Wer kann also wissen, wie sich das Urteil gestaltet, wenn abgerechnet wird? Der Gerechte darf seines Standes vor Gott nicht froh werden; er kann in dieser Welt nie in Ruhe und Frieden (בשליה, S. 213) sitzen, will er die Ruhe des ewigen Lebens haben *Beresch. rabba* c. 84. Es gibt keine Heilsgewißheit für den frommen Juden; vielmehr ist beständige Furcht (§ 72) sein Teil. (Vgl. jedoch § 62, 2. 63, 1.) Ob Gott sich zu einem Gerechten bekennen könne, wird erst nach seinem Tode offenbar; deshalb nennt er sich nie über einem Heiligen, so lange er lebt, sondern erst nach seinem Tode *Beresch. rabba* c. 94. Auch der Sterbende weiß noch nicht, ob er vor Gott als Gerechter hintreten wird *Beresch. rabba* c. 96. c. 100. Jeder muß den Tag des Gerichtes fürchten *Wajjikra rabba* c. 26. Darum waren auch die Thüren des Himmels sogar dem Gebete des Mose verschlossen, als er den Eingang in das gelobte Land begehrte *Debarim rabba* c. 11. Die Frommen, sagt *Tanchuma, Chukkat* 25, legen die Furcht nicht ab, obwol der Heilige ihnen Verheißung gibt (מבטיחן). Vgl. Röm. 5, 1 ff. 8, 14 f. 31 ff.

§ 61. Die Gerechtigkeit aus den guten Werken.

Ein zweites Mittel, Gerechtigkeit vor Gott zu erwerben, ist die Uebung guter Werke (מַעֲשִׂים טוֹבִים), nämlich Almosengeben und Liebeswerke.

1. Die sogenannten guten Werke (vgl. Matth. 5, 16. 6, 1 ff. Joh. 10, 32 f. Apg. 9, 36. Röm. 2, 7 u. ö.) sind von den Gebotserfüllungen (§ 60) wol zu unterscheiden. Es sind ihrer insonderheit zwei.

§ 61. Die Gerechtigkeit aus den guten Werken.

a. Das Almosen, genannt צְדָקָה, wird angesehen als ein Gott dargebrachtes Opfer (vgl. § 10), welches sogar an Werth über allen andern Opfern steht. *Succa* 49[b]: Größer ist der, welcher Almosen gibt (עושׂה צדקה), als alle Opfer (unter Berufung auf Spr. 21, 3). Daß Talmud und Midrasch gegen den Sprachgebrauch der heiligen Schrift (auch gegen Dan. 4, 24; vgl. jedoch Matth. 6, 1), aber nach dem Vorgange der LXX (= ἐλεημοσύνη), doch viel entschiedener, צדקה im Sinne von Almosen fassen, steht außer Frage. Z. B. heißt *Aboda sara* 17[b] מעות של צדקה das Almosengeld, גבאי צדקה *Pesachim* 8[a]. 13[a] u. ö. die Almoseneinnehmer. Häufig steht das Wort parallel mit dem Fasten (§ 68, 1; vgl. Matth. 6, 16).

b. גְּמִילוּת חֲסָדִים sind andere Liebeswerke, die nicht geboten sind, aber das Vorbild frommer Väter für sich haben, wie Darlehen an Bedrängte, Speisung der Armen, Bekleidung der Nackenden, Aufnahme von Wanderern, Besuch und Pflege von Kranken *Nedarim* 39[b]. 40[a], Bestattung der Todten *Kethuboth* 72[a], Unterstützung armer Bräute, Ausrichtung der Hochzeit armer Brautleute, Auslösung Kriegsgefangener (*Baba bathra* 8[a] מצוה רבה genannt) oder in Sclaverei gerathener Israeliten, Unterstützung armer Talmudstudirender *Baba mezia* 22 (?) und überhaupt der Gelehrten *Wajjikra rabba* c. 34. Auch עיון תפילה, das Nachdenken beim Gebet (vgl. § 10, 2) wird hierher gerechnet nach Jost zu *Peah* I, 1; dagegen wird dasselbe als schwer zu vermeidende Sünde getadelt in *Baba bathra* 164[b], vgl. *Berachoth* 55[a]. Im Verhältnis zur צדקה werden die Liebeswerke *Succa* 49[b] als das Vorzüglichere gepriesen. In drei Dingen, heißt es da, übertrifft die ג׳ ח׳ das Almosengeben. Jene wird sowol durch Hingabe des Vermögens (ממון), als auch durch persönliche Bemühung ausgeübt, letztere bloß mittelst Geldspenden; jene wird gegen Reiche wie Arme geübt, dieses wird nur Armen gegeben; jene wird an Todten und Lebenden geübt, dieses nur an Lebenden. Uebrigens heißt es von den Almosen *Succa* 49[b], es werde nur insoweit Lohn haben, als es mit חֶסֶד verbunden ist: nur sofern es aus wahrer Güte stammt, habe es Werth vor Gott. Daraus ersieht man, daß auch das Almosen unter den Begriff der Liebeswerke fällt, und daß somit „gute Werke" so viel heißt als Werke der Liebe und Barmherzigkeit gegen den Nächsten.

2. Haben die Mizwoth alle eine unmittelbare Beziehung zu Gott, sofern sie um seines Befehles willen erfüllt werden, so haben diese

Werke der Liebe ihre Richtung zunächst auf den Nächsten, bethätigen die Gemeinschaft mit diesem als einem Gliede des Volkes Gottes und sind nur insofern Opfer vor Gott, als sie sich auf das Gottesvolk beziehen. Die Mizwoth als Gesetzeswerke und die „guten Werke" werden, wie gemeinsam vom Studium der Thora *Moëd katon* 16ᵇ, so hinwiederum immer von einander unterschieden, z. B. *Bereschith rabba* c. 9. c. 30. *Wajjikra rabba* c. 4. *jer. Peah* I, 1 (15ᵇ) u. ö. Den Unterschied deutet *Peah* I, 1 an, wenn es heißt, daß die גמילות חסדים kein Maß habe: während für das Maß der gesetzlich vorgeschriebenen Leistungen Regeln gegeben sind, wird hier der Freiheit aufbehalten, so viel zu thun als man kann und will. Auch unter den Almosen sind nur die Beiträge zu der durch die Gemeinde vermittelten Armenpflege Pflichtsache, bei Strafe der Pfändung *Baba bathra* 8ᵇ. Man nimmt zwar nach *Baba bathra* 9ᵃ an, daß Jeder wenigstens ⅓ Sekel im Jahre spenden sollte; dies würde eine Art מצוה über das Almosen sein; aber darüber hinaus kann Jeder seine Spenden so weit ausdehnen, als er will. Hillel richtete sich nach der für die Gemeinde geltenden Bestimmung, daß Arme von vornehmer Abstammung (בני טובים) standesgemäß unterhalten werden sollten, indem er einem solchen nicht nur Pferd und Vorläufer gab, sondern auch selbst den Vorläufer machte *Kethuboth* 67ᵇ. Mar Ukba gab einem Armen in seiner Nachbarschaft täglich vier Sus, einem anderen am Vorabende des Versöhnungstages alljährlich vierhundert Sus, a. a. O. 67ᵇ. Und *Jalk. Schim., Beresch.* 145 gibt mehr Beispiele großartiger Wolthätigkeit bekannter Rabbinen. In Uscha mußte man festsetzen, daß Niemand mehr als den fünften Teil seines Vermögens verschenken dürfe *Kethuboth* 67ᵇ. Wegen dieser Freiheit der guten Werke als Bethätigung des frommen Sinnes werden sie als Erweise der Frömmigkeit betrachtet und besonders gutgeschrieben. Dennoch verlassen auch sie nicht den Boden des Gesetzes; denn daß sie geschehen, ist geboten; nur Art und Umfang ist freigegeben. Ueberdies übt der Vorgang der Frommen einen nicht zu unterschätzenden Druck aus. Deshalb wird schließlich auch für die guten Werke der Name, das Wort „Gebot" (מצוה) angewendet. *Beresch. rabba* c. 17. *Wajjikra rabba* c. 37 u. ö. heißt das Almosengeben עבד מצוה und *Wajjikra rabba* c. 14 (?) עשה מצוה, sowie *Baba bathra* 8ᵇ die Auslösung Kriegsgefangener (פדיון שבויים) מצוה רבה. In *Wajjikra rabba* c. 34 wird gelehrt: „Dieser Arme steht vor deiner Thüre,

§ 61. Die Gerechtigkeit aus den guten Werken. 287

und der Heilige steht zu seiner Rechten, Ps. 109, 31. Wenn du ihm gegeben hast, so wisse, wer der ist, der zu seiner Rechten steht und dir deinen Lohn gibt; wenn du ihm nicht gegeben hast, so wisse gleichfalls, wer der ist, welcher zu seiner Rechten steht und es von dir fordert". Aber selbst wenn Almosen und Liebeswerke als Mizwoth angesehen werden, bleibt ihr Unterschied den übrigen Mizwoth gegenüber, indem ihr Werth viel größer ist, *jer. Peah* I, 1 (15ᵇ): Almosen und Liebeswerke wiegen alle Mizwoth auf; sie sind כנגד כל המצוות.

3. Deshalb stehen Almosen und Liebeswerke unter den Mitteln, Gerechtigkeit vor Gott zu erwerben. Hinsichtlich des Almosens läßt sich seit Sirach erkennen, daß es als Beweis besonderer Frömmigkeit galt, Sir. 34 (31). 11. 7, 32 ff. vgl. 12, 2 ff. 18, 15. 20, 13 ff.; es galt als besonders verdienstlich vor Gott Tob. 2, 14, ja als Sünden tilgend Tob. 4, 9—12. Sir. 29, 11 ff. Als Beweis der Gerechtigkeit und als Mittel, solche zu erwerben, heißt es (S. 285) im Allgemeinen, aber auch jede Spende im Besonderen „Gerechtigkeit" (צדקה), so daß ein Plural davon (צדקות) in dem Sinne von Almosenspenden gebildet werden kann, z. B. *Tanchuma, Wajjakhel* 1 in dem Lobpreise eines Todten: כמה צדקות עשה wie viele Almosen hat er verrichtet! Durch Almosen wird man des ewigen Lebens teilhaftig. Wer sagt: ich gebe diesen Thaler als Almosen, damit meine Söhne leben oder damit ich dadurch das zukünftige Leben erlange, der ist ein vollendeter Gerechter (vgl. § 62). Wer Almosen gibt, der wird angesehen als Einer, der alle מצוה erfüllt hat; von ihm heißt es: Er wird nicht wanken in Ewigkeit *Tanchuma, Mischpatim* 9. Vgl. hierzu noch *Baba bathra* 10ᵇ. *Rosch haschschana* 4ᵃ. *Pesachim* 8ᵃ.

Auch die Liebeswerke bewirken Gerechtigkeit vor Gott. *Pesikta* 124ᵃ: „Die Vollbringer der Liebeswerke dürfen unter die Flügel der Schechina fliehen", was nur Gerechten erlaubt ist. Andererseits sind alle guten Werke (מעשים טובים) Erweise der Gerechtigkeit, vgl. Ps. 111 (112), 9. 2 Kor. 9, 9. Die Gerechten werden *Wajjikra rabba* c. 27 und *Tanchuma, Emor* 5 mit den Bergen verglichen, welche Früchte und Gräser hervorbringen: so bringen die Gerechten gute Werke hervor. Auch a. a. O. 17 werden die guten Werke der Gerechten mit den Früchten des Palmbaums, und die Gerechten mit den fruchttragenden Bäumen verglichen. Zum Bilde eines vollkommenen Gerechten wie Mose gehört, daß er alle guten Werke verrichtet *Tanchuma, Tabo* 1. Und wie die Mizwoth (S. 280) bilden sie für den, der sie verrichtet, einen Besitz für die Ewigkeit, den man unablässig vermehren soll *Wajjikra rabba* c. 4, indem man sich immer in ihnen wie in den Gesetzeswerken übt, *Kohel. rabba* zu 6, 6.

Es ist in der Ordnung, daß auch über diese guten Werke, wie über die Gesetzeswerke und Uebertretungen, Buch geführt wird, *Kethuboth* 67[b]: Als Mar Ukba im Sterben lag, verlangte er seine Rechnung, d. i. die Summe der Almosen, die er gegeben hatte. Sie betrug 7000 Sus. Da rief er aus: „Der Weg ist weit und der Mundvorrath gering"; d. h. er glaubte nicht, daß diese Summe zu seiner Rechtfertigung ausreiche, und so verschenkte er noch die Hälfte seines Vermögens, um ganz sicher zu gehen. *Baba bathra* 9[b]: Die Almosen summiren sich zu einer großen Rechnung (חשבון). Von dem, welcher als Gerechter mit einem guten Namen abscheidet, heißt es *Tanch., Wajjakhel* 1: Wie viele Almosen hat er gegeben, wie viel Thora studirt, wie viele Mizwoth gethan; seine Ruhe wird bei den Gerechten sein. Denn (*Baba bathra* 10[a]) Gott hat die Armen gegeben, um den Menschen vor dem Urteil zu bewahren, das ihn der Hölle zuweist. Vgl. die Almosenpraxis der römischen Kirche, namentlich des Mittelalters.

§ 62. Das verschiedene Verhältnis der Einzelnen zu Gott.

Da das sittliche Verhalten der Menschen verschieden geartet und von verschiedenem Werthe ist, so muß das davon abhängige Verhältnis der Menschen zu Gott sich verschieden gestalten. Gewöhnlich werden dreierlei Menschen unterschieden: רְשָׁעִים, בֵּינוֹנִים, צַדִּיקִים (die ersteren und letzteren mit der Unterart der גְּמוּרִים). Denn auch der Standpunkt der רְשָׁעִים läßt sich als ein Verhältnis zu Gott betrachten und bildet dann die unterste Sprosse einer Stufenleiter.

1. Eine dreifache Abstufung des Verhältnisses des einzelnen Menschen zu Gott (vgl. S. 49 f. 241) findet sich z. B. *Berachoth* 61[b]. Für die Gerechten, heißt es da, ist der gute Trieb (S. 230) ihr Richter, d. h. das leitende sittliche Princip; sündigen sie also, so sündigen sie wider diese bessere Einsicht, und hiernach werden sie gerichtet. Bei den Bösen (רשעים) ist es der böse Trieb (יצר הרע);

§ 62. Das verschiedene Verhältnis der Einzelnen zu Gott.

er herrscht in ihnen, aber durch ihre eigene Schuld, und jede That, die er vollbringt, ist ein Zeugnis wider sie. Für die Mittelmäßigen (בינונים) endlich, die bald Gutes, bald Böses thun, ist der ר' השוב ebenso der Richter, wie der ר' הרע, weil sie bald von dem Einen, bald vom Anderen sich leiten lassen. Schließlich bleibt freilich nur die Möglichkeit (S. 282 f.), entweder צדיק oder רשע zu sein; denn alles Urteil über den Stand des Menschen vor Gott lautet entweder auf Annahme zum Reiche Gottes oder auf Verwerfung. Schon beim Begräbnis bedenkt man dies: man begräbt den רשע nicht neben dem צדיק *Sanhedrin* 47ᵃ. Ein בינוני, dessen Verdienste und Uebertretungen sich die Wage halten, kann man wol im Leben zeitweise sein, aber zuletzt nicht bleiben; *Tanchuma, Wajjikra* 8: zu Gott kehrten zurück die Geister der Gerechten und derer, die (für schwere Sünden) Buße gethan haben; vom בינוני ist keine Rede, denn er wird entweder zum רשע oder, wie auch einem רשע möglich ist, als בעל תשובה (S. 261. § 68, 1) zum צדיק, vgl. *Schemoth rabba* c. 15. *Rosch haschschana* 16ᵇ sagt: Werden Menschen als בינונים, d. i. solche, die „halb Sünden, halb Verdienste" haben (bei der alljährlich am Neujahrstage stattfindenden Prüfung und Entscheidung der Frage, welche Menschen auch dieses Jahr leben sollen und welche reif sind für den Tod) erfunden, so können sie bis zum Versöhnungstage (§ 68, 2) sich noch ein Verdienst erwerben; denn so werden sie für das Leben bestimmt; wenn sie aber eine Uebertretung hinzufügen, so sind sie dem Tode geweiht. Was ihnen im Vergleiche zu den Gerechten mangelt, ist 1. der Ueberschuß an verdienstlichen Handlungen über die sie verurteilenden bösen Werke (S. 280), da sich beide nur die Wage halten, und 2. die מעשים טובים (§ 61), welche neben den Gesetzeswerken zur Rechtfertigung vor Gott nicht fehlen dürfen. *Tanchuma, Emor* 17 vergleicht wegen des letzteren Mangels die Mittelmäßigen mit Bäumen, die keine Frucht tragen, wie z. B. Weiden am Bache. Die Haufen der Mittelmäßigen werden *Schir rabba* zu 6, 9 mit den Nebenfrauen Salomo's verglichen. Wenn sie sich auch mit der Thora beschäftigen, so doch anders als die Weisen, fern vom Baume des Lebens (חוץ לעץ חיים); daher stehen sie Gott ferner. Vgl. noch § 14, 3, g. E.

2. Drei Bücher werden nach *Pesikta* 157ᵇ und *Rosch haschschana* 16ᵇ (vgl. *Bammidbar rabba* c. 13) am Neujahrstage geöffnet. Im ersten sind die vollendeten Gerechten, im zweiten die vollendeten Gottlosen, im dritten die Mittelmäßigen verzeichnet.

Könnte es hiernach scheinen, als müßte jeder Gerechte ein „vollkommener" sein, so wird doch sonst mit diesem Ausdrucke ein besonders hoher Grad von Gerechtigkeit bezeichnet. Ein vollendeter Gerechter (צדיק גמור) ist, wer in der Gerechtigkeit vollendet ist, vor Allem derjenige, welcher das ganze Gesetz erfüllt hat Schabbath 55ª, wie Abraham, Isaak, Jakob, Mose und Samuel, die Typen der vollkommenen Gerechtigkeit. So wie sie, sollten alle Söhne Israels vollkommene Gerechte sein. Aber in dieser Vollendung sind ihnen nur Wenige nachgefolgt. *Bammidbar rabba* c. 3 sagt jedoch, daß die Väter Israels als Vorbilder der Gerechtigkeit in jedem Geschlechte vollkommene Gerechte als Nachbilder haben. Nach *Pesikta* 88ª (vgl. *Beresch. rabba* c. 49) schwur Jahve dem Abraham, daß in jedem Geschlechte nicht weniger als 36 vollkommene Gerechte seines gleichen sich finden sollten, unter 18,000 Unvollkommenen. Darum werden immer Einzelne als vollkommene Gerechte bezeichnet; so die Frommen, welche nach Ez. 9 vom Verderben ausgenommen und an der Stirn bezeichnet wurden *Tanchuma*, *Mischpatim* 7. Von ihnen sagt *Schabbath* 55ª, daß sie das Gesetz vom א bis zum ת erfüllt haben. Ebenso versteht man unter den guten Feigen des einen der beiden Feigenkörbe Jer. 24 vollendete Gerechte *Erubin* 21ᵇ. Misael, Asarja und Chananja waren nach *Taanith* 18ᵇ vollkommene Gerechte und wurden deshalb der Wundergabe (vgl. S. 301 f.) gewürdigt. Nach *Debarim rabba* c. 55 (?) wird es ihrer in der zukünftigen Welt 55,000 geben. Uebrigens ist der vollkommene Gerechte nicht nothwendig sündlos. Nach *Sifre* 133ª finden sich bei ihm Uebertretungen (עבירות), d. i. gewiß keine grobe Verschuldung (קלקול), aber vielleicht leichte Vergehen (קלות עבירות). Doch pflegt sich ein Heiliger, wie z. B. Nachum Isch-Gamsu, wenn er eine Sünde gethen hat, die schwerste Buße aufzulegen. Der Genannte verurteilte sich, weil er sich eines Armen nicht erbarmt hatte, zum Verluste von Händen und Füßen und Aussatz am ganzen Leibe *Taanith* 21ª.

Der vollkommene Gerechte hat große Vorrechte. Wenn am Neujahrstage die drei Bücher aufgethan werden, in deren erstem die vollendeten Gerechten stehen, so werden diese sofort zum Leben versiegelt *Rosch haschschana* 16ᵇ. Nach *Sifre* 133ª züchtigt Gott den Gerechten für alle seine Sünden auf Erden, damit er dereinst lauter Lohn empfangen könne; nach *Erubin* 22ª schiebt Gott dessen Strafleiden auf, in der Absicht, daß er seine Sünde indeß selbst ab-

§ 62. Das verschiedene Verhältnis der Einzelnen zu Gott. 291

büße und sich so die Züchtigung Gottes spare. Das Höchste aber, was den vollendeten Gerechten zu Teil wird, ist: sie, 36 an der Zahl in jedem Zeitalter, schauen den reinen Spiegel der Schechina, während die Unvollkommenen die Schechina nur von ferne sehen *Succa* 45[b]. Sie sind die Auserwählten und fürs ewige Leben Versiegelten, während die gewöhnlichen Gerechten immer noch bös (רשעים) werden und des ewigen Lebens verlustig gehen können, wenn sie im Gesetzeseifer nachlassen und ihre bösen Werke die guten überwiegen; diese sind jetzt צדיקים, aber es ist ungewiß, ob sie es auch am Ende ihres Lebens noch sind, während die צדיקים גמורים als die zum ewigen Leben Bestimmten und Versiegelten solchem Wechsel entnommen sind.

3. Der gleiche Unterschied besteht unter den Frevlern. Der „schwere Frevler" (רשע חמור) wird nach *Sanhedrin* 47[a] auch hinsichtlich der Begräbnisstätte von dem רשע קל getrennt. Nach *Sifre* 133[a] und *Taanith* 11[a] u. a. St. wird dem „vollendeten Frevler" (רשע גמור) für eine kleine Leistung (מצוה קלה), die er etwa vollbringt, der Lohn sofort hier ausbezahlt, damit er im Tode ewiger Strafe überwiesen werden könne. Er hat also im Gegensatze zum צדיק ג׳ das Gesetz im Ganzen, vom א bis zum ת übertreten, nur ausnahmsweise ein Gebot erfüllt: er hat alle, auch die schwersten Sünden, begangen, heißt deshalb auch רשע חמור. (S. aber Nachtrag.) Dagegen hat er keine guten Werke (מעשים טובים § 61) aufzuweisen *Tanchuma, Emor* 5. Beispiele sind Esau, der alle Gebote bis auf ein einziges übertreten hat *Beresch. rabba* c. 82, Bilcam *Tanchuma, Balak* 10, die bösen Feigen des zweiten Feigenkorbes bei Jer. 24 *Erubin* 21[b] und die nach Ez. 9 in Jerusalem den Engeln des Verderbens Uebergebenen *Tanchuma, Mischpatim* 7.

Sie werden nach *Rosch haschschana* 16[b] am Neujahrstage zum Tode versiegelt: in dem Jahre, an dessen Anfange sie im Buche der vollendeten Gottlosen erfunden werde, haben sie zu erwarten, daß sie der Tod wegrafft und dem Gehinnom zuführt *Tanchuma, Massaē* 4, wo sie Pein ohne Ende erleiden *Tanchuma, Emor* 5. Doch ist damit nicht gesagt, daß dieses Geschick sie sofort ereilt; vielmehr kann auch ein vollkommener Gottloser noch Zeit zur Buße finden, *Bammidbar rabba* c. 10: wenn ein Mensch sein ganzes Leben lang ein רשע גמור war und am Ende ist er ein צדיק גמור geworden, so gilt das Wort der Schrift (Ez. 33, 12) von ihm: Der Frevler wird durch seinen Frevel nicht fallen.

19*

R. Jochanan sprach: Nicht dies allein, sondern alle Uebertretungen, welche er begangen hat, rechnet der Heilige ihm als Verdienst (וכיות) an.

§ 63. Die stellvertretende Gerechtigkeit der verstorbenen Väter.

Bei der Ungewißheit darüber, ob man vor Gott Gebotserfüllungen und Liebeswerke in zureichendem Maße aufzuweisen habe, um vor ihm als gerecht zu gelten und daher Erhörung der Gebete, Schutz in Gefahr und Annahme zum ewigen Leben im Tode hoffen zu können, scheint es gerathen, die eigene Gerechtigkeit nach Möglichkeit durch fremde zu ergänzen. Als solche stellvertretende Gerechtigkeit bietet sich diejenige der Väter dar. Vgl. § 14 und den *Thesaurus operum supererogationis,* welchen die römische Kirche von ihren Heiligen ableiten zu können behauptet.

1. Es ist möglich, dem eigenen Mangel an Gerechtigkeit durch eine stellvertretende fremde Gerechtigkeit abzuhelfen, weil es neben solchen, welche unzureichende Gerechtigkeit haben, andere gibt, welche wirkliche eine vollkommene Gerechtigkeit besitzen und damit den Mangel Anderer erstatten können. Es versteht sich von selbst, daß ein solches ergänzendes Verdienst zunächst nur bei den Vätern, nicht bei Mitlebenden gesucht werden kann. Denn nur bei ihnen liegt ein Abschluß vor, der einen Ueberschuß von verdienstlichen Handlungen ergeben hat. Die Väter aber sollen in der That den bedürftigen Nachkommen etwas von ihrem Verdienste zukommen lassen. Denn Israel ist ein Leib, dessen Glieder unter einander organisch verbunden sind, einander helfen und für einander eintreten, damit das Ganze seine Bestimmung erfülle, *Sanhedrin* 27ᵇ u. ö.: Ein Israelit leistet für den anderen Bürgschaft (כל ישראל ערבין זה בזה). Auf diesen Grundanschauungen beruht die Lehre von dem Verdienste der Väter (זכות אבות). Vgl. aber den Nachtrag.

Den Unterschied zwischen solchen, die an Verdienst reich sind, und solchen, die der Ergänzung ihres Verdienstes bedürfen, spricht z. B. *Sanhedrin* 81ᵃ aus: ein großer Gerechter (צדיק) esse nicht בזכות אבותיו. Der große צדיק, unterschieden von dem kleinen, bedarf also nicht fremder Gerechtigkeit, um vor Gott zu leben und Unterhalt zu erlangen. *Kohel. rabba* zu 1, 1 sagt von Salomo, daß Alles an sein eigenes Verdienst gehängt worden sei, ehe er sündigte; aber als er in Sünde gefallen war, mußte er Alles um des Verdienstes der Väter willen empfangen. Die Worte (Hohesl. 1, 5): „Schwarz bin ich und doch lieblich" werden *Schir rabba* z. d. St., *Schemoth rabba* c. 23 u. ö. so gedeutet: Die Gemeinde Israel spricht: Schwarz bin ich durch meine eigenen Werke, aber lieblich durch das Werk meiner Väter. A. a. O. c. 44 wird der allgemeine Satz aufgestellt, Israel lebe und bestehe, indem es sich stütze (נשׁענין) auf die Väter. Nicht als ob Einzelne oder ganz Israel bloß vom fremden Verdienste leben könnten: in *Sifre* 12ᵇ wird Gebetserhörung um des eigenen wie um des väterlichen Verdienstes willen verheißen, und *Wajjikra rabba* c. 36 lehrt: Wie dieser Weinstock gestützt wird durch das Rohr (קנה), so wird Israel gestützt durch das Verdienst der Thora, welche mit dem Rohre geschrieben wird; und weiter: Wie dieser Weinstock sich stützt auf Stammholz, welches trocken ist, während er selbst frisch grünt, so stützt Israel sich auf das Verdienst seiner Väter, obwol diese schon schlafen. Das Verdienst der Väter tritt also nur ergänzend ein.

Nur die Väter können ergänzend eintreten. Dasselbe Gleichnis vom dürren Stammholze des Weinstocks d. i. den entschlafenen Vätern Israels findet sich in *Schemoth rabba* c. 44 mit Beispielen belegt. „Wie viele Gebete sprach Elia auf dem Berge Karmel, damit Feuer vom Himmel falle — und er wurde nicht erhört; als er aber die Namen der Todten erwähnte und Jahve den Gott Abrahams, Isaaks und Jakobs nannte, da wurde er sofort erhört. So war es auch bei Mose. Als die Israeliten jenes böse Werk vollbracht hatten, stand Mose auf und redete zu ihrer Rechtfertigung (למד עליהם זכית) vierzig Tage und vierzig Nächte und wurde nicht erhört. Als er aber die Todten erwähnte, wurde er sofort erhört, denn es heißt: Gedenke des Abraham, Isaak und Israel, wie geschrieben steht (2 Mos. 32, 14): Es reuete Gott des Bösen. Wie also dieser lebendige Weinstock sich stützt auf todtes Stammholz, so lebt Israel und stützt sich auf die Väter, da sie todt sind (כשׁהם מתים)". Das Gleiche erfuhr Salomo, als er sich auf David berief, der schon entschlafen war. Denn es ist Gottes Wille, daß die Väter ihre Kinder von dem Lohne für ihre Gesetzeserfüllung genießen lassen. In *Wajjikra rabba* c. 36 und *Schemoth rabba* c. 44 heißt es: Jeder, der eine Mizwa vollbringt und will den Lohn sofort dafür hinnehmen, dem wird man das Böse nicht vergeben; er ist ein Frevler, denn er hinterläßt seinen Kindern nichts . . . Wenn die ersten Väter den Lohn für die kleineren Gesetzeserfüllungen, die sie vollbracht haben, in dieser Welt in Empfang genommen hätten, woher könnte denn das Verdienst aufstehen und eintreten für ihre Nachkommen? Nach *Wajjikra rabba* c. 2 sind die Werke Abrahams, Isaaks und Jakobs sowie der Frommen, die in Aegypten lebten, ferner die Werke Mose's, Josua's, Davids, Hiskia's, Esra's, Hillels, Rabban Jochanans, R. Saccai's, R. Meïrs und ihrer in Gerechtigkeit ihnen gleichartigen Zeitgenossen (חברים, חבורה) vor Gott aufbewahrt worden, damit sie für die Nachkommen sprechen und diesen zu Hülfe kommen. Dem entspricht, daß nach *Echa rabba,* Einl. 24 die Patriarchen und Mose Gott nach der Zerstörung Jerusalems an ihre Verdienste erinnerten und ihn baten, Israel um deren willen aus der Gefangenschaft zu erlösen. Und zwar entspricht dies Gottes eigenem Willen *Pesikta* 153ᵇ (vgl. unten S. 297). Reicht das eigene Verdienst nicht aus, so doch das der Väter, so daß man sich nicht zu fürchten braucht, wenn man ihrer gedenkt *Beresch. rabba* c. 92.

2. Man wird desselben teilhaftig vermöge des *Jachas* (יחס, יחוס) d. i. der Abstammung, und zwar das ganze Volk und jeder einzelne rechte Israelit als solcher des Verdienstes der gemeinsamen Stammväter, jeder einzelne außerdem des Verdienstes seiner besonderen Ahnen: es gibt auch in dieser Hinsicht ein nationales Eigentum, an dem jeder Israelit, und je nach den Umständen einen Familienbesitz, an dem nur der Familiengenosse Teil hat.

a. Wenn Gott seine Herrlichkeit im Lande Israel wieder wohnen läßt, erkennt er nur die Familien an, welche ihre rein israelitische Abstammung erweisen können (משפחות מיוחסות) *Kidduschin* 70ᵇ, vgl. *Wajjikra rabba* c. 32 u. ö. Die von außen Herzugekommenen (גרים) können nie denen als ganz ebenbürtig erachtet werden, deren Väter am Berge Sinai gestanden und נעשה ונשמע gesprochen haben *Kidduschin* 70ᵇ (vgl. oben S. 270f.). Die rein israelitische Abstammung ist sozusagen der Adel des Israeliten und das höchste irdische Gut desselben. Es ist eins der wichtigsten Anliegen eines frommen Israeliten, ein ihm ebenbürtiges Weib zu nehmen, d. i. eine solche zu ehelichen, deren rein israelitische Abstammung nachgewiesen werden kann (מיוחסת). Besonders die in Babylon Zurückgebliebenen haben die Gewähr rein israelitischer Abstammung: ein solcher lehnte

§ 63. Die stellvertretende Gerechtigkeit der Väter.

sogar die Heirath mit der Tochter seines von ihm hochverehrten Lehrers R. Jochanan ab, a. a. O. 71ᵇ. Ein ממזר soll eben keine unebenbürtige Ehe eingehen. Der Hauptgrund dieser großen Werthschätzung der Abstammung von den Vätern Israels ist ja die dadurch vermittelte Gewißheit, Anteil an ihrem Verdienste zu haben. *Bammidbar rabba* c. 9 sagt, daß Gott nur dem Samen der reinen Nachkommen Abrahams (זרע מטהר) im Kriege beistehe; deshalb dürfen keine Leute gemischter Abstammung (ממזרים) im Heere sein; denn sie würden Gottes Beistand unmöglich machen. Für jene aber bildet jede seiner Handlungen ein Verdienst, das auch ihnen zu gute kommt (vgl. *Bereschith rabba* c. 56, *Tanchuma Wajjēra* 4, *Thissa* 24), und ebenso das Verdienst der übrigen Patriarchen. Das Verdienst der Väter überhaupt ist die Stütze ihrer Nachkommen *Schemoth rabba* c. 44; es ist Israels Schutz und wird ihm künftig beistehen, wenn die Erlösung herbeigeführt werden soll *Bereschith rabba* c. 70.

Ueber die Dauer seiner Wirkung für das gesamte Volk finden sich verschiedene Aeußerungen. Manche ließen die Wirkung zur Zeit des Propheten Hosea aufhören *Schabbath* 55ᵃ. Andere sagten, sie habe bis Hiskia gewährt *Wajjikra rabba* c. 36. Diese Grenzbestimmungen haben ihren Grund wol darin, daß in Hosea's Tagen das Gericht für Israel, und in den Tagen des Hiskia das über Juda besiegelt wurde. Aber die Meinung der Mehrheit war, die Wirkung sei dauernd (a. a. O.) bis an das Ende des Geschlechtes *Jalkut Schim., Beresch.* 61. Erweist es sich auch gegenwärtig nicht mehr als die Kraft, die den Vollbestand Israels wirkt, so erhält es doch Israel und den Einzelnen im Exil, daß sie nicht untergehen; und selbst die alte Herrlichkeit wird wieder kraft des Verdienstes der Väter erstehen, wenn die Stunde der Erlösung schlägt *Bereschith rabba* c. 70. Insofern erstreckt sich also die Wirkung bis an das Ende der Tage: auch die letzten Nachkommen Abrahams genießen, was er für sie erarbeitet hat. Mit großer Wärme schildert *Targum jer.* I. 5 Mos. 28, 15, wie über die Strafrede des Mose die ganze Natur erschrak und die Väter wehklagten, weil ihre Söhne nicht würden bestehen können, wie aber die „Väter der Welt" durch eine Offenbarungsstimme beruhigt wurden, weil ihr Verdienst nicht aufhören und der mit ihnen geschlossene Bund ihren Kindern zu gute kommen werde.

b. Das einzelnen Familien eigene Verdienst der Väter entsteht durch die Verdienste eines einzelnen oder mehrerer hervorragender Ahnen. Eleasar ben Asarja hatte nach *Berachoth* 27ᵇ Verdienst von Vätern (זכות אבות) und dadurch mächtigen Schutz als der Zehnte von Esra; und nach einer unmaßgeblichen Meinung, welche *Sifra* zu 3 Mos. 7, 35 vorträgt, verband sich (מצטרפה) Ahrons und seiner Söhne Verdienst zu einem Gesamtverdienste für jeden seiner Söhne. Es ist gut, צדיק בן צדיק zu sein, d. i. als persönlich Gerechter auch einen Gerechten zum Vater zu haben, weil man dann auch dessen Verdienst genießt *Jebamoth* 64ᵃ. Denn das Verdienst des Vaters erwirbt dem Sohne Schönheit, Kraft, Reichtum, Weisheit und hohes Alter *Edijoth* II, 9, und nicht bloß dem Sohne, sondern auch allen seinen Nachkommen. Hiskia berief sich nach *Berachoth* 10ᵇ auf das Verdienst seines Urahnen Salomo, der das ganze Heiligtum mit Silber und Gold überzogen habe, vgl. *Pesikta* 167ᵇ. Es wird überhaupt gerathen, nicht auf das eigene Verdienst sein Gebet zu stellen, sondern es „an das Verdienst Anderer zu hängen" (תלה בזכות אחרים) *Berach.* 10ᵇ. Diese Art des Verdienstes kann übrigens auch durch Verehelichung übertragen werden. Deshalb soll man eine Jungfrau, welche verdienstvolle Ahnen hat (בת אבות), zur Ehe suchen. So ist der Rath in *Baba bathra* 109ᵇ gemeint: immer verbinde sich der Mensch mit Edlen (טובים), nämlich mit einer Familie, die verdienstvolle Ahnen hat. Ein Gleichnis von einem Könige und einer edlen Jungfrau 'ב 'א in *Bammidbar rabba* c. 1 gehört dagegen wol nicht hierher. (Vgl. den Nachtrag.)

3. Das Verdienst der Väter wird zur Geltung gebracht, wenn der Stand des Menschen vor Gott zu prüfen ist, d. h. 1. wenn der Mensch vor Gott betet, 2. in Stunden der Entscheidung über Leben oder Tod, und 3. sonderlich in der (alljährlichen) Gerichtszeit Gottes.

In Bezug auf Gebetserhörung heißt es zu den Worten des ahronitischen Segens „Es erhebe Jahve sein Angesicht" *Sifre* 12ᵇ: (Diese Worte bedeuten:) „In der Stunde, da du stehst und betest", denn es heißt auch 1 Mos. 19, 21 נשאתי פניך (d. i. ich habe dich erhört", woraus geschlossen wird, daß auch im Segen נשא פנים Gebet erhören bedeute). Und siehe es ist ein Schluß vom Geringeren aufs Größere (S. 110). Wenn es bei Lot heißt: Ich habe dich erhört um Abrahams meines Freundes willen, wie sollte ich dich nicht erhören um deiner selbst willen (מפניך) und um deiner Väter willen (מפני אבות)? Damit vergleiche man *Jebamoth* 64ᵃ: Das Gebet eines Gerechten, welcher Sohn eines Gerechten ist (צדיק בן צדיק), ist nicht gleich dem Gebete eines Gerechten, der Sohn eines Frevlers (צדיק בן רשע) ist. Der Sinn dieses Wortes ist: jenes ist der Erhörung gewisser, weil zum eigenen Verdienst das Verdienst des Vaters kommt, welches dem anderen Gebete fehlt. Auch *Jalkut Schim., Beresch.* 27 (?) lehrt, daß der Betende sich auf das Verdienst der Väter beruft.

Von schweren Entscheidungsstunden wird z. B. in *Schabbath* 129ᵇ gesprochen. Da wird erörtert, an welchen Tagen man zur Ader lassen solle, und es werden Montag und Donnerstag ausgenommen, weil an diesen Tagen Unglück bringende Planeten Macht haben; aber derjenige, welcher Verdienst von Vätern (זכות אבית) hat, mag auch an diesen Tagen zur Ader lassen: dieses Verdienst wird ihn schützen. *Pesikta* 10ᵇ wird zu den Worten „du bist Schild rings um mich" (Ps. 3, 4) hinzugefügt: בזכות אבית; David erkennt hiernach, daß er nach dem Rechte der Thora (3 Mos. 20, 10) allerdings auf keine Hülfe zu rechnen hat; aber Gott ist dennoch sein Schild um des Verdienstes seiner Väter willen. Und Israel ist in gleicher Lage, heißt es a. a. O. weiter, wenn es an seinen Abfall am Sinai denkt; ohne Anspruch zu haben, spricht es dennoch: du bist mein Schild, indem es hinzufügt: du hast uns geschützt בזכות אבתינו.

Hinsichtlich des alljährlichen Gerichtes endlich lehrt *Pesikta* 153ᵇ: „Der Heilige sprach zu Israel: Meine Söhne, wenn ihr wollt gerechtfertigt werden (וזכו) vor mir im Gericht (בדין), so sollt ihr vor mir das Verdienst eurer Väter erwähnen, so werdet ihr vor mir im Gerichte gerechtfertigt werden (וזכיתם) ... Und wann sollt ihr (bei mir) das Verdienst der Väter ins Gedächtnis bringen, daß ihr im Gericht vor mir gerechtfertigt werden möget? Im siebenten Monat". Es ist der Neujahrstag gemeint, der Tag der Entscheidung über Leben und Tod (vgl. oben S. 289 f.), welchem der Versöhnungstag folgt (§ 68, 2), der weitere Gnadenfrist verschaffen soll. In dieser entscheidenden Zeit bringt man das Verdienst der Väter bei Gott in Erinnerung, um die eigene unzureichende (vgl. Röm. 10, 3) Gerechtigkeit dadurch zu ergänzen und ein gnädiges Urteil zu gewinnen.

§ 64. Das Verdienst der lebenden Gerechten.

Neben dem Verdienste der Väter hat auch sogar das Verdienst noch lebender großer Gerechter für die Mitlebenden vor Gott eine (dreifache) heilbringende Kraft. Erstlich erwirkt es den des Verdienstes ermangelnden Zeitgenossen eine Gnadenfrist. Zweitens treten die Gerechten in öffentlichen Nöthen und für Anliegen Einzelner fürbittend ein. Drittens besitzen sie selbst die Kraft, wunderbare Hülfe zu bringen. Ihre Bedeutung für die Lehre von der Sühne wird in § 70 behandelt.

1. Die großen Gerechten eines Zeitalters treten für die Erhaltung ihres Geschlechtes ein. Sie erwirken eine **Gnadenfrist.** *Jalkut Schim., Beresch.* 57 sagt von den Gerechten überhaupt, daß sie die מדת הדין in מדת רחמים (S. 259) verwandeln. Um Abrahams willen, so wird eine Stelle in *Bereschith rabba* c. 39 erläutert, kommt alles Gute, aller Segen; er erhält durch sein Verdienst die Welt. Er ist hierin vorbildlich für alle großen Gerechten, die ihm folgen. Die Patriarchen heißen die Väter und die Mütter *Pesikta* 22ᵃ, *Beresch. rabba* c. 58, auch die Pfeiler der Welt, a. a. O. c. 43 (vgl. oben S. 268). Den ersteren Ehrennamen tragen aber auch Hillel und Schammai und andere große Rabbinen *Beresch. rabba* c. 1. *Edijoth* I, 4 (vgl. § 29, 2). Deshalb dürfen solche große Gerechte niemals fehlen. „An dem Tage, wo die Sonne eines Gerechten untergeht, geht die Sonne eines anderen auf." Es folgten einander Mose, Josua, Othniel, Eli, Samuel u. s. f., in späteren Zeiten Akiba, Rabbenu, Ada ben Ahaba, Abun, Hoschaja u. s. w. *Beresch. rabba* c. 58. Der Grund für diese hohe Schätzung der Väter ist eben, daß ihr **Verdienst** auf ihr ganzes Geschlecht übertragen wird. Das ganze Volk, das am Sinai stand, hatte nur durch das Verdienst (בזכות) Mose's Schutz; an die großen Heiligen wie Mose, David, Esra ist überhaupt ihr ganzes Geschlecht geknüpft worden (כל דורן נתלה בהם) *Schir rabba* zu 4, 4. Der Ausdruck תלה findet sich auch *Berach.* 10ᵇ u. ö. in der Verbindung mit בזכות. Man hängt eine Sache an das Verdienst eines Anderen so, daß dieser mit seinem Verdienste für den Genossen eintritt und durch sein Verdienst das Begehrte erwirkt. Das Verdienst der Gerechten, sagt *Succa* 45ᵃ, kann die ganze Welt vom Gerichte befreien. Die guten Werke der Gerechten, lehrt *Tanchuma, Emor* 5, halten die Züchtigungen von der Welt ab. So wollte der Heilige die Welt vertilgen um des Geschlechtes willen, das zur Zeit des Zedekia lebte, aber als er den Zedekia ansah (נסתכל), wurde er wieder besänftigt *Erachin* 17ᵃ. So lange Jeremia in Jerusalem war, wurde es nicht zerstört; sobald er aber herausging, sank es dahin *Pesikta* 115ᵇ. Am lehrreichsten ist aber folgende Stelle aus *Tanchuma, Schophetim* 4: „Die Schrift sagt (5 Mos. 16, 18): und sie

§ 64. Das Verdienst der lebenden Gerechten.

sollen das Volk richten mit gerechtem Gericht; denn sie sollen das Volk wenden (מטין) zur Seite der Gerechtigkeit hin (צדק לכף). Das heißt: sie sollen es vor Gott zu rechtfertigen suchen. R. Jehuda sprach im Namen des R. Schalom: sie sollen es wenden und sollen geltend machen für sie das, was sie rein spricht (מלמדים עליהם זכית) vor dem Heiligen. Von wem kannst du das lernen? Von Gideon, dem Sohne des Joas. Denn in seinen Tagen waren die Israeliten in Bedrängnis, und der Heilige suchte einen Menschen, der ihre Vertheidigung vor Gott führte. Und er fand Niemand; denn das Geschlecht (דור) war arm an Gesetzes- und Liebeswerken. Als nun die Rechtfertigung gefunden wurde durch Gideon, welcher sie vertheidigte, so offenbarte sich ihm alsbald der Engel, denn es heißt: Und es kam zu ihm der Engel des Herrn und sprach zu ihm: Gehe in dieser deiner Kraft, d. i. in der Kraft des Verdienstes, welches du geltend gemacht hast für meine Söhne".

2. Das Zweite ist die **Fürbitte** bei Gott in öffentlichen und privaten Nöthen und Anliegen. *Pesikta* 21[b] heißt es, daß die Gerechten frühe aufstehen, um betend für die Bedürfnisse der Gemeinde zu sorgen. Auf Abrahams Gebet wurden Kinderlose mit Kindern gesegnet, wurden Kranke gesund *Beresch. rabba* c. 39. Diesem ersten folgten später viele Fälle derselben Art. Nach *Baba bathra* 147[b] betete der Hohepriester am Versöhnungstage (§ 68, 2) um ersprießliche Witterung für das Jahr; danach, ob die Anzeichen auf nasses oder trockenes, kaltes oder heißes Wetter hindeuteten, richtete er sein Gebet, um schädliches Wetter abzuwenden. Diese Obliegenheit ging nach der Zerstörung des Tempels auf die großen Rabbinen über; nach *Joma* 53[b] ist deren Gebet einem hohepriesterlichen an Werth und Wirkung gleich zu achten: durch dasselbe veranlaßt kommt oder schwindet der Regen. Schon in älterer Zeit war es geschehen, daß Nakdimon ben Gurion erhört ward, sowol da er um Regen als auch da er um der Festpilger willen um Sonnenschein gebetet hatte *Taanith* 19[b]. Die Hauptstelle in Bezug auf spätere Begebnisse dieser Art ist a. a. O. 23 f. Daselbst wird ausführlich erzählt, daß Choni der Kreiszeichner durch sein Gebet Regen kommen ließ, und zwar in dem Maße als er wollte; daß man später, wenn die Welt Regen brauchte, zu Abba Hilkia dem Enkel des Choni ging, damit er um Regen bitte; daß zu Chanin Hannachba, dem Tochtersohne des Choni, die Rabbinen die (nach talmudischer Lehre sündlosen, vgl. S. 232) Kinder aus der Schule zu gleichem Zwecke sandten, die seinen

Rockzipfel faßten und sprachen: Vater, gib uns Regen! Weiter wird (das. 21 f.) das Gleiche von Chanina, Chama und Levi erzählt. Chanina's Gebet war mächtiger, als das des Hohepriesters. Täglich hörte man eine Stimme, die sprach: Die ganze Welt wird nur Chanina's wegen gespeist, und mein Sohn Chanina selbst hat genug an einem Kab Johannisbrot von einem Freitage bis zum andern. Chama aber, der Sohn des Chanina, und Levi schalten den Himmel, weil er sich nicht mit Wolken überziehen wollte; da geschah nach ihrem Wunsche.

Begreiflicherweise wenden sich nun auch die Einzelnen in ihren Nöthen an die Heiligen in der Gemeinde. *Baba bathra* 116ª stellt die Regel auf: Jeder, der eine Noth oder einen Kranken in seinem Hause hat, gehe zu einem Chacham (§ 28), damit dieser für ihn die Barmherzigkeit Gottes erflehe. *Berachoth* 34ᵇ erzählt Fälle, wo das Gebet großer Heiliger auch aus der Ferne auf die Kranken wirkte und sie gesund machte. *Chagiga* 3ª berichtet, daß durch das Gebet des Rabbi (Jehuda) Taubstumme redend wurden, *Pesikta* 147ᵇ, daß Schimeon ben Jochai für ein lange kinderlos gebliebenes Ehepaar Kindersegen erbat. Daß man auch im Falle einer Einzelsünde die Vergebung Gottes und Teil am ewigen Leben durch die Fürbitte solcher Gerechten erlange, liegt nahe zu denken, läßt sich aber nicht mit *Berachoth* 34ᵇ beweisen (so die 1. Auflage), wo vielmehr der Rath gegeben wird, der Einzelne solle sich durch den Unterricht eines Rabbi selbst in den Stand setzen, Benedictionen richtig anzuwenden, um das Mißfallen Gottes zu vermeiden. Jedenfalls aber ersuchte nach *Kohel. rabba* zu 3, 9 Jemand einen verdienstvollen Rabbi, für ihn zu beten, daß sein Teil bei ihm sein möge in der zukünftigen Welt. Nach *Berachoth* 18ᵇ versetzte in der That die Fürbitte eines vor Gott um seines Verdienstes willen Hochangesehenen (חשוב) den Levi in den Himmel.

So große Macht besitzt die Fürbitte der Gerechten. Aber noch mehr: schon durch die bloße Gegenwart vermögen sie von einem Orte drohendes Unheil abzuwenden, *Taanith* 20ᵇ: Wer in Gesellschaft eines Mannes geht, der viel Verdienst hat, braucht kein Unglück zu fürchten. Rab Huna hatte seinen Wein in einem Hause, dessen Einsturz man jeden Augenblick befürchtete. Er rettete den Wein dadurch, daß er den durch unablässiges Thorastudium an Verdienst überaus reichen R. Ada in das Haus mitnahm und dort durch halachische Gespräche so lange festhielt, bis der Wein geräumt war; denn so lange dieser große Heilige gegenwärtig war, konnte das Haus nicht einstürzen.

§ 64. Das Verdienst der lebenden Gerechten. 301

3. Nach *Taanith* 18ᵇ ist es endlich ein Vorrecht der vollkommenen Gerechten (צדיקים גמורים), daß Gott für sie Wunder thut, wie er solche einst zur Errettung von Misael, Asarja und Chananja that. Aber nicht allein dies, sondern er gibt ihnen sogar die Macht, selbst Wunder zu thun und Hülfe zu spenden. Vgl. oben S. 128 f. Wenn *Sanhedrin* 65ᵇ den Gerechten (צדיקים) die Macht beilegt, eine Welt zu schaffen, und Beispiele schöpferischer Thätigkeit großer Rabbinen anführt, so erscheint das zunächst als rednerische Uebertreibung. Allein dieses Urteil ändert sich, wenn wir Stellen wie *Kohel. rabba* zu 3, 14 ins Auge fassen. Hier wird in einer Reihe von Beispielen gezeigt, wie die großen Heiligen die Naturordnung aufhoben und das Gegenteil des schöpferisch Gesetzten herbeiführten. „Der Heilige hat geordnet, daß das Meer Meer und das Trockene Trockene sei. Da stand Mose auf und machte (עשה) das Meer zum Trockenen." Hier wird nicht unterschieden zwischen dem, was Gott durch Mose that, und dem, was Gott selbst that: das Wunder erscheint als Mose's eigne That. Elisa, der Schüler des Schülers Mose's, machte gleichfalls das Trockene zum Meer. Beispiele von Josua sind bekannt. Samuel hat den Sommer zum Winter gemacht (1 Sam. 12, 17 f.), Elia aber machte den Winter zum Sommer (1 Kön. 17, 1); Jakob hat meist den Tag zur Nacht gemacht (1 Mos. 28), Debora und Barak machten die Nacht zum Tage (Richt. 4). Wehe dem Menschen, sagt *Berachoth* 33ᵃ, dem eine Wasserschlange begegnet; aber wehe auch der Schlange, welcher R. Chanina b. Dosa begegnete: er tödtete dieselbe durch seine Wundermacht. In *Aboda sara* 10ᵇ werden dem Kaiser Antonius die Worte an R. Chanina in den Mund gelegt: Ich weiß, daß es euch ein Kleines ist, Todte aufzuerwecken. So wird es schließlich nicht befremden, daß man nach *Sanhedrin* 47ᵇ Staub vom Grabe des Rab, des großen Heiligen, nahm, um Fieber zu heilen, und daß R. Samuel sich nicht schlechthin verwerfend über dieses Vornehmen aussprechen mochte. (S. Nachtrag.) War es doch auch, wie *Jalkut Schim., Beresch.* 156 lehrt, überliefert, die Gebeine Jakobs hätten deshalb nicht in Aegypten bleiben dürfen, weil sonst die Aegypter durch sie hätten erlöst werden können, da auch von den Gebeinen geringerer Heiligen, ja vom Staube ihrer Gräber wunderbare heilkräftige Wirkungen ausgehen.

Doch sagt *Tanchuma, Lech Lecha* 4 von dem Größten, von Abraham, er sei „über die Segnungen gesetzt" (שׁוּי על הברכית):

während Gott vorher selbst gesegnet hatte, sollte nun Abraham an seiner Statt Segen spenden. So bleibt doch zuletzt Gott der Urheber solcher Wunderkraft. Dies stellt die obigen Erzählungen einigermaßen ins rechte Licht.

§ 65. Der Lohn der Werke.

Der menschlichen Erfüllung der göttlichen Gebote entspricht göttliche Erweisung von Wolthaten, welche mit Rücksicht auf jenes menschliche Thun Belohnung genannt wird. Der Lohn ist teils ein zeitlicher, teils ein ewiger. Vgl. Röm. 4, 4. Matth. 6, 5. 16.

1. Von Zuteilung eines Lohnes (מַתַּן שָׂכָר) spricht z. B. *Deburim rabba* c. 2. Die Thora enthält viele Vorschriften, damit Israel viel זכות, d. i. (nach § 59) Anspruch auf Lohn erlange *Muccoth* 23[b]. Jede Vorschrift hat ihren bestimmten verhältnismäßigen Lohn; für jede gute That hat Gott ein eigenes Schatzhaus (אוצר של שכר) *Schemoth rabba* c. 45. Doch ist nicht für jedes Gebot die Lohnbestimmung offenbart, damit der Mensch für die Erfüllung sich nicht diejenigen Gebote aussuche, auf welche der höchste Lohn gesetzt ist *Debarim rabba* c. 6. Für das Thun des Menschen soll also der Lohngedanke nicht maßgebend sein; aber der Lohn ist der thatsächliche Erfolg seines guten Handelns. Gibt es doch nach *Tanchuma, Bo* 11 viele Gesetzesbestimmungen in der Thora, die offenbar zu keinem anderen Zwecke gegeben sind, als damit Israel Lohn empfange (לקבל שכר). Selbst die Gottlosen erhalten für ihre Erfüllung von leichten Geboten — denn schwere erfüllen sie nicht — den bestimmten Lohn *Beresch. rabba* c. 33. Sogar Balak wurde für die 42 Opfer belohnt, die er dargebracht hatte *Sanhedrin* 105[b]. Der Lohn ist nicht für jede Mizwa gleich, weil die Leistung verschieden ist. Man unterscheidet schwere Gebote, deren Erfüllung hohe Anforderungen stellt, und leichte, die keine Opfer auferlegen (vgl. S. 241). Als das schwerste gilt das von den Eltern, als das leichteste das vom Vogelnest *Tanchuma, Teze* 2. Selbst für das leichteste ist Wolergehen und Verlängerung des Lebens verheißen; wie viel mehr bei solchen Geboten, deren Erfüllung Aufwand, Mühe oder Lebensgefahr mit sich bringt, *Tanchuma* a. a. O. Wenn dem Esau, heißt es *Beresch. rabba* c. 82, „der nur eine Mizwa in seiner Hand hatte (die Ehrenbezeigung gegen seinen Vater, indem er

§ 65. Der Lohn der Werke.

ihn mit Jakob zusammen begrub), sich Königreiche und Herrscher anschließen wollten, um wie viel mehr werden sie sich Jakob, unserem Vater, dem Gerechten, anschließen wollen, der die ganze Thora erfüllt hat!" Die Erfüllung des Gebotes, die Eltern zu ehren, kommt, wie *jer. Peah* I, 1 (15°) zeigt, deswegen besonders in Betracht, weil sie großen Aufwand erfordert; sie vergleicht sich darin der Ehre Gottes, die dem Menschen Opfer kostet. Ein anderes schweres Gebot ist das Sabbatsgebot. Wer die drei Sabbatsmahlzeiten innehält, wird nach *Schabboth* 118ᵃ damit belohnt, daß er den Drangsalen der messianischen Zeit, ja dem Gehinnom und dem Kriege des Gog und Magog entnommen ist; wer aber vollends den Sabbat zu seiner Ergötzung (ענג) macht, der bekommt zum Lohne dafür ein Erbe ohne Grenze 118ᵇ: Gott wird ihm Freiheit von dem Joche der Fremdherrschaft geben und alle Wünsche seines Herzens erfüllen. Das kostet freilich Opfer: er muß zu Ehren des Sabbats kostbare Gerichte auftragen u. s. w.; aber — „wer auf den Sabbat etwas wendet, dem wird es der Sabbat bezahlen" 119ᵃ. Die Leute im heiligen Lande werden reich durch den Zehnten, die in Babylon durch die Thora (Thorastudium und Förderung desselben), die in alle Welt Zerstreuten durch die Sabbatfeier, a. a. O. Endlich steht eine besonders große Gegenleistung Gottes auf dem Almosen (§ 61, 1) *Schemoth rabba* c. 30: man erwirbt sich dadurch das zukünftige Leben (עולם הבא) *Baba bathra* 10ᵇ. 11ᵃ.

So erscheint die menschliche Pflichterfüllung als Gabe an Gott, und der Lohn als Gottes Gegengabe. Wie sich die Leistung messen und wägen läßt (S. 270ff.), so auch der Lohn. In diesem Geben und Empfangen, Leisten und Gegenleisten vollzieht sich das Gemeinschaftsverhältnis zwischen Gott und Israel. Dabei ist das Verhältnis beider Teile zu einander als das gleichstehender Parteien gedacht (vgl. Gal. 3, 20). Zwar ist das Bewußtsein, daß Gott, der Herr, von dem Menschen die Pflichterfüllung zu fordern habe, nicht erloschen, *Tanchuma, Ethchannen* 3: „Gott sprach zu Mose: Ich bin der Kreatur nichts schuldig; Alles, was der Mensch thut, ist Gebot; aus Gnaden (חן, vgl. den Ausdruck בְּמַתְּנַת חִנָּם z. B. *Schemoth rabba* c. 41 im Gegensatz zu בזכות) gebe ich es ihm; nicht daß ich irgend einer Kreatur etwas schuldig wäre, sondern aus Gnaden gebe ich es ihnen, denn es heißt (2 Mos. 33, 19): Wem ich gnädig bin, dem bin ich gnädig, und weß ich mich erbarme, deß erbarme ich mich". *Beresch. rabba* c. 60 sagt im Anschlusse an 1 Mos. 24, 12: Alle bedürfen der Gnade (חסד); selbst Abraham, um dessen willen (in und mit welchem) die Gnade sich durch die Welt bewegt (מתגלגל), auch er bedarf der Gnade (נצרך לחסד). In *Schemoth rabba* c. 45 g. E. wird von einem Schatze gesprochen, aus dem Gott aus freier Gnade (חִנָּם) gibt dem, dessen er sich erbarmt. Aber solche Aeußerungen stehen unvermittelt neben der Lohnlehre, und die Folgerungen werden nicht gezogen. Gott hat es vielmehr wesentlich so geordnet, daß seine Gnadenbeweise von vorheriger Leistung des Menschen abhängen. Der ordentliche Weg zum Heile ist, daß man sich dafür durch sein Verhalten würdig mache; der Gnadenweg ist der außerordentliche. Das Recht soll walten zwischen Gott und dem Menschen. Nach *Jalkut Schim., Beresch.* 109 (?) ist es das Recht (משפט) des Menschen, daß er durch die im Gan Eden aufbewahrten Schätze und Güter belohnt werde, denn er hat sie erarbeitet (יגע). Diese Heilsordnung ist aber erst mit der Gesetzgebung zur Geltung gekommen. Nach *Bammidbar rabba* c. 12 waltete bis zur Uebernahme der Thora die Gnade (חֶסֶד); denn bis dahin hatte Israel kein Verdienst (זכות), das durch die מצוות erworben wird (§ 59); von da an aber entscheidet die זכות über Gottes Verhalten gegen Israel. In *Pesachim* 118[a] wird die Frage, warum im großen Hallel (Ps. 136) 26 mal כי לעילם חסדו stehe, beantwortet: dies weise hin auf die 26 Geschlechter, die vor der Thora durch Gottes Gnade (חסד) lebten. Adam lebte nur vermöge göttlicher Gnade weiter, als er gesündigt hatte *Bammidbar rabba* c. 23 (vgl. S. 259f.). Verdienst steht immer an erster Stelle; nur wo kein Verdienst vorhanden ist, tritt die Gnade als Nothbehelf ein, wie *Schemoth rabba* c. 30 ausspricht: Wenn ihr keine זכות habt, so will ich es um mein selbst willen thun (euch erlösen); — erst also fragt Gott, ob Verdienst vorhanden sei. Ebenso *Ruth rabba* zu 1, 6: Wenn Israel selbst würdig ist (זכאין), dann handelt Gott zu seinem Heile (בעבור עמו); wenn sie es selbst aber nicht werth sind, so handelt er um seines großen Namens willen (בעבור שמו הגדול), und *Schir rabba* zu 7, 6, wo der Prophet Elias an den Bund Gottes oder die Verheißung erst dann erinnert, wenn Israel nicht selbst Verdienst und Würdigkeit (זכות) besitzt.

Der Glaube (אֱמוּנָה, genauer Vertrauen, vgl. S. 303f. mit Röm. 4, 17 ff.) kommt also nicht in dem Sinne in Betracht, daß etwa um seinetwillen Gott Heil erzeigte. Es fehlt zwar nicht an der Werthschätzung des Glaubens als der vertrauensvollen Hingabe an Gottes

§ 65. Der Lohn der Werke.

Verheißung; aber er wird auch als Leistung betrachtet, welche wie die Erfüllung der Thora Verdienst (זכות) erzeugt, so daß זכות תורה und זכות אמונה ז״ד einander beigeordnet werden Beresch. rabba c. 74. Das eigentliche Mittel zur Erlangung des Heils ist und bleibt die Thora: die Bedingung, Heil zu erlangen, ist die Erfüllung der Gebote; alles Heil wird als Erwiderung der menschlichen Leistung, als Lohn des gesetzlichen Gehorsams dargereicht.

2. Der Lohn ist teils ein zeitlicher, teils ein ewiger. Die talmudisch-midrasische Theologie unterscheidet (s. S. 50) zwischen dem Kapital (קֶרֶן) oder der Hauptsumme des Verdienstes und den Früchten oder den Zinsen des Kapitals (פירות). Jenes wird für die zukünftige Welt aufbewahrt (צפן), diese genießt man schon hier. Sechs Dinge gibt es, deren Früchte der Mensch in dieser Welt genießt, während ihm das Kapital selbst für die zukünftige Welt verbleibt, nämlich Beherbergung der Wanderer, Krankenbesuch, genaue Beobachtung des Gebets, frühzeitiger Besuch des Lehrhauses, Erziehung der Söhne für das Talmudstudium und Beurteilung des Nächsten nach der guten Seite (לכף זכות) Schabbath 127ᵃ; vgl. Kidduschin 39ᵇ. Jalkut Schim., Beresch. 82. Dasselbe sagt jer. Peah I, 1 von dem Almosen und den Werken der Liebe (§ 61) aus. Daselbst heißt es, daß Almosen und Werke der Liebe alle Mizwoth aufwiegen. Nimmt man diese Worte wörtlich, so entspricht das Kapital, das für die guten Werke erworben wird, genau dem Kapital, das für sämtliche Gesetzeswerke erworben wird. Schemoth rabba c. 30: In dieser Welt weiß derjenige, welcher Gebote erfüllt, noch nicht, welcher Lohn ihm für dieselben gegeben werden wird; aber in jener Welt, wenn sie den Lohn derselben sehen, werden sie staunen; denn die ganze Welt kann ihn nicht fassen. Daher sagt Erubin 22ᵃ kurz: Heute die Mizwa, morgen der Lohn. Dem Ausdrucke קרן für den im Himmel aufbewahrten Lohn entspricht der Ausdruck צפון vom שׂכר. Ihr bewahret mir, heißt es Debarim rabba c. 7, Thora und Mizwoth in dieser Welt, und ich bewahre euch guten Lohn in jener Welt. Die Größe des Lohnes entspricht der Größe der Arbeit Pirke Aboth V, 23: wer die ganze Thora erfüllt, hat auch den ganzen Lohn. Und zwar sind für die Beobachter der Gebote Gottes dessen Schatzkammern gefüllt „über alle Reichtümer der Welt", Schir rabba zu 7, 14. Und auf dem Wege solcher Steigerung des Lohngedankens kam Abba bar Kahana (a. a. O.) zu dessen Ueberwindung in der Aussage, das-

jenige Gottes (der Lohn) sei mehr als das Unsere (das Verdienst) nach Ps. 31, 20. — Entsprechend ist auch die Strafe für die bösen Werke als ein Kapital zu denken, das für die Ewigkeit aufbewahrt ist: *jer. Peah* I, 1 braucht davon dieselben Ausdrücke. Die Zinsen (הפירות) werden aber hier auf den Fall eingeschränkt, daß die Uebertretung selbst böse Frucht bringt: sonst ist bei den Uebertretungen nur von einem קרן der Strafe die Rede; vgl. *Kidduschin* 40ᵃ, wonach es für Uebertretungen in der Regel nur die zukünftige Strafe gibt.

Damit der im Himmel aufbewahrte Lohn den Gerechten ungeschmälert für das zukünftige Leben verbleibe, erhebt Gott für die gewöhnlichen Wolthaten, die er den Gerechten erzeigt, keinen Anspruch an den himmlischen Lohn; nur wenn er ihnen außerordentliche, d. i. wunderbare Wolthaten erweist, dann wird der himmlische Lohn dafür verringert, z. B. (*Schabbath* 53ᵇ) dem Manne, der durch ein Wunder den ihn von seinem verstorbenen Weibe zurückgelassenen Säugling selbst zu stillen vermochte, der aber deshalb beinahe mehr bedauert als bewundert wird.

Ferner empfängt der Gerechte, um keine Einbuße im Himmel zu erleiden, für die im Vergleich mit seinen guten Werken in Minderzahl geschehenen bösen Werke (מיעוט מעשים רעים) auf Erden die entsprechende Züchtigung, wie der Gottlose hienieden den Lohn für sein geringes Gute empfängt, damit er dort die volle ihm bestimmte Strafe erleide *Beresch. rabba* c. 33 (vgl. *Taanith* 11ᵃ). Es handelt sich bei den Gerechten natürlich nur um unbedeutende Uebertretungen, die sie begehen, wie bei den Gottlosen nur um unbedeutende Gebote, die sie erfüllen, a. a. O. Jene Strafen oder Züchtigungen (ייסורין, vgl. § 69) ermöglichen insbesondere, daß dem Volke Israel der Lohn für seine Mizwoth ungeschmälert aufbewahrt wird. *Debarim rabba* c. 3 heißt es deshalb: Alles, was Israel in dieser Welt ißt, isset es vermöge (בְּכֹחַ) der Züchtigungen, die es erduldet; der Lohn der Mizwoth ist ihm aufbewahrt. Gesetzt den Fall, es würde nicht Züchtigungen für seine Sünden erdulden, so müßte ihm vom Schatze seiner Verdienste im Himmel so viel abgezogen werden, als zur Gutmachung der Sünden erforderlich ist. Solchen Abzug will Gott nicht, deshalb züchtigt er Israel lieber für seine Sünden und läßt ihm den Schatz seines Verdienstes im Himmel ungeschmälert. Vgl. Macc. 6, 12 ff.

§ 66. Das Verdienst als heilsgeschichtliches Motiv.

Wie das Heil des Einzelnen durch sein Verdienst bedingt wird, so auch das Heil des Ganzen. Jede Heilsthat Gottes hat zur Voraussetzung ein menschliches Verhalten, durch welches die Empfänger derselben würdig geworden sind. Dieser Grundsatz waltet in der Heilsgeschichte vom Anfange bis zum Ende. Er tritt schon bei der Schöpfung und in der Urgeschichte, dann wieder in der Entstehungsgeschichte des Volkes Gottes hervor und wird auch bei der Vollendung zur Geltung kommen. Vgl. §§ 14. 63.

1. In *Bammidbar rabba* c. 14 wird gelegentlich der Besprechung der Frage, warum Joseph in Aegypten erhöht wurde, der Grundsatz ausgesprochen: Eine Verhaltungsweise entspricht der anderen (מדה כנגד מדה), Gottes Verhalten bemißt sich nach dem menschlichen. In *Schemoth rabba* c. 41 heißt es daher: (Nur) drei Dinge sind als Geschenk (במתנה, S. 303) ohne vorheriges Verdienst gegeben worden: die Thora, die Lichter am Himmel und der Regen. Und in *Debarim rabba* c. 2 spricht Abraham zu Gott: Gib mir Söhne nach dem Rechte (בדין), da ich sie verdient habe; wo nicht (also erst in zweiter Linie), gib sie mir nach Barmherzigkeit (ברחמים)! Vgl. auch *Jalkut Schim., Beresch.* c. 83 am Anfang.

Dieser Grundsatz findet nun seine Anwendung erstlich in der Schöpfungs- und Urgeschichte der Menschheit (vgl. § 42). In der *Pesikta* heißt es (200^b): Um des Verdienstes Abrahams willen hat der Heilige seine Welt geschaffen (בזכות אברהם ברא הקב״ה ע׳), d. h. Abraham für sich allein hatte vor Gott solche Würdigkeit, daß er im Hinblick auf ihn die Welt schuf. Adam ist ohne Verdienst, aus Gnaden (בחסד), aber doch im Blick auf die Buße erhalten worden, die er leisten würde (s. S. 260f.). Kain sollte um seines Frevels willen sterben; aber Gott sah an, daß er den Sabbat gehalten hatte, und machte ihm um dieses Verdienstes willen das schützende Zeichen *Tanchuma, Beresch.* 10. Als die alte Welt im Wasser unterging, fragte es sich, ob eine זכות vorhanden sei oder in Aussicht stehe, um deren willen sich Gott bewogen finden könnte, sie aus den Fluthen wieder hervorgehen zu lassen. Da sprach vor Allem Noahs Verdienst für seine Errettung und die Erhaltung der Welt. Jedoch ist über seine Gerechtigkeit Streit: gegen die Gerechten des Geschlechtes von Mose und Samuel gehalten, lehrt *Beresch. rabba* c. 30, war Noah kein Gerechter; er hatte bloß eine Unze Verdienst, und die reichte zu seiner Rettung nicht aus, so daß er aus Gnaden (חן) gerettet werden mußte, c. 29. Andere dagegen erheben seine Gerechtigkeit, weil er sie, so klein sie war, doch in so verderbtem Geschlechte sich erwarb, c. 30. Man sieht, daß allenthalben die Gerechtigkeit Noahs für sich allein als unzureichend gilt, obgleich sie ihm nirgends völlig abgesprochen wird. Einige erklären seine Errettung durch das rückwirkende Verdienst der Späteren (אחרונים), eines Abraham, eines Mose, c. 26. 29. *Jalkut Schim., Beresch.* 47. Die Welt ist aber nach allgemeiner Ueberzeugung um des Wortes willen erhalten worden, mit welchem Israel am Sinai die Thora auf sich nahm (vgl. oben S. 270). Es tönte in Gottes Ohren, und der Wohllaut dieses Wortes bewog sein Herz, die Welt aus den Fluthen, in die sie versunken war, zu neuem Leben emporsteigen zu lassen, vgl. *Schir rabba* zu 2, 2.

Abraham empfing laut 1 Mos. 15, 6 diese und die zukünftige Welt durch das Verdienst des Glaubens (אמונה) אמנה בזכות. Denn auch der Glaube (s. S. 304 f.) ist eine Leistung, die entsprechenden Lohn findet. Er ist ein Werk wie die Erfüllung der Thora, *Mechilta* 40^b (zu 2 Mos. 14, 31; vgl. auch 1 Macc. 2, 52 mit Röm. 4, 3. Gal. 3, 6. Jak. 2, 23. Ebr. 11, 17 ff.). Uebrigens wird in *Beresch. rabba* c. 52 von der betenden Sara ihr Glaube noch über denjenigen Abrahams gestellt; denn dieser sei auf Grund einer Verheißung (בהבטחה) ausgezogen, Sara dagegen in bloßem Vertrauen (באמנה) mitgegangen; die Verdienstlichkeit des Glaubens wächst also mit der Stärke und Rückhaltlosigkeit des bewiesenen Vertrauens, vgl. Röm. 4. Dagegen hat den Segen nach *Bammidbar rabba* c. 14 Abraham dadurch verdient, daß er den Namen Gottes bekannt machte. Und Sara wurde nach *Beresch. rabba* c. 53 von Gott heimgesucht um ihrer Gesetzes- und Liebeswerke willen; nach *Jalkut Schim., Beresch.* 91 hatte sie diese bei Gott vorher als Pfand ihrer Würdigkeit niedergelegt (פקדה אצלו = *deposuit*) und wurde darauf hin von Gott heimgesucht.

Gleiches gilt von den Erzvätern. Der Höhepunkt in der Geschichte Jakobs ist seine Errettung aus den Händen Esau's, zugleich vorbildlich für die Errettung seiner Nachkommen aus den Händen der Weltmacht. Als er vor dem Herrn weinend um Hülfe flehte,

§ 66. Das Verdienst als heilsgeschichtliches Motiv.

gab ihm dieser die Gewißheit, daß er ihn (und seine Söhne) aus allen Bedrängnissen erretten werde durch Jakobs eigenes Verdienst (בזכות יעקב‎ בזכותי של) *Beresch. rabba* c. 75. Auch Lea und Rahel wurden der Ehre, die Frauen Jakobs und die Stammmütter Israels zu werden, nicht gewürdigt ohne Verdienst: Lea, weil sie Esau's böse Werke haßte und ihn nicht heirathen wollte; Rahel, weil sie schwieg, als Laban damit umging, nicht sie, sondern Lea dem Jakob zu geben. Dieses Schweigens „gedachte" der Herr und segnete sie *Tanchuma*, *Wajjēzē* 4. 6 und rechnete es dem Joseph an *Beresch. rabba* c. 84. Und warum ist Joseph in Aegypten erhöhet worden? Er wurde geschmückt, weil er die für ihn geschmückte Buhlerin abwies, erhöht, weil er immer, und sonderlich gegen die Potiphera, züchtig war *Beresch. rabba* c. 90. *Bammidbar rabba* c. 14. Juda ist des Königtums gewürdigt worden (*Mechilta* 38ᵃ) nach Einigen, weil er Joseph retten wollte, nach Anderen, weil er Thamar für gerecht erklärte (so auch *Beresch. rabba* c. 99), nach Etlichen, weil er sich für Benjamin als Bürgen darbot, oder weil der Stamm Juda sich zuerst in die Wellen des rothen Meeres stürzte, als das Volk aus Aegypten floh. In *Baba bathra* 123ᵃ wird erörtert, warum die Erstgeburt von Ruben auf Joseph überging: nicht wegen Rubens Frevel, sondern weil Rahel, Josephs Mutter, sich Verdienst erwarb, als sie in Lea's Brautnacht dieser die ihr von Jakob gegebenen Zeichen gab und so sich züchtig zurückhielt. Weil aber wiederum Lea das Verdienst hatte, daß sie Esau haßte und Jakob liebte, so gebar sie Juda und Levi, von denen jener das Königtum, dieser das Priestertum empfing. Letztere Auszeichnung wird *Schemoth rabba* c. 19 damit begründet, daß der Stamm Levi in Aegypten die Beschneidung festhielt, während die anderen Stämme sie vernachlässigten. Und Benjamin wurde vor allen Stämmen gewürdigt, daß in seinem Gebiete das Heiligtum gebaut würde, weil er allein bei Josephs Verkauf nicht Anteil nahm *Bereschith rabba* c. 99.

2. Die Erlösung aus Aegypten wiegt nach *Mechilta* 56ᵇ alle Wunder auf, die Gott je an Israel gethan hat. Als die Zeit der Erlösung kam, heißt es a. a. O. 6ᵃ, fand Gott an Israel nicht die dazu nöthige Würdigkeit (זכות), vgl. *Schir rabba* zu 2, 8, wonach der Götzendienst Israel besorgt machte, ob Gott es erlösen könne. Da beschaffte er ihm dieselbe, indem er ihnen das Gebot der Beschneidung erneuerte, das sie vernachlässigt hatten, und das Gebot des Passa neu gab; dadurch konnte der Mangel an זכות ersetzt

werden. Ueberdies hatten sie nach *Mech.* 6[b] vier Gebote in Aegypten gehalten: sie trieben nicht Incest, änderten den Namen nicht, lästerten nicht und blieben ihrer Sprache treu, vgl. *Wajjikra rabba* c. 32; dagegen waren sie Götzendiener und wollten sich auch (nach 7[a]) vom Götzendienste nicht trennen. Nach 10[b] sagt Gott: Zum Lohne dafür, daß Israel das Gebot des Passa erfüllt hat, offenbare ich mich euch und verschone euch. Auch sah er, als er das Passablut gewahrte, auf das Blut, das Isaak zu vergießen bereit war, da er gebunden wurde. Nach das. 29[b] gedachte er bei der Verschonung Israels an Abraham, wie er vor den drei Gästen im Haine Mamre stand (1 Mos. 18, 8), nach *Schemoth rabba* c. 15 an die Opferung Isaaks, an Abrahams, Sara's und Jakobs Verdienste. Daß weiter Israel auf der Flucht von den Aegyptern nicht überfallen wurde, geschah, weil Gott des Wortes schon im Voraus gedachte, mit dem es am Sinai die Thora übernahm (S. 270) *Mechilta* 39[b], vgl. 50[a]. Doch werden in *Bammidbar rabba* c. 3 verschiedene andere Verdienste als Grund namhaft gemacht. Nur Levi zog durch sein eigenes Verdienst aus (c. 3), alle anderen Stämme bedurften der Hülfe fremden Verdienstes. *Debarim rabba* c. 2 kennt fünf Gründe, die auch für die künftige Erlösung gelten (c. 3). Das größte Wunder, die Zerreißung des Schilfmeers (קריעת ים סוף), wird *Mechilta* 35[a] besprochen. Da heißt es erst: „um Jerusalems willen werde ich ihnen das Meer zerteilen", sodann: „um der Verheißung willen, die ich Abraham eurem Vater gab", drittens: „durch das Verdienst der Mizwa, welche Abraham gethan, als er das Opferholz spaltete (1 Mos. 22), will ich seinen Nachkommen das Meer spalten" (בקע); zum vierten wird auf das Verdienst der Beschneidung hingewiesen. Die Weisen fügten als fünften Grund hinzu, er habe es um seines Namens willen gethan; eine sechste Erklärung weist auf ihren Glauben, da sie ohne Vorräthe in die Wüste zogen (vgl. *Mechilta* 19[a]), eine siebente auf Abrahams, eine achte auf der Stämme Verdienst hin. Endlich hören wir hier, wie auch *Beresch. rabba* c. 87, daß das Meer sich vor den Gebeinen des heiligen Joseph zerteilte. Wie mannichfaltig diese Antworten auch sind, aus allen geht hervor, daß solche große That Gottes ein großes Verdienst voraussetzt. Wenn hier und *Schemoth rabba* c. 21 besonders der Glaube Israels d. i. sein Vertrauen auf Gottes Hülfe betont wird, so ist dieser Glaube (vgl. c. 22. 23 mit S. 304 f. 308) eine verdienstliche Leistung wie eine andere, und der Gedanke, daß Gottes Thun ein menschliches zur Voraussetzung hat,

§ 66. Das Verdienst als heilsgeschichtliches Motiv.

wodurch es verdient und erworben wird, wird damit nicht aufgehoben.

Es folgen nun die Wolthaten Gottes in der Wüste. *Mechilta* 29[b]: Mit welchem Maße man misset (wie man sich verhält), so mißt man Einem wieder. Abraham begleitete die Engel, dafür begleitete Gott seine Nachkommen vierzig Jahre lang in der Wüste. Abraham brachte Brot für die Gäste; dafür ließ der Heilige seinen Nachkommen das Man vom Himmel fallen. Abraham reichte seinen Gästen Wasser; dafür ließ Gott seinen Nachkommen den Brunnen emporsteigen (4 Mos. 21, 17). Abraham schlachtete ein Kalb; dafür schickte Gott seinen Nachkommen die Wachteln. Abraham sagte seinen Gästen: Setzet euch unter den (vor der Hitze schützenden) Baum; dafür hat der Heilige über seine Nachkommen die sieben Wolken der Herrlichkeit (als Decke) ausgebreitet u. s. w. Vgl. *Wajjikra rabba* c. 34. Eine andere häufig wiederkehrende Anschauung ist, daß das Man um Mose's, der Brunnen um Mirjams, die Wolke um Ahrons willen gegeben ward *Mechilta* 60[a]. *Sifre* 129[a]. *Taanith* 9[a]. *Wajjikra rabba* c. 27 u. ö. Hiernach dauerte die Wolke bis zu Ahrons, der Brunnen bis zu Mirjams Tod; um des Verdienstes Mose's willen kehrte aber Beides zurück; als jedoch Mose starb, hörten das Man, die Wolke und der Brunnen auf. Vgl. übrigens 1 Kor. 10, 1 ff.

Vom Sinai sagt *Schemoth rabba* c. 41, das Gesetz sei Israel geschenkweise (במתנה) gegeben worden, gibt aber doch c. 28 ein Verdienst für die Gesetzesübergabe an, nämlich das Wort der Uebernahme der Thora (S. 270). Daß Mose zu Gott hinauf und von ihm wieder heil herabsteigen durfte, geschah nach derselben Stelle um des Verdienstes der Väter willen (בזכות אבות; vgl. S. 292; dagegen c. 3); daß er zum Mittler des Gesetzes erwählt wurde, hatte ihm seine Mutter Jochebed erworben, die (als Hebamme, 2 Mos. 1) Gott mehr fürchtete, als den Pharao *Schemoth rabba* c. 1. In diesem Kapitel finden wir auch, daß Gott zum Lohne dafür, daß Mose seine Herrlichkeit verlassen hatte, um nach seinen Brüdern zu sehen und sich ihrer anzunehmen, auch seinerseits den Himmel verlassen habe, um mit ihm zu reden. Auch daß Ahron ins Heiligtum eingehen durfte, wird c. 38 durch seine Verdienste (בזכות) begründet.

Daß die Israeliten durch den Jordan hindurchziehen konnten, dazu half ihnen (בזכות trat auf, sprach für sie) nach *Pesikta* 55[b] der Gehorsam, mit dem sie das Passalamm am 10. Nisan aussonderten.

Josua durfte sie in das gelobte Land führen um seines Thorastudiums willen *Bammidbar rabba* c. 12; auch nach c. 21 wurde die Führerschaft (גדולה) ihm und nicht Mose's Söhnen übertragen zum Lohne dafür, daß er im Lehrhause Mose's eifrig diente (S. 132), d. i. dem Studium oblag. Das siegreiche Eindringen Israels in Kanaan war nach *Pesikta* 70[b] der Lohn für die Gersten-Erstlingsgarben, den ʿOmer (בזבית עֹמֶר, s. 3 Mos. 23). Schon dem Abraham war das Land verheißen unter der Bedingung, daß das Volk den ʿOmer geben würde. Der ʿOmer stand Israel zu allen Zeiten bei, besonders zur Zeit des Gideon, des Hiskia, des Ezechiel, des Haman, a. a. O. 71[a]. Nach *Schemoth rabba* c. 6 aber besitzt Israel das Land um des Verdienstes der Väter willen.

3. Und wie also die erste Erlösung Israels Zug um Zug durch vorausgehende oder sicher vorauszuschende Verdienste begründet war, so wird es auch die letzte Erlösung sein. Wie Israel in Aegypten erst die Beschneidung wieder ausführen und sich reinigen mußte, so wird es auch am Ende sein. Dazu muß die vollkommene Gesetzeserfüllung kommen, damit sich Israel der künftigen Erlösung würdig mache (§ 76, 1). *Schabbath* 118[b] lehrt, daß Israel erlöst würde, wenn es nur zwei Sabbate hielte, wie es sich gebührte. Nach *Debarim rabba* c. 2 wird sich Gott durch fünf Gründe zur Erlösung bringen lassen: Israels Noth, seine Buße, das Verdienst der Väter, seine eigne Barmherzigkeit und das Ende (קץ). Selbst die großen Schlußthaten Gottes, wie die Auferweckung der Todten (§ 88), haben verdienstliche Handlungen zur Voraussetzung. Durch das Verdienst Isaaks, sagt *Pesikta* 200[b], welcher sich selbst auf dem Altare geopfert hat, wird der Heilige die Todten auferwecken. Gott wird auch nicht eher wieder Wohnung nehmen unter seinem Volke in Zion, als bis er Verdienst an ihm gefunden hat, *Schemoth rabba* c. 30: Wenn er sieht, daß Israel seine Gebote erfüllt, so läßt er sich gereuen, was er an Zion gethan hat, und sucht an ihr wieder Verdienst; er fragt, was sie würdig machen könne, daß er in ihr wohne, und kehrt um der Mizwoth willen zu ihr zurück ... Wenn sie wieder das Recht üben, so stellt er das Volk wieder her und gibt ihnen ihre Gerichtshöfe (בתי דינין) wieder; denn „Zion wird durch Recht (um seiner Rechtsübung willen, zu der es zurückkehrt) erlöst".

So ist alle Heilsthat Gottes bedingt durch Würdigkeit, sei es, daß die der Väter eintritt, oder die eigene genügt. **Ohne Verdienst gibt es kein Heil.**

Kap. XX. Die Versöhnung.

§ 67. Der Begriff der Sühne.

Der talmudisch-midrasische Begriff der Sühnung ist nicht der biblische. Die biblische כַּפָּרָה ist die Bedeckung der Sünde, durch welche sie dem Angesichte Gottes entzogen und bis dahin unter die göttliche Geduld gestellt wird, wo Gott selbst eine Sühne schafft, die der sühnebedürftige Sünder sich im Glauben zueignet. Dagegen soll die Sühnung nach talmudisch-midrasischem Begriffe die Sünde ungeschehen machen und den Menschen in den Stand wieder zurückversetzen, welchen er vor der zu sühnenden Uebertretung hatte.

1. Das Bewußtsein, daß für die Uebertretung die göttliche Vergebung „aus Gnaden" (חנם) d. h. ohne gutmachende Leistung (S. 303 f.) gewährt werden könne, fehlt nicht ganz in der Theologie der Synagoge. Wo es sich ausspricht, wie *Sifre* 70[b], geschieht es jedoch nicht ganz ohne Einschränkung. Es heißt dort nämlich, daß die beiden guten Leiter (פרנסים) Israels, Mose und David, durch Hinweis auf ihre guten Werke die Strafe für ihre Sünden hätten abwehren können, dennoch aber Gott um eine Gabe aus Gnaden (חנם) baten; da gelte nun vermöge eines *Kal wachomer* (S. 110 f.) erst recht für die Tausende und aber Tausende ihrer Schüler, daß sie das Erbetene nur aus Gnaden (חנם) begehren. Es wird also selbst bei einer so tiefgehenden Aussage der Gedanke an eine vergebende Gnade sofort durch den anderen beschränkt, daß **Sünden eigentlich durch entsprechende Leistungen zu sühnen sein müßten.** Diesen Grundsatz finden wir ebenso *Berachoth* 17[a], wonach die Tilgung der Sünden entweder durch Gottes Barmherzigkeit oder durch Leiden geschieht, als *Kidduschin* 81[b], wonach jede Uebertretung פרעה und סליחה erfordert; die Büßung ist wesentlich Bezahlung, Aequivalent *Pesikta* 19[b]. 20[b]. Gott läßt sich die Schuld der Sünde bezahlen (פרע), fordert sein Guthaben ein (גבה), und zwar von Gerechten und Ungerechten, von jenen noch in dieser, von diesen erst in jener Welt *Pesikta* 161[b]. Vergebung ohne Bezahlung gibt es im Grunde wol nicht.

Daher heißt die Sühne, a) insofern das Thun des Menschen erwogen wird, הקנאה oder תקנה, von תקן *restituere, reparare*, Wiederherstellung des früheren Standes, und es wird *Bammidbar rabba* c. 9 ausgeführt, daß es für die Sünde des Stierdienstes am Sinai keine תקנה gegeben habe, weil sie nicht ungeschehen gemacht, der Stand Israels vor diesem Falle also nicht wiederhergestellt werden konnte. Ebenso heißt die Sühnung הקנאה im Sinne der Gutmachung *Baba bathra* 4[a], des Ungeschehenmachens *Sanhedrin* 7[a], der Aufhebung der Sünde *Arachin* 15[b]. Sinnverwandt ist der Ausdruck רפואה Heilung, welche *Jalkut Schim., Beresch.* 157 so bestimmt, daß sich der Mensch vermöge derselben vor Gott wieder im Stande der Würdigkeit (זכאי, S. 277) befinde, indem ihm die Sünde vergeben sei. Die Sünde wird als zu heilender Schade hinsichtlich des menschlichen Verhältnisses zu Gott gedacht. Wird aber die Sühnung insofern betrachtet, als sie b) durch Aufhebung der Sünde Gottes Verhalten gegen den Menschen ändert, so wird sie teils פיוס, teils פשרה genannt. Jenes, von פייס (Levy II, 262 f.), heißt Besänftigung, Begütigung (Versöhnung), und wird gebraucht, wenn ein Zürnender durch Zureden oder sonstwie beruhigt wird. Gott läßt nun (*jer. Taanith* II, 1) die Engel des Zorns nicht mehr bei sich wohnen, damit er sie nicht alsbald entsenden, sondern dem Sünder Zeit lassen könne, Gottes Zorn durch Buße zu besänftigen, ehe sie herbeigeholt werden; er gleicht einem zürnenden Könige, den man besänftigt (מפייסין), und der sich die Besänftigung (פיוס) gefallen läßt. פשרה d. i. ein Vergleich zwischen streitenden Parteien vor Gericht findet sich beispielsweise *Tanchuma, Bammidbar* 14: Wenn ich, sagt der Heilige, über meine Söhne zürne (כעסתי), so werden sie (Ahron und seine Söhne, durch Opfer) eine פשרה zwischen mir und meinen Söhnen stiften.

2. Unter den Mitteln der Sühne (§§ 68—71) ist zu unterscheiden zwischen solchen, welche negativ die Sünde tilgen (teils subjectiv durch Buße, Bekenntnis und Selbstkasteiung, teils objectiv durch Strafleiden, Züchtigungen und Tod) und solchen, welche den Sünder positiv vor Gott rehabilitiren und wieder zum Gerechten machen, indem an die Stelle der bösen gute Werke treten. *Mechilta* 76[a] (vgl. *Joma* 86) enthält daher die Frage des Matthias an Rabbi Elasar: Hast du von den vier Arten der Sühne gehört, wie sie Rabbi Ismael aufgestellt hat? Antwort: Eine Schriftstelle (Jer. 3, 22) sagt: „Kehret zurück, ihr bußfertigen Kinder"; aus dieser Stelle lernst du, daß die Buße sühnt. Eine andere Schriftstelle (3 Mos.

§ 67. Der Begriff der Sühne.

16, 30) sagt: „An diesem Tage wird er euch versöhnen"; hieraus lernen wir, daß der Versöhnungstag versöhnt. Eine dritte Stelle (Jes. 22, 14) lautet: „Diese Sünde soll euch nicht vergeben werden, bis ihr sterbt"; hier erfährst du, daß der Tod versühnt. Ferner sagt die Schrift (Ps. 89, 33): „Ich will heimsuchen mit dem Stabe ihre Sünde und mit Plagen ihr Vergehen"; da hören wir, daß Züchtigungsleiden sühnt. Wie werden aber diese vier Schriftstellen mit einander bestehen? Wer ein Gebot (eine Verordnung) zu erfüllen unterläßt und Buße thut, der weicht nicht von der Stelle, bis man ihm vergibt (d. h. ihm wird augenblicklich vergeben, ehe er noch seine Stelle verlassen kann, vgl. S. 318): auf den bezieht sich das erste Wort. Wer thätlich ein Verbot übertritt und Buße thut, dessen Buße hat keine sühnende Kraft, sondern die Strafe wird aufgeschoben, und erst der Versöhnungstag (§ 68) sühnt: auf diesen bezieht sich das zweite Wort. Wer freventlich solche Sünden begeht, auf welche die Ausrottung und die Todesstrafe durchs Gericht gesetzt ist, für den hat die Buße (allein) keine Kraft, aufzuschieben, noch der Versöhnungstag (allein) zu sühnen; sondern die Buße und der Versöhnungstag sühnen seine Sünde zur Hälfte, und die Leiden tilgen und sühnen zur andern Hälfte: auf ihn bezieht sich das dritte Wort. Wer endlich den Namen Gottes entweiht und Buße thut, dessen Buße hat für sich allein keine Kraft, die Strafe aufzuschieben, und der Versöhnungstag versühnt ihn auch noch nicht; selbst die Leiden allein tilgen die Sünde noch nicht; sondern nur die Buße und der Versöhnungstag zusammen schieben die Strafe auf, und der Todestag und die Leiden tilgen erst vollends die Sünde: auf einen solchen bezieht sich das vierte Wort.

Als Mittel, die bösen Werke aufzuheben und die Reinheit (זכות) auch positiv wieder herzustellen, wurde auch das Opfer angesehen. Da wo ganz summarisch bezeichnet wird, was dem Menschen Vergebung schafft, werden jedoch Buße und gute Werke (תשובה und מעשים ט׳, vgl. §§ 68. 61) genannt Schabbath 32ª: das sind die großen פרקליטין (παράκλητοι); vgl. auch Joma 87ª. Taanith 16ª. Schemoth rabba c. 23. Und Pesikta 191ª nennt Bußgebet und Almosen. Auch den מצות selbst wird wenigstens die Kraft beigelegt, Böses abzuhalten Schabbath 63ª; vgl. § 71.

3. Der Erfolg der Sühnung ist ein doppelter: sie hebt den Gerichtsspruch (גזר דין) Schemoth rabba c. 45 u. ö. auf und bewahrt vor dem Gehinnom. גזר דין ist das richterliche Urteil Gottes, kraft

316 Der soteriologische Lehrkreis.

dessen der Mensch den Lohn der Sünde im Tode erhält. Der Vollzug des Urteils kann zunächst aufgeschoben werden (תלה *suspendere*), sonderlich wenn der Mensch in den zehn Tagen zwischen Neujahr und Versöhnungstag Buße thut (§ 68; oben S. 289); und diese Aufschiebung wird am Versöhnungstage zur Vergebung (קפָּה los-, reinsprechen von Schuld und Strafe, z. B. *Joma* 86ᵃ; מחר abwaschen, wie durch das Wasser den Schmutz, das.). Die Sünden sind dann getilgt (מרק *abstergere*) oder gelöscht aus dem Schuldbuche (פינקס *Beresch. rabba* c. 81. 84; vgl. S. 282). Dies ist der Zweck der Sühnung; ist derselbe am Versöhnungstage noch nicht erreicht, so müssen Leiden und endlich der Tod helfend hinzutreten. Der Erfolg der Sühnung beschränkt sich jedoch nicht auf die Verlängerung des irdischen Lebens, sondern erstreckt sich auch auf die Befreiung vom Gehinnom und den Anteil an dem ewigen Leben (עולם הבא, s. § 90) und dem ungetrübten Genusse des den Gerechten aufbehaltenen Lohns, sofern sie die Schuld als das Hindernis für die Geltendmachung der זכות (§ 59) wegräumt. Deshalb bildet die Sühnung neben der Thora (§ 60 ff.) den Weg zum Leben.

§ 68. Die Buße und der Versöhnungstag.

Da die Buße vor der Welt geschaffen ist (S. 198), bildet sie offenbar einen wesentlichen Bestandteil des göttlichen Heilsrathschlusses. Sie ist dem Wortlaute nach die Rückkehr (תְּשׁוּבָה) des Sünders von der Gesetzeswidrigkeit zur Gesetzeserfüllung. Im Zusammenhange mit der Buße wirkt der Versöhnungstag Vergebung für alle gewöhnlichen Unterlassungs- und Begehungssünden und hebt den göttlichen Strafbeschluß für das mit Neujahr begonnene Lebensjahr auf.

1. Die Buße ist die Thür (*Schir rabba* zu 5, 2), welche der Mensch aufthut, damit Gott ihm das Heil schenken könne, und die Pforte, welche Gott dem Menschen zum Heile geöffnet hat (S. 261). Beide Aussagen einigen sich darin, daß Gott die Buße als den Heilsweg geordnet hat, der Mensch aber ihn gehen und es damit ermöglichen muß, daß Gott ihn rette. Auch die Vollendung des Heils wird nur dann erfolgen können, wenn die Menschen durch die Buße sich vorbereitet haben *Pesikta* 163ᵇ. *Schir rabba* zu 5, 2. Daher wendet Gott nöthigenfalls scharfe Mittel an, um den Menschen zur

§ 68. Die Buße und der Versöhnungstag. 317

Buße zu bewegen, *Tanchuma, Behar* 3: er straft ihn zu diesem Zwecke an seinem Vermögen oder an seinem Leibe und rafft ihn erst dann hinweg, wenn alle diese Mittel keine Buße bewirken. Als Beispiel wird Elimelech (Ruth c. 1) angeführt. In *Pesikta* 117ᵃ wird die Armuth Israels gepriesen, weil sie zur Buße leitet. Gott thut auch alles Mögliche, sie dem Menschen zu erleichtern, und erlaubt deshalb selbst in Fällen öffentlicher Versündigung geheime Buße *Pesikta* 163ᵇ. Sie wird wesentlich als Thun aufgefaßt. Wo sie näher beschrieben wird, findet sich als erster Wesensbestandteil Bekenntnis der Sünden (ווידוי, s. S. 320). So that nach *Tanchuma, Balak* 10 Bileam Buße, um dem Schwerte des Engels des Herrn zu entgehen, indem er sagte: Ich habe gesündigt (חטאתי). „Denn wenn Jemand gesündigt hat und sagt: Ich habe gesündigt, so hat der Engel keine Macht auf ihn einzudringen." Doch hat solches Bekenntnis eigentlich zur Folge, daß in Fällen, wo es sich um unrechtmäßigen Erwerb handelt, das geraubte Gut wiedererstattet wird. *Tanchuma, Noach* 4 erzählt daher: Zu einem Manne, der Buße thun wollte (תשובה עושה), sprach sein Weib: *Reka* (Matth. 5. 22) d. i. du Taugenichts, wenn du Buße thun willst, so ist ja nicht der Gurt mehr dein, mit dem du dich gürtest, d. h. du mußt ja Alles herausgeben. Doch wurde bestimmt, daß man solchen, welche geraubt hatten und Buße thun wollten, das Geraubte lassen könne, um ihnen die Buße zu erleichtern. Das Bekenntnis gewährt nach *Jalkut Schim., Beresch.* 159 ein Verdienst und ist förderlich für dieses und das ewige Leben; es ist nach *Sanhedrin* 103ᵃ sühnend und gibt auch dem todeswürdigen Verbrecher, z. B. Manasse und Achan, Anteil am ewigen Leben. Zur Voraussetzung hat es einen inneren Vorgang: Scham und Reue über die Sünde. Die Scham nennt *Berachoth* 12ᵇ als Vorbedingung der Vergebung, die Reue *Chagiga* 5ᵃ. Darauf wird sich *Pesikta* 163ᵇ beziehen: die Buße braucht nicht lange zu dauern; es genügt, wenn sie einen Augenblick währt (כהרף עין). Auch diese innere Bewegung der Seele ist eine Leistung, die um so verdienstlicher ist, je länger sie dauert und je stärker sie ist. Elasar ben Durdaja that Buße, denn er hatte Hurerei getrieben. Er rief Berge und Hügel, Himmel und Erde, Sonne und Mond, Planeten und Sterne vergeblich an, daß sie bei Gott für ihn um Erbarmung flehen sollten. Da sagte er: Ich muß selbst für mich beten, legte sein Haupt zwischen seine Kniee und weinte Thränen der Reue, bis seine Seele ihn verließ. Da wurde eine Stimme gehört, die sprach: Rabbi Elasar ben Durdaja hat das ewige Leben erworben. Als Rabbi (Juda der Heilige) diesen Vorfall hörte, weinte er und sagte: Mancher erwirbt das ewige Leben in wenigen Augenblicken, während Andere das ganze Leben hindurch dafür arbeiten müssen. Ferner sagte Rabbi: Und nicht nur wurde dieser Bußfertige angenommen, sondern er wird sogar von der himmlischen Stimme noch Rabbi genannt *Aboda sara* 17ª. Die Betrübnis des Herzens und das Bekenntnis des Mundes nennt zusammen als zur Buße gehörig *jer. Taanith* II, 7 (65ᵈ): „Als Israel in Mizpa Buße that (1 Sam. 7), gossen sie Wasser, zum Zeichen, daß sie ihr Herz ausschütteten, trauerten und verzagten ob ihrer Sünde; aber wie konnte Gott sie richten, da sie sprachen: wir haben gesündigt?"

Die Buße als Selbstverurteilung des Sünders findet einen thatsächlichen Ausdruck in dem, was der Sünder sich selbst anthut, um seine Sünde an sich zu strafen. Nach *Pesikta* 160ᵇ gehört zu ihr das Fasten, welchem gleichfalls die Aufhebung des göttlichen Strafbeschlusses als Wirkung beigelegt wird *Beresch. rabba* c. 44, und welches c. 33 (?) als verdienstlich (מצוה) und als Bedingung für den göttlichen Strafnachlaß bezeichnet wird, an beiden Stellen in Verbindung mit den Almosen (S. 285). Wenn Gottes Zorn auf der Gemeinde lastet und sie mit Dürre heimsucht, so wirkt es neben dem Gebete besänftigend *Taanith* 8ᵇ. Durch Fasten bewahrt man sich nach *Baba mezia* 85ª vor dem Feuer des Gehinnom und macht sich positiv der Erhörung des Gebets würdig; gewisse Bitten werden ohne Fasten gar nicht erfüllt. Seine sühnende Kraft wird in sehr äußerlicher Weise *Berachoth* 17ª aus der Analogie mit dem Opfer erklärt, welches Fett auf den Altar und Blut an denselben bringe; denn auch das Fasten verringere des Menschen Fett und Blut: er opfere es fastend auf für seine Sünde. Mit dem Fasten ist die Selbstkasteiung (?) verbunden, von welcher *Baba mezia* 84ᵃᵇ Beispiele erzählt. Hierzu gehört die Enthaltung von allen irdischen Freuden, namentlich von der ehelichen Gemeinschaft (vgl. S. 247).

Fragen wir nun nach der Wirkung der Buße, so ist sie allein schon hinreichend, Gott zu versöhnen und seine Vergebung zu erlangen, wenn es sich bloß um Nichterfüllung eines Gebotes handelt; in einem solchen Falle kann der Bußfertige nicht von der Stelle weichen, ehe man ihm vergeben hat; hat aber Jemand ein Verbot übertreten, so schiebt sie nur die Strafe bis zum Versöhnungstage

§ 68. Die Buße und der Versöhnungstag.

auf. Vgl. S. 314 f.. Wenn daher *Mechilta* 46ᵇ, *Sifre* 12ᵇ, *Rosch haschschana* 17 der Buße die Kraft zugeschrieben wird, den göttlichen Strafbeschluß aufzuheben, so bezieht sich das nur auf Unterlassungssünden. Uebrigens wird *Joma* 86ᵇ angenommen, daß wegen einer geheimen Sünde Bittworte genügen, um Vergebung zu erlangen. Während die Uebertretungen überall das Leben des Menschen bedrohen, ist die Buße der Fürsprecher (Paraklet, S. 191. 315) für den Menschen bei Gott *Schabbath* 31ᵇ. Am überschwänglichsten wird die Wirkung der Buße geschildert *Joma* 86ᵃᵇ: „Groß ist die Buße. Sie bringt der Welt Heilung; sie reicht nach Hos. 14, 2 bis zum Throne Gottes und vermag das Verbot Jer. 3, 1 aufzuheben; denn Gott nimmt um ihretwillen das verstoßene Israel wieder an. Sie bringt Erlösung und bewirkt, daß Gott freventliche Sünden als unbewußt geschehen, ja als rechte Werke und Verdienste (זכיות) ansieht. Sie verlängert die Tage und Jahre des Menschen". Nur dem hilft sie nicht, der etwa im Blicke auf sie oder den Versöhnungstag vorsätzlich sündigt (a. a. O. 85). Jene Wirkungen, welche der Buße beigelegt werden, kommen ihr jedoch in der Regel zu, insofern sie der Anfang zu jeder weiteren Sühne ist.

2. Nach *Schabbath* 153ᵃ soll der Mensch alle Tage Buße thun; denn für gewisse Sünden reicht ja die einfache Buße hin. Dennoch bleiben andere Sünden ungetilgt (S. 315), und das Schuldbuch des Menschen wird trotz der täglichen Buße mit neuen Uebertretungen belastet. Wenn sie am Neujahrstage als dem allgemeinen Gerichtstage nicht sämmtlich getilgt sind, wird das Todesurteil über den Sünder gefällt (vgl. S. 289 f.), aber bis auf den Versöhnungstag suspendirt (S. 289. 315). Nach *Pesikta* 156ᵇ werden am Laubhüttenfeste (חג) und am Passa im himmlischen Gerichtshofe die Urteile über den Besitz (דיני ממית) des Menschen entschieden, dagegen am Neujahr die Urteile gesprochen, in denen es sich um das Leben des Menschen handelt (דיני נפשות). Aber das Schopharblasen am Neujahr bewegt Gott nach *Wajjikra rabba* c. 29, vom Stuhle der Gerechtigkeit aufzustehen und sich auf den Stuhl der Barmherzigkeit zu setzen. Erst am Versöhnungstage wird das Urteil besiegelt *Pesikta* 189ᵃ. Man trachte es also durch Buße wieder aufzuheben, ehe es besiegelt ist (נחתם) *Sifre* 12ᵇ; denn danach gibt es kein Erbarmen mehr *Tanchuma, Zaw* 5. An diesen zehn Tagen, welche dem Neujahrstage folgen, sagt *Pesikta* 156ᵇ, ruht die göttliche Schechina in Israel; da ist Buße zu thun, und sie wird von Gott angenommen.

Wer in dieser Zeit Buße thut, dem wird vergeben; wer aber in dieser Zeit nicht Buße thut, dem wird nicht vergeben, wenn er auch alle Böcke Nebajoths (Jes. 60, 7), die in der Welt sind, als Opfer darbrächte *Rosch haschschana* 17ᵇ. Unter Voraussetzung der Buße versöhnt der Versöhnungstag nach *Schebuoth* 13ᵃ alle leichten und schweren Sünden, sowol die gegen das „Thue" (עשה), als die gegen das „Du sollst nicht thun" (לא תעשה), und sogar die, auf welche Ausrottung durch Gott selbst oder Todesstrafe durch das Gericht gesetzt ist, jedoch mit der S. 315 angeführten Einschränkung. Der Zeitraum, für welchen der Versöhnungstag Sühne gewährt, ist das ganze abgelaufene Jahr *Beresch. rabba* c. 11, vgl. *Schir rabba* zu 8, 8.

Die Weise der Vergebung wird näher angegeben *Tanchuma, Emor* 22. „Die Kinder Israel häufen das ganze Jahr hindurch Sünden. Was thut der Heilige? Er sagt ihnen: Thut Buße von Neujahr an! Und sie treten ein und kommen in die Synagoge und demüthigen sich (fasten? מתענים) und thun Buße, und der Heilige vergibt ihnen. Und was thun sie? Am Vorabende des Neujahrs demüthigen sich die Großen des Volkes, und der Heilige vergibt ihnen ein Drittel von ihren Sünden. Und von Neujahr an bis zum Versöhnungstage demüthigen sich die Einzelnen, und der Heilige vergibt ihnen ein (zweites) Drittel von ihren Sünden. Ja am Versöhnungstage demüthigt sich ganz Israel, und es suchen Barmherzigkeit die Männer und Weiber und die kleinen Kinder, und der Heilige vergibt ihnen Alles. Was thut Israel? Sie nehmen Lulabs am ersten Laubhüttenfeiertage und sagen Lob und Preis vor dem Heiligen, und er versöhnt sich ihnen und vergibt ihnen und sagt zu ihnen: Siehe ich habe euch die ersten Sünden alle vergeben. Aber von nun an wird aufs Neue gerechnet werden (היא ראש חשבין, vgl. S. 283)". Eine neue Seite im Schuldbuche wird in Gebrauch genommen, vgl. *Kohel. rabba* zu 9, 7 mit § 67 g. E. Hier haben wir zugleich das Mittel, durch welches am Versöhnungstage Vergebung erlangt wird: die Buße, welche auch Selbstdemüthigung genannt wird. *Schemoth rabba* c. 52 betont, daß sie, wenn sie Versöhnung wirken soll, aufrichtig sein müsse. Die ganze Gemeinde ist es, die bekennt, und die Beichte umfaßt die ganze Schuld Israels, und das Fasten ist ein strenges und allgemeines. Die Bekenntnisse (S. 317, וידוי von ידה oder ידה *hiph.* הידה bekennen) erstrecken sich, wie *Joma* 86 lehrt, auf die seit dem letzten Versöhnungstage begangenen Sünden; die früher bekannten soll man nur dann wieder bekennen, wenn man sie seit dem letzten Versöhnungstage wieder begangen hat. Fraglich ist, ob man alle Sünden einzeln benennen soll oder nicht. Die Einen bejahen, die Anderen verneinen es. Diese Einzel-Beichte geschieht nach *Wajjikra rabba* c. 3 am Vorabende des Versöhnungstages. Dieselbe Stelle (vgl. *jer. Joma* g. E.) gibt folgende Beichtformel: „Ich bekenne alles Böse, was ich vor dir gethan habe. Ich stand auf dem bösen Wege (vgl. den Nachtrag am Ende des Buches). Alles, was ich gethan habe, dergleichen will ich ferner nicht mehr thun. Es sei dein Wolgefallen, o Herr mein Gott, daß du mir alle meine Sünden vergebest und alle meine Missethaten verzeihest und mir bedeckest alle meine Sünden". Diese allgemein gehaltene Beichte hat sich sicherlich durch Aufzählung einzelner, das Gewissen belastender Sünden erweitert. Der Beichte folgt das Fasten (S. 318) als Vollzug des Selbstgerichts über die Sünde (תענית, Synon. von צום, bedeutet Demüthigung, Kasteiung). Doch ist die Hauptsache (עיקר die Wurzel) an einem Fasttage das Bußgebet und das Flehen nach Barmherzigkeit *Tanchuma, Beresch.* 3. Das Fasten des Versöhnungstages ist naturgemäß nach Dauer und Schärfe das schwerste im Jahre.

Das Opfer (vgl. § 10) ist mit dem Heiligtume hinfällig geworden, wird aber nach *Wajjikra rabba* c. 7 durch die Buße ersetzt: „Woher weiß ich, daß dem, welcher Buße thut, solche Buße zugerechnet wird, als wenn er nach Jerusalem hinaufgezogen wäre, das Heiligtum und den Altar gebaut und alle Opfer der Thora darauf dargebracht hätte? Aus folgendem Verse der h. Schrift (Ps. 51): Die Opfer Gottes sind ein zerbrochener Geist".

§ 69. Leiden und Tod als Mittel der Sühne.

Buße und Versöhnungstag allein sühnen nicht völlig. Es müssen noch Leiden hinzutreten, solche, die den Einzelnen, und solche, die das Ganze des Volkes treffen, aber den einzelnen Gliedern des Volkes zu gute kommen. Und die schwersten Sünden muß der Sünder durch seinen Tod sühnen.

1. Erst zu den Duldern (בעלי ייסורין) bekennt sich Gott als ihren Gott *Beresch. rabba* c. 94. Es ist aber hier von Strafleiden zur Sühne die Rede, von denen diejenigen Leiden (S. 306)

unterschieden werden müssen, die nur insofern zur Sühne führen, als sie den Menschen zur Buße antreiben *Sanhedrin* 101ᵇ. Von jenen Leiden dürfte der Satz gelten *Arachin* 16ᵇ. 17ᵃ: Jeder, der 40 Tage lang ohne Leiden geblieben ist, hat seine (zukünftige) Welt d. i. die Seligkeit verloren. Zu allen Heilsgütern, zur Thora, zum Besitze des Landes Kanaan, auch zum ewigen Leben, gelangt Israel nach *Mechilta* 79ᵇ nur vermittelst der Züchtigungsleiden. „Welches ist der Weg, der den Menschen zum ewigen Leben führt? Sage: es sind die Züchtigungen (vgl. *Berachoth* 5ᵃ). R. Nehemja sagt: Werth geachtet sind die Züchtigungen; denn gleichwie die Opfer sühnen (מרצין), so sühnen die Leiden. Was sagt die Schrift von den Opfern? Und es soll ihm gesühnt sein (ונרצה), ihm zu vergeben (3 Mos. 1, 4). Was aber sagt sie von den Leiden? Und alsdann werden sie ihre Sünde sühnen (3 Mos. 26, 41). Und nicht bloß das, sondern die Züchtigungen sühnen weit mehr als die Opfer, denn diese sühnen mittelst (der Dargabe) der Habe, die Leiden aber mittelst (Dargabe) des Leibes. Darum der Rechtssatz (Hiob 2, 4): Haut für Haut." Ganz ebenso *Sifre* 73ᵇ und *Tanchuma, Jithro* 16: Der Mensch freue sich über die Züchtigungen mehr als über das Gute, denn wenn er sich alle Tage seines Lebens im Glücke befände, so würde ihm die Sünde, die er hat, nicht vergeben. Und wodurch erlangt er die Vergebung? Durch die Züchtigungen wird ihm vergeben (נמחל לו). Daß diese zur Sühne bestimmten Leiden Strafleiden sind, dürfte aus *Horajoth* 10ᵇ hervorgehen, wo es heißt: Wol den Gerechten, denen in dieser Welt etwas von der Art begegnet, wie es den Gottlosen jener Welt geschieht: — also Strafe, nicht Züchtigung. Denn nach *Pesikta* 73ᵃ (vgl. 161ᵇ. 151ᵇ. 157ᵃ. *Beresch. rabba* c. 33. 2 Macc. 6, 12 ff. und oben S. 306) nimmt es ja der Heilige mit den Gerechten genau, um sie zukünftig nur belohnen zu können. Hiermit stimmt, daß (*Pesikta* 161ᵇ) Gott von den Gerechten erhebt (גבה = נפרע sich bezahlen lassen), was sie ihm für die bösen Werke schuldig sind, und daß (*Beresch. rabba* c. 65) Isaak sich Leiden erbat, um das Gericht der zukünftigen Welt (מדה הדין) von sich abzuwenden.

2. Im Besonderen gibt es zunächst Leiden, die den Einzelnen als solchen treffen. Dazu gehören zuerst Krankheiten (vgl. Joh. 9, 2). Zu dem in *Mechilta* 79ᵇ, *Sifre* 73ᵇ, *Tanchuma Jithro* 16 gleichmäßig überlieferten Ausspruche über die Strafleiden und ihre sühnende Kraft wird als Beleg *Mechilta* 80ᵇ Folgendes beigefügt:

§ 69. Leiden und Tod als Mittel der Sühne.

„Einst war R. Elieser krank. Da gingen vier Aelteste zu ihm, ihn zu besuchen, R. Tarphon, R. Josua, R. Elieser ben Asarja und R. Akiba. R. Tarphon hob an: Du bist Israel werther als die Sonne.... Hieraus lernst du, daß die Züchtigungen werth geachtet sind". Und zwar wird gelehrt, daß die Größe der Krankheit von der Art der Sünde abhängt. Auf schwere Sünden folgt Aussatz *Arachin* 16ᵃ. Von den „ersten Frommen" erzählt *Beresch. rabba* c. 62, daß sie alle an Krankheiten des Unterleibes (חילי מעים) starben, um damit ihre Sünden abzubüßen, und von Jakob berichtet c. 95, daß er nicht von der Erde scheiden konnte ohne Krankheit, daß er aber sich eine solche erbat, die ihm Zeit ließe, mit seinen Söhnen zu berathen. — Ein zweites Strafleiden zur Abbüßung der Sünde ist Armuth. Nach *Pesikta* 165ᵃ begnügt sich Gott oft für Sünden, die des Todes werth sind, mit einem Schaden, den er den Menschen am Besitze oder am Leibe erleiden läßt; ein Teil des Lebens (מקצת הנפש) wird dann dem Ganzen gleichgeachtet. In *Schemoth rabba* c. 31 wird geurteilt: Die Armuth ist härter als als alle Züchtigungen. Dagegen lautet ein Sprüchwort *Wajjikra rabba* c. 35: Israel bedarf des Johannisbrotes (חרובא) des Armen, alsdann thun sie Buße; und ein anderes (*Pesikta* 117ᵃ): Israel steht die Armuth so wol an wie der rothe Zügel dem Nacken des weißen Pferdes. Eine weitere schwere Heimsuchung ist Kinderlosigkeit oder der Verlust von Kindern, namentlich erwachsenen Söhnen; der Kinderlose wird nach *Moëd katon* 27ᵇ bei seinem Tode besonders beklagt. — In zusammenfassender Weise aber benennt Jakob Alles, was er erlitten, mit dem Worte רעה *Beresch. rabba* c. 84. Wenn nämlich der Gerechte Wolsein (שלוה, S. 213) in dieser und auch in jener Welt genießen will, so erhebt sich der Verkläger wider ihn; daher mußte Jakob dem Satan beweisen, daß er in dieser Welt durch Esau, Laban, Dina und zuletzt durch Joseph viel Verdruß hatte, um sich dem Satan gegenüber seinen Anspruch auf die zukünftige Welt zu sichern.

Es gibt aber auch Heimsuchungen für das Ganze des Volkes, an denen der Einzelne zu tragen hat, und die ihm als Sühne seiner Sünden zugute kommen. Solche sind die Zerstörung Jerusalems und die Verbannung aus dem heiligen Lande (vgl. S. 60 ff. 78 f.). *Beresch. rabba* c. 42 (vgl. S. 62) geht sogar so weit, zu sagen, die Zerstörung Jerusalems gereiche Israel zur Freude, insofern es an dem Tage, da das Heiligtum zerstört ward, eine Quittung über seine Sünden

(כל צינויתיהם), und zwar eine große „Hauptquittung" erhalten habe (בכלו). Gott hat sich gleichsam durch diese Strafe für Israels Sünden bezahlt gemacht, vgl. *Wajjikra rabba* c. 11. In einer anderen Fassung dieser Ueberlieferung (*Echa rabba* zu 4, 22) wird diese Quittung eine vollständige (שלימה) genannt; vgl. noch *Tanchuma Schemini* 9. Das Heiligtum (מִשְׁכָּן), lehrt *Tanchuma, Mischpatim* 11 (vgl. S. 327), hatte Gott in Israel errichtet, um ein Pfand (מַשְׁכּוֹן) für Israels Sünden zu haben, und durch seine Zerstörung machte er sich bezahlt für Israels Sünden. Nicht bloß den vor der Zerstörung Jerusalems begangenen Sünden gilt die Vergebung, sondern die Ruinen des Heiligtums sühnen Israel fort und fort: Gottes Wohnungen (משכנות) sind nach derselben Stelle nicht bloß in ihrem Bestande (בנינן כשהן), sondern auch als Ruinen (כשהן חרבות) noch lieblich; denn der zwiefache Ausdruck in 4 Mos. 24, 5 (Wie lieblich sind deine Zelte, Jakob, und deine Wohnungen, Israel) weist auf einen zwiefachen Zustand des Heiligtums hin. Auch die Verbannung (גלות) hat nach *Sanhedrin* 37[b] sühnende Wirkung. Wie schon Kain durch seine Verstoßung vom Angesichte Gottes seine Sünden abgebüßt hat, so büßt nun Israel; es ist durch das Exil vor Schwert, Hunger und Pestilenz geschützt; ja Andere sagen, es wehre alle Strafen von Israel ab (מכפרת על כל).

3. Um die schwersten Sünden zu sühnen, muß endlich der Sünder sterben. Der Tod hat für alle Menschen, die der Gerechtigkeit nachtrachten, eine sühnende Bedeutung, insofern er die Sühnung, welche wie die Sünde durchs ganze Leben hindurchgeht, zum Abschlusse bringt. *Sifre* 33[a] spricht den Grundsatz aus: Alle Todten werden durch den Tod versöhnt (מתכפרים) (כל המתים במיתה מתכפרים). Und zwar ist es nach 33[b] und *Sanhedrin* 47[a] ein gutes Zeichen, wenn das Leid des Todes dadurch gesteigert wird, daß der Todte nicht beklagt oder nicht begraben wird, oder daß keine Leichenpredigt über ihn gehalten wird, wenn er von einem wilden Thiere gefressen oder wenn der Sarg beregnet worden ist: nur um so gewisser ist dann sein Tod eine Bezahlung für seine Sünden. Wer durch einen Gang ins Badehaus sich in Todesgefahr begibt, spricht (nach *Berachoth* 60[a]) die Formel: Der Tod sei eine Sühne für alle meine Sünden! Ob auch das Begräbnis für die Sühne (כפרה) dienlich sei, wird *Sanhedrin* 46[b] in Frage gestellt; *Sota* 14[a] heißt es aber, Mose sei bei dem Hause Peors begraben worden, damit sein Grab Israels Neigung zu Baal Peor versühne (s. Nachtrag). Zuweilen wird der

§ 69. Leiden und Tod als Mittel der Sühne.

Tod des Gerechten auch unter dem Gesichtspunkte aufgefaßt, daß er ihm die Ruhe von dem Streite mit den bösen Gelüsten bringe *Beresch. rabba* c. 9.

Ist der Tod für alle Sünden die abschließende Sühne, so auch für bestimmte auffallende Sünden, sozusagen Todsünden, wenn er in auffallender Weise eintritt, vom Gerichtshofe verhängt oder freiwillig übernommen oder durch göttliches Verhängnis veranlaßt. Den Uebergang von der allgemeinen Sühne zu dieser besonderen finden wir in den Erzählungen *Sanhedrin* 44[b], daß ein zum Tode Verurteilter auf dem Wege zur Hinrichtung sagte: „Wenn ich diese Sünde, die mir das Todesurteil brachte, wirklich begangen habe, so sei mein Tod nicht die Sühne für alle meine Sünden (so will ich keinen Teil am ewigen Leben haben); wenn ich sie aber nicht begangen habe, so sei mein Tod die Sühnung für alle meine Sünden. Ganz Israel und der Gerichtshof seien rein, den Zeugen aber soll in Ewigkeit nicht vergeben werden". *Beresch. rabba* c. 65 erzählt vom Schwestersohne des Jose ben Joezer aus Zereda, daß er als Sabbatschänder des Todes schuldig geworden und nun alle vier Todesstrafen an sich vollzogen habe, welche dem Gerichtshofe zustanden, um zu büßen. Nicht immer tritt die Todesstrafe alsbald ein. Hat aber Jemand solche Sünde auf sich, welche die Todesstrafe oder Ausrottung durch Gottes Eingreifen nach sich ziehen soll, so darf er nach *Mechilta* 75[b] sich nicht für gesichert halten, ehe er nicht diese Sünde mit seinem Tode gebüßt hat. Und weil diese Sünde allein schon den Tod fordert, so geht er ohne Gesamtvergebung aus der Welt, wenn er für seine übrigen Sünden sonst keine Sühnung geleistet hat. Solche gefährliche Sünde ist obenan die Ketzerei. Von ihr heißt es *Aboda sara* 17[a], daß derjenige, der für sie Buße thut, nach Spr. 2, 19 dennoch sterben muß, um nämlich vor einem sonst sehr wahrscheinlichen Rückfalle bewahrt zu bleiben. Das Gleiche wird gesagt vom Incest und lange fortgesetzter Hurerei. *Chagiga* 9[a] wird vom Incest und Ehebruch gesagt, daß es für sie gar kein Gutmachen (תקנה) gibt, da ihre Folgen nicht wie die des Diebstahls ausgeglichen werden können. (Von dem schweren Ernste dieser Sünden und des Götzendienstes handeln auch *Schemoth rabba* c. 16 und *Pesikta* 176[a], doch ohne Rücksicht auf eine Lehre von der Buße.)

Vorausgesetzt, daß sonst Buße vorausging, wie bei Elasar ben Durdaja (S. 317 f.), kann übrigens Einer, der für Todsünden mit seinem Leben bezahlt, dennoch am ewigen Leben Anteil haben. Und daß es trotz entgegengesetzter Aeußerungen auch für Todsünden andere sühnende Leistungen gibt, zeigt z. B. *Sifre* 131ᵇ: Gleichwie das Kalb (עגלה ערופה 5 Mos. 21, 6) den vorsätzlichen Mord (שפיכות דמים) sühnt, so sühnt ihn auch die Beschäftigung mit der Thora (§ 8). Vielleicht ist anzunehmen, daß Gott das Thorastudium als Ersatz für den Tod annimmt, weil das ihm verfallene Leben durch das Studium dem eigenen Willen entzogen und ihm allein geweiht wird. Dann würde ein der Thora Ergebener als ein der Welt Abgestorbener betrachtet, der durch den Eintritt in das Studium die Buße vollzog, die ein Anderer durch den Tod leistet. Vgl. aber den Nachtrag.

Es fehlt jedoch nicht an Aeußerungen, welche eine schlechthinige **Unvergebbarkeit** gewisser Sünden, namentlich des Ehebruchs, behaupten. So wird nach *Baba mezia* 58ᵇ der Ehebrecher, der im Gehinnom gebüßt hat und in den Garten Eden hinaufsteigen will, wieder zurückgestoßen. *Sota* 4ᵇ sagt: Ein Ehebrecher kann nicht vom höllischen Feuer errettet werden, selbst wenn er wie Abraham Gott als seinen Schöpfer bekännte, wenn er wie Mose das Gesetz mit der Rechten empfangen oder dem Armen im Verborgenen Almosen gegeben hätte; vgl. *Bammidbar rabba* c. 9, *Tanchuma Beresch.* 12 u. ö. An einigen Stellen, z. B. *Bammidbar rabba* c. 14, *Tanchuma Waërā* 1, werden gewisse Personen genannt, wie Jerobeam, Ahab, Manasse, Bileam, Ahitophel, Gehasi, Doëg, die keinen Teil am ewigen Leben haben, und Sünden, die schlechthin vom ewigen Leben ausschließen, wie die Leugnung der Auferstehung als einer Lehre der Thora, die Leugnung des himmlischen Ursprungs der Thora, der Epikuräismus (Verachtung der Gelehrten), die Zauberei und die Entweihung des göttlichen Namens. Aber die Eschatologie (§ 73 ff.) wird zeigen, daß die talmudische Lehre vielmehr zur Annahme der **Wiederbringung** aller Glieder vom Hause Israel als ihrer ewigen Verwerfung neigt, und daß die Sühnung der Sünde, wenn sie hier nicht vollendet werden sollte, ihren Abschluß im Gehinnom finden kann.

§ 70. Das stellvertretende Leiden der Gerechten.

Der Ergänzung der eigenen Gerechtigkeit durch fremde (§§ 63. 64) entspricht eine Ergänzung der eigenen Sühne durch fremde. Es bewährt sich auch hier, daß Israel ein Organismus ist, dessen Glieder für einander eintreten. Die Idee einer Stell-

§ 70. Das stellvertretende Leiden der Gerechten. 327

vertretung lehnt sich an Jes. c. 53 an. Während aber dort der Gerechte, der ein Sühnopfer für die Ungerechten ist, ein Erlöser für die Welt sein soll, einzig in seiner Art, läßt dagegen die talmudische Theologie jeden großen Gerechten für sein Volk eintreten.

1. Die prophetische Stelle, welche den Gedanken einer Stellvertretung in der Sühne enthält (Jes. c. 53), wird *Sota* 14ᵃ auf Mose angewendet. Andere Stellen zeigen noch andere Deutungen. Demgemäß erscheinen *Schemoth rabba* c. 43 die Gerechten als Bürgen für die Verschuldung der Anderen. Der Tempel und die Gerechten müssen Gott als Pfand (משכון) für die Sünden des Volkes dienen *Schemoth rabba* c. 35, vgl. oben S. 324 und *Echa rabba* zu 2, 1. Ebenso nennt *Tanchuma, Wajjakhel* 9 die Gerechten das Pfand Gottes für ihre Zeitgenossen. Sie halten die Strafen Gottes von ihren Zeitgenossen ab *Wajjikra rabba* c. 2. Deshalb ist es (*Schir rabba* zu 6, 2) eine göttliche Strafe für den Ungehorsam des Volkes, wenn Gott die Gerechten aus seiner Mitte wegnimmt; denn wer wird nun für das Volk eintreten und Gottes Zorn über sie versöhnen? So treten die lebenden Gerechten für ihre Zeitgenossen ein; aber auch Verstorbene, Patriarchen und Rabbinen, wirken noch sühnend fort. *Pesikta* 154ᵃ sagt von Abraham: Alle Thorheiten und Lügen, welche Israel in dieser Welt begeht, vermag unser Vater Abraham zu sühnen; und 88ᵃ von R. Schimeon ben Jochai, daß er sagte: Abraham versöhne (יקרב) von ihm an bis auf mich, so will ich versöhnen von mir an bis zur Ankunft des Messias; und wenn nicht, so verbindet sich mit mir Achija von Silo, so wollen wir die ganze Welt versöhnen. Vgl. *Bereschith rabba* c. 35.

2. Unter den Mitteln, deren die Gerechten sich bei der Sühne bedienen, steht obenan die Fürbitte (S. 209 f.). Das Gebet der Gerechten kann den Zorn Gottes in Gnade *Succa* 14, das Verfahren nach strengem Rechte (מדת הדין S. 259) in das nach Barmherzigkeit (מדת הרחמים) umwandeln *Jebamoth* 64ᵃ. Solche Fürbitter sind große Lehrer auch noch nach ihrem Tode. Aber noch mehr: die Gerechten leiden auch für ihr Volk. Alle Leiden der Patriarchen kamen dem Volke Israel zugut *Schemoth rabba* c. 44; selbst Hiobs Leiden, c. 21 und *Beresch. rabba* c. 57. Gott hat den Ezechiel in seiner Barmherzigkeit für Alle gezüchtigt, damit er ihre Sünden büße *Sanhedrin* 39ᵃ, und *Tanchuma, Wajechi* 3 erzählt, daß Rabbi (Juda der Heilige)

dreizehn Jahre lang an Zahnweh litt; dafür ist während dieser ganzen Zeit im Lande Israel keine Gebärerin gestorben und hat keine Schwangere eine Fehlgeburt gehabt; so dienten seine Leiden den Frauen, ja dem ganzen Volke. Noch wichtiger ist es, daß die Gerechten für ihr Volk das Leben als Sühnopfer geben, *Moëd katon* 28ᵃ: „Warum folgt (S. 124) der Tod Mirjams auf den Abschnitt von der jungen Kuh? Um dir zu sagen, daß ebenso wie die junge Kuh sühnt, so sühnt auch der Tod der Gerechten. R. Elieser sagt: Warum folgt der Tod Ahrons auf den Abschnitt von der Priesterkleidung? Um dir zu sagen, daß wie die Priesterkleider sühnen, so sühnt auch der Tod der Gerechten". Vgl. *Wajjikra rabba* c. 20. Der Grundsatz steht fest: Der Tod der Gerechten sühnt (מיתת צדיקים מכפרת) *Tanchuma Achare moth* 7. Deshalb ist die Opferung Isaaks (עקדת יצחק) eine Sühne für sein Volk und kommt diesem zugut. *Schabbath* 89ᵇ sagt zu den Worten: „Kommt, laßt uns rechten mit einander" (Jes. 1, 18) Folgendes: „Weil sich Israel nicht an die Erzväter, sondern allein an Jahve hängt, deshalb werden ihm alle seine Sünden vergeben. Abraham und Jakob sagen vor Gott, Israel solle seiner Sünden wegen ausgetilgt werden (Jes. 64, 16a), Isaak aber, es seien ja seine Kinder. Als sie (spricht Isaak) das נעשה ונשמע (§ 57) sprachen, nanntest du sie deinen erstgebornen Sohn. Und wie viel würde von den Jahren übrig bleiben, für welche sie zu strafen wären? Ihre Lebensdauer beträgt 70 Jahre. Hiervon kommen 20 auf die Zeit der Nichtzurechnung oder der Straflosigkeit (4 Mos. 14, 29), 25 auf die Ruhe in den Nächten, 12½ auf das Gebet sowie das Essen und andere leibliche Nothdurft. Willst du alle (für die Sünde übrigbleibenden) Jahre auf dich nehmen (סבל, vgl. Jes. 53, 4. 11), so ist es gut; wenn nicht, so lege es halb auf dich, halb auf mich; willst du aber sagen, sie sollen alle auf mich kommen, so habe ich ja mein Leben vor dir geopfert (1 Mos. 22)." Darum sprechen (daselbst) die Israeliten zu Isaak: „Du bist unser Vater", und da er sie von sich weg auf Gott hinweist, verbessern sie sich nach Jes. 64, 16. Vgl. *Beresch. rabba* c. 57 und die oben S. 327 berichteten Ueberlieferungen aus *Pesikta* 88ᵃ. 154ᵃ. Der Tod der Frommen wird in seiner sühnenden Kraft dem Versöhnungstage gleichgestellt *Pesikta* 174ᵇ. Hierbei ist ohne Zweifel die Meinung, daß die Gerechten ihr Leben als Sühnopfer für Andere hingeben können, weil sie es zur Sühnung für die eigenen Sünden nicht oder nicht allein bedürfen (S. 288 ff. § 64), *Schabbath* 33ᵃ: Zur Zeit,

§ 70. Das stellvertretende Leiden der Gerechten.

wo es Gerechte gibt, läßt Gott sie für die Anderen sterben; zur Zeit aber, wo es Gerechte nicht gibt, läßt Gott die Schulkinder für die Anderen sterben; denn diese, in denen der Jezer hara noch nicht mächtig ist, sind für eigene Sünden des Todes noch nicht schuldig (S. 232), und so auch die Gerechten.

3. Wenn von den Gerechten gesagt wird, sie versöhnen die Anderen, so sind entweder alle Geschlechter von Abraham bis zu den letzten gemeint, welchen Leiden und Tod der Patriarchen und der Großen Israels die Sühnung bieten, oder die Zeitgenossenschaft (דור), der sie angehören. So in den oben mitgetheilten Stellen *Schabbath* 33ª, *Pesikta* 174ᵇ, *Sanhedrin* 39ª, *Jebamoth* 64ª. In diesem Sinne lesen wir *Sanhedrin* 103ª, daß der Gerechte, auch wenn er nur Einer ist, den Zorn Gottes über das ganze Geschlecht (דור) stillen könne, und *Kethuboth* 8ᵇ, daß der Gerechte für sein ganzes Geschlecht (דור) „erfaßt werde". Aber das sühnende und erlösende Thun der Gerechten erstreckt sich auch auf die Todten, *Tanchuma, Haasinu* 1 (vgl. 1 Kor. 15, 29): „Die Lebenden erlösen (פידין) die Todten; deshalb pflegen wir am Versöhnungstage die Todten zu erwähnen und für sie Almosen zu geben (damit auch ihnen die Versöhnung dieses Tages zugut komme); denn so haben wir es gelernt in Thorath Kohanim. Vielleicht könnte Einer denken, nach dem Tode nütze ihnen das Almosen nichts mehr; deshalb sagt 5 Mos. 21, 8: אשר פדית, woraus folgt, daß wenn man Almosen austeilt um ihrer (der Verstorbenen) willen, man sie herausführt (aus dem Gehinnom) und hinaufführt (in das Gan Eden), wie (man) den Pfeil vom Bogen (entsendet). Sofort wird der Verstorbene jung (רך) und unschuldig, wie das junge Böckchen (גדי) und man reinigt ihn, wie in der Stunde, da er geboren ward, und man sprengt über ihn reine Wasser; er wird erhoben und groß durch die Fülle des Genusses; wie der Fisch, der des Wassers genießt, so taucht er unter zu aller Zeit in den Strömen von Balsam (אפרסמון) und in Milch, Oel und Honig; er ißt von dem Baume des Lebens immerfort, der gepflanzt ist in dem Gemache (מחיצה) der Gerechten, und seine Zweige ragen herein über den Tisch eines jeden Gerechten, und er lebt ewig."

Zum Schlusse sei noch auf eine stellvertretende Sühnung hingewiesen, welche Gott selbst bereitet. Wie nämlich im Anfange der Geschichte Israels Aegypten das Lösegeld (פדיון) für Israel wurde, indem Gott die Plagen, welche Israel verschuldet hatte, auf Aegypten legte und Israel frei ausgehen ließ, so werden am Ende die Völker wieder ein Lösegeld (פדיון) für Israel sein, indem Gott sie für Israel (תחת ישראל) ins Gehinnom werfen wird *Schemoth rabba* c. 11. Vgl. damit Röm. 11, 30 f.

§ 71. Die Sühnung durch gute Werke.

Die Sühnung der Sünden geschieht endlich auch auf dem Wege der Ausgleichung böser Werke durch gute, und zwar auf dreifache Weise: 1) durch מִצְוֹת und זְכִיּוֹת (§ 59 f.) im gewöhnlichen Sinne, 2) durch מַעֲשִׂים טוֹבִים und תּוֹרָה im Allgemeinen und צְדָקָה (§ 61, 1a) insbesondere, und 3) durch einige Gott besonders gefällige Leistungen der Selbstaufopferung.

1. Hinsichtlich der Gebotserfüllungen (מצוות, § 60) sagt *Schabbath* 63[a], daß man durch sie das göttliche Strafverhängnis wieder aufhebe, und 49[a], daß, wie die Taube durch die Flügel, so Israel durch seine מצוות (vor Gottes Zorn und Strafe) geschützt werde. Dabei liegt der Gedanke zu Grunde, daß diese Gesetzeswerke gerade denjenigen Willen Gottes zur Erfüllung bringen, der durch die Uebertretung verletzt worden ist. In diesem Sinne hat Gott der Frau zur Sühne das dreifache Gebot des Anzündens der Sabbatslampe (הדלקת הנר), des Abschneidens der Teighebe (חלה) und der Beobachtung des Menstrualblutes (נדה) gegeben; damit sühnen die Frauen die Sünde, die Eva beging, als sie sündigte und Adam zur Sünde brachte *Jalkut Schim., Beresch.* 31. Von dieser Ausgleichung einzelner Uebertretungen durch einzelne Gesetzeswerke, die womöglich mit denselben Gliedern vollbracht werden, wie die Uebertretung, handelt am Ausführlichsten *Pesikta* 176[a]: „Wenn du Mengen von Uebertretungen begangen hast, so verrichte ihnen entsprechend (כנגדן) ebenso viel gesetzliche Werke (מצוות). Dafür daß du die Augen hoch erhoben hast, sollen sie (die Gesetzesworte) sein als Totaphoth zwischen deinen Augen (S. 27 f.; 5 Mos. 6, 8). Für die Lügenreden sollt ihr sie (die Gebote) eure Kinder lehren (5 Mos. 11, 19). Dafür daß die Hände das Blut des Unschuldigen vergossen, sollst du sie binden zum Zeichen an deine Hand (5 Mos. 6, 8). Dafür daß das Herz mit trügerischen Gedanken umgeht, sollen diese Worte in deinem Herzen sein (5 Mos. 6, 6). Dafür daß die Füße eilen, um zu laufen zum Bösen, laufe der Beschneidung nach, welche geschieht

§ 71. Die Sühnung durch gute Werke.

(indem man das Kind) zwischen den Knieen (hält). Dafür, daß der Lügenzeuge Lügen hervorbringt, gilt: Ihr seid meine Zeugen, spricht Jahve (Jes. 43, 10). Dafür daß man Streitigkeiten unter Brüdern erweckt, heißt es: Suche Frieden und jage ihm nach (Ps. 34, 15)". Göttliche Gaben, die erst zum Bösen verwendet wurden, sollen nun entsprechend zur Ehre Gottes angewendet werden. Wie das Volk am Sinai das Gold erst mißbrauchte zum gegossenen Stierbilde, also zur Beleidigung Gottes, so soll es beim Baue des Stiftszeltes das Gold verwenden zum Heiligtume: es komme das Gold des Heiligtums und sühne das Gold des Stierbilds *Sifre* 64^b.

2. Nicht immer ist es möglich, in so genau entsprechender Form die bösen Werke durch gute auszugleichen. Aber die Idee kann durchgeführt werden, wenn man im Allgemeinen sich und das Seinige Gott weihet und heiliget, nachdem man erst sich dem Dienste Gottes entzogen oder die Ehre Gottes geradezu verletzt hat. Dies geschieht durch Thora, gute Werke, sonderlich Almosen, und einzelne besonders Gott gefällige Handlungen eigener Art.

Das Thorastudium (§ 8, 1) ist eine solche Selbstdargabe des Menschen an Gott, welche sühnende Wirkung hat. Selbst eine Mordthat (שפיכות דמים) sühnt die Beschäftigung mit der Thora (דברי תורה), nicht weniger als das Kalb von 5 Mos. 21, 6 (עגלה ערופה, s. oben S. 326). Die Uebertretung kann nach *Sota* 21^a die Mizwa auslöschen, aber nicht die Thora; d. h. wenn ein Mensch Uebertretung begeht, so kann das bewirken, daß Gott seiner Gesetzeserfüllung (§ 8, 2. 60, 1) nicht mehr gedenkt, aber nicht, daß er auch das Studium der Thora vergäße und es dem Menschen nicht zugute kommen ließe. *Jebamoth* 105^a sagt deshalb, daß die Beschäftigung mit der Thora (דברי תורה) besser sühne, als das Schlachtopfer (זבח), und *Tanchuma, Achare moth* 10, daß seit der Zerstörung des Tempels Gott anstatt durch Opfer durch Studium der Thora versöhnt werde, vgl. § 10, 2. In *Wajjikra rabba* c. 25 wird endlich gelehrt, daß das Lernen der Thora Vergebung der Sünden bewirke; wer aber nicht im Stande sei, die Thora zu lernen, d. h. zu studiren, der möge wenigstens nach Kräften zu ihrem Studium durch Andere mitwirken und dieses so aufrecht erhalten (יָקִים, vgl. oben S. 31 f.); auch so erwirbt man sich Sühnung seiner Sünden.

Aber sühnkräftiger wirkt nach *Aboda sara* 17^b das Studium, wenn gute Werke damit verbunden sind. Wer seine Sünden sühnen will, muß eben Leib und Geist und Vermögen, kurz, Alles, was er ist und hat, in Gottes Dienst geben. Die Hure Rahab bat Gott nach *Mechilta* 64ᵇ f. um Vergebung für die Sünden, die sie begangen hatte und zu denen ihr Seil, Fenster und Mauer behülflich gewesen waren, entweder (nach der einen Lesart) indem sie die drei guten Werke namhaft machte, die sie an den Kundschaftern gethan hatte: חבל, חלון, חומה, indem sie die Kundschafter am Seil durchs Fenster an der Mauer mit eigener Gefahr herabließ, oder (nach der andern Auffassung) indem sie die drei Vorschriften für die jüdischen Frauen (s. S. 330) übernahm. Nach *Sifre* 70ᵇ können große Gerechte ihre Uebertretungen an ihre guten Werke hängen, während Andere, die solche gute Werke nicht thun können, die Vergebung ohne Entgelt erbitten müssen. Vgl. *Jalkut Schim., Beresch.* 76. Hierbei ist die Sühnung durch Abbüßung vorausgesetzt. Daß bei den מעשים טובים die Buße (§ 68, 1) nicht ausgeschlossen ist, zeigt *Schabbath* 32ᵃ und *Taanith* 16ᵃ ganz deutlich, wo beide als Fürsprecher bei Gott in der Gefahr neben einander genannt werden. In *Schemoth rabba* c. 31 (?) treten beide Sühnmittel neben die großen Gerechten (§ 70): in Wirklichkeit mangelt ja den gewöhnlichen Menschen die Kraft, gute Werke in genügender Anzahl zu thun; daher müssen die Gerechten auch bei dem Ausgleichswerke helfend mit eintreten. *Tanchuma, Emor* 5 sagt nicht nur, daß die guten Werke der Gerechten die göttlichen Strafen von der Welt abhalten, sondern auch vorher, daß die Gerechten Gutes thun für sich und Andere, d. i. ihnen zu gut. *Mechilta* 32ᵃ erzählt von den heilkräftigen Wirkungen der guten Werke des Abraham und Joseph. Als Bileam sich eifrig anschickte, seinen Esel zu jener Reise zu gürten, die Israels Verderben bezweckte, da kam das freudige Schirren des Esels durch Abraham, als er Isaak opfern wollte, und stand wider (עמוד על) Bileams Eifer, Israel zu verderben; als Pharao der Frevler lustig Rosse und Wagen schirrte, Israel nachzujagen, kam Josephs Eifer, den Wagen zu schirren, als er seinen Vater einholte und stand wider Pharao's Eifer. Die Werke der Gerechten, heißt es darum *Pesikta* 73ᵇ, legen der göttlichen Strafheimsuchung (פורענות) von נפרע sich bezahlt machen) Hindernisse in den Weg, daß sie nicht in die Welt kommen kann, d. i. sie erwirken den Anderen Schonung.

Unter den guten Werken wird das Almosen (§ 61, 1a) besonders genannt. Auch hier ist die Idee der Hingabe des Seinigen

§ 71. Die Sühnung durch gute Werke.

zum Opfer die leitende Idee. Daher wird eine Parallele gezogen zwischen dem Almosen und dem Opfer (S. 38 f.): jenes hat im Vereine mit der Rechtspflege (דינים) größere Sühnkraft; denn dieses versöhnt bloß den Sünder, der ohne Bedacht (שוגג) sündigt, jenes auch den vorsätzlichen (מזיד); dieses versöhnt nur für diese, jenes auch für die zukünftige Welt. *Baba bathra* 9ª sagt: Wie einst der Sekel sühnte, so sühnt jetzt das Almosen. Wie man die Verstorbenen durch Almosen aus dem Gehinnom erlöst (S. 329), so bewahrt man sich selbst durch Almosen vor der Strafe des Gehinnom *Gittin* 7ª. *Baba bathra* 9ᵇ. Selbst der Heide kann durch Almosen die Strafen Gottes von sich abwenden, wenn auch nur die zeitlichen; Israel aber wendet damit die ewige Verdammnis von sich ab *Baba bathra* 10ª. Wenn Satan Israels Sünden vor Gott aufdeckt, um es dem Gerichte zu überliefern, so zeigen Andere dessen Verdienst, sonderlich dasjenige, welches es sich durch seine Almosen erworben, um die Strafen abzuwenden *Schemoth rabba* c. 31. Das Almosen, sagt *Wajjikra rabba* c. 26, erhält die obere und die untere Welt, d. i. um derselben willen schont Gott die ganze Welt und erhält sie in ihrem Bestande. Und wie das Almosen den Sünder vom Tode und vom Gehinnom errettet, so wird es einst auch die Erlösung herbeiführen *Baba bathra* 10ª. Aber auch das Almosen soll nicht losgelöst gedacht werden von den Bußwerken. Almosen und Fasten (S. 318) sind mit einander verbunden. Am Fasttage insbesondere spendet man Almosen (vgl. den Nachtrag). In *Sanhedrin* 35ª heißt es, man solle das Almosen nicht über Nacht im Hause lassen, sondern am Fasttage selbst geben; und in *Pesikta* 4 (191ª) finden sich als Sühnmittel verbunden Buße, Gebet und Almosen. Von ihnen heißt es: sie heben das göttliche Strafverhängnis auf (מבטלין את הגזרה).

3. Die höchste Dargabe zur Ehre Gottes aber ist das Selbstopfer, d. i. das Martyrium. Mit diesem sühnen die Gerechten ihre Sünden, während Israel, wenn es ungesühnte Sünden in die Ewigkeit hinüberbringt, ins Gehinnom hinabsteigen muß *Sifre* 140ª. Nach *Baba bathra* 10ᵇ haben die Märtyrer einen Ehrenplatz im Himmel.

Als sühnende Opferleistung wird es auch angesehen, wenn man seine Wohnung und die damit verbundenen Vorteile aufgibt und ins heilige Land zieht, um hier zu wohnen *Sifre* 140ᵇ. *Kethuboth* 111ª, vgl. S. 63 f. Kann man aber nicht im heiligen Lande wohnen und hier sterben, so soll man wenigstens im Tode im Lande Israel ruhen; denn das Begräbnis im heiligen Lande sühnt das Sterben außerhalb desselben *jer. Kilajim* IX, 4 (32°); es ist מכפרת מיתתה, d. i. es ersetzt die Sühnopfer, die auf dem Altare dargebracht werden *Kethuboth* a. a. O. Auch *Tanchuma, Wajechi* 3 sagt, daß dem im heiligen Lande Begrabenen der Heilige vergibt (מכפר). Vgl. § 81, 3.

Endlich will hier noch angemerkt sein, daß dem Proselyten, wenn er in die Volksgemeinde, dem Gelehrten, wenn er in sein Gemeindeamt (S. 134), dem Bräutigam, wenn er in den Ehestand, dem Könige oder Fürsten, wenn er in sein Regentenamt eintritt, alle vor dem Amtsantritte begangenen Sünden erlassen werden (*jer. Bikkurim* III, 3 [65°]). Ingleichen wird auch der Aenderung (שינוי) des Namens, des Berufes (מעשה), des Wohnorts, in Verbindung mit dem Fasten, Almosen und Beten eine sündentilgende Kraft beigelegt *Pesikta* 191ᵃ. *Rosch haschschana* 16. Man büßt das Alte ab und heiligt sich, Neues beginnend, aufs Neue Gott. So tritt überall der Gedanke hervor, daß zur Sühne Buße für die Sünde und Heiligung der Person und ihres Besitzes an Gott nöthig ist. Beide Stücke zusammen bewirken die Sühne.

§ 72. Ergebnisse der Lehre von der Rechtfertigung und Versöhnung.

Zwei Thatsachen treten am Schlusse der Heilslehre als Ergebnisse entschieden hervor: die Vielheit der Mittel, die zur Erwerbung der Gerechtigkeit und der Sühnung angewendet werden, und die trotz, ja vielleicht wegen dieser Vielheit vorhandene Unsicherheit des Sünders über sein Verhältnis zu Gott.

Was die Vielheit der Mittel anlangt, so werden zur Erlangung der Gerechtigkeit nicht bloß die Erfüllung der Gebote, sondern auch noch sonderliche gute Werke erfordert, und genügen nicht bloß eigene Leistungen, sondern auch die Verdienste der Väter, sowie der mitlebenden größeren Gerechten werden in Anspruch genommen. Und zur Sühnung genügt nicht die alltägliche Buße noch die große des Versöhnungstages: es bedarf zur Abbüßung gewisser Sünden noch besonderer Leiden, ja des Todes; es müssen

§ 72. Ergebnisse der Lehre von der Rechtfertigung und Versöhnung.

überdies besondere gute Werke Ersatz leisten für begangene Sünden; und alle diese Leistungen kann der Einzelne für gewöhnlich nicht aufbringen, sondern es fordert auch die Sühne die Mitwirkung der Gerechten, deren Leiden, Tod und gute Werke für die Anderen eintreten.

So groß ist die Menge der Werke, durch welche Gerechtigkeit vor Gott und damit Gewißheit des Heils erstrebt wird. Und welches ist der Erfolg? Die Heilsgewißheit wird nicht erlangt, die Sicherheit des religiösen Bewußtseins, die Freudigkeit zu Gott mangelt dem Sünder, und die Furcht begleitet ihn bis zum Tode, ja über diesen hinaus. Von dieser Furcht legen Talmud und Midrasch manches beredte Zeugnis ab. Zuerst von der Furcht vor dem Verkläger (קטיגר, מקטרג) und dem Gerichte des Todes (S. 249 f.). *Kohel. rabba* zu 3, 11 sagt, Gott habe den ersten Menschen die Furcht vor dem Engel des Todes in das Herz gegeben; sie erscheint also als dem Menschen wesentlich. Und zu 3, 2: der Engel des Todes wird selbst der Ankläger der Gebärerin. R. Samuel b. Nachman sagte: Wegen dreier Uebertretungen müssen die Frauen sterben in der Stunde der Geburt (S. 249. 330). Und wegen dreier Dinge müssen die Männer sterben. Der Todesgefahr ist ausgesetzt, wer in einem baufälligen Hause (בית מרועע) verweilt, wer auf einsamem Wege geht, wer auf hoher See fährt. Gegen diese erhebt Satan die Anklage, denn in solchem Hause, auf solchem Wege, auf solcher Fahrt ist der Satan gegenwärtig (השטן מצוי), um anzuklagen ... Alle Wege sind im Bereiche der Todesgefahr (בחזקת סכנה) ... Alle Kranken sind umfangen von der Gefahr. *Jer. Schabbath* II, 3 (5ᵇ) sagt: Wer in einem baufälligen Hause wohnt, macht den Todesengel zu seinem Gläubiger (דניסטיס = δανειστής) und ist ihm alsbald verfallen. Wol dem, der dann Buße und gute Werke zu Anwälten hat, die Todesgefahr von ihm zu wenden! Aber wer ist dessen gewiß? Vgl. *Jalkut Schim., Beresch.* 31. Diese stete Furcht vor der Anklage Satans und dem Tode läßt keine Freudigkeit im Leben zu. *Tanchuma, Wajechi* 3: Der Heilige sprach: In diesem Leben läßt der Tod dem Menschen nicht zu, daß er sich freue; aber vom ewigen Leben heißt es: Der Tod ist vernichtet für immer. Und dann geht das Wort in Erfüllung: Ich will jubeln in Jerusalem und jauchzen in meinem Volke, und nicht mehr wird in ihr gehört werden die Stimme des Weinens und des Geschreies (Jes. 65, 19). Wenn große Heilige sterben, wie die Patriarchen oder großen Rabbinen, so erweckt Gott (a. a. O. 4) die Sterbensfreudigkeit dadurch, daß er ihnen einen Blick in die Ewigkeit gönnt und ihnen den künftigen Lohn (שכר נתן, μισθαποδοσία; s. S. 302) zeigt. Erst diese besondere Offenbarung macht sie sterbensfreudig, nicht aber das Bewußtsein, vor Gott gerecht und mit ihm versöhnt zu sein. Vgl. damit Röm. 5, 1 ff. 8, 31—39.

So weist die synagogale Rechtfertigungs- und Versöhnungslehre über sich hinaus. Die Eschatologie muß die Heilsvollendung für das Ganze und für den Einzelnen bringen.

Vierte Abteilung.
Der eschatologische Lehrkreis.
Kap. XXI. Die Vollendung der Einzelnen.

§ 73. Tod und Todeszustand.

Der am Neujahrstage gefaßte und am Versöhnungstage besiegelte Beschluß Gottes, daß ein Mensch sterben soll, führt für die Gottlosen unwiderruflich zum Strafvollzuge, wenn das Maß ihrer Sünden voll ist. Der Tod der Gerechten dagegen, welcher sowol deren eigene Sünde, als auch die der Gemeinde sühnt, erfolgt zu der Zeit, wo es der Rathschluß Gottes zum Besten der Gemeinde erfordert, und wenn der Gerechte selbst vollendet ist, d. i. alle seine Sünde abgebüßt hat und den Lohn seiner Gerechtigkeit ohne Abzug empfangen kann. Die Seelen gehen nach dem Tode aus dem Leibe hinweg, — die Seelen der Gerechten zu Gott, von dem sie ausgegangen sind.

1. Vom Tode der Gottlosen als der Ausführung eines Strafbeschlusses Gottes (S. 315 f.) handelt *Bammidbar rabba* c. 11. 14 u. ö. Vom Tode der Gerechten als einem versöhnenden Abschlusse ihres Lebens war schon S. 328 f. zu handeln. Dazu tritt die schöne Stelle *Kohel. rabba* zu 5, 11: Wer einen Feigenbaum besitzt, weiß, wann es Zeit ist, die Feigen abzunehmen, und dann liest er sie ab; so weiß auch der Heilige, wann die Zeit des Gerechten gekommen ist;

§ 73. Tod und Todeszustand.

dann nimmt er ihn weg (מסלקו). Gott wartet also bis zur Reife des
Gerechten, d. i. bis dessen Buße vollendet und die Vollzahl der guten
Werke erreicht ist, die ihm den Lohn der zukünftigen Welt ein-
bringt. Hier ist der Tod zwar auch bedingt durch die Sünde, aber
nicht einfach Strafvollzug. Deshalb wird er nicht durch den Todesengel, sondern durch den Kuß Gottes (נשיקה) vollzogen (S. 250 f.).
So starben die Erzväter, Mose, Ahron, Mirjam, so sterben auch alle
übrigen Gerechten (נשיא־ כל הצדיקים), *Schir rabba* zu 1, 2. Aus
Tanchuma, Mikkez 10, wo der Tod durch den Kuß Gottes (בנשיקה)
dem durch die Halsbräune (אסכרה Angina, S. 245) gegenübergestellt
wird, ersieht man, daß jener schmerzlos ist; deshalb wird er auch ein
guter Tod genannt.

2. Seinem Wesen nach wird der Tod am kürzesten *Tanchuma*
a. a. O. bezeichnet als Ausgang der Seele aus dem Leibe
(יציאת נפש); er wird daselbst als das härteste bezeichnet, was es
gibt. Wie die beigefügten Gleichnisse zeigen, geht dieser Ausgang
der Seele aus dem Leibe sehr schwer vor sich (S. 248), wenn sie
nicht Gott durch seinen Kuß vom Leib erlöst. *Debarim rabba* c. 11
schildert ihn in sehr anschaulicher Weise an dem Beispiele des Mose.
„In dieser Stunde rief der Heilige die Seele aus dem Leibe und
sprach zu ihr: Meine Tochter, 120 Jahre hast du im Leibe des
Mose wohnen sollen; jetzt ist die Zeit gekommen, ihn zu verlassen.
Gehe aus, säume nicht! Sie aber sprach vor ihm: Herr der Welt,
ich weiß, daß du der Herr aller Geister und Seelen bist; die Seelen
der Lebendigen und der Todten sind in deine Hand gegeben, und
du hast mich geschaffen und gebildet und in den Leib Mose's gegeben auf 120 Jahre. Aber gibt es denn einen Leib in der Welt,
der reiner wäre als der Leib Mose's, an dem niemals ein unreiner
Hauch gesehen ward, noch ein Wurm? Deshalb liebe ich ihn und
will ihn nicht verlassen. Er aber sprach zu ihr: Seele, gehe aus,
säume nicht, und ich will dich hinaufführen in die obersten Himmel
und dich wohnen lassen unter dem Throne meiner Herrlichkeit bei
den Cherubim und Seraphim und himmlischen Schaaren ... Sie aber
sprach: Ich bitte dich inständig, laß mich wohnen im Leibe des
Mose! Da küßte ihn der Heilige und nahm seine Seele durch den
Kuß des Mundes weg, und der Heilige weinte." *Joma* 20[b] sagt,
man höre im Augenblicke des Wegganges die Stimme der Seele von
einem Ende der Erde bis zum anderen. Wohin die Seele geht, besagt *Schabbath* 152[b]: Gib den Geist Gotte in Reinheit wieder, der

ihn dir in Reinheit gegeben hat. Nach *Beresch. rabba* c. 12 und *Jalkut Schim., Beresch.* 19 steigen zwar alle Todten zur Scheol hinab und werden künftig wieder heraufsteigen; auch *Erubin* 54ᵃ wird dies vorausgesetzt. Diesen Aussagen steht aber eine Reihe anderer gegenüber. Z. B. *Tanchuma, Wajjikra* 8: „Wenn die Gerechten aus der Welt gehen, so steigen sie sofort empor und stehen in der Höhe Ps. 31, 20. Die Seelen der Gottlosen aber irren umher in der ganzen Welt und werden keine Stätte für ihren Fuß finden. Ihre Seele geht nicht ein zu dem Orte, der ihr bestimmt ist, von da an, bis zwölf Monate vergangen sind, nämlich bis der Leib verwest ist. Was thut sie? Sie geht und kommt wieder, immer um das Grab herum, und es ist ihr hart den Leib zu sehen, der begraben ist und den die Würmer bedecken". A. a. O. heißt es früher: Welches ist der Geist, der zu Gott zurückkehrt, der ihn gegeben hat? Das sind die Geister der Gerechten, der Frommen und der Bekehrten (בעלי תשובה, S. 289), welche vor ihm stehen in großer Höhe. Dagegen finden die Gottlosen ihre Stätte nach *Kethuboth* 104ᵃ bei den Unbeschnittenen d. h. in der Hölle. Nach *Kohel. rabba* zu 3, 21 ist überliefert: Eins gilt von den Seelen der Gerechten und den Seelen der Gottlosen: sie steigen alle auf zur Höhe. Aber die Seelen der Gerechten kommen in den Ozar (S. 163. 205. 228), während die Seelen der Gottlosen zur Erde geschleudert werden. Auch *Schabbath* 152ᵇ heißt es: Die Seelen der Gerechten sind aufbewahrt unter dem Throne der Herrlichkeit, die der Gottlosen baumeln hin und her (וזמות ותהלכות, nach 1 Sam. 25, 29); ein Engel steht an einem Ende der Erde, der andere am anderen; der eine jagt die Seele hin, der andere jagt sie her. Und zwar sind nebst den Gottlosen auch die Unentschiedenen dem Engel übergeben, der über die Geister gesetzt ist; doch haben diese Ruhe. Selbst von der Seele der Gerechten heißt es ebendaselbst, daß sie noch zwölf Monate lang auf und niedersteige, bis sie für immer bei Gott ruhe. Deshalb konnte die Todtenbeschwörerin von Endor Samuels Geist herbeirufen (1 Sam. 28), weil er bei seinem Grabe weilte. Nach *Beresch. rabba* c. 100 hält sich die Seele hier nur noch drei Tage lang auf, indem sie meint, sie kehre wieder zum Leibe zurück. — Die Sache stellt sich also folgendermaßen. Die Seelen der Gerechten gehen hinauf zu Gott, dorthin, woher sie ausgegangen sind, obwol auch sie noch eine Zeitlang von Sehnsucht nach dem Leib gezogen öfters zum Grabe zurückkehren. Die der Gottlosen irren unstät, bis sie endlich ihren

§ 73. Tod und Todeszustand.

Aufenthalt in der Scheol finden. Die der Unentschiedenen gehen alsbald in die Scheol ein. Wenn es daher an den oben angeführten Stellen heißt, daß alle Todten in die Scheol gehen, so muß das so verstanden werden, daß Jeder sich so anzusehen habe, als ob er im Tode den Weg zur Scheol gehen müsse (S. 283 f.). Dem entsprechend sind im Tode zweierlei Engel bereit, die Seelen zu geleiten. *Sifre* 149[b] sagt: Wenn Gott die Seele der Gerechten wegnimmt, so nimmt er sie in Ruhe (בנחת רוח) weg; aber wenn Gott die Seele der Gottlosen wegnimmt, so übergibt er sie den bösen Engeln (מלאכים רעים), den grimmigen Engeln Spr. 17, 11, damit sie die Seele herausreißen (ישמט). Nach *Kethuboth* 104[a] und *Bammidbar rabba* c. 11 g. E. gehen drei Schaaren Engel vom Throne Gottes aus, wenn ein Gerechter stirbt, und grüßen ihn mit dem Gruße des Friedens, eine jede Schaar mit einem anderen Worte des Grußes; stirbt aber ein Gottloser, so gehen drei Schaaren Engel aus und verkünden ihm, daß es für ihn keinen Frieden gibt, und daß er hingehen muß an den Ort der Unbeschnittenen (§ 74, 2).

Eine religiöse Anschauungsweise, die so wenig objectiven Halt für die Heilsgewißheit bietet wie die jüdische (§ 72), wird selbstverständlich auf äußere Anzeichen großen Werth legen, um aus ihnen Schlüsse auf das Schicksal des Verstorbenen zu ziehen. Als gutes Vorzeichen wird es betrachtet (S. 324), wenn Jemand unter heiteren Gesprächen (מתוך שחוק) der Umgebung abscheidet; wenn sein Angesicht im Sterben nach oben oder gegen die Umgebung gerichtet ist; wenn das Gesicht geröthet ist; wenn er am Beginne des Sabbats oder am Ausgange des Versöhnungstages stirbt; endlich wenn er an Unterleibskrankheit (חלי מעים) stirbt, weil die meisten Chachamim (§ 28 f.) an dieser leiden. Als böses Zeichen betrachtet man es, wenn Jemand unter dem Weinen der Seinigen scheidet, wenn sein Angesicht im Sterben nach unten oder gegen die Wand gekehrt ist, wenn es nach dem Tode gelblich blaß aussieht, wenn man am Ende des Sabbats oder am Anfange des Versöhnungstages stirbt *Kethuboth* 103[b].

3. Ueber den Zustand des Leibes nach dem Tode und sein Verhältnis zu der Seele lehrt *Schabbath* 152[b], daß der Leichnam den Wurm empfinde, der an ihm nagt, ja daß ihm ein Bewußtsein eigne, welches nach der Meinung Einiger so lange währt, bis die Bahrdecke den Sarg bedeckt, nach Anderen aber so lange, bis der Leib verwest ist. Dabei besteht ein Unterschied: die Leiber der Gerechten

und der Mittelmäßigen ruhen im Frieden; die Leiber der Gottlosen haben keinen Frieden, a. a. O. und *Kethuboth* 104ᵃ. Die Leiber der Gottlosen zerfallen bald, die der Gerechten aber erst eine Stunde vor der Auferstehung. — Eine andere Eigentümlichkeit des Todeszustandes ist ein schattenhaftes Dasein der Seele, die noch immer in eigentümlich enger, an Verwechslung streifender Verbindung mit dem Leibe gedacht wird. *Berachoth* 18ᵇ wird die Frage erörtert, ob die Todten mit einander reden (מי שמתים מספרים זה עם זה), und erzählt, wie Mädchen sich in der Neujahrsnacht im Grabe mit einander unterhielten, wie Seêri seine auf dem Begräbnisplatze erschienene Wirthin nach seinem Gelde fragte u. s. w. *Schabbath* 152ᵇ berichtet ein Zwiegespräch zwischen Achai bar Josia, der todt im Grabe lag, und Bar Nachman. *Jalkut Schim. Beresch.* 15 sagt, daß Adam und die Patriarchen in ihren Grabhöhlen eine schattenhafte Existenz führen. Hieran reihen sich die Erzählungen von Todtenerscheinungen, z. B. *Moëd katon* 28ᵃ. *Kohel. rabba* 79ᵃ. „R. Seêra begehrte den R. Jose b. Rabbi Chanina zu sehen, und er erschien ihm." Beide unterhielten sich dann über abgeschiedene große Rabbinen. Als R. Jehuda starb, versprach er, jeden Freitag Abend den Seinen zu erscheinen, und ordnete an, daß man die Sabbatlampe anzünde, das Mahl bereite und das Lager zurecht mache *Kethuboth* 103ᵃ. So ergibt sich, daß der Zusammenhang der Seele mit dem Leibe, also diese irdische Existenzweise, in dem Bewußtsein des Judentums höher geschätzt und darum fester gehalten wird, als die Hoffnung auf eine Vereinigung der Seele mit Gott. Selbst die Seelen der Gerechten scheiden nur allmählich ganz vom Leibe; die Seelen der Anderen suchen ihn immer wieder. Es spiegelt sich darin die Ungewißheit des Heils nach dem Tode ab: an der Erde hält fest, wer des Himmels nicht gewiß ist. Der Eingang in den Himmel ist nur Wenigen gewiß; die Mehrzahl ist mit dem Tode noch nicht reif für den Himmel, und doch soll sie nicht schlechthin von ihm ausgeschlossen sein. Damit sind wir auf einen Zwischenzustand hingewiesen, einen Abschnitt zwischen Tod und ewigem Leben, der der letzten Vollendung dient.

§ 74. Der Aufenthalt der Seelen im Gehinnom.

Das gemein religiöse Bewußtsein verweist die Seelen, wenn sie abscheiden, in die Scheol als ihren nunmehrigen Aufenthaltsort. Nur diejenigen, welche bei ihrem Abscheiden vollendete Gerechte sind, steigen auf zu Gott und empfangen ihr Teil im Himmel. In der talmudisch-midrasischen Theologie ist aber die Scheol von dem Gehinnom nicht zu unterscheiden: mit beiden Ausdrücken wird der Ort eines die Seelen der Gottlosen verzehrenden, die Seelen der noch nicht Vollendeten aus Israel dagegen reinigenden Feuers bezeichnet.

1. Unter sieben Namen des Gehinnom nennt *Erubin* 19^a als ersten Scheol. Die mittelalterliche kabbalistische Theologie, welcher Eisenmenger folgt, teilt die Scheol in zwei Teile, das Gehinnom und das untere Paradies, welches letztere vom himmlischen unterschieden wird. (Vgl. S. 162 f.) Auch Luc. 16, 22 ff. glaubt man eine solche Unterscheidung aus alter Zeit annehmen zu dürfen. Aber mit Unrecht. Denn hier sind Hades und Paradies durch eine unübersteigliche Kluft wie zwischen Himmel und Erde getrennt, in der Kabbala dagegen Gehinnom und unteres Paradies nur durch eine Wand, und die Hölle erscheint wie ein das Paradies umgebender Vorhof, den auch die Gerechten durchschreiten müssen, um in das Paradies zu gelangen. Davon weiß die ältere Anschauung nichts. Die ältere Auffassung kennt nur ein Gehinnom für die Gottlosen und ein Gan Eden für die Gerechten (vgl. S. 163), keinen Zwischenort zwischen beiden; *Chagiga* 15^a: „Er hat Gerechte geschaffen, er hat Gottlose geschaffen; er hat Gan Eden geschaffen, er hat Gehinnom geschaffen; Jeder hat zwei Teile, einen im Gan Eden, einen im Gehinnom. Ist der Gerechte (im Tode) würdig befunden worden (זכה § 59), so empfängt er seinen Teil und den des Anderen (des Gottlosen) im Gan Eden; ist der Gottlose (beim Abscheiden) schuldig befunden worden (נתחייב), so nimmt er seinen und des (gerechten) Genossen Teil im Gehinnom.

2. Das Gehinnom hat seinen Namen nach Kimchi (zu Ps. 27, 13) von dem Thale Hinnom bei Jerusalem, wohin man alles Unreine, besonders alle Gebeine zu bringen pflegte, wo man auch ein beständiges Feuer unterhielt, um das Unreine zu verbrennen. Das

Gehinnom ist also der Ort für die Unreinen, wie Gan Eden der Ort für die Reinen, und die Bestimmung, mit welcher die Seelen hinabsteigen, ist die, von diesem Feuer entweder gereinigt oder verzehrt zu werden; die erstere Bestimmung gilt für die Glieder des Hauses Israel, die letztere für die Heiden (§ 88). Die Hauptstelle über die vom Hause Israel ist *Rosch haschschana* 16[b]. 17[a]. In *Erubin* 19[a] sprach Resch Lakisch, über die Abtrünnigen Israels, und in *Chagiga* 27[a] R. Elieser, über die Gesetzesgelehrten habe das Feuer des Gehinnom keine Gewalt (אין שולט). Der *Jalkut Chadasch*, der die erstere Stelle 55[c] erläutert, setzt zu אין שולט hinzu: לכלותם sie zu vernichten. Die Voraussetzung für den Gedanken, daß das Gehinnom für Israel ein Reinigungsfeuer sei, bildet die Anschauung, daß alle mit der Beschneidung als dem Zeichen des Bundes Versehenen nicht ewig von Gott geschieden bleiben, sondern schließlich der Gemeinde Gottes wieder hinzugefügt werden sollen. *Jalkut Schim., Beresch.* 106 stellt den Satz auf, daß die Beschneidung Israel künftig aus dem Gehinnom erlösen werde. Im Abschnitt 19 heißt es sogar, daß Alle im Tode in die Scheol hinabsteigen, einst aber in den Himmel, und 31, Alles werde am Ende wiederhergestellt (S. 326), außer der alten Schlange (S. 252) und den Gibeoniten. *Tanchuma Lech Lecha* 20 sagt: Kein Beschnittener soll (für immer) in das Gehinnom steigen; wer Gott verleugnet hat (und somit ewiger Höllenstrafe teilhaft werden soll, S. 344), dem zieht Gott erst die מילה hinauf (ἐπισπᾶ); dann erst stößt er ihn ins Gehinnom. Vgl. oben S. 52. 266. Selbst alle die werden schließlich am Heile Teil haben, welche nach der heiligen Schrift dem gerechten Strafgerichte Gottes verfallen sind. Nach Rabbi Elieser in *Sanhedrin* X, 3 wird das Geschlecht der Wüste künftig Teil haben am Erbe Israels; nach *Bammidbar rabba* c. 18 steigt die Rotte Korah zuletzt aus der Scheol herauf; nach c. 23 (vgl. *Tanchuma, Wajjescheb* 2) hat Achan Teil an der zukünftigen Welt, wie auch schon auf Erden am Ende der Tage Jakob nach Seïr kommen d. h. (?) mit Esau wieder vereinigt werden wird, *Tanchuma Theruma* 9 nach 1 Mos. 33, 14, vgl. Obadja 21.

3. In der Hölle erleiden diejenigen, welche hier noch nicht als gerecht befunden worden sind, die Pein des Feuers, und diese Pein ist ihre Buße (§ 69). *Erubin* 19[a] wird gefragt, ob die Uebelthäter (פושעים) an den Pforten des Gehinnom Buße thun; die Frage wird bejaht: als Büßer gehen sie in das Gehinnom ein. Da, wo von Manasse (*Debarim rabba* c. 2, vgl. S. 326) gesagt wird, daß auch

§ 74. Der Aufenthalt der Seelen im Gehinnom.

er am Ende erhört wurde (2 Chron. 33, 18 f.), heißt es, Allen stehe
der Weg der Buße offen (vgl. wegen Manasse *Sanhedrin* X, 2 mit
103ª gegen *Bammidbar rabba* c. 13). Die Gottlosen müssen in
der Hölle bezahlen, was das Recht erfordert. *Beresch. rabba* c. 11
heißt es von denen, die in der Hölle sind, daß sie alle Tage der
Woche hindurch das Gericht erleiden (נידונין); aber am Sabbat ruhen
sie (ניחין). Der Frevler weiß, wofür er im Gehinnom leidet; denn
(*Sifre* 133ª) im Tode sind ihm seine (im Leben nicht gesühnten)
Sünden einzeln namhaft gemacht worden (נפרטים), und er hat sie,
ehe er hinfuhr, anerkennen müssen (§ 61, 3). Diese Buße dauert
nach *Edijoth* II, 10, *Pesikta* 97ᵇ und *Echa rabba* zu 1, 12 im Allgemeinen zwölf Monate lang: sechs Monate in der Gluth und sechs
Monate in der Kälte. Die zwölfmonatliche Dauer scheint aus der
Analogie des Gehinnom mit der Sintfluth, welche zwölf Monate
währte, entstanden zu sein. *Beresch. rabba* c. 28 sagt, das Geschlecht
der Fluth habe durch sie sein Gericht (דין) empfangen: der Regen
habe zugleich etwas vom Feuer an sich gehabt; deshalb habe das
Geschlecht der Fluth auch Teil an der zukünftigen Welt. Nach
Edijoth II, 10 ist die zwölfmonatliche Dauer für Gerichtszeiten überhaupt typisch; auch das Gericht über Hiob, Aegypten, Gog und
Magog dauert zwölf Monate. Die Strafe kann jedoch auch kürzere
oder längere Zeit in Anspruch nehmen. Woher aber nimmt der
Frevler, wenn er im Gehinnom ist, die Würdigkeit für das Gan
Eden? Zunächst von der Beschneidung, vgl. *Jalk. Schim., Jesaja*
269 (?). Nach *Erubin* 19ª steigt Abraham hinab und holt die Büßer
herauf (מסיק) und nimmt sie auf (מקבל). *Jalkut chadasch* 35 führt
diese Ueberlieferung weiter so aus: „Danach, wenn die Gottlosen
gebüßt haben, fährt Abraham in das Gehinnom hinab, er, welcher
alle Gebote gehalten hat und, um den Namen Gottes zu heiligen,
sich in das Feuer der Chaldäer (איר כשדים) hat werfen lassen, und
holt sie durch sein Verdienst heraus (ובזכותו מצלה אותם משם), um das
zu vollziehen, was ihm zwischen den Stücken (1 Mos. 15) verheißen
worden ist; denn der Heilige hat ihm das Exil und die Hölle gezeigt, und er hat das Exil erwählt, damit seine Kinder aus der Hölle
erlöst würden". Wir erinnern aber auch an Aussprüche wie *Erubin*
19ª, *Sanhedrin* 39ª u. ö., daß selbst die Geringsten in Israel (ריקנין
שבך) voll seien von Gebotserfüllungen (מצוות § 60, 1) wie ein Granat-
apfel von Kernen, daß auch die Abtrünnigen (בוגדים) in Israel noch
einen Wolgeruch (ריח) haben, d. i. daß auch sie Gott wolgefallen,

wenn er der מצוה gedenke, die auch sie verrichten. Und so ist es begründet, wenn in *Jalkut Schimeoni* zu Mal. 3, 21 (4, 3) überliefert ist: Die Gottlosen werden erst in der Hölle zwölf Monate lang gestraft. Danach kommen die Gerechten und sagen: Herr der Welt, das sind die, welche früh und spät in die Synagoge gegangen sind und das „Höre Israel" gelesen, die Gebote verrichtet, auch die übrigen Gebote gethan haben. Hierauf spricht der Heilige: Wenn dem so ist, so gehet hin und heilet sie! Sofort gehen die Gerechten hin, treten auf die Asche der Gottlosen und bitten für sie um Erbarmen, und der Heilige macht, daß sie aus ihrer Asche, welche unter den Fußsohlen der Gerechten ist, auf ihre Füße treten, und führt sie zum ewigen Leben, nach Mal. a. a. O. Dies Alles ist verständlich, wenn man im Auge behält, was in § 62 nachzuweisen war, daß die „Gottlosen" im Gegensatze zu den „Gerechten" diejenigen sind, bei welchen das Maß der Gesetzeserfüllung zunächst nur hinter den Uebertretungen zurückbleibt, die עבירות die מצות weit überwiegen, die erfüllten מצוה überall zu den leichten gehören (*Sifre* 133ª), während ihre עבירות schwer sind, und die guten Werke ganz fehlen. Hier ist zwar keine בית (§ 59) zum Himmelreiche, es sei denn, daß erst die Uebertretungen gebüßt sind und die מצוה dann sich geltend machen können, und daß diese durch das Verdienst Abrahams ergänzt werden; aber der Unterschied ist doch nur ein solcher des Grades.

Alle (Israeliten), sagt *Baba mezia* 58ᵇ, welche in das Gehinnom hinabsteigen, steigen herauf (in das Gan Eden), — mit Ausnahme von dreien, welche nicht heraufsteigen, nämlich mit Ausnahme des Ehebrechers, dessen, der den Nächsten beschämt, und dessen, der dem Nächsten einen schimpflichen Namen beilegt.

§ 75. Das Loos der Seligen im Gan Eden.

Das Paradies mit seiner Herrlichkeit ist für die Gerechten bestimmt, um ihnen daselbst den Lohn ihrer Werke zu geben.

1. Das Paradies (vgl. S. 341) ist nach *Pesachim* 54ª und *Nedarim* 39ᵇ vor der Welt erschaffen (S. 198), das heißt, es bildet einen Bestandteil des ewigen Heilsrathschlusses Gottes; denn hier kommt, wenigstens zunächst für die Einzelnen, die Heilsmitteilung zu ihrem Abschlusse. In der spätern jüdischen Theologie hat es sieben Namen. Es heißt nach 1 Sam. 25, 29 צרור החיים,

§ 75. Das Loos der Seligen im Gan Eden. 345

weil hier diejenigen vereinigt werden, welche des ewigen Lebens
teilhaftig geworden sind, nach Ps. 15, 1. 2 das Zelt Jahve's und
der heilige Berg, nach Ps. 24, 3. 4 der Berg Jahve's und der heilige
Ort, nach Ps. 84, 11 Vorhöfe und Haus des Herrn. Die Mehrzahl
dieser Namen weist darauf hin, daß das Paradies die Stätte ist, wo
Gott sich den Gerechten zur Gemeinschaft dargibt, und die Gerechten
seiner Anbetung sich weihen. Auch der Midrasch zu den Psalmen
(11, 7) sagt von den Bewohnern des Paradieses, daß sie das Angesicht Gottes sehen (vgl. S. 164 f.). Diese Gemeinschaft ist eine
so innige und unmittelbare, daß die Gerechten Gott näher als die
Engel sind (S. 163), und daß *Sifra* zu 3 Mos. 26, 12 gesagt wird:
Künftig wird der Heilige, gebenedeit sei Er, mit den Gerechten im
Paradiese lustwandeln. Die Gerechten sehen ihn und erbeben vor
ihm, er aber sagt zu ihnen: Siehe ich bin wie euer Einer (כאחד
מכם). In *Taanith* 31ª und im Midrasch zu Pred. 1, 11 ist ferner
die Rede von dem Reigen der Gerechten im Paradiese; daran nimmt
Gott Anteil. *Wajjikra rabba* c. 11 sagt, einst werde der Heilige,
g. s. E., das Haupt bei dem Reigen der Gerechten sein (Ps. 48, 15),
und der Ausleger bemerkt dazu: Er wird gehen und tanzen an ihrer
Spitze und sie führen. Die Späteren, welche dies weiter ausmalen,
verlegen diesen Reigen ausdrücklich in das Paradies. Dagegen bethätigen die Gerechten ihre Gemeinschaft mit Gott durch stetes Lob
Gottes, mit allen Engeln wie mit den Bewohnern des Gehinnom
wetteifernd *Schemoth rabba* c. 7.

2. Betrachten wir nun die Herrlichkeit des Paradieses, wie
sie *Jalkut Schim., Beresch.* 20 beschrieben wird. „Zwei Pforten
von Rubinen führen in das Paradies. An denselben stehen sechzig
Myriaden heiliger Engel, und eines jeglichen Angesicht glänzt wie
der Glanz des Himmels. Wenn nun ein Gerechter kommt, so ziehen
sie ihm die Todtenkleider aus und ziehen ihm acht Kleider an von
den Wolken der Herrlichkeit und setzen ihm zwei Kronen auf sein
Haupt, deren eine von Perlen und Edelgestein, deren andere aus
Gold von Parvaim (2 Chron. 3, 6) ist; auch geben sie ihm acht
Myrthen in seine Hand, preisen ihn und sagen zu ihm: Gehe hin,
iß dein Brod mit Freuden! Sie führen ihn an einen Ort, wo Wasser-
bäche fließen, umgeben von achthundert Arten von Rosen und
Myrthen; und Jeder hat ein Zelt für sich, je nach dem Grade seiner
Herrlichkeit (Jes. 4, 5). Und es fließen daraus vier Flüsse hervor, einer
voll Milch, einer voll Wein, einer voll Balsam und einer voll Honig.

Ueber jedem Zelte ist ein goldener Weinstock, und daran sind dreißig Perlen, deren jede wie der Morgenstern glänzt. Unter jedem Zelte aber steht ein Tisch von Edelgestein und Perlen, und sechzig Engel stehen über dem Haupte jedes Gerechten und sprechen zu ihm: Gehe hin und iß Honig mit Freuden; denn du hast das Gesetz studirt, welches süßer denn Honig und Honigseim ist (Ps. 19, 11); trinke den Wein, der in seinen Trauben seit der Schöpfung aufgehoben ist, denn du hast in dem Gesetze studirt, das dem Weine gleicht (Hohesl. 8, 2). Und der Häßlichste unter ihnen ist (so schön) wie Joseph und Rabbi Jochanan (vgl. *Baba mezia* 84ª) an Gestalt. Stücke von silbernen Granatäpfeln sind gegen die Sonne ringsherum gehängt, und es ist keine Nacht bei ihnen (Spr. 4, 18). Und es wird Jeder in den drei Nachtwachen erneuert. In der ersten wird er klein und geht an den Ort, wo die kleinen Kinder sind und freut sich wie die kleinen Kinder sich freuen. In der zweiten wird er ein Jüngling und geht an den Ort der Jünglinge und freut sich wie die Jünglinge sich freuen. In der dritten wird er alt und geht an den Ort der Alten und freut sich wie die Alten. Und es sind in dem Paradiese 800,000 Arten von Bäumen in allen seinen Ecken, und der geringste unter ihnen ist mehr zu preisen als alle Gewürzbäume. In jeder Ecke sind sechzig Myriaden heiliger Engel, die mit lieblicher Stimme singen. Und in der Mitte ist der Baum des Lebens, dessen Aeste das ganze Paradies bedecken. Er hat 500,000 Arten von Geschmack, von denen keiner dem andern gleicht; auch ist der Geruch bei jedem anders als bei dem andern. Sieben Wolken der Herrlichkeit breiten sich über dem Baume aus, und man schlägt von vier Seiten her an seine Aeste, damit sein Geruch von dem einen Ende der Welt bis zum andern wehe." — Man sieht aus dieser Beschreibung, daß die Paradiesesfreuden nicht als bloß geistige aufgefaßt werden. So kann es nicht befremden, daß *Aboda sara* 65ª in einem Gespräche mit einem wollüstigen Heiden Rabba die Freuden des Paradieses in Vergleich bringt mit der Sinneslust des Heiden, die nach seiner Hoffnung von den Paradiesesfreuden übertroffen werden wird.

3. Innerhalb dieser Paradiesesherrlichkeit nun gibt es nach dem Grade der Würdigkeit Abstufungen, vgl. *Baba bathra* 75ª. Auch nach *Jalkut* (s. S. 345 f.) und *Schabb.* 152ª wird jedem Gerechten eine Wohnung nach dem Grade seiner Herrlichkeit gemacht. Nach dem Midrasch zu Ps. 11, 7 gibt es im Paradiese sieben Ordnungen der Gerechten. Die vornehmsten derselben sind diejenigen, welche

§ 75. Das Loos der Seligen im Gan Eden.

das Angesicht der Schechina sehen. Dies ist der Haufe der Frommen, von denen gesagt ist: Die Frommen werden sein Angesicht schauen. Ps. 140, 14 (die Frommen werden vor deinem Angesicht bleiben) deutet auf die sieben Ordnungen der Gerechten. Denn Dan. 12, 3 stehet geschrieben: „Die Weisen (משכילים) werden leuchten wie der Glanz des Firmaments". Sie leuchten also wie Sonne und Mond, wie das Firmament, wie die Sterne und Blitze, Lilien und Fackeln. Die erste Ordnung sitzt vor dem Könige (Jahve) und siehet des Königs Angesicht nach Ps. 140, 14. 11, 7. Von dem zweiten Haufen heißt es Ps. 84, 5: Wol denen, die in deinem Hause wohnen! Vom dritten Haufen sagt Ps. 24, 3: Wer wird auf den Berg des Herrn gehen? Vom vierten Haufen lesen wir Ps. 65, 5: Wol dem, den du erwählest und zu dir lässest; Ps. 15, 1 vom fünften: Herr, wer wird wohnen in deiner Hütte? und vom sechsten: Wer wird bleiben auf deinem heiligen Berge? Vom siebenten sagt Ps. 24, 3: Wer wird stehen an seinem heiligen Orte? Jede dieser Ordnungen hat ihre besonderen Wohnungen im Paradiese. Vgl. *Wajjikra rabba* c. 30.

Den äußeren Umfang des Paradieses sucht *Tuanith* 10ᵃ im Verhältnisse zur Welt und zur Hölle zu bestimmen. „Unsere Rabbinen haben überliefert: Aegypten ist 400 Parasangen lang und breit, und es ist nur so groß wie der 60. Teil von Kusch, und Kusch ist der 60. Teil der Welt, und die Welt ist der 60. Teil des Gartens, und der Garten der 60. Teil Edens, und Eden der 60. Teil der Hölle. Man findet also, daß die ganze Welt hinsichtlich der Größe im Verhältnis zu der Hölle nur wie der Deckel eines Gefäßes ist. Einige sagen, es gebe gar kein Maß für die Hölle, andere meinen, es gebe kein Maß für das Paradies." Man kommt also bei solchen Bestimmungen auf die Unermeßlichkeit hinaus. Was aber das innere Verhältnis zwischen Paradies und Hölle anlangt, so sagt *Schemoth rabba* c. 7, daß die Thränen der Gerechten die Pein der Hölle kühlen, und daß die Einwohner der Hölle mit denen des Paradieses das Geschäft gemein haben, Gott zu loben. Beide Welten sind also trotz des Gegensatzes gegen einander doch vorläufig noch in einer gewissen Beziehung zu einander, bis zuletzt die schlechthinige Scheidung erfolgt.

Kap. XXII. Die Erlösung Israels durch den Messias.

§ 76. Die Erwartung des Messias.

Zu dem, was Gott vor der Welt geschaffen hat (S. 198), gehört der Name des Messias. Er ist ein wesentlicher Bestandteil des göttlichen Heilsrathschlusses. Denn es ist die Bestimmung des Messias, am Ende der Weltgeschichte, wenn alle präexistenten Seelen in menschliches Dasein eingetreten sein werden, gleichfalls hervorzutreten und die Geschichte zum Abschlusse, Israel zu der von Gott gewollten Vollendung zu bringen. Seine Ankunft ist der Gegenstand des Glaubens und Hoffens und unablässigen Betens Israels.

1. In dem Gebete der achtzehn Segnungen (s. S. 41; Wortlaut s. Schürer II, 384 f.) wird das Erscheinen des Goël als gewiss versichert. Der Goël ist aber der Messias (z. B. *Beresch. rabba* c. 85 גיאל אחרין). Zunz setzt den Ursprung der drei ersten und der drei letzten Berachoth in die Zeit des zweiten Tempels (Gottesdienstliche Vorträge 367). Es ist somit die Hoffnung auf den Messias und das Gebet um denselben ein wesentlicher Bestandteil altjüdischer Religion und Theologie.

Die Vorbedingung für die Erscheinung des Messias sind Buße und gute Werke (vgl. Schürer II, 447). *Sanhedrin* 97[b] sagt: Alle Termine (an denen der Messias hat kommen sollen) sind abgelaufen (ohne daß er kam); nun hängt die Sache (seine Ankunft) nur noch an der Buße und den guten Werken Israels. R. Elieser spricht: Thut Israel Buße, so werden sie erlöst; wenn nicht, so werden sie nicht erlöst. R. Josua sagt zu ihm: Wenn sie nicht Buße thun, werden sie nicht erlöst; allein der Heilige setzt ihnen einen König, dessen Maßregeln härter sind als die Hamans: dann thut Israel Buße, und er bringt sie zur Besserung. *Pesikta* 163[b]: Wenn ganz Israel zusammen einen Tag lang gemeinsam Buße thäte, so würde die Erlösung durch den Messias erfolgen. *Beresch. rabba* c. 2: Der Geist des Messias wird wehen am Ende des römischen Reiches; er wird kommen durch Verdienst (§ 59) der Buße (בזכות תשובה), d. h. wenn Israel durch Buße sich des Messias würdig gemacht hat. Die ungerechten Richter, die stolzen Geister, das tyrannische Regiment muß weg sein, ehe die Erlösung kommt *Sanhedrin* 98[a]; das richter-

§ 76. Die Erwartung des Messias.

liche Verhalten Gottes (מדת הדין, S. 259 f.) erlaubt sonst das Kommen des Messias nicht 97[b]. Israel muß erst vollständig zur Erkenntnis seiner Sünde kommen und diese auch vollkommen durch Leiden abbüßen, nach *Pesikta* 48[a] durch das Exil unter allen siebzig Völkern der Welt. — Zur Buße aber kommt der Eifer in der Gesetzeserfüllung. *Wajjikra rabba* c. 3 sagt, Israel werde nicht erlöst, außer bis es sich durch die Erfüllung des Sabbatgebots der Erlösung würdig gemacht hat (בזכות שבת); *Schabbath* 118[b], wenn Israel nur zwei Sabbate hielte, wie es sich gebührt, so würden sie sofort erlöst; ja *Schemoth rabba* c. 25, wenn Israel den Sabbat auch nur einmal vollständig heiligte. Ist hier auf den Sabbat besonderes Gewicht gelegt, so ist das Kommen des Messias nach c. 63 durch das Verdienst Israels im Allgemeinen bedingt. Es hängt (*Sanhedrin* 98[a]) von Israels זכות ab, ob der Messias eher oder später, herrlich oder in Niedrigkeit komme. Die Sabbatserfüllung wird hervorgehoben als die schwerste Leistung, wenn sie vollständig sein soll. Wo sie vorhanden ist, da wird sicher auch das ganze andere Gesetz gehalten. Wird es dahin kommen? Es lautet wie eine Verzweiflung daran und wie eine Kritik des eigenen Princips, welches die Erlösung von der vollkommenen Würdigkeit abhängig macht, wenn *Sanhedrin* a. a. O. erklärt, das Geschlecht müsse entweder ganz זכאי oder ganz חייב sein, wenn der Messias kommen solle. In *Sanhedrin* 97[a] (vgl. auch S. 351) scheint Letzteres angenommen zu sein.

2. Was die Zeit der Erscheinung des Messias anlangt, so nimmt man an, daß die Weltzeit, den Tagen der Woche entsprechend, sechs Jahrtausende umschließt, denen der ewige Sabbat folgt. Vgl. Schürer II, 446 f. Sie werden *Aboda sara* 9[a] und *Sanhedrin* 97[a] so eingeteilt, daß die ersten zwei die Zeit ohne Gesetz (תהו), das dritte und vierte die unter dem Gesetze (תורה), gezählt von der Zeit an, wo Abraham in Haran die Thora lehrte, und das dritte Paar die Tage des Messias (ימות המשיח) umfassen. Nach *Sanhedrin* 97[a] ist das siebente Jahrtausend dem Erlaßjahre (שביעית) zu vergleichen. Daß von den Tagen des Messias schon viele abgelaufen sind, ohne daß der Messias erschien, ist Folge der Sünde Israels, *Joma* 9[b]: Warum kommt der Messias nicht? Weil selbst in der Nacht des Versöhnungstages so viele Jungfrauen in Nehardea geschwächt werden. Genauer rechnet man den Beginn der Tage des Messias vom Jahre 172 nach der Zerstörung des Tempels an, da diese im Jahre 3828 nach Erschaffung der Welt

erfolgte. Von da an suchte man die Zeit der Ankunft des Messias zu bestimmen. In *Aboda sara* 9ᵇ sagt R. Chananja: Wenn Jemand dir vierhundert Jahre nach der Zerstörung des Tempels sagen würde: Kaufe dieses Feld für einen Denar, obschon es tausend Denare werth ist, — so kaufe es nicht; denn in dieser Zeit wird der Messias kommen, und wir werden erlöst werden; warum sollst du einen Denar verlieren? Eine andere Stelle gibt denselben Rath für das Jahr 4231 nach Erschaffung der Welt; zwischen beiden Annahmen aber, wird a. a. O. angemerkt, ist ein Unterschied von drei Jahren. Nach *Sanhedrin* 97ᵇ währt die Welt 85 Jobelperioden = 4250 Jahre; in der letzten derselben soll der Messias kommen. Einer fand eine Rolle, worauf stand, 4291 Jahre nach der Erschaffung der Welt beginne die Zeit des Messias (a. a. O.). Daselbst werden noch andere Versuche zur Berechnung gemacht; sie mißlingen aber, und die Erörterung geht in die Mahnung aus, weiter zu hoffen und zu harren. Dazu wird gesagt, Gott halte das Kommen des Messias auf, um Israel für sein längeres Hoffen und Harren um so größeren Lohn zu geben. Der Verzicht auf alle nähere Bestimmung spricht sich *Beresch. rabba* c. 24, *Wajjikra rabba* c. 15, *Jebamoth* 62ᵃ und *Aboda sara* 5ᵃ in dem Satze aus, Messias komme nicht eher, als bis alle Seelen, die im גוף הנשמית (S. 212) weilen und im ספר תולדות des Adam (nach *Schemoth rabba* c. 39, vgl. S. 262 f. *Aboda sara* 5ᵃ, einem Verzeichnisse aller Geschlechter vom Anfang bis zur Auferstehung der Todten) enthalten seien, durch Verbindung mit menschlichen Leibern in menschliches Dasein getreten sind. Damit wird nicht mehr und nicht weniger ausgesagt als der Grundsatz, daß die Ankunft des Messias den Schluß der Weltgeschichte einleitet; vgl. Hiob 14, 5. Das Targum zu Pred. 7, 25 sagt daher: Es ist ein Geheimnis (רז), an welchem Tage der König Messias kommen wird, vgl. 4 Esr. 6, 7—10. 13, 51. 52. Nur daß er an einem Sabbat komme, schließt *Erubin* 43ᵃ aus, weil auch im Himmel, wo der Messias präexistirt, die Techûmim (Sabbatgrenzen) beobachtet werden.

3. Dagegen wird es Anzeichen seiner Ankunft geben, innerhalb der Völkerwelt und innerhalb der Gemeinde Israels. Die dem Messias vorangehende Zeit wird eine Zeit der Auflösung für die Völkerwelt sein, die Zeit der „Wehen des Messias" (חֶבְלֵי הַמָּשִׁיחַ) *Schabbath* 118ᵃ, vgl. Matth. 24, 8. Marc. 13, 8. Schürer II, 440 f. Unter Wehen wird der Messias geboren. Ein Reich ist

§ 76. Die Erwartung des Messias.

wider das andere (vgl. Matth. 24, 6 f.); so zerrütten sie einander *Beresch. rabba* c. 42. *Jalkut Schim., Beresch.* 72. Dazu kommen Plagen für die Menschheit, unter denen auch Israel leidet: Schwert, Hunger, Seuchen, Wirrsal aller Art, 4 Esr. 15, 5. 16, 24 f. 33 ff. *Sota* IX, 15. *Pesikta rabba* c. 1. 15; zuletzt Erdbeben und andere schreckliche Naturerscheinungen 4 (5) Esr. 16, 12. 15, 34 ff., vgl. Matth. 24, 29. In der letzten Jahrwoche der Welt, ehe Davids Sohn kommt, hat jedes Jahr seine eigene Plage, bis endlich beim Ausgange des siebenten Jahres der Messias kommt *Sanhedrin* 97ᵃ. In diesen Zeiten der Wehen und der Bedrängnisse (צרות) wird Israel errettet werden durch Hingabe an die Thora und die Werke der Barmherzigkeit, a. a. O. 98ᵇ. — Aber auch Israel selbst ist, wenn der Messias kommt, aufs Tiefste herabgekommen. Es ist ganz schuldig (חייב); die Sitten sind zerfallen, *Sota* IX, 15: kurz vor Ankunft des Messias wird die Schamlosigkeit sich mehren; ausgezeichnete Männer werden von Stadt zu Stadt gehen und keine Gnade finden, vgl. *Schir rabba* zu 2, 13. *Sanhedrin* 97ᵃ; der Sohn wird den Vater verspotten, die Tochter sich wider die Mutter erheben, die Schnur gegen die Schwieger; die eigenen Hausgenossen werden Feinde sein; das Aussehen des Zeitalters ist wie das eines Hundes (פני הדור כפני הכלב); keine Treue, keine Wahrheit wird mehr gefunden, *Sota* a. a. O.; dagegen treten falsche Messiasse auf *Sanhedrin* a. a. O. Die Weisheit der Schriftgelehrten wird verachtet, und die sich vor Sünden fürchten, werden verspottet, die Thora wird nicht mehr studirt werden. Alles verarmt, verfällt der Ketzerei und gibt die Hoffnung auf den Messias auf *Sanhedrin* 97ᵃ. — Hier übt die Prophetie Gericht über die Theologie der Gesetzesgerechtigkeit, indem sie thatsächlich von der letzten Erlösung bekennt (vgl. S. 348 f.), was in *Pesikta* 52ᵃ von Israels Erlösung aus Aegypten gesagt wird: daß nur Gottes Eid die Erlösung verbürge, wie oben in der Soteriologie dem בזכות das חנם gegenüber trat (§ 67). Unsere Darstellung würde nicht vollständig sein, wenn sie diese Selbstkritik des Systems verschwiege.

§ 77. Elia, der Vorläufer des Messias.

Bei der Antinomie, daß im Geiste des Systems als Vorbedingung der Erlösung die Buße und Gesetzeserfüllung, also die Würdigkeit für die Erscheinung des Messias, genannt war, und doch die Zeit vor der Ankunft des Messias als eine Zeit tiefsten sittlichen Verfalls geschildert wird, kann der religiöse Geist des Judentums nicht verharren. Die Lösung liegt in der Lehre von der dem Messias vorangehenden Erscheinung und Wirksamkeit des Elia. Vgl. Schürer II, S. 441 f.

1. Daß Elia der Vorläufer des Messias sein werde, ist Schriftlehre Mal. 3, 23 (4, 5 f.). Demgemäß lehrten die Schriftgelehrten, Elia müsse zuvor kommen, ehe der Messias kommen könne, vgl. Matth. 17, 10. 11; 11, 14. Auf seine Ankunft weist schon Sirach voll Sehnsucht hin 48, 10. 11. Das *Targ. jer.* I. zu 2 Mos. 40, 10 nennt den Elia den Hohenpriester, welcher am Ende des Exils gesandt werden solle. Von der Zeit seiner Erscheinung sagt eine Ueberlieferung im *Jalkut Schimeoni* zu Jesaja 52, 7: In der Zeit, da der Heilige, gebenedeit sei Er, Israel erlöst, drei Tage, ehe der Messias kommt, erscheint Elia. Nach *Erubin* 43ª wird er nicht an einem Freitage kommen, um dem Volke in den Vorarbeiten für den Sabbat nicht hinderlich zu sein. Wenn er aber kommt, so wird er seine Ankunft erst beim Hohen Rathe (בית דין הגדול) anzeigen (vgl. Ev. Joh. 1, 19 ff.). Auch erhebt er seine Stimme auf den Bergen Israels, wenn er der Welt den Frieden verkündet, so laut, daß man sie von einem Ende der Erde bis zum andern hört, *Jalkut* a. a. O.

2. Seine Thätigkeit wird die Wegbereitung sein, welche der Prophet Maleachi (3, 1) von ihm weissagt. Nach *Edijoth* VIII, 7 wird er die Abstammung der Familien (ייחוס) aufhellen, so dass diejenigen, welche mit Unrecht als nicht vollbürtig von der Gemeinde Israels ausgeschlossen waren, durch ihn wieder zu dem Genusse ihrer Gliedschaft gelangen (vgl. § 63, 2). Nach *Kiddushin* 71ª wird Gott selbst die Stämme reinigen; dabei sollen nach einer Ansicht Alle, die nicht reiner Abstammung sind (ממזרים S. 72), rein d. h. der Gemeinde zugefügt werden können. Diese Thätigkeit hat aber auch Sirach schon (48, 10) von Elia angegeben, wenn er von ihm ein

§ 77. Elia, der Vorläufer des Messias.

καταστῆσαι φυλὰς Ἰακώβ aussagt. Sie liegt im ἀποκαθιστάνει von Marc. 9, 12 und in dem הָאִישׁ מָה, מָקֵף, womit R. Saadia Gaon im 8. Tractat seiner Glaubenslehre die Thätigkeit des Elia bezeichnet. Neben dieser auf die äußere Wiederherstellung des Volkes gerichteten Thätigkeit wird aber Elias auch den religiös-sittlichen Zustand des Volkes zu erneuern streben. Trotz aller Arbeit, welche die Weisen bis dahin an die Thora gewendet haben, ist doch Vieles ungelöst geblieben, und Vieles aus der Rechtspflege ist streitig. Zufolge *Edijoth* VIII, 7 und *Menachoth* 45ᵃ (vgl. oben S. 105) wird Elia alle Streitigkeiten schlichten. Bis dahin bleiben nicht bloß Gesetzesfragen, sondern auch Rechtssachen unerledigt, die Elia ordnen wird. *Baba mezia* III, 4 lautet z. B. eine Formel: (das Geld, um welches zwei sich streiten) bleibe deponirt (מינח), bis daß Elia kommt (vgl. *ad calendas graecas*). Die Hauptsache aber ist, daß Elia Israel zur Buße anleitet, und zwar zu einer Buße, welche die große heißt, *Pirke de-R. Elieser* c. 43: Israel wird nicht eher die große Buße vollbringen, als bis Elia kommt. Das erinnert an Luc. 1, 16. 17, vgl. Mal. 3, 24 (4, 6). Dies wird die andere, die innere Seite des ἀποκαθιστάνειν Marc. 9, 12 sein: die sittliche Wiederherstellung des Volkes, welche R. Saadia Gaon a. a. O. תָּקָנָה nennt. So wird dem Messias der Weg bereitet, d. i. von Steinen gereinigt (מִסְקְל הדרך). In der aus *Jalkut Schim.* zu Jesaja citirten Stelle heißt es: Elia wird weinen auf den Bergen Israels und ihnen klagend zurufen: Wie lange wollt ihr stehen in einem verschmachteten und öden Lande? Dann aber wird er drei Tage nach einander verkünden: Es kommt der Friede für die Welt. Da freuen sich auch die Gottlosen; aber ihnen verkündet er, daß das Heil für Zion und ihre Kinder, nicht für die Gottlosen kommt.

3. Hiermit löst sich die Antinomie zwischen Forderung und Wirklichkeit hinsichtlich der Zeit vor der Ankunft des Messias. Israel wird in Verfall gerathen sein, ehe der Messias kommt; Elia aber richtet es auf und macht es äußerlich und innerlich würdig für die Erscheinung des Messias. Und dieser zukünftigen Thätigkeit des Elia entspricht jetzt schon sein Wirken für das Volk; denn er ist es, der die Gebote (מצות), welche Israel erfüllt, aufschreibt und also Israel im Himmel vertritt, *Ruth rabba* zu 2, 14 (vgl. S. 282). Schließlich dürfen wir aber nicht unerwähnt lassen, daß an der vorbereitenden Thätigkeit des Elia auch andere große Propheten des Alten Bundes teilnehmen. Aus Jes. 52, 6—9 schloß man, daß

bei dem Anbruche des messianischen Zeitalters noch drei andere alte Propheten auferstehen und erscheinen würden, um den Messias in seinem Werke zu unterstützen. Zu ihnen gehört Mose, *Debarim rabba* c. 3 g. E.: Gleichwie du dein Leben für sie in dieser Welt gegeben hast (sprach Gott zu Mose), so soll es auch in der zukünftigen (לעתיד לבא) geschehen: wenn ich ihnen den Propheten Elia senden werde, so sollt ihr beide zusammen (באחד) kommen. Und *Targ. jer.* zu 2 Mos. 12, 42 heißt es: In der vierten Nacht, wenn die Welt ihre bestimmte Zeit vollendet, um erlöst zu werden, und das eiserne Joch zerbricht, wird Mose aus der Wüste und der König Messias aus Rom (רומא in den Targumen offenbar = רומי) kommen. So auch *Tanchuma*, s. Schöttgen I, 148. II, 544. Vgl. Luc. 9, 30. Als zweiter Prophet, der solcher hohen Ehre teilhaftig wird, erscheint Jeremia, der 2 Macc. 15, 14 der Prophet Gottes in besonderem Sinne genannt wird, der φιλάδελφος, der viel für sein Volk erbittet und für die heilige Stadt. Er wird Ev. Joh. 1, 21. 25. 7, 40. Marc. 6, 15 unter ὁ προφήτης zu verstehen sein. Daß neben dem Elia auch Jeremia als Vorläufer des Elia erwartet wurde, zeigt Ev. Matth. 16, 13 f. deutlich. Aber auch Jesaja erscheint wenigstens 4 (5) Esr. 2, 18 neben Jeremia als Vorläufer und Helfer des Messias, wol wegen seiner messianischen Weissagungen. Schließlich ist aus Matth. 16, 14. Marc. 6, 15. 8, 28. Luc. 9, 8 ersichtlich, daß man zur Zeit des Messias auch die Auferstehung anderer alter Propheten erwartete, die wie Elia, Mose, Jeremia und Jesaja dem Messias ihre Dienste leisten sollten.

§ 78. Der Eintritt des Messias in die Welt.

Der Name des Messias, der von dem Memra Gottes wol unterschieden werden muß (§ 38, 4), ist vor der Schöpfung ins Dasein gerufen worden (§ 42, 2); d. h. der Plan seiner Sendung ist vorzeitlich. Nach seiner geschichtlichen Wirklichkeit als Sohn Davids ist er rein menschlichen Ursprungs. Vgl. Schürer II, S. 443 f.

1. Der Messias ist in keiner Weise mit dem Memra Jahve's der Targume (S. 180 ff.) oder mit der ewigen Weisheit der biblischen Chokmaliteratur (z. B. Spr. 8, 22 ff.) zu verwechseln, wie z. B. Bertholdt in seiner *Christologia Judaeorum* thut. Daß das מימרא דיי' vom Messias unterschieden werden muß, zeigt *Targ. Jonathan* zu

§ 78. Der Eintritt des Messias in die Welt.

Jes. 9, 5. 6 ganz unwiderleglich. Nachdem hier die Geburt, die Person und das Werk des Messias verkündet worden sind (das Targum faßt die Weissagung entschieden als Verkündigung von dem Messias auf), werden die Schlußworte des Propheten: „der Eifer Jahve Zebaoths wird es thun" wiedergegeben: „durch das Memra Jahve's wird dies gethan werden". So gewiß Jahve Zebaoth ein Anderer ist als der verheißene Sohn Davids, dessen Erscheinen und Wirken sein Eifer verbürgt, so gewiß ist das Memra nach targumischer Auffassung Jahve's ein Anderes, in welchem Jahve Zebaoth in der Welt gegenwärtig und wirksam ist. Aber das ist richtig, daß der Messias vor seinem Eintritt in die Welt jenseits im Himmel präexistirt, und zwar zunächst sein Name *Beresch. rabba* c. 1 (vgl. oben S. 198). Auch der Midrasch zu den Proverbien fol. 67ᶜ nennt den König Messias geschaffen vor der Schöpfung der Welt; denn es heiße (Ps. 72, 17): Sein Name ist ewig. Der Sinn ist, daß es Gottes Wille von Ewigkeit her war, den Messias zu schaffen und in die Welt zu senden, wie auch die mit ihm als präexistent genannten Väter, das Volk Israel und das Heiligtum (§ 42, 2) nicht wirklich, sondern in Gottes ewigem Heilsrathe vorhanden waren. Von dieser ideellen Präexistenz ist die reale Präexistenz der Seele des Messias im גוף הנשמות (S. 212) zu unterscheiden. Eine andere Präexistenz ist nach dem älteren jüdischen System nicht denkbar; erst die spätere jüdische Theologie läßt den Messias wirklich im Gan Eden (S. 163) vorhanden sein. Nach Bertholdts Mitteilung (*Christologia Judaeorum* p. 138) sagt *Kolbo* 137ᵃ: Im fünften Hause des Paradieses wohnen der Messias, Sohn Davids, und Elia, und *Abodath Hakkodesch* c. 43: Der Messias, Sohn Davids, existirt als ein Lebendiger (היא חי) im Paradiese bis auf diesen Tag. An der ersteren Stelle heißt es: „Elia hebt des Messias Haupt auf und legt es in seinen Schoß und spricht zu ihm: Schweige still, denn das Ende ist nahe! Es kommen die Väter der Welt (die Patriarchen) und alle zehn Stämme Israels, wie auch Noah, Mose, Ahron, David und Salomo, samt allen Königen von Israel und von dem Hause Davids, an jedem zweiten und fünften Tage der Woche sowie an jedem Sabbat und Feiertage zu ihm, und weinen mit ihm und sprechen zu ihm: Schweige still und verlasse dich auf deinen Schöpfer, denn das Ende ist nahe! Es kommt auch Korah und seine Rotte, Dathan und Abiram an jedem Mittwoch zu ihm und fragen ihn: Wann wird das Ende der Wunder sein? Wann wirst

du uns wieder auferwecken und uns aus den Abgründen der Erde
wieder heraufbringen? Er aber antwortet ihnen: Gehet hin zu
euren Vätern und fraget sie! Wenn sie nun dies hören, werden
sie beschämt und fragen nicht. Als ich aber zu dem Messias kam,
fragte er mich: Was thun die Israeliten in der Welt, von welcher
du hergekommen bist? Ich antwortete ihm: Sie warten täglich
auf dich. Da erhob er alsbald seine Stimme mit Weinen". Solche
Schilderungen sind Ergüsse der unter dem Drucke harter Verfolgungen
aufs Höchste gesteigerten Sehnsucht nach Erlösung. Aber
sie haben keinen Grund in der Ueberlieferung. Die ideelle Präexistenz
ist auch der Inhalt einer merkwürdigen Stelle in *Beresch.
rabba* c. 85. Hier heißt es von Juda's Gang hinab zu Adullam:
„Juda war beschäftigt, sich ein Weib zu nehmen, und der Heilige
war beschäftigt, das Licht des Königs Messias zu schaffen. Und es
geschah in dieser Zeit, da Juda hinabging, da ist erfüllt das Wort
Jes. 66, 7: „Ehe sie kreiset, hat sie geboren"; d. h. ehe der erste
Tyrann (משעבד, nämlich Pharao) geboren war, ist schon der letzte
Goël (der Messias, S. 359 f.) geboren". Der Sinn der Worte ist: Juda
meinte, ein Weib zu nehmen, sonst nichts; Gott aber hat damit,
daß Juda ein Weib nahm und in der Folge den Perez zeugte,
denjenigen geschaffen, der der Ahn des Messias werden sollte.
Dieser ist in seinem Ahn Perez früher vorhanden, als der erste
Tyrann; denn die Schöpfung des Messias wird als Folge der Ehe
des Juda dargestellt. So kann nichts Anderes gemeint sein, als daß
mit Juda's Ehe der Grund zu des Messias Erscheinen gelegt war.

2. Ueber den Eintritt des ideell präexistenten Messias in das
reale irdische Dasein sagt diese Stelle, daß derselbe auf dem Wege
der Zeugung aus dem Hause Davids hervorgehen wird, weshalb
er seiner Abstammung nach nie anders als der Sohn Davids oder
allenfalls Sohn des Perez (Ruth 4, 12. 18 ff.) genannt wird *Beresch.
rabba* c. 12, *Bammidbar rabba* c. 13, *Jalkut Schim. Beresch.* 17,
vgl. Matth. 22, 42. Röm. 1, 3. Dies wird bestätigt durch *Pesikta* 149[a],
wo es heißt: „Glückliche Stunde, da der Messias geschaffen ward!
Glücklich der Leib, aus welchem er hervorging! Glücklich das Geschlecht
derer, die ihn sehen; glücklich das Auge, das gewürdigt
ist, ihn zu sehen!" Hiernach tritt er durch Geburt von einem Weibe
(vgl. Gal. 4, 4) in das irdische Dasein. Er soll aber ein Sohn
Davids *Sanhedrin* 93[b], ein Nachkomme der Ruth sein. *Beresch.
rabba* c. 98 bemerkt zu 1 Mos. 49, 10: „Schilo ist der König

§ 78. Der Eintritt des Messias in die Welt.

Messias; die Herrschaft bleibt bei dem Stamme Juda, bis zur Ankunft des Schilo, d. i. des Messias. Das zeigt sich an Hillel dem Nasi. Man stimmte ab über die Frage: Von wem stammt Hillel? Die Antwort lautete: Von David". Also setzt sich Davids Herrschaft in Hillel und seinen Nachfolgern fort, und wird sich fortsetzen, bis endlich der Messias die Reihe schließt. Daß der Messias ein Sohn Davids in keiner anderen Weise als alle andern Söhne Davids ist, sehen wir z. B. aus *Targ. Jonath.* Jes. 11, 1: Messias von den Söhnen der Söhne des Isai, und daraus, daß *Schir rabba* zu 4, 8 (vgl. *Sanhedrin* 94ª und oben S. 176) gesagt wird: Wenn Hiskia über den Fall des Sanherib einen Lobgesang angestimmt hätte, so wäre er der König Messias geworden, und Sanherib Gog und Magog. Ueberhaupt heftet sich die messianische Idee an die Person des Hiskia. *Berachoth* 28ᵇ berichtet, daß des R. Jochanan ben Sakkai letztes Vermächtnis lautete: Bereitet dem Hiskia einen Stuhl, d. h. haltet euch bereit, den Messias zu empfangen! Der Messias wird als ein anderer Hiskia angesehen. In *Bammidbar rabba* c. 14 wird er parallelisirt mit Abraham, Hiob und Hiskia, als welchen er darin gleichkomme, daß er wie Gott sie von sich selbst durch innere Erleuchtung erkenne. Zusammenfassend sagt *Jalkut Schim., Beresch.* 160 von seiner Abstammung aus: „Ein junger Löwe ist Juda (1 Mos. 49, 9). Das ist Messias der Sohn Davids, denn er wird hervorgehen aus zwei Stämmen. Sein Vater stammt aus Juda, seine Mutter aus Dan. Und beide Stämme tragen den Namen Löwe". Selbst da, wo die Erhabenheit des Messias über Abraham gelehrt wird, kommt die jüdische Theologie nicht über den rein menschlichen Ursprung des Messias hinaus. *Jalkut Schimeoni* zu Ps. 110, 1 sagt: „Künftig wird Gott den Messias zu seiner Rechten sitzen lassen, wie geschrieben steht (Ps. 110): Der Herr sprach zu meinem Herrn: Setze dich zu meiner Rechten! Abraham aber wird sitzen zu seiner Linken. Da wird Abrahams Angesicht erblassen in Scham, und er wird sagen: Der Sohn meines Sohnes sitzt zu deiner Rechten, und ich sitze zu deiner Linken. Gott aber wird ihn besänftigen und zu ihm sagen: Der Sohn deines Sohnes sitzt zu meiner Rechten, und ich sitze zu deiner Rechten". Daraus, daß dem Messias eine Erhabenheit über die Engel beigelegt wird, folgt nicht ein **übernatürliches Wesen** desselben. Denn selbst die Gerechten sind nach *Sanhedrin* 93ª größer als die heiligen Engel. Und wenn *Baba bathra* 75ᵇ gesagt wird, der Messias werde nach dem Namen

Jahve's „Jahve unsre Gerechtigkeit" (יהוה צדקני Jer. 23, 6) genannt, so stehen an dieser Stelle in gleicher Beziehung die Gerechten und Jerusalem.

Hier ist nun noch einer dunklen Stelle Erwähnung zu thun, die sich bezüglich des Ursprungs des Messias findet. *Beresch. rabba* c. 23. c. 51, *Ruth rabba* g. E. u. ö. wird er mit Bezug auf Esth. 4, 14 der genannt, der da kommt „von einem anderen Orte" (ממקום אחר), und das wird erklärt von moabitischem Ursprunge. Diese Erklärung hat jedoch keinen Werth. Es spricht sich in dem Ausdrucke בא ממקום אחר aus, was Joh. 7, 27 sagt: Ὁ Χριστὸς ὅταν ἔρχεται, οὐδεὶς γινώσκει πόθεν ἐστίν. Das heißt: Alles Nähere über seine Familie, deren Wohnort und Umstände wird unbekannt sein, wenn der Messias erscheint. Als ein Unbekannter tritt er sein großes Werk an. Deshalb heißt er der aus anderem, d. i. fremdem, unbekanntem Orte Hervorgehende.

§ 79. Das verborgene Werden und das Wirken des Messias.

Aus dem Norden kommend, wird der Messias, ohne eigentlich sündlos zu sein, sich der Uebung des Gesetzes und guter Werke befleißigen und viel leiden müssen, um durch Thun und Leiden vollkommen gerecht und der Ausübung des Erlösungswerkes würdig zu werden.

1. Entsprechend der am Ende des vorigen Paragraphen besprochenen alten Ueberlieferung, die den Messias als einen Unbekannten auf dem Schauplatze seiner Thätigkeit erscheinen läßt, sagt nun die jüdische Theologie, daß er aus dem Norden kommen werde, wenn er öffentlich auftreten wird, um Israel wieder herzustellen *Wajjikra rabba* c. 9. *Bammidbar rabba* c. 13. An beiden hier angeführten Stellen heißt es unter Berufung auf Jes. 41, 25, daß der Messias, welcher im Norden seinen Platz hat (בצפון), das Heiligtum bauen wird, welches sich im Süden befindet (בדרום). Es ist kein Zweifel, daß nicht etwa von einem anderen (§ 80), sondern von demjenigen Messias die Rede ist, der Israel wiederherstellt: er soll ja den Tempel bauen. *Tanchuma, Schemoth* 8 bestimmt schon näher: Auch der Messias, welcher einst die Götzendiener strafen wird, wächst dort mit ihnen in der Hauptstadt des Reiches (מדינה) auf. Daß wir die Stelle richtig auffassen, zeigt die

§ 79. Das verborgene Werden und Wirken des Messias. 359

Glosse, welche, auf *Sanhedrin* 98ᵃ verweisend, die Medina für Rom erklärt. Und wie *Tanchuma* a. a. O. eine Parallele zwischen Mose und dem Messias zieht, so auch *Schemoth rabba* c. 1. Wie Mose in Pharao's Hause aufwuchs, ohne daß dieses wußte, daß es den künftigen Rächer Israels beherberge, so wird auch der Messias, der an Edom (dem römischen Reiche) Vergeltung üben soll, in der Hauptstadt des Reiches wohnen, ohne daß diese etwas davon weiß. Israel aber wird nach *Jalkut Schimeoni Bereschith* 125 auch nach der Geburt seines Erlösers noch eine Zeit lang geknechtet werden.

Diese Zeit stillen und verborgenen Daseins ist aber für den Messias und sein Werk nicht verloren. Er reift und wird würdig für sein Erlösungswerk. Denn erstlich widmet sich der künftige Erlöser selbst mit allem Eifer der Erkenntnis Gottes und seines Gesetzes, sowie auch der Uebung des Gesetzes, wiewol er zufolge *Bammidbar rabba* c. 14 gleich Abraham, Hiob und Hiskia Gott von selbst, d. i. ohne fremde Unterweisung durch unmittelbare göttliche Erleuchtung erkennt, also in ihm alle Fülle der Erkenntnis ist. Er widmet sich besonders dem Gesetze. Aus Targum Jonathan zu Jes. 53, 5. 10—12 geht hervor, daß er das Gesetz lehren wird. Was er erkannt hat, das übt er aber auch. Dasselbe Targum sagt zu Jes. 9, 3: Er nimmt das Gesetz auf sich, um es zu halten. *Sanhedrin* 93ᵇ sagt, der Messias sei beladen mit Gebotserfüllungen (מצוי § 60, 1) wie eine Mühle. Ueberdies ist er (nach derselben Stelle) auch voll von Züchtigungsleiden (ייסורים). Denn Leiden sind nöthig (§ 69), um ein vollendeter Gerechter zu werden. Nirgends ist angedeutet, daß der Messias sündlos sei. Auch er sündigt, auch er büßt und wird auf diesem Wege durch Thun und Leiden ein vollendeter Gerechter. Endlich lesen wir *Sanhedrin* 98ᵃ, daß der Messias an den Thoren Roms sitze unter den Armen, Kranken, Verwundeten; er dient ihnen, indem er sie verbindet. Er ist also auch ein Wolthäter der Armen und Elenden (גומל חסדים), voll guter Werke (§ 61), also in jedem Betrachte ein vollkommener Gerechter (צדיק גמור, S. 241), würdig, sein Volk zu erlösen.

2. Der Berufsname, den der Messias trägt, ist Erlöser (גאל), neben Mose, dem ersten Erlöser (גואל הראשון *Ruth rabba* zu 2, 14) גאל אחרון, z. B. *Beresch. rabba* c. 85. Wie Mose Israel aus Aegypten führte, so soll der Messias die letzte Erlösung (גאלה) vollbringen

(vgl. Luc. 24, 21) und Israel aus der Verbannung (גלות) in sein Land heimführen, Beresch. rabba c. 85. Tanchuma, Schemoth 8. Schemoth rabba c. 1. Dies wird nicht geschehen, ohne daß ein Gericht über die Weltmacht ergeht, wie einst über Pharao, damit das Joch zerbrochen werde, das die Völker gefangen hält, a. d. a. O. Nach der Erlösung und Heimführung Israels wird der Messias Jerusalem und das Heiligtum wiederherstellen, das Reich aufrichten (vgl. Apg. 1, 6 mit Marc. 1, 15) über die Völker, Israel aber durch das Gesetz erneuern, Targ. Jonathan zu Jes. 9, 5 ff. 52, 13—53, 12. Das Letzte wird dann sein, daß die durch Adams Fall einst verlorene Herrlichkeit dem Volke wiedergegeben wird, und damit geht dann die zeitliche Herrlichkeit der Tage des Messias schon über in die Glorie der Ewigkeit, vgl. Beresch. rabba c. 12. Bammidbar rabba c. 13. Jalk. Schim., Beresch. 17.

Damit haben wir den Verlauf des messianischen Werkes kurz skizzirt. Hier ist nun keine Unterbrechung durch Leiden und Sterben; dieses bildet keinen Bestandteil des messianischen Werkes. Wie verhält sich die jüdische Christologie gegenüber dem Bilde vom Messias und seinem Werke in Jesaja c. 53? (Zur Antwort auf diese Frage, welche hier nicht endgiltig gelöst wird, vgl. übrigens A. Wünsche, Die Leiden des Messias, 1870, und besonders G. Dalman, Der leidende und der sterbende Messias der Synagoge, 1888, sowie die Schrift desselben Verfassers über Jesaja c. 53 mit besonderer Berücksichtigung der synagogalen Literatur, 1890; ferner Schürer II, S. 464 f. und den Nachtrag am Ende des Buches.) Das Targum des Jonathan, welches hier maßgebend ist, und welchem nach dem Zeugnisse von Aben Esra und Abarbenel in ihren Kommentaren zu Jes. c. 53 die Weisen lange folgten, bezieht den Abschnitt Jes. 52, 13 —53, 12 auf den Messias. In 52, 14 ist nach Jonathan ausgesagt, daß auf ihn das Haus Israel lange wartete, indem es unter den Völkern eine dunkle, glanzlose Existenz führte. Nun aber wird der Messias, wenn er kommt, nach v. 15 viele Völker zerstreuen und Könige zum staunenden Stillschweigen bei seinen großen Thaten bringen. 53, 2 sehen wir den Messias heranreifen als den Gerechten. Dann folgt weiter eine Schilderung seiner Kraft und Majestät. In dieser wird er den Reichen der Welt ein Ende machen und damit auch der Schmach Israels v. 3. Der vierte Vers drückt nach dem Grundtexte das stellvertretende Leiden des Messias für das Volk aus; Jonathan sagt aber dafür: er wird bitten für unsere Schulden

§ 79. Das verborgene Werden und Wirken des Messias.

und Missethaten, und um seinetwillen werden sie vergeben werden. Und sofort folgt in v. 5, daß er das Heiligtum bauen werde, das durch Israels Sünden entheiligt worden sei, und daß durch seine Lehre (des Gesetzes) der Friede sich mehre und die Sünden vergeben werden. In v. 6 wird wieder „Jahve ließ ihn treffen unser aller Sünde" abgeschwächt in: es war das Wolgefallen Jahve's, unser aller Sünden zu vergeben um seinetwillen. Auch in v. 8 f. ist nicht von des Messias Leiden die Rede, sondern von den Leiden des Exils, denen der Messias ein Ende macht, von den Wundern, die in seinen Tagen geschehen, daß der Fremdherrschaft ein Ende gemacht wird, und daß Israels Sünden sich den Heiden zuwenden, welche sie büßen müssen. V. 9 schildert ihn als Richter der Gottlosen, v. 10 als den, in dessen Tagen Gott die Uebrigen des Volks reinigt und rechtfertigt und das Reich des Messias schauen läßt, wo sie durch gesetzlichen Wandel Gottes Wolgefallen haben und glücklich sind. Errettet von der Fremdherrschaft dürfen sie (v. 11) erleben, wie Gott ihre Feinde straft und sie selber reich macht durch die Beute von den Königen, und wie der Messias viele Fromme würdig macht und zum Gesetz bekehrt, auch für die Sünder bittet. Der letzte Vers heißt: Deshalb will ich ihm die Beute vieler Völker geben und das Vermögen mächtiger Städte wird er als Beute verteilen, dafür daß er sein Leben dem Tode hingegeben; und die Abtrünnigen hat er dem Gesetze unterworfen und für die Sünden Vieler bittet er, und den Abtrünnigen werden sie vergeben um seinetwillen." Vgl. § 90.

Ueberall, auch im letzten Verse findet das Targum kein stellvertretendes Leiden und Sterben des Messias zur Sühnung der Sünden seines Volkes (s. dagegen Delitzsch, Römerbrief S. 82 u. 83); denn der Ausdruck מסר נפשיה למיתא geht nicht darüber hinaus, daß er im Kampfe mit den Abtrünnigen sein Leben daran wage, um sie zum Gehorsam gegen das Gesetz zu bringen (שעבד mit Gewalt unterwerfen); vgl. *Pesachim* 53ᵇ, wo מסר עצמו על קדושת השם das Martyrium bezeichnet. Da, wo vom stellvertretenden Sühnleiden bei Jesaja die Rede ist, weiß das Targum nur von einer versöhnenden Fürbitte. Auch wo sonst (z. B. *Ruth rabba* zu 2, 14) Worte des Propheten wie והיא מחולל auf den Messias gedeutet werden, geschieht es nicht im Sinne eines stellvertretenden Strafleidens, sondern es wird auf die Leiden (יסורין S. 359), die er besteht, um ein vollendeter Gerechter zu werden, bezogen. (So nach dem Urteile des Verfassers; doch vgl. Strack im Theol. Literaturblatt 1881, Nr. 2, und den Nachtrag.) Das Werk des Messias, die Erlösung Israels von der Fremdherrschaft, die Aufrichtung der Herrschaft über alle Völker, die Erneuerung Israels als des Volkes Gottes — vollzieht sich nach altpalästinisch-jüdischer Theologie, ohne durch ein sühnendes Leiden und Sterben des Messias unterbrochen zu werden. Seine Kraft beruht nicht, wie der Prophet lehrt, auf seinem Sühnopfer, sondern auf der **persönlichen Gerechtigkeit**, die ihn **würdig** macht, das Werk des Messias zu vollbringen. Diese hat er sich durch Selbstheiligung für den Dienst Gottes vor seinem Auftreten in der Oeffentlichkeit erworben, wie er denn auch unter anderen Namen den Ehrennamen מלבן וקדושן של ישראל trägt *Beresch. rabba* c. 85.

§ 80. Der Messias Sohn Josephs.

Offenbar muß nach Jes. c. 53 der Knecht Gottes oder der Messias für sein Volk leiden und sterben. Kann man das von dem Sohne Davids nicht oder nur in beschränktem Maße (§ 79, 2) glauben, so muß ein Messias von geringerer Würde ihm vorausgehen, welcher durch seinen Tod die Sünden Israels büßen und sühnen und dem Könige Messias samt seinem Volke den Weg zur Errichtung des Reiches der Herrlichkeit eröffnen werde. Das ist Messias der Sohn Josephs, auch Sohn Ephraims genannt. Vgl. S. 360 und den Nachtrag.

Die Ueberlieferung *Succa* 52ᵃ unterscheidet den Messias Sohn Josephs von dem Messias dem Sohne Davids (vgl. Schürer I, 744 f. II, 451). „Unsere Rabbinen lehren, daß der Heilige, g. s. E., zu dem Messias, welcher künftig geoffenbart werden wird — möge es bald in unseren Tagen geschehen — sagen wird: Heische von mir irgend etwas, ich will es dir geben (Ps. 2, 8). Wenn er nun sieht, daß Messias der Sohn Josephs umgebracht ist, so wird er zu ihm sagen: Ich begehre von dir nichts Anderes, als das Leben." Ein Sohn Josephs heißt dieser Messias, weil er vom Stamme Ephraim ist; nur *Bammidbar rabba* c. 14 wird seine Herkunft aus dem Stamme Manasse abgeleitet; er wird da als Messias Sohn Manasse's bezeichnet und von dem großen, rechten Erlöser (גיאל הגדול) unterschieden. Das *Targum* zum Hohenl. 4, 5 z. B. sagt da-

§ 80. Der Messias Sohn Josephs.

gegen: Zwei sind, die dich erlösen werden, Messias der Sohn Davids und Messias der Sohn Ephraims. Andere Stellen siehe bei Bertholdt, Christologie 77 f. Noch näher wollte man später den Ursprung dieses anderen Messias bestimmen, indem man ihn (*Emek Hammelech* 137°) als Nachkommen Jerobeams bezeichnete, wie denn spätere Schriftsteller ihn als Erlöser lediglich der zehn Stämme betrachten.

Indeß steht dieser Messias nach der gewöhnlichen Anschauung ganz und gar im Dienste des eigentlichen Messias. Das Targum a. a. O. vergleicht die beiden Messiasse in ihrem Verhältnis zu einander mit Mose und Ahron: wie der Messias als letzter Erlöser Mose dem ersten entspricht, so der Sohn Josephs dem Gehülfen Mose's. Dasselbe Targum sagt demgemäß (7, 3): Es wird zu dieser Zeit ausgehen Messias der Sohn Davids; er wird aber nicht allein gelassen werden, sondern es wird ihm ein anderer Messias beigegeben werden, der Sohn Josephs. Der jüdische Dogmatiker, welcher das Werk *Menorath Hammaor* schrieb, gibt als Lehrüberlieferung genauer an, der Sohn Josephs werde dem Sohne Davids vorausgehen (יקדימנו), vgl. Bertholdt a. a. O. Nach Belegen, die Bertholdt aus späteren Quellen beibringt, sammelt der Sohn Josephs die zehn Stämme und führt sie erst in die dem Lande Israel benachbarten Länder Assyrien und Aegypten, und von da in das heilige Land; oder er versammelt sie in Galiläa, um sie zuletzt nach Jerusalem zu führen. Er ist hiernach das Haupt über die zehn Stämme, wird aber durch Gog und Magog getödtet, und zwar um der Sünde des Hauses Jerobeams willen.

Diese vermuthlich durch die Polemik gegen die auf Jes. c. 53 (vgl. S. 360 f.) sich berufenden Christen veranlaßten späteren Gebilde, die sich mit der ursprünglichen Messiasidee (nach welcher dem Sohne Davids das ganze Werk der Erlösung und Wiederherstellung zukommt) nicht mehr vereinigen, lassen wir auf sich beruhen, indem wir aus der Ueberlieferung von einem anderen Messias neben dem großen Erlöser nur das Moment hervorheben, daß dieser Messias Sohn Josephs getödtet wird im Dienste seines Volkes, während der Sohn Davids unsterbliches Leben hat *Succa* 52ª. *Menorath Hammaor* 81ᵇ. Daß dieser Tod sühnende Bedeutung haben und der jesajanischen Weissagung vom Opfer des Knechtes Gottes Genüge leisten soll, geht aus einer Stelle der *Luchoth Habberith* 242ª (Bertholdt, a. a. O. S. 259) hervor, wo es heißt: Denn der Messias

Sohn Josephs wird nicht zu seinem eigenen Nutzen kommen, sondern um des Messias Sohnes Davids willen. Denn Jener wird sich selbst und sein Leben dem Tode überliefern, und sein Blut wird das Volk versöhnen (ודמו יכפר על עמו). Vgl. Delitzsch, Römerbrief S. 78.

§ 81. Die Erlösung Israels und die erste Auferstehung.

Der Messias Sohn Davids wird als der große Erlöser, nach kurzer Verborgenheit im Beginne seines Werkes, die römische Weltmacht zertrümmern, sein Volk Israel sammeln und zurückführen, die verstorbenen Söhne Israels aus dem Gehinnom ins Leben rufen und so die Gemeinde Israels im heiligen Lande wiederherstellen, damit sie die künftige Herrlichkeit genießen könne. Vgl. Schürer II, S. 440 ff.

1. Im Verhältnis zu Mose heißt der Messias der zweite, im Vergleich mit allen anderen Helfern der große Erlöser (Goël, aram. פריק, vgl. § 79, 2). Die durch ihn bewirkte Erlösung (גאולה) wird auch z. B. *Mechilta* zu 2 Mos. 15 תשועה genannt. Israel wird durch den Messias erlöst von der Knechtschaft (שעבוד) der Völker, unter welche es seit der Zerstörung des Tempels durch Nebukadnezar zerstreut ist. „Wenn die Hülfe kommt, die für das Ende verheißen ist, so wird es keine Knechtschaft mehr geben" *Mechilta* 41ᵇ. Wie der Erlöser an Mose (vgl. 5 Mos. 18, 15. 18 f.), so hat daher die Erlösung an der Befreiung aus Aegypten ihr Vorbild (vgl. 1 Kor. 10).

Demgemäß beginnt der Messias wie Mose damit, daß er sich seinem Volke zuerst offenbart und dann wieder verbirgt *Pesikta* 49ᵇ. „Wie der erste Goël (Mose) sich Israel offenbarte und sich dann wieder vor ihnen verbarg, so offenbart sich ihnen der letzte Goël zuerst und verbirgt sich dann wieder vor ihnen. Wie lange? — 45 Tage, nach Dan. 12, 11. 12. Und wohin führt er sie? Einige sagen: in die Wüste Juda, Andere: in die Wüste Sihon und Og, nach Hos. 2, 16. Wer an ihn glaubt, ißt Salzkraut und Ginsterwurzeln, nach Hiob 30, 4. Und wer nicht an ihn glaubt, trennt sich und geht zu den Heiden, und sie tödten ihn. Und am Ende der 45 Tage offenbart sich ihnen der Heilige, g. s. E., und läßt ihnen Man herabfallen (vgl. Joh. 6, 30 f. 1 Kor. 10, 3 mit S. 197. 298 f.), denn es ist nichts Neues unter der Sonne, und weshalb?

§ 81. Die Erlösung Israels und die erste Auferstehung.

Weil es Micha 7, 15 heißt: wie in den Tagen, da du aus Aegyptenland zogest, will ich ihn Wunder schauen lassen", vgl. *Bammidbar rabba* c. 11. Auch *Schir rabba* zu 2, 9 sagt, daß der letzte Erlöser nach seinem ersten Auftreten auf 45 Tage wieder verschwinden werde (vgl. Joh. 7, 33 f. 8, 14. 14, 19. Schürer II, 447 f.). Diese Zeit ist eine Zeit der Sichtung Israels: nur die Gläubigen d. i. die, welche bereit sind, im Glauben an die nahende Erlösung mit dem Messias die Speise der Trübsal zu essen, werden der Erlösung gewürdigt. Nach *Kidduschin* 66ᵃ aßen auch die Väter beim Baue des zweiten Tempels Salzkraut (מליחים) d. i. Speise der Armen. So rüstet sich die Gemeinde der Auserwählten für die Erlösung.

Der Erlöser tritt dann wieder hervor, um sein Werk zu vollbringen. Zuerst muß die Weltmacht zertrümmert werden (vgl. Schürer II, 449 f.). Diese ist in der altjüdischen Theologie als das vierte und letzte Weltreich gedacht *Aboda sara* 2ᵇ, d. i. als die römische Universalmonarchie; vgl. über die vier Reiche *Tanchuma*, *Theruma* 7. Dieses Reich nennt die jüdische Theologie (z. B. *Bammidbar rabba* c. 14 und *Debarim rabba* c. 1) gewöhnlich das Reich Edom; denn Esau ist als Widersacher Jakobs Typus der Israel feindlichen Macht. Als Reich der Gottesfeindschaft und aller Gottlosigkeit heißt es das sündige, frevelhafte Reich (מלכות הרשעה nicht מ' הרשעה), im Gegensatze zum messianischen Reiche als dem Himmelreiche (מלכות שמים), z. B. *Pesikta* 51ᵃ, auch מלכות חייבת *Mechilta* 59ᵇ, vgl. *Pesachim* 54ᵃ. Dieser Ausdruck findet seine Erklärung darin, daß es *Aboda sara* 2ᵇ zu Dan. 7, 23 heißt: Das ist das gottlose Rom (רומי חייבת), dessen Münze (= Herrschaft) ausgegangen ist in die ganze Welt. Hier überall begegnen wir zugleich dem Gedanken, daß das römische Weltreich ausgerottet werden muß, wenn das messianische Reich aufgerichtet werden soll. Nun wird in den Tagen des Messias an der Spitze dieses Weltreichs ein gewaltiger Herrscher stehen, der alle Gottesfeindschaft und allen Haß gegen Gottes Volk in sich vereinigt. Er heißt Armilus und ist הרשיעא κατ' ἐξοχήν (vgl. 2 Thess. 2, 3. 8). Auf ihn zielt wol *Pesikta* 51ᵇ: „In dem Zeitalter, da der Messias kommt, werden der Weisen wenige sein, und die noch übrig sind, deren Augen schwinden vor Kummer und Seufzen. Und viele Drangsale kommen über die Gemeinde, und harte Gesetze werden erneuert; während das eine noch in Kraft ist, folgt schon ein anderes und schließt sich an"; vgl. die Ausführung in *Schir rabba* zu 2, 8, daß die Reiche der Welt, indem sie Israels Joch hart machen, das Ende beschleunigen, so daß es vor der Zeit herbeikommt. Diesen Armilus, den letzten und größten Dränger der Gemeinde, wird nun der Messias durch das Wort seines Mundes und den Hauch seiner Lippen tödten, *Targ. Jonathan* zu Jes. 11, 4; vgl. 2 Thess. 2, 8. Armilus ist wahrscheinlichster Ansicht nach Romulus im Spiegel der Zukunft. Vgl. Schürer I, 744. II, 448.

Auch die Hauptstadt Rom selbst kommt zu Falle, nach Einigen durch die Ismaeliten *Pirke de-R. Elieser* c. 30, nach Anderen durch die Perser *Joma* 10ª, wie denn nach *Aboda sara* 2ᵇ Rom und Persien die vornehmsten unter den Nationen sind, weil deren Reiche bleiben, bis der Messias kommt; nach einer dritten Ansicht (*Pesikta sutarta*, Parasche *Balak*) durch die Juden selbst. Jedenfalls steht außer Zweifel, daß vor Beginn des messianischen Reiches das Weltreich fällt, und darin wird die Vernichtung Roms sicher inbegriffen sein. *Debarim rabba* c. 1 sagt: Israel sprach vor dem Heiligen, gebenedeit sei Er: Herr der Welt, wie lange werden wir geknechtet werden durch seine (Esau's = des römischen Reiches) Hand? Er sprach: So lange bis der Tag kommt, von welchem geschrieben steht (4 Mos. 24): Es geht ein Stern aus Jakob hervor und es erhebt sich ein Scepter aus Israel. Wenn der Stern aus Jakob hervorgehen und die Stoppeln Esau's verbrennen wird, laut Ob. 18, dann will ich hervorgehen lassen **mein Reich** und einen **König über euch setzen** (S. 382). *Pesikta* 51ª sagt in einer allegorisch-eschatologischen Auslegung zum Hohenl. 2, 10 ff.: Dann ist die Zeit des Reiches des Frevels herbeigekommen, daß es ausgerottet werde von der Welt (שתעקר מן הצולם); herbeigekommen ist die Zeit des **Himmelreichs**, daß es geoffenbart werde. Und *Mechilta* 59ᵇ: Es ist unbekannt, wann das Reich Davids wieder an seinen Ort zurückkehren und das zur Verdammnis bestimmte Reich ausgerottet werden wird (תעקר). Diese Vernichtung Roms ist der Abschluß aller großen Gottesgerichte über die feindlichen Weltmächte. *Bammidbar rabba* c. 14: Der Heilige führte Krieg mit Pharao, Amalek, Sisera, Sanherib, Nebukadnezar, Haman, den griechischen Königen, und sein Gemüth beruhigte sich nicht (נתקררה), bis daß er Rache üben sollte an Edom durch eigene Hand (בעצמו), laut Ps. 60, 10. Näheres ergibt sich aus der Analogie des Strafgerichtes Gottes über Aegypten: nach *Pesikta* 68ª wird das römische Reich mit denselben Plagen heimgesucht werden; *Schemoth rabba* c. 15: wie jenes, so wird dieses zur Wüste, laut Jo. 4, 19 (3, 24).

§ 81. Die Erlösung Israels und die erste Auferstehung.

2. Nun ist Israel frei und kann gesammelt und aus der Zerstreuung unter alle Völker (*Pesikta* 48ᵃ) in die Heimath zurückgeführt werden (vgl. Schürer II, 452 f.). „Wozu ist der Messias gekommen? Zu sammeln die Zerstreuten Israels (גליותיהן של ישראל)", *Schir rabba* zu 2, 7. Wiederum wird dabei die göttliche Macht sich wunderbar offenbaren, *Jalkut Schim.* zum Hohenl. 988: „Die Winde werden mit einander streiten; der Nordwind wird sagen: ich will die Vertriebenen herbeibringen; der Südwind wird sprechen: ich will sie holen. Aber der Heilige, g. s. E., wird unter ihnen Frieden stiften und sie werden zusammen wehen". Dann werden, wenigstens überwiegender Ansicht zufolge, die zehn Stämme wieder mit den zweien vereinigt werden, *Jalkut Schim.* a. a. O. 985. „Das Wort ערשנו (unser Bett, Hohesl. 1, 16) bedeutet die zehn Stämme, welche jenseits des Flusses Sambatjon (so nennen die jüdischen Weisen den Fluß Gosan) gefangen geführt wurden; zu ihnen werden die beiden Stämme Juda und Benjamin gehen, um sie heimzuführen, damit sie gleich ihnen der Tage des Messias und des zukünftigen Lebens teilhaftig werden, laut Jer. 3, 18." Dagegen lautet eine andere Ueberlieferung *Sanhedrin* 110ᵇ: Die zehn Stämme kommen nicht wieder zurück, laut כיום הזה 5 Mos. 29, 27 (28). Gleichwie der Tag dahin geht und nicht wieder kommt, so sind sie auch dahin gegangen und kommen nicht wieder. So die Worte des R. Akiba. R. Elieser aber sagt, jene Worte seien so zu verstehen: Wie der Tag erst dunkel ist und dann hell leuchtet, so wird auch für die zehn Stämme der Tag, wie er erst dunkel war, künftig wieder leuchten. Weiter heißt es: Unsere Rabbinen lehren, daß die zehn Stämme keinen Teil an dem zukünftigen Leben haben, laut 5 Mos. 29, 27. Die Worte: „er hat sie aus ihrem Lande gestoßen" sind von dieser Welt zu verstehen, die anderen Worte: „er hat sie in ein ander Land geworfen" weisen auf die zukünftige Welt hin. Dies die Worte Akiba's. Schimeon ben Jehuda vom Flecken Akko aber sagte: Wenn ihre Werke sind, wie sie an dem Tage (ihrer Gefangenführung) waren, so kommen sie nicht wieder; wenn aber nicht, so kehren sie wieder. Rabbi sagt: Sie kommen in die zukünftige Welt, weil Jes. 27, 13 sagt: Zur selben Zeit wird man mit einer großen Posaune blasen etc. Vgl. *Sanhedrin* X (XI), 1: כל ישראל יש להם חלק לעולם הבא (s. oben S. 52).

3. Soll aber ganz Israel im messianischen Reiche vereinigt werden, so dürfen auch die nicht fehlen, welche vor dieser Zeit in

die Scheol hinabgestiegen sind und dort der Erlösung warten. Alle, die das Zeichen des Bundes tragen, haben Anspruch auf Erlösung und Teilnahme am messianischen Reiche, *Jalkut Schim.* zu Jesaja 269 (?). Zur Zeit, da die zukünftige Welt anbricht, wird der Heilige, g. s. E., Israel aus dem Gehinnom erlösen um der Beschneidung willen, und zwar nach *Beresch. rabba* (vgl. Jellinek II, 50) durch den Messias Sohn Davids. „R. Josua ben Levi sprach: Ich ging mit dem Engel Kippod (?) und es ging mit mir Messias, der Sohn Davids, bis ich an die Pforten des Gehinnom kam — —. Als aber die Gebundenen, die im Gehinnom sind, das Licht des Messias sahen, freuten sie sich, ihn zu empfangen und sagten: dieser wird uns aus dieser Finsternis herausführen, laut Hos. 13, 14 und Jes. 35, 10. Denn unter Zion ist hier (bei Jes.) nichts anderes zu verstehen, als das Paradies." *Bereschith rabba* zu 1 Mos. 44, 8 (?) heißt es: Das ist es, was geschrieben steht: Wir werden jauchzen und uns freuen in dir. Wann? Wenn die Gefangenen aus der Hölle heraufsteigen und die Schechina an ihrer Spitze, wie es heißt Mich. 2, 13: Und ihr König wird vor ihnen hergehen und Jahve an ihrer Spitze.

Nachdem die Gefangenen aus der Scheol durch den Messias heraufgeführt worden sind, folgt ihre und aller Gerechten, die auf die Erlösung warten, Wiederherstellung in dieses zeitliche Leben, d. i. die **Auferstehung** der Gerechten aus Israel **von den Todten** (vgl. Schürer II, 461). Daß diese nach jüdischer Ueberlieferung geschehen werde, nachdem die Exulanten in die Heimath zurückgeführt worden sind, bezeugt Abarbanel in seinem Kommentare zu Jes. 18, 3, ferner Kimchi zu Jes. 66, 5. Andere lassen die Auferstehung der Todten nicht zu Beginn des messianischen Zeitalters, sondern im Verlaufe desselben erfolgen. Siehe Eisenmenger II, 895. Dem Messias gibt Gott den Schlüssel (κλεῖδα) der Auferweckung der Todten (אקלידא דתחיית המתים) *Sanhedrin* 113[a], vgl. *Beresch. rabba* c. 73. Nach *Midrasch Thehillin* zu Ps. 93 heißt der Messias Jinnon, weil er die Todten auferwecken will, vgl. *Pirke de-R. Elieser* c. 32. Zwar legt *Pesachim* 68[a] den Gerechten die Macht bei, die Todten aufzuerwecken; dagegen wird von den Rabbinen, z. B. R. Levi ben Gerschom zu 5 Mos. 34, 10, bemerkt, daß gerade die Auferweckung der Todten das Mittel sein werde, durch welches der Messias die Völker zur Anbetung Gottes bringe. Vgl. 1 Thess. 4, 14 ff.

Der Ort, wo die Auferstehung erfolgt, ist das **heilige Land**.

§ 81. Die Erlösung Israels und die erste Auferstehung.

Dieses heißt nach *Jalkut Schim., Beresch.* 130 deshalb א־ץ חיים, weil hier in den Tagen des Messias die Todten wenigstens zuerst auferstehen. Vgl. oben S. 64 f. Dann aber werden die außerhalb des Landes Begrabenen unter der Erde hergewälzt (מתגלגלים), um im heiligen Lande aus der Erde hervorzugehen *jer. Kilajim* IX, 3. Um die Schmerzen des Gilgul (גלגול) zu ersparen, will man im Lande Israel begraben sein, wie denn Rabbinen, die man sonderlich ehren wollte, zum Begräbnisse in das heilige Land geführt worden sind, a. a. O. Vgl. § 71, 3. Davon ist auch *Kethuboth* 111ª die Rede. Hier wird ausdrücklich gesagt, daß die Gerechten, die außerhalb des Landes Israel sterben und begraben werden, auferstehen „mittelst der Wälzung" (על ידי גלגול), denn es werden ihnen Höhlungen gemacht in der Erde (מחילות נעשות להם בקרקע), also unterirdische Gänge, in denen sich ihre Leiber herwälzen. Diese unterirdische Reise ist schmerzvoll; deshalb wollte Jakob nach *Kethub.* 111ª im Lande Israel begraben sein. Vgl. *Jalkut Schim., Beresch.* 156. Daran aber, daß auch die außerhalb des Landes Israel Begrabenen auferstehen werden, ist nicht zu zweifeln; denn *Tanchuma, Waëthchannen* 6 bezeugt ausdrücklich, daß Gott den Mose außerhalb des Landes Israel begrub, damit die Todten, welche außerhalb des Landes Israel sterben, durch sein Verdienst (בזכיתו) auferweckt werden. Mose verbürgt durch sein Begräbnis und seine Auferstehung außerhalb Kanaans allen Anderen, die außerhalb des Landes schlafen, die Auferstehung. Vgl. S. 324, unten.

Nach 4 Esr. 6, 23 f. wird die Posaune ertönen, und bei ihrem Schalle werden die Todten erbeben. Vgl. 1 Thess. 4, 16. 1 Kor. 15, 52. In den *Othioth* des R. Akiba 17ᶜ wird dies näher so geschildert. Der Heilige nimmt eine große Posaune, welche nach göttlichem Maße 1000 Ellen lang ist, und bläst mit derselben, und ihre Stimme wird von einem Ende der Erde bis zum anderen gehen. Bei dem ersten Blasen wird die ganze Welt sich bewegen, bei dem zweiten wird der Staub abgesondert, bei dem dritten werden die Gebeine der Todten gesammelt, bei dem vierten werden die Glieder derselben erwärmt, bei dem fünften wird die Haut darüber gezogen, bei dem sechsten gehen die Seelen und die Geister in ihre Leiber ein, bei dem siebenten werden sie lebendig und stehen auf ihren Füßen, in ihren Kleidern, laut Sach. 9, 15. 16. Nach einer Sage, die *Beresch. rabba* c. 28 und sonst sich findet, bleibt von dem menschlichen Leibe ein Bein unverwest, welches לוז שלדרה (wörtlich: Mandel des

Rückgrats = *os sacrum?*) heißt und für das unterste Bein des Rückgrats gilt. Es läßt sich weder zermahlen, noch verbrennen, noch im Wasser erweichen, noch auf dem Ambos mit dem Hammer zerschlagen. Dieser unzerstörbare Teil des Leibes wird künftig der Ausgangspunkt für die **Bildung des neuen Leibes** sein. Aus ihm erbaut sich der übrige Leib. Vgl. *Wajjikra rabba* c. 18. Nach *Schabbath* 88[b] wird göttlicher Thau (wegen Jes. 26, 19) vom Himmel in den Tagen des Messias die Todten wieder lebendig machen. (Vgl. noch *Chagiga* 12[b]. *Pirke Eliezer* c. 34.) *Beresch. rabba* c. 14 enthält im Anschluß an Ez. 37 (aus welcher Stelle dagegen *Sanhedrin* 92[b] für die Lehre von der Auferstehung nichts gefolgert wissen will) eine Erörterung darüber, ob die Bildung des Leibes künftig dieselbe sein werde, wie jetzt, d. i. ob die Reihenfolge der Bildung sein werde: Haut, Fleisch, Sehnen, Knochen, oder: Sehnen, Knochen, Haut, Fleisch. Daraus ergibt sich, daß der künftige Leib dem Stoffe und der Organisation nach wesentlich von gleicher Beschaffenheit gedacht wird, wie der jetzige, obwol nach *Sanhedrin* 92[a] die durch den Messias auferweckten Gerechten nicht wieder zu Staub werden. Nach *jer. Kilajim* IX, 3 (vgl. *Tanch., Emor* 2) ersteht man in denselben Kleidern, in denen man ins Grab gelegt wurde. In *Sanhedrin* 90[b] wird die Auferstehung in Kleidern aus dem Beispiele des Weizenkorns (vgl. 1 Kor. 15, 37) erwiesen, das nicht nackt, sondern umhüllt aus der Erde wieder hervorgehe: wie viel mehr der Leib des Menschen! Sterbende Rabbinen geben daher genaue Befehle über ihre Todtenkleider. Doch beschränkt *Beresch. rabba* c. 95 die Identität insoweit, als der Heilige Alles, was er in dieser Welt geschlagen hat, in der zukünftigen heilt: der Mensch steht zwar mit den alten Gebrechen als Blinder, Lahmer u. s. w. auf, damit seine Identität festgestellt werden könne, aber diese Gebrechen werden alsdann sofort geheilt. Dies vertritt hier die Hoffnung der Verklärung: man erwartet die Versetzung in einen normalen, gesunden Zustand (vgl. 1 Kor. 15, 42 ff.). Dem entspricht auch, daß die Auferstandenen ein dem bisherigen entsprechendes materielles Leben führen und keine absolute, sondern nur relative Unsterblichkeit haben. Die von Jellinek herausgegebenen kleinen Midraschim malen das ähnlich aus wie die moslemische Sunna.

So ist die Gemeinde Israel ihrem Bestande nach wieder hergestellt. Aus der Zerstreuung sind die Lebenden, aus den Gräbern

§ 82. Das messianische Zeitalter.

die Todten wiedergekehrt, um nun im heiligen Lande die verheißene Herrlichkeit des messianischen Zeitalters zu genießen. Vgl. übrigens § 88.

Kap. XXIII. Das Reich des Messias.

§ 82. Das messianische Zeitalter.

Das gesamte Volk Israel wird der Messias zu äußerer Verherrlichung, zur Herrschaft und zu geistlicher Vollendung bringen. Dieses Dreifache bildet den Inhalt der Tage des Messias oder des messianischen Zeitalters. Mit diesem messianischen Zeitalter beginnt das ewige Leben (עוֹלָם הַבָּא oder עָתִיד לָבֹא), das von den Propheten geweissagt ist. Am Ende des messianischen Zeitalters folgt das letzte große und allgemeine Gericht. Damit geht dann die Zeit in die Ewigkeit über. Alles dies haben die folgenden letzten Paragraphen zu zeigen.

1. Die kommende Weltzeit, der עוֹלָם הַבָּא, steht gegenüber dieser unserer Weltzeit, dem עוֹלָם הַזֶּה. Dieser umfaßt die Zeit von der Schöpfung bis zum Beginne des messianischen Zeitalters; vgl. ὁ αἰὼν οὗτος Luc. 20, 34., ὁ νῦν αἰὼν Tit. 2, 12., ὁ καιρὸς οὗτος Luc. 18, 30. Der Olâm habbâ dagegen umfaßt die mit den Tagen des Messias beginnende Endzeit, welche in die Ewigkeit ausgeht; vgl. Luc. 18, 30., wo ὁ καιρὸς οὗτος von ὁ αἰὼν ὁ ἐρχόμενος unterschieden wird, und Luc. 20, 35 ὁ αἰὼν ἐκεῖνος mit Hebr. 6, 5 μέλλων αἰών. Mit dem Ausdrucke עוֹלָם הַבָּא wechselt עָתִיד לָבֹא, z. B. *Pesikta* 137ᵇ. Daß der עוֹלָם הַבָּא oder עָתִיד לָבֹא mit den Tagen des Messias beginnt, sieht man aus Stellen wie *Mechilta* 23ᵇ, wo die יְמוֹת הַמָּשִׁיחַ von dem עוֹלָם הַזֶּה abgegrenzt werden, vgl. *Schabbath* 63ᵃ; *Sanhedrin* 91ᵇ; *Targum* 1 Kön. 5, 13: בְּצַלְמָא הָדֵין וּבְעָלְמָא דְאָתֵי דִמְשִׁיחָא; *Beresch. rabba* c. 98 (?): לֶעָתִיד לָבֹא בִּימוֹת הַמָּשִׁיחַ וגו' in der künftigen Welt, in den Tagen des Messias, wird die Schechina unter ihnen wohnen. Aber das messianische Zeitalter fällt mit dem עוֹלָם הַבָּא nicht einfach zusammen. *Schabbath* 113ᵇ unterscheidet עוֹלָם הַזֶּה, יְמוֹת הַמָּשִׁיחַ und עָתִיד לָבֹא; ebenso *Pesachim* 68ᵃ und *Sanhedrin* 91ᵇ יְמוֹת הַמָּשִׁיחַ und עוֹלָם הַבָּא. Jedenfalls verbürgt die aus *Beresch. rabba* c. 98 (?) angeführte Stelle, daß die יְמוֹת הַמָּשִׁיחַ in den עוֹלָם הַבָּא fallen. Sie bilden somit die Einleitung zu diesem; dieser

selbst aber schließt Zeit und Ewigkeit in sich. Das Verhältnis der ימות המשיח zum עולם הבא oder die Bestimmung des messianischen Zeitalters ist wol damit beschrieben, daß dieses als Ende, אחרית הימים *Beresch. rabba* c. 98 (vgl. Apg. 2, 17) oder קץ bezeichnet wird *Midrasch Tillim* Ps. 97, 1 (vgl. Matth. 24, 14) oder als סוף יומיא *Targ. jer.* I. 4 Mos. 25, 12. Es beginnt nach *Beresch. rabba* c. 98 mit dem Baue des Tempels und schließt mit Gog und Magog. Das messianische Zeitalter ist die Zeit der Hochzeit; die Jetztzeit vergleicht sich mit dem Brautstande (אירוסין) und seinen kleinen Geschenken; die Tage des Messias sind die Zeit der Heimführung (נשואין), wo ihm die ganze Fülle von Jahve geschenkt wird, *Schemoth rabba* c. 15 g. E. (Vgl. Matth. 9, 15. 22, 2 f. 25, 1—10. Joh. 3, 29.) Den Inhalt des messianischen Zeitalters bildet die Erfüllung der Prophetie (s. 2 Kor. 1, 20), welche die Wiederherstellung und Vollendung Israels im Auge hat. Dies wird ausgedrückt in der bedeutsamen Stelle *Schabbath* 63ᵃ u. ö.: Alle Propheten haben nur geweissagt von den Tagen des Messias, aber was den עולם הבא betrifft, so gilt von ihm das Wort (vgl. Jes. 64, 3. 1 Kor. 2, 9 f.): Kein Auge hat ihn gesehen. Schön sagt Joseph Albo in *Sefer Ikkarim* IV, 31: Der עולם הבא kommt stufenweise (מדרגה) für den Menschen. Die erste Stufe ist das messianische Zeitalter. Daher heißt auch der עולם הבא die Welt der Vergeltung und Vollendung (עולם הגמול, das.).

2. Ueber die Dauer des messianischen Zeitalters gehen die Ueberlieferungen weit auseinander (vgl. Schürer II, 457 f.). Nach *Sifre* 134ᵃ und *Pesikta* 29ᵃ umfaßt es drei Geschlechter (דורות); letztere Stelle citirt dafür Ps. 72, 5. Es wird freilich nicht gesagt, wie lange ein Geschlecht dauere. *Aboda sara* 9ᵃ sagt, daß die Tage des Messias zwei Jahrtausende umfassen, nämlich das fünfte und das sechste der sechs Jahrtausende der Welt (§ 76, 2). Diese Bestimmung verdankt ihren Ursprung dem Bedürfnisse nach Gleichmaß. Wie zwei Jahrtausende vor dem Gesetze und zwei Jahrtausende unter dem Gesetze, so sollen zwei Jahrtausende unter dem Messias verfließen, damit sich eine Weltwoche von sechs Jahrtausenden ergebe. Die verschiedenen Meinungen finden sich wol am Vollständigsten zusammengestellt *Tanchuma, Ekeb* 7: „Wie lange dauern die Tage des Messias? R. Akiba sagt: Vierzig Jahre, wie Israel vierzig Jahre zubrachte in der Wüste". Hiernach ist der עולם הבא gleichsam das gelobte Land, und die Erlösung und das

§ 82. Das messianische Zeitalter.

messianische Zeitalter die Ueberleitung vom gegenwärtigen Weltlaufe zum עולם הבא. „Und er (der Messias) zieht sie und führt sie in die Wüste und läßt sie Salzkraut und Ginsterwurzeln essen, nach Hiob 30, 4 ... R. Elieser sagt, das messianische Zeitalter währe hundert Jahre. R. Berechja im Namen des R. Dosa sagt: **sechshundert Jahre**, und auch die Tage des Messias betragen sechshundert Jahre. Rabbi sagt: **Vierhundert** Jahre, nach den Worten Mich. 7, 15: Gleich wie in den Tagen des Auszugs aus Aegypten will ich ihn Wunder sehen lassen. Wie also der Aufenthalt in Aegypten vierhundert Jahre dauerte, so dauert auch das messianische Zeitalter vierhundert Jahre. R. Elieser sagt: **Tausend Jahre**, denn es heißt (Ps. 90, 15): Erfreue uns gleich den Tagen, die du uns geplagt hast. R. Abahu sagt: **Siebentausend Jahre**, denn es heißt (Jes. 62, 5): Wie der Jüngling sich die Jungfrau vermählt, so werden dich deine Kinder in Besitz nehmen. Wie die Tage des Hochzeitsmahles sieben sind, so sind auch die Tage des Messias siebentausend Jahre. Unsere Rabbinen haben gesagt: Es sind **zweitausend Jahre**, denn es heißt (Jes. 63, 4): Ein Tag der Rache ist in meinem Herzen, und das Jahr meiner Erlösung ist gekommen. Und nach den Tagen des Messias kommt der עולם הבא, und der Heilige erglänzt in seiner Herrlichkeit und läßt seinen Arm sehen, denn es heißt (Jes. 52, 10): Jahve hat seinen heiligen Arm entblößt vor den Augen aller Völker, und alle Enden der Erde haben das Heil unsers Gottes gesehen. In dieser Stunde sieht Israel den Heiligen in seiner Herrlichkeit" laut Jes. 52, 8 ff.

Hier tritt hauptsächlich die Vergleichung zwischen der ersten und der letzten Erlösung — daher vierzig oder vierhundert Jahre, — dann das Gleichmaß der Endzeit im Verhältnis zu den anderen Perioden — daher zweitausend Jahre, — endlich auch der Gedanke hervor, daß die messianische Zeit Israels Freudenzeit, seine Hochzeit sei — daher tausend oder siebentausend Jahre. Jedenfalls ist das messianische Zeitalter als ein begrenzter Zeitraum gedacht, der die diesseitige Geschichte Israels zum Abschlusse bringt, um die Ewigkeit vorzubereiten, als der Vortag des ewigen Sabbats.

§ 83. Der Bau Jerusalems und des Heiligtums.

Wenn der Messias kommt, wird vor allem die zerstörte Stadt Jerusalem herrlich, hoch und groß wieder errichtet werden, überragt von dem neuerbauten und mit aller denkbaren Herrlichkeit ausgerüsteten, weithin strahlenden Tempel. Stadt und Tempel werden dann der Mittelpunkt der Völkerwelt sein. Vgl. Offenb. Joh. c. 21; Schürer II, S. 451 f. und (wegen des oberen Jerusalems) unten § 90.

1. Seit Jerusalem, die Stadt Gottes, in Trümmern liegt, hat Israel die Hoffnung nicht aufgegeben, daß es einst wieder in der neuerbauten Stadt Gottes wohnen werde; *Berachoth* 58ᵇ: der Heilige wird den Berg Zion wieder in den Stand der Bewohnbarkeit (ישוב) versetzen, und auch die Gerechten werden ihre zerstörten Häuser einst wieder bewohnen; *Echa rabba* zu 5, 19: Jerusalem, der Fußschemel Gottes, wird nicht immer wüste liegen, sondern in neuem Glanze erstehen. *Baba bathra* 75ᵇ wird das Jerusalem dieser Welt von dem Jerusalem der zukünftigen Welt d. i. des messianischen Zeitalters unterschieden. Nach *Berachoth* 49ᵃ wird der Herr Jerusalem bauen, wenn er die Zerstreuten Israels sammelt (§ 81, 2). Auch *Schemoth rabba* c. 31 wird die Ankunft des Messias als die Zeit bestimmt, in welcher der Tempel und mithin Jerusalem wieder aufgebaut wird.

Und dieses wieder erstandene Jerusalem zieht die längst verheißene Herrlichkeit an und gestaltet sich so, wie es seine Bestimmung als Metropolis der ganzen Welt erfordert. Mit Edelsteinen sind seine Thore geschmückt *Baba bathra* 75ᵃ. Der kostbarste Sapphir ist Jerusalems Schmuck *Pesikta* 135ᵇ. Ebend. 137ᵇ: „Während man in dieser Welt die Grenzen (תחומין) mit Steinen und Bäumen bezeichnet (vgl. *Baba bathra* 56ᵃ), gibt man sie in der zukünftigen Welt durch Edelsteine und Perlen an. R. Levi sprach: Einst werden die Grenzen von Jerusalem zwölf Meilen im Geviert voll Edelsteinen und Perlen sein. Wenn in dieser Welt einer dem andern etwas schuldig ist, so sagt er ihm: Komm, wir wollen zum Richter gehen und Recht suchen; zuweilen stiftet dieser dann Frieden zwischen ihnen, zuweilen auch nicht; denn wenn zwei aus dem Gerichtshause herausgehen, kommen sie meist nicht als Freunde heraus. Aber in der zukünftigen Welt, wenn Einer dem Andern schuldig ist,

§ 83. Der Bau Jerusalems und des Heiligtums.

so sagt er zu ihm: Wir wollen gehen und den Handel vor dem König Messias in Jerusalem ausmachen. Wenn sie nun an die Grenzen von Jerusalem kommen, so finden sie dieselben mit Edelsteinen und Perlen belegt. Da nimmt der Schuldner zwei davon und sagt zum Gläubiger: Bin ich dir mehr schuldig als diese? Er aber sagt: Nicht einmal so viel; es sei dir die Schuld erlassen, es sei dir quittirt! Das ist, was geschrieben ist Ps. 147, 14: er schafft deiner Grenze Frieden!" So reich ist Jerusalem.

Noch mehr sind die Höhe und der Umfang Jerusalems erstaunlich. Nach *Baba bathra* 75$^{a\,b}$ ist das Jerusalem der Endzeit um drei Parasangen (1 Par. d. i. persische Meile = $^3/_4$ deutsche Meile) über seine gegenwärtige Höhe erhöhet. *Pesikta* 143^b läßt Jerusalem künftig in die Höhe wachsen und sich erstrecken bis an den Thron der Herrlichkeit (S. 164), laut Jes. 49, 20. Hoch ragt die Stadt Gottes über Alles empor. Von ihrem Umfange aber wird gerühmt, daß sie bis an die Thore von Damaskus reiche, nach Sach. 9, 1, *Pesikta* 143^a; sie wird sich in die Breite ausdehnen und in die Höhe wachsen, denn sie soll Alle aufnehmen, welche aus dem Exil heimkehren, und den Völkern eine Wohnstätte sein; sie wird also bis Damaskus im Norden und bis nach Jaffa am Meer, bis an den Okeanos sich ausdehnen, a. a. O. Auch *Schir rabba* zu 7, 4 lehrt die Ausdehnung des künftigen Jerusalem bis nach Damaskus, und *Sifre* 65^a fügt hinzu, daß „das Land Israel in die Breite und in die Höhe wächst nach allen Seiten wie der Feigenbaum, der unten kurz ist".

2. In Jerusalem aber ragt wieder über Alles empor das Heiligtum. Die Stadt Gottes ersteht aufs Neue eben um des Heiligtums willen. Deshalb heißt es ebenso, daß der Messias Jerusalem, als daß er den Tempel bauen werde; der letztere gibt Jerusalem seinen Werth und seine Bedeutung. Schon das Targum zu Jes. 53, 5 sagt: Der Messias wird das Heiligtum bauen, das durch unsere Schuld entweiht und durch unsere Sünden (den Heiden) überliefert worden ist, nach *Wajjikra rabba* c. 9. *Bammidbar rabba* c. 13: Der Messias kommt vom Norden (§ 79, 2) und baut den Tempel, der im Süden gelegen ist. A. a. O. c. 14 heißt es, daß der Tempel in den Tagen des Messias wieder aufgebaut werden wird, wie er einst in den Tagen Salomo's und nach dem Exil gebaut wurde. *Jalkut Schim., Beresch.* 159 sagt, der Messias werde den dritten Tempel bauen. Denn dies ist das Schicksal des Tempels, das Gott von Anfang an

vorausgewußt: er wird gebaut in Herrlichkeit, zerstört und wieder gebaut kümmerlich, und zuletzt in Herrlichkeit wieder aufgebaut *Beresch. rabba* c. 2. *Pesikta* 145ᵃ. Daß es geschehe, darum wird seit den Tagen der zweiten Tempelzerstörung unablässig gebetet; der Vorbeter muß im Gebete den Tempelbau vor Gott erwähnen *Pesikta* 158ᵃ.

Und zwar wird der Tempel dann, wie Alles im messianischen Zeitalter, in seiner Vollendung dastehen. Nach *Bammidbar rabba* c. 15 sind bei der Zerstörung des salomonischen Tempels fünf Dinge weggenommen und aufbewahrt worden, so daß sie dem zweiten Tempel fehlten, nämlich: der Leuchter, die Lade, das Feuer, der heilige Geist und die Cherube. „Wenn aber der Heilige, g. s. E., in seinem Erbarmen sein Haus und seinen Tempel wieder bauen wird, so wird er auch die fünf Dinge wieder an ihren Ort zurückbringen, Jerusalem zu erfreuen." Das letzte Heiligtum wird aber unendlich herrlicher noch als das erste sein. Seiner Bestimmung, der Mittelpunkt aller Völker zu werden, wird es dadurch genügen, daß es in Jerusalem Alles überragt, ja eine Höhe einnimmt, die es der ganzen Welt sichtbar macht. Denn der Heilige wird drei Berge, den Karmel, den Tabor und den Sinai auf einander thürmen, und auf dem Gipfel dieser Höhe wird er das Heiligtum aufbauen *Pesikta* 144ᵇ. Was vom ersten Tempel gesagt wird, daß von ihm (vom Heiligtum) das Licht ausgeht in die ganze Welt (das. 145ᵃᵇ), das wird dann erst recht Wahrheit werden. Und der Tempel wird die Stätte des Lobes werden: er wird Hymnen (שירה) erklingen lassen, und alle Berge und Hügel werden antworten 144ᵇ. So erfüllt das Heiligtum der Endzeit seine herrliche Bestimmung.

§ 84. Tempeldienst und Gesetz im messianischen Zeitalter.

Wenn das Heiligtum wieder erstehen wird, dann wird auch die Aboda d. i. der Tempeldienst (§ 10) wieder hergestellt und somit das geistliche Wesen des Volkes Gottes vollkommen werden.

1. Die Sprüche der Väter sagen (vgl. S. 7. 38), daß die Welt getragen werde durch drei Dinge: durch Thora, Aboda und Gemiluth-Chasadim. Das erste und dritte ist dauernd geblieben, das zweite wurde seit der Zerstörung des Heiligtums eingestellt. Nun aber

§ 84. Tempeldienst und Gesetz im messianischen Zeitalter. 377

wird *Joma* 5b gefragt: Wie wird man (den Hohenpriester und die Priester) im messianischen Zeitalter (לעתיד לבא) ankleiden? Die Antwort lautet: Im messianischen Zeitalter wird, wenn Ahron und seine Söhne erscheinen, auch Mose mit ihnen kommen. Also stellt Mose den Tempeldienst dann wieder her (vgl. S. 34) und kleidet die Priester zu demselben ein. Man wird also in dem Heiligtume der messianischen Zeit Gott dienen nach der Weise, wie das schriftliche Gesetz und die mündliche Ueberlieferung es festgestellt haben. Der Unterschied zwischen dem ersten und dem zweiten Tempeldienste kann nur darin bestehen, daß Jerusalem (laut *Pesikta* 143ª u. ö.) die Stätte sein wird, wo alle Nationen sich versammeln, und das Heiligtum somit eine Bestimmung nicht bloß für Israel, sondern für alle Völker der Welt haben muß (vgl. Jes. 60). Doch wird von dem Heiligtume gelten, was von der Stadt Jerusalem gilt. Denn, sagt *Baba bathra* 75b, der Unterschied zwischen dem Jerusalem dieser Welt und dem der zukünftigen ist der, daß in jenes Jeder hinaufgehen kann, der will; in dieses aber dürfen nur die hinaufgehen, die dazu bestimmt sind (מזומנים). Es ist wol die Auswahl derer gemeint, welche durch die sichtenden Gerichte Gottes hindurchgegangen sind und Teil empfangen haben am *Olâm habbâ* (§ 82, 1) und somit auch an Jerusalem. Diese Auswahl allein, die geheiligte Schaar Gottes aus Israel und den Heiden, wird Zugang zum Tempel haben.

2. Dieses vollendete Volk Gottes lebt und bewegt sich in dem Tempel in vollkommenem Gesetzesdienste. Denn der Herr selbst wird Israel die Thora lehren. „In dieser Welt habe ich euch die Thora gegeben, und Einzelne haben sich mit derselben abgemüht (um sie zu verstehen); aber in der zukünftigen Welt (לעתיד לבא) will ich selber sie ganz Israel lehren, und sie werden sie lernen und nicht mehr vergessen" *Pesikta* 107ª. Das schließt nicht aus, daß in den Tagen des Messias sogar Synagogen und Lehrhäuser vorhanden sind, *Debarim rabba* c. 7: „R. Judan sprach: Jeder, der Amen respondirt (in der Synagoge dem Vorbeter), wird gewürdigt auch in der zukünftigen Welt (עתיד לבא) zu respondiren. Eine andere Ueberlieferung erzählt, daß R. Josua ben Levi sprach: Jeder, der in die Synagogen und Lehrhäuser in dieser Welt eintritt, wird gewürdigt, in die Synagogen und Lehrhäuser auch der zukünftigen Welt einzutreten". Nach dem *Targum* zu Jes. 53, 5 (s. S. 361) wird derselbe Messias, der das Heiligtum wieder baut, auch durch seine

(Gesetzes-)Lehre wirksam werden, auch nach v. 11 und 12 Viele dem Gesetze unterwerfen. Nicht mehr wird man also auf sich selbst angewiesen sein, sondern Gott wird das Verständnis geben; in diesem Sinne wird die Thora eine neue sein, neu durch die Lehre Gottes und des Messias.

Oder sollte der Sinn jener Stellen ein anderer sein, die von einer neuen Thora (vgl. § 90) im messianischen Zeitalter sprechen? Die Hauptstellen sind folgende: „Es sprach R. Chija: Es ist dies auf die Tage des Messias zu beziehen.... Die Thora wird wieder wie eine neue (תורה לחדשה) sein; sie wird erneuert für Israel". So *Schir rabba* zu 2, 13. Und *Jalkut Schimeoni* zu Jes. 26, 2: „Der Heilige, g. s. E., wird sitzen und eine neue Thora lehren (דרש), welche er durch den Messias geben wird". Die erste Stelle geht nicht über den Sinn hinaus, daß ein neues Verständnis der Thora gegeben wird. Die zweite Stelle scheint eine andere als die alte Thora in Aussicht zu stellen. Aber der Ausdruck דרש besagt, daß es sich nicht um Verkündigung einer neuen Thora handelt, wie einst vom Sinai, sondern um eine durch Erklärung (דרוש, vgl. S. 87 f. 95. 120) gegebene neue Thora, also um neues Verständnis der alten Thora (vgl. §§ 4—6). So dürfte auch die spätere jüdische Theologie das neue Gesetz des Messias verstanden haben. Wenigstens sagt *Emek Hammelech* 196ᵃ zu Jes. 12, 3: „Die Wasser sind nichts Anderes als das Gesetz, und die Wasser des Heils nichts Anderes als das Gesetz des Messias; es sind aber jene Geheimnisse (vgl. Marc. 4, 11), welche der Alte der Tage (Dan. 7, 9. 13) verborgen und verschlossen hat, damit sie nicht (eher) offenbart werden sollten, bis zur Ankunft des Erlösers". In der Thora gibt es sonach Geheimnisse, welche inskünftige offenbart werden; wenn diese Geheimnisse von der Thora Mose's unabhängig wären und etwas schlechthin Neues, so könnten sie nicht unter dem Namen Thora befaßt werden. Dem entspricht, daß (oben S. 34. 359) die Halachoth über den Tempeldienst auch im messianischen Zeitalter gelten, und daß (S. 353) in der Gesetzeslehre eine Menge ungelöster Fragen bleiben, für deren Lösung man auf Elia's Ankunft, also auf das messianische Zeitalter vertröstet wird. Die Thora wird eine neue sein, weil sie in neuem, von Gott gegebenem Lichte erscheinen, neu und völlig verstanden werden wird. Daß zum Mindesten zur neutestamentlichen Zeit bei den jüdischen Theologen keine Rede war von einer anderen als der mosaischen Thora im messianischen Zeitalter, geht aus Matth. 5, 17 ff. Luc. 16, 17. Apostelgesch. 6, 14 deutlich hervor.

Aber nicht bloß gelehrt und in ihrem vollen Umfange wie in ihrer ganzen Tiefe neu erkannt wird die Thora, sondern auch erfüllt. Der Messias hat selbst die Thora auf sich genommen, um sie zu erfüllen *Targum* Jes. 9, 5; nach v. 6 wird der Gesetzesbeobachter (עבדי אוריתא) in den Tagen des Messias eine große Menge sein. Er hält darauf (*Targum* Jes. 53, 11. 12), daß man dem Gesetze Gehorsam leiste. Es wird in dem neuen Jerusalem einen Sanhedrin (S. 140) geben, einen obersten Wächter über die Erfüllung des Gesetzes. Denn nach *Wajjikra rabba* c. 11 werden auch im neuen Jerusalem die Aeltesten auf dem Zion als Sanhedrin Gott umgeben, während er auf seinem Throne sitzt. Es erweitert sich aber der Kreis derer, die da Aufsicht über die Gemeinde halten, indem nach derselben Stelle die Gerechten überhaupt, die Gott umgeben, den Sanhedrin bilden.

§ 85. Die Gerechtigkeit und der Segensstand der Gemeinde.

Durch den Messias wird Friede sein zwischen Gott und seinem Volke. Dieser Stand des Volkes vor Gott ist nicht dem Wechsel unterworfen. So kann der Segen Gottes über Volk und Land ungehemmt in seiner ganzen Fülle sich ergießen.

1. Der Messias heißt u. A. der Messias unsrer Gerechtigkeit (משיח צדקנו, s. Delitzsch, Römerbrief 78 und oben S. 357 f.), weil er dem Volke Rechtbeschaffenheit (צדק) vor Gott schafft, nämlich (oben S. 358 ff.) durch seine persönliche Heiligkeit (denn er ist der Heilige Gottes), durch seine Fürbitte vor Gott und durch die Anleitung des Volkes zur Erfüllung des Gesetzes. So waltet durch den Messias Friede zwischen Gott und Israel. Das finde ich besonders ausgesprochen in dem wiederholt vorkommenden Satze, daß es in den Tagen des Messias weder זכות noch חובה (§ 59, 1) gebe *Schabbath* 151ᵇ. *Wajjikra rabba* c. 18. Der Sinn dieser Worte ist nicht der, daß im messianischen Zeitalter durch das Gesetz kein Verdienst erworben werde, und Niemand durch Gesetzesübertretung eine Schuld auf sich lade. Beides ist der Fall. Aber das messianische Zeitalter ist vielmehr einerseits die Zeit der Vergeltung und Belohnung: jede Gesetzeserfüllung wird hier sofort belohnt. Und so gibt es einerseits

keine רעה im früheren Sinne, keine Anwartschaft auf künftigen Lohn. Andererseits aber ist das messianische Zeitalter eine Zeit beständigen Vergebens und steten Friedens, da der Messias durch sein Verdienst und seine Fürbitte immerfort wirksam für Israel eintritt. Dadurch ist die Häufung der Schuld, die der Sünder zu büßen hätte, unmöglich geworden. Die Gesetzeserfüllung wird alsbald belohnt, die Sünde alsbald vergeben. Hinsichtlich des Fehlens sich häufender Schuld kommt auch in Betracht, daß es (nach *Schabbath* 151ᵇ unter eigentümlicher Deutung von Pred. 12, 1) kein Verlangen zur Sünde mehr gibt, sowie daß der Opferdienst wieder im Schwange geht und seine sühnende Wirkung übt. Wenn *Pesikta* 55ᵇ. 61ᵇ. 122ᵃ dem Tamidopfer die Wirkung zuschreibt, daß „Niemand in Jerusalem weilte (לן), in dessen Hand Sünde war" — das Morgenopfer sühnte die Sünden der Nacht, das Abendopfer die des Tages — so wird das Tamidopfer des messianischen Heiligtums dieselbe Sühnkraft haben. Es ergibt sich also auch von Seiten der Aboda die Gewißheit, daß den Bewohnern des neuen Jerusalems ein ungetrübter Gnaden- und Friedensstand vor Gott beschieden ist, und jene bangen Stunden nicht wiederkehren, wo (S. 283 f.) nach Abwägung des Verdienstes und der Schuld das Urteil festgestellt wird, das auf זכאי oder חייב (§ 59, 1) lautet und über Leben oder Tod des Menschen entscheidet.

2. Nachdem also der volle Friedensstand für die Gemeinde hergestellt ist, genießt die Gemeinde Gottes nach außen hin volle **Freiheit**. Der wesentliche Unterschied zwischen dem gegenwärtigen und dem messianischen Zeitalter ist der, daß dann **kein Weltreich mehr besteht**, welches Israel drückt *Berach.* 34ᵇ. Und *Schabbath* 63ᵃ, *Pesachim* 68ᵃ: „Es ist kein anderer Unterschied zwischen der gegenwärtigen Welt und den Tagen des Messias, als die Knechtschaft (שעבוד) durch die Reiche (der Welt) allein" (vgl. § 86). Diese Freiheit genießt das Volk in einem Lande, welches nun ganz sein eigen ist und ihm reiche Frucht trägt. Die **physische Weltordnung** ist in den Tagen des Messias im Allgemeinen dieselbe, wie gegenwärtig; es ist in dieser Hinsicht nach *Pesachim* 68ᵃ zwischen den Tagen des Messias und dem *Olam habbâ* (§ 90) zu unterscheiden. Das ist der Sinn des soeben aus *Schabbath* 63ᵃ und *Pesachim* 68ᵃ angeführten Ausspruches, der eine grundsätzliche Bedeutung hat. Aber die Leistungsfähigkeit des neu gesegneten Landes ist doch eine sehr erhöhte. Die Schilderungen der **Fruchtbarkeit**

§ 85. Die Gerechtigkeit und der Segensstand der Gemeinde.

sind häufig und überschwänglich (vgl. Papias bei Irenäus V, 33, 3 f.). So sagt *Schabbath* 30ᵇ, daß in der messianischen Zeit die Bäume alle Tage neue Früchte tragen und ein solcher Reichtum der Erzeugnisse vorhanden ist, daß man Kuchen ißt und in Seide sich kleidet. Auch die Frauen werden nach dem Worte Jer. 31, 8 jeden Tag gebären; denn Schwangerschaft und Geburt fällt dann zusammen (הרה ויולדת יחדיו). Wenn sonst (nach *jer. Schekalim* VI, 2) das Getreide sechs, das Obst aber zwölf Monate zur Reife bedarf, so wird in der messianischen Zeit das Getreide in je zwei, das Obst aber in jedem Monate reifen (vgl. Offenb. Joh. 22, 2). Auch die Lebensdauer ist sehr erhöht; ja für das Volk Gottes ist selbst der Tod aufgehoben (vgl. Offenb. Joh. 21, 4). *Pesachim* 68ᵃ wird gesagt, daß die Schrift einerseits (Jes. 25, 8) weissage, der Tod werde verschlungen sein für immer, und andererseits (65, 20) davon rede, daß, wer hundertjährig sterbe, gleichsam nur das Knabenalter erreicht habe; einmal sei also die Herrschaft des Todes schlechtweg verneint, und dann sei doch wieder vom Sterben die Rede. Dieser Widerspruch wird in der Weise gelöst, daß eine Sterblichkeit bei erhöheter Lebensdauer von den Heiden gelten werde, welche dem Volke Gottes als Bürger und Ackerleute dienen, während die Glieder des Volkes Gottes selbst den Tod überhaupt nicht mehr schmecken werden. *Bereschith rabba* c. 26 sagt demgemäß: R. Chanina spricht, der Tod werde in der kommenden Zeit (לצדיק לבא) nur über die Heiden herrschen; R. Josua ben Levi aber sagt, er werde überhaupt ganz abgeschafft sein und weder über Heiden noch über Israel herrschen. Damit stimmt überein, daß wiederholt vom messianischen Zeitalter gesagt wird, es ersetze den durch Adams Sündenfall erlittenen Verlust *Beresch. rabba* c. 12 (vgl. *Jalkut Schim., Beresch.* 17). „R. Berechja sprach im Namen des R. Schemuel: Obwol die Dinge in ihrer Vollgestalt geschaffen worden sind, wurden sie doch verderbt, als der erste Adam sündigte (§ 48). Und sie werden nicht zu ihrem Urstande (תקון *reparatio*) zurückkehren, bis der Sohn des Perez (Messias, S. 356) kommt. Denn es heißt (Ruth 4, 18) אלה תילדות פרץ, und תילדות ist *plene* geschrieben. Diese *scriptio plena* geschah (§ 27) um der sechs Dinge willen, die zurückkehren werden (nachdem sie dem ersten Adam weggenommen wurden, S. 222 f.), und das sind sie: der Abglanz der göttlichen Herrlichkeit auf Adams Antlitz, sein Leben, seine Größe, die Früchte des Landes und die Früchte des Baumes, und die Lichter". Diese Wiederherstellung bringt also den Urstand für Israel wieder herzu (S. 213 f.). Gottes Gegenwart stellt sich dar in dem Glanze, der auf eines Jeden Angesicht liegen wird. Das Leben ist vom Tode nicht mehr bedroht, Unsterblichkeit ist wieder geschenkt. Der Mensch entfaltet sich zu einer Größe, die ihn auch äußerlich als Herrn der Schöpfung zu erkennen gibt. Das Land gibt frei vom Fluche ohne die peinliche Arbeit des Menschen sein Gewächs. Der Baum gibt nicht bloß Holz, sondern Frucht. Das Licht leuchtet wieder ohne Trübnis, so daß der Mensch wie vor dem Falle in diesem Lichte ungemessene Fernen schauen kann. In dieser wiederkehrenden Glorie des Urstandes vollendet sich, was Gott in den Tagen des Messias schafft, und was diese Zeit zum Gegenstande des Wünschens und Hoffens der Gemeinde macht.

§ 86. Die Herrschaft des Messias über die Völkerwelt.

Der Messias, Sohn Davids, ist bestimmt, Weltherrscher zu werden. Alle Weissagungen, welche von einem Reiche Gottes reden, das die ganze Welt umfassen soll, kommen in der Weltherrschaft des Messias zur Erfüllung. Sein Reich tritt an die Stelle des römischen Weltreiches. Vgl. Marc. 1, 15; Schürer II, S. 453 f. sowie den Nachtrag.

1. Alle Weissagungen von einem Reiche Gottes werden auf die Herrschaft des Messias bezogen. So 1 Mos. 49, 10 ff. Das Scepter Juda's ist der Thron des Königs, der Thron, den Gott nach Ps. 45, 7 für ewig aufrichtet. Schilo ist der, dem das Reich gegeben werden wird, der Messias (S. 122). עמים יקהת wird ihm gegeben, d. h. er wird allen Völkern die Zähne stumpf machen (יקהה), so daß sie nicht mehr werden widerstreben können, und alle Völker werden sich um ihn (als Panier der Völker) sammeln. So *Beresch. rabba* c. 99, *Tanchuma Wajechi* 10. Auch der Stern aus Jakob (4 Mos. 24, 17) wird vom Messias gedeutet, der Edom (das römische Weltreich, S. 365) vernichte. Wenn er erscheint, so will Jahve sein Reich aufrichten, das an die Stelle des römischen Weltreichs treten wird, und einen König über Israel setzen (S. 366) *Debarim rabba* c. 1. In Ps. 2 ist der Messias als Herrscher über alle Völker verkündet *Jalkut Schim. Beresch.* 76, obwol in *Bammidbar rabba* c. 10 das בר נשקו nicht mit „küsset den Sohn", sondern „küsset (nehmet ehrfurchtsvoll an) die Gebote der Thora" wiedergegeben wird. Der 110. Psalm wird zwar *Tanchuma, Lech Lecha* 13 auf Abraham

§ 86. Die Herrschaft des Messias über die Völkerwelt. 385

bezogen (ebenso *Wajjikra rabba* c. 10); Ps. 110, 4 wird mit 1 Mos. 14, 19 in Beziehung gesetzt und jene Stelle aufgefaßt: Du Abraham bist ein Priester nach dem Ausspruche, den Melkizedek über dich gethan hat. Aber nach *Jalkut Schim., Beresch.* 145 deutet das Scepter, das von Zion ausgeht (Ps. 110, 2), auf die Weltherrschaft des Messias. In Sach. 9, 1 wird חדרך als Bezeichnung des Messias gefaßt und so erklärt: er ist scharf (חד) für die Völker, mild (רך) für Israel *Pesikta* 143ª. Auch der עני ורכב על חמור Sach. 9, 9 wird als der Messias verstanden, z. B. *Beresch. rabba* c. 56 und c. 75. Auch Jes. 9, 1 ff. wird in *Debarim rabba* c. 1 auf den Messias gedeutet, und somit die dort verkündigte Weltherrschaft ihm beigelegt.

Die Targume enthalten nicht wenige Hinweisungen auf die Herrschaft des Messias. Bemerkenswerth ist schon, daß der Messias immer König Messias (מלכא משיחא) genannt wird. Auf die Weltherrschaft des Messias weist (nach dem *Targ. jer.* I und II) 1 Mos. 49, 10 hin. „Wie schön ist der König Messias, welcher aus dem Hause Juda aufstehen wird, gegen seine Feinde streitet und die Könige tödtet". 4 Mos. 24, 7 weissagt nach *jer.* II: Und siehe, sehr groß und mächtig wird das Reich des Königs Messias sein. 4 Mos. 24, 17 lautet nach *Targ. Onkelos* und *jer.* I: Herrschen wird ein starker König aus dem Hause Jakob und mächtig wird werden der Messias aus Israel. Von geringem Anfange aus wird (2 Sam. 2, 10) Gott das Reich seines Messias erhöhen. In 2 Sam. 23, 3 sagt David nach dem *Targ.*: Er (der Herr) sagte mir, er wolle mir aufstellen einen König, das ist der Messias, welcher aufstehen und herrschen wird in der Furcht des Herrn. Jes. 10, 17 verheißt nach dem *Targ.*, daß die Völker durch den Messias zerbrochen werden. In Jes. 53, 10 ist der Same, den der Messias sehen wird, das Reich des Messias. Mich. 4, 8 gibt *Targ.* wieder: Du aber, Messias Israels, der du um der Sünden Israels willen verborgen gewesen bist, dir wird zukommen das Reich. Die Hauptstelle aber ist Sach. 4, 7, welche nach dem *Targum* lautet: Und er wird den Messias offenbaren, dessen Name von ewig genannt ist, und er wird herrschen über alle Reiche. Es ist daraus klar, daß, wo vom Königtume (מלכות) des Messias die Rede ist, nicht bloß die Herrschaft über Israel, sondern die Herrschaft über die Völkerwelt gemeint ist.

2. Das Weltreich, welches der Messias aufrichtet, tritt **an die Stelle des letzten d. i. des römischen Weltreiches.** Nach *Aboda*

sara 2ᵇ löst ersteres das letztere ab. Nach *Pesachim* 54ᵃ entspricht die Frage, wann das Reich des Hauses David wieder an seine Stelle zurückkehren werde, der anderen, wann das Weltreich verschwinde. Was sollte auch nun noch ein heidnisches Weltreich, nachdem Israels Sünde vergeben und zwischen ihm und Jahve durch den Messias Friede geworden ist? Das Weltreich ist (*Sifre* 86ᵃ) nur um der Sünde Israels willen, zur Bestrafung derselben ins Dasein gerufen worden: „An dem Tage, da Salomo mit der Tochter Pharao's sich verehelichte, stieg Gabriel herunter, schnitt ein Rohr am Meere ab und brachte Schlamm (aus dem Meeresgrund) herauf, und darauf ward die Stadt Rom erbaut. Und an dem Tage, da Jerobeam die zwei Stierbilder aufstellte, standen Remus und Romulus auf und erbauten zwei Burgen (כרכין) in Rom". (Vgl. die Sage von Romulus und Remus in midrasischer Form, *Esther rabba* zu 1, 9). Rom heißt im Targum zu Ps. 111, 8 (s. Levy u. פָּרָךְ) כרכא רשיעה die Frevelstadt. Ohne die Sünde Israels wäre das Weltreich nicht entstanden, sondern das davidisch-salomonische Reich hätte sich weiter zum Weltreiche entwickelt. Nachdem nun endlich die Sünde vergeben und Friede geworden ist, hat das heidnische Weltreich seine Bestimmung erfüllt; das davidisch-salomonische kann wieder erscheinen, und zwar nun als Weltreich. Denn das **Weltreich des Messias** ist die Erneuerung und Vollendung des davidisch-salomonischen. Das Reich des Hauses David, heißt es *Pesachim* 54 (s. oben), wird wieder an seine Stelle treten (מלכות בית דוד תחזור למקומו). Sehr bezeichnend ist *Bammidbar rabba* c. 18 g. E., wo erst vom Königsscepter und den Wundern, die an diesem geschehen, die Rede ist, und dann fortgefahren wird: Und dieser Stab war in der Hand eines jeden Königs, bis das Heiligtum zerstört wurde; dann wurde er verborgen (נגנז). Und dieser selbe Stab wird künftig in der Hand des Königs Messias sein (ביד מלך המשיח), der bald in unseren Tagen erscheinen möge, laut Ps. 110, 2. Daß schon das Reich Davids Weltreich sein sollte, zeigt *Esther rabba* zu 1, 1, wo es heißt, daß David, Salomo und Ahab über die 252 Exarchien der Welt geherrscht haben. Und zu 1, 2 lesen wir, daß auf Salomo's Thron nur ein κοσμοκράτωρ sitzen dürfe. Nach *Bammidbar rabba* c. 13 wird das Reich des Messias wirklich **universal** sein: „es hat keine Grenzen". Und *Schir rabba* zu 1, 5 sagt, daß Jerusalem künftig die Metropolis aller Städte der Welt sein werde. Die ganze Erde ist Israels Herrschaftsgebiet. Israel selbst aber wird nicht in der Völkerwelt aufgehen, die Welt wird

§ 86. Die Herrschaft des Messias über die Völkerwelt.

nicht sein Wohngebiet sein. Das sagt ebenfalls *Sifre* 135ᵃ: Es sprach Jahve zu Israel: Gleichwie ihr in dieser Welt abgesondert (יחידים) gewohnt und durchaus Nichts von Heiden genossen habt, so werde ich euch in der Zukunft (לבתיר לבא) abgesondert wohnen lassen, und keiner der Heiden soll etwas von euch mehr genießen. Schön faßt die künftige Hoheitsstellung des Messias und Israels *Schemoth rabba* c. 8 zusammen, wo es heißt: Der Heilige wird dereinst den König Messias mit seiner Krone bekleiden, dem בית שו; Israel aber wird sich kleiden in Jahve's Kleid, in Jahve's Macht. Aehnlich *Pesikta* 149ᵇ: Die Gemeinde Israels wird künftig mit ihrem Glanze Alles bescheinen. *Bammidbar rabba* c. 14: Gott zieht dem Messias Majestät und Herrlichkeit (הוד והדר, Ps. 21, 6 ö.) als Kleid an. Der Messias wird auch Gottes Erstgeborner genannt; Gott gibt ihm das Erstgeburtsrecht wie einst dem Jakob, laut Ps. 89, 28; er gibt ihm das Erbe, den Besitz der Welt *Schemoth rabba* c. 19. Dem entspricht die Aussage von *Sanhedrin* 98, daß die Welt auf den Messias hin geschaffen ist.

3. Treten wir nun an die Frage heran, wie sich diese Weltherrschaft vollzieht, so ist schon mit dem Vorigen gesetzt, daß die Weltvölker auch im messianischen Zeitalter als solche weiter bestehen. Sie werden nicht judaisirt, wie etwa einst die Idumäer judaisirt wurden. Denn diese zwang Johannes Hyrkanus 129 v. Chr. zur Beschneidung und verleibte sie dem jüdischen Staate ein. Idumäa stand seit der Zeit unter einem jüdischen Präfekten. Im messianischen Zeitalter dagegen werden die Völker ihre eigentümliche Gestalt und ihr Sonderdasein bewahren *Sifre* 135ᵃ. Dabei gehen die Aussagen über Israel, was sein religiöses Verhältnis zu den Völkern betrifft, sehr auseinander. Nach *Aboda sara* 24ᵇ werden in den Tagen des Messias sich alle Heiden selbst zu Juden machen. (Näheres *Aboda sara* ed. Ewald S. 16 ff.; die in der 1. Aufl. angeführte Stelle aus *Sifre* 76ᵇ ist eine geschichtliche Aussage über die Zeit Josua's, gehört also nicht hierher.) Solche Anziehungskraft auf die Völker übt die Herrlichkeit des Landes Israel. Dem entspricht die missionirende Thätigkeit, die vom Volke Israel auf die Heiden ausgeht. Vom Messias selbst besagt *Schir rabba* zu 7, 2, er heiße der Weg (הדרך Sach. 9, 1), weil er alle Bewohner der Erde (כל באי הצולם) zur Buße vor dem Heiligen leite (יהדריכן). Von den Juden lesen wir, daß sie in der messianischen Zeit in dem Circus und den Theatern der Heiden das Gesetz lehren: an den Mittelpunkten heidnischen

Lebens und Wesens ist dann die Thora Gottes die herrschende Macht. Andererseits aber finden sich Stellen, wonach im messianischen Zeitalter die Proselyten (גרים) aus den Heiden nicht angenommen werden. So *Aboda sara* 3[b]: Sie kommen wol und übernehmen die Gebote; wenn aber dann Gog und Magog aufstehen, so schließen sie sich denen an und geben jene wieder auf. Ebenso sagt *Jebamoth* 24[b]: Man nimmt in den Tagen des Messias keine Proselyten an. Hier offenbart sich das Bewußtsein einer tiefen Kluft zwischen Israel und der Völkerwelt (§ 17 ff.), zugleich mit der Empfindung, daß das Volk des Gesetzes mit dem Gesetze allein an den gesetzlosen Weltvölkern seine geistliche Mission zu erfüllen nicht im Stande sein werde. Beide Stimmungen gehen immer durcheinander, wo es sich um die Heiden handelt: einerseits das Verlangen, sie sich anzueignen, und andererseits die Abstoßung, sobald es sich um die Gemeinschaft auch der Heiligtümer handelt (vgl. oben S. 70 ff.). (Man kann den Sachverhalt auch nach Kahan einfacher so ausdrücken, daß die Heiden durch den Messias zur **Erkenntnis Gottes** gebracht werden, zur Uebernahme der für Israel insbesondere berechneten Thora dagegen nicht gelangen.) Indeß bleiben doch die obigen Aussagen in Kraft, und als wirkliche Meinung wird man annehmen dürfen, daß eine Auswahl der Heiden dem Judentume auch in religiöser Hinsicht einverleibt wird. (Im Midrasch *Thehillim* zu Ps. 87 heißt es sogar, daß diejenigen aus der Völkerwelt, welche dem Messias die versprengten Israeliten zuführen werden, völlig als Israeliten aufgenommen, ja Priester und Leviten werden nach Jes. 66, 21, wo מֵהֶם auf die Zuführenden bezogen wird. Vgl. auch unten § 88, 2.) Diese lösen aber dann auch den socialen Verband mit der Völkerwelt und werden Insassen des heiligen Landes und Jerusalems, welche ja unendlich erweitert werden, um die Menge der Heiden aufzunehmen. Die Masse der Völker dagegen verbleibt (wenn auch unter dem Einflusse der Thora, und verhindert, Etwas gegen sie zu thun) in ihrer eigentümlichen religiösen Verfassung, so lange Gott sie überhaupt noch duldet.

Um so einheitlicher sind diejenigen Aussagen, welche das **politische Verhältnis** der Völker zum Messias betreffen. Die Völker sind offenbar gedacht als Tributärstaaten; vgl. das *Targum* zu Jes. 16, 1: die Völker werden dem Messias **Tribut** (מסין) bringen; *Schemoth rabba* c. 35: alle Reiche der Welt müssen dem Messias am Ende Geschenke bringen. *Tanchuma, Schophetim* 19: Jedes Volk

§ 87. Gog und Magog und das Ende des messianischen Zeitalters.

wird Israel tributär (לְמַס) sein, ihm dienen, indem es ihm Geschenke bringt (עבדיך שיהיו כביאין לו דורון) nach Ps. 68, 32. Dasselbe wird es besagen, wenn *Pesachim* 118ᵇ steht, daß Aegypten dem Messias ein דורון (δῶρον) sendet. Es ist überhaupt oft davon die Rede, daß alle Schätze, die Israel einst hatte und an die Weltvölker verlor, ihm am Ende zurückerstattet werden müssen. A. a. O. heißt es von Joseph, daß er alles Geld der umliegenden Länder nach Aegypten zog. Israel nahm es dann bei seinem Auszuge mit; aber später kam sein Reichtum in die Hände der Weltmacht. Einst werden alle diese Schätze wieder an Israel kommen und bei ihm bleiben, vgl. *Jalkut Schim., Beresch.* 154. Ebenso sagt *Beresch. rabba* c. 78, daß alle Geschenke, welche Jakob einst dem Esau gab, in Zukunft dem Könige Messias zurückgegeben werden müssen; und c. 83: Edom (das Weltreich) muß dem Messias einst alle seine Schätze entdecken (oder nach richtiger Lesart: für den Messias Schätze aufhäufen) und herausgeben; *Schemoth rabba* c. 31: Israel wird am Ende die Güter Roms erben. Vgl. noch *Schir rabba* zu 1, 5 und *Koheleth rabba* zu 1, 7.

Darin also erweist sich die Abhängigkeit der Völker von dem Messias und Israel, daß sie den Einfluß des Gesetzes sich gefallen lassen, Tribut oder große Geschenke nach Jerusalem bringen und allen Raub erstatten müssen; und die Heiden, die unter Israel wohnen, sind dessen Knechte und Arbeiter.

§ 87. Gog und Magog und das Ende des messianischen Zeitalters.

Der messianischen Weltherrschaft steht ein letzter Angriff bevor, welcher das Ende derselben herbeiführt, weil in diesem letzten Kriege der Völker gegen den Messias die Heiden (Gog und Magog nach Ez. 38—39, vgl. Offenb. Joh. 20, 8 f.), indem sie das Maß der Sünde erfüllen, das Gericht und damit das Ende der Welt herbeiführen. Diese letzte Katastrophe leitet aus der Zeit über zur Ewigkeit, zum עולם הבא im engeren Sinne des Wortes. Vgl. § 81, 1 und Schürer II, S. 449 f.

1. Daß man in Israel (vgl. S. 386) nach *Aboda sara* 3ᵇ im messianischen Zeitalter Proselyten mit Mißtrauen ansehen wird, hat seinen Grund darin, daß man fürchtet, sie möchten wieder abfallen,

wenn Gog und Magog aufstehen. In *Wajjikra rabba* c. 30 wird das Zeitalter des Messias und des Gog und Magog so unterschieden, daß letzteres auf das erstere folge, nicht umgekehrt. In *Beresch. rabba* c. 88 wird כוס ישועות Ps. 116, 13 erklärt von einem Becher des Heils für die Tage des Messias und von einem Becher des Heils für die Tage des Gog und Magog; damit dürfte erst die Hülfe wider die römische Weltmacht gemeint sein, die vom Messias gestürzt werden muß, damit er sein Reich aufrichten kann, und dann die Hülfe, die der Messias zuletzt im Kriege mit Gog und Magog am Ende des messianischen Zeitalters findet. Jedenfalls folgt auch hier die Zeit des Gog auf die messianische. Die Dauer der Zeit des Gog ist **sieben Jahre**, nach *Wajjikra rabba* c. 11. In *Tanchuma, Schophetim* 19 g. E. wird deutlich gesagt, daß die Völker dem Könige Messias erst dienen als tributäre Staaten. Zuletzt aber „dringt ein böser Geist (רוח חזית) in sie ein, und sie rebelliren wider den König Messias. Sofort aber tödtet er sie, laut Jes. 11, 4: er wird schlagen das Land mit dem Stabe seines Mundes, und durch den Hauch seiner Lippen wird er den Frevler tödten. Und er läßt **nichts übrig als Israel**, laut 5 Mos. 32, 12". Dies ist offenbar der letzte Entscheidungskampf zwischen Israel und der Völkerwelt. Es bleibt hier am Ende nur Israel übrig, während aus den Strafgerichten, die dem römischen Weltreiche ein Ende machen und das messianische Zeitalter vorbereiten (§ 81, 1), die Völker übrig bleiben, um nun dem Könige Messias zu dienen. Dabei darf jedoch nicht verschwiegen werden, dass dem Gog und Magog **an andern Orten eine andere Stellung angewiesen wird, nämlich vor Beginn des messianischen Zeitalters**. So im *Targum jer.* II. 4 Mos. 11, 26, wo es heißt: Eldad und Medad weissagten zugleich und sprachen: Am Ende der Tage (בסוף עקב יומיא) werden Gog und Magog und seine Heere heraufkommen gegen Jerusalem, aber durch die Hände des Königs Messias fallen sie. *Targ. jer.* I. zur selben Stelle sagt noch deutlicher: Jene beiden weissagten zugleich und sprachen: Siehe, ein König wird heraufsteigen aus dem Lande Magog am Ende der Tage (בסוף יומיא) und wird sammeln die Könige mit Kronen geschmückt und die Fürsten mit Panzern angethan, und alle Völker werden ihm gehorchen und werden zur Schlacht rüsten im Lande Israel gegen die aus dem Exil Heimgekehrten (בני גלוותא); aber schon längst ist ihnen die Stunde des Seufzens bereitet (oder: aber der Herr steht ihnen, Israel, bei in der Stunde der Noth), und er

§ 87. Gog und Magog und das Ende des messianischen Zeitalters. 389

tödtet sie alle durch Verbrennung der Seele mit einer Flamme, die vom Throne der Herrlichkeit ausgeht, und es werden ihre Leichname fallen auf den Bergen des Landes Israel; dann werden alle Todten Israels auferstehen und das köstliche Mahl des Leviathan (S. 202), der von Anfang an für sie aufbewahrt ist, genießen, und den Lohn ihrer Werke empfangen. So scheint auch *Sifre* 143ᵃ gefaßt werden zu müssen: Vier Erscheinungen (היפשות von הופיע, z. B. Ps. 80, 2) Gottes gibt es: in Aegypten, bei der Gesetzgebung, in den Tagen des Gog und Magog (aber nach andrer Lesart: über Edom, S. 365), und (die vierte) in den Tagen des Messias. Allein diese Auffassung gibt sich von selbst als mit dem System der jüdischen Theologie nicht übereinstimmende vereinzelte Anschauung zu erkennen, da ja, wenn die Völkerwelt vertilgt ist, vor der messianischen Zeit kein Object für die messianische Universalherrschaft übrig bleibt.

2. Der Krieg des Gog und Magog gegen den Messias ist nach *Aboda sara* 3ᵇ eine Auflehnung der Völker wider den Messias nicht bloß, sondern auch gegen das Gesetz Gottes, das die Völker nicht mehr ertragen wollen. Ein böser Geist drang nach *Tanchuma, Schophetim* 19 (s. S. 388) in die Massen der Völker und bewegte sie zum Abfall und zur Auflehnung wider Gott. Diese Feindschaft schreitet aber weiter zu dem Plane fort, Israel ganz zu vertilgen. In *Pesikta* 79ᵃ wird Gogs und Magogs Streben verglichen mit Esau's, Pharao's und Hamans Vorhaben, alle Juden auszurotten. Einer dachte es immer klüger anzufangen wie der Vorgänger. „So, sagt R. Levi, wird auch Gog und Magog in der Zukunft (לבא בציד) also sprechen: Thoren sind jene Ersten gewesen; denn sie erhoben sich mit bösen Anschlägen wider Israel und wußten nicht, daß Israel im Himmel einen Schutzherrn hat. Ich thue nicht so, sondern ich binde erst mit ihrem Schutzherrn (Jahve) an, dann mit ihnen (ihrem Messias) laut Ps. 2, 2. Da spricht Jahve zu ihm: Frevler, du kommst, um mit mir dich einzulassen? So wahr du lebst, ich will mit dir Krieg machen, laut Sach. 14, 3 und Jes. 42, 13". Auch *Mechilta* 48ᵇ wird der 2. Psalm auf Gog und Magog angewendet: Jahve lachet ihrer; das Loos Pharao's und seines Heeres wiederholt sich an ihnen, sie werden in die Tiefe versenkt, daß die Fische des Meeres erbeben (Ez. 38, 20). Jahve selbst also streitet wider Gog und Magog, und das Völkerheer wird vernichtet. Israel bleibt allein übrig.

Kap. XXIV. Die schließliche Vollendung.

§ 88. Auferstehung und Weltgericht.

Durch die Auflehnung der Völker der Welt wider den Messias ist das messianische Reich zum Ende gekommen, und nun beginnt das Weltgericht und die Ausscheidung der widergöttlichen Völker von der Erde, die erneuert und dem Volke Gottes als alleiniger Wohnort angewiesen wird. Vgl. § 81 und Schürer II, S. 460 ff.

1. Ehe wir an das Einzelne herantreten, müssen wir die Vorfrage erledigen, ob es eine allgemeine Auferstehung gibt oder nicht, und wer demnach den Gegenstand für das Weltgericht bildet. Vgl. Zunz, Zur Geschichte und Literatur etc., 1845, S. 371—389. Aus der talmudisch-midrasischen Literatur läßt sich die Auferstehung der Todten im Sinne einer Auferstehung aller Todten nicht erweisen. Vielmehr wird gelehrt, daß die Auferstehung ein Vorzug Israels ist. Maimonides schreibt in seinem Mischna-Kommentar zu Abschnitt XI des Traktats *Sanhedrin* Folgendes: „Die Auferstehung der Todten ist ein Fundamentalartikel Mose's unseres Lehrers, Friede über ihm! . . . Dieselbe kommt aber nur den Gerechten zu". Und so heißt es in *Beresch. rabba* c. 13: „Die Macht, Regen zu geben, gehört allein den Gerechten, und die Auferstehung von den Todten gehört ebenfalls nur den Gerechten . . . Wie sollten die Gottlosen wieder lebendig werden? Sie sind doch selbst in ihrem Leben todt. Und so hat man gesagt: Die Gottlosen heißen schon im Leben Todte, und die Gerechten heißen auch im Tode Lebendige". Ferner *Taanith* 7ᵃ: „Größer ist der Tag des Regens als der Tag der Auferstehung; denn dieser gehört nur den Gerechten, jener gehört den Gerechten und den Gottlosen." Diese Auferstehung der Gerechten ist aber keine andere als die schon oben (§ 81, 2) besprochene am Eingange des messianischen Zeitalters. Sie erstreckt sich nur auf die Gerechten von Israel, denen der Anteil am *Olâm habbâ* (§ 90), am Reiche Gottes beschieden ist, und vollzieht sich nur im heiligen Lande. Deshalb sagt der *Jalkut chadasch* 60ᵃ, ganz im Sinne alter Anschauung, die Auferstehung von den Todten sei ein Vorrecht Israels (תחיית המתים לישראל). Und *Kethuboth* 111ᵇ sagt ausdrücklich: עמי הארצות אינן חיים „die Ungelehrten, d. i. die

sich mit dem Gesetze nicht beschäftigt haben (S. 42 ff.), werden nicht auferstehen. Die Ueberlieferung lautet ebenso (חניא נמי הכי)". Es ist also nicht eine Einzelmeinung, sondern allgemeine Lehre. Als Schriftgrund wird Jes. 26, 14 geltend gemacht. *Pirke de-R. Elieser* c. 39 werden die Kuthäer (Samariter) ausdrücklich von der Auferstehung ausgeschlossen, an andern Orten jedenfalls die Heiden; so *Jalkut Schim., Beresch.* 44 das Geschlecht der Fluth, und *Ruth rabba* zu 4, 7 (?) wird von den Völkern der Welt gesagt, Gott habe ihnen keine Auferstehung (תקימה) gegeben, weder in dieser noch in jener Welt, laut Jer. 10, 11 und Jes. 26, 14. Die sehr späten *Pirke de-R. Elieser* c. 34 geben zwar eine Auferstehung auch der Heiden zu, behaupten aber, die Heiden, die von den Todten auferstünden, verblieben nicht im Leben, sondern sänken wieder in den Tod zurück. Die Auferstehung der Todten ist also nach der jüdischen Theologie ein Vorrecht derer, die am Reiche Gottes Anteil haben sollen; denn sie steht mit diesem in engster Verbindung, ist ein Teil des Lohnes der Gerechten; daher finden wir *Kidduschin* 39ᵇ den Satz, daß wo bei einem Gebote (מצוה) angemerkt sei, daß es Lohn habe, darunter die Auferstehung von den Todten gemeint sei. Wer keinen künftigen Lohn hat, wird auch an der Auferstehung nicht Teil haben. Er bleibt im Tode und ist bereits im Tode gerichtet worden.

2. Das Gericht über die Heiden und diejenigen von Israel, welche ihnen gleich geachtet werden, vollzieht sich zunächst fort und fort, indem sie sterbend in das Gehinnom eingehen, um die gerechte Strafe zu empfangen. Dies ist die Anschauung (S. 341), welche Luc. 16, 23 waltet: der Reiche geht im Tode in die Hölle, an den Ort der Qual. Zwar scheint es dem zu widersprechen, daß z. B. *Pesikta* 73ª, *Aboda sara* 3ᵇ, *Mechilla* 37ª. 38ᵇ, *Kohel. rabba* zu 1, 5 die Bestrafung der Bösen (רשעים) in die Zukunft (לעתיד לבא) verlegt wird; allein dieser Ausdruck will dem Zusammenhange nach nur den Gegensatz zwischen dem irdischen Leben der Gottlosen und dem danach folgenden, für die Lebenden zukünftigen Zustand bezeichnen. Das Gehinnom, welches für Israel (§ 74) ein Reinigungsfeuer ist, ist für die Heiden der Ort der Strafe; es ist seiner ursprünglichen Bestimmung nach gar nicht für Israel gemeint (§ 74, 2). *Schabbath* 104ª sagt Gott zum Gehinnom: „Warte nur, ich habe Schaaren der Völker der Welt, welche ich dir gebe", — im Gegensatze zum Volke Gottes, welches nicht für das Gehinnom bestimmt

ist. Weshalb die Heiden für das Gehinnom bestimmt sind, sagt *Sanhedrin* 105ª, nämlich: insofern sie Gottesvergessene, Götzendiener (שׁכחי אלהים) sind. Demzufolge spricht a. a. O. Rabbi Elieser allen Heiden den Anteil am *Olâm habbâ* ab unter Berufung auf Ps. 9, 18ᵇ. Hingegen folgerte ihm gegenüber R. Josua aus derselben Stelle, daß nur die 'שׁ' 'אל' aus den Heiden zur Hölle fahren. Und diese milde Meinung ist diejenige des gesamten späteren Judentums, z. B. bei Maimonides, und schon im *Jalkut* zu Jes. 26, 2, vgl. oben S. 376, nach welcher Stelle die Frevler aus Israel und die Frommen aus den Heiden sich durch ein kräftiges „Amen" nach Beendigung des Lehrvortrages Gottes den Ausgang aus der Hölle bereiten. (Vgl. § 90, 1.) Indeß gibt es (z. B. nach R. Josua a. a. O. wegen Ps. 9, 18ª) solche in Israel, die dem Gehinnom ebenso ohne Hoffnung verfallen. So heißt es *Erubin* 19ª, daß alle Israeliten von Abraham aus dem Gehinnom wieder herausgeführt werden, „mit Ausnahme dessen, welcher zu einer Heidin gekommen ist, und dessen, welcher seine Vorhaut heraufgezogen hat, so daß man ihn nicht mehr (als Juden) erkennt (ולא מבשׁק ליה)"; vgl. S. 52. Wer sich also selbst des Bundeszeichens entkleidet hat, gilt naturgemäß als Heide; ihn behält daher das Gehinnom, wie den Heiden; vgl. *Jalkut Schim. Beresch.* 145 und oben S. 344. Es gibt unvergebbare Sünden, die auch den Israeliten für immer dem Gehinnom überliefern.

Die dem Gehinnom Verfallenen erwartet fürs Erste Qual und Pein, am Ende aber völlige Vernichtung. Die Pein, welche die im Gehinnom Befindlichen erleiden, wird verursacht durch das Feuer der Hölle. (Siehe *Kohel. rabba* zu 3, 9, wo die Gottlosen in der Hölle קדחי אשׁ ובאזרי זיקוח heißen, welche im Lichte ihres Feuers hingehen und verzehrt werden בזיקוח; vgl. Jes. 50, 11 mit Luc. 16, 24). Nach *Berachoth* 15ᵇ soll dem, der der Recitation des Schemagebets besondere Sorgfalt zuwendet, das Gehinnom gekühlt werden (בצנין ליה נתינה). Nach *Schemoth rabba* c. 7 kühlen die Thränen des Gerechten, die ins Gehinnom fallen, des Feuers Pein. *Mechilta* 37ª lehrt, daß der Ostwind die Flamme anfache, und 38ᵇ, daß jeden Morgen diese Qual und Pein erneuert werde. *Pesikta* 103ª sagt, daß der Schwefel bestimmt sei zur Strafe des Menschen. „R. Jochanan sprach: Warum empfindet der Mensch am Geruche des Schwefels solchen Ekel? Weil die Seele weiß, daß sie damit gerichtet (gestraft) werden wird (Ps. 11, 6)." *Aboda sara* 3ᵇ wird von der Sonne gesagt, daß sie mit ihren heißen Strahlen die Gottlosen quäle, während sie die Frommen erquicke. Hinwiederum ist auch die Finsternis genannt als Mittel der Höllenpein. *Pesikta* 73[a] sagt: So sprach der Heilige: Das Gehinnom ist Finsternis, und die Gottlosen sind Finsternis; es komme die Finsternis und decke zu die Finsternis mit Finsternis, Pred. 6, 4; vgl. *Wajjikra rabba* c. 27. Daher heißt es *Schemoth rabba* c. 14, daß die Gottlosen im Gehinnom sich mit Finsternis zudecken; vgl. *Bammidbar rabba* c. 1. *Tanchuma, Bo* 2. Nach *Esther rabba* zu 1, 12 werden die Bösen (רשעים) im Gehinnom nackt gepeinigt (נידונין). Und so schwer ist dort die Strafe der Gottlosen, daß es *Pesikta* 73[b] heißt: Wie das Thehom nicht zu ergründen ist (אין לו חקר), so läßt sich auch das Maß der Strafen der Gottlosen in der zukünftigen Welt nicht ergründen.

Wie aber wird das Gericht über die Heiden und Gottlosen enden? Gibt es ewige Höllenstrafen, oder geht die Strafe in Vernichtung aus? Die Hauptstelle für die Beantwortung dieser Frage dürfte sich *Rosch haschschana* 17[a] finden. „Das Haus Hillel sagt: ... Die Abtrünnigen Israels, die es nur für ihre Person („an ihrem Leibe" d. h. ohne Schädigung Anderer) sind und die Abtrünnigen aus den Völkern der Welt „an ihrem Leibe" steigen hinab in das Gehinnom und werden zwölf Monate lang gestraft (נידונין); nach zwölf Monaten wird ihr Leib vernichtet und ihre Seele verbrannt, und der Wind verweht die Asche unter den Fußsohlen der Gerechten, laut Mal. 3, 21 (4, 3). Aber die Minim (S. 152) und die Verräther (ihres Volks), die Epikuräer, welche den göttlichen Ursprung der Thora und die Auferstehung der Todten leugnen und die sich trennen von den Wegen der Gemeinde, und welche (wie harte Vorsteher) ihren Schrecken im Lande der Lebendigen (offenbart haben), welche gesündigt und die Menge sündigen gemacht haben, wie Jerobeam der Sohn Nebats und seine Genossen, die steigen hinab in das Gehinnom und werden in ihm gestraft für alle Zeiten (לדורי דורות)." Ein anderer Beweis für die Vernichtung der Seelen durch das Feuer des Gerichts ist *Targ. jer.* I. zu 4 Mos. 11, 26 (S. 398), wonach die unter Gog herangezogenen Feinde durch Verbrennung der Seelen sofort vernichtet werden. Ueber die Heiden insonderheit sagt *Bammidbar rabba* c. 2 ganz bestimmt, daß sie im Unterschiede von Israel das Gehinnom nicht mehr verlassen, sondern in demselben umkommen (אבדית). Indeß wird auch die gänzliche Vernichtung der רשעים גמורים (S. 241) gelehrt, z. B. *Sanhedrin* 106[b] die des Doeg; *Sanhedrin*

X (XI), 3 wird gesagt, daß das Geschlecht der großen Fluth keinen Teil am zukünftigen Leben habe, ja gar nicht im Weltgerichte stehe, sondern längst vernichtet sei; die Sodomiten haben ebenfalls keinen Teil am ewigen Leben, stehen aber nach Einigen künftig im Gerichte, sind also jetzt noch nicht vernichtet. Daß es sich wirklich um gänzliche Vernichtung handelt, sagt *Kohel. rabba* zu 3, 18: Wie das Vieh durch den Schlächter getödtet nie wieder zum Leben kommt, so kommen auch die Gottlosen, durch die חייה gerichtet, nicht mehr zum Leben. Voraussetzung ist dabei, wie *Rosch haschschana* 17ª zeigt, daß das Feuer allmählich den Leib des Menschen verzehrt.

Es fehlt aber auch nicht an Stellen, welche davon reden, daß die Höllenpein der Gottlosen ewig währe. *Pesachim* 54ª: Das Feuer der Hölle (אור דגיהנם) erlöscht nie (אין לו בכירה לעולם). Daraus geht jedoch nur hervor, daß bei einem Teile der Gottlosen die Qualen ewig dauern.

3. Wenn nun das Gericht sich fort und fort im Tode des Einzelnen vollzieht, so steht doch am Schlusse der diesseitigen geschichtlichen Entwickelung ein Gericht universaler Art, das wir als Weltgericht bezeichnen können. Von diesem Weltgerichte spricht *Mechilla* 46ª mittelbar, indem dort an den typischen Gerichten über das Geschlecht der großen Fluth und über die Sodomiten gezeigt wird, daß Gott die Vertilgung (בלייה) nicht eher über sie kommen lasse, als bis sich gezeigt habe, daß sie nicht Buße thun wollen und ihr Böses vollendet haben (והשלימו). In *Schemoth rabba* c. 30 ist das Gericht über die Völker angekündigt für die Zeit, wo sie den Trauben gleich reif sind, abgeschnitten und in die Kelter geworfen zu werden. Denn für die Völker ist mit der messianischen Periode eine Heilszeit angebrochen; diese wollen sie aber nicht mehr gebrauchen zur Rettung, sondern sie vollenden im Zuge Gogs und Magogs wider Gottes Eigentumsvolk ihren Frevel. Da bricht das abschließende Gericht über die Völker herein. Nach dem *Sefer Ikkarim* c. 31 kommt der große Gerichtstag (יום הדין הגדול, vgl. *Mechilla* 58ᵇ) nach der Auferweckung der Todten, wie die im Volke geltende Ueberlieferung laute (המקיבל באימה). In *Beresch. rabba* zu 1 Mos. 49, 10 wird der Messias als der bezeichnet, welcher die Völker um ihre Herrlichkeit bringen werde. Vgl. 4 Esr. 13, 26. 7, 32 f. Nach *Tanchuma, Schemoth* 29 werden die Aeltesten Israels den Gerichtshof (בית דין, S. 141) Gottes bilden, wenn er die Völker richtet.

§ 88. Auferstehung und Weltgericht.

Midrasch Mischle 68ᵈ: Der Heilige wird künftig richten, und zwar die ganze Welt im Thale Josaphat.

Mechilta 64ᵃ gibt nun den Endzweck des Weltgerichts an. Amalek, d. i. die Gesamtheit aller Feinde des Volkes Gottes, wird einst in der Stunde völlig untergehen, da der Götzendienst und seine Anhänger ausgerottet werden, „damit Gott (הבקום, S. 148) der Alleinige (יחידי, S. 149) in der Welt sei und sein Reich von da an aufrichte in alle Ewigkeiten" (לצולם ולצולמי צולמים). Hier eröffnet sich der Ausblick in die Ewigkeit; die Vorbedingung derselben aber bildet die Ausrottung der Heiden, die sich durch das Weltgericht vollzieht. Die Vollzugsweise des Gerichts selbst wird sehr anschaulich geschildert *Aboda sara* 2ᵃ. 3ᵇ (vgl. Matth. 25, 41 ff.): „Dereinst wird Gott das Gesetzbuch hervorbringen und ausrufen: Wer sich damit beschäftigt hat, komme und empfange seinen Lohn! Hierauf werden alle Nationen im bunten Gemische vor Gott treten, laut Jes. 43, 9. Dann wird Gott sagen: Kommt nicht zu mir in solcher Unordnung, sondern jede Nation einzeln, und deren Gelehrte mögen erscheinen, nach dem Ausspruche des Propheten: Lasset die Völker sich versammeln! Unter einem Volke wird aber immer ein Reich gemeint, wie man aus 1 Mos. 25, 23 sieht ... Die Römer werden alsdann zuerst erscheinen, weil sie den ersten Rang unter den Völkern einnehmen, nach Dan. 7, 23 ... Wenn also Rom erscheinen wird, so wird Gott die Römer fragen: Womit habt ihr euch beschäftigt? Rom wird antworten: Herr der Welten, wir haben viele Straßen gebaut, viele Bäder angelegt, viel Gold und Silber aufgehäuft, und dieses Alles nur um der Israeliten willen, damit sie sich mit dem Gesetze beschäftigen könnten. Hierauf wird aber Gott antworten: Ihr Erzthoren, nur um eurer selbst willen habt ihr Alles gethan: Straßen habt ihr aufgeführt, um darauf Buhlerinnen aufzunehmen; Bäder habt ihr angelegt, um euch darin zu vergnügen; das Silber und Gold aber ist mein, Hagg. 2, 8 (9). Ist aber einer unter euch, der sich auf dieses, nämlich das Gesetz, berufen kann? Sofort gehen sie heraus betrübten Herzens. Nach dem römischen Reiche erscheint das persische ... Da spricht der Heilige, g. s. E., zu ihnen: Womit habt ihr euch beschäftigt? Sie antworten vor ihm: Wir haben viele Brücken gebaut, Städte unterworfen, Kriege geführt, und dies Alles nur, damit Israel das Gesetz studiren könne. Da antwortet ihnen der Heilige, g. s. E.: Alles, was ihr gethan habt, habt ihr zu eurem eigenen Nutzen gethan. Ihr habt

Brücken gebaut, um Zoll von ihnen zu erheben, Städte erobert, um
darin den Dienst für den König einzurichten; die Kriege aber habe
ich selbst geführt (2 Mos. 15, 3). Ist Jemand unter euch, der sich
auf dieses, nämlich das Gesetz, berufen kann? Sofort gehen sie von
ihm heraus mit betrübtem Herzen. Und so wird es einer Nation
nach der andern ergehen. — Dann werden alle Völker sagen:
Herr der Welt, hast du uns denn das Gesetz gegeben, und wir
hätten es nicht angenommen? Du hast uns ja nie das Gesetz gegeben. . . . Dann wird Gott den Heiden sagen: So wollen wir die
früheren Gebote, die ich euch gab, untersuchen und sehen, ob ihr
solche gehalten habt. Die sieben Gebote Noahs, welche ich euch
gab (S. 263 f.), habt ihr sie beobachtet? Dann werden die Völker
zu Gott sagen: Die Israeliten haben dein Gesetz angenommen,
haben sie es aber beobachtet? Hierauf wird Gott antworten: Ich
gebe ihnen das Zeugnis, daß sie das Gesetz beobachtet haben.
Darauf geben sie zur Antwort: Kann denn ein Vater Zeugnis für
seinen Sohn ablegen? Das wird ja vor Gericht nicht angenommen;
und du nennest Israel deinen Sohn, wie wir lesen (2 Mos. 4, 22):
Israel ist mein Erstgeborner. So sollen Himmel und Erde Zeuge sein,
daß Israel das ganze Gebot beobachtet habe, wird hierauf der Herr
sagen. Die Völker aber erwidern: Herr der Welten! Himmel und
Erde können hier kein Zeugnis ablegen; sie könnten, aus Eigennutz
getrieben, ein parteiisches Zeugnis abgeben; denn es heißt in
Jer. 33, 25: Wäre nicht mein Bund, d. i. das Gesetz, welches man
studiren muß Tag und Nacht, so hätte ich die Naturgesetze des
Himmels und der Erde nicht hervorgebracht. Jahve wird dann zu
den Völkern der Welt sagen: Wenn mein Zeugnis und das des
Himmels und der Erde nicht zum Besten des Volkes Israel angeführt werden können, so sollen aus eurer eignen Mitte Zeugen
aufstehen und bekennen, Israel habe das Gesetz beobachtet. Nimrod
soll Zeugnis ablegen, daß Abraham keine Götzen verehrte; Laban
soll bezeugen, daß Jakob Nichts gestohlen; die Frau des Potiphar
soll Zeugnis ablegen von der Keuschheit Josephs; der König Nebukadnezar, daß Chananja und Misael und Asarja sein Bild nicht angebetet haben. Darius wird bezeugen, daß Daniel sein Gebet nicht
unterlassen hat; Bildad der Schuchit, Zophar der Naamathit, Eliphas
der Themanit, und Elihu, der Sohn Beracheels, der Busit sollen bezeugen, daß Israel das ganze Gesetz beobachtet habe, nach dem
Ausspruche Jes. 43, 9: Lasset sie ihre Zeugen darstellen und be-

§ 88. Auferstehung und Weltgericht.

weisen. Hierauf werden die Völker der Welt sagen: O Herr der Welten! Gib uns jetzt ein Gesetz, so wollen wir es beobachten! Darauf wird der Herr zu ihnen sagen: Ihr Narren, wißt ihr nicht, daß, wer am Vorbereitungstage sich Speise zubereitet, hat am Sabbat zu essen; wer aber solches unterläßt, muß am Sabbat hungern (vgl. Matth. 25, 8 f. 12). Dennoch will ich euch willfahren. Ein geringes Gebot ist erwähnt in meinem Gesetze, das Laubhüttenfest genannt, gehet hin und feiert dieses! Sogleich werden alle fortgehen und sich Laubhütten auf den Dächern machen. Dann wird aber Gott die Sonne hervorgehen lassen so heiß und brennend, wie im Monat August, daß alle wegen der großen Hitze mit Unwillen den Boden stampfend die Laubhütten verlassen, nach dem Ausspruche (Ps. 2, 3): Lasset uns zerreißen ihre Bande und von uns werfen ihre Seile! Wenn der Herr dies sehen wird, so wird er lachen, wie geschrieben stehet (Ps. 2, 4): Der im Himmel wohnet, lachet ihrer; der Herr spottet ihrer." So empfängt Israel ein glänzendes Zeugnis, weil es in aller Bedrängnis Gottes Gesetz gehalten hat, während die Weltmächte trotz ihrer Verdienste um die Civilisation vor Gott unwerth sind und bleiben (vgl. §§ 14 ff.). Dies wird im Weltgerichte endgiltig herausgestellt werden. Dazu fügen wir, was *Pesikta rabbatha* 61 (?) zu Sach. 10, 8 bemerkt: Es sprach R. Chananja: Die Schrift spricht nur von der Zeit, wo der Heilige in Zukunft richten wird alle Völker der Welt (לעתיד לבא). Wenn dies geschieht, so wird er alle Proselyten bringen, die in dieser Welt sich zum Judentume bekehrt haben, und wird Angesichts derselben alle Nationen richten und ihnen sagen: Warum habt ihr mich verlassen und Götzendienst getrieben?

Den letzten Ausgang des Gerichts endlich bespricht *Jalkut Schimeoni* zu Jes. 60, 1. „Was besagen die Psalmworte: In deinem Lichte werden wir das Licht sehen (Ps. 36, 10)? Es ist das Licht des Messias gemeint. Denn wenn gesagt wird: Gott sahe das Licht, daß es gut war (1 Mos. 1, 4), so wird damit gelehrt, daß der Heilige, g. s. E., das Zeitalter des Messias und dessen Werke erschaute, ehe die Welt geschaffen ward, und daß er das Licht für den Messias und sein Zeitalter unter seinem Herrlichkeitsthrone aufbewahrte (S. 165). Da sprach der Satan vor dem Heiligen, g. s. E.: Herr der Welt, für wen ist das unter deinem Herrlichkeitsthrone verborgene Licht bestimmt? (Antwort:) Für den, der dich dereinst rückwärts wenden und mit Schmach zu Schanden machen wird. Da fuhr der Satan fort: Herr der Welt, zeige mir ihn! Komm und siehe! erwiderte der Heilige, g. s. E. Als nun der Satan ihn (den Messias) sah, erzitterte er, fiel auf sein Angesicht und sprach: Wahrhaftig, das ist der Messias, welcher mich und alle Völker der Welt in die Hölle stürzen wird, denn es heißt: Er verschlingt den Tod auf ewig, und wegwischt der Allherr Jahve die Thräne in jeglichem Antlitz." (Vgl. Luc. 10, 18; Delitzsch, *Horae Hebr.* zu Kol. 2, 15 in der Lutherischen Zeitschrift 1878, S. 408). In *Bammidbar rabba* c. 19 heißt es: Es sprach der Heilige zu Israel: In dieser Welt vertilget ihr die Völker allmählich (קימעא קימעא), nach 2 Mos. 23, 30; aber in der Zukunft werde ich sie mit einem Male verbrennen, laut Jes. 33, 11 f. Wir erinnern hier an das *Targum jer.* I. zu 4 Mos. 11, 26., wonach die Heere des Gog wunderbarer Weise zwar nicht dem Leibe, wol aber der Seele nach durch Gottes Zornfeuer verbrannt werden (רקידת לשמתא, vgl. S. 388 f.).

Also wird die Völkerwelt durch Gottes Richterspruch der Vernichtung durch das Feuer der Geenna überliefert werden. Und nachdem so die Erde im alleinigen Besitze Israels und von der gottfeindlichen Völkerwelt befreit ist, kann sie erneuert und zur Stätte des ewigen Lebens werden.

§ 89. Der neue Himmel und die neue Erde und die neue Menschheit.

Himmel und Erde wird Gott künftig vergehen lassen. Seine Absicht ist aber nicht, die Schöpfung zu vernichten, sondern zu erneuern. Aus der alten Schöpfung soll eine neue, durch und durch reine und vollkommene, hervorgehen. Und auf der neuen Erde soll eine neue Menschheit wohnen. Vgl. Schürer II, S. 458 f.

1. Daß Jahve Himmel und Erde werde vergehen lassen (מעבירם), besagt *Sifre* 130^b (vgl. Matth. 5, 18); von einer Erneuerung (παλιγγενεσία Matth. 19, 28), einer neuen Weltordnung (עולם חדש) spricht *Mechilta* 58^b, vgl. Jes. 66, 22. In *Pesikta* 29^b wird das Wort Hiob 14, 4: „Wer gibt einen Reinen" etc. (מי יתן טהור מטמא לא אחד) in folgender Weise erläutert: „Dieses Wort hat sich erfüllt in Abraham, der aus Therach hervorging; in Hiskia, der von Ahas stammte; in Mordechai, der von Simei kam; in Israel, das aus den Völkern der Welt heraus wuchs. Und es wird sich erfüllen in der

§ 89. Der neue Himmel und die neue Erde und die neue Menschheit.

zukünftigen Welt, die aus der gegenwärtigen hervorgehen wird. Wer hat es so gemacht, wer also beschlossen und angeordnet? Nicht der Eine, d. i. der Einzige der Welt (יחידו של עולם, S. 149), der Erhabene?" Man sieht aus dieser Stelle, daß die Welt durch einen Reinigungsvorgang hindurchgeht. So gereinigt aber wird die alte Welt die Mutter der neuen; diese erbaut sich aus ihren Stoffen und hat ihre Form und Gestalt zu ihrem Typus. Wenn in *Beresch. rabba* c. 1 Rab Huna im Namen des Rabbi Elieser, des Sohnes des R. Jose des Galiläers, spricht, selbst der Himmel, von dem es heiße (Jes. 65, 17): „Siehe, ich schaffe einen neuen Himmel", sei schon seit dem Sechstagewerke geschaffen (das gehe hervor aus dem Artikel des חדשים und חדשה in Jes. 66, 22), — so erhellt, daß die Schöpfung eines neuen Himmels und einer neuen Erde, von Anfang an beschlossen, ideell von Anfang an schon da, und auch materiell mit der alten Schöpfung insofern schon gegeben war, als das Neue, was geschaffen wird, abermals Himmel und Erde ist.

2. Der neue Himmel und die neue Erde sind durch und durch **licht und rein**. „Die zukünftige Welt ist ganz Tag", *Beresch. rabba* c. 91: עולם הבא כלו יום. Sie ist licht, weil das Princip der Finsternis, der Jezer hara (§§ 48. 50), die Potenz der Sünde und des Verderbens, nicht mehr auf ihr herrscht; vgl. *Jalkut Schimeoni* zu Genesis § 147: „So lange der יצר הרע in der Welt ist, herrscht Dunkel und Todesschatten (אופל וצלמות) in der Welt; ist der יצר הרע einmal entwurzelt aus der Welt, so wird Licht und Freude in der Welt sein, Dunkel und Schatten aber ist dann aus der Welt geschwunden". Dem Lichte entspricht also die Reinheit: eine sittliche, sofern die neue Erde nicht mehr Stätte sündiger Bewohner ist, und eine physische, insofern die neue Erde selbst aller Unreinheit entledigt ist. Die neue Erde wird überdies **vollkommen** und harmonisch sein. Die Vollkommenheit besteht in völliger Zweckerfüllung. In *Schemoth rabba* c. 15 werden zehn Dinge aufgezählt, welche Gott neu schafft; dazu gehören das Licht, das Wasser des Lebens und der Gesundheit, und Früchte in jedem Monat: die neue Erde erfüllt alle Bedingungen eines mühelosen Daseins. Demgemäß fehlt auch das, was das gegenwärtige Leben beeinträchtigt, die Herrschaft des Todes und des Verderbens. In sich **harmonisch** ist die neue Schöpfung, da weder in der Thierwelt Streit ist, noch zwischen den Menschen und der Thierwelt der Friede je gestört wird. *Beresch. rabba* c. 95 nennt die Herstellung der Eintracht in

der Thierwelt eine Heilung; denn „auch die Thiere werden geheilt (גם חיות מתרפאים) von der jetzt in ihnen herrschenden und sie verderbenden Mordgier und dem Blutdurst, so daß das Lamm sich nicht mehr vor dem Wolfe zu fürchten hat, und alle Thiere sich an Pflanzenkost genügen lassen", nach Jes. 11, 6 ff. (vgl. 65, 25. Röm. 8, 21 ff.), *Tanchuma Wajjiggasch* 8.

3. Auf der neuen Erde wohnt eine neue Menschheit. In *Wajjikra rabba* c. 30 heißt es mit Bezug auf Ps. 102, 14: „Der Heilige, g. s. E., wird dieses dem Tode verfallene Geschlecht umschaffen zu einer neuen Kreatur" (בְּרִיָּה חֲדָשָׁה), ein Ausdruck, welchen *Pesikta* 181ᵃ übrigens auch von der Wirkung der Buße (§ 68, 1) braucht, vgl. 2 Kor. 5, 17. Ebenso *Schemoth rabba* c. 3 (?) u. ö. Die Erneuerung des Menschen, d. i. die Wiederherstellung seines normalen Standes, wird als Heilung bezeichnet, sofern sie die materielle Seite des Menschen betrifft. Alles was der Heilige, g. s. E., besagt *Tanchuma, Wajjiggasch* 8 (vgl. *Beresch. rabba* c. 95), in dieser Welt geschlagen hat, das heilt er in der zukünftigen Welt. So die Blinden, denn es heißt: dann werden die Augen der Blinden geöffnet und die Ohren der Tauben werden aufgethan, und weiter: dann wird der Lahme hüpfen wie ein Hirsch und die Zunge des Stummen wird jauchzen, Jes. 35, 5 f. Die sittliche Erneuerung geschieht durch Entwurzelung des יצר הרע aus dem Herzen des Menschen und durch Einfügung eines neuen Herzens (Ez. 36, 26). So lehrt *Schemoth rabba* c. 41, daß der יצר הרע den Götzendienst verursache; in der zukünftigen Welt aber entwurzele (עוקר) ihn Gott und gebe dem Menschen ein neues Herz. *Bamm. rabba* c. 17 sagt zu den Worten והייתם קדושים (4 Mos. 15, 40): So lange ihr die Gebote erfüllt, seid ihr geheiligt (מקידשים), und eure Furcht liegt auf den Völkern; reißt ihr euch aber los (פרשתם) von den Geboten, so seid ihr unheilig (מחוללים, vgl. S. 251). Der Heilige, g. s. E., sprach zu Israel: In dieser Welt reißt ihr euch los von den Geboten durch den יצר הרע; aber in der Zukunft reiße ich ihn mit der Wurzel aus euch heraus (עוקר), denn es heißt (Ez. 36, 27): Und meinen Geist will ich in euer Herz geben.

§ 90. Der Olâm habbâ.

Die zukünftige Welt gehört Israel und seinem Gotte allein. Wie immer die Formen des Daseins im Olâm habbâ (§ 82, 1) gedacht werden, jedenfalls steht fest, daß dieses Dasein ein seliges und herrliches ist, weil ein Leben in vollendeter Gemeinschaft mit Gott.

1. „Drei gute Gaben sind Israel gegeben worden, und die Völker der Welt gelüstet nach ihnen, ... und das sind sie: die Thora, das Land Israel und die zukünftige Welt (הבא עולם)" *Mechilta* 79ᵇ. Und zwar hat jeder Israelit als solcher Anwartschaft auf den הבא עולם, es sei denn, daß er seine Eigenschaft als Israelit durch Abfall verloren hätte, vgl. *Sanhedrin* X (XI), 1 und S. 52. 392 f. An dem zukünftigen Leben haben auch die Unmündigen (קטנים) Teil, auch Kinder der Bösen (רשעים, S. 241), sofern sie beschnitten sind *Sanhedrin* 110ᵇ. Daß hier ganz Israel versammelt ist, bekundet sich dadurch, daß (nach R. Josua) sogar das in der Wüste gefallene Geschlecht an der Herrlichkeit Teil habe, während allerdings R. Elieser aus 4 Mos. 14, 35 und Ps. 95, 11 folgert, daß es keine Ruhe (מנוחה) mehr haben werde, *Sanhedrin* X (XI), 3; vgl. *Bamm. rabba* c. 19 (?) und S. 352 f. Die Heiden aber sind ausgeschlossen. Das lehrt recht anschaulich eine Haggada *Jalkut Schim., Beresch.* 111 (zu 1 Mos. 25, 31): „Als Jakob und Esau noch im Mutterleibe waren, sagte Jakob zu Esau: Mein Bruder, es sind zwei Welten vor uns, diese Welt und die zukünftige. In dieser Welt ißt und trinkt man; man handelt, nimmt ein Weib, zeugt Söhne und Töchter. Aber in der zukünftigen Welt gibt es keine solchen Dinge (מדות Verhaltungsweisen, Lebensthätigkeiten) mehr (vgl. Luc. 20, 35 f.). Willst du, so nimm diese Welt, und ich will jene nehmen, denn es heißt: Verkaufe mir heute deine Erstgeburt! An diesem Tage, da sie noch im Mutterleibe waren, verleugnete Esau die Auferstehung von den Todten; denn er sagte: Siehe, ich gehe doch hin, zu sterben. In dieser Stunde nahm Esau als seinen Teil diese Welt, und Jakob nahm als seinen Teil die zukünftige Welt". Esau vertritt die heidnische Welt (S. 365), Jakob Israel. Vgl. u. a. *Bammidbar rabba* c. 11 und oben S. 306 u. ö., aber auch Gegenteiliges oder doch Ergänzendes auf S. 391 f.

2. Ueber die Lebensformen (מדות) in dem Olâm habbâ be-

stehen zweierlei Anschauungen. In der oben aus dem *Jalkut* mitgeteilten Stelle z. B. ist die Anschauung eine spiritualistische. Danach findet im ewigen Leben keine der dem sinnlichen Leben angehörigen Handlungen mehr statt. Dieselbe Anschauung findet sich *Berach.* 17ª, g. E. Diese Stelle ergänzt die erstere in positiver Weise. Sie lautet: „Nicht wie diese Welt ist die zukünftige. In der zukünftigen Welt findet nicht Essen und Trinken, nicht Zeugung, nicht Handel statt; man eifert, hasset, zanket nicht, sondern die Gerechten sitzen da, Kronen auf ihrem Haupte tragend, und genießen vom Glanze der Schechina; denn es heißt 2 Mos. 24, 11: Und sie schaueten Gott und aßen und tranken". Dieser Auffassung steht eine mehr materialistische gegenüber, z. B. *Tanchuma, Chajjé Sara* 8: „In dieser Welt zeugen die Gerechten Gute und Böse, aber in jener Welt werden alle (Kinder) Gerechte sein". Also doch noch Zeugung! Und weiter finden wir an vielen Stellen das Mahl der Gerechten gepriesen, das buchstäblich gefaßt werden muß, da die Speise aus dem Fleische des Leviathan besteht (S. 389). *Pesachim* 118 berichtet, wer den „Becher des Heils" (כוס של ברכה) zur Hand nimmt und so dieses Mahl segnend weiht: die Patriarchen halten sich für unwerth, bis David den Becher zu diesem Behufe nimmt. In *Pesikta* 188ᵇ wird dargestellt, daß Behemoth und Leviathan bestimmt sind für das Mahl der Gerechten im Olâm habbâ. Daran werden alle Teil haben, die der Schrift oder der Mischna, oder dem Talmud, oder der Haggada sich widmeten, oder Mizwoth oder gute Werke (in besonderem Maße) aufzuweisen haben. *Baba bathra* 74ᵇ (vgl. *Pesikta* 188ᵇ) schildert ausführlich, daß Leviathan und Behemoth (S. 202) für die Mahlzeit der Gerechten im Olâm habbâ aufbewahrt werden (vgl. *Machsor Schebuoth* 145, ed. Heidenheim). Später (75ª) heißt es, bloß die Gelehrten dürfen an diesem Mahle Teil nehmen; der Ueberrest werde in Jerusalem verkauft, so daß auch Handel (משא ומתן) vom Olâm habbâ nicht ausgeschlossen scheint. In *Aboda sara* 65ª werden jedoch höhere als sinnliche Freuden in dem Olâm habbâ erwartet. *Tanchuma, Schemini* 4 hinwiederum setzt gewissermaßen Sünde voraus. „Es sprach der Heilige, g. s. E.: In dieser Welt ist ihnen die Sünde vergeben worden (נתכפר) durch ein Opfer (קרבן); aber in jener Welt (עולם הבא) tilge ich (מוחה) ihre Sünden ohne Opfer (לבעני), laut Jes. 43, 25." Dagegen sagt *Tanchuma, Emor* 14, daß in Zukunft alle Opfer aufhören mit Ausnahme des Dankopfers (קרבן תודה).

§ 90. Der Olâm habbâ.

Diese zwei Anschauungen lassen sich daraus erklären, daß die Schilderungen des messianischen Zeitalters und des Olâm habbâ, des Diesseits und des Jenseits, ebenso wie die Begriffe beider in einander überfließen. An sich entspricht es dem gegensätzlichen Verhältnisse der himmlischen und der irdischen Welt (§ 44), daß der Olâm habbâ als das himmlische Leben auf Erden möglichst immateriell gedacht wird. Der Begriff einer verklärten, vom Geiste erfüllten und durchdrungenen Materialität fehlt hier, wie dies nach den gegebenen theologischen Voraussetzungen nicht anders erwartet werden kann.

3. Um den zukünftigen Stand der Seligen im Einzelnen vorzustellen, muß man die Aussagen mit hereinziehen, welche vom Gan Eden (§ 75) und dem messianischen Zeitalter (§ 82 ff.) handeln, weil diese Sphären nicht genau unterschieden werden, sondern unter dem Begriffe לבא כתיד oder עולם הבא zusammengefaßt werden (vgl. S. 371). In *Sifre* 135ᵃ lesen wir: „Künftig werde ich euch ruhigen Geistes (בנחת רוח, gewonnen aus 5 Mos. 32, 12, gedeutet als Gegensatz zur Vielgeschäftigkeit) in der Welt wohnen lassen". In *Berachoth* 57ᵇ und *Mechilta* 109ᵇ (vgl. Hebr. 4, 9 f.) wird der Sabbat als ein Vorschmack der zukünftigen Welt bezeichnet: er enthalte den sechzigsten Teil vom עולם הבא. Das hat offenbar seinen Grund in der Ruhe und dem Frieden des Sabbats, als welcher נחת רוח gibt. *Beresch. rabba* c. 17 wird der Sabbat eine früh abgefallene Feige (נובלת) des עולם הבא genannt: wie der Schlaf zum Tode, der Traum zur Weissagung, die Thora zur Weisheit des Himmels, das Sonnenlicht zum Lichte des Himmels, so verhalte sich der Sabbat zum עולם הבא. Und zur seligen Ruhe tritt äußere Herrlichkeit. Die Gerechten tragen Kronen, *Schabbath* 88ᵃ (vgl. oben S. 273): die Kronen, die sie einst am Sinai durch die Engel erhielten, und die ihnen, als sie in Sünde fielen, wieder abgenommen wurden, vgl. *Sanhedrin* 111ᵇ. In *Wajjikra rabba* c. 30 und *Sifre* 67ᵃ heißt es zu שֹׂבַע שְׂמָחוֹת (Ps. 16, 11): Dies sind die sieben Haufen der Gerechten, welche künftig das Angesicht der Schechina sehen werden; ihr Angesicht gleicht der Sonne und dem Monde, dem Firmament und den Sternen, den Blitzen und den Lilien (שושנים) und dem reinen Leuchter, welcher im Heiligtume war.

Diese Seligkeit und Herrlichkeit ist bei den verschiedenen Gerechten dem Wesen nach eine und dieselbe, aber dennoch hat sie ihre Stufen. Darum kann man sagen: Jeder Gerechte hat sein besonderes Eden im Gan Eden, *Pesikta* 75ª. *Wajjikra rabba* c. 27 u. ö. Das erhellt z. B. aus *Wajjikra rabba* c. 30: Welcher Haufe der Gerechten ist der bei Gott angenehmste und beliebteste? Es gibt zwei Meinungen. Nach der einen sind es die, welche durch Thora und Mizwoth (Studium und Erfüllung des Gesetzes, § 8) besondere Kraft haben; nach der anderen sind es die Schrift- und Mischnalehrer (S. 145), die, welche die Kleinen unterrichten in ihrer Treue (נאמן), welche künftig zur Rechten des Heiligen, g. s. E., stehen werden. Und *Baba bathra* 75ª: Von der Haut des Leviathan wird der Heilige für die Gerechten Zelte machen, (genauer) für die Würdigsten Hütten (סכות), für die Nächsten Gürtel (ציצל), für die Dritten Halsketten (ענק), für die Letzten Amulete (קמיע). Auch sonst werden Grade und Gliederungen der heiligen Gemeinde des Olâm habbâ angeführt.

Alle diese Seligkeit und Herrlichkeit gipfelt in der vollendeten Lebensgemeinschaft zwischen Gott und den Gerechten. Das obere Jerusalem (*Taanith* 5ª) wird sich auf die neue Erde herabsenken (vgl. Gal. 4, 26. Hebr. 12, 22. Offenb. 21). Denn es gibt ein Jerusalem des עולם הבא, verschieden vom Jerusalem des עולם הזה (vgl. § 83) *Baba bathra* 75ᵇ, von Sapphir erbaut *Schemoth rabba* c. 16. In diesem Jerusalem bildet wieder ein Heiligtum den Mittelpunkt; Ahron ist Priester und empfängt die Theruma; Dankopfer werden dargebracht. Die Gerechten schauen Gott und loben ihn, und Gott lehrt das Volk in eigener Person die Thora, *Schir rabba* zu 1, 2. Solcher Art ist die Gemeinschaft zwischen Gott und den Gerechten. Dabei wird ausdrücklich hervorgehoben, daß sie die denkbar innigste sei. Einen schönen Ausdruck findet sie *Sifra* zu 3 Mos. 26, 12, sowie in den Stellen vom Reigen der Gerechten, den Gott anführe (S. 345). Sie ist inniger als die zwischen Gott und den Engeln; denn die Aeltesten Israels bilden nun den Rath, also die nächste Umgebung Gottes. In einem Gemache (Mechiza, S. 163), zu welchem die Engel keinen Zutritt haben, wird Gott Israel die Thora lehren, *jer. Schabbath* 8ᵈ.

Das Schönste, was der Talmud über das Jenseits sagt, findet sich wol *Pesachim* 50ª. Josua ben Levi ist erkrankt und wird entrückt. Als er wieder zu sich kommt, fragt ihn sein Vater: Was hast du geschaut? Er antwortete: Eine umgekehrte Welt (עולם הפוך) habe ich gesehen; die (hienieden) obenan sind, sind (dort) unten, und die (hienieden) unten sind, sind dort oben. Da erwiderte sein Vater:

§ 90. Der Olâm habbâ.

Eine klare Welt (עולם ברור) hast du gesehen (d. h. eine solche, in welcher Wesen und Erscheinung sich entsprechen).

Ebendaselbst wird unter anderen Unterschieden der beiden Welten dies angegeben. Hienieden spricht man bei schlimmer Botschaft: Gebenedeiet sei der recht richtet, und bei guter Botschaft: Gebenedeiet sei der Gute und Gutthätige (ברוך הטוב והמטיב)! Jenseits aber gibt es keine schlimme Botschaft mehr, und es geht Alles in den Lobspruch auf: Gelobt sei der da gut ist und Gutes thut!

Nachträge und Berichtigungen.

S. XIII, Z. 11—16 oben. Beachtenswerthe Einwendungen gegen diese Aussagen s. bei Siegfried in den Göttingischen Gelehrten Anzeigen 1881, S. 392.
Zu S. XV, Z. 9 ff. o. vgl. S. XXXV, Z. 11 f. u. und dagegen Schürer, Theol. Lit.-Ztg. 1881, S. 513 f.

S. XXXVI, Z. 8 ff. u. Der letzte Satz von § 4 ist in Anspruch genommen worden, da er an sich unberechtigt sei und zu den sonstigen Ausführungen Webers im Widerstreite stehe. Man wird aber das Zeitwort „ableiten" auf Z. 5 u. zu beachten haben. Uebrigens vgl. den folgenden Nachtrag.

Zu S. XL, gegen Ende. Seit der ersten Auflage hat sich die Lage langsam aber stetig in der Richtung der Arbeit Webers geändert. Vgl. G. Schnedermann, Reich Gottes II, 2, S. 2 ff. Der deutlichste Beweis ist vielleicht das soeben erscheinende „Lehrbuch der neutestamentlichen Theologie" von H. Holtzmann (Freiburg und Leipzig 1896), insofern in demselben nicht nur thatsächlich die gesamte Lehre des Neuen Testaments von dem jüdischen Volksboden aus dargestellt, sondern dieses Unternehmen auch grundsätzlich beleuchtet wird (I, S. 25 f.). Unter Bezugnahme auf Webers und anderer Theologen Arbeiten aus den letzten zehn bis zwanzig Jahren heißt es dort (S. 26), diese Beiträge „verbieten es schlechterdings, an diesem Teil der Aufgabe vorüber zu gehen, und die dagegen geltend gemachten Schwierigkeiten, welche dem Unternehmen, den Bestand der jüdischen Schriftgelehrsamkeit zur neutest. Zeit zu beschreiben, schon aus dem chronologischen Abstand des rabbinischen Quellenmaterials erwachsen, können niemals Rechtfertigungsgrund für eine Unterlassungssünde werden". Beweisgründe für die Verwendbarkeit und nützliche Regeln für die Anwendung der Arbeit Webers zur Auslegung des Neuen Testaments s. daselbst S. 43 bis 45. Vgl. auch O. Pfleiderers Vorwort zur 2. Auflage seines „Paulinismus" (1890).

S. 22, Z. 3 von oben setze man an den Anfang der Zeile die Ziffer 2.
S. 38. Zu § 10 merke man an: § 61, 1. § 68.
Zu S. 41, Z. 17 f. vgl. S. 103, Z. 6 ff. o.
S. 42, Z. 2 u. Vom 'Am haárez handelt Chwolson a. a. O. S. 73 ff.; derselbe zeigt, wie der Begriff geschichtlich zu würdigen ist und bei anderen Völkern z. B. in dem Unterschiede von Gebildeten und Ungebildeten Seitenstücke findet.
S. 44, Z. 2 u. lies: Geschichte.
Zu S. 52, Z. 20 o. vgl. S. 266. 342. 382.
S. 69, Z. 19 ff. Hier zieht Weber aus einzelnen Aeußerungen wol zu

schnell allgemeine Sätze heraus. Lehrreicher ist die Stelle *Chullin* 38ᵇ, wo nach Rabbi Elieser von einem Heiden ohne Weiteres anzunehmen sein soll, daß er immer an seinen Götzen denke, so daß sogar das Fleisch eines Stückes Vieh, welches er durch einen Israeliten für sich schlachten lasse, als Götzenopferfleisch (1 Kor. 10, 27 f.) anzusehen sei.

S. 71, Z. 15 u. In *Chagiga* 15ᵇ wird von einem abtrünnigen Rabbi gesagt, daß es mit ihm von vornherein schlecht stand, da in seinem Hause viel griechische Lieder gesungen wurden.

S. 72, Z. 14 f. o. Der betr. Satz bezieht sich eigentlich nicht auf heidnische, sondern auf samaritanische Mädchen, von welchen gesagt wird, daß sie in der von ihnen im Allgemeinen eingehaltenen Beobachtung der Gesetze über menstruirende Frauen nachlässig seien.

Das. Z. 19 f. o. Der Begriff des *Mamser* ist von Weber hier nach einer in der rabbinischen Theologie nicht zur Anerkennung gelangten Aeußerung herangezogen worden. Uebrigens ist für die Würdigung des Heidentums lehrreich eine Stelle in *Tanchuma*, *Theruma* 3, wo Rabbi Akiba auf Befragen die prophetische Stelle von dem Hasse Gottes gegen Esau (Mal. 1, 3) d. i. die Heiden so erläutert, daß, wie Menschen zürnen, wenn man Hunde mit ihrem (der Menschen) Namen belege, also Gott zum Hasse berechtigt sei gegen solche Menschen, die ein Stück Holz Gott nennen.

S. 76, Z. 16 hinter *Jebamoth* 47ᵃ schalte man ein: völlig farblos.

S. 83, Z. 11 u. In *Bammidbar rabba* c. 14 heißt es: „Wer einen Vers liest, der nicht zu den 24 (kanonischen) Büchern gehört, thut nichts Anderes, als hätte er 'ה 'כ gelesen". Und c. 15: 'ה 'כ darf man nicht lesen, da die heilige Schrift nicht mehr als 24 Bücher hat.

S. 84, Z. 12 o. Genauer bestehen zwei verschiedene Verordnungen hinsichtlich der heiligen Schriften: 1) daß sie die Hebe, und 2) daß sie die Hände verunreinigen. Vgl. Buhl a. a. O.

S. 85, Z. 15 o. Der Ausdruck *Mikra* bezeichnet, wie Dalman (Das Alte Testament ein Wort Gottes, 1896, S. 10) bemerkt, sowol das einzelne Schriftwort, als das Schriftganze, „nämlich das „Gelesene" im Unterschiedene von der auf dem „Gelesenen" beruhenden, mündlich vorgetragenen „Forschung" (מדרש), nicht etwa das „Vorgelesene", der synagogale Lektionsstoff, im Unterschiede von nicht vorgelesenen Büchern."

S. 99, Z. 5 o. lies: Elieser der Sohn des Jose des Galiläers (vgl. S. 109, Z. 2 u.).

S. 102, Z. 8 o. tilge: Handeln.

Zu S. 120 f. vgl. S. 381, Z. 7 f. u.

Zu S. 122, Z. 15 ff. u. vgl. S. 200, Z. 3 f. u. bis S. 201, Z. 7 o.

Zu S. 124, Absatz e vgl. § 70, 2.

S. 129, Z. 8 o. tilge „zwei".

S. 148 ff. Gegen das IX. Kapitel hat Caro in Rahmers Jüdischem Literaturblatt, 1881, Nr. 6, vom jüdischen Standpunkte aus eine nachdrückliche Verwahrung eingelegt, die nicht durchschlagend, aber beachtenswerth ist. Die Einzelheiten seiner Ausführungen haben sich in der neuen Auflage zumeist zwanglos in Webers Text einfügen lassen. Als Beleg für seine Aussage, der Ausdruck שמים sei gerade ein Ausdruck für die Bezeichnung der gottliebenden Gesinnung im Gegensatze zur nomistischen Frömmigkeit, wird eine Aeußerung von Raschi zu *Berachoth* 14ᵇ angeführt: קרייא שמע הוא קבלת מלכות שמים והיה אם שמוע הוא קבלת עול מצוה. Hier wie sonst führt Caro Grätz und Geiger gegen Jost ins Feld, welchem Weber einseitig folge. S. 153 u. Vgl. übrigens H. Schmidt, Der Monotheismus des Judenthums und der trinitarische Gottesbegriff der Christen, in der Zeitschrift Nathanael, 1889, Nr. 1. Das geschichtliche Verhältnis des Judenchristentums zum Christentum (nach Grätz, Geiger und Caro a. a. O. handelt es sich dort lediglich um eine Polemik gegen den Parsismus bei völliger Unberührtheit der *Minim* durch den christlichen Trinitätsglauben) hat Weber hier gar nicht in Betracht gezogen, was man bei der Verwendung seiner Aussagen wird beachten müssen.

S. 157. Bei § 32 wird sich der Leser wie bei ähnlichen Ausführungen Webers in besonderem Maße sagen, was Caro (a. a. O. Nr. 1) ohne Noth aufbauscht, während Weber selbst es gar nicht verhehlt hat (s. S. XIV f.), daß rhetorisch-gemeindemäßige Ausmalung, die als solche einigermaßen zu erkennen ist, nicht die gleiche Bedeutung wie ein dogmatischer Lehrsatz hat. Man muß eben solche Ausführungen mit demselben *granum salis* lesen, mit dem sie geschrieben sind.

Zu S. 163 vgl. § 74, 1.

Zu S. 165, Z. 14 ff. u. vgl. S. 397, Z. 6 f. u.

S. 166. Zu § 34 führt Caro ältere jüdische Literatur an, auch die nützliche Arbeit von Kohut über die jüdische Angelologie und Dämonologie in Abhängigkeit vom Parsismus 1866. Daß es sich bei diesem Lehrstück vielfach um eine Verquickung israelitischer und fremder Gedanken handelt, und daß die spätere Zeit eine starke, im Vergleich zu anderen Lehren entschieden minder wichtige Ausbildung der Engelvorstellungen gebracht hat, hätte Weber vielleicht mehr zur Geltung bringen können. An der bez. Aussage fehlt es jedoch nicht (gegen Caro); s. besonders S. XIV f. 150. 174. 175. 196. Vgl. übrigens § 54 und O. Everling, Die paulinische Angelologie und Dämonologie, 1888.

S. 172, Z. 11 f. o. In *Berachoth* 4ᵇ ist jedoch nur die Rede von einem Todesengel (מית) ohne Angabe eines Namens, und *Schabbath* 89 wird nur Hiob 28, 22 angeführt, ohne Beziehung auf die Lehre von Engeln.

S. 174. Zu § 35 vgl. den Nachtrag zu S. 166.

S. 176, Z. 14 u. lies: *Bereschith rabba*.

S. 177 ff. Aehnliches wie zu S. 166 gilt auch mehrfach zu den Paragraphen des dreizehnten Kapitels, ebenso wie das zu S. 157 Bemerkte.

Zu S. 184, Z. 11 ff. o. vgl. § 78, 1.

S. 190. Zu § 40 vgl. H. Gunkel, Die Wirkungen des heiligen Geistes nach der populären Anschauung der apostolischen Zeit und nach der Lehre des Apostels Paulus, 1888.

S. 197, Z. 17 f. werden genauer die beiden Meinungen, Gott habe die Welt um der Thora willen (so R. Judan) oder um der Stämme willen (so R. Josua) geschaffen, einander gegenübergestellt, gelten also dort nicht für gleichbedeutend.

Zu S. 211, Z. 12 ff. vgl. S. 263. 273.

Nachträge und Berichtigungen. 409

S. 215 ff. Caro verwahrt (a. a. O. Nr. 6) das in Betracht kommende „krause Schrifttum" ausdrücklich dagegen, daß darin ein Anklang an die Lehre von der Erbsünde gefunden werden könne.

S. 241, Z. 6 ff. o. H. Holtzmanns kurz hingeworfene Aeußerung im „Lehrbuch der neutestamentlichen Theologie", I (1896), S. 144, Anm. 3, der Talmud verwerfe die gemeinjüdische Unterscheidung zwischen leichten und schweren Geboten, ist hiernach mindestens mißverständlich; vielleicht geht sie auf Aussagen wie die von S. 302 (vgl. *Pirke Aboth* I, 3) zurück.

S. 251. Zu § 54 vgl. besonders das oben im Nachtrage zu S. 166 Bemerkte.

S. 261, Z. 3 u. Nach Kahan ist aber das Zeitwort עשׂה im Neuhebräischen deshalb angewandt worden, weil שׁוב nicht mehr im Sinne von „Buße thun" gebräuchlich war.

Zu S. 268, Z. 14 f. o. vgl. *Schemoth rabba* c. 1.
Zu S. 277, Z. 12 f. u. vgl. S. 293, Z. 12 f. u.
Zu S. 279, Z. 12 o. vgl. S. 286, Z. 5 f. u.

S. 279, Z. 2 f. u. und 281, Z. 15 ff. Das normale Rechts-Verhältnis des Menschen zu Gott nennt Paulus eben δικαιοσύνη θεοῦ.

S. 291, Absatz 3 mit seinen Darlegungen ist fragwürdig, insofern רשע גמור heißt, wer sich eine besonders schwere Strafe, wie Steinigung oder Verbrennung zugezogen hat, während ein רשע קל gleichfalls zum Tode verurteilt worden ist, aber nur durch Schwert oder Erdrosselung. Vgl. zu S. 325.

S. 292, Z. 7 f. u. Der Satz ist mißverständlich, wenn man ihn allzu eng mit dem unmittelbar Vorausgehenden verbindet, was aber nicht Webers Absicht sein dürfte. Die Lehre von dem Verdienste der Väter wird einfach an der Hand von Stellen wie 2 Mos. 32, 13; 3 Mos. 26, 45 u. a. für biblisch angesehen.

Zu S. 296, Z. 16 u. vgl. *Pesachim* 49ᵇ: Man soll Alles veräußern, wenn man infolge davon die Tochter eines Schriftgelehrten heirathen kann; ist das nicht möglich, bemühe man sich um eine Tochter frommer Eltern (vgl. S. 42 ff.), in Ermangelung einer solchen um die Tochter eines Synagogenvorstehers, danach eines Vorstandes der Almosenkasse, eines Schullehrers u. s. w.

S. 301, Z. 8 u. Die Meinung des R. Samuel ist bei ihrer vorsichtigen Haltung fraglich.

S. 304, Z. 4 u. lies S. 308 statt 303.

Zu S. 306, Z. 19 ff. vgl. *Aboth de-Rabbi Nathan* IX, 5: Wenn ein Mensch wahrnimmt, daß er Glück hat, sage er nicht etwa: „Weil ich würdig bin (זכאי), gab mir Gott Speise und Trank in dieser Welt, aber das Kapital (קרן) verbleibt mir für die künftige Welt", sondern er sage vielmehr: „Weh mir, vielleicht habe ich vor Gott nur ein einziges Verdienst, da gab er mir Speise uno Trank in dieser Welt, um mich der zukünftigen verlustig zu machen!"

Zu S. 310, Z. 1. Hinter „werden" folgt an der angegebenen Stelle (*Mechilta* 6ᵃ) der bezeichnende Schlußsatz: „denn man erhält Lohn (שׂכר) nur für ein Thun (מעשׂה)"; vgl. Röm. 4, 4 f.

S. 321, Z. 7 f. o. Webers Auffassung der betreffenden Worte des Gebets in der ersten Auflage war: ... alles Böse, was ich vor dir auf dem Wege gethan habe und wo ich stehend böse gewesen bin (vgl. 5 Mos. 6, 7).

S. 324, Z. 3 f. u. Die Stelle aus *Sota* 14ᵃ beleuchtet vermutlich mehr die Lehre vom Verdienst (§ 59), insofern sie nicht meint, daß das Grab, sondern daß das Verdienst (זכות) des Mose die Sühne bewirke. Vgl. S. 369.

S. 325, Z. 18 f. o. Die vier Todesarten sind: Steinigung, Verbrennung, Enthauptung und Erdrosselung. Vgl. Nachtrag zu S. 291.

S. 326, Z. 2 ff. o. Wie aber das Kalb in 5 Mos. 21, so wird das Thorastudium nicht den Mörder, sondern die Gemeinde versühnen, in welcher der Mörder unentdeckt weilt. In *Maccoth* 10ᵃ wird der Beschäftigung mit der Thora die Wirkung einer Zufluchtsstätte (4 Mos. 35, 11 ff.) zugeschrieben.

S. 333, Z. 16 u. Die erste Auflage fügt hier zum Fasttage den Versöhnungstag, wol mit Unrecht, da man am Feiertage kein Geld berühren soll.

Zu S. 360, Z. 19 ff. und S. 362, Z. 1 f. o. sowie das. Z. 14 ff., welche Stellen einander ergänzen, vgl. vorn das Vorwort zur 2. Auflage S. V, und insbesondere noch Schürers Besprechung der 1. Auflage in der Theol. Literaturzeitung, 1881, Nr. 22, S. 514 f. Der Herausgeber glaubt durch diese Verweisungen das hinsichtlich der Lehre vom Messias bei Webers Darstellung für jetzt Mögliche und Nötige gethan zu haben, insofern kaum anzunehmen ist, daß Weber bei derselben ohne bewußte Absicht gewesen sei. Vgl. Einleitung § 4. Uebrigens s. den Artikel „Messias" von Oehler-Orelli in Prot. R.-E. 2. A. Bd. IX, S. 641—672; wegen des Leidens bes. S. 649 f. 670 f. Die Stelle aus *Ruth rabba* zu 2, 14 lautet nach Stracks Uebersetzung (a. a. O.): „Tritt näher": (dieser Vers) spricht vom König Messias. „Tritt näher" d. i. nähere dich dem Königtum. „Und iß von dem Brote", d. i. das Brot des Königtums. „Und tauche deinen Bissen in Essig", das sind die Leiden (הייסורין), wie es heisst: „Er war durchbohrt um unsrer Missethat willen" (מחלל מפשעינו, nach Stracks Beobachtung in allen Ausgaben, in manchen auch noch mit מדכא מעונותינו). „Und sie setzte sich an die Seite der Schnitter", d. i. sein Königtum steht im Begriffe, für eine kurze Zeit von ihm zu weichen ..." Mit größerem Recht wird Strack aus dieser Stelle das Gegenteil von Webers Aussage herauslesen. — Wegen der Person Jesu vgl. H. Laible, Jesus Christus im Thalmud. Mit einem Anhange: Die thalmudischen Texte, mitgeteilt von G. Dalman, 1891. Der Anhang auch besonders unter dem Titel: Was sagt der Thalmud über Jesum? 1891.

S. 382. Zu § 86 vgl. G. Schnedermann, Die Vorstellung vom Reiche Gottes in ihrem Gange durch die Geschichte der christlichen Kirche. I. Stück: Die israelitische Vorstellung vom Königreiche Gottes als Voraussetzung der Verkündigung und Lehre Jesu, 1896. II. Stück: Jesu Verkündigung (1. Hälfte, 1893) und Lehre (2. Hälfte, 1895) vom Reiche Gottes in ihrer geschichtlichen Bedeutung. Hinsichtlich dieser Arbeit, in welcher der Herausgeber gewisse unumgängliche Folgerungen aus Webers Darlegungen gezogen hat, werden ernsthaft und selbständig denkende Leser nicht umhin können, an die Stelle alter und neuer grober Missverständnisse und Orakel, wie sie jüngst wieder H. Holtzmann im Theol. Jahresbericht XV, S. 141 vorgetragen hat, ruhige Erwägung treten zu lassen. Vgl. oben den Nachtrag zu S. XL.

REGISTER.

Die Ziffern bedeuten Seiten.

---

1. Sach- und Namen-Register.

Wegen der Transcription hebräischer Worte wolle man die bez. Aeußerung im Vorbericht, S. VII, berücksichtigen.

Abba Aricha XVII.
Abbadon 172.
Abba-bar-Kahana 305.
Abbahu (R.) 124.
Ab-Beth-Din 138. 140.
Aberoth s. Uebertretungen.
Abfall 234 f. 401.
Abin (R.) 165. 220.
Aboda s. Tempeldienst.
— sara s. Götzendienst.
Abraham 54. 76. 80. 121. 162. 169. 171. 173. 181. 189. 197. 232. 250. 252 f. 257. 262. 264 ff. 290. 294 f. 298 f. 301 f. 304. 307 ff. 326 ff. 332. 343 f. 357. 359. 382 f. 392. 396. 398.
Absalom 124. 244.
Absolutheit Gottes 148 f. 153.
Abtalion 13.
Abtrünnige 78. 82. 343. 393.
Accente 88.
Acha bar Jakob 257.
Achan 317.
Acharith-hajjamim 372.
Achaschwerosch 270. 276.
Achija von Silo 327.
Achtzehnergebet 152. 348.
Ada 298. 300.
Adam 37. 153 ff. 167. 179. 201. 213 ff. 218 ff. 229. 243. 246 ff. 252.

254. 260 ff. 272 ff. 304. 307. 330. 340. 360. 381.
Adonaj 149.
Aegypten 55. 61. 68. 75. 111. 121. 159. 172. 267. 274. 301. 309 f. 312. 343. 347. 351. 359. 363. 366. 387. 389.
Aelteste 73. 93 f. 106. 125 ff. 134 f. 144 f. 379.
Affekte Gottes 155. 160 f. 181 f.
Ahab 56. 141. 282.
Ahnen 296.
Ahron 39. 55 f. 93. 159. 250. 274 f. 296. 311. 314. 328. 337. 355. 363. 377. 404.
Akiba (R.) XXX. 72. 83. 87. 99. 108. 120. 122. 146. 151. 167. 212. 237. 298. 367. 372.
Akkum 66.
Akylas XVI f.
Albo XXXVI. XXXVIII.
Alcimus 12.
Allgemeinheit der Sünde und des Todes 231. 233. 249 f.
Almosen 32. 67. 278. 284 ff. 303. 305. 326. 329. 332 ff.
Alpiel 208.
Am haárez 31. 38. 42 ff. 90. 107. 126. 128. 239. 390.
Amalek 366. 395.

Amoraim XXXII. 94. 110.
Amram 189.
Amulette 258. 404.
Anachronismen 34 ff.
Angesicht Gottes 156. 165. 167. 179.
181. 186. 345. 347.
Engel des Angesichts 170. 179.
Anklang von Wörtern 121.
Ankunft des Messias 348 ff.
Annahme des Gesetzes 51 ff. 58. 197.
209. 276.
Anrechnung 281.
Anthropomorphismen 150 ff. 155 ff.
181 f.
Antigonus von Socho 94.
Aph 154. 172. 276.
Aphael 207.
Apoche s. Quittung.
Apokatastasis s. Wiederherstellung.
Apokryphen XV. XXXV. 83.
Araboth 162. 205.
Arellim 168.
Ariel 207.
Armilus 365 f.
Armut 288. 317. 323.
Asariel 173.
Asche (R.) XXXIII. 110. 139.
Asidäer s. Chasidim.
Asmachtha 118 f.
Asmedaj 254. 257.
Atid labô 354. 371.
Auferstehung 43 f. 50. 64. 81. 205.
301. 312. 326. 340. 355. 364 ff.
368 ff. 390 f. 393. 401.
Aufhebung von Geboten 137.
Aufnahme des Proselyten in Israel
76.
Auserwählte 377.
Auslegung (s. Midrasch) 88 ff. 97 f.
109 ff. 156 f.
Ausrottung der Heiden 74. 395.
— Israels 389.
Aussatz 116 ff. 246. 323.
Ausschließung der Heiden 57 ff. 66 ff.
Ausschluß neuer Offenbarung 18. 81 f.
Austreibung aus dem Paradiese 223.
260 f.

Auswege (aus der strengen Gesetzes-
erfüllung) 33.
Auszug aus Aegypten 364. 387.
Babel 61. 64. 106. 180. 210. 264.
294. 303.
Bachja XXXVIII.
Bann 108. 133. 136. 139. 142 f. 157.
Barajtha XXXI. 109.
Barmherzigkeit Gottes 154. 159. 207.
260. 319.
Bath Kol 80. 96. 101. 105. 127. 177.
190. 194 f.
Bechai (R.) 168.
Bedingungen der Schöpfung 197. 202 f.
Begräbnis 64 f. 130. 142. 289. 291.
324. 334. 369.
Behemoth 202. 402.
Beichte 317. 320 f.
Bekehrung s. Proselyten.
Beleidigung Gottes 51.
Ben Nechar 66.
Bene Elohim 168. 253 f.
Benjamin 309.
Benoni s. Mittelmäßige.
Berijja chadascha 265. 400.
Beschäftigung Gottes mit der Thora
17. 158. 160.
Beschneidung 52. 67. 75 f. 197. 264 ff.
309 f. 312. 330. 339 f. 342 f. 368.
385.
Beschwörung 238. 256.
Beth Din (s. Gericht) 34 ff. 96. 141 f.
— oberes 175. 277 f.
Bethel 164.
Beth hammidrasch (s. Lehrhaus) 131.
Beweisführung 101. 109 ff. 138 f.
Bild Gottes und der Engel 155 f.
209 ff. 214. 251.
Bileam 15. 66. 141. 161. 291. 317.
326. 332.
Birkath hamminim 152.
Binjan Ab 112 f.
Blick, der böse 129. 257 ff.
Boas 236. 238.
Bor 43. 46.
Buch s. Rechnung.

Buchstaben 88. 120 f. 123.
Bund 161. 270 f.
Buße 32. 67. 78. 198 f. 221 ff. 243.
250. 252. 261 f. 277. 289 ff. 307.
312. 314 ff. 332 f. 337 f. 342 f. 348.
353. 394.

Chaber 42. 44 f. 79. 126. 146.
Chachamim 38. 42 f. 82. 88 ff. 96.
125 ff. 131 f. 134 ff. 300. 339.
Chadrach 383. 385.
Chajjoth 168 ff. 174. 205.
Challa 213.
chamur 241. 291.
Chanina (R.) 26. 106. 128. 249. 258.
300 f.
Chaschmallim 168.
Chasidim 8 ff. 42. 45. 241.
Cheblê hammaschîach 350 f.
Chelek 351.
Chema 154. 172. 276.
Cherem 142 f.
Cherubim 168 ff. 376.
Cheschbon 283. 320.
Chija (R.) XVII f. XXV. 26. 142.
209. 237. 239.
chijjeb 277. 281. 283. 349. 351. 380.
chizonim, Sepharim 83.
Choba (s. Schuld) 137. 277. 379.
Choni 299.
Christentum XXXVI. 152 ff.
Christus Jesus 153. 410.
Chullin 37.
Cirkus 59. 69. 385.
Citationsweise 80 f. 84. 191.

Daath s. Kenntnis, Erkenntnis.
Dämonen 27. 171. 174. 219. 251 ff.
273.
Daniel 72. 202. 396.
Darschanim XIV.
David 36. 56. 75. 81. 140. 179. 238.
249. 260. 293 f. 298. 313. 355. 402.
Davids Sohn 351. 354 ff.
Debarim rabba s. Rabboth.
Delatoren 79.
Deliel 208.

Derech-erez 22. 90.
Derusch (s. Midrasch) 88. 107. 110.
120. 378.
Diaspora (s. Verbannung) 61. 68. 78.
Dibbur 180 f. 271.
Dibrê Sopherim 82. 92.
— verschiedener Autorität 102.
Diebstahl 117 f.
Dienst der Engel 169. 175.
Dikdukim 94.
Dimi (R.) 106.
Dîn s. Urteil Gottes.
Dinûr 166.
Dispens s. Gelübde.
Dor (Generation) 329. 372.
Dualismus 150. 174. 203 ff.
Dubbiel 167.

Ebal 66.
Eden s. Gan.
Edom (s. Rom) 61 f. 111. 359. 365.
382. 387. 389.
Egla arupha 35. 326. 328. 331.
Ehe 11. 30. 59 f. 68 f. 72. 105. 139.
234. 295 f. 318. 334.
— Gottes mit Israel 51. 270.
Ehebruch 325 f. 344.
Ehre der Aeltesten 127 f. 129 f. 132 f.
147.
Einbuße 306.
Einheit Gottes 151 ff.
— des Menschengeschlechtes 199 f.
Einheitlichkeit von Schrift und Tradition 100.
Elasar ben Durdaja 317. 325.
Eleasar (R.) 87. 296.
Elia 53. 105. 128. 232. 248. 251. 282.
293. 304. 352 ff. 378.
Elieser (R.) XVI. 28. 31. 42 f. 87.
89 f. 96. 111. 128. 199. 249. 282.
323. 328. 342. 348. 367. 401.
— ben Jose 109.
Elohim 149. 154. 259. 272.
Eltern 21. 30 ff. 129. 147. 302 f.
En Jakob XXXIII.
Ende der Welt 350. 387.
Engel XXII. 25. 52. 153 f. 163 f. 166 ff.

202. 205 ff. 209 f. 214 f. 219. 225 ff. 230. 256. 269. 275. 277. 282 f. 338 f. 345 f. 357. 404.
Engel Jahve's 184. 317.
— Satans 253.
Enos 182. 189. 208. 264.
Entfernung der Schechina 189.
Entwickelung der Lehre (Tradition) 100. 103.
Ephraims Sohn 362.
Epikuräer 219. 393.
Erbsünde 218. 224. 239 f.
Erdbeben 161.
Erde 64. 98. 201 f. 203 ff. 223 f. 398 ff.
Ergänzung der eigenen Gerechtigkeit 54. 56. 292 ff. 326 ff.
— der Thora 89.
Erhaltung der Welt 74 f. 159. 196 ff. 205 ff.
Erhörung 49. 284. 293. 296 f. 318 f.
Erkenntnis Gottes 66 f. 88 ff. 174. 359. 386.
Erleuchtung 359.
Erlösung 96. 243. 312. 333. 342 ff. 348. 364 ff.
Erscheinung Gottes 165. 186. 389.
— der Engel 173.
Erschwerung von Geboten 103. 116 f.
Erstgeburt 115.
Erzengel 169.
Esau 68. 70. 120. 252. 255. 280. 291. 302. 308. 323. 389. 401.
Esra XIII. 1 ff. 89. 137. 140. 276. 294. 296. 298.
Esther 76.
— Buch XXIII. 83.
Eva 68. 156. 218 ff. 248. 253. 330.
Ewigkeit 18 f. 70. 371.
— der Höllenstrafen 393 f.
Ezechiel 83. 312. 327.
Exil s. Verbannung.

Familie 30. 166. 175. 294 ff. 352 f.
— obere 166. 175. 258.
Fasten 247. 285. 318. 321. 333 f.
Fegefeuer 342.

Feuer 115 f. 166 f. 174. 202. 273. 376. 392 ff.
Finsternis (der Hölle) 393.
Fleischesdienst der Heiden 65 ff.
Fluch 72. 79. 223 f.
Fluth, die große 189. 199. 246. 261. 307 f. 343. 391. 394.
Freiheit 216 ff. 231 ff. 271. 286. 380.
Fruchtbarkeit 380 f.
Fürbitte 61. 299 ff. 327. 361. 380.
Fürsorge Gottes für Israel 61 f.
Fürsten der Völker 125. 170 f.
Furcht 284. 335.

Gaben, drei 64. 401.
Gabriel 167 ff. 172. 384.
Gamliel (R.) XVI. 91. 94. 132 f. 151.
gamur 241 f. 288. 290 f. 301. 359. 393.
Gan Eden 163. 176. 198. 225 f. 228. 248. 260 f. 304. 326. 329. 341. 344 ff. 355. 403 f.
Garizim 199.
Gebet 6. 40 ff. 49. 52. 67 ff. 73 f. 103 f. 137. 152. 188. 207. 228. 256. 284 f. 292 f. 296 f. 299 ff. 305. 315. 317 f. 327. 333 f. s. Achtzehnergebet.
— Gottes 159.
Gebote (s. Mizwoth): die 7 noachischen 66 f. 262. 396; die 613 —: 92; die drei 330; die vier 310; die sechs 262 f.
Gebrechen 269 f. 275.
Geburt 223. 225 ff. 249. 335. 381.
Gefahren 335.
Gegenmittel (gegen den bösen Trieb) 237 f.
Gegenwart Gottes 41. 63. 157. 185. 188.
Geheimnisse 378.
Gehinnom 52. 78 f. 127. 144. 198. 227. 266. 280. 284. 291. 303. 315 f. 326. 329. 333. 341 ff. 364. 368. 391 f.
Geißelung 139 ff. 143 f.
Geist, der heilige 66. 80 ff. 126 f. 135. 153. 177. 190 ff. 348.

Geisterwelt 166 ff.
Geistesgaben 126 f.
Gelübde 18 f. 138.
Gemara XXXII. 85. 91. 93. 95. 97. 100 ff.
Gematria 121 f. 170. 179.
Gemeinde 40 f. 46. 51 f. 71 f. 75. 88 f. 106 ff. 146 f. 320.
Gemeindevorsteher 31. 133 f. 161.
Gemeinschaft Gottes mit der Thora 16 f. 46 f. 157 ff.
— Gottes mit Israel 46 ff. 50 ff. 65. 148. 187 f. 270. 303.
— Gottes mit der Menschheit 155 ff. 177. 203. 230. 261.
— im Paradies 345. 348.
— Israels mit den Heiden 56 ff. 72. 78.
— Gottes mit den Engeln 174 ff.
Gemiluth chasadim 285 f. 376.
Gêr (s. Proselyten) 77. 266.
Gerechte, Gerechtigkeit 50. 55 f. 70. 74 f. 163. 189. 193. 205. 209. 225 ff. 232 f. 238 f. 241 ff. 250. 278 ff. 287 ff. 326 ff. 332. 334. 336 ff. 344 ff. 357. 379 ff. 390. 402 f.
Gerechtigkeit Gottes 56. 70 f. 73 ff. 79. 205. 244. 248 ff. 259 ff.
Gericht 50. 77 ff. 192.
Gerichte, heidnische 79.
— jüdische 140 ff.
— Gottes 73 f. 246. 264. 297. 343. 387. 394 ff.
Geschichtsbetrachtung 157. 307 ff.
Geser Din (s. Urteil) 315.
Gesêra 241 f.
— schawa 111 f. 124.
Gesêroth 136 f.
Gesetz (s. Thora) 91 ff. 99 ff. 106 ff.
Gesetzgebung 19 f. 51. 57. 59. 65 f. 77. 88 f. 225. 262 ff. 268 ff. 311. 389.
Gesetzgeberische Gewalt 134 ff.
Gesetzlichkeit 148.
— Gottes 17 f. 158 ff.
— des Messias 358 f. 379.
Gesetzesschule 64.

Gëula 359. 364.
Gewalt der Weisen 134 ff.
Gewissen 216.
Gewissensfreiheit 78.
Gibeoniten 75. 77. 342.
Gideon 299. 312.
Gilgul 369.
Glanz 165 ff. 185 f. 222.
Glaube 5. 304 f. 308. 310. 365.
Glaubensartikel des Maimonides 151.
Glieder 211.
Gnade 5. 154. 207. 260 f. 298 f. 303 f. 307 f. 313 ff. 327.
Goël 348. 356. 359. 362. 364.
Gog 176. 303. 343. 357. 363. 372. 386 ff. 394. 398.
Golem 211.
Gomorrha 189.
Goph hanneschamoth 350.
Gottesbegriff 148 ff.
Gottesdienst 238.
Gottesfurcht 32. 122. 130.
Gottlose (s. Rascha) 227. 232 f. 241 f. 250. 288 ff. 336 ff. 353. 390 ff.
Götzen 66.
Götzendienst 52. 66 f. 69. 73 f. 78. 137. 151. 182. 235. 241. 263 f. 309. 325. 392. 395. 400.
Grab 65. 338 ff.
Grade der Inspiration 80 ff.
— der Offenbarung 194.
Grenzen der Gesetzeserfüllung 33.
Guph (s. Leib) 212.
Guphim und Dikdukim 94.
Gut, das höchste (die Thora) 20 ff. 24 ff.
Güter, himmlische 205.

Habdala 6. 137.
העלות של פ׳ 281.
Haggada XV. XXIV. XXX ff. 44. 91 ff. 96 ff. 100 f. 107. 109. 118 ff. 145 ff.
Hagiographen XXII f.
Halacha, Halachoth XIV f. XXX. 34 ff. 85 ff. 91 ff. 100 ff. 109. 111 f. 118 ff. 135 f. 145. 158. 378.
Haman 312. 366. 389.

Hanael 169.
Handel 45. 71 f.
Handwerk 28 f.
Hanna 98.
Harhur 41. 240.
Hasmonäer 10.
Hass 245 f.
Hasser s. Soneê.
Hedjot (Laie, ἰδιώτης) 126. 250.
Heiden 52 f. 57 ff. 65 ff. 151 f. 209.
218 f. 266. 333. 342. 381. 385.
391 ff. 401.
— und Israel 57 ff. 73 ff.
— und die Thora 59 f. 67. 104.
Heilige 53 ff. 108 f. 129. 195. 232.
290. 297 ff. 335 f.
Heiligkeit Gottes 164.
— Israels 52 ff. 343 f.
— der h. Schrift 84 ff.
— der Weisen 126 f.
Heiligtum 198.
Heiligung 22 f.
Heilsratschluß 259 ff.
Henoch 178. 251.
— Buch XV.
Herodeer 13.
Herrlichkeit Gottes 164 f. 185 f. 275.
Herz 234. 400.
Hierarchie 126 ff.
Hillel XIII. XVIII ff. 2. 31. 72. 80. 84.
90. 94. 98. 104 ff. 109. 125 ff. 129.
131. 134 ff. 204. 286. 294. 298.
357. 393.
Himmel 98. 162 ff. 197 f. 201 f. 203 ff.
340 f. 398 ff.
Himmelreich s. Reich Gottes.
Himmelskörper 204. 224.
Hiob 68. 327. 343. 357. 359.
Hiram 251.
Hiskia 72. 176. 232 f. 294 ff. 312. 357.
359. 398.
Hochzeit Gottes mit Israel 51.
Hoherpriester 38 f. 41. 126. 299. 352.
Hoheslied 83.
Hölle s. Gehinnom, Scheol.
Homer 71.
Hosea 295.

Humanität 71.
Hur 274.
Hurerei 68 f. 235 f. 245. 325.
Hypostasen, mittlerische 177 ff.

Jabne 136.
Jahreszeiten 301.
Jahrwochen 351.
Jakob 38. 54 f. 120 f. 156. 164. 170 f.
175. 189. 192 f. 197. 232. 250. 266.
284. 290. 301. 303. 308 ff. 323. 328.
342. 369. 385. 396. 401.
Jalkutim XXX.
Jannai (R.) 258.
Idumäer 75. 385.
Jechiel 207.
Jekara (ikâr) 185.
Jelamdenu XXIX.
Jeremia 298. 354.
Jerobeam 141. 326. 393.
—s Sohn 363.
Jerusalem (s. Zerstörung) 60. 63. 69.
160 f. 276.
— s. Wiederaufbau 65. 98. 360.
374 ff.
— das zukünftige 38. 205. 404.
Jeruschalmi XX ff.
Jesaja 53. 183. 327. 354.
Jeschiba (s. Schule) 131 f.
Jesus Christus 153. 410.
Jethedoth der Welt 268.
Jethro 36. 55. 75.
Jezer harâ 22. 167. 211. 213. 219 ff.
229 ff. 233. 242. 266. 271. 275 f.
281. 288 f. 329. 399 f.
— hattoph 54. 211. 215 ff. 224 f. 230.
232 f. 242. 288 f.
Jezira (Buch) 122. 196.
Jinnon 368.
Imputation 281 ff.
Incest 219. 235. 241. 363. 310. 325.
indelebilis (character) 52 ff. 66. 127.
266.
Inspiration 80 ff. 191 ff.
Jissorin 245. 306. 321. 359. 410.
Jochanan (R.) XXXIII. 25 f. 124. 204.
224 f. 292. 294 f. 346. 357. 392.

Jonathan (R.) XVII ff. 123.
— Targum XVIII ff.
Jophiel (Engel) 178.
Jophjophja 178.
Jorkami 172.
Josaphat, Thal 395.
Jose der Galiläer 99. 109.
Joseph 55. 97. 171. 191. 235f. 238. 267. 307. 309f. 323. 332. 346. 387. 396.
—s Sohn 362.
Joseph der Blinde (R.) XIX.
Josia 56.
— (R.) 123.
Josua 90. 94. 110. 267. 294. 298. 301. 312.
— (R.) XVI f. 43. 87. 199. 323. 348. 392. 401.
— Haggirsi 108.
Isaak 54. 80. 164. 181. 189. 197. 232. 250. 252. 265. 290. 310. 312. 322. 328.
Ischim 168.
Ismael (R.) XXV f. 33. 109 f. 314.
Ismaeliten 366.
Israel 51 ff. 57 f. 70 ff. 170. 197 ff. 208. 264 ff. 292 f. 342 ff. 351. 388. 390. 398. 401.
Jubiläen, Buch der XV.
Juchas 77. 294 f. 352.
Juda 55. 173. 192. 309. 356 f.
— ben Baba 127.
— der Heilige (Hannasi) XXV f. XXX. 25. 44 f. 72. 94. 130. 132. 137. 145 f. 299 f. 318. 327 f. 340.
Judaisirung des Gottesbegriffes 150. 157 ff.
Judenchristen (s. Mîn) 152 ff. 408.
Izidkiel (Engel) 169.

Kabbala 81. 92. 122. 196.
Kain 189. 219. 261. 307. 324.
kal, kalla 221. 241. 246. 281 f. 290 f. 302. 344.
Kal wachomer 92. 97. 110 f. 296.
Kalender 134. 137 f.
Kalkol 290.
Kanon 83.

Kapital und Zinsen 29. 50. 305.
Kappara (s. Sühne) 313.
Kasteiung 318. 321.
Kasuistik 33. 72. 133 f. 146.
Katêgor 335.
Kehath 189.
Kelál uperát 94. 113 ff.
Kenntnis 24. 52.
Kepharel 169.
Kerem 136.
Keriáth Schemá 151 f. s. Schemá.
Ketharim 119 f.
Kethubim XVIII f. 19. 80 ff. 93.
Ketzerei 325. 351.
Kez 372.
Kezeph (Engel) 172.
Kilajim 139 f.
Kinder 72. 179. 213. 232. 246. 255. 258. 299. 323. 329. 346.
Klage Gottes 179.
Klassen der Engel 168.
Knechtschaft 50. 78. 147. 259. 380.
kodam 157.
Königtum 39. 41. 69. 309. s. Reich.
— Gottes 58. 149.
— des Messias 382 f.
Kohanim, Thorath XXV. 329.
Koheleth 83 f.
Kollegien 102. 135.
Korah 342. 355.
Koresch 69.
Koroth 216. 225. 231 f. 237.
Kozim 119 f.
Krankheit 245 f. 322 f. 335. 339.
Kreatianismus 228.
Kreatur 200 f. 206 ff.
Krieg 176.
Kritik der H. Schrift 82 f.
Kronen 39. 52. 119 f. 269. 271. 273. 275. 345. 402 f.
Kuß Gottes 161. 250 f. 337.
Kusari XXXVIII.
Kusch 347.
Kuthäer 152. 391 f.

Lachen Gottes 160 f. 397.
Lästerung 153. 245. 263.

Laie s. Hedjot.
Lajla 225.
Land, das heilige 47. 63 ff. 198 f. 209 f. 312. 333 f. 367 ff. 390. 401.
Länder, andere 64. 69 f. 199.
Langmut Gotses 74.
Laubhütten 4. 66. 74. 257. 319 f. 397.
Lea 55. 309.
Leben 20 ff. 381.
— ewiges 52. 67. 70 f. 79. 85. 141 f. 147. 215. 222. 284. 287. 290 ff. 303. 322. 325. 329. 335.
Lehrer 21. 89 ff. 96. 107. 132 ff. 145 ff. 179. 192. 404.
Lehrhaus 35 ff. 59. 69. 97. 131 ff. 188. 305. 377.
Lehrzucht 102.
Leib 210 f. 225. 228 ff. 242. 337 ff. 369 f.
Leiden (s. Uebel, Züchtigung) 321 ff. 326 ff. 334 f.
— des Messias 359 ff. 410.
Leiden Gottes mit seinem Volke 61.
Leistungen an die Rabbinen 130 f.
Lesen der H. Schrift 82. 86. 107. 407.
Levi 189. 309 f.
— bar Sisi 145. 265.
Leviathan 160. 202. 389. 402. 404.
Leviratsche 112.
Licht 22. 63. 78. 164 ff. 190. 201. 214. 222 f.
Liebe Gottes 58. 153 f. 177.
— zu Gott 23.
— zur Thora 25 ff.
Lilin 254 f. 257.
Literatur, heidnische 59. 71.
Lohn (s. Verdienst) 48 f. 57. 180. 218. 244. 250. 277 ff. 290 f. 302 ff. 336. 350. 380. 391.
Lus 369 f.

Maasch = Erfüllung der Thora 28. 31 ff. 289 ff.
— egel s. Stierdienst.
Maasim tobim (s. gute Werke) 284 ff. 291. 315. 330 ff. 348. 351.
Maaser 45.

Machon 205.
Maimonides XXXVII. 110. 138. 151. 390. 392.
Majorität 94. 96. 102. 105. 136.
Makkabäer 12. 45.
Makôm 148. 164.
Mal'ach-Jahve 184.
Malachim 168.
Maleachi XVIII. 5. 68. 193. 352.
Mammon 285. 319.
Mamsêr 38. 72. 295. 352. 407.
Manasse 96. 141. 317. 326. 342 f.
—s Sohn 362.
Manna 204 f. 272 f. 311. 364 f.
Maon 205.
Mar 132.
Martyrium 8 f. 26. 333. 361.
מילה s. Vorhaut.
Maschchith 172. 275.
Maschen Jisrael 85.
Maschkon 324. 327.
Masora 88.
Massikin 171. 251 ff.
Massoreth 98.
Materie 69. 200 f. 403.
Mattan Sachar 302. 336. — Thora 262.
Mattana 303. 307. 311.
Maweth 172.
Mechilta XXIV f. 101.
Mechiza 163. 179. 273. 329.
Medina 358 f.
Meer (s. Schöpfung) 202.
Meir (R.) XXXf. 67. 99. 119. 121. 128. 139. 220. 237 f. 248. 294.
Mekalkel 281.
Mekullê 172.
Melacha s. Handwerk.
Melchisedek 383.
Mêmra Jahve's 157. 170. 177. 180 ff. 186 ff. 200. 354.
Menschheit 19. 209 ff. 262 ff. 398 ff.
Mephannahel 207.
Meschabbêr 172.
Messias XXXVII. 37 f. 64. 76. 105. 122. 140. 176. 184. 198 f. 246. 249. 282. 348 ff. 352 ff. 377 ff. 382. 394. 398. 402. 410.

Mesusa 27f. 52. 245.
Metator 178.
Metatron 163. 177 ff.
Metibta 131. 134.
— himmlische 133. 158.
Metropolis 63. 374. 384.
Michael 167 ff. 205. 253.
Midda 95. 98 f. 107. 259 f. 298. 307.
Middath haddin 244. 259. 327. 349.
— harachamim 259 f. 327.
Middoth 95. 99. 100 ff. 401.
Midrasch XIV ff. XXIV ff. 34. 54. 85. 87. 92. 95. 97. 100. 104. 119. 150. 188. 190. — rabba XXVII.
Mikra 82 f. 85. 91. 407.
— mesûras 123.
Mila s. Beschneidung.
Min 33. 152. 219. 221. 393.
Minjan 41. 47. 142. 188.
Mirjam 250. 311. 328. 337.
Mischna XV. XXX ff. 7. 43 f. 85 f. 89 ff. 95 ff. 100 ff. 103. 106 f. 136. 145.
Mission 385.
Mittelmäßige (benônim) 46. 50. 233. 239. 241. 288 f. 338 ff.
Mittelursachen 206 f.
Mittler, Israel 73 f., die Weisen 126, Metatron 179, der h. Geist 191.
Mizwoth (s. Gebote) 33. 37 f. 52 ff. 68. 93. 126. 143. 171. 211. 221. 280. 285 ff. 302 ff. 312. 315. 330. 343 f. 359. 404.
Moab 358.
Monate 199. 343 f.
Mond 201 f.
— Anbetung des 73.
Monotheismus 149 ff.
Mord 241. 263. 326. 331.
Mose 20. 36. 39. 53. 82. 87 f. 90 ff. 97. 103 f. 125 ff. 131. 135. 156. 161. 164 f. 167. 178 f. 186. 189. 192. 197. 233. 247 f. 250. 269. 271. 274 ff. 284. 290. 293 ff. 301. 308 ff. 313. 324. 326 f. 337. 354 f. 359. 363. 369. 377.
Musafgebet 161.

Naasch wenischma 51 ff. 270. 273. 276. 294. 308. 328.
Nachasch 218.
Nachum (R.) 122.
Nähe Gottes 64. 156. 189.
Name Gottes 123. 148 ff. 151. 153 f. 157. 183. 214. 238. 256. 275. 315. 326.
— der Engel 173.
— der Weisen 129.
— des Messias 355.
Nasi 132 f. 140.
Nationalität 8 f.
Naturerscheinungen 206 ff. 299 f.
Naturkräfte 172. 206. 301.
Nebiim 19. 80 ff. 93.
Nebukadnezar 69. 72. 364. 366. 396.
Nehemia (R.) 322.
Neid der Engel 163. 167. 175.
Nekuddoth 119 f.
Nephicha 212.
Nerven 211. 225.
Neschâma 228.
Neschika s. Kuss.
Neujahr 159 ff. 289 ff. 297. 316. 319 f. 336.
Nehorai (R.) 112.
Nimrod 264. 306.
Noah 122. 263. 307. 355.
— s. auch Gebote.
Nochri 66. 152.
Nomismus, Nomokratie XIII. XXXVI. 60. 157.
Norden 358. 375.
Norm (die H. Schrift) 84 ff. 89. 100 ff.
Notarikon 123. 265.
Noth 252.

Obrigkeit (s. Reschuth) 263.
— heidnische 78.
Oelberg 189.
Oelverbot 59. 72. 137.
Offenbarung (s. Bath Kol) 14. 80 ff. 90. 100. 148. 150. 155 ff.
Ol (das Gesetz) 33. 78.
Olâm habbâ 223. 249. 271. 316. 371 ff. 380. 387. 390. 392. 401 ff.
— chadasch 398.

Olâm haphuch 404.
Omer 312.
Onkelos (Targum) XVI ff. 155 ff.
Opfer 40 f. 74. 76. 117. 123. 161. 285. 315. 321 f. 331 ff. 380. 402.
Ophannim 168. 205. 269.
Orajtha 92. 109.
Ordination (Semicha) 127. 131. 134. 144 f. 192 f.
Orla 52. 76. 266. 392.
Oschaja (R.) 160.
Othniel 94. 298.
Ozar 212. 228. 279. 302. 338.

Paradies (s. Gan Eden) 163. 341. 344 ff.
Paraklet 191. 315. 319.
Parascha XXVII. 124.
Parek (parok) 364.
Pargod 163 ff.
Parnas 104. 126 f. 134.
Partikeln 122 f.
Parusch (Peruschim) 44 f.
Paschuth (Wortsinn) 88.
Passah 32. 281. 309 ff. 319.
Pasul 39. 54. 264.
Patriarchen 35 ff. 40. 54 ff. 80. 193. 197 ff. 208. 232. 264 ff. 294. 298. 308 f. 327 f. 335. 337. 340. 355. 402.
Paulus 163. 281. 409.
Perez, Sohn des 356. 381.
Persien 167. 366. 395.
Persönlichkeit Gottes 165. 186 f. 191 f.
Peschât 119.
Pesikta XXVII.
Pethach 33.
Pfeiler der Welt 268. 298.
Pharao 61. 69. 332. 356. 360. 366. 389.
Pharisäer XIII. 10 ff. 44 ff. 50.
Philosophie 71. 196 f.
Phylakterien s. Tefillin.
Pidjon 329 f.
Pijjus 314.
Pilpul 94. 104. 145.
Pinax 282. 316.
Pinchas (R.) 201.
Pinehas 110.

Pirusch XVI. 7. 89. 92 f.
Planetenanbetung 73.
Polio 13.
Pompejus 13.
Poscheim 8.
Präexistenz der Thora 16. 158. 196 ff.
— der Seelen 212. 225 ff.
— des Messias 348. 355.
— der 6 Dinge 16.
— der 7 Dinge 198. 253.
Prädestination s. Vorherbestimmung.
Priester 38 f. 47. 77. 125 f. 129. 309. 328.
Propheten 4 f. 30. 37. 39. 53. 80 ff. 87. 93 f. 106. 125 ff. 129. 135. 168. 183 f. 192 f. 282. 352 ff. 372.
Proselyten 55. 74 ff. 102. 189. 263. 266 f. 294. 334. 385 ff. 397.
Prüfung der Priestertumskandidaten 38 f.
Pumbaditha XIX.
Punktation 119 f.
Pur'anuth 332.
Purgatorium s. Reinigungsfeuer.

Quelle der Erkenntnis 85 f.
Quittung 62. 323 f.

Rab, Rabbanin, Rabbanan 132.
Rab XVII. XXV f. 112. 139. 301.
Rabba 258.
Rabbenu 145.
Rabbi 129. 134.
— Juda der Heilige s. das.
Rabbinen 96 ff. 103. 125 ff. 145 ff. 158 f. 258. 299 ff.
Rabboth XXVII. 99.
Rabina 110. 139.
Rachamim 297. 307.
Raguel 169.
Rahab 172. 332.
Rahel 309.
Rakia 204.
Raphael 169. 171. 173.
rascha (raschia) 11. 51. 68. 218. 241. 280 f. 288 f. 291. 365. 401.

Raschi 108. 114. 119. 147. 209 f. 212.
Räume des Himmels 163 ff.
Reaja laddabar 119.
Rebekka 68.
Rechnung des Menschen 50. 242. 279 ff. 288 ff. 319. 325 f.
Recht 205 f. 244. 409.
— der Israeliten 77. 304 f.
— des Weisen 129 ff.
Rechtfertigung 262. 277 ff. 281 f. 334 f. 409.
Regeln, die 13: 109 ff.
Regen 172. 207. 390.
Regierung der Welt 73 f. 170 ff. 208.
Reich Gottes 58 f. 65. 68. 74. 150. 161. 268. 270. 278. 365 f. 390 f. 410.
— des Messias 64. 198. 360. 365. 371 ff. 384 f.
— Davids 19. 47. 384 f.
— der Bosheit 365 f.
Reiche, die vier 365.
Reigen 345. 404.
Reinigung Gottes 159.
—sfeuer 341 f.
Reka 317.
Religion 25 f. 76.
Remes 81. 92 f. 101. 118 ff.
Rephuá 314.
Reschuth 11. 61 f. 68. 78 ff. 152 f. 232. 364.
Reue 317.
Richter 139 ff. 192 f.
Ridja 172.
Rittecha 161.
Rom 13 f. 348. 359. 365 ff. 383 f. 395.
Romulus 366. 384.
Ruchiel 208.
Ruchin 228. 254 f. 257.
Ruinen des Tempels 63. 324.

Saadia Gaon XXXVII.
Sabbat 8. 33. 93. 97. 115 f. 139 f. 214. 245 f. 250. 269. 303. 307. 312. 325. 339. 343. 349 f. 352. 403.
— der ewige 349. 373.

Sadduzäer 10 f. 13 f. 71.
Salomo 36 f. 42. 56. 75. 87. 141. 192 ff. 251. 257. 293. 296. 355. 384.
Samariter 152. 199. 391.
Sameas 12.
Sammael 169. 218 f. 253.
Sammiel 207.
Samuel 56. 72. 98. 112. 192. 290. 298. 301. 308. 338.
Sandalphon 208.
Sanhedrin 38. 90. 94 ff. 125. 134 ff. 140 ff. 159. 258. 352. 379.
— himmlischer 159 f. 277 f.
Sanherib 176. 357. 366.
Sarah 173. 259. 265 f. 308. 310.
Satan 25. 121. 218 f. 233. 237. 251 f. 274. 284. 323. 333. 335. 396 f.
Saul 56. 75.
Schabriri 256 f.
Schaddai 179.
Schätze (s. Ozar) 387.
schakul 282.
Schalwa 273.
Schamajim (als Name Gottes) 149.
Schammai (s. Hillel) 72. 76. 84. 90. 94. 98. 104 ff. 129. 131. 134 ff. 204. 298.
Schauen Gottes 163 ff. 404.
Schechakim 204.
Schechina 61 f. 65. 77. 81. 90. 127 f. 129 f. 144. 157. 184 ff. 193 f. 201. 224. 245 f. 261. 273. 291. 319. 347. 368. 371. 402 f.
Schedim 160. 254 f. 257.
Schegaga 240.
Scheidung von Juden und Heiden 71 ff.
Scheïja 256.
Schemá 41 f. 85 f. 106. 151. 238. 246. 256. 392.
Schemaja 13.
Schemonê - esrê s. Achtzehnergebet 41.
schemosch chachamim 132.
Scheol (s. Gehinnom) 338. 341 ff. 368.

Schescheth (R.) 107.
Schetâr 242. 283.
Schilfmeer 58. 172. 309 f.
Schilo 246. 357. 382.
Schimeon ben Jochai (R.) XXVI.
XXX. 87. 111. 122. 265. 300. 327.
Schimeoni, Jalkut XXX.
Schimpfen 344.
Schlaf 230. 238.
Schlange 218 ff. 247. 252 f. 256. 342.
Schlangenbiß 108. 245.
Schlußformen 92. 102. 110 ff.
Schmerz Gottes 160 f.
Schöpfung der Welt 70. 158 f. 190. 196 ff. 208. 307. 399.
— der Engel 166. 168. 174 f.
— des Menschen 155. 176. 209 ff. 225.
Schrift, heilige 8 f. 19 f. 43. 80 ff. 100 ff. 191.
Schriftbeweis 102. 109. 118 f.
Schriftliche Aufzeichnung 104.
Schriftgelehrte XIII. 1 ff. 6 f. 13 f. 28 ff. 34 ff. 38. 42 f. 82. 94. 105 ff. 238. 351.
Schriftzeichen 119 f.
Schuld 33. 50. 224. 242 f. 277. 282. 380.
Schulen 62. 90. 131 f. 134 f.
— himmlische 159.
Schüler 132.
Sebara 119 f.
Seehar bittul 130.
Seeher laddabar 119.
Sechûth 48 f. 197. 208. 277 ff. 303 ff. 307 ff. 315. 318 f. 344. 349. 379 f.
Seele 205. 211 f. 225 f. 228 ff. 336 ff.
— des Messias 355.
Seera (R.) 130.
Segan 39.
Segen, der ahronitische 22. 123. 256. 296.
Sehnsucht (nach dem heiligen Lande) 64.
סיג s. Zaun.
Selbständigkeit der Materie 200 ff.
Seleuciden 8 f.

Seligkeit aus der Thora 23 f.
Sem 192. 194.
Semicha s. Ordination.
Semuchin 124 f.
Sepher Tholedoth Adam 350.
Serakiel 169.
Seraphim 168. 205. 269.
Siddur 109.
Sifra XXV f. 101. 109.
Sifre XXVI. 101.
Simon der Gerechte 38. 94.
Simson 244.
Sinai (s. Gesetzgebung) 7. 51. 53. 66. 77 ff. 82. 88 f. 92 ff. 100 f. 103. 110. 153. 164. 185. 265. 268 ff. 294. 403.
Sinn der Schrift 86 ff. 91. 95. 119 f.
Sinne 216. 236.
Sinnlichkeit 167. 211. 219 f. 233 ff. 276.
Sirach, Buch XIII. XX. 28 f.
Sittliche Anlage des Menschen 215 ff.
Siw s. Glanz
Sodom 189. 237. 246. 266. 394.
Sohar, Buch 122.
Sohn Gottes 153.
Soncê Jisrael 53.
Sonnenanbeter 73. 161.
Sopherim s. Schriftgelehrte.
Speisen, verbotene 59. 62. 72. 263. 271. 275.
Speise der Engel 165.
Sprache des Menschen 212; die 70 Sprachen 66.
— der Engel 173.
— Gottes 199.
Sprachverwirrung 180. 264.
Stämme, die 10: 363. 367.
Standesbewußtsein 127 f.
Stellung der Worte 123 f.
Stellvertretung 292 ff. 326 ff. 361.
Sterblichkeit 250 f.
Sterne 167.
Sterndienst 66. 73.
Stierdienst 55. 237. 271. 274 ff. 314. 331.
Stiftshütte 89 f. 93. 189 f. 197. 273.

Strafe 48 f. 107 f. 133. 139 ff. 242 ff. 248 f. 306. 321 f. 327.
Studium der Thora 29. 34 ff. 39 ff. 46 ff. 98. 106 f. 234. 238. 248. 305. 326. 331. 346. 351.
— bei den Heiden 59 f. 67.
— Gottes 158 ff.
Stufen in der Gemeinde 46.
— im Studium 99.
— unter den Rabbinen 132 f.
— im Paradies 346 f.
— im Olâm habbâ 372. 403 f.
— im Verhältnis zu Gott 49 f. 241. 288.
Sühne 74. 261 f. 276 f. 313 ff. 363.
Sünde (s. Jezer) 47. 53. 79. 108. 127 f. 167. 220 ff. 224 ff. 314. 333. 351. 380. 402. 409.
Sündenfall 176. 218 ff. 229. 246. 272 ff. 274.
Sündigkeit des Messias 359.
Sündlosigkeit 52 ff. 167. 213 f. 231 f. 236 ff. 251. 290.
Suhâma 219. 230. 271.
Sura XVII. XXV f. XXXII.
Synagoge 3. 37 f. 41 f. 59. 69. 188. 377.
— die grosse 6. 38. 80. 83. 94. 137. 140 f.
— der Asidäer 8.
Synedrium s. Sanhedrin.
Synêgor 191.

Taam 105. 232.
Tafeln des Gesetzes 104. 164.
Tag Gottes 222. 260.
Tage des Messias 349. 371 f.
Tageszeiten 254 f. 346.
Takkana 243. 268. 314. 325.
Takkanoth 136 ff.
תלה 296. 298. 316. 325.
Tallith 18. 159.
Talmıd, -chacham 42. 46. 127 ff. 131. 144 ff. 163. 238 255.
Talmud (s. Mischna, Gemara) XV. XVII. XXII ff. 44. 82. 85. 91. 93 ff. 97. 100 ff. 110. 150. 188. 190.
— Thora s. Studium.

Tanchum (R.) 129.
Tanchuma XXIX.
Targume XV ff. 86. 150 f. 155 ff. 175. 180 ff. 185 ff. 383.
Tarphon (R.) 106. 108. 323.
Tauchbad 76. 103.
Techûmin 38. 350.
Tefillin 27 f. 43. 52. 159.
יקרי 105.
Teleologie 206.
Tempel (s. Zerstörung) 62. 193 f. 321. 323 f. 327. 331. 349. 364.
— -bau 40. 207. 257. 358. 372. 375.
— der zweite 193. 246. 376.
— der dritte 375.
— der himmlische 205.
Tempeldienst (s. Aboda) 7. 34. 38 ff. 63. 277. 376 ff.
Tenâch 80. 83.
Thaawa 173.
Thalmud, Thargum u. dgl. s. Talmud, Targum etc.
Thamar 55. 173. 192.
Thannaim XXXI f. 94. 96.
Thatsünde 240 ff.
Theater 59. 69. 72. 385.
Therach 69. 232.
Theruma 45. 84. 404.
Theschuba s. Buße.
Thiere 68. 209. 212. 214. 255 f. 399.
Thierische Art der Heiden 65. 69. 406 f.
Tholedoth 201.
Thora XXXVI. 14 ff. 18 ff. 56. 60 ff. 80 ff. 157 ff. 196 ff. 216 f. 262 ff. 276. 330 ff. 349. 351. 401. 404. 410.
— neue 378.
Thron der Herrlichkeit 16. 157. 162. 164 ff. 169 f. 174. 198. 205. 337 ff. 375.
Tiberias XXXII.
Tippa 226. 228 f. 265 f.
Titulatur 132.
Tod 24. 172. 213. 219. 222 f. 228. 232 f. 246 ff. 272. 275. 315 f. 321 ff. 324 f. 328. 334 f. 336 ff. 381. 394. 399.
— des Messias 362 ff.

Todesengel 222. 247 ff. 253. 256. 272. 289. 335. 337. 339.
Todesarten (903) 121. 142.
Todesfurcht 248. 335.
Todesstrafe 53. 72. 108. 141 f. 325. 410.
Todte 43 f. 64 f. 73. 329. 333. 339 f. 390.
Tohu wa-Bohu 78. 197. 200 f. 247. 269.
Tosefta XXX ff. 93. 100.
Totaphot 330.
Transcendentismus 149. 154 ff.
Träume 171. 255.
Triebe 173.
Trinität 149 f. 152. 408.
Trübsale, letzte 365.

Uebel 213. 223. 243 ff. 271. 300.
Ueberlieferung 82 f. 89 ff. 91 ff. 98 ff. 105 ff. 145.
Ueberschuß von guten Werken 292 ff.
Uebersetzung der h. Schrift XV ff. 104.
Uebertretungen 49 f. 68. 107 f. 143. 233. 235. 240 f. 278. 280. 306. 330 ff. 335. 344.
Ukba, Mar 286. 288.
Umfang des Kanons 82 f.
— des Talmud 103 f.
Umsetzung von Buchstaben 121.
Unendlicher Inhalt der Schrift 84. 86.
Ungewißheit der Seligkeit 50. 284. 292. 334 ff. 339.
Unkeuschheit 72. 235 f. 240. 244 ff. 349.
Unlässliche Sünden 326. 344. 392.
Unreinheit 65 ff. 84. 103. 228 f.
Unsterblichkeit 210. 222 f. 251. 272 f. 382.
Unterlassungssünden 242. 318 f.
Unterricht 76. 89 ff.
Unwert der Heiden 70 ff.
Unwissende s. ʿAm haarez, Bor.
Unzulänglichkeit der H. Schrift 89 ff.
Uriel 169. 178.
Ur Kasdim 264. 343.

Urstand 213 ff. 273. 284. 288 f. 297. 315 f. 319. 381 f.
Urstoffe und Urkräfte 201.
Urteil Gottes 154. 242. 244 f. 277 f. 280 ff. 284. 288 ff. 297. 315 f. 319. 336. 380.

Vater, Gott 154.
Väter s. Patriarchen 54. 290. 292 ff.
Verantwortlichkeit 230 f. 242.
Verbannung Israels 60 ff. 72. 80. 151. 189. 194. 295. 323 f. 349. 367.
Verborgenheit des Messias 358 ff. 364.
Verbote 137 f. 243. 315.
Verbrennung 113. 392 f. 398.
Verdammnis 48. 71. 78. 333.
Verderben der Heiden 66.
Verderbensengel 172. 227. 275. 291.
Verdienst (s. Sechûth) 4. 48 f. 68. 250. 262. 279. 292 ff. 379. 409 f.
— der Abtrünnigen 78.
— der Gerechten 74. 208. 297 ff.
— der Kinder 232.
— der Väter 54. 57. 62. 77. 275. 292 ff. 311 f.
Vereinzelung 243 f.
Verendlichung Gottes 175 ff.
Verfall Israels 351. 353.
Vergebung 134. 293 f. 314 ff. 320. 331. 380. 402.
Verhüllung Gottes 163. 165.
Verkehr, gesellschaftlicher (mit den Heiden) 72.
Verklärung 370. 398 f. 403.
Verleumdung 23. 216. 220 f. 240 f.
Verlust des Landes Israel 64.
Vernichtung 73 f. 78. 392 ff.
Verschiedene Auslegung 90. 102 ff. 118 f. 136. 146.
Verschlossener Schriftsinn 88 f. 101.
Versöhnung 179. 313 f. 328 f. 334 ff.
Versöhnungstag 121. 159. 252. 289. 297. 299. 315 ff. 319 ff. 328. 334. 336. 339. 349. 410.
Verwerfung der Thora (von Seiten der Heiden) 19 f. 57. 65 ff.
— der Heiden 66 ff.

Vidduj 317 f. 320.
Vilun (velum) 204.
Völker der Welt (s. Heiden) 59 ff.
65 ff. 74. 78 f. 152. 170. 330. 350.
382 ff. 385. 394 ff. 401.
— die 70: 264. 349 f.
Vollkommene 49 f. 271. 290 f.
Vorhaut 52. 266 (s. Orlá).
Vorherbestimmung 247.
Vorstellungen 240.
Vorzeichen 339. 350 f.
Vorzeitliche Dinge (7) 198.

Wage Gottes 282.
Wahrsagerei 257.
Wajjikra rabba s. Rabboth.
Waschen der Hände 133.
Wechseln *(schinnuj)* 334.
Wehen s. Cheblê.
Weib 201. 211. 223. 239. 258. 294.
330. 335.
Wein 72. 137. 220.
Weinen Gottes 160 f.
Weise s. Chachamim.
Weisheit 95. 71. 214. 218. 354.
Weissagung 192. 194.
Welt, irdische 71. 85.
— zukünftige (s. Olâm habbâ) 50. 54.
58. 64. 223. 290. 399.
Welten 162 f. 203 ff.
Weltgericht 360. 394.
Weltmacht (s. Reschuth) 61. 68. 73.
78. 275. 360. 365. 380.
Weltplan 198.
Werke, böse 68. 306.
— gute 32. 38. 161. 252. 282. 284 ff.
305 f. 315. 330 ff. 348.
Wert des Studiums 99.
— der Thora 24 f.
— der Ueberlieferung 105 f.
Wiederherstellung 352. 352 f. 400.
Widerspruch mit der h. Schrift 139.
— in der Auslegung 104 f.

Willensfreiheit (s. Freiheit) 224. 231 ff.
Wochentage 169. 297.
Wohlthaten gegen Heiden 72.
Wohnung Gottes 69. 162 ff.
Wort Gottes s. Mêmra.
Wunder 50. 101. 106. 128 f. 208. 290.
301. 306.
Wüste, Geschlecht der 56. 311. 342.
401.

Zaddik (s. Gerechte) 241. 278. 280 f.
288 f.
— *ben zaddik* 296.
Zadok (R.) 133.
Zadokiten s. Sadducäer.
Zahl der Engel 169 f.
— der Himmel 204.
— der Gerechten 290.
Zahlenwerth der Buchstaben 121 f.
Zauberei 85. 115. 257 ff. 326.
Zaun ums Gesetz 137.
Zebul 205.
Zedaka (s. Almosen) 278. 285. 287.
330.
Zedek 278. 379.
Zedekia 298.
Zehent 45. 245. 303.
Zeit der Weltschöpfung 199.
Zeitrechnung 349 f. 372 f. 387 f.
Zeloten 14.
Zerstörung Jerusalems 60 ff. 152. 160 f.
246. 298. 323 f. 349 f.
Zion 199. 368.
Zizith 27. 43. 52. 245.
Zöllner 79.
Zorn Gottes 63. 67. 154 ff. 161. 172 f.
207. 264. 276. 314. 327.
Züchtigung 132. 290 f. 306. 315. 322.
Zukunft s. Olâm habbâ.
— der Heiden 77 f.
Zurechnungsfähigkeit 31.
Zwischenzustand 340 ff.

2. Verzeichnis der angeführten Stellen aus dem Neuen Testamente.

Kap.	Seite	Kap.	Seite	Kap.	Seite
Matthäus.		7_3	108	9_{34}	129. 132
		7_{11}	30	10_{32} f.	272
3_9	268	8_{28}	354	10_{34}	81
5_{17} ff.	379	9_{12}	353	10_{34} ff.	272
5_{18}	88. 119. 398	12_{17}	78	14—16	191
5_{22}	317	13_8	350	18_1	53
5_{34}	164			18_{28}	68
6_1	285	**Lucas.**		18_{51}	141
$6_{5 \cdot 16}$	302	$1_{16 \cdot 17}$	353		
6_{16}	285	2_9	164	**Apostelgeschichte.**	
7_6	59	4_{20}	131	1_6	358
9_{15}	372	6 .	282	2_{17}	372
11_{14}	352	9_8	354	4_{13}	126. 132
12	282	9_{30}	354	6_{13} f.	47
15_{26}	59	10_{18}	398	6_{14}	379
16_{13} f.	354	13_{30}	371	7_{48} ff.	47
16_{17}	149	16_{17}	379	7_{53}	269
$17_{10 \cdot 11}$	352	16_{22} ff.	341	7_{55}	164
18_{10}	170	16_{23}	391	9_1 f.	141
19_{28}	164. 398	16_{24}	268. 392	9_{36}	284
22_2 f.	372	18_{30}	371	10_{28}	68
22_{42}	354	20_{34}	371	$15_{20 \cdot 29}$	263
23_5	27	20_{35}	371	16_1—$_3$	72
23_6 ff.	129. 133	20_{36}	401		
23_8 ff.	129	24_{21}	358	**Römer.**	
23_{15}	75			1	68
24_6 f.	351	**Johannes.**		1_3	356
24_8	350	1_{19} ff.	352	1_{19-32}	65
24_{14}	372	$1_{21 \cdot 25}$	354	2_7	284
24_{29}	351	1_{44}	132	2_{12}	280
25_{1-10}	327	3_{29}	372	2_{29}	200
25_8 f. $_{12}$	397	4_{21}	235	3_4	277
25_{41} ff.	395	5	282	3_{19}	278
26_{64}	92	$5_{41 \cdot 44}$	133	3_{20}	278
		6_{30} f.	364	4	76. 266. 281. 308.
Marcus.		7_{27}	358	4_1	268
1_{15}	358. 382	7_{40}	354	4_3	308
2_{27} f.	47. 60	7_{49}	43	4_4	278. 281. 302
3	282	8_{44}	252	4_{17} ff.	304
4_{11}	378	9_1	322	5_1 ff.	284
6_{15}	354	$9_{2 \cdot 3}$	244	5_2 ff.	336

Kap.	Seite
5_{12}	249
5_{13} ff.	249. 280
$5_{15 \cdot 17}$	111
5_{16}	283
5_{20}	19
7_8 f.	213
8_{14} ff	284
8_{21} ff.	400
8_{31} ff.	284
8_{31-39}	336
8_{33}	278
9_4	198
9_4 f.	124
9_5	148
10_3	297
10_5 ff.	263
10_6	18
11_{16}	265
11_{30}	330
13_8	278

1. Korinther.

Kap.	Seite
2_9 f.	372
5_{3-5}	142
5_7 f.	229
6_1	79
7_2	234
7_{18}	52
7_{36} ff.	234
9_{10}	172
10	364
10_1 ff.	311
10_3	273. 364
10_4	118
10_7	69
10_{27} f.	407

Kap.	Seite
11_{5-10}	223
13_{12}	82
14_{21}	81
$14_{16 \cdot 23}$ f.	126
15_{29}	329
15_{37}	370
15_{41} ff.	370
15_{45} f.	246. 263
15_{50}	149
15_{52}	369

2. Korinther.

Kap.	Seite
1_{20}	372
3_9	222
5_{17}	400
9_9	287
11_6	126
12_2	162

Galater.

Kap.	Seite
1_{16}	149
2_3	72
3	266
3_6	308
3_{19}	269
3_{20}	51. 303
4_3	367
4_{21}	118
4_{26}	404
5_1	33

Epheser.

Kap.	Seite
4_8	263

Kolosser.

Kap.	Seite
2_{15}	398

1. Thessalonicher.

Kap.	Seite
4_{14} ff.	368
4_{16}	369

2. Thessalonicher.

Kap.	Seite
$2_{3 \cdot 8}$	365 f.

2. Timotheus.

Kap.	Seite
3_8	274

Titus.

Kap.	Seite
2_{12}	371

Jakobus.

Kap.	Seite
2_{23}	308

Hebräer.

Kap.	Seite
1_{14}	370
2_2	269
$2_{14 \cdot 15}$	259
3_{11}	213
$4_{1 \cdot 9}$ f.	213. 403
6_5	371
11_{17} ff.	308
12_{22}	404

Offb. Johannis.

Kap.	Seite
12_9	218
14	381
20_2	218
20_8 f.	387
21	374. 404
22_2	381

www.ingramcontent.com/pod-product-compliance
Lightning Source LLC
Chambersburg PA
CBHW022111300426
44117CB00007B/669